Handelsgesetzbuch

mit Kommentar

herausgegeben von

H. Makower.

Dritter Band: Handelsrechtliche Nebengesetze.

Neu bearbeitet von

F. Makower,
Rechtsanwalt.

Zwölfte Auflage.

Berlin.
J. Guttentag, Verlagsbuchhandlung,
G. m. b. H.
1900

Abkürzungen.

A.D.H. = Allgemeines Deutsches Handelsgesetzbuch v. 1861 (mit späteren Änderungen bis 1896).
A.G. = Aktiengesellschaft.
B.G. = Bürgerliches Gesetzbuch.
B.G.Bl. = Bundes-Gesetzblatt des Norddeutschen Bundes.
Bl.f.Rpfl. = Blätter für Rechtspflege im Bezirk des Kammergerichts. Herausgegeben von Perl und Wreschner.
Centralbl. = Centralblatt für das Deutsche Reich.
C.P.O. = Civilprozeßordnung in der Fassung der Bekanntmachung vom 20. Mai 1898.
Denkschr. = Denkschrift zu dem Entwurf eines Handelsgesetzbuchs und eines Einführungsgesetzes. Reichstagsdrucksachen. 9. Legislatur-Periode. IV. Session 1895/97. Zu Nr. 632.
E.G. = Einführungsgesetz.
Gen. = Genossenschaft.
G.fr.Ger. = Reichsgesetz über die Angelegenheiten der freiwilligen Gerichtsbarkeit.
G. m. b. H. = Gesellschaft mit beschränkter Haftung.
G.S. = Gesetz-Sammlung für die Königlichen Preußischen Staaten.
H.G.B. = Handelsgesetzbuch v. 10. Mai 1897.
J.M.Bl. = Justiz-Ministerial-Blatt für die Preußische Gesetzgebung und Rechtspflege.
Johow = Jahrbuch für Entscheidungen des Kammergerichts in Sachen der nichtstreitigen Gerichtsbarkeit und in Strafsachen, herausgegeben von Reinhold Johow und Oskar Küntzel, spätere Bände nur von ersterem.
J.W. = Juristische Wochenschrift.
K.A.G. = Kommanditgesellschaft auf Aktien.
K.B. = Bericht einer Reichstagskommission.
K.B. = Bericht der Reichtagskommission über den Entwurf des Aktiengesetzes von 1884.
K.O. = Konkursordnung in der Fassung der Bekanntmachung vom 20. Mai 1898.
M. = Motive zum Ges. v. 18. Juli 1884.
R.G. = Entscheidungen des Reichsgerichts in Civilsachen.
R.G.Bl. = Reichsgesetzblatt.
R.G. in Strfs. = Entscheidungen des Reichsgerichts in Strafsachen.
R.O.H. = Entscheidungen des Reichs-Oberhandelsgerichts.
Z.f.H. = Zeitschrift für das gesamte Handelsrecht, herausgegeben von Prof. Goldschmidt und anderen.

Die römischen Zahlen bezeichnen den Band, die arabischen die Seite.

Mit *schräger Schrift* sind spätere Änderungen des Gesetzestextes, mit kleiner Schrift veraltete Bestimmungen gekennzeichnet.

Inhalt.

I. Einführungsgesetze und Übergangsbestimmungen.

1. Einführungsgesetz zum Handelsgesetzbuche.

Vom 10. Mai 1897. (R.G.Bl. 437.)

I. Zeitpunkt des Inkrafttretens (Art. 1).

Artikel 1.

Das Handelsgesetzbuch tritt gleichzeitig mit dem Bürgerlichen Gesetzbuch in Kraft.

Der sechste Abschnitt des ersten Buches des Handelsgesetzbuchs tritt mit Ausnahme des §. 65 am 1. Januar 1898 in Kraft.

Der siebente Abschnitt des dritten Buches des Handelsgesetzbuchs kann durch Kaiserliche Verordnung mit Zustimmung des Bundesraths vor dem im Abs. 1 bezeichneten Zeitpunkt in Kraft gesetzt werden.

II. Verhältnis zu Reichsgesetzen (Art. 2—14).

Artikel 2.

Verhältnis zum B.G. und anderen Reichsgesetzen.

In Handelssachen kommen die Vorschriften des Bürgerlichen Gesetzbuchs nur insoweit zur Anwendung, als nicht im Handelsgesetzbuch oder in diesem Gesetz ein Anderes bestimmt ist.

Zu Art. 1.

Mit dem Inkrafttreten des H.G.B. hat das A.D.H. seine Giltigkeit verloren, und zwar auch insoweit, als über die in ihm geregelten Fragen das H.G.B. keine Bestimmungen enthält (Denkschr. 289). Da das B.G. am 1. Januar 1900 in Kraft getreten ist (E.G. z. B.G. Art. 1), so ist das H.G.B. gleichfalls am 1. Januar 1900 in Kraft getreten. Auch für die Konsulargerichtsbezirke (Könige, Anm. 7a). Die im Art. 1 Abs. 3 zugelassene Verordnung ist nicht erlassen worden.

Zu Art. 2.

I. **Verhältnis des H.G.B. zu anderen Gesetzen.** Infolge der Vorschriften des Art. 2 kommen für Handelssachen zur Anwendung, und zwar in der nachstehenden Reihenfolge:

a. die Reichsgesetze, welche Bestimmungen für Handelssachen enthalten (mit der Maßgabe in Artikeln 3, 8—14),

b. das Handelsgesetzbuch nebst dem Einführungsgesetz,

c. das Bürgerliche Gesetzbuch.

II. **Verhältnis des H.G.B. zum Gewohnheitsrecht.** Abweichend von Art. 1 A.D.H. ist eine allgemeine Bestimmung über die Wirksamkeit des Handelsgewohnheitsrechts („Handelsgebräuche") nicht getroffen. Für die Zukunft liegt kein Anlaß vor, zwischen Gewohnheitsrecht im allgemeinen und Handelsgewohnheitsrecht zu unterscheiden (Staub 7. Aufl., Allg.Einl. Anm. 18).

Im Uebrigen werden die Vorschriften der Reichsgesetze durch das Handelsgesetzbuch nicht berührt.

---

a. **Gemeinsam deutsches** Gewohnheitsrecht (Reichsgewohnheitsrecht), welches im Gegensatze zu gesetzlichen Vorschriften (oben Ia—c) steht, ist nicht als Recht anzuerkennen. Denn solange in einem Staat thatsächlich die Fortbildung des Rechts auf dem verfassungsmäßigen Wege der Gesetzgebung erfolgt, haben die Gerichte bei Widerstreit zwischen Gesetz und Gewohnheitsrecht lediglich nach dem Gesetz Recht zu sprechen; älteres Gewohnheitsrecht ist durch das Gesetz aufgehoben, und neue, dem Gesetz widerstreitende Gewohnheiten können nicht Recht werden. A.M. Planck, B.G. Buch I Vorbem. II, Gierke in Z.f.H. Bd. 45 S. 446, Staub, 7. Aufl. Allg. Einl. Anm. 17 ff., Düringer-Hachenburg, Einl. BI, Schaps S. 1 Anm. 3. Der Anwendung ergänzender Vorschriften eines sich neu bildenden Reichsgewohnheitsrechts steht dagegen nichts im Wege. Vgl. Denkschr. S. 4.

b. **Landes**gewohnheitsrecht und **örtliches** Gewohnheitsrecht ist, soweit es besteht, aufgehoben und kann sich in Zukunft nicht neu bilden, beides insoweit es sich um Rechtsverhältnisse handelt, die nicht den Landesgesetzen vorbehalten sind. Dies folgt aus Reichsverfassung Art. 2 (wo unter „Gesetz" jede Rechtsnorm verstanden ist), E.G. z. B.G. Art. 2, 55, E.G. z. H.G.B. Art. 15. Ebenso Denkschr. 3, Planck, Staub, Düringer-Hachenburg a. a. O. A.M. Cosack §. 5 II 2.

c. **In den Konsulargerichtsbezirken** kommt für Handelssachen zunächst das dort geltende Handelsgewohnheitsrecht zur Anwendung; Ges. über Konsulargerichtsbarkeit v. 10. Juli 1879 (R.G.Bl. 197) §. 3.

d. **Ermittelung des Gewohnheitsrechts im Rechtsstreit.** Vgl. R.O.H. XXV, 53 C.P.O. §. 293, R.G. XXI, 175, XXXIX, 376.

III. **Verhältnis des H.G.B. zur Verkehrssitte.** Maßgebend sind:

H.G.B. §. 346. „Unter Kaufleuten ist in Ansehung der Bedeutung und Wirkung von Handlungen und Unterlassungen auf die im Handelsverkehre geltenden Gewohnheiten und Gebräuche Rücksicht zu nehmen."

B.G. §. 157. „Verträge sind so auszulegen, wie Treu und Glauben mit Rücksicht auf die Verkehrssitte es erfordern."

B.G. §. 242. „Der Schuldner ist verpflichtet, die Leistung so zu bewirken, wie Treu und Glauben mit Rücksicht auf die Verkehrssitte es erfordern."

Die Verkehrssitte dient nicht nur zur Auslegung der Willenserklärungen; auch ohne eine ausdrücklich hierauf gerichtete Erklärung und ohne einen ausdrücklich hierauf gerichteten Willen der Parteien, ja selbst gegen den nicht erklärten Willen nur einer Partei ist die Verkehrssitte innerhalb der Grenzen maßgebend, in denen sie nach den oben angeführten Bestimmungen des Gesetzes für entscheidend erklärt wird (vgl. R.G. v. 22. Oktob. 1898 J.W. 667). Die Verkehrssitte kann zwingende Vorschriften des Gesetzes nicht ändern. Den vertragergänzenden (dispositiven) Vorschriften des Gesetzes geht sie jedoch vor (ebenso Düringer-Hachenburg Einl. B II, Staub 7. Aufl. Allg. Einl. Anm. 19 ff.). [Hierin ist aber nicht (wie es bei Staub a. a. O. geschieht) ein abänderndes Gewohnheitsrecht zu erblicken; denn zum Begriff des Gewohnheitsrechts gehört, daß es nicht auf Gesetz beruht, während die Verkehrssitte gerade durch Gesetz für maßgebend erklärt ist und nur innerhalb derjenigen Grenzen maßgebend ist, innerhalb deren das Gesetz sie als maßgebend anerkennt]. Die Verkehrssitte ihrerseits ist gleichfalls nur vertragergänzend (dispositiv); ein übereinstimmender gegenteiliger Wille beider Parteien geht ihr vor. Die Verkehrssitte ist an sich gleich erheblich, ob sie sich nun auf das ganze Reich oder nur auf einzelne Orte erstreckt. Da sie nur vertragergänzend ist, kann sie aber immer nur zur Anwendung gebracht werden, wenn für den Verkehr jeder von beiden Parteien die betreffende Sitte gilt. Ist dies nicht der Fall, so verbleibt es bei der vertragergänzenden Vorschrift des Gesetzes. — Eine „Verkehrssitte" ist auch der „**Ortsgebrauch**".

Artikel 3. Verweisungen auf das A.D.H.

Soweit in Reichsgesetzen oder in Landesgesetzen auf Vorschriften des Allgemeinen Deutschen Handelsgesetzbuchs verwiesen ist, treten die entsprechenden Vorschriften des Handelsgesetzbuchs an deren Stelle.

Artikel 4. Güterrechtsregister.

Die nach dem bürgerlichen Rechte mit einer Eintragung in das Güterrechtsregister verbundenen Wirkungen treten, sofern ein Ehegatte Kaufmann ist und seine Handelsniederlassung sich nicht in dem Bezirke des für den Wohnsitz des Ehemanns zuständigen Registergerichts befindet, in Ansehung der auf den Betrieb des Handelsgewerbes sich beziehenden Rechtsverhältnisse nur ein, wenn die Eintragung auch in das Güterrechtsregister des für den Ort der Handelsniederlassung zuständigen Gerichts erfolgt ist. Bei mehreren Niederlassungen genügt die Eintragung in das Register des Ortes der Hauptniederlassung.

Wird die Niederlassung verlegt, so finden die Vorschriften des §. 1559 des Bürgerlichen Gesetzbuchs entsprechende Anwendung.

Er ist eine örtlich beschränkte Verkehrssitte (§§. 359, 380, 393, 394: „Handelsgebrauch des Ortes"), nichts von letzterer Verschiedenes. Auf den Ortsgebrauch (Ortsüblichkeit) als in erster Reihe (oder „in Ermangelung örtlicher Verordnungen") maßgebend für eine ergänzende Vertragsauslegung ist ausdrücklich verwiesen in §§. 59, 77, 94, 95, 96, 99, 354, 359, 380, 393, 394, 396, 428, 560, 561, 568, 575, 577, 592, 594, 595, 599, (603), 604, (605), (673), 894. — Auf **„Handelsgebrauch"** ist verwiesen in §§. 90, 359, 380, 393, 394. — Die Verbindlichkeit einer Unterwerfung unter die Entscheidung eines **Börsenschiedsgerichts** ist beschränkt durch Börsenges. §. 28.

Zu Art. 3.

Die Vorschrift entspricht dem Art. 4 E.G. z. B.G.

Zu Art. 4.

I. **Wirkungen der Eintragung in das Güterrechtsregister** vgl. H.G.B. §. 1 Anm. II H, Preuß.Ausf.G. z. B.G. Art. 63. Die Eintragung, nicht die Bekanntmachung (B.G. §. 1562), ist für wesentlich erklärt (Könige, Anm. 12). Der maßgebende §. 1435 B.G., welcher im B.G. in zahlreichen anderen Fällen für entsprechend anwendbar erklärt ist, lautet:

> „Wird durch Ehevertrag die Verwaltung und Nutznießung des Mannes ausgeschlossen oder geändert, so können einem Dritten gegenüber aus der Ausschließung oder der Aenderung Einwendungen gegen ein zwischen ihm und einem der Ehegatten vorgenommenes Rechtsgeschäft oder gegen ein zwischen ihnen ergangenes rechtskräftiges Urteil nur hergeleitet werden, wenn zur Zeit der Vornahme des Rechtsgeschäfts oder zur Zeit des Eintritts der Rechtshängigkeit die Ausschließung oder die Aenderung in dem Güterrechtsregister des zuständigen Amtsgerichts eingetragen oder dem Dritten bekannt war.
>
> Das Gleiche gilt, wenn eine in dem Güterrechtsregister eingetragene Regelung der güterrechtlichen Verhältnisse durch Ehevertrag aufgehoben oder geändert wird."

Die näheren Vorschriften über das Güterrechtsregister und das Verfahren bei Eintragungen in dasselbe enthält B.G. §§. 1558ff., G.fr.Ger. §§. 159ff., Bek. d. Reichskanzlers v. 12. Novb. 1898 (Centralbl. 438), Preuß.Ausf.G. z. B.G. Art. 64, Preuß.Ges. über freiwillige Gerichtsbarkeit v. 21. Septb. 1899 Art. 29, Verfügung d. Preuß. Justizministers v. 6. Novemb. 1899 (J.M.Bl. 302).

II. **Kaufmann.** Vgl. H.G.B. §. 1 Anm. II. Der Art. 4 betrifft sowohl den Fall, wenn der Mann, wie auch den Fall, wenn die Frau Kaufmann ist („Ehegatte").

Bergwerksgesellschaften. **Artikel 5.**

Auf Bergwerksgesellschaften, die nach den Vorschriften der Landesgesetze nicht die Rechte einer juristischen Person besitzen, findet der §. 2 des Handelsgesetzbuchs keine Anwendung.

III. **Handelsniederlassung.** Vgl. H.G.B. §. 13 Anm. Ib, §. 29 Anm. IV, R.G. XLI, 67, 82. Hauptniederlassung vgl. §. 201 Anm. II.

IV. **Auf den Betrieb des Handelsgewerbes sich beziehend.** Vgl. H.G.B. §. 25 Anm. III b.

V. **Verlegung der Niederlassung.** Vgl. §. 31 Anm. II. Der angezogene §. 1559 B.G. lautet:

„Verlegt der Mann nach der Eintragung seinen Wohnsitz in einen anderen Bezirk, so muß die Eintragung im Register dieses Bezirkes wiederholt werden. Die frühere Eintragung gilt als von neuem erfolgt, wenn der Mann den Wohnsitz in den früheren Bezirk zurückverlegt."

Zu Art. 5.

I. **Bergwerksgesellschaften ohne juristische Persönlichkeit.** Die Bezugnahme auf „die Vorschriften der Landesgesetze" erklärt sich durch E.G. z. B.G. Art. 67 Abs. 1: „Unberührt bleiben die landesgesetzlichen Vorschriften, welche dem Bergrecht angehören." Unter die Vereinigungen, welchen nach Landesrecht nicht die Eigenschaft juristischer Personen zukommt, sind nach Denkschr. 12 namentlich zu rechnen die „Gesellenschaften" des Königreichs Sachsen und des Großherzogtums Sachsen, im allgemeinen auch die Gewerkschaften älteren Rechts. Dagegen sind die Gewerkschaften neueren Rechts juristische Personen (Denkschr. 12, 41); sie werden daher nicht von E.G. Art. 5 berührt, sondern unterliegen den Vorschriften der §§. 1ff., 33ff. H.G.B.

II. **Der §. 2 H.G.B. findet nicht Anwendung.**

a. Betreibt eine Bergwerksgesellschaft ohne juristische Persönlichkeit gewerbsmäßig **Grundhandelsgeschäfte** (H.G.B. §. 1 Abs. 2), so ist sie Kaufmann (H.G.B. §. 1 Abs. 1). Hierdurch wird sie in der Regel nicht zur offenen Handelsgesellschaft. Nämlich nicht wenn die Bergwerksgesellschaft ein „Verein", keine „Gesellschaft" ist (dagegen Staub 7. Aufl. Exkurs C zu §. 342); wenngleich auch in ersterem Fall die Vorschriften über offene Handelsgesellschaften „Anwendung finden" (B.G. §. 54). Ferner nicht — mag nun Verein oder Gesellschaft vorliegen —, wenn nach Landesrecht (E.G. z. B.G. Art. 67; vgl. E.G. z. H.G.B. Art. 15) die Haftung der Mitglieder bezw. Gesellschafter gegenüber den Gesellschaftsgläubigern beschränkt ist (H.G.B. §. 105 Anm. IIIa), was bei derartigen Bergwerksgesellschaften in der Regel der Fall sein wird. Nicht etwa muß jedes Betreiben eines Handelsgewerbes unter Beteiligung mehrerer Personen unter eine der im H.G.B. erwähnten Gesellschaftsformen fallen (R.O.H. XXIII, 167; vgl. H.G.B. §. 105 Anm. Id 2).

b. Betreibt eine Bergwerksgesellschaft ohne juristische Persönlichkeit ein **nicht unter §. 1 Abs. 2 H.G.B. fallendes** „gewerbliches Unternehmen, das nach Art und Umfang einen in kaufmännischer Weise eingerichteten Geschäftsbetrieb erfordert" (H.G.B. §. 2), so findet nach Art. 5 E.G. z. H.G.B. der §. 2 H.G.B. nicht Anwendung. Also ist in diesem Fall weder die Bergwerksgesellschaft verpflichtet, ihre Firma eintragen zu lassen (§. 2 Satz 2 H.G.B.), noch gilt, selbst wenn die Firma (zu Unrecht) eingetragen ist, ihr Gewerbe als ein Handelsgewerbe (§. 2 Satz 1 H.G.B.). In letzterer Beziehung greift jedoch die erhebliche Einschränkung durch §. 5 H.G.B. Platz. — Daß die Unanwendbarkeit des §. 2 H.G.B. zugleich die notwendige Folge habe, daß eine solche Bergwerksgesellschaft nie und auch nicht für das innere Verhältnis als offene Handelsgesellschaft angesehen werden könne (wie Denkschr. 13 vorauszusetzen scheint), ist so allgemein nicht zuzugestehen (H.G.B. §. 105 Anm. IIa; dagegen Staub 7. Aufl. §. 105 Anm. 9); immerhin kann dies nur ausnahmsweise der Fall sein (oben Anm. IIa, H.G.B. §. 123 Anm. IIIc).

Nicht zum Erwerbe bestimmtes Seeschiff. Veräußerung.

Artikel 6.

Die Vorschriften der §§. 474, 475 des Handelsgesetzbuchs finden auch im Falle der Veräusserung eines Seeschiffs, das nicht zum Erwerbe durch die Seefahrt bestimmt ist, sowie im Falle der Veräusserung eines Antheils an einem solchen Schiffe Anwendung.

Nicht zum Erwerbe bestimmtes Seeschiff. Verschulden der Schiffsbesatzung. Zusammenstoß.

Artikel 7.

Die Vorschriften des §. 485 und des §. 486 Abs. 1 Nr. 3 des Handelsgesetzbuchs über die Haftung des Rheders für das Verschulden einer Person der Schiffsbesatzung sowie die Vorschriften der §§. 734 bis 739 des Handelsgesetzbuchs über die Haftung im Falle des Zusammenstosses von Schiffen finden auch Anwendung, wenn die Verwendung eines Schiffes zur Seefahrt nicht des Erwerbes wegen erfolgt.

Zu Art. 6.

Im H.G.B. ist nicht das gesamte die Seeschiffahrt betreffende Privatrecht, sondern nur das Seehandelsrecht geregelt. Durch Art. 6 sind nun die Vorschriften über die Veräußerung eines zum Erwerb durch die Seefahrt bestimmten Schiffes oder eines Anteils an solchem Schiffe (§§. 474, 475; vgl. Bd. II S. 1 Vorbemerkung) ausgedehnt auf solche Schiffe, die nicht zu diesem Erwerbe bestimmt sind, und Anteile an solchen Schiffen.

Zu Art. 7.

I. Der gleiche Grund wie bei Art. 6 führte dazu, auch die Vorschriften des H.G.B. über die Haftung des Rheders für das Verschulden der Schiffsbesatzung sowie die Bestimmungen über die Haftung bei dem Zusammenstoß von Schiffen auf solche Schiffe auszudehnen, die nicht zum Erwerb durch die Seefahrt verwendet werden. Insbesondere entsprach die letztere Ausdehnung der Billigkeit, weil früher, z. B. bei dem Zusammenstoße eines Kauffahrteischiffs mit einer Vergnügungsyacht der Rheder des ersteren im Falle des Verschuldens der Besatzung seines Schiffes haftete, dagegen nicht der Eigentümer der Vergnügungsyacht, wenn der Zusammenstoß durch ein Verschulden der Besatzung der letzteren verursacht war (Denkschr. 290). Betreffs des Begriffs der Schiffsbesatzung vgl. H.G.B. §. 481, Flaggenges. (Bd. II Anhang 1) §. 26 Anm. 1.

II. Nach Art. 7 wird auch die Haftung des Fiskus für den durch Verschulden der Besatzung eines Kriegsschiffs verursachten Schaden in Gemäßheit der §§. 485, 486 gegeben sein. Vgl. Pappenheim in Z.f.H. Bd. 46 S. 283.

III. Die Haftung aus Art. 7 ist, wie durch die Bezugnahme auf §§. 485, 486 ersichtlich, nur auf Schiff und Fracht, soweit letztere hier überhaupt in Frage kommen kann, beschränkt. Ob dem Ersatzberechtigten das Schiffsgläubigerrecht aus §. 754 Ziff. 9 zusteht, kann zweifelhaft sein, weil §. 754 in Art. 7 nicht in Bezug genommen ist (für Bejahung Lewis-Boyens S. X Anm. 3, für Verneinung Pappenheim in Z.f.H. Bd. 46 S. 284). Pappenheim tadelt, daß der Ausrüster (z. B. der Mieter) eines Nichtkauffahrteischiffs im Falle der §§. 485, 486 Ziff. 3, 734 H.G.B. nicht haftbar gemacht werden könne, weil §. 510 im Art. 7 nicht erwähnt ist. Indessen ist das Fehlen einer Verweisung auf §. 510 in Art. 7 ohne wesentliche praktische Bedeutung. Denn auch der Mieter würde nach §§. 485, 486 Ziff. 3 nur mit Schiff und Fracht haften. Schiff und Fracht aber — letztere, soweit sie bei einem Nichtkauffahrteischiffe überhaupt vorkommen kann — haften dem Beschädigten auch im Falle der Vermietung des Schiffs, weil insoweit schon der Eigentümer des Schiffs nach Art. 7, §§. 485, 486 Ziff. 3 haftet. Die Folge jenes Fehlens der Verweisung auf §. 510 ist allerdings, daß die Klage auf Haftung mit Schiff und Fracht gegen den Eigentümer, und nicht gegen den Mieter (Ausrüster) des Nichtkauffahrteischiffs zu richten ist.

Aufhebung von Gesetzen. **Artikel 8.**

Aufgehoben werden:

1. das Gesetz, betreffend die Löschung nicht mehr bestehender Firmen und Prokuren im Handelsregister, vom 30. März 1888 (Reichs-Gesetzbl. S. 129);
2. der Artikel 80 der Wechselordnung;
3. der §. 68 der Seemannsordnung vom 27. Dezember 1872 (Reichs-Gesetzbl. S. 409);
4. der §. 86 Abs. 2 des Gesetzes, betreffend die Unfallversicherung der Seeleute und anderer bei der Seeschiffahrt betheiligter Personen, vom 13. Juli 1887 (Reichs-Gesetzbl. S. 329).

Gewerbeordnung. **Artikel 9.**

Die Gewerbeordnung wird dahin geändert:

I. Als §. 15a werden folgende Vorschriften eingestellt:

Gewerbetreibende, die einen offenen Laden haben oder Gast- oder Schankwirthschaft betreiben, sind verpflichtet, ihren Familiennamen mit mindestens einem ausgeschriebenen Vornamen an der Aussenseite oder am Eingange des Ladens oder der Wirthschaft in deutlich lesbarer Schrift anzubringen.

Kaufleute, die eine Handelsfirma führen, haben zugleich die Firma in der bezeichneten Weise an dem Laden oder der Wirthschaft anzubringen; ist aus der Firma der Familienname des Geschäftsinhabers mit dem ausgeschriebenen Vornamen zu ersehen, so genügt die Anbringung der Firma.

Auf offene Handelsgesellschaften, Kommanditgesellschaften und Kommanditgesellschaften auf Aktien finden diese Vorschriften mit der Massgabe Anwendung, dass für die Namen der persönlich haftenden Gesellschafter gilt, was in Betreff der Namen der Gewerbetreibenden bestimmt ist.

Zu Art. 8.

I. **Löschung nicht mehr bestehender Firmen und Prokuren im Handelsregister.** Das aufgehobene Gesetz ist ersetzt durch H.G.B. §. 31 Abs. 2 Satz 2 und G.fr.Ger. §. 141 (abgedr. Bd. I S. 169). Vgl. auch Verfügg. d. Preuß. Justizministers über die Führung des Handelsregisters v. 7. Novbr. 1899 (unten IX 3) §. 36.

II. **Wechselordnung.** Der aufgehobene §. 80 W.O. regelte die Unterbrechung der Wechselverjährung. Hierfür sollen künftig die allgemeinen Grundsätze des B.G. maßgebend sein (Denkschr. 290). Durch die Aufhebung des §. 80 W.O. werden auch die auf ihn verweisenden Vorschriften des E.G. z. C.P.O. §. 13 Abs. 3 und des E.G. z. K.O. §. 3 Abs. 3 gegenstandslos; die letztere Bestimmung auch darum, weil §. 13 der alten K.O., auf welchen er Bezug nimmt, aufgehoben und durch B.G. §. 209 Abs. 2 Ziff. 2 ersetzt ist. Eine ausdrückliche Aufhebung der angeführten Bestimmungen ist — wohl versehentlich — nicht erfolgt, trotzdem (Denkschr. 290) sie beabsichtigt war.

III. **Seemannsordnung.** Der §. 68 Seemannsordnung ist ersetzt durch H.G.B. §. 487.

IV. **Unfallversicherung der Seeleute.** Der §. 86 Abs. 2 See-Unfallversichergsges. ist ersetzt durch H.G.B. §. 754 Ziff. 10 vgl. Denkschr. 286, H.G.B. §. 754 Anm. 10 und §. 901 Anm. 1.

Zu Art. 9.

Über den neu eingestellten §. 15a und §. 148 Ziff. 14 Gewerbeordnung vgl. H.G.B. §. 18 Anm. II. Der neu eingestellte §. 133f Gewerbeordnung entspricht dem H.G.B. §. 74 Abs. 1, 3 (vgl. H.G.B. §. 74 Anm. II).

Sind mehr als zwei Betheiligte vorhanden, deren Namen hiernach in der Aufschrift anzugeben wären, so genügt es, wenn die Namen von zweien mit einem das Vorhandensein weiterer Betheiligter andeutenden Zusatz aufgenommen werden. Die Polizeibehörde kann im einzelnen Falle die Angabe der Namen aller Betheiligter anordnen.

II. Als §. 133f wird folgende Vorschrift eingestellt:

Eine Vereinbarung zwischen dem Gewerbeunternehmer und einem der in §. 133a bezeichneten Angestellten, durch die der Angestellte für die Zeit nach der Beendigung des Dienstverhältnisses in seiner gewerblichen Thätigkeit beschränkt wird, ist für den Angestellten nur insoweit verbindlich, als die Beschränkung nach Zeit, Ort und Gegenstand nicht die Grenzen überschreitet, durch welche eine unbillige Erschwerung seines Fortkommens ausgeschlossen wird.

Die Vereinbarung ist nichtig, wenn der Angestellte zur Zeit des Abschlusses minderjährig ist.

III. Der §. 148 erhält folgenden Zusatz:

14. wer den Vorschriften des §. 15a zuwiderhandelt.

Artikel 10. **Genossenschaftsgesetz.**

Das Gesetz, betreffend die Erwerbs- und Wirthschaftsgenossenschaften, vom 1. Mai 1889 (Reichs-Gesetzbl. S. 55) wird dahin geändert:

I. An die Stelle des §. 13 tritt folgende Vorschrift:

Vor der Eintragung in das Genossenschaftsregister ihres Sitzes hat die Genossenschaft die Rechte einer eingetragenen Genossenschaft nicht.

II. Der §. 16 Abs. 4 wird durch folgende Vorschrift ersetzt:

Der Beschluss hat keine rechtliche Wirkung, bevor er in das Genossenschaftsregister des Sitzes der Genossenschaft eingetragen ist.

III. Der §. 23 Abs. 4 fällt weg.

IV. An die Stelle der §§. 28, 29 treten folgende Vorschriften:

§. 28. Jede Aenderung des Vorstandes sowie die Beendigung der Vertretungsbefugniss eines Vorstandsmitgliedes ist durch den Vorstand zur Eintragung in das Genossenschaftsregister anzumelden. Eine Abschrift der Urkunden über die Bestellung oder über die Beendigung der Vertretungsbefugniss eines Vorstandsmitgliedes ist der Anmeldung beizufügen und wird bei dem Gericht aufbewahrt.

Die Vorstandsmitglieder haben ihre Unterschrift vor dem Gerichte zu zeichnen oder die Zeichnung in beglaubigter Form einzureichen.

§. 29. Eine Aenderung des Vorstandes, eine Beendigung der Vertretungsbefugniss eines Vorstandsmitgliedes sowie eine Aenderung des Statuts rücksichtlich der Form für Willenserklärungen des Vorstandes kann, solange sie nicht in das Genossenschaftsregister eingetragen und öffentlich bekannt gemacht ist, von der Genossenschaft einem Dritten nicht entgegengesetzt

---

Zu Art. 10.

Unter Berücksichtigung der vorstehenden Änderungen ist das Genossenschaftsgesetz in neuer Fassung verkündet durch Bekanntmachung v. 20. Mai 1898. Diese neue Fassung ist unten VII 1 abgedruckt.

werden, es sei denn, dass dieser von der Aenderung oder Beendigung Kenntniss hatte.

Nach der Eintragung und Bekanntmachung muss der Dritte die Aenderung oder Beendigung gegen sich gelten lassen, es sei denn, dass er sie weder kannte noch kennen musste.

Für den Geschäftsverkehr mit einer in das Genossenschaftsregister eingetragenen Zweigniederlassung ist im Sinne dieser Vorschriften die Eintragung und Bekanntmachung durch das Gericht der Zweigniederlassung entscheidend.

V. Der §. 49 Abs. 1 wird durch folgende Vorschriften ersetzt:

Ein Beschluss der Generalversammlung kann wegen Verletzung des Gesetzes oder des Statuts im Wege der Klage angefochten werden. Die Klage muss binnen einem Monat erhoben werden.

Zur Anfechtung befugt ist jeder in der Generalversammlung erschienene Genosse, sofern er gegen den Beschluss Widerspruch zum Protokoll erklärt hat, und jeder nicht erschienene Genosse, sofern er zu der Generalversammlung unberechtigter Weise nicht zugelassen worden ist oder sofern er die Anfechtung darauf gründet, dass die Berufung der Versammlung oder die Ankündigung des Gegenstandes der Beschlussfassung nicht gehörig erfolgt sei. Ausserdem ist der Vorstand und, wenn der Beschluss eine Massregel zum Gegenstande hat, durch deren Ausführung sich die Mitglieder des Vorstandes und des Aufsichtsraths strafbar oder den Gläubigern der Genossenschaft haftbar machen würden, jedes Mitglied des Vorstandes und des Aufsichtsraths zur Anfechtung befugt.

VI. Im §. 49 Abs. 4 wird das Wort „ungültig“ ersetzt durch das Wort „nichtig“.

VII. Im §. 80 Abs. 2 Satz 1 werden die Worte „vom Vorstande“ ersetzt durch die Worte:

„von den Liquidatoren“.

VIII. Der §. 82 wird durch folgende Vorschriften ersetzt:

Die ersten Liquidatoren sind durch den Vorstand, jede Aenderung in den Personen der Liquidatoren, sowie eine Beendigung ihrer Vertretungsbefugniss ist durch die Liquidatoren zur Eintragung in das Genossenschaftsregister anzumelden. Eine Abschrift der Urkunden über die Bestellung der Liquidatoren oder über die Aenderung in den Personen derselben ist der Anmeldung beizufügen und wird bei dem Gericht aufbewahrt.

Die Eintragung der gerichtlichen Ernennung oder Abberufung von Liquidatoren geschieht von Amtswegen.

Die Liquidatoren haben ihre Unterschrift persönlich vor dem Gerichte zu zeichnen oder die Zeichnung in beglaubigter Form einzureichen.

IX. Der §. 87 wird durch folgende Vorschriften ersetzt:

Die Liquidatoren haben die aus den §§. 26, 27, §. 31 Absatz 1, §. 32, §§. 42 bis 45, §. 46 Absatz 2, §. 49 sich ergebenden Rechte und Pflichten des Vorstandes und unterliegen gleich diesem der Ueberwachung des Aufsichtsraths. Sie haben sofort bei Beginn der Liquidation und demnächst in jedem Jahre eine Bilanz aufzustellen. Die erste Bilanz ist zu veröffentlichen; die Bekanntmachung ist zu dem Genossenschaftsregister einzureichen.

X. Der §. 88 Abs. 2 wird durch folgende Vorschriften ersetzt:

Meldet sich ein bekannter Gläubiger nicht, so ist der geschuldete Betrag, wenn die Berechtigung zur Hinterlegung vorhanden ist, für den Gläubiger zu hinterlegen. Ist die Berichtigung einer Verbindlichkeit zur Zeit nicht ausführbar oder ist eine Verbindlichkeit streitig, so darf die Vertheilung des Vermögens nur erfolgen, wenn dem Gläubiger Sicherheit geleistet ist.

XI. Der sechste Abschnitt erhält folgende Ueberschrift:

„Auflösung und Nichtigkeit der Genossenschaft.“

Am Schlusse dieses Abschnitts werden folgende Vorschriften eingestellt:

§. 90a. Enthält das Statut nicht die für dasselbe wesentlichen Bestimmungen oder ist eine dieser Bestimmungen nichtig, so kann jeder Genosse und jedes Mitglied des Vorstandes und des Aufsichtsraths im Wege der Klage beantragen, dass die Genossenschaft für nichtig erklärt werde.

§. 90b. Als wesentlich im Sinne des §. 90a gelten die in den §§. 6, 7 und 125 bezeichneten Bestimmungen des Statuts mit Ausnahme derjenigen über die Beurkundung der Beschlüsse der Generalversammlung und den Vorsitz in dieser sowie über die Grundsätze für die Aufstellung und Prüfung der Bilanz.

Ein Mangel, der eine hiernach wesentliche Bestimmung des Statuts betrifft, kann durch einen den Vorschriften dieses Gesetzes über Aenderungen des Statuts entsprechenden Beschluss der Generalversammlung geheilt werden.

Die Berufung der Generalversammlung erfolgt, wenn sich der Mangel auf die Bestimmungen über die Form der Berufung bezieht, durch Einrückung in diejenigen öffentlichen Blätter, welche für die Bekanntmachung der Eintragungen in das Genossenschaftsregister des Sitzes der Genossenschaft bestimmt sind.

Betrifft bei einer Genossenschaft mit beschränkter Haftpflicht der Mangel die Bestimmungen über die Haftsumme, so darf durch die zur Heilung des Mangels beschlossenen Bestimmungen der Gesammtbetrag der von den einzelnen Genossen übernommenen Haftung nicht vermindert werden.

§. 90c. Das Verfahren über die Klage auf Nichtigkeitserklärung und die Wirkungen des Urtheils bestimmen sich nach den Vorschriften des §. 49 Absatz 3 bis 5 und des §. 50.

§. 90d. Ist die Nichtigkeit einer Genossenschaft in das Genossenschaftsregister eingetragen, so finden zum Zwecke der Abwickelung ihrer Verhältnisse die für den Fall der Auflösung geltenden Vorschriften entsprechende Anwendung.

Die Wirksamkeit der im Namen der Genossenschaft mit Dritten vorgenommenen Rechtsgeschäfte wird durch die Nichtigkeit nicht berührt.

Soweit die Genossen eine Haftung für die Verbindlichkeiten der Genossenschaft übernommen haben, sind sie verpflichtet, die zur Befriedigung der Gläubiger erforderlichen Beträge nach Massgabe der Vorschriften des folgenden Abschnitts zu leisten.

XII. Im §. 116 Abs. 2 werden die Schlussworte „ohne dass den letzteren die Einrede der Theilung zusteht“ gestrichen.

XIII. Der §. 117 Abs. 3 wird gestrichen.

XIV. Der §. 127 Abs. 1 erhält folgenden Zusatz:

Bekannte Gläubiger sind durch besondere Mittheilung zur Anmeldung aufzufordern.

XV. Der §. 148 Abs. 3 fällt weg.

XVI. Der §. 152 Abs. 1 erhält folgende Fassung:

Die Mitglieder des Vorstandes sind von dem Gerichte (§. 10) zur Befolgung der im §. 8 Absatz 2, §. 14, §§. 28, 30, §. 59 Absatz 2, §. 61, §. 76 Absatz 2, §. 77 Absatz 2 enthaltenen Vorschriften durch Ordnungsstrafen anzuhalten; die einzelne Strafe darf den Betrag von dreihundert Mark nicht übersteigen. In gleicher Weise sind die Mitglieder des Vorstandes und die Liquidatoren zur Befolgung der im §. 31 Absatz 2, §. 45, §. 46 Absatz 2, §. 49 Absatz 4 und 5, §. 82, §. 83 Absatz 2, §. 87 Absatz 1, §. 148 Absatz 2 enthaltenen Vorschriften anzuhalten.

Gesetz betr. Gesellschaften m. beschr. Haftung.

Artikel 11.

Das Gesetz, betreffend die Gesellschaften mit beschränkter Haftung, vom 20. April 1892 (Reichs-Gesetzbl. S. 477) wird dahin geändert:

I. Der §. 7 Abs. 1 wird durch folgende Vorschrift ersetzt:

Die Gesellschaft ist bei dem Gerichte, in dessen Bezirke sie ihren Sitz hat, zur Eintragung in das Handelsregister anzumelden.

II. Der §. 8 Abs. 3 wird durch folgende Vorschrift ersetzt:

Die Geschäftsführer haben ihre Unterschrift zur Aufbewahrung bei dem Gerichte zu zeichnen.

III. Der §. 9 Abs. 3 erhält folgende Fassung:

Die Ansprüche auf Grund der vorstehenden Bestimmungen verjähren in fünf Jahren seit der Eintragung der Gesellschaft in das Handelsregister.

IV. Der §. 10 wird durch folgende Vorschriften ersetzt:

Bei der Eintragung in das Handelsregister sind die Firma und der Sitz der Gesellschaft, der Gegenstand des Unternehmens, die Höhe des Stammkapitals, der Tag des Abschlusses des Gesellschaftsvertrages und die Personen der Geschäftsführer anzugeben.

Enthält der Gesellschaftsvertrag besondere Bestimmungen über die Zeitdauer der Gesellschaft oder über die Befugniss der Geschäftsführer oder der Liquidatoren zur Vertretung der Gesellschaft, so sind auch diese Bestimmungen einzutragen.

In die Veröffentlichung, durch welche die Eintragung bekannt gemacht wird, sind ausser dem Inhalte der Eintragung die nach §. 5 Absatz 4 getroffenen Festsetzungen und, sofern der Gesellschaftsvertrag besondere Bestimmungen über die Form enthält, in welcher öffentliche Bekanntmachungen der Gesellschaft erlassen werden, auch diese Bestimmungen aufzunehmen.

Zu Art. 11.

Unter Berücksichtigung der durch Art. 11 erfolgten Änderungen ist das Gesetz betreffend die Gesellschaften mit beschränkter Haftung in neuer Fassung verkündet durch Bekanntmachung v. 20. Mai 1898. Diese neue Fassung ist unten VII 2 abgedruckt.

V. An die Stelle des §. 11 Abs. 1 tritt folgende Vorschrift:

Vor der Eintragung in das Handelsregister des Sitzes der Gesellschaft besteht die Gesellschaft mit beschränkter Haftung als solche nicht.

VI. Der §. 12 wird durch folgende Vorschriften ersetzt:

Auf die Anmeldung der Gesellschaft zur Eintragung in das Handelsregister eines Gerichts, in dessen Bezirke sie eine Zweigniederlassung besitzt, finden die Bestimmungen im §. 8 Absatz 1 und 2 keine Anwendung. Der Anmeldung ist eine von dem Gerichte der Hauptniederlassung beglaubigte Abschrift des Gesellschaftsvertrages und der Liste der Gesellschafter beizufügen.

Die Eintragung hat die im §. 10 Absatz 1 und 2 bezeichneten Angaben zu enthalten. In die Veröffentlichung, durch welche die Eintragung bekannt gemacht wird, sind auch die im §. 10 Absatz 3 bezeichneten Bestimmungen aufzunehmen, die nach §. 5 Absatz 4 getroffenen Festsetzungen jedoch nur dann, wenn die Eintragung innerhalb der ersten zwei Jahre nach der Eintragung in das Handelsregister des Sitzes der Gesellschaft erfolgt.

VII. Der §. 15 Abs. 3 Satz 2 fällt weg.

VIII. Der §. 20 Abs. 2 fällt weg.

IX. Im §. 23 und im §. 27 Abs. 2 werden die Worte: „durch einen Makler oder zur Vornahme von Versteigerungen befugten Beamten öffentlich verkaufen“ ersetzt durch die Worte:

„im Wege öffentlicher Versteigerung verkaufen“.

X. An die Stelle des §. 39 treten folgende Vorschriften:

Jede Aenderung in den Personen der Geschäftsführer sowie die Beendigung der Vertretungsbefugniss eines Geschäftsführers ist zur Eintragung in das Handelsregister anzumelden.

Der Anmeldung ist eine Abschrift der Urkunden über die Bestellung der Geschäftsführer oder über die Beendigung der Vertretungsbefugniss beizufügen. Diese Bestimmung findet auf die Anmeldung zum Handelsregister einer Zweigniederlassung keine Anwendung.

Die Geschäftsführer haben ihre Unterschrift zur Aufbewahrung bei dem Gerichte zu zeichnen.

XI. Der §. 40 fällt weg.

XII. Im §. 53 werden die Worte: „nach den Artikeln 224 bis 226 Absatz 1 des Handelsgesetzbuchs“ ersetzt durch die Worte:

„nach §. 243 Absatz 1, 2, 4, §§. 244 bis 248 und §. 249 Absatz 1, 2 des Handelsgesetzbuchs“.

XIII. An die Stelle des §. 55 treten folgende Vorschriften:

Die Abänderung des Gesellschaftsvertrages ist zur Eintragung in das Handelsregister anzumelden.

Bei der Eintragung genügt, sofern nicht die Abänderung die im §. 10 Absatz 1 und 2 bezeichneten Angaben betrifft, die Bezugnahme auf die bei dem Gerichte eingereichten Urkunden über die Abänderung. Die öffentliche Bekanntmachung findet in Betreff aller Bestimmungen statt, auf welche sich die im §. 10 Absatz 3 und im §. 12 vorgeschriebenen Veröffentlichungen beziehen.

Die Abänderung hat keine rechtliche Wirkung, bevor sie in das Handelsregister des Sitzes der Gesellschaft eingetragen ist.

XIV. Als §. 59a wird folgende Vorschrift eingestellt:

Auf die Anmeldungen zu dem Handelsregister eines Gerichts, in dessen Bezirke die Gesellschaft eine Zweigniederlassung besitzt, finden die Bestimmungen im §. 58 Absatz 2, Absatz 3 Nr. 1 und im §. 59 Absatz 1 Nr. 4 keine Anwendung.

XV. Der fünfte Abschnitt erhält die Ueberschrift:

„Auflösung und Nichtigkeit der Gesellschaft."

XVI. An die Stelle des §. 60 Abs. 1 Nr. 4 tritt folgende Vorschrift:

4. durch die Eröffnung des Konkursverfahrens; wird das Verfahren nach Abschluss eines Zwangsvergleichs aufgehoben oder auf Antrag des Gemeinschuldners eingestellt, so können die Gesellschafter die Fortsetzung der Gesellschaft beschliessen.

XVII. Der §. 64 Abs. 3 fällt weg.

XVIII. An die Stelle des §. 65 treten folgende Vorschriften:

Die Auflösung der Gesellschaft ist ausser dem Falle des Konkursverfahrens zur Eintragung in das Handelsregister anzumelden. Das Gleiche gilt von einer Fortsetzung der Gesellschaft in den im §. 60 Absatz 1 Nr. 4 bezeichneten Fällen.

Die Auflösung ist von den Liquidatoren zu drei verschiedenen Malen durch die im §. 30 Absatz 2 bezeichneten öffentlichen Blätter bekannt zu machen. Durch die Bekanntmachung sind zugleich die Gläubiger der Gesellschaft aufzufordern, sich bei derselben zu melden.

XIX. Der §. 67 wird durch folgende Vorschriften ersetzt:

Die ersten Liquidatoren sind durch die Geschäftsführer, jede Aenderung in den Personen der Liquidatoren sowie eine Beendigung ihrer Vertretungsbefugniss ist durch die Liquidatoren zur Eintragung in das Handelsregister anzumelden.

Der Anmeldung ist eine Abschrift der Urkunden über die Bestellung der Liquidatoren oder über die Aenderung in den Personen derselben beizufügen. Diese Vorschrift findet auf die Anmeldung zum Handelsregister einer Zweigniederlassung keine Anwendung.

Die Eintragung der gerichtlichen Ernennung oder Abberufung von Liquidatoren geschieht von Amtswegen.

Die Liquidatoren haben ihre Unterschrift zur Aufbewahrung bei dem Gerichte zu zeichnen.

XX. Der §. 69 fällt weg.

XXI. An die Stelle des §. 74 Abs. 2 treten folgende Vorschriften:

Meldet sich ein bekannter Gläubiger nicht, so ist der geschuldete Betrag, wenn die Berechtigung zur Hinterlegung vorhanden ist, für den Gläubiger zu hinterlegen. Ist die Berichtigung einer Verbindlichkeit zur Zeit nicht ausführbar oder ist eine Verbindlichkeit streitig, so darf die Vertheilung des Vermögens nur erfolgen, wenn dem Gläubiger Sicherheit geleistet ist.

XXII. Hinter den §. 75 werden im fünften Abschnitte folgende Vorschriften eingestellt:

§. 75a. Enthält der Gesellschaftsvertrag nicht die nach §. 3 Absatz 1 wesentlichen Bestimmungen oder ist eine dieser Bestimmungen nichtig, so kann jeder Gesellschafter, jeder Geschäftsführer und, wenn ein Aufsichtsrath bestellt ist, jedes Mitglied des Aufsichtsraths im Wege der Klage beantragen, dass die Gesellschaft für nichtig erklärt werde.

Die Vorschriften der §§. 272, 273 des Handelsgesetzbuchs finden entsprechende Anwendung.

§. 75b. Ein Mangel, der die Bestimmungen über die Firma oder den Sitz der Gesellschaft oder den Gegenstand des Unternehmens betrifft, kann durch einstimmigen Beschluss der Gesellschafter geheilt werden.

§. 75c. Ist die Nichtigkeit einer Gesellschaft in das Handelsregister eingetragen, so finden zum Zwecke der Abwickelung ihrer Verhältnisse die für den Fall der Auflösung geltenden Vorschriften entsprechende Anwendung.

Die Wirksamkeit der im Namen der Gesellschaft mit Dritten vorgenommenen Rechtsgeschäfte wird durch die Nichtigkeit nicht berührt.

Die Gesellschafter haben die versprochenen Einzahlungen zu leisten, soweit es zur Erfüllung der eingegangenen Verbindlichkeiten erforderlich ist.

XXIII. An die Stelle der §§. 76, 77 treten folgende Vorschriften:

§. 76. Die in diesem Gesetze vorgesehenen Anmeldungen zum Handelsregister sind durch die Geschäftsführer oder die Liquidatoren, die im §. 7 Absatz 1, §. 12 Absatz 1, §. 58 Absatz 1, §. 59 Absatz 1 Nr. 3, §. 78 Absatz 5 vorgesehenen Anmeldungen sind durch sämmtliche Geschäftsführer zu bewirken.

§. 77. In Ansehung der in §§. 7, 55, §. 58 Absatz 1, §. 59 Absatz 1 Nr. 3, §. 78 Absatz 5 bezeichneten Anmeldungen zum Handelsregister findet, soweit es sich um die Anmeldung zum Handelsregister des Sitzes der Gesellschaft handelt, eine Verhängung von Ordnungsstrafen nach §. 14 des Handelsgesetzbuchs nicht statt.

XXIV. Im §. 80 Abs. 1 Nr. 1 werden die Worte „Eintragung des Gesellschaftsvertrags" durch die Worte „Eintragung der Gesellschaft" ersetzt.

Artikel 12. Binnenschiffahrtsgesetz.

Das Gesetz, betreffend die privatrechtlichen Verhältnisse der Binnenschiffahrt, vom 15. Juni 1895 (Reichs-Gesetzbl. S. 301) wird dahin geändert:

I. An die Stelle des §. 26 tritt folgende Vorschrift:

Auf das Frachtgeschäft zur Beförderung von Gütern auf Flüssen und sonstigen Binnengewässern finden die Vorschriften der §§. 425 bis 427, 430 bis 436, 439 bis 443, 445 bis 451 des Handelsgesetzbuchs Anwendung.

II. Im §. 36 Abs. 4 werden die Worte „gerichtlich oder in anderer sicherer Weise niederzulegen" ersetzt durch die Worte „in einem öffentlichen Lagerhaus oder

---

Zu Art. 12.

Unter Berücksichtigung der durch Art. 12 erfolgten Änderungen ist das Binnenschiffahrtsgesetz in neuer Fassung verkündet durch Bekanntmachung v. 20. Mai 1898 (R.G.Bl. 868). Vgl. H. Makower-Loewe, Binnenschiffahrts- und Flößereigesetz. Zweite Aufl. Guttentag 1898.

in anderer sicherer Weise zu hinterlegen". Im §. 52 Abs. 1, 3, im §. 54 Abs. 2, 3, im §. 77 Abs. 2 und im §. 91 Abs. 3 werden die Worte „niederzulegen, Niederlegung, Niederlegungsverfahren, niedergelegt" ersetzt durch die Worte „zu hinterlegen, Hinterlegung, Hinterlegungsverfahren, hinterlegt".

III. Im §. 52 werden die Abs. 2, 3 durch folgende Vorschriften ersetzt:

Ist der Empfänger des Gutes nicht zu ermitteln oder verweigert er die Annahme oder ergiebt sich ein sonstiges Ablieferungshinderniss, so hat der Frachtführer den Absender unverzüglich hiervon in Kenntniss zu setzen und dessen Anweisung einzuholen. Ist dies den Umständen nach nicht thunlich oder ist der Absender mit der Ertheilung der Anweisung säumig oder die Anweisung nicht ausführbar, so kann der Frachtführer nach der Bestimmung im Absatz 1 verfahren, auch wenn die Wartezeit noch nicht abgelaufen ist. Er kann, falls das Gut dem Verderben ausgesetzt und Gefahr im Verzug ist, das Gut auch gemäss §. 373 Absatz 2 bis 4 des Handelsgesetzbuchs verkaufen lassen.

Von der Hinterlegung und dem Verkaufe des Gutes hat der Frachtführer den Absender und den Empfänger unverzüglich zu benachrichtigen; im Falle der Unterlassung ist er zum Schadensersatze verpflichtet. Ist der Empfänger nicht zu ermitteln, so hat die Benachrichtigung von der Hinterlegung durch öffentliche Bekanntmachung in ortsüblicher Weise zu erfolgen; im Uebrigen dürfen die Benachrichtigungen unterbleiben, soweit sie unthunlich sind.

IV. Der §. 55 erhält folgende Fassung:

In den Fällen der §§. 53 und 54 hat der Frachtführer an einem der ortsüblichen Löschplätze anzulegen. Ist durch Vereinbarung dem Empfänger das Recht zur Anweisung des Löschplatzes eingeräumt, so finden die Bestimmungen im §. 46 Absatz 2 und 3 Anwendung.

V. Der §. 56 Abs. 2 fällt weg. Der Abs. 3 erhält folgende Fassung:

Die Bestimmungen des §. 42 Absatz 1 finden entsprechende Anwendung.

VI. Im §. 58 fällt der Abs. 3 weg; der Abs. 4 wird durch folgende Vorschrift ersetzt:

Für den Verlust oder die Beschädigung von Kostbarkeiten, Kunstgegenständen, Geld und Werthpapieren haftet der Frachtführer nur, wenn ihm die Beschaffenheit oder der Werth des Gutes bei der Uebergabe zur Beförderung angegeben worden ist.

VII. Der §. 61 wird durch folgende Vorschriften ersetzt:

Nach der Annahme des Gutes durch den Empfangsberechtigten können wegen einer Beschädigung oder Minderung des Gutes, die bei der Annahme äusserlich erkennbar ist, Ansprüche nur geltend gemacht werden, wenn vor der Annahme der Zustand des Gutes durch amtlich bestellte Sachverständige festgestellt ist.

Wegen einer Beschädigung oder Minderung des Gutes, die bei der Annahme äusserlich nicht erkennbar ist, kann der Frachtführer auch nach der Annahme des Gutes in Anspruch genommen werden, wenn der Mangel in der Zeit zwischen der Uebernahme des Gutes durch den Frachtführer und der Ablieferung entstanden ist und die Feststellung des Mangels durch amtlich bestellte Sachverständige unverzüglich nach der Entdeckung und spätestens binnen einer Woche nach der Annahme beantragt wird. Ist dem Frachtführer der Mangel unverzüglich nach der Entdeckung und binnen der bezeichneten Frist angezeigt, so genügt es, wenn die Feststellung unverzüglich nach dem Zeitpunkte beantragt wird, bis zu welchem der Eingang einer Antwort des Frachtführers unter regelmässigen Umständen erwartet werden darf.

Die Kosten einer von dem Empfangsberechtigten beantragten Feststellung sind von dem Frachtführer zu tragen, wenn ein Verlust oder eine Beschädigung ermittelt wird, für welche derselbe Ersatz leisten muss.

Der Frachtführer kann sich auf die Vorschriften der Absätze 1, 2 nicht berufen, wenn er den Schaden durch Vorsatz oder grobe Fahrlässigkeit herbeigeführt hat.

VIII. Als §. 61a werden folgende Vorschriften eingestellt:

Der Frachtführer haftet für den durch verspätete Ablieferung des Gutes entstandenen Schaden, es sei denn, dass die Verspätung auf Umständen beruht, die durch die Sorgfalt eines ordentlichen Frachtführers nicht abgewendet werden konnten.

Ist die Fracht nebst den sonst auf dem Gute haftenden Forderungen bezahlt und das Gut angenommen, so kann der Anspruch nicht geltend gemacht werden, es sei denn, dass der Frachtführer die Verspätung durch Vorsatz oder grobe Fahrlässigkeit herbeigeführt hat.

Die Vorschrift im Absatz 2 findet auch auf andere Ansprüche gegen den Frachtführer aus dem Frachtvertrag Anwendung, soweit die Ansprüche nicht den Vorschriften des §. 61 unterliegen.

IX. Der §. 70 Abs. 1 wird durch folgende Vorschrift ersetzt:

Wird der Antritt oder die Fortsetzung der Reise ohne Verschulden des Absenders zeitweilig verhindert, so braucht der Absender die Aufhebung des Hindernisses nicht abzuwarten, er kann vielmehr vom Vertrage zurücktreten.

X. Der §. 72 fällt weg.

XI. Der §. 87 Abs. 4 wird gestrichen.

XII. Im §. 89 Abs. 2 Satz 1, im §. 97 Abs. 1 Satz 1 und im §. 103 Abs. 1 werden die Worte: „mit den im §. 41 der Konkursordnung bezeichneten Wirkungen“ gestrichen.

XIII. Im §. 89 Abs. 3 wird der letzte Satz durch folgende Vorschrift ersetzt:

Die Geltendmachung des Pfandrechts durch den Frachtführer erfolgt nach Massgabe der Vorschriften, die für das Pfandrecht des Frachtführers wegen der Fracht und der Auslagen gelten.

XIV. Der §. 91 Abs. 2 wird durch folgende Vorschrift ersetzt:

Gegen Hinterlegung des beanspruchten Beitrags bei einer öffentlichen Hinterlegungsstelle hat die Auslieferung der Güter zu erfolgen.

XV. Im §. 102 wird die Nr. 6 durch folgende Vorschrift ersetzt:

6. die Forderungen, welche der Berufsgenossenschaft nach den Vorschriften über die Unfallversicherung, der Versicherungsanstalt nach den Vorschriften über die Invalidenversicherung und den Gemeinden und Krankenkassen nach den Vorschriften über die Krankenversicherung gegen den Schiffseigner zustehen.

XVI. Der §. 110 fällt weg.

XVII. An die Stelle des §. 111 tritt folgende Vorschrift:

Wird ausser dem Falle der Zwangsversteigerung das Schiff veräussert, so ist der Erwerber berechtigt, die Ausschliessung der unbekannten Schiffsgläubiger mit ihren Pfandrechten im Wege des Aufgebotsverfahrens zu beantragen.

XVIII. Der §. 112 wird durch folgende Vorschrift ersetzt:

Die Vorschrift des §. 111 findet keine Anwendung, wenn nur der Antheil eines Miteigenthümers des Schiffes den Gegenstand der Veräusserung bildet.

XIX. An die Stelle des §. 114 tritt folgende Vorschrift:

Insoweit bei der Zwangsversteigerung oder bei einer sonstigen Veräusserung des Schiffes der Schiffseigner das Kaufgeld eingezogen hat, haftet er den Schiffsgläubigern, deren Pfandrechte in Folge der Zwangsversteigerung oder in Folge eines nach §. 111 eingeleiteten Aufgebotsverfahrens erloschen sind, persönlich in gleicher Weise, wie im Falle der Einziehung der Fracht.

XX. Im §. 118 wird die Nr. 8 gestrichen.

XXI. Der zehnte Abschnitt (§§. 131 bis 137) fällt weg.

XXII. Der §. 138 wird durch folgende Vorschrift ersetzt:

In bürgerlichen Rechtsstreitigkeiten, in welchen durch Klage oder Widerklage ein Anspruch auf Grund dieses Gesetzes geltend gemacht ist, wird die Verhandlung und Entscheidung letzter Instanz im Sinne des §. 8 des Einführungsgesetzes zum Gerichtsverfassungsgesetze dem Reichsgerichte zugewiesen.

Neue Verkündung der durch Art. 10—12 geänderten Gesetze.

Artikel 13.

Der Reichskanzler wird ermächtigt, die Texte des Gesetzes, betreffend die Erwerbs- und Wirthschaftsgenossenschaften, des Gesetzes, betreffend die Gesellschaften mit beschränkter Haftung, und des Gesetzes, betreffend die privatrechtlichen Verhältnisse der Binnenschiffahrt, wie sie sich aus den in den Artikeln 10 bis 12 vorgesehenen Aenderungen ergeben, unter fortlaufender Nummernfolge der Paragraphen und Abschnitte durch das Reichs-Gesetzblatt bekannt zu machen.

Hierbei sind die in den bezeichneten Gesetzen enthaltenen Verweisungen auf Vorschriften des Allgemeinen Deutschen Handelsgesetzbuchs durch Verweisungen auf die nach Artikel 3 des gegenwärtigen Gesetzes an die Stelle jener Vorschriften tretenden Vorschriften zu ersetzen. Den Verweisungen auf Vorschriften der Civilprozessordnung und der Konkursordnung sind diese Gesetze in der Fassung zu Grunde zu legen, welche sie durch das im Artikel 1 des Einführungsgesetzes zum Bürgerlichen Gesetzbuche vorgesehene Gesetz erhalten.

Soweit in Reichsgesetzen oder in Landesgesetzen auf Vorschriften der im Abs. 1 bezeichneten Gesetze verwiesen ist, treten die entsprechenden Vorschriften der durch den Reichskanzler bekannt gemachten Texte an ihre Stelle.

Zu Art. 13.

Gemäß der in Art. 13 gegebenen Ermächtigung sind die dort bezeichneten Gesetze in neuer Fassung verkündet durch Bekanntmachung des Reichskanzlers v. 20. Mai 1898 (R.G.Bl. 369).

Artikel 14. **Börsengesetz.**

Das Börsengesetz vom 22. Juni 1896 (Reichs-Gesetzbl. S. 157) wird dahin geändert:

I. Die §§. 33, 34 werden durch folgende Vorschriften ersetzt:

§. 33. Das von dem Kursmakler zu führende Tagebuch ist vor dem Gebrauche dem Börsenvorstande zur Beglaubigung der Zahl der Blätter oder Seiten vorzulegen.

Wenn ein Kursmakler stirbt oder aus dem Amte scheidet, ist sein Tagebuch bei dem Börsenvorstande niederzulegen.

§. 34. Die Kursmakler sind zur Vornahme von Verkäufen und Käufen befugt, die durch einen dazu öffentlich ermächtigten Handelsmakler zu bewirken sind.

II. Der §. 45 Satz 2 fällt weg.

III. Der §. 58 Abs. 2 wird durch folgende Vorschrift ersetzt:

Ehefrauen, die nicht Handelsfrauen sind, bedürfen der Genehmigung des Ehemannes.

IV. Der §. 63 Abs. 1 Satz 2 wird durch folgende Vorschrift ersetzt:

Für Ehefrauen, die nicht Handelsfrauen sind, genügt der Antrag des Ehemannes.

V. Der §. 69 erhält folgenden Abs. 2:

„Diese Vorschrift wird durch die Vorschrift des §. 764 des Bürgerlichen Gesetzbuchs nicht berührt."

VI. Die §§. 70 bis 74 fallen weg.

III. Verhältnis zu Landesgesetzen (Art. 15—21).

Artikel 15. **Allgemeines.**

Die privatrechtlichen Vorschriften der Landesgesetze bleiben insoweit unberührt, als es in diesem Gesetze bestimmt oder als im Handelsgesetzbuch auf die Landesgesetze verwiesen ist.

Soweit die Landesgesetze unberührt bleiben, können auch neue landesgesetzliche Vorschriften erlassen werden.

Zu Art. 14.

Das Börsengesetz ist unter Berücksichtigung der durch Art. 14 erfolgten Änderungen unten II 1 abgedruckt.

Zu Art. 15.

Der Art. 55 E.G. z. B.G. bestimmt:

„Die privatrechtlichen Vorschriften der Landesgesetze treten außer Kraft, soweit nicht in dem Bürgerlichen Gesetzbuch oder in diesem Gesetz ein Anderes bestimmt ist."

Hierdurch werden an sich auch diejenigen privatrechtlichen Vorschriften der Landesgesetze außer Kraft gesetzt, welche bisher auf dem Gebiete des Handelsrechts noch in Giltigkeit waren (Denkschr. 300; vgl. auch Preuß. Ausf.-Ges. z. H.G.B. Art. 8). Da somit die Regel des Art. 55 E.G. z. B.G. eine allgemeine, sich auch auf das Gebiet des Handelsrechts erstreckende ist, so werden auch die in Art. 56—152 E.G. z. B.G. aufgeführten Ausnahmen von jener Regel gleich weit zu erstrecken sein, zumal das E.G. z. H.B.G. eine allgemeine Aufhebung

Lagerscheine, Lagerpfandscheine. **Artikel 16.**

Unberührt bleiben die landesgesetzlichen Vorschriften über Lagerscheine und Lagerpfandscheine, die Vorschriften über Lagerscheine jedoch nur insoweit, als sie den §. 363 Abs. 2 und die §§. 364, 365, 424 des Handelsgesetzbuchs ergänzen.

Checks. **Artikel 17.**

Unberührt bleiben die landesgesetzlichen Vorschriften über Checks.

Artikel 18.

Bierlieferungsvertrag zwischen Brauer und Wirt.

Unberührt bleiben die landesgesetzlichen Vorschriften über den Vertrag zwischen dem Brauer und dem Wirthe über die Lieferung von Bier, soweit sie das aus dem

---

von Landesgesetzen überhaupt nicht ausspricht. In Betracht kommen namentlich (hierzu vgl. Preuß. Ausf.-Ges. z. H.G.B. Art. 5):

E.G. z. B.G. Art. 75. „Unberührt bleiben die landesgesetzlichen Vorschriften, welche dem Versicherungsrecht angehören, soweit nicht in dem Bürgerlichen Gesetzbuche besondere Bestimmungen getroffen sind."

E.G. z. B.G. Art. 76. „Unberührt bleiben die landesgesetzlichen Vorschriften, welche dem Verlagsrecht angehören."

Der Art. 15 Abs. 1 und die Art. 16—21 E.G. z. H.G.B. erweitern nun jene im E.G. z. B.G. Art. 55ff. enthaltenen Vorbehalte und Ausnahmen dahin, daß auch in bestimmten anderen Fällen die Landesgesetze unberührt bleiben (Denkschr. 300). Der Art. 15 Abs. 2 E.G. z. H.G.B. ist dem Art. 3 E.G. z. B.G. nachgebildet. — Eine ausdrückliche Verweisung auf die Landesgesetze findet sich im H.G.B. in §§. 4, 30, (42), (77), (83), 480, 521, (561), 566, (595), (599), 678, 708. — Nach dem entsprechend anzuwendenden E.G. z. B.G. Art. 2 (vgl. auch Ges. v. 5. Juni 1869, abgedr. unten I 2, §. 3 B 1) ist unter „Gesetz" jede Rechtsnorm zu verstehen. — Die zur Ergänzung des H.G.B. erlassenen landesgesetzlichen Vorschriften öffentlich-rechtlichen Inhalts bleiben neben dem B.G. u. H.G.B. in Kraft, soweit nicht das Gegenteil für einzelne Fälle besonders bestimmt ist (Denkschr. 303).

Zu Art. 16.

Für Lagerpfandscheine sind die landesgesetzlichen Vorschriften allgemein aufrechterhalten, weil die Vorschriften des H.G.B. über das Indossament nicht ohne weiteres auf die Übertragung dieser Scheine passen (Denkschr. 301). Für Lagerscheine dagegen sind die landesgesetzlichen Vorschriften nur insoweit aufrechterhalten, als sie die §§. 362 Abs. 2, 364, 365, 424 H.G.B. ergänzen; sie sind mithin aufgehoben (E.G. z. B.G. Art. 55; vgl. E.G. z. H.G.B. Art. 15 Anm.), soweit sie dem H.G.B. widerstreiten; in Ansehung der Form und der Wirkung des Indossaments und der aus der Übergabe des indossierten Scheins sich ergebenden Folgen betreffs der dinglichen Rechte am Gut ist mithin bei Lagerscheinen kein Raum für Bestimmungen, welche vom H.G.B. abweichen (Denkschr. 301). Die auf dem Zweischeinsystem beruhenden Vorschriften des bremischen und des elsaß-lothringischen Rechts behalten ihre Wirksamkeit (Denkschr. 300), und die Landesgesetzgebungen können auch künftig derartige Vorschriften treffen (E.G. z. H.G.B. Art. 15 Abs. 2; vgl. z. B. Bremisches Gesetzbl. 1899 S. 313).

Zu Art. 17.

Dieser Vorbehalt ist insbesondere mit Rücksicht auf Elsaß-Lothringen aufgenommen, wo noch das französische Checkgesetz v. 14. Juni 1865 gilt (Denkschr. 301).

Zu Art. 18.

Dieser Vorbehalt ist von Bedeutung für Baiern, wo besondere Vorschriften über das Rechtsverhältnis zwischen Brauer und Wirt bestehen; vgl. Vdg. v. 25. April 1811 Tit. II Art. 23—27, Ges. v. 23. Mai 1846 §§. 11, 12, Landtagsabschied v. 10. Novbr. 1861 §. 26 Nr. 2 Abs. 5 (Denkschr. 301).

Vertrage sich ergebende Schuldverhältniss für den Fall regeln, dass nicht besondere Vereinbarungen getroffen werden.

Artikel 19.

Seerechtliche Vorschriften.

Unberührt bleiben:

1. für das Grossherzogthum Mecklenburg-Schwerin die §§. 51 bis 53, 55 der Verordnung vom 28. Dezember 1863, betreffend die Publikation des Handelsgesetzbuchs, sowie die zur Abänderung dieser Verordnung ergangene Verordnung vom 22. Oktober 1869;

Zu Art. 19.

Der Art. 19 wiederholt in etwas erweiterter Fassung, jedoch unter Streichung des § 54 der mecklenburgischen Verordnung (Denkschr. 301, 279), den Vorbehalt in §. 4 des Ges. v. 5. Juni 1869 betr. Einführung der W.O., der Nürnberger Wechselnovellen und des A.D.H. als Bundesgesetze.

1. **Mecklenburg-Schwerin.** Die für Mecklenburg-Schwerin ergangene Verordnung betr. Publikation des A.D.H., vom 28. Dezember 1863 (Regierungsblatt 1864, Beilage zu Nr. 4) und die abändernde Verordnung v. 22. Oktober 1869 (Regierungsblatt 1869 S. 959) sind jetzt ersetzt durch Verordnung v. 9. April 1899 (Regierungsblatt S. 282) §§. 9—20. Diese lauten:

§. 9. „Jedes Schiff, welches mehreren Eigentümern gehört, muß einen Korrespondentrheder haben."

§. 10. „Bei Abstimmungen über Angelegenheiten des laufenden Rhedereibetriebes werden die Stimmen der Mitrheder, welche an dem Sitze der Rhederei nicht wohnhaft sind, und bei dem Korrespondentrheder einen Vertreter nicht angemeldet haben, sowie die Stimmen derjenigen Mitglieder, welche rechtlich oder thatsächlich an der Teilnahme behindert sind, so lange sie einer Vertretung entbehren, den mehreren Stimmen hinzugezählt."

§. 11. „Die Minderheit der Rheder, welche durch einen Beschluß der Mehrheit in den Angelegenheiten der Rhederei überstimmt ist, H.G.B. §. 491 Abs. 1, §. 506 Abs. 1, hat das Recht, das Schiff zu setzen, d. h. dasselbe zu einem bestimmten Geldpreise zu veranschlagen, zu welchem die Mehrheit der Rheder entweder das Schiff gegen Auszahlung der Anteile der Minderheit nach jenem Preise übernehmen, oder, wenn sie dies ablehnt, das Schiff der Minderheit der Rheder gegen Auszahlung ihrer Anteile nach jenem Preise überlassen muß.

Auf das Setzungsrecht finden die Vorschriften der §§. 12—20 Anwendung."

§. 12. „Zu der Minderheit der Rheder (§. 11 Abs. 1) werden auch die etwa bei der Abstimmung ordnungswidrig übergangenen Mitrheder gerechnet, die sich dem Beschlusse der Mehrheit nicht fügen wollen.

Das Recht, zu setzen, steht allen zu der Minderheit Gehörenden, welche davon Gebrauch machen wollen, zu, daher, wenn die Übrigen dies nicht wollen, auch einem Einzelnen.

Der Korrespondentrheder hat sofort nach beendigter Abstimmung die überstimmte Minderheit der Rheder mit dem Beschlusse der Mehrheit bekannt zu machen und dabei unter Aufführung eines jeden befragten Rheders und seiner Part anzugeben, ob und wie derselbe gestimmt hat."

§. 13. „Der Geldanschlag des Schiffes, welcher die Setzung enthalten muß, ergreift den Wert des Schiffes nebst Zubehör und behält die sonstigen Aktiva und Passiva einer besonderen Berechnung vor."

2. **für die freie Hansestadt Bremen die Verordnung vom 12. Februar 1866, betreffend die Löschung der Seeschiffe, nebst den dazu später ergangenen Gesetzen;**
3. für die freie und Hansestadt Hamburg der §. 50 des Einführungsgesetzes zum Allgemeinen Deutschen Handelsgesetzbuche vom 22. Dezember 1865.

---

§. 14. „Die Setzungserklärung muß bei Verlust des Setzungsrechts binnen drei Tagen, in eiligen Fällen sofort nach erlangter Kenntnis von dem Mehrheitsbeschlusse, dem Korrespondentrheder durch einen Gerichtsvollzieher oder Notar zugestellt werden.

Der Korrespondentrheder hat die Setzungserklärung mit Angabe des Zeitpunktes, in welchem sie erfolgt ist, sofort nach Ablauf der in Abs. 1 bezeichneten Frist den Rhedern, welche für den Mehrheitsbeschluß gestimmt haben, mitzuteilen. Daß diese Mitteilung einem Rheder, der nicht am Rhedereisitze wohnt, zugegangen ist, wird vermutet, wenn durch einen Postschein dargethan wird, daß an den Rheder an dem angegebenen Tage von dem Korrespondentrheder ein Brief zur Post gegeben ist."

§. 15. „Die Ausführung des Mehrheitsbeschlusses muß nach rechtzeitig erfolgter Setzung unterbleiben."

§. 16. „Die Rheder, welchen die Setzungserklärung mitgeteilt worden ist, haben ihre Gegenerklärung binnen einer Woche an den Korrespondentrheder abzugeben. Die Frist beginnt mit der Mitteilung oder mit der Aufgabe des die Mitteilung enthaltenden Briefes zur Post.

Die Rheder, welche sich innerhalb der Frist überhaupt nicht oder undeutlich oder ungenügend erklären, werden als von dem Mehrheitsbeschluß zurücktretend angesehen."

§. 17. „Im Falle des Gebens müssen die gesamten Parte der Rheder, welche für den Mehrheitsbeschluß gestimmt haben, gegeben werden, mit Ausnahme der Parte derjenigen, welche von dem Mehrheitsbeschluß zurücktreten oder als von demselben zurücktretend angesehen werden.

Ist die Mehrheit über Nehmen oder Geben geteilt, so gehen diejenigen vor, welche die ganze Part des oder der Setzenden für ihre alleinige Rechnung nehmen wollen, jedoch mit Ausnahme des Falles, daß die Parte derjenigen, welche geben oder von dem Mehrheitsbeschluß zurücktreten wollen, zusammen mit den Parten des oder der Setzenden mindestens die Hälfte aller Parte der Rheder betragen, welche an der Beschlußfassung Teil genommen haben. In diesem Falle müssen die Rheder, welche die Part des oder der Setzenden für ihre alleinige Rechnung nehmen wollen, entweder auch noch die Parte der geben wollenden Rheder zum Setzungspreise nehmen oder ebenfalls ihre Parte geben oder von dem Mehrheitsbeschlusse zurücktreten.

Tritt dieser Ausnahmefall ein, so hat der Korrespondentrheder sofort nach dem Eingange sämtlicher Antworten auf die Setzungserklärung, spätestens sofort nach Ablauf der im §. 16 vorgeschriebenen Frist, jedem Rheder, der nehmen will, genaue schriftliche Mitteilung von den Antworten der einzelnen Rheder sowie darüber zu machen, welche Rheder und aus welchen Gründen als von den Mehrheitsbeschlüssen zurücktretend anzusehen sind.

Auf diese Mitteilung hat der betreffende Rheder seine schließliche Erklärung über die Setzung binnen einer nach Maßgabe des §. 16 zu berechnenden Frist von einer Woche abzugeben, widrigenfalls er als von dem Mehrheitsbeschlusse zurücktretend angesehen wird."

§. 18. „Der Korrespondentrheder hat sofort nach dem Eingang oder Ausschluß der Gegenerklärungen der zur Mehrheit gehörenden Rheder die setzenden Rheder mit dem Ergebnisse des Setzungsverfahrens bekannt zu machen."

§. 19. „Die Setzung führt nicht zur Auflösung der Rhederei, sondern nur zum Ausscheiden des bezüglichen Teils der Rheder. Der bei dem Schiffe bleibende Teil

---

tritt rücksichtlich der zu übernehmenden Parte in die laufenden Rechte und Verbindlichkeiten der Rhederei mit dem Zeitpunkt ein, in welchem die das Geben oder Nehmen zum Abschluß bringende Erklärung an den Korrespondentrheder abgegeben worden ist. Der Setzungspreis ist binnen einer Woche nach zugestellter Abrechnung an den ausscheidenden Teil zu berichtigen, worauf das Schiff zur freien Verfügung des Nehmers steht. Kann die Abrechnung nicht unverzüglich beschafft werden, so wird dem Nehmer gegen genügende Sicherheitsleistung die Verfügung über das Schiff freigegeben.

Diejenigen Rheder, welche sich an der bezeichneten Abstimmung nicht beteiligt haben, bleiben mit ihrem Parte am Schiff."

§. 20. „Hat die Mehrheit einen von der Minderheit ausgehenden Antrag abgelehnt, so ist eine Setzung aus diesem Grunde nur unter den Voraussetzungen statthaft, unter welchen nach §. 506 Abs. 2 H.G.B. der Verkauf des Schiffes durch die Mehrheit beschlossen werden darf. Der Verkauf des Schiffes kann in diesem Falle durch die Mehrheit beschlossen werden, wenn das Schiff in einem andern Hafen als dem Heimatshafen seine Reise beendigt hat, und die Schiffmannschaft entlassen ist."

Vgl. hierzu R.O.H. V, 194, R.G. I, 295.

2. **Bremen**. Betreffs der Löschung von Seeschiffen ist für Bremen die Verordnung vom 12. Februar 1866 (Ges.Bl. d. freien Hansestadt Bremen S. 2) ergangen; sie ist demnächst teilweise geändert durch Gesetze v. 23. April 1876 (Ges.Bl. 53), v. 6. Mai 1877 (Ges.Bl. 32), v. 2. November 1879 (Ges.Bl. 353) und in der hierdurch festgestellten Fassung neu verkündet im Ges.Bl. 1879 S. 357. Demnächst sind die in §. 4 jener Verordnung enthaltenen Bestimmungen über die Löschzeit nochmals geändert durch Ges. v. 12. Mai 1883 (Ges.Bl. 49). Zur Vermeidung von Zweifeln über die Tragweite der Vdg. v. 12. Febr. 1866 erging ferner die Vdg v. 15. Dezbr. 1869 (Ges.Bl. 94); diese ist indessen in Denkschr. 301 Anm. 2 unter den durch Art. 19 aufrechterhaltenen Vorschriften nicht genannt.

Die Verordnung v. 12. Febr. 1866 in der Fassung, wie sie im Ges.Bl. 1879 S. 357 verkündet ist, und unter Berücksichtigung der späteren Änderung des §. 4 durch Ges. v. 12. Mai 1883 lautet:

„Im Interesse des Frachtgeschäfts wird in Betreff derjenigen Seeschiffe, deren Frachtgut nach der Stadt Bremen bestimmt ist, deren Tiefgang aber bei gewöhnlichem Wasserstande das Hinauffahren bis zur Stadt Bremen nicht gestattet, in Gemäßheit verfassungsmäßiger Beschlußnahme das Nachstehende verordnet:

§. 1. Hinsichtlich der Bestimmungen des Weserplatzes unterhalb Bremen, an welchen der Schiffer das Schiff zur Löschung der Ladung hinzulegen hat, bleibt es bei dem bisherigen Recht, insbesondere bei der Verpflichtung des Schiffers, jeder rechtzeitigen Anweisung des Löschplatzes von Seiten der Ladungsempfänger Folge zu leisten. Unter allen Umständen gilt eine Anweisung noch als rechtzeitig, wenn sie innerhalb der nächsten 24 Stunden nach Ankunft des Schiffes auf der Rhede von Bremerhaven erfolgt.

In den Monaten November, Dezember, Januar und Februar und sobald außerdem die Weser nicht frei vom Eise ist, darf jedoch weder ein Ladungsempfänger einen Platz zum Löschen der Ladung anweisen, noch ein Schiffer in Ermangelung einer Anweisung einen Löschplatz wählen, der nicht mit der Stadt Bremen durch eine Eisenbahn verbunden ist.

§. 2. Der Transport des Frachtguts vom Löschplatz nach Bremen geschieht auf Gefahr und Kosten des Ladungsempfängers, welcher daher das Frachtgut am Löschplatze in Empfang zu nehmen hat.

Wegen verweigerter oder verzögerter Empfangnahme kommen die Vorschriften des Handelsgesetzbuchs (*§§. 594 und ff.*) über verweigerte oder verzögerte Abnahme zur Anwendung.

Die Übernahme des Frachtguts gilt erst nach Ankunft der Ware in Bremen als vollendet. Der Schiffer ist verpflichtet, das Frachtgut am Löschplatze auszuliefern, ohne vorab die Zahlung der Fracht oder die Erfüllung der übrigen Obliegenheiten des Empfängers beanspruchen zu können. Er ist jedoch berechtigt, die Auslieferung des Frachtguts so lange zurückzuhalten, bis ihm durch eine ihm auszuhändigende Bescheinigung einer hiesigen Bankanstalt nachgewiesen ist, daß die Fracht sowie das ihm oder dem Verfrachter nach dem Frachtvertrage oder dem Konnossemente außerdem Gebührende u. s. w. für ihn hinterlegt sei.

Welche Bankanstalten zur Annahme dieser Hinterlegungen ermächtigt sind, bestimmt die Handelskammer. Sie bringt dieselben am Anfange eines jeden Kalenderjahres zur öffentlichen Kunde.

Werden indes Güter am Löschplatz zum Zweck der Lagerung belassen oder werden sie von da nicht nach dem Bestimmungsort, sondern nach einem andern Platz verladen, so gilt damit die Übernahme als geschehen und tritt die Zahlungspflicht des Empfängers nach Maßgabe der *§§. 614 ff.* des Handelsgesetzbuches ein.

§. 3. Der Schiffer ist verpflichtet, auf Verlangen eines oder mehrerer der beteiligten Ladungsempfänger von der ihm in den *§§. 601 und 604* des Handelsgesetzbuches eingeräumten Befugnis, die Empfänger von Stückgütern zur unverzüglichen Empfangnahme derselben anzuhalten und im Falle der Verzögerung die Güter niederzulegen, nach Maßgabe der vorgedachten Artikel gegen jeden einzelnen Empfänger Gebrauch zu machen.

§. 4. Im Falle der Befrachtung eines Schiffes im Ganzen dauert die Löschzeit, falls unter den Parteien nicht Anderes verabredet ist:

1. Bei Segelschiffen	Wenn dieselbe beginnt in der Periode: vom 1. März bis zum 31. Oktober	vom 1. November bis zum letzten Februar
	Tage	Tage
bis zur Größe von 100 gemessenen Register-Tons Netto Raumgehalt einschließlich . .	6	6
von über 100 bis 200 Register-Tons einschließlich	7	7
„ „ 200 „ 300 „ „	8	8
„ „ 300 „ 400 „ „	10	10
„ „ 400 „ 500 „ „	12	12
„ „ 500 „ 600 „ „	13	14
„ „ 600 „ 700 „ „	14	15
„ „ 700 „ 800 „ „	15	16
„ „ 800 „ 900 „ „	16	17
„ „ 900 „ 1000 „ „	17	18
„ „ 1000 „ 1100 „ „	18	19
„ „ 1100 „ 1200 „ „	19	20
„ „ 1200 „ 1300 „ „	20	21
„ „ 1300 „ 1400 „ „	21	22
„ „ 1400 „ 1500 „ „	22	23

und sofort für jede weitere 100 Tons 1 Tag mehr.

2. Bei Dampfern	Wenn dieselbe beginnt in der Periode: vom 1. März bis zum 31. Oktober Tage	vom 1. November bis zum letzten Februar Tage
bis zur Größe von 200 gemessenen Register-Tons Netto Raumgehalt einschließlich . . .	3	4
von über 200 bis 300 Register-Tons einschließlich	4	5
" " 300 " 400 " "	5	6
" " 400 " 600 " "	6	7
" " 600 " 800 " "	7	8
" " 800 " 1000 " "	8	9
" " 1000 " 1200 " "	9	10
" " 1200 " 1400 " "	10	11
" " 1400 " 1600 " "	11	12
" " 1600 " 1800 " "	12	13
" " 1800 " 2000 " "	13	14

und so fort für jede weitere 200 Tons 1 Tag mehr.

Der Beginn der Löschzeit richtet sich nach *§. 594* des Handelgesetzbuchs. Im Hafen von Bremerhaven darf die Löschung eines Schiffes nur an dem vom Hafenmeister angewiesenen Löschplatze geschehen (vgl. §§. 12 und 13 der Hafenordnung vom 25. Januar 1873).

Bei nur teilweise beladenen Schiffen wird die Löschzeit verhältnismäßig kürzer berechnet.

Sonn- und Feiertage kommen bei Berechnung dieser Fristen nicht in Anschlag.

§. 5. Bei der Empfangnahme des Frachtguts steht dem Empfänger während der Löschzeit das Wägen und Messen an Bord des Schiffes frei.

§. 6. Verlust und Beschädigung der Güter, welche bei der Empfangnahme aus einem Seeschiffe äußerlich erkennbar waren, können später nur geltend gemacht werden, wenn von deren Vorhandensein dem Schiffer oder seinem Stellvertreter bei der Empfangnahme schriftlich oder sonst in genügender Weise Anzeige gemacht worden ist.

§. 7. Die Fracht gleich wie das dem Schiffer oder dem Befrachter nach dem Frachtvertrage oder dem Konnossemente außerdem Gebührende ist — abgesehen von dem in §. 2 Absatz 5 erwähnten Falle — in der Stadt Bremen am zweiten Werktage nach erfolgter Ankunft des Frachtguts daselbst, jedenfalls aber, solche Ankunft mag bereits erfolgt sein oder nicht, spätestens am zehnten Tage nach der Empfangnahme desselben aus dem Seeschiffe zu bezahlen.

Die Fristberechnung geschieht für jedes Konnossement besonders und beginnt für die Frachtzahlung auf jedes Konnossement mit dem Tage, welcher auf die Ablieferung des letzten Stückes der in dem Konnossement bezeichneten Güter vom Bord des Seeschiffes folgt."

3. **Hamburg.** Der §. 50 des Hamburger E.G. zum A.D.H. erklärte für aufgehoben den §. 9 der Verordnung für Schiffer und Schiffsvolk vom 27. März 1786 (abgedruckt bei Anderson, Sammlung Hamburgischer Verordnungen II, 117) und hielt die §§. 8, 11, 12 und 13 dieser Verordnung aufrecht. Durch Hamburger Ausführungsges. z. H.G.B. v. 29. Dezember 1899 (Amtsblatt d. freien u. Hansestadt Hamburg S. 1143) §. 10 ist das Hamburger E.G. z. H.G.B., mithin auch jener §. 50 desselben aufgehoben. Die durch jenen §. 50 bisher aufrechterhaltenen

Artikel 20.

Schiffspfandrecht und Zwangsversteigerung.

Unberührt bleiben die landesgesetzlichen Vorschriften, nach welchen ein Pfandrecht an einem im Bau begriffenen Schiffe ohne Uebergabe des Schiffes durch Eintragung in ein besonderes Register bestellt werden kann, sowie die landesgesetzlichen Vorschriften über die Zwangsversteigerung eines solchen Schiffes.

Ausführung der Wechselordnung. **Artikel 21.**

Unberührt bleiben die landesgesetzlichen Vorschriften zur Ausführung der Allgemeinen Deutschen Wechselordnung, soweit sie durch das Bundesgesetz vom 5. Juni 1869 (Bundes-Gesetzbl. S. 379) aufrecht erhalten sind. Dies gilt jedoch nicht für die Vorschriften über kaufmännische Anweisungen.

Teile der Verordnung v. 27. März 1786 sind ohne ausdrückliche Aufhebung der letzteren sachlich ersetzt durch §. 8 des gedachten Hamburger Ausf.Ges. z. H.G.B., welcher lautet:

„Auf Grund des Art. 19 des Einführungsgesetzes zum Handelsgesetzbuche wird bestimmt:

Werden aus einem Seeschiffe oder aus einem Leichterschiffe seewärts angebrachte Güter von dem Empfänger in ein Binnenschiff oder sonst zu Wasser übernommen, so findet §. 609 Abs. 1 des Handelsgesetzbuchs auf die Ansprüche des Empfängers wegen äußerlich erkennbarer Beschädigung oder wegen äußerlich erkennbaren teilweisen Verlustes keine Anwendung. Diese Ansprüche erlöschen durch eine vorbehaltlose Quittung; sie erlöschen nicht, wenn sie in der Quittung thunlichst genau bezeichnet und vorbehalten sind.

Hinsichtlich der Ansprüche wegen äußerlich nicht erkennbarer Beschädigung oder wegen äußerlich nicht erkennbaren teilweisen Verlustes der Güter behält es bei den Bestimmungen des Handelsgesetzbuchs sein Bewenden."

Zu Art. 20.

Nach B.G. kann ein Pfandrecht an einem im Bau begriffenen Schiffe nur durch Besitzübertragung erworben werden, weil die Vorschriften der §§. 1259 ff. B.G. nur für die in das Schiffsregister eingetragenen Schiffe gelten und demnach auf Schiffe, die noch unvollendet sind, keine Anwendung finden. Ebenso ist in §§. 162—170 Zwangsversteigerungs-Gesetz vorausgesetzt, daß das zu versteigernde Schiff — abgesehen von ausländischen Schiffen (§. 171 a. a. O.) — im Schiffsregister eingetragen ist. Für die Zwangsversteigerung von nicht eingetragenen Schiffen bleiben die Vorschriften über die Zwangsversteigerung beweglicher Sachen maßgebend. Deshalb sind durch Art. 20. diejenigen landesgesetzlichen Vorschriften unberührt gelassen worden, nach welchen im Bau begriffene Schiffe durch Eintragung in ein besonderes Register verpfändet und unter gewissen Voraussetzungen wie Gegenstände des unbeweglichen Vermögens versteigert werden können; solche Vorschriften bestehen in Bremen nach bremischem Ges. vom 15. Dezember 1887 (Denkschr. 302, Könige, Anm. 85c).

Zu Art. 21.

Aufrechterhalten sind die nach Einführung der Wechselordnung ergangenen landesgesetzlichen Vorschriften, soweit sie diese (und die Nürnberger Novellen) nur ergänzen (Bundesges. v. 5. Juni 1869 §§. 2, 3, nachstehend abgedruckt unter I 2). Dieselben betreffen insbesondere die Fälligkeit der Meßwechsel, die für Protesterhebung zulässigen Tagesstunden und die besonderen Vorschriften für den Wechselverkehr zwischen Hamburg und Altona (Denkschr. 302). Nach Art. 21 Satz 2 erstreckt sich dieser Vorbehalt nicht auf Landesgesetze, welche die an Order lautende Geldanweisung (H.G.B. §§. 363—365) in den wichtigsten Beziehungen dem Wechsel gleichstellen (Denkschr. 204, 302; Denkschr. 303 Anm. zählt diese Landesgesetze auf); diese

IV. Übergangsbestimmungen (Art. 22—28).

Artikel 22. **Bisherige Firmen.**

Die zur Zeit des Inkrafttretens des Handelsgesetzbuchs im Handelsregister eingetragenen Firmen können weitergeführt werden, soweit sie nach den bisherigen Vorschriften geführt werden durften.

Die Vorschriften des §. 20 des Handelsgesetzbuchs über die in die Firma der Aktiengesellschaften und der Kommanditgesellschaften auf Aktien aufzunehmenden Bezeichnungen finden jedoch auf die bei dem Inkrafttreten des Handelsgesetzbuchs für eine solche Gesellschaft in das Handelsregister eingetragene Firma Anwendung, wenn die Firma aus Personennamen zusammengesetzt ist und nicht erkennen lässt, dass eine Aktiengesellschaft oder eine Kommanditgesellschaft auf Aktien die Inhaberin ist.

Artikel 23. **Bisherige A.G. und K.A.G.**

Auf die Errichtung einer Aktiengesellschaft oder Kommanditgesellschaft auf Aktien, die vor dem Inkrafttreten des Handelsgesetzbuchs zur Eintragung in das

---

landesgesetzlichen Bestimmungen treten daher außer Kraft (E.G. z. B.G. Art. 55, E.G. z. H.G.B. Art. 15 Anm., Denkschr. 303).

Übergangsbestimmungen.

Zur Anwendung kommen neben den in Art. 22—28 gegebenen Einzelvorschriften die allgemeinen, auch im E.G. z. B.G. Art. 153 ff. anerkannten Regeln für die Anwendung neuer Privatrechtssätze auf bereits bestehende Rechtsverhältnisse (Denkschr. 303; R.G. XLII, 99).

Zu Art. 22.

Nach Abs. 1 ist für die Weiterführung bestehender, aber nach dem neuen H.G.B. an sich unzulässiger Firmen die Erfüllung der beiden Bedingungen erforderlich: 1. daß die Firma eine nach den bisherigen Vorschriften zulässige war, und 2. daß sie bei Inkrafttreten des H.G.B. eingetragen ist. Schon bei Einführung des A.D.H. in den einzelnen deutschen Staaten erklärten die meisten Landesgesetze unter gewissen Voraussetzungen die Fortführung der damals bestehenden, aber den Anforderungen des A.D.H. nicht entsprechenden Firmen für zulässig; auch auf diese landesgesetzlichen Vorschriften verweist der Vorbehalt in E.G. z. H.G.B. Art. 22 Abs. 1.

Der Abs. 2 macht eine Ausnahme für die Firmen von A.G. und K.A.G. Die Ausnahme ist eine nach doppelter Richtung beschränkte. Der Abs. 2 verlangt nur die Anwendung des §. 22 Satz 2 H.G.B. (welcher seinerseits zurückverweist auf §. 20 Halbsatz 2: Zusatz der Bezeichnung „Aktiengesellschaft" bezw. „Kommanditgesellschaft auf Aktien"); und er verlangt diese Anwendung nicht bezüglich aller A.G. und K.A.G., sondern nur bezüglich derjenigen, bei welchen 1. die Firma aus Personennamen (d. h. Namen wirklicher Personen, Lehmann in Z.f.H. Bd. 48 S. 52) zusammengesetzt ist (vgl. H.G.B. §. 20 Anm. II, §. 22 Anm. II d), und 2. nicht bereits anderweit erkennen läßt, daß eine A.G. oder K.A.G. die Inhaberin ist.

Zu Art. 23.

I. **Errichtung.** Das Wort „Errichtung" ist hier nicht in dem beschränkten Sinne gebraucht, welchen es im H.G.B. hat (§. 182 Anm. III a, §. 188 Anm. II; vgl. jedoch auch §. 261 Anm. X), umfaßt vielmehr den ganzen Gründungshergang einschließlich der „Errichtung" und „Entstehung" (§. 182 Anm. III a). Gerade über die Zulässigkeit der Eintragung will Art. 23 bestimmen; durch die Eintragung wird aber nicht die „Errichtung", sondern die „Entstehung" herbeigeführt. Dieselbe Auslegung ergiebt sich aus der Vergleichung mit dem für Art. 23 E.G. z. H.G.B. vorbildlichen §. 2 Abs. 1 Ges. vom 18. Juli 1884.

Handelsregister angemeldet ist, finden die bisherigen Vorschriften Anwendung, sofern vor diesem Zeitpunkte die Voraussetzungen erfüllt sind, an deren Nachweis die bisherigen Vorschriften die Eintragung knüpfen.

Nennbetrag bisheriger Aktien. **Artikel 24.**

Sind die Aktien einer bestehenden Aktiengesellschaft oder Kommanditgesellschaft auf Aktien gemäss den vor dem Inkrafttreten des Gesetzes vom 18. Juli 1884 (Reichs-Gesetzbl. S. 123) in Geltung gewesenen Vorschriften auf einen geringeren Betrag als eintausend Mark gestellt, so bleiben im Falle einer Zusammenlegung oder sonstigen Umwandlung dieser Aktien die Vorschriften des §. 180 Abs. 1 des Handelsgesetzbuchs ausser Anwendung. Der Nennbetrag der Aktien darf jedoch nicht herabgesetzt werden.

Wird das Grundkapital einer bestehenden Aktiengesellschaft oder Kommanditgesellschaft auf Aktien durch Ausgabe neuer Aktien erhöht, so finden die Vorschriften des §. 180 Abs. 1 des Handelsgesetzbuchs auf die neuen Aktien Anwendung, auch wenn die Ausgabe mittelst Umwandlung von Aktien der im Abs. 1 bezeichneten Art geschieht.

Diese Vorschriften gelten auch für Interimsscheine.

II. **Anmeldung.** Art. 176, 210 A.D.H., §§. 195, 323 Abs. 2 H.G.B.

III. **Bisherige Vorschriften.** Eine angemeldete aber noch nicht eingetragene K.A.G., bezüglich deren bei Inkrafttreten des H.G.B. alle Voraussetzungen der Eintragung erfüllt sind, unterliegt z. B. nicht den Vorschriften des H.G.B. über die Mindestzahl der Gründer (§. 321 Abs. 1) und über das Erfordernis einer Revision des Gründungsherganges (§ 192 Abs. 2, §. 320 Abs. 3, vgl. §. 321 Abs. 2), bei ihr müssen jedoch andererseits gemäß dem bisherigen (in das H.G.B. nicht übernommenen; Denkschr. 175) Art. 174a A.D.H. die persönlich haftenden Gesellschafter mit der dort bestimmten Mindesteinlage beteiligt sein (Denkschr. 305).

Zu Art. 24.

Vor dem Inkrafttreten des Ges. vom 18. Juli 1884 war in Geltung Ges. v. 11. Juni 1870:

Art. 173 (für K.A.G.): „Das Kapital der Kommanditisten kann in Aktien oder Aktienanteile zerlegt werden.

Die Aktien oder Aktienanteile müssen auf Namen lauten. Sie müssen auf einen Betrag von mindestens funfzig Vereinsthalern gestellt werden, wenn nicht die Landesgesetze nach Maaßgabe der besonderen örtlichen Bedürfnisse einen geringeren Betrag gestatten. Aktien oder Aktienanteile, welche auf Inhaber lauten, oder welche auf einen geringeren als den gesetzlich bestimmten Betrag gestellt werden, sind nichtig. Die Ausgeber solcher Aktien oder Aktienanteile sind den Besitzern für allen durch die Ausgabe verursachten Schaden solidarisch verhaftet.

Die vorstehenden Bestimmungen gelten auch von Promessen und Interimsscheinen."

Art. 207a (für A.G.): „Die Aktien oder Aktienanteile müssen, wenn sie auf Namen lauten, auf einen Betrag von mindestens funzig Vereinsthalern, wenn sie auf Inhaber lauten, auf einen Betrag von mindestens Einhundert Vereinsthalern gestellt werden. Bei Versicherungsgesellschaften müssen auch solche Aktien oder Aktienanteile, welche auf Namen lauten, auf einen Betrag von mindestens Einhundert Vereinsthalern gestellt werden.

Aktien oder Aktienanteile, welche auf einen geringeren Betrag gestellt werden, sind nichtig. Die Ausgeber solcher Aktien oder Aktienanteile sind den Besitzern für allen durch die Ausgabe verursachten Schaden solidarisch verhaftet.

Artikel 25. Kraftloserklärung von Aktien.

Die Vorschriften des §. 228 des Handelsgesetzbuchs über die Kraftloserklärung abhanden gekommener oder vernichteter Aktien finden auch in dem Falle Anwendung, dass eine Aktie vor dem Inkrafttreten des Handelsgesetzbuchs abhanden gekommen oder vernichtet worden ist.

Artikel 26.

Außer Kurs gesetzte Inhaberaktien.

Die vor dem Inkrafttreten des Handelsgesetzbuchs erfolgte Ausserkurssetzung einer auf den Inhaber lautenden Aktie verliert mit dem Inkrafttreten des Handelsgesetzbuchs ihre Wirkung.

Der Nominalbetrag der Aktien oder Aktienanteile darf während des Bestehens der Gesellschaft weder vermindert noch erhöht werden.

Die vorstehenden Bestimmungen gelten auch von Promessen und Interimsscheinen."

Das Gesetz v. 18. Juli 1884 §. 2 erklärte die in den neuen Artikeln 173 und 207a enthaltenen Bestimmungen für nicht anwendbar auf Gesellschaften, welche bei Inkrafttreten dieses Gesetzes gegründet, aber noch nicht eingetragen waren, woraus zu schließen, daß sie auf die damals bereits eingetragenen Gesellschaften erst recht nicht anwendbar sein sollten (Ges. v. 18. Juli 1884, abgedr. unten I 4, Anm. I zu §. 2). Die Auslegung dieser Gesetzesbestimmung war bestritten (Staub 5. Aufl. Art. 207a §. 7, Johow XV, 23 gegen VIII, 18).

Der Art. 24 E.G. z. H.G.B. behandelt sowohl den Fall, daß statt der bisherigen „Aktien," wie auch den Fall, daß neben den bisherigen „Aktien" neue „Aktien" ausgegeben werden. (Die fortdauernde Umlaufsfähigkeit der alten Aktien ist ohnedies selbstverständlich; ebenso Staub 7. Aufl. H.G.B. §. 180 Anm. 18). Der Abs. 1 führt die Fälle der Nichtanwendbarkeit der neuen Vorschriften über den Mindestnennbetrag auf die neuen „Aktien" an, der Abs. 2 die Fälle der Anwendbarkeit. Der erstere giebt die Regel, der letztere die Ausnahme. Die Regel der Nichtanwendbarkeit (mit der Maßgabe, daß eine Herabsetzung des Nebenbetrages jedenfalls unzuläßig ist) greift Platz bei Neueinteilung des Grundkapitals durch Zusammenlegung von Grundkapitalanteilen unter Herabsetzung oder Beibehaltung des bisherigen Gesamtbetrages des Grundkapitals; ferner bei Umwandlung der Anteilrechte oder Aktienurkunden aus anderer Ursache als derjenigen einer Erhöhung des Grundkapitals, z. B. bei Umwandlung von Inhaber- in Namenaktien oder bei Umwandlung in eine bevorrechtigte Anteilrechtsgattung (beispielsweise Prioritätsaktien) unter Zuzahlung (Denkschr. 305), oder bei Ausgabe von Ersatzurkunden statt verlorener, beschädigter oder für kraftlos erklärter Stücke (Staub 7. Aufl. H.G.B. §. 180 Anm. 20). Die Ausnahme der Anwendbarkeit greift für die neuen Grundkapitalanteile bei jeder Grundkapitalerhöhung Platz, auch wenn diese in der Form einer „Umwandlung von Aktien", d. h. einer Neueinteilung auch des älteren Grundkapitals, geschieht.

Zu Art. 25.

Die Bestimmung erstreckt sich auch auf Aktien einer Gesellschaft, welche bei Inkrafttreten des H.G.B. bereits aufgelöst war. Auf Aktien, welche nach Inkrafttreten des H.G.B. verloren oder vernichtet, wenn auch vor Inkrafttreten ausgegeben waren, findet — auch ohne daß dies ausdrücklich bestimmt ist — unmittelbar H.G.B. §. 228 Anwendung (Denkschr. 306).

Zu Art. 26.

Der Art. 26 entspricht dem Art. 176 Satz 2 E.G. z. B.G. (abgedruckt unten IV 3). Da eine vorher erfolgte Außerkurssetzung ihre Wirkung verliert, so ist um so weniger nach Inkrafttreten des H.G.B. eine neue Außerkurssetzung vorher ausgegebener Inhaberaktien zuläßig (vgl. Denkschr. 306, L. Cohn in Bl. f. Rpfl. 1898 S. 1). Über Umschreibung auf Namen vgl. H.G.B. §. 183 Anm. II.

Artikel 27.

Eigenhandel der Vorsteher einer A.G.

Auf Personen, die bei dem Inkrafttreten des Handelsgesetzbuchs Mitglieder des Vorstandes einer Aktiengesellschaft sind, finden für die Dauer der Bestellung die Vorschriften des § 236 des Handelsgesetzbuchs über den Betrieb eines Handelsgewerbes und über die Betheiligung an einer anderen Gesellschaft nur in der Beschränkung auf den Handelszweig der Aktiengesellschaft Anwendung.

Bezugsrechte.

Artikel 28.

Die Vorschrift des §. 283 Abs. 1 des Handelsgesetzbuchs über die Zusicherung von Rechten auf den Bezug neu auszugebender Aktien findet auf eine vor dem Inkrafttreten des Handelsgesetzbuchs ertheilte Zusicherung keine Anwendung.

Zu Art. 27.

Bezüglich der vor dem Inkrafttreten des Ges. v. 18. Juli 1884 bestellten Vorstandsmitglieder bleibt §. 6 Abs. 2 jenes Gesetzes (unten I 4) maßgebend (Denkschr. 306). Der Art. 27 E.G. z. H.G.B. bestimmt über die nach jenem Zeitpunkt und vor Inkrafttreten des H.G.B. bestellten Vorstandsmitglieder. Auch auf diese werden die *neuen* Bestimmungen für künftig anwendbar erklärt, jedoch mit der aus dem bisherigen Art. 232 A.D.H. übernommenen Beschränkung, daß *nur in dem Handelszweig der Aktiengesellschaft* sowohl der Betrieb eines Handelsgewerbes wie die Beteiligung an einer anderen Gesellschaft verboten ist, soweit die A.G. nicht ihre Einwilligung erteilt. Die „Dauer der Bestellung" endet, wenn ein Dienstverhältnis auf Zeit vorliegt, bei Ablauf der Zeit, für welche bestellt ist (B.G. §. 620), gleichgiltig ob es ausdrücklich (ebenso *Pinner* H.G.B. §. 236 Anm. V 1) oder stillschweigend (dagegen *Pinner* a. a. O.) fortgesetzt wird; in der Verlängerung wird indessen in der Regel eine Einwilligung (H.G.B. §. 236 Anm. II) liegen. Liegt ein Dienstverhältnis auf unbestimmte Zeit vor, so sollte wohl als „Dauer der Bestellung" die *thatsächliche* Dauer bis zu der Zeit, zu welcher durch befristete Kündigung, Widerruf oder Vertrag eine Aufhebung erfolgt, bezeichnet und mithin die Anwendbarkeit des E.G. z. B.G. Art. 171 insoweit ausgeschlossen werden (*Pinner* H.G.B. §. 236 Anm. V 1, *Lehmann* in Z.f.H. Bd. 48 S. 118).

Zu Art. 28.

Die Bestimmungen der §§. 282, 283 Abs. 1 H.G.B. sind neu aufgenommen. Nach Art. 28 E.G. z. H.G.B. ist, um einer nicht beabsichtigten Auslegung vorzubeugen, bestimmt, daß der §. 283 **Abs. 1**, wonach bei Zusicherung von Bezugsrechten das in §. 282 neu bestimmte Bezugsrecht der Aktionäre vorbehalten werden muß, *nicht* auf die vor dem Inkrafttreten des H.G.B. erteilten Zusicherungen Anwendung zu finden habe. — Unberührt bleibt die bisherige Streitfrage, ob und inwieweit die Bestimmung des bisherigen, durch Ges. v. 18. Juli 1884 neu aufgenommenen Art. 215a Abs. 4 A.D.H. (jetzt §. 283 **Abs. 2** H.G.B.) auf die vor dem Inkrafttreten des Ges. v. 18. Juli 1884 zugesicherten Bezugsrechte anwendbar ist. Die Anwendbarkeit wurde *verneint* in K.B. 16 und demnächst für alle Arten von Bezugsrechten in ständiger Rechtsprechung (R.G. XXVII, 2, XXVIII, 79, XLII, 103, *Bolze* Bd. 13 Nr. 506), jetzt auch von *Staub* 7. Aufl. §. 283 Anm. 4; für *Bejahung* der Anwendbarkeit *Staub* 5. Aufl. Art. 215a §. 10, *Ring* Art. 215a Anm. 11; vgl. *Pinner* §. 283 Anm. III. — Ein Antrag, die Anwendbarkeit des §. 283 Abs. 2 auch auf *ältere* Bezugsrechte auszusprechen, wurde in der Reichstagskommission mit Stimmengleichheit abgelehnt (K.B. 145). Hierdurch ist indessen die frühere Streitfrage nicht entschieden. Denn wenn das frühere Gesetz die Bezugsrechte bereits für unwirksam erklärt hätte, würden sie durch das neue Gesetz nicht wiederaufleben, gleichgiltig wie man das letztere auslegt. — Durch Einführung des A.D.H. und insbesondere dessen Art. 180 (entsprechend jetzt §. 186 Abs. 1) sind nicht die bereits *vorher* begründeten Bezugsrechte beseitigt worden (R.O.H. XVII, 146).

2. Gesetz, betreffend die Einführung der Allgemeinen Deutschen Wechsel-Ordnung, der Nürnberger Wechsel-Novellen und des Allgemeinen Deutschen Handelsgesetzbuches als Bundesgesetze.

Vom 5. Juni 1869 (B.G.Bl. 379).

§. 1. Einführung als Bundesgesetze.

Die Allgemeine Deutsche Wechsel-Ordnung (Anlage A.) nebst den die Ergänzung und Erläuterung derselben betreffenden sogenannten Nürnberger Novellen (Anlage B.), sowie das Allgemeine Deutsche Handelsgesetzbuch (Anlage C.) werden zu Bundesgesetzen erklärt und als solche in das gesammte Bundesgebiet eingeführt, jedoch unbeschadet der Vorschriften des *Gesetzes betreffend das Flaggenrecht der Kauffahrteischiffe vom 22. Juni 1899 (Reichsgesetzbl. S. 319)* und des Bundesgesetzes über die Aufhebung der Schuldhaft vom 29. Mai 1868 (Bundesgesetzbl. S. 237).

§. 2.

In Kraft bleibende landesgesetzliche Vorschriften.

Die bei oder nach der Einführung der Wechsel-Ordnung, der Nürnberger Novellen und des Handelsgesetzbuches in die einzelnen Bundesstaaten oder deren Landestheile im Wege der Landesgesetzgebung erlassenen Vorschriften bleiben als landesgesetzliche Vorschriften insoweit in Kraft, als sie nur eine Ergänzung und nicht eine Abänderung einer Bestimmung der Wechsel-Ordnung, der Nürnberger Novellen oder des Handelsgesetzbuches enthalten.

§. 3.

Einzelne aufrechterhaltene landesgesetzliche Vorschriften.

Insbesondere bleiben folgende auf die Einführung der Wechsel-Ordnung und des Handelsgesetzbuches sich beziehende landesgesetzliche Vorschriften in Kraft:

Vorbemerkung. Dieses Gesetz wurde demnächst auch eingeführt in Baden, ganz Hessen und Württemberg; für Baiern vom 13. Mai 1871 ab (Bd. I Einl. S. XI). Für Elsaß-Lothringen erging das besondere Einführungsges. v. 19. Juni 1872 (Gesetzbl. f. Els.-Lothr. 1872 S. 213).

Zu §. 1.

Der §. 1 ist jetzt, soweit das H.G.B. in Betracht kommt, veraltet infolge Verkündung des Handelsgesetzbuchs v. 10. Mai 1897 als Reichsgesetz. Das Flaggengesetz v. 22. Juni 1899 ist nach §. 29 Abs. 1 dieses Flaggengesetzes an die Stelle des im ursprünglichen Wortlaut des §. 1 angeführten Gesetzes v. 25. Oktober 1867 über die Nationalität d. Kauffahrteischiffe u. s. w. getreten.

Zu §. 2.

Die Landesgesetze, welche die Wechselordnung (einschließlich der Nürnberger Novellen) betreffen, sind fortdauernd aufrechterhalten durch E.G. z. H.G.B. Art. 21; über den Umfang, in welchem Landesgesetze, welche das H.G.B. betreffen, fortbestehen, vgl. E.G. z. B.G. Art. 55ff., E.G. z. H.G.B. Art. 15—22, Preuß. Ausf.G. z. H.G.B. Art. 8.

Zu §. 3.

Vgl. zu §. 2. Die Vorschrift in B 1 hat ihre selbständige Bedeutung verloren infolge des weitergreifenden, auf das H.G.B. entsprechend anzuwendenden Art. 2 E.G. z. B.G.: „Gesetz im Sinne des Bürgerlichen Gesetzbuchs und dieses Gesetzes ist jede Rechtsnorm." Die Vorschriften in B 2—8 sind teils veraltet, teils als durch Art. 55 E.G. z. B.G. aufgehoben zu erachten (vgl. Denkschr. 303 z. H.G.B.). — Im amtlichen Text lautet infolge eines Druckfehlers das letzte Wort des §. 3: „werden".

A. in Ansehung der Wechsel-Ordnung: die Vorschriften der §§. 5. bis 7. der für die freie und Hansestadt Hamburg am 5. März 1849 in Bezug auf die Einführung der Allgemeinen Deutschen Wechsel-Ordnung publizirten Verordnung und der entsprechenden §§. 8. bis 10. der Königlich Preussischen Verordnung, betreffend die Einführung der Allgemeinen Deutschen Wechsel-Ordnung in die Herzogthümer Holstein und Schleswig, vom 13. Mai 1867;

B. in Ansehung des Handelsgesetzbuches:

1) die Vorschriften, nach welchen unter Landesgesetzen im Sinne des Handelsgesetzbuches nicht blos die förmlichen Gesetze, sondern das gesammte Landesrecht zu verstehen und in Ansehung der betreffenden Vorbehalte des Handelsgesetzbuches die Erlassung maassgebender Vorschriften auf anderem Wege, als auf dem Wege der förmlichen Gesetzgebung, soweit dies nach dem Landesrecht zulässig, nicht ausgeschlossen ist;

2) die Vorschriften, welche in Ansehung der Eintragungen in das Handelsregister noch andere als die in dem Handelsgesetzbuch bestimmten Eintragungen zulassen oder gebieten;

3) die Vorschriften, welche den Prokuristen zur Ertheilung von Konsensen vor den mit der Führung der Eigenthums- und Hypothekenbücher oder der Schuld- und Pfandprotokolle beauftragten Behörden und Beamten nur für den Fall befugt erklären, dass demselben diese Befugniss besonders beigelegt ist;

4) die Vorschriften, welche bestimmen, dass die Vorschriften des Landesrechts über die rechtlichen Voraussetzungen für den Erwerb des Eigenthums an unbeweglichen Sachen durch die Bestimmungen des Handelsgesetzbuches nicht berührt werden;

5) die Vorschriften, welche die Anwendung des Artikels 295 des Handelsgesetzbuches insoweit beschränken, als sie die abweichenden Vorschriften, welche das bürgerliche Recht für die zur Eintragung in das Hypothekenbuch bestimmten Schuldurkunden enthält, in Kraft erhalten;

6) die Vorschriften, welche die Artikel 306 und 307 des Handelsgesetzbuches auf Inhaberpapiere, so lange dieselben ausser Kurs gesetzt sind, für nicht anwendbar erklären;

7) die Vorschriften, welche bestimmen, dass unter Konkurs im Sinne des Handelsgesetzbuches auch das Falliment des Rheinischen Rechts und das Debitverfahren des Bremischen Rechts zu verstehen sei;

8) die Vorschriften, welche bestimmen, dass durch die Artikel 313 bis 316 des Handelsgesetzbuches die im bürgerlichen Rechte in einem weiteren Umfange begründete Zulassung des Zurückbehaltungsrechtes (Retentionsrechtes) nicht berührt werde.

§. 4.

Seerechtliche Vorschriften der Landesgesetze.

Als Landesgesetze bleiben, auch insoweit sie Abänderungen des Handelsgesetzbuches enthalten, in Geltung:

für das Grossherzogthum Mecklenburg-Schwerin:

die §§. 51 bis 55 der die Publikation des Handelsgesetzbuches betreffenden Verordnung vom 28. Dezember 1863;

für die freie Hansestadt Bremen:

die am 12. Februar 1866 publizirte, die Löschung der Seeschiffe betreffende obrigkeitliche Verordnung;

für die freie und Hansestadt Hamburg:

der §. 50 des am 22. Dezember 1865 publizirten Einführungsgesetzes zum Allgemeinen Deutschen Handelsgesetzbuch.

Zu §. 4.

In etwas erweiterter Fassung, jedoch unter Streichung des Vorbehalts zu Gunsten des §. 54 mecklenb. Einf.-Ges., wiederholt im E.G. z. H.G.B. Art. 19.

§. 5. **Übergangsbestimmung.**

Die in Gemässheit der §§. 16 und 52 der unter dem 6. Juni 1864 von dem Senate der freien Hansestadt Bremen publizirten obrigkeitlichen Verordnung, betreffend die Einführung des Allgemeinen Deutschen Handelsgesetzbuches, den Privatgläubigern eines Handelsgesellschafters in Ansehung des Vermögens einer Handelsgesellschaft zu der Zeit, zu welcher dieses Gesetz in Geltung tritt, zustehenden Pfand- und Vorzugsrechte bleiben unberührt.

§. 6. **Zeitpunkt des Inkrafttretens.**

Dieses Gesetz tritt am 1. Januar 1870 in Kraft.

---

3. Gesetz, betreffend die Kommanditgesellschaften auf Aktien und die Aktiengesellschaften.

Vom 11. Juni 1870 (B.G.Bl. 375).

§. 1.

Abänderung der ursprünglichen Fassung des A.D.H.

Die Artikel 5. 173. bis 176. 178. 198. 199. 203. 206. bis 212. 214. 215. 217. 222. 225. 239. 240. 242. und 247. bis 249. des Allgemeinen Deutschen Handelsgesetzbuches werden durch nachstehende, den bisherigen Zifferzahlen entsprechende Artikel ersetzt.

(Folgt die neue Fassung jener Artikel; sie ist später ersetzt durch die Fassung des Gesetzes v. 18. Juli 1884, und nunmehr durch das H.G.B.).

§. 2.

Aufhebung staatlicher Genehmigung oder Beaufsichtigung.

Die Landesgesetze, welche zur Errichtung von Kommanditgesellschaften auf Aktien oder Aktiengesellschaften die staatliche Genehmigung vorschreiben oder eine staatliche Beaufsichtigung dieser Gesellschaften anordnen, werden aufgehoben.

Auch treten für die bereits bestehenden Kommanditgesellschaften auf Aktien und Aktiengesellschaften diejenigen Bestimmungen der Gesellschaftsverträge ausser Kraft, welche die staatliche Genehmigung und Beaufsichtigung betreffen.

Zu §. 5.

Veraltete Übergangsbestimmung.

Vorbemerkung. Dieses Gesetz gilt auch für Baden, ganz Hessen und Württemberg; für Bayern v. 13. Mai 1871 ab (§. 10 Ges. betr. die Einführung Norddeutscher Bundesgesetze in Bayern v. 22. April 1871 [B.G.Bl. S. 87] und §. 3 des Einführungsgesetzes zur Reichsverfassung), jedoch mit nachstehender Vorschrift:

> „Die bis zu dem bezeichneten Tage vollzogenen Eintragungen in dem von den Bayerischen Bezirksgerichten geführten besonderen Register für Aktiengesellschaften, bei welchen der Gegenstand des Unternehmens nicht in Handelsgeschäften besteht, gelten als Eintragungen im Handelsregister, und bleiben in Wirksamkeit, auch wenn die Voraussetzungen nicht vorhanden sind, welche nach dem Gesetze vom 11. Juni 1870 für die Errichtung der Gesellschaft erforderlich sein würden."

§. 3.

Genehmigung des Gegenstandes des Unternehmens.

Die landesgesetzlichen Vorschriften, nach welchen der Gegenstand des Unternehmens der staatlichen Genehmigung bedarf, und das Unternehmen der staatlichen Beaufsichtigung unterliegt, werden durch den §. 2 nicht berührt. Dasselbe gilt für die bereits bestehenden Kommanditgesellschaften auf Aktien und Aktiengesellschaften von denjenigen Bestimmungen der Gesellschaftsverträge, welche sich auf die staatliche Genehmigung und Beaufsichtigung wegen des Gegenstandes des Unternehmens beziehen oder in Verbindung mit besonderen der Gesellschaft bewilligten Privilegien stehen.

§. 4.

Nach früherem Recht nicht einzutragende K.A.G. und A.G.

Für diejenigen bereits bestehenden Kommanditgesellschaften auf Aktien und Aktiengesellschaften, welche nach den bisherigen Vorschriften in das Handelsregister nicht einzutragen waren, gelten folgende Uebergangsbestimmungen:

1) Auf die bezeichneten Gesellschaften finden die Vorschriften des Allgemeinen Deutschen Handelsgesetzbuches, welche die Eintragung in das Handelsregister und die bei dem Handelsgericht zu bewirkende Zeichnung der Firmen und Unterschriften oder die Einreichung der Zeichnungen betreffen, gleichfalls Anwendung.

   Die Anmeldungen zur Eintragung in das Handelsregister und die Zeichnung der Firmen und Unterschriften oder die Einreichung der Zeichnungen sind binnen drei Monaten, von dem Tage an gerechnet, an welchem dieses Gesetz in Geltung tritt, zu bewirken. Nach Ablauf dieser Frist sind die Betheiligten zur Befolgung der betreffenden Vorschriften durch Ordnungsstrafen anzuhalten.

2) Ist die Anmeldung einer Gesellschaft zur Eintragung in das Handelsregister binnen der dreimonatlichen Frist bewirkt, so bleibt die Anwendung der Bestimmungen der Artikel 17. 18. 20. 21 Absatz 2. 168. des Allgemeinen Deutschen Handelsgesetzbuches ausgeschlossen.

3) Eine gültig errichtete Gesellschaft ist in das Handelsregister einzutragen, auch wenn die Voraussetzungen nicht vorhanden sind, welche nach diesem Gesetze für die Errichtung der Gesellschaft erforderlich sein würden.

4) Sind die persönlich haftenden Gesellschafter einer Kommanditgesellschaft auf Aktien, oder ist der Vorstand einer Aktiengesellschaft in der Befugniss, die Gesellschaft zu vertreten, beschränkt, so finden die Bestimmungen des Artikels 116. und des Artikels 231. des Allgemeinen Deutschen Handelsgesetzbuches bis zum Ablauf von drei Monaten, von dem Tage an gerechnet, an welchem dieses Gesetz in Geltung tritt, keine Anwendung. Auch bleibt die Anwendung dieser Vorschriften noch während eines Zeitraumes von fünf Jahren, von jenem Tage an gerechnet, ausgeschlossen, wenn die Beschränkung innerhalb der unter Ziffer 1. bezeichneten dreimonatlichen Frist zur Eintragung in das Handelsregister angemeldet ist.

Zu §. 3.

Vgl. jetzt H.G.B. §. 195 Abs. 2 Ziff. 6.

Zu §. 4.

Der §. 4 schließt nicht aus, daß eine früher nicht einzutragende ältere K.A.G. oder A.G. trotz Nichtanmeldung innerhalb der im §. 4 bestimmten Frist dennoch als solche fortbesteht (R.O.H. VIII, 61).

§. 5.

Austreten persönlich haftender Gesellschafter einer K.A.G.

Die Bestimmungen des [Artikels 199. des Allgemeinen Deutschen Handelsgesetzbuches nach der durch dieses Gesetz festgesetzten neuen Fassung] *§. 330 Abs. 4 des Handelsgesetzbuchs* finden auch auf diejenigen zur Zeit der Geltung des Artikels 199. in der früheren Fassung errichteten Kommanditgesellschaften auf Aktien Anwendung, bei welchen in dem Gesellschaftsvertrage oder in einem denselben abändernden Vertrage bestimmt ist, dass das Austreten eines oder mehrerer persönlich haftender Gesellschafter die Auflösung der Gesellschaft nicht zur Folge habe.

---

4. Gesetz, betreffend die Kommanditgesellschaften auf Aktien und die Aktiengesellschaften.

Vom 18. Juli 1884. (R.G.Bl. 123).

I. Neue Fassung der Bestimmungen über K.A.G. und A.G. (§. 1).

§. 1.

Die Bestimmungen im zweiten Abschnitte des zweiten Titels und im dritten Titel vom zweiten Buche des Handelsgesetzbuchs, Artikel 173 bis 249a, werden durch nachstehende Bestimmungen ersetzt.

(Folgt die neue Fassung der bezeichneten Bestimmungen, jetzt ersetzt durch das H.G.B.).

II. Übergangsbestimmungen für ältere Gesellschaften (§§. 2—7).

§. 2. **Gründungsvorschriften.**

Die in den [Artikeln 173, 173a, 174a, 175 Absatz 1 und 2, 175a bis 177, 180 und 207, 207a, 209 Absatz 1 und 2, 209a bis 210c, 213a der neuen Fassung] *§§. 178—180, 182*

Zu §. 5.

Über die Auslegung des Art. 199 des ursprünglichen A.D.H. vgl. Str. Bd. 77 S. 16. Der §. 330 Abs. 4 H.G.B. tritt im Text an die Stelle des Art. 199 A.D.H. gemäß Art. 3 E.G. z. H.G.B.

Vorbemerkung.

Der Entwurf des Gesetzes wurde mit Motiven [„M"] von dem Reichskanzler am 7. März 1884 dem Reichstage vorgelegt, durch Beschluß des letzteren v. 24. März einer Kommission von 21 Mitgliedern zur Vorberatung überwiesen, von dieser in 2 Lesungen in 18 bezw. 2 Sitzungen durchberaten und mannigfach abgeändert, schließlich einstimmig nebst den Abänderungen gebilligt, und sodann von dem Plenum des Reichstags in 2. u. 3. Lesung am 23. u. 28. Juli angenommen, von dem Bundesrat genehmigt und in dem am 31. Juli 1884 ausgegebenen Reichsgesetzblatte als Gesetz verkündet. Das Gesetz trat daher (Art. 2 der Reichsverfassung) mit dem 14. August 1884 in Kraft.

Übergangsbestimmungen (§§. 2—7).

Die §§. 2—7 enthalten Uebergangsbestimmungen, durch welche im wesentlichen das Gesetz auf die bei seinem Inkrafttreten bereits bestehenden oder doch angemeldeten Gesellschaften insoweit für anwendbar erklärt ist, als nicht deren Rechtsverhältnisse auf vertragsmäßiger Grundlage beruhen oder bereits begründete Rechte verletzt werden würden. Sofort anwendbar sind seine Bestimmungen insoweit sie zur Ergänzung von Vorschriften des bisherigen Rechts ergangen sind oder das öffentliche Recht berühren. Dahin zählen die **M.** 257 beispielsweise die

Absatz 1 und 2, §. 183 Absatz 2, §§. 184—199, 202, §§. 321—324 des Handelsgesetzbuchs enthaltenen Bestimmungen finden auf Gesellschaften, welche vor dem Tage des Inkrafttretens dieses Gesetzes angemeldet sind, aber erst an oder nach diesem Tage zur Eintragung in das Handelsregister gelangen, keine Anwendung, sofern schon vor dem bezeichneten Tage die Voraussetzungen erfüllt sind, an deren Nachweis die bisherigen Bestimmungen die Eintragung knüpfen.

Dasselbe gilt für diese Gesellschaften sowie für die schon bestehenden Gesellschaften von den Vorschriften der [Artikel 180a bis 180e, 181 und 213b bis 213f] *§§. 203—207, 324.*

Die Vorschrift im [Artikel 181a und 215c] *§. 209 Absatz 2* über die Unzulässigkeit der Ausgabe von Interimsscheinen vor der Eintragung des Gesellschaftsvertrages in das Handelsregister findet auf die im ersten Absatze bezeichneten Gesellschaften Anwendung.

Anordnungen hinsichtlich der Einziehung von Aktien (Art. 215d Abs. 2), hinsichtlich der Zuständigkeit und Beschlußfassung der Generalversammlung (Art. 215; vgl. auch Art. 180g), des Beschlußrechts der Erschienenen (Artt. 221 Abs. 1 u. 186), der Anfechtung der Beschlüsse (Artt. 222, 190a u. 190b), der Bestellung von Revisoren auf Verlangen der Minderheit (Art. 222a), der Verfolgung von Ansprüchen aus der Gründung auf Verlangen der Minderheit (Art. 223, RG. XVIII, 61), des Rechts derselben auf Berufung einer Generalversammlung und Stellung von Anträgen (Artt. 237 u. 188), der Frist ihrer Berufung und Tagesordnung (Art. 238), der Form der Protokolle (Art. 238a), hinsichtlich der Pflichten und Haftung von Aufsichtsrat (Artt. 225, 226 u. 204) und Vorstand (Artt. 234, 240, 241), hinsichtlich der Liquidation (Artt. 244ff.). Auch soweit eine Vorschrift öffentlich-rechtlichen Inhalts, ist doch noch zu untersuchen, ob im Einzelfall die Absicht dahin ging, sie auch auf bereits früher begründete Rechte anzuwenden (R.G. XXVIII, 79, XLII, 99). Im Gesetzestext treten die entsprechenden Bestimmungen des H.G.B. an die Stelle derjenigen des A.D.H. gemäß Art. 3 E.G. z. H.G.B.

Zu §. 2.

I. **Hergang bei Gründung.** Die im Abs. 1 angezogenen Vorschriften über die Gründung und die Verantwortlichkeit der Gründer finden keine Anwendung auf die bei dem Inkrafttreten des Gesetzes bereits fertig gegründeten Gesellschaften; der Abs. 1 soll die Zweifel lösen, wann eine Gesellschaft als in diesem Sinne „fertig gegründet" anzusehen ist, und bestimmt deshalb, daß auch eine bereits zur Eintragung angemeldete (wenngleich noch nicht eingetragene) Gesellschaft als gegründet zu betrachten ist, wofern sachlich die Voraussetzungen vorhanden sind, an welche das bisherige Recht die Eintragung knüpfte. Wenn nun auch Abs. 1 nur bestimmt, daß die in ihm angezogenen Artikel auf die so eben näher bezeichneten, noch nicht eingetragenen Gesellschaften keine Anwendung finden, so ergiebt sich hieraus, daß sie auf die Gesellschaften, welche schon vor dem 14. August 1884 in das Handesregister eingetragen worden sind, gleichfalls unanwendbar sind. In Abs. 2 ist die Unanwendbarkeit auf bereits bestehende Gesellschaften nur darum besonders hervorgehoben, weil die Anwendbarkeit der dort angeführten Artikel auf solche Gesellschaften zweifelhafter sein könnte. Vgl. den entsprechenden Art. 23 E.G. z. H.G.B. Bezüglich der Anwendbarkeit des den Artt. 173a, 207a entsprechenden §. 180 H.G.B. ist jetzt Art. 24 E.G. z. H.G.B. maßgebend. Der aus der Anführung des Art. 209f in §. 2 Abs. 1 entstandene Zweifel, ob auch für ältere (vor dem Ges. v. 11. Juni 1870 entstandene) Gesellschaften das Vorhandensein eines Aufsichtsrats fortan wesentlich sei, ist (nach Denkschr. 123; dagegen Esser §. 190 Anm. 1) durch die Bestimmungen über den Aufsichtsrat im H.G.B. jetzt dahin entschieden, daß alle Aktiengesellschaften ohne Ausnahme einen Aufsichtsrat haben müssen (vgl. H.G.B. §. 243 Anm. Ib).

II. **Haftung aus Gründungshergängen, Nachgründung, Verfügungsbeschränkung des Komplementärs der K.A.G.** Der Abs. 2 erklärt zur Beseitigung von Zweifeln für un=

§. 3. **Erhöhung des Grundkapitals.**

Auf eine Erhöhung des Gesammtkapitals der Kommanditisten oder des Grundkapitals bestehender Gesellschaften kommen die Bestimmungen [dieses Gesetzes] *des Handelsgesetzbuchs* nicht zur Anwendung, sofern der auf die neu auszugebenden Aktien eingeforderte Betrag vor dem Inkrafttreten dieses Gesetzes geleistet ist.

§. 4. **Stimmrecht.**

Die Vorschriften [im Artikel 190 Absatz 1 und 4 (Art. 221)] *in den §§. 252 Abs. 1, 327 Abs. 1 des Handelsgesetzbuchs* über das Stimmrecht finden auf die bestehenden und die im §. 2 Absatz 1 bezeichneten Gesellschaften nicht Anwendung, soweit der Gesellschaftsvertrag zur Zeit des Inkrafttretens dieses Gesetzes andere Bestimmungen enthält.

---

anwendbar auf die mit der Maßgabe des Abs. 1 angemeldeten und auf die bestehenden Gesellschaften ferner die Bestimmungen über die Haftung der Ausgeber (Artt. 180a, 213b) und der Mitglieder des Vorstandes und Aufsichtsrats für die Prüfung der Gründung (Artt. 180b, 213c), über die Vergleiche und Verzichte auf Ansprüche aus der Gründung (Artt. 180c, 213d), über die Verjährung solcher Ansprüche (Artt. 180d, 213e), die Nachgründung, Erwerb von Anlagen und unbeweglichen Gegenständen (Artt. 180e, 213f) und die Beschränkung des persönlich haftenden Gesellschafters der K.A.G. in der Verfügung über seine Einlage (Art. 181; dies jetzt aufgehoben, Denkschr. 175).

III. **Ausgabe von Interimsscheinen vor Eintragung der Gesellschaft.** Der Abs. 3 erklärt dagegen für anwendbar auch auf die angemeldeten und bestehenden Gesellschaften das Verbot der Schlußbestimmung im Abs. 2 der Artt. 181a und 215c, Interimsscheine vor Eintragung der Satzung auszugeben. Vgl. jetzt H.G.B. §. 209 Abs. 2.

Zu §. 3.

Der §. 3 erklärt die Bestimmungen dieses Gesetzes für unanwendbar auf Erhöhungen des Grundkapitals sofern der auf die neu auszugebenden Aktien eingeforderte Betrag (auch nur einer ersten Rate, K.B. 39) vor dem Inkrafttreten des Gesetzes geleistet ist; es genügt daher nicht, daß die Erhöhung beschlossen und die Aktien gezeichnet sind oder daß die bisher gesetzliche Mindestquote von 10% geleistet ist, wofern im Erhöhungsbeschluß eine größere festgesetzt ist (M. 259). — Die Fassung des §. 3 ist keine glückliche, denn beabsichtigt scheint nur zu sein, die Bestimmungen dieses Gesetzes über Erhöhungen des Gesamt- oder Grundkapitals (Artt. 180h, 215a) für unanwendbar zu erklären, wenn der auf die neuen Anteile eingeforderte Betrag vor dem 14. August 1884 geleistet ist. Durch Gegenschluß folgt hieraus, daß, wenn diese Zahlung nicht rechtzeitig erfolgt ist, jene Bestimmungen des neuen Gesetzes allerdings anwendbar sind. Nicht aber sind es alle Bestimmungen desselben (vgl. Freisleben in J. W. 1885 S. 316). Über die Einhaltung des Mindestnennbetrages von 1000 Mark für jeden Grundkapitalanteil bei späterer Erhöhung des Grundkapitals bestimmt jetzt Art. 24 E.G. z. H.G.B.

Zu §. 4.

Nach dem Inkrafttreten des Ges. v. 1884 (und entsprechend auch nach dem Inkrafttreten des H.G.B.) dürfen Änderungen der Satzung entgegen den jeweiligen neuen gesetzlichen Bestimmungen auch von den älteren Gesellschaften nicht mehr vorgenommen werden. Auch würden Bestimmungen der Satzung, welche etwa einzelnen, nicht stimmberechtigten Aktionären zugleich den Besuch der Generalversammlung verböten und dadurch das Widerspruchsrecht derselben verhinderten, gegenüber der Vorschrift in Artt. 190a u. 222 (jetzt §. 271 H.G.B.) ihre Kraft verlieren (M. 157, 260). Der Art. 238 Abs. 1 (jetzt §. 255 Abs. 1 H.G.B.),

§. 5.

Haftung der Zeichner für weitere Einzahlungen.

Die bestehenden und die im §. 2 Absatz 1 bezeichneten Gesellschaften dürfen auf Grund des Artikels 222 Ziffer 3 der alten Fassung von dem Inkrafttreten dieses Gesetzes ab die Zeichner nicht vollständig eingezahlter Aktien von der Haftung für weitere Einzahlungen nicht befreien und Interimsscheine, welche auf Inhaber lauten, nur insoweit ausstellen, als die Befreiung des Zeichners schon vor diesem Tage eingetreten ist.

§. 6.

Unvereinbarkeit der Aufsichtsrats- und Beamten-(Vorstands-) Stellung. Sondergeschäfte von Vorstehern.

Die Vorschrift des [Artikels 225a der neuen Fassung] *§. 248 des Handelsgesetzbuchs* findet auf die vor der Geltung des Handelsgesetzbuchs errichteten Gesellschaften keine Anwendung, soweit der Gesellschaftsvertrag nach Massgabe der früheren Vorschriften abweichende Bestimmungen enthält.

Die Vorschriften [der Artikel 196a, 232] *des §. 236* finden auf Mitglieder des Vorstandes einer bestehenden oder einer im §. 2 Absatz 1 bezeichneten Gesellschaft keine Anwendung, sofern die Bestellung des Mitgliedes vor dem Inkrafttreten dieses Gesetzes erfolgt ist.

Inhalts dessen den Aktionären mindestens 2 Wochen zur Vorbereitung ihrer Teilnahme an der Generalversammlung frei bleiben müssen, ist auch auf die bestehenden und im Sinne des §. 2 Abs. 1 angemeldeten Gesellschaften trotz etwaiger kürzerer in der Satzung bestimmter Fristen anzuwenden (K.B. 39).

Zu §. 5.

Der Art. 222 Ziff. 3 des A.D.H. in ursprünglicher Fassung und in der Fassung des Ges. v. 11. Juni 1870 gestattete, falls die Ausgabe von Inhaberaktien vorgesehen, in der Satzung zu bestimmen, daß nach Zahlung von 40% die Befreiung des Zeichners von der Haftung für weitere Einzahlungen zulässig sein solle, und im Falle eingetretener Befreiung Interimsscheine auf Inhaber über die geleisteten Einzahlungen ausgestellt werden dürften. Das Ges. v. 18. Juli 1884 und das H.G.B. verbieten die Ausgabe von Interimsscheinen auf Inhaber sowohl für Inhaber- wie für Namen-Aktien der A.G. und K.A.G. (A.D.H. Artt. 207, 173, H.G.B. §§. 179, 320 Abs. 3). Der obige §. 5 verbietet den bestehenden und den im Sinne des Abs. 1 §. 2 angemeldeten Gesellschaften vom Inkrafttreten des Gesetzes ab die Befreiung überhaupt und die Ausstellung von Interimsscheinen auf Inhaber dann, wenn die Befreiung nicht schon vor diesem Tage eingetreten ist. Die Bestimmung (Artt. 183a Abs. 2, 215c Abs. 3), daß weder Inhaber- noch Namen-Aktien vor der Vollzahlung ausgegeben werden dürfen, trat sofort in Kraft (M. 260; nach H.G.B. §. 179 ist jetzt die Ausgabe von Namenaktien vor Vollzahlung wieder zulässig).

Zu §. 6.

I. **Unvereinbarkeit der Aufsichtsrats- und Beamten-(Vorstands-)Stellung.** Der §. 6 Abs. 1 erklärt den Art. 225a (jetzt H.G.B. §. 248), welcher die Unvereinbarkeit der Mitgliedschaft in Aufsichtsrat und Vorstand näher bestimmt, auf die vor der Geltung des Handelsgesetzbuchs errichteten Gesellschaften für unanwendbar, insoweit die Satzung zur Zeit des Inkrafttretens dieses Gesetzes nach Maßgabe der früheren Vorschriften abweichende Bestimmungen enthält, mögen dieselben vor Inkrafttreten des A.D.H. oder auf Grund einer Aufrechterhaltung der früheren Vorschriften nach derselben getroffen sein. Dagegen können diese alten Gesellschaften seit Inkrafttreten des Ges. v. 1884 sich jene älteren Vorschriften nicht mehr nutzbar machen

§. 7.

Bilanz und Reservefonds.

Die Vorschriften im Artikel 185b Ziffer 2 (Art. 239b) über den Gewinn aus einer Erhöhung des Kapitals finden auf die bestehenden Gesellschaften schon für das beim Inkrafttreten des Gesetzes laufende Geschäftsjahr, die übrigen Vorschriften über Bilanz und Reservefonds (Art. 185a bis 185c, Art. 239 bis 239b der neuen Fassung) erst vom Beginn des folgenden Geschäftsjahres Anwendung.

Für Werthpapiere und Waaren, welche die Gesellschaft schon in dem letzten Geschäftsjahre vor dem Inkrafttreten dieses Gesetzes besessen hat, kann an Stelle des Anschaffungs- oder Herstellungspreises der Betrag angesetzt werden, mit welchem sie in der Bilanz des vorbezeichneten Geschäftsjahres enthalten sind.

Werden in Gemässheit der Vorschrift im Artikel 185a Ziffer 3 und 239b dauernd zum Geschäftsbetriebe der Gesellschaft bestimmte Gegenstände unter Zugrundelegung des Anschaffungs- oder Herstellungspreises zu einem Betrage angesetzt, welcher den Werth übersteigt, mit welchem sie in der Bilanz des letzten Geschäftsjahres vor dem 1. Oktober 1883 enthalten sind, so dürfen hierauf beruhende Dividenden nur unter Beobachtung der Vorschriften gezahlt werden, welche für eine Herabsetzung des Kapitals der Kommanditisten oder des Grundkapitals massgebend sind.

(M. 262). — Nach Art. 1 des Preuß. Einf.=Ges. zum Handelsgesetzbuch v. 24. Juni 1861 (G.S. 449) erlangte das letztere in dem ganzen damaligen Umfange des Staates Gesetzeskraft vom 1. März 1862 ab.

II. **Verbot von Sondergeschäften.** Der §. 6 Abs. 2 erklärte die Artikel 196a und 232 A.D.H. (jetzt §. 236 H.G.B.) über die Maßgaben, unter denen Mitglieder des Vorstandes einer A.G. Geschäfte in dem Handelszweige der Gesellschaft betreiben und an einer anderen gleichartigen Gesellschaft sich beteiligen können, auf die bestehenden oder im Sinne des §. 2 Abs. 1 angemeldeten Gesellschaften dann für unanwendbar, wenn die Bestellung des betreffenden Mitgliedes vor dem Inkrafttreten des Gesetzes v. 1884 erfolgt ist. Für die damals bereits bestellten Vorstandsmitglieder bleibt die Bestimmung des §. 6 auch nach Inkrafttreten des H.G.B. maßgebend (Denkschr. 306 z. H.G.B.). Als Neubestellung ist die Wahl einer neuen Person oder die Wiederwahl der früheren Person anzusehen, wenn diese nach Ablauf des Dienstvertrages gewählt wird, nicht aber wenn die Gesellschaft von einem ihr zustehenden Kündigungsrechte Gebrauch zu machen unterläßt (M. 262). Sofort anwendbar ist aber die Bestimmung des Art. 196a (jetzt H.G.B. §. 326) auf persönlich haftende Gesellschafter einer K.A.G. (M. 262). Für die nach Inkrafttreten des Ges. v. 18. Juli 1884, aber vor Inkrafttreten des H.G.B. bestellten Vorstandsmitglieder ist maßgebend E.G. z. H.G.B. Art. 27.

Zu §. 7.

Veraltete Übergangsbestimmung.

II. Börse und Banken.

1. Börsengesetz.

Vom 22. Juni 1896. (R.G.Bl. 157).

I. Allgemeine Bestimmungen über die Börsen und deren Organe.

§. 1.

Errichtung einer Börse. Aufsicht.

Die Errichtung einer Börse bedarf der Genehmigung der Landesregierung. Diese ist befugt, die Aufhebung bestehender Börsen anzuordnen.

Die Landesregierungen üben die Aufsicht über die Börsen aus. Sie können die unmittelbare Aufsicht den Handelsorganen (Handelskammern, kaufmännischen Korporationen) übertragen.

Der Aufsicht der Landesregierungen und der mit der unmittelbaren Aufsicht betrauten Handelsorgane unterliegen auch die auf den Börsenverkehr bezüglichen Einrichtungen der Kündigungsbüreaus, Liquidationskassen, Liquidationsvereine und ähnlicher Anstalten.

Staatskommissar. §. 2.

Bei den Börsen sind als Organe der Landesregierung Staatskommissare zu bestellen. Ihnen liegt es ob, den Geschäftsverkehr an der Börse sowie die Befolgung der in Bezug auf die Börse erlassenen Gesetze und Verwaltungsbestimmungen nach näherer Anweisung der Landesregierung zu überwachen. Sie sind berechtigt, den Berathungen der Börsenorgane beizuwohnen und die Börsenorgane auf hervorgetretene Missbräuche aufmerksam zu machen. Sie haben über Mängel und über die Mittel zu ihrer Abstellung Bericht zu erstatten.

Mit Zustimmung des Bundesraths kann für einzelne Börsen die Thätigkeit des Staatskommissars auf die Mitwirkung beim ehrengerichtlichen Verfahren beschränkt oder, sofern es sich um kleine Börsen handelt, von der Bestellung eines Staatskommissars abgesehen werden.

Börsenausschuß. §. 3.

Zur Begutachtung über die durch dieses Gesetz der Beschlussfassung des Bundesraths überwiesenen Angelegenheiten ist als Sachverständigenorgan ein Börsenausschuss zu bilden. Derselbe ist befugt, Anträge an den Reichskanzler zu stellen und Sachverständige zu vernehmen.

Zu §. 1.

Über den Begriff der Börse vgl. Urt. d. Oberverwaltungsgerichts v. 26. Novbr. 1898 (Entscheidungen XXXIV, 315 und Z.f.H. Bd. 48 S. 274).

Der Börsenausschuss besteht aus mindestens dreissig Mitgliedern, welche vom Bundesrath in der Regel auf je fünf Jahre zu wählen sind. Eine erneute Wahl ist zulässig. Die Wahl der Hälfte der Mitglieder erfolgt auf Vorschlag der Börsenorgane. Darüber, in welcher Anzahl dieselben von den einzelnen Börsenorganen vorzuschlagen sind, bestimmt der Bundesrath. Die andere Hälfte wird unter angemessener Berücksichtigung von Landwirthschaft und Industrie gewählt.

Die Geschäftsordnung für den Ausschuss wird nach Anhörung desselben von dem Bundesrath erlassen; der letztere setzt auch die den Ausschussmitgliedern zu gewährenden Tagegelder und Reisekosten fest.

§. 4. Börsenordnung.

Für jede Börse ist eine Börsenordnung zu erlassen.

Die Genehmigung derselben erfolgt durch die Landesregierung. Dieselbe kann die Aufnahme bestimmter Vorschriften in die Börsenordnung anordnen, insbesondere der Vorschrift, dass in den Vorständen der Produktenbörsen die Landwirthschaft, die landwirthschaftlichen Nebengewerbe und die Müllerei eine entsprechende Vertretung finden.

§. 5. Inhalt der Börsenordnung.

Die Börsenordnung muss Bestimmungen treffen:

1. über die Börsenleitung und ihre Organe;
2. über die Geschäftszweige, für welche die Börseneinrichtungen bestimmt sind;
3. über die Voraussetzungen der Zulassung zum Besuche der Börse;
4. darüber, in welcher Weise die Preise und Kurse zu notiren sind.

§. 6. Benutzung von Börseneinrichtungen.

Die Börsenordnung kann für andere als die nach §. 5 Ziffer 2 zu bezeichnenden Geschäftszweige, sofern dies nicht mit besonderen Bestimmungen dieses Gesetzes (§§. 40, 41, 51, 52) im Widerspruch steht, die Benutzung von Börseneinrichtungen zulassen. Ein Anspruch auf die Benutzung erwächst in diesem Falle für die Betheiligten nicht. Der Bundesrath ist befugt, für bestimmte Geschäftszweige die Benutzung der Börseneinrichtungen zu untersagen oder von Bedingungen abhängig zu machen.

§. 7. Börsenbesuch.

Vom Börsenbesuche sind ausgeschlossen:

1. Personen weiblichen Geschlechts;
2. Personen, welche sich nicht im Besitze der bürgerlichen Ehrenrechte befinden;

Zu §. 4.

Für Preußen vgl. Ges. betr. Landwirtschaftskammern v. 30. Juni 1894 (G.S. 126) §. 2 Abs. 4: „Den Landwirtschaftskammern wird nach Maßgabe der für die Börsen und Märkte zu erlassenden Bestimmungen eine Mitwirkung bei der Verwaltung und den Preisnotierungen der Produktenbörsen, sowie der Märkte, insbesondere der Viehmärkte, übertragen." — Die Börsenordnung für Berlin ist unter Anwendung des §. 4 Abs. 2 Satz 2 Börsenges. durch Erlaß d. Handelsministers v. 23. Dezb. 1896 festgestellt worden.

3. Personen, welche in Folge gerichtlicher Anordnung in der Verfügung über ihr Vermögen beschränkt sind;
4. Personen, welche wegen betrüglichen Bankerutts rechtskräftig verurtheilt sind;
5. Personen, welche wegen einfachen Bankerutts rechtskräftig verurtheilt sind;
6. Personen, welche sich im Zustande der Zahlungsunfähigkeit befinden;
7. Personen, gegen welche durch rechtskräftige oder für sofort wirksam erklärte ehrengerichtliche Entscheidung auf Ausschliessung von dem Besuche einer Börse erkannt ist.

Die Zulassung oder Wiederzulassung zum Börsenbesuche kann in den Fällen unter 2 und 3 nicht vor der Beseitigung des Ausschliessungsgrundes, in dem Falle unter 5 nicht vor Ablauf von sechs Monaten, nachdem die Strafe verbüsst, verjährt oder erlassen ist, erfolgen; sie darf in dem letzteren Falle und ebenso in dem Falle unter 6 nur stattfinden, wenn der Börsenvorstand den Nachweis für geführt erachtet, dass die Schuldverhältnisse sämmtlichen Gläubigern gegenüber durch Zahlung, Erlass oder Stundung geregelt sind. Einer Person, welche im Wiederholungsfalle in Zahlungsunfähigkeit oder in Konkurs gerathen ist, muss die Zulassung oder Wiederzulassung mindestens für die Dauer eines Jahres verweigert werden. In dem Falle unter 4 ist der Ausschluss ein dauernder.

Die Börsenordnungen können weitere Ausschliessungsgründe festsetzen.

Auf Antrag der Börsenorgane kann die Landesregierung in besonderen Fällen Ausnahmen von den Vorschriften über die Ausschliessung vom Börsenbesuche zulassen.

§. 8.

Ordnung und Geschäftsverkehr an der Börse.

Die Börsenaufsichtsbehörde ist befugt, zur Aufrechthaltung der Ordnung und für den Geschäftsverkehr an der Börse Anordnungen zu erlassen.

Die Handhabung der Ordnung in den Börsenräumen liegt dem Börsenvorstande ob. Er ist befugt, Personen, welche die Ordnung oder den Geschäftsverkehr an der Börse stören, sofort aus den Börsenräumen zu entfernen und mit zeitweiliger Ausschliessung von der Börse oder mit Geldstrafe zu bestrafen. Das Höchstmass beider Strafen wird durch die Börsenordnung festgesetzt. Die Ausschliessung von der Börse kann mit Genehmigung der Börsenaufsichtsbehörde durch Anschlag in der Börse bekannt gemacht werden.

Gegen die Verhängung der Strafen findet innerhalb einer durch die Börsenordnung festzusetzenden Frist die Beschwerde an die Börsenaufsichtsbehörde statt.

Finden sich an der Börse Personen zu Zwecken ein, welche mit der Ordnung oder dem Geschäftsverkehr an derselben unvereinbar sind, so ist ihnen der Zutritt zu untersagen.

Ehrengericht. §. 9.

An jeder Börse wird ein Ehrengericht gebildet. Es besteht, wenn die unmittelbare Aufsicht über die Börse einem Handelsorgane (§. 1 Absatz 2) übertragen ist, aus der Gesammtheit oder einem Ausschusse dieses Aufsichtsorgans, andernfalls aus Mitgliedern, welche von den Börsenorganen gewählt werden. Die näheren Bestimmungen über die Zusammensetzung des Ehrengerichts werden von der Landesregierung erlassen.

§. 10. **Sachliche Zuständigkeit.**

Das Ehrengericht zieht zur Verantwortung Börsenbesucher, welche im Zusammenhange mit ihrer Thätigkeit an der Börse sich eine mit der Ehre oder dem Anspruch auf kaufmännisches Vertrauen nicht zu vereinbarende Handlung haben zu Schulden kommen lassen.

§. 11. **Vorbereitendes Verfahren.**

Von der Einleitung oder Ablehnung eines ehrengerichtlichen Verfahrens ist der Staatskommissar (§. 2) zu unterrichten. Er kann die Einleitung eines ehrengerichtlichen Verfahrens verlangen. Diesem Verlangen sowie allen von dem Kommissar gestellten Beweisanträgen muss stattgegeben werden. Der Kommissar hat das Recht, allen Verhandlungen beizuwohnen und die ihm geeignet erscheinenden Anträge sowie Fragen an den Beschuldigten, die Zeugen und Sachverständigen zu stellen.

§. 12. **Voruntersuchung.**

Zur Vorbereitung der Hauptverhandlung kann das Ehrengericht einem Mitgliede die Führung einer Voruntersuchung übertragen. In der Voruntersuchung wird der Beschuldigte unter Mittheilung der Beschuldigungspunkte vorgeladen und, wenn er erscheint, mit seinen Erklärungen und Anträgen gehört.

Zeugen und Sachverständige dürfen nur unbeeidigt vernommen werden.

§. 13.

Einstellung oder Anberaumung der Hauptverhandlung.

Mit Zustimmung des Staatskommissars kann das Ehrengericht das Verfahren einstellen, andernfalls ist die Hauptverhandlung anzuberaumen.

§. 14. **Hauptverhandlung.**

Die Hauptverhandlung vor dem Ehrengerichte findet statt, auch wenn der Beschuldigte nicht erschienen ist. Sie ist nicht öffentlich. Das Ehrengericht kann die Oeffentlichkeit der Verhandlung anordnen. Die Anordnung muss erfolgen, falls der Staatskommissar oder der Beschuldigte es beantragt, sofern nicht die Voraussetzungen des §. 173 des Gerichtsverfassungsgesetzes vorliegen.

Der Beschuldigte ist befugt, sich des Beistandes eines Vertheidigers zu bedienen.

Das Ehrengericht ist berechtigt, Zeugen und Sachverständige vorzuladen und eidlich zu vernehmen.

§. 15. **Strafen.**

Die Strafen bestehen in Verweis, sowie in zeitweiliger oder dauernder Ausschliessung von der Börse.

Ergiebt sich, dass keine unehrenhafte Handlung, sondern nur eine Störung der Ordnung oder des Geschäftsverkehrs an der Börse vorliegt, so kann die Bestrafung gemäss §. 8 Absatz 2 durch das Ehrengericht stattfinden.

§. 16. **Entscheidung.**

Die Entscheidung wird in der Sitzung, in welcher die mündliche Verhandlung geschlossen wird, unter Angabe der Gründe verkündet oder spätestens innerhalb zwei Wochen nach dem Schlusse der Verhandlung dem Staatskommissar und dem Beschuldigten in einer mit Gründen versehenen Ausfertigung zugestellt.

Dem nicht erschienenen Beschuldigten ist auch die verkündete Entscheidung zuzustellen. Sowohl der Staatskommissar wie der Beschuldigte können auch bei in ihrer Gegenwart erfolgter Verkündung der Entscheidung eine mit Gründen versehene Ausfertigung derselben beanspruchen.

Das Ehrengericht kann in der Entscheidung anordnen, dass und auf welche Weise sie öffentlich bekannt zu machen ist.

Das Ehrengericht kann, wenn auf zeitweilige oder dauernde Ausschliessung von der Börse erkannt ist, anordnen, dass die Wirkung der Entscheidung sofort eintrete.

Auf Antrag des freigesprochenen Beschuldigten hat das Gericht die öffentliche Bekanntmachung der Freisprechung anzuordnen.

Berufung. §. 17.

Gegen die Entscheidung des Ehrengerichts steht sowohl dem Staatskommissar als dem Beschuldigten die Berufung an die periodisch zu bildende Berufungskammer offen.

Die Berufungskammer besteht aus einem Vorsitzenden und sechs Beisitzern. Der Vorsitzende wird von dem Bundesrath bestimmt. Die Beisitzer werden von dem Börsenausschusse aus seinen auf Vorschlag der Börsenorgane berufenen Mitgliedern gewählt; von den Beisitzern dürfen nicht mehr als zwei derselben Börse angehören.

Für den Vorsitzenden und die Beisitzer werden in gleicher Weise Stellvertreter bestellt.

In einer Spruchsitzung dürfen nicht mehr als zwei Beisitzer mitwirken, welche derselben Börse angehören.

Einlegung der Berufung. Frist. §. 18.

Die Einlegung der Berufung geschieht zu Protokoll oder schriftlich bei dem Ehrengerichte, welches die anzugreifende Entscheidung erlassen hat.

Die Frist zur Einlegung der Berufung beträgt eine Woche.

Sie beginnt, falls die Entscheidung verkündet worden ist, für den Staatskommissar und den erschienenen Beschuldigten mit der Verkündung, im Uebrigen mit der Zustellung der Entscheidung.

§. 19.

Zustellung der Entscheidung nach Berufung.

Nach Einlegung der Berufung ist dem Staatskommissar sowie dem Beschuldigten, sofern es nicht bereits geschehen, die angefochtene Entscheidung, mit Gründen versehen, zuzustellen.

Rechtfertigung der Berufung. §. 20.

Zur schriftlichen Rechtfertigung der Berufung steht demjenigen, der sie rechtzeitig eingelegt hat, eine Frist von einer Woche offen. Sie beginnt mit dem Ablauf der Einlegungsfrist oder, wenn zu dieser Zeit die Entscheidung noch nicht zugestellt war, mit deren Zustellung.

Beantwortungsschrift. §. 21.

Die Berufungsschrift des Beschuldigten und die etwa eingehende Rechtfertigung wird dem Staatskommissar, die Berufungsschrift und die Rechtfertigung des Staatskommissars dem Beschuldigten mitgetheilt. Innerhalb einer Woche nach der Mittheilung kann eine Beantwortungsschrift eingereicht werden.

§. 22.

Fristen für Rechtfertigung und Beantwortung.

Die Fristen zur Rechtfertigung und zur Beantwortung der Berufung können auf Antrag von dem Ehrengerichte verlängert werden.

§. 23. **Verfahren vor Berufungskammer.**

Nach Ablauf der in den §§. 18, 20, 21 und 22 bestimmten Fristen werden die Akten an die Berufungskammer eingesandt. Zu der Verhandlung ist der Beschuldigte vorzuladen und der Staatskommissar zuzuziehen.

Die Berufungskammer kann zur Aufklärung des Sachverhalts vorherige Beweiserhebungen veranlassen.

Auf das Verfahren vor der Berufungskammer finden die Vorschriften der §§. 11, 14, 15 und 16 Anwendung.

§. 24. **Protokoll.**

Ueber jede Vernehmung in der Voruntersuchung und über die Hauptverhandlung ist durch einen vereideten Protokollführer ein Protokoll aufzunehmen.

§. 25. **Ersatz der Auslagen.**

Neben der Strafe kann auf vollständigen oder theilweisen Ersatz der durch das Verfahren entstandenen baaren Auslagen erkannt werden.

§. 26. **Rechtshilfe.**

Die Gerichte sind verpflichtet, dem Ersuchen des Ehrengerichts sowie der Berufungskammer um Vernehmung von Zeugen und Sachverständigen zu entsprechen.

§. 27. **Anzeige ehrenrühriger Handlungen.**

Die mit der Aufsicht über die Börsen betrauten Organe sind verpflichtet, Handlungen der Börsenbesucher, welche zu einem ehrengerichtlichen Verfahren Anlass geben, zur Kenntniss des Staatskommissars oder, wenn ein solcher nicht bestellt ist, zur Kenntniss des Ehrengerichts zu bringen.

§. 28.

Unterwerfung unter Börsenschiedsgericht.

Eine Vereinbarung, durch welche die Betheiligten sich der Entscheidung eines Börsenschiedsgerichts unterwerfen, ist nur verbindlich, wenn jeder der Betheiligten Kaufmann oder für den betreffenden Geschäftszweig in das Börsenregister (§. 54) eingetragen ist oder wenn die Unterwerfung unter das Schiedsgericht nach Entstehung des Streitfalles erfolgt.

II. Feststellung des Börsenpreises und Maklerwesen.

§. 29. **Feststellung des Börsenpreises.**

Bei Waaren oder Werthpapieren, deren Börsenpreis amtlich festgestellt wird, erfolgt diese Feststellung sowohl für Kassa- wie für Zeitgeschäfte durch den Börsen-

---

Zu §. 28.

Für ein zulässiges schiedsrichterliches Verfahren ist maßgebend C.P.O. §§. 1025ff.

vorstand, soweit die Börsenordnung nicht die Mitwirkung von Vertretern anderer Berufszweige vorschreibt.

Bei der Feststellung darf ausser dem Staatskommissar, dem Börsenvorstande, den Börsensekretären, den Kursmaklern und den Vertretern der betheiligten Berufszweige, deren Mitwirkung die Börsenordnung vorschreibt, niemand zugegen sein.

Als Börsenpreis ist derjenige Preis festzusetzen, welcher der wirklichen Geschäftslage des Verkehrs an der Börse entspricht.

Kursmakler. Maklerkammer. §. 30.

Zur Mitwirkung bei der amtlichen Festsetzung des Börsenpreises von Waaren und Werthpapieren sind Hülfspersonen (Kursmakler) zu ernennen. Sie müssen, solange sie die Thätigkeit als Kursmakler ausüben, die Vermittelung von Börsengeschäften in den betreffenden Waaren oder Werthpapieren betreiben. Sie werden von der Landesregierung bestellt und entlassen und leisten vor Antritt ihrer Stellung den Eid, dass sie die ihnen obliegenden Pflichten getreu erfüllen werden.

Eine Vertretung der Kursmakler (Maklerkammer) ist bei der Bestellung neuer Kursmakler und bei Vertheilung der Geschäfte unter die einzelnen Makler gutachtlich zu hören. Die näheren Bestimmungen über die Bestellung und Entlassung der Kursmakler und die Organisation ihrer Vertretung sowie über ihr Verhältniss zu den Staatskommissaren und den Börsenorganen werden von der Landesregierung erlassen.

§. 31.

Berücksichtigung bei Feststellung des Börsenpreises.

Bei Geschäften in Waaren oder Werthpapieren kann ein Anspruch auf Berücksichtigung bei der amtlichen Feststellung des Börsenpreises nur erhoben werden, wenn sie durch Vermittelung eines Kursmaklers abgeschlossen sind. Die Berechtigung des Börsenvorstandes, auch andere Geschäfte zu berücksichtigen, bleibt hierdurch unberührt.

Eigenhandel der Kursmakler. §. 32.

Die Kursmakler dürfen in den Geschäftszweigen, für welche sie bei der amtlichen Feststellung des Börsenpreises mitwirken, nur insoweit für eigene Rechnung oder in eigenem Namen Handelsgeschäfte schliessen oder eine Bürgschaft für die von ihnen

---

Zu §. 29.

Waren, Wertpapiere vgl. H.G.B. §. 1 Anm. III C Ziff. 1 d, e, §. 179 Anm. IVb. Die Bestimmungen der §§. 29—35 Börsengef. über Wertpapiere sind auch anzuwenden auf Wechsel und ausländisches Geld (Börsengef. §. 80).

Zu §. 30.

Die Kursmakler sind in der Regel zugleich Handelsmakler (H.G.B. §. 93 Anm. I); insoweit sind für sie daher auch H.G.B. §. 93 ff. maßgebend. Über die Bestellung und Entlassung der Kursmakler bestimmt für Preußen Erlaß des Handelsministers v. 14. Nov. 1896. Hiernach (Erlaß §§. 1, 2) erfolgt die Ernennung für Berlin durch den Oberpräsidenten, für die übrigen Börsen durch den Regierungspräsidenten nach Anhörung derjenigen Handelsorgane, denen die Aufsicht gemäß §. 1 Abs. 2 Börsengef. übertragen ist und der etwa bestehenden Maklerkammer; die Kursmakler unterliegen den allgemeinen Vorschriften für Börsenbesucher (Erlaß §. 6). Für Berlin ist gemäß §. 30 Abs. 2 Börsengef. durch Erlaß des Handelsministers v. 8. Dezb. 1896 eine „Maklerordnung" ergangen.

vermittelten Geschäfte übernehmen, als dies zur Ausführung der ihnen ertheilten Aufträge nöthig ist; die Landesregierung bestimmt, in welcher Weise die Beobachtung dieser Vorschrift zu überwachen ist. Die Gültigkeit der abgeschlossenen Geschäfte wird hierdurch nicht berührt.

Die Kursmakler dürfen, soweit nicht die Landesregierung Ausnahmen zulässt, kein sonstiges Handelsgewerbe betreiben, auch nicht an einem solchen als Kommanditist oder stiller Gesellschafter betheiligt sein; ebensowenig dürfen sie zu einem Kaufmann in dem Verhältnisse eines Prokuristen, Handlungsbevollmächtigten oder Handlungsgehülfen stehen.

§. 33. Tagebuch.

Das von dem Kursmakler zu führende Tagebuch ist vor dem Gebrauche dem Börsenvorstande zur Beglaubigung der Zahl der Blätter oder Seiten vorzulegen.

Wenn ein Kursmakler stirbt oder aus dem Amte scheidet, ist sein Tagebuch bei dem Börsenvorstande niederzulegen.

§. 34.

Kursmakler und öffentlich ermächtigte Handelsmakler.

Die Kursmakler sind zur Vornahme von Verkäufen und Käufen befugt, die durch einen dazu öffentlich ermächtigten Handelsmakler zu bewirken sind.

§. 35.

Verordnungen über Preisfeststellung.

Der Bundesrath ist befugt:

1. eine von den Vorschriften im §. 29 Absatz 1 und 2 und in den §§. 30 und 31 abweichende amtliche Feststellung des Börsenpreises von Waaren oder Werthpapieren für einzelne Börsen zuzulassen;
2. eine amtliche Feststellung des Börsenpreises bestimmter Waaren allgemein oder für einzelne Börsen vorzuschreiben;
3. Bestimmungen zu erlassen, um eine Einheitlichkeit der Grundsätze über die den Feststellungen von Waarenpreisen zu Grunde zu legenden Mengen und über die für die Feststellung der Preise von Werthpapieren massgebenden Gebräuche herbeizuführen.

Die Befugniss der Landesregierung zu Anordnungen der im Absatz 1 Ziffer 2 und 3 bezeichneten Art wird hierdurch nicht berührt, soweit der Bundesrath von seiner Befugniss keinen Gebrauch gemacht hat. Diese Anordnungen sind dem Reichskanzler zur Kenntnissnahme mitzutheilen.

Zu §. 33.

Neue Fassung durch E.G. z. H.G.B. Art. 14. — Da der Kursmakler in der Regel zugleich Handelsmakler ist (H.G.B. §. 93 Anm. I), kommen auch die Vorschriften über das Tagebuch des Handelsmaklers (H.G.B. §§. 100 ff.) in Betracht.

Zu §. 34.

Neue Fassung durch E.G. z. H.G.B. Art. 14. — Vgl. H.G.B. §. 93 Anm. I, Denkschr. 299 z. H.G.B.

Zu §. 35.

Die in §. 35 Ziff. 3 Börsenges. vorbehaltenen Bestimmungen sind vom Bundesrat beschlossen und durch Bekanntmachung des Reichskanzlers v. 28. Juni 1898 (abgedruckt unten II 2) verkündet.

III. Zulassung von Werthpapieren zum Börsenhandel.

Zulassungsstelle. §. 36.

Die Zulassung von Werthpapieren zum Börsenhandel erfolgt an jeder Börse durch eine Kommission (Zulassungsstelle), von deren Mitgliedern mindestens die Hälfte aus Personen bestehen muss, welche nicht ins Börsenregister für Werthpapiere (§. 54) eingetragen sind.

Von der Berathung und Beschlussfassung über die Zulassung eines Werthpapiers zum Börsenhandel sind diejenigen Mitglieder ausgeschlossen, welche an der Einführung dieses Werthpapiers in den Börsenhandel betheiligt sind; für die ausscheidenden Mitglieder sind Stellvertreter nach näherer Bestimmung der Börsenordnung zu berufen.

Die Zulassungsstelle hat die Aufgabe und die Pflicht:

a) die Vorlegung der Urkunden, welche die Grundlage für die zu emittirenden Werthpapiere bilden, zu verlangen und diese Urkunden zu prüfen;

b) dafür zu sorgen, dass das Publikum über alle zur Beurtheilung der zu emittirenden Werthpapiere nothwendigen thatsächlichen und rechtlichen Verhältnisse soweit als möglich informirt wird, und bei Unvollständigkeit der Angaben die Emission nicht zuzulassen;

c) Emissionen nicht zuzulassen, durch welche erhebliche allgemeine Interessen geschädigt werden oder welche offenbar zu einer Uebervortheilung des Publikums führen.

Die Zulassungsstelle darf die Emission ohne Angabe von Gründen ablehnen. Im Uebrigen werden die Bestimmungen über die Zusammensetzung der Zulassungsstelle sowie über die Zulässigkeit einer Beschwerde gegen deren Entscheidungen durch die Börsenordnungen getroffen. Die Zulassungsstelle ist befugt, zum Börsenhandel zugelassene Werthpapiere von demselben auszuschliessen.

Die Zulassung deutscher Reichs- und Staatsanleihen darf nicht versagt werden.

Ablehnung der Zulassung. §. 37.

Wird von der Zulassungsstelle einer Börse der Antrag auf Zulassung von Werthpapieren zum Börsenhandel abgelehnt, so hat die Zulassungsstelle den Vorständen der übrigen deutschen Börsen für Werthpapiere Mittheilung zu machen. Dabei ist anzugeben, ob die Ablehnung mit Rücksicht auf örtliche Verhältnisse oder aus anderen Gründen erfolgt ist. In letzterem Falle darf die Zulassung von einer anderen Börse nur mit Zustimmung derjenigen Stelle ertheilt werden, welche die Zulassung abgelehnt hat.

Der Antragsteller hat anzugeben, ob das Gesuch um Zulassung bereits bei einer anderen Börse eingereicht ist oder gleichzeitig eingereicht wird. Ist dies der Fall, so sollen die Werthpapiere nur mit Zustimmung der anderen Zulassungsstelle zugelassen werden.

Zu §. 36.

Wertpapiere vgl. H.G.B. §. 1 Anm. III C Ziff. 1 e, §. 179 Anm. IV b. Die Bestimmungen der §§. 36—47 über Wertpapiere sind **nicht** anwendbar auf Wechsel und ausländisches Geld (Börsengeſ. §. 80).

§. 38. **Antrag auf Zulassung. Prospekt.**

Nach Einreichung des Antrages auf Zulassung von Werthpapieren ist derselbe von der Zulassungsstelle unter Bezeichnung der Einführungsfirma, des Betrages sowie der Art der einzuführenden Werthpapiere zu veröffentlichen. Zwischen dieser Veröffentlichung und der Einführung an der Börse muss eine Frist von mindestens sechs Tagen liegen.

Vor der Zulassung ist, sofern es sich nicht um deutsche Reichs- oder Staatsanleihen handelt, ein Prospekt zu veröffentlichen, welcher die für die Beurtheilung des Werthes der einzuführenden Papiere wesentlichen Angaben enthält. Das Gleiche gilt für Konvertirungen und Kapitalserhöhungen. Der Prospekt muss den Betrag, welcher in den Verkehr gebracht, sowie den Betrag, welcher vorläufig vom Verkehr ausgeschlossen werden soll, und die Zeit, für welche dieser Ausschluss erfolgen soll, ersichtlich machen.

Für Schuldverschreibungen, bezüglich deren das Reich oder ein Bundesstaat die volle Garantie übernommen hat, und für Schuldverschreibungen kommunaler Körperschaften und kommunalständischer Kreditinstitute sowie der unter staatlicher Aufsicht stehenden Pfandbriefanstalten kann die Landesregierung (§. 1) von der Verpflichtung zur Einreichung eines Prospekts entbinden.

§. 39.

Umgewandeltes Unternehmen. Ausländische Erwerbsgesellschaften.

Die Zulassung von Aktien eines zur Aktiengesellschaft oder zur Kommanditgesellschaft auf Aktien umgewandelten Unternehmens zum Börsenhandel darf vor Ablauf eines Jahres nach Eintragung der Gesellschaft in das Handelsregister und vor der Veröffentlichung der ersten Jahresbilanz nebst Gewinn- und Verlustrechnung nicht erfolgen. In besonderen Fällen kann diese Frist von der Landesregierung (§. 1) ganz oder theilweise erlassen werden.

Die Zulassung von Antheilsscheinen oder staatlich nicht garantirten Obligationen ausländischer Erwerbsgesellschaften ist davon abhängig, dass die Emittenten sich auf die Dauer von fünf Jahren verpflichten, die Bilanz sowie die Gewinn- und Verlustrechnung jährlich nach Feststellung derselben in einer oder mehreren von der Zulassungsstelle zu bestimmenden deutschen Zeitungen zu veröffentlichen.

§. 40.

Geschäfte vor Zuteilung an Zeichner.

Für Werthpapiere, welche zur öffentlichen Zeichnung aufgelegt werden, darf vor beendeter Zutheilung an die Zeichner eine amtliche Feststellung des Preises nicht

---

Zu §. 38.

Vgl. §. 75 Abs. 3 Börsenges. über Strafbarkeit der in betrügerischer Absicht gemachten wissentlich unrichtigen Angaben im Prospekt. — Nach Bankges. §. 23 in der Fassung des Ges. v. 7. Juni 1899 (unten II 5) findet §. 38 Börsenges. keine Anwendung bei Begebung der neu auszugebenden 60000000 Mk. Anteile der Reichsbank.

Zu §. 40.

Zu §. 40 Satz 3 vgl. Strafandrohung in Börsenges. §. 77. — Für Aktien vgl. auch H.G.B. §. 200 Abs. 2.

erfolgen. Vor diesem Zeitpunkt sind Geschäfte von der Benutzung der Börseneinrichtungen ausgeschlossen und dürfen von den Kursmaklern nicht notirt werden. Auch dürfen für solche Geschäfte Preislisten (Kurszettel) nicht veröffentlicht oder in mechanisch hergestellter Vervielfältigung verbreitet werden.

Wirkung der Nichtzulassung. §. 41.

Für Werthpapiere, deren Zulassung zum Börsenhandel verweigert oder nicht nachgesucht ist, darf eine amtliche Feststellung des Preises nicht erfolgen. Geschäfte in solchen Werthpapieren sind von der Benutzung der Börseneinrichtungen ausgeschlossen und dürfen von den Kursmaklern nicht vermittelt werden. Auch dürfen für solche an der Börse abgeschlossenen Geschäfte Preislisten (Kurszettel) nicht veröffentlicht oder in mechanisch hergestellter Vervielfältigung verbreitet werden, soweit nicht die Börsenordnung für besondere Fälle Ausnahmen gestattet.

§. 42.

Ausführungsverordnungen über Zulassung.

Der Bundesrath bestimmt den Mindestbetrag des Grundkapitals, welcher für die Zulassung von Aktien an den einzelnen Börsen massgebend sein soll, sowie den Mindestbetrag der einzelnen Stücke der zum Handel an der Börse zuzulassenden Werthpapiere.

Weitere Bestimmungen über die Aufgaben der Zulassungsstelle und die Voraussetzungen der Zulassung trifft der Bundesrath.

Die Befugniss der Landesregierung, ergänzende Bestimmungen zu treffen, wird hierdurch nicht berührt; diese Bestimmungen sind dem Reichskanzler mitzutheilen.

§. 43.

Haftung für Inhalt des Prospekts.

Sind in einem Prospekt, auf Grund dessen Werthpapiere zum Börsenhandel zugelassen sind, Angaben, welche für die Beurtheilung des Werthes erheblich sind, unrichtig, so haften diejenigen, welche den Prospekt erlassen haben, sowie diejenigen, von denen der Erlass des Prospekts ausgeht, wenn sie die Unrichtigkeit gekannt haben oder ohne grobes Verschulden hätten kennen müssen, als Gesammtschuldner jedem Besitzer eines solchen Werthpapiers für den Schaden, welcher demselben aus der von den gemachten Angaben abweichenden Sachlage erwächst. Das Gleiche gilt, wenn der Prospekt in Folge der Fortlassung wesentlicher Thatsachen unvollständig ist und diese Unvollständigkeit auf böslichem Verschweigen oder auf der böslichen

---

Zu §. 41.

Zu §. 41 Satz 2 vgl. Strafandrohung in Börsenges. §. 77.

Zu §. 42.

Auf Grund des §. 42 Börsenges. erging ein Beschluß des Bundesrats und wurde durch Bekanntmachung des Reichskanzlers v. 11. Dezbr. 1896 (abgedruckt unten II 3) verkündet. — Grundkapital vgl. H.G.B. §. 178 Anm. II a.

Zu §. 43.

Vgl. H.G.B. §. 203 über Haftung der Ausgeber von Aktien, Börsenges. §. 75 Abs. 3 über Strafbarkeit der in betrügerischer Absicht gemachten wissentlich unrichtigen Angaben im Prospekt.

Unterlassung einer ausreichenden Prüfung seitens derjenigen, welche den Prospekt erlassen haben, oder derjenigen, von denen der Erlass des Prospekts ausgeht, beruht.

Die Ersatzpflicht wird dadurch nicht ausgeschlossen, dass der Prospekt die Angaben als von einem Dritten herrührend bezeichnet.

§. 44. **Umfang der Ersatzpflicht.**

Die Ersatzpflicht erstreckt sich nur auf diejenigen Stücke, welche auf Grund des Prospekts zugelassen und von dem Besitzer auf Grund eines im Inlande abgeschlossenen Geschäfts erworben sind.

Der Ersatzpflichtige kann der Ersatzpflicht dadurch genügen, dass er das Werthpapier gegen Erstattung des von dem Besitzer nachgewiesenen Erwerbspreises oder desjenigen Kurswerthes übernimmt, den die Werthpapiere zur Zeit der Einführung hatten.

Die Ersatzpflicht ist ausgeschlossen, wenn der Besitzer des Papiers die Unrichtigkeit oder Unvollständigkeit der Angaben des Prospekts bei dem Erwerbe kannte. Gleiches gilt, wenn der Besitzer des Papiers bei dem Erwerbe die Unrichtigkeit der Angaben des Prospekts boi Anwendung derjenigen Sorgfalt, welche er in eigenen Angelegenheiten beobachtet, kennen musste, es sei denn, dass die Ersatzpflicht durch bösliches Verhalten begründet ist.

§. 45. **Verjährung des Ersatzanspruchs.**

Der Ersatzanspruch verjährt in fünf Jahren seit der Zulassung der Werthpapiere.

§. 46. **Abweichende Vereinbarung.**

Eine Vereinbarung, durch welche die nach den §§. 43 bis 45 begründete Haftung ermässigt oder erlassen wird, ist unwirksam.

Weitergehende Ansprüche, welche nach den Vorschriften des bürgerlichen Rechts auf Grund von Verträgen erhoben werden können, bleiben unberührt.

§. 47. **Zuständige Gerichte.**

Für die Entscheidung der Ansprüche aus den §§. 43 bis 46 ist ohne Rücksicht auf den Werth des Streitgegenstandes ausschliesslich das Landgericht des Ortes zuständig, an dessen Börse die Einführung des Werthpapiers erfolgte. Besteht an diesem Landgerichte eine Kammer für Handelssachen, so gehört der Rechtsstreit vor diese. Die Revision sowie die Beschwerde gegen Entscheidungen des Oberlandesgerichts geht an das Reichsgericht.

IV. Börsenterminhandel.

§. 48. **Börsentermingeschäft.**

Als Börsentermingeschäfte in Waaren oder Werthpapieren gelten Kauf- oder sonstige Anschaffungsgeschäfte auf eine festbestimmte Lieferungszeit oder mit einer festbestimmten Lieferungsfrist, wenn sie nach Geschäftsbedingungen geschlossen werden,

Zu §. 45.

Der Satz 2 des §. 45, welcher die Verjährung gegen Minderjährige, bevormundete Personen und den Minderjährigen gleichstehende Personen betraf, ist gestrichen durch Einf.-Ges. z. H.G.B. Art. 14.

die von dem Börsenvorstande für den Terminhandel festgesetzt sind, und wenn für die an der betreffenden Börse geschlossenen Geschäfte solcher Art eine amtliche Feststellung von Terminpreisen (§§. 29, 35) erfolgt.

Zulassung zum Börsenterminhandel. §. 49.

Ueber die Zulassung von Waaren und Werthpapieren zum Börsenterminhandel entscheiden die Börsenorgane nach näherer Bestimmung der Börsenordnung.

Die Börsenorgane sind verpflichtet, vor der Zulassung von Waaren zum Börsenterminhandel in jedem einzelnen Falle Vertreter der betheiligten Erwerbszweige gutachtlich zu hören und das Ergebniss dem Reichskanzler mitzutheilen. Die Zulassung darf erst erfolgen, nachdem der Reichskanzler erklärt hat, dass er zu weiteren Ermittelungen keine Veranlassung finde.

Unzulässiger Börsenterminhandel. §. 50.

Der Bundesrath ist befugt, den Börsenterminhandel von Bedingungen abhängig zu machen oder in bestimmten Waaren oder Werthpapieren zu untersagen.

Der Börsenterminhandel in Antheilen von Bergwerks- und Fabrikunternehmungen ist untersagt. Der Börsenterminhandel in Antheilen von anderen Erwerbsgesellschaften kann nur gestattet werden, wenn das Kapital der betreffenden Erwerbsgesellschaft mindestens zwanzig Millionen Mark beträgt.

Der börsenmässige Terminhandel in Getreide und Mühlenfabrikaten ist untersagt.

Wirkung der Unzulässigkeit. §. 51.

Insoweit der Börsenterminhandel in bestimmten Waaren oder Werthpapieren durch dieses Gesetz oder vom Bundesrath untersagt, oder die Zulassung desselben von den Börsenorganen endgültig verweigert ist, sind Börsentermingeschäfte in diesen Waaren oder Werthpapieren von der Benutzung der Börseneinrichtungen ausgeschlossen und dürfen von den Kursmaklern nicht vermittelt werden. Auch dürfen für solche Geschäfte, sofern sie im Inlande abgeschlossen sind, Preislisten (Kurszettel) nicht veröffentlicht oder in mechanisch hergestellter Vervielfältigung verbreitet werden.

Desgleichen ist ein von der Mitwirkung der Börsenorgane unabhängiger Terminhandel von der Börse ausgeschlossen, soweit er sich in den für Börsentermingeschäfte üblichen Formen vollzieht.

Zu §. 48.

Waren, Wertpapiere vgl. H.G.B. §. 1 Anm. III C Ziffer 1 d, e, §. 179 Anm. IV b. Die Bestimmungen der §§. 48—69 Börsenges. über Wertpapiere sind auch anzuwenden auf Wechsel und ausländisches Geld (Börsenges. §. 80). — Anschaffungsgeschäft vgl. H.G.B. §. 1 Anm. III C Ziff. 1 a. — Nach R.G. XLII, 49 ist die Begriffsbestimmung des §. 48 maßgebend, soweit das Gesetz Vorteile an das Vorliegen eines Börsentermingeschäfts knüpft (z. B. §§. 53, 69); bei Anwendung der Einschränkung des §. 66 dagegen sei ein weiterer Begriff des Börsentermingeschäfts zu Grunde zu legen.

Zu §. 50.

Vgl. Bekanntm. v. 20. April 1899 (R.G.Bl. 266) betr. Untersagung des Börsenterminhandels in Kammzug.

Zu §. 51.

Zu §. 51 Abs. 1 Satz 2 vgl. Strafandrohung in Börsenges. §. 77.

§. 52.

Unterlassene Nachsuchung der Zulassung.

Wird die Zulassung von Waaren oder Werthpapieren zum Börsenterminhandel nicht nachgesucht, so kann ein thatsächlich stattfindender Terminhandel von den Börsenaufsichtsbehörden mit den im §. 51 bezeichneten Folgen untersagt werden.

§. 53.

Lieferung nicht vertraggemäßer Ware.

Bei dem Börsenterminhandel in Waaren geräth der Verkäufer, sofern er nach erfolgter Kündigung eine unkontraktliche Waare liefert, in Erfüllungsverzug, auch wenn die Lieferungsfrist noch nicht abgelaufen war.

Eine entgegenstehende Vereinbarung ist nichtig.

§. 54. **Börsenregister.**

Bei jedem zur Führung des Handelsregisters zuständigen Gerichte ist je ein Börsenregister für Waaren und für Werthpapiere zu führen. Die Landesregierung kann die Führung des Registers für die Bezirke mehrerer Gerichte einem derselben übertragen.

§. 55. **Eintragung.**

In das Börsenregister werden nach Namen, Vornamen, Stand und Wohnort die Personen eingetragen, die sich an Börsentermingeschäften in Waaren oder Werthpapieren betheiligen wollen. Betrifft die Eintragung eine Handelsgesellschaft oder juristische Person, so ist ihre Firma oder ihr Name sowie der Ort, wo sie ihren Sitz hat, einzutragen.

Die Eintragung erfolgt in dem Register des Bezirks, in welchem der Einzutragende seine gewerbliche Niederlassung oder in Ermangelung einer solchen seinen Wohnsitz hat. Im Falle einer Verlegung der Niederlassung oder des Wohnsitzes wird die Eintragung unter Löschung in dem Register des bisherigen Bezirks in das Register des neuen Bezirks gebührenfrei übertragen.

§. 56. **Öffentlichkeit.**

Das Börsenregister ist öffentlich. Die Einsicht desselben ist während der gewöhnlichen Dienststunden einem Jeden gestattet. Auch kann von den Eintragungen

---

Zu §. 52.

Die Veröffentlichung von Preislisten unter Verstoß gegen den entsprechend anzuwendenden §. 51 Abs. 1 Satz 2 ist mit Strafe bedroht in Börsenges. §. 77.

Zu §. 54.

Über die Führung des Börsenregisters und die Aufstellung der Gesamtliste bestimmt näheres der durch Bekanntmachung des Reichskanzlers v. 9. Oktober 1896 (abgedruckt unten II 4) verkündete Beschluß des Bundesrats.

Zu §. 55.

Namen, Vornamen vgl. H.G.B. §. 18 Anm. III a, b. Handelsgesellschaft vgl. H.G.B. §. 6 Anm. III, IV. Juristische Person vgl. H.G.B. §. 33 Anm. I. Firma vgl. H.G.B. §. 33 Anm. III. Ort des Sitzes vgl. H.G.B. §. 106 Anm. II c. Niederlassung vgl. H.G.B. §. 13 Anm. I b. Wohnsitz vgl. B.G. §. 7.

gegen Erlegung der Kosten eine Abschrift gefordert werden, die auf Verlangen zu beglaubigen ist.

Gebühren. §. 57.

Vor der Eintragung in ein Börsenregister ist eine Eintragungsgebühr von einhundertfünfzig Mark zu entrichten.

Für jedes folgende Kalenderjahr, während dessen die Eintragung bestehen soll, ist eine Erhaltungsgebühr von je fünfundzwanzig Mark zu zahlen.

Die Gebühren fliessen, insoweit die Landesregierungen nicht ein Anderes bestimmen, den Landeskassen zu.

§. 58.

Berechtigung zum Eintragungsantrag.

Den Antrag auf Eintragung hat der Einzutragende oder, falls er sich durch Verträge nicht verpflichten kann, sein gesetzlicher Vertreter zu stellen.

Ehefrauen, die nicht Handelsfrauen sind, bedürfen der Genehmigung des Ehemannes.

Der gesetzliche Vertreter einer unter Vormundschaft oder Pflegschaft (Kuratel) stehenden Person bedarf der Genehmigung der Vormundschaftsbehörde.

Form des Antrages. §. 59.

Der Antrag ist bei dem Gerichte, bei welchem das Börsenregister geführt wird, mündlich zu Protokoll zu stellen oder schriftlich einzureichen.

Schriftliche Anträge müssen gerichtlich oder notariell aufgenommen oder beglaubigt sein.

Die vorstehenden Bestimmungen finden auch auf eine etwa erforderliche Genehmigung (§. 58) Anwendung.

Anträge und Erklärungen öffentlicher Behörden bedürfen, wenn sie vorschriftsmässig unterschrieben und untersiegelt sind, keiner Beglaubigung.

§. 60.

Erklärung über beabsichtigte Geschäftsart.

Der Antrag auf Eintragung soll die Erklärung enthalten, dass der Einzutragende Börsentermingeschäfte in Waaren oder Werthpapieren eingehen wolle.

Warenregister. §. 61.

Der Antrag auf Eintragung in das Waarenregister kann auf bestimmte Geschäftszweige beschränkt werden. Auf Antrag ist gebührenfrei die Eintragung auf

---

Zu §. 56.

Vgl. H.G.B. §. 9.

Zu §. 58.

Neue Fassung des Abs. 2 durch E.G. z. H.G.B. Art. 14. Fortgefallen ist die Erwähnung der Kinder unter väterlicher Gewalt; nach B.G. §. 1626 endet die elterliche Gewalt spätestens mit Eintritt der Volljährigkeit.

Zu §. 59.

Vgl. H.G.B. §. 12. Über gerichtliche und notarielle Beurkundung und Beglaubigung vgl. G.fr.Ger. §. 167 ff.

weitere Geschäftszweige auszudehnen oder die eingetragene Beschränkung zu löschen; auf einen solchen Antrag finden die Bestimmungen der §§. 58, 59 entsprechende Anwendung.

§. 62. **Bekanntmachung der Eintragung.**

Die erfolgte Eintragung ist von dem Gerichte ohne Verzug ihrem ganzen Inhalte nach auf Kosten des Eingetragenen im Reichsanzeiger sowie in denjenigen öffentlichen Blättern bekannt zu machen, welche gemäss [Artikel 14] *§. 11* des Handelsgesetzbuchs für die Veröffentlichung der in das Handelsregister aufgenommenen Eintragungen bestimmt sind.

§. 63. **Löschung.**

Die Löschung der Eintragung erfolgt gebührenfrei auf Antrag des Eingetragenen oder seines gesetzlichen Vertreters am Schlusse des Jahres, in welchem der Löschungsantrag gestellt ist. *Für Ehefrauen, die nicht Handelsfrauen sind, genügt der Antrag des Ehemannes.*

Der Löschungsantrag ist bei dem Gerichte mündlich zu Protokoll zu stellen oder in gerichtlicher oder notarieller Beglaubigung einzureichen. Die Vorschrift im §. 59 Absatz 4 findet entsprechende Anwendung.

§. 64. **Löschung von Amtswegen.**

Eine Eintragung, die nicht nach den Vorschriften im §. 58 erfolgt ist, wird, wenn der Mangel nicht inzwischen beseitigt ist, von Amtswegen gelöscht.

Am Schlusse des Kalenderjahres wird eine Eintragung von Amtswegen gelöscht, wenn die Erhaltungsgebühr für das nächstfolgende Jahr nicht bis zum Ende des vorletzten Monats des laufenden Jahres eingezahlt ist.

§. 65. **Gesamtliste.**

Jedes Gericht hat nach Beginn des Kalenderjahres eine Liste derjenigen Personen aufzustellen, deren Eintragungen am 1. Januar noch in Kraft bestanden.

Das Gericht für den Bezirk der Stadt Berlin, an welches die übrigen Gerichte ihre Listen bis zum 31. Januar jedes Jahres einzusenden haben, stellt nach deren Eingang unverzüglich eine Gesammtliste auf und macht sie durch den Reichsanzeiger bekannt.

§. 66.

Börsentermingeschäft mit Nichteingetragenem.

Durch ein Börsentermingeschäft in einem Geschäftszweige, für welchen nicht beide Parteien zur Zeit des Geschäftsabschlusses in einem Börsenregister eingetragen sind, wird ein Schuldverhältniss nicht begründet.

Zu §. 62.

Vgl. H.G.B. §. 10. An die Stelle des in §. 62 Börsenges. angeführten Art. 14 A.D.H. tritt gemäß E.G. z. H.G.B. Art. 3 der §. 11 H.G.B.

Zu §. 63.

Neue Fassung des Abs. 1 Satz 2 durch E.G. z. H.G.B. Art. 14. Fortgefallen ist die Erwähnung der Kinder unter väterlicher Gewalt; nach B.G. §. 1626 endet die elterliche Gewalt spätestens mit Eintritt der Volljährigkeit.

Zu §. 65.

Vgl. Börsenges. §. 54 Anm.

Das Gleiche gilt von der Ertheilung und Uebernahme von Aufträgen sowie von der Vereinigung zum Abschlusse von Börsentermingeschäften.

Die Unwirksamkeit erstreckt sich auf die bestellten Sicherheiten und die abgegebenen Schuldanerkenntnisse.

Eine Rückforderung dessen, was bei oder nach völliger Abwickelung des Geschäfts zu seiner Erfüllung geleistet worden ist, findet nicht statt.

§. 67.
Wirkung der ungerechtfertigten Eintragung und der Löschung.

Wer den Vorschriften des §. 58 zuwider eingetragen worden ist, gilt nur dann als eingetragen, wenn der Mangel zur Zeit des Geschäftsabschlusses dem anderen Theile nicht bekannt war.

Wer trotz erfolgter Löschung im Börsenregister noch in der Gesammtliste (§. 65) aufgeführt ist, gilt als eingetragen, sofern nicht zur Zeit des Geschäftsabschlusses der andere Theil von der bewirkten Löschung Kenntniss hatte. Das Gleiche gilt bis zum Ablauf eines Monats seit der Veröffentlichung der Gesammtliste von denjenigen Personen, welche in dieser Liste in Folge der Löschung nicht wieder aufgeführt sind.

§. 68.
Ausland. Mangel von Wohnsitz oder Niederlassung im Inland.

Die Bestimmungen des §. 66 finden auch dann Anwendung, wenn das Geschäft im Auslande geschlossen oder zu erfüllen ist.

In Ansehung von Personen, welche im Inlande weder einen Wohnsitz noch eine gewerbliche Niederlassung haben, ist die Eintragung in das Börsenregister zur Wirksamkeit des Geschäfts nicht erforderlich.

§. 69.
Börsentermingeschäft mit Eingetragenem oder nicht im Inland Wohnendem oder Niedergelassenem.

Gegen Ansprüche aus Börsentermingeschäften sowie aus der Ertheilung und Uebernahme von Aufträgen und aus der Vereinigung zum Abschlusse von Börsentermingeschäften kann von demjenigen, welcher zur Zeit der Eingehung des Geschäfts

---

Zu §. 66.

Vgl. B.G. §. 762. Nach R.G. XLII, 43 ist in §. 66 unter „Börsentermingeschäft" nicht nur ein unter die Begriffsbestimmung des §. 48 fallendes zu verstehen, vielmehr auch ein unter Ausschluß der vom Börsenvorstand festgesetzten Geschäftsbedingungen, aber unter thatsächlicher Benutzung der Börse geschlossenes. Dagegen Staub, Der Begriff der Börsentermingeschäfte im §. 66 des Börsengesetzes. Berlin 1899.

Zu §. 69.

Der §. 69 Abs. 2 ist behufs Erledigung eines Zweifels (Kommiss. Bericht z. H.G.B. S. 144) hinzugefügt durch E.G. z. H.G.B. Art. 14. Der §. 764 B.G. lautet:

> „Wird ein auf Lieferung von Waren oder Wertpapieren lautender Vertrag in der Absicht geschlossen, daß der Unterschied zwischen dem vereinbarten Preise und dem Börsen- oder Marktpreise der Lieferungszeit von dem verlierenden Teile an den gewinnenden gezahlt werden soll, so ist der Vertrag als Spiel anzusehen. Dies gilt auch dann, wenn nur die Absicht des einen Teiles auf die Zahlung des Unterschieds gerichtet ist, der andere Teil aber diese Absicht kennt oder kennen muß."

in dem Börsenregister für den betreffenden Geschäftszweig eingetragen war, sowie von demjenigen, dessen Eintragung nach den vorstehenden Bestimmungen (§. 68 Absatz 2) zur Wirksamkeit des Geschäfts nicht erforderlich war, ein Einwand nicht darauf gegründet werden, dass die Erfüllung durch Lieferung der Waaren oder Werthpapiere vertragsmässig ausgeschlossen war.

Diese Vorschrift wird durch die Vorschrift des §. 764 des Bürgerlichen Gesetzbuches nicht berührt.

V. Kommissionsgeschäft.

§§. 70—74 (aufgehoben).

VI. Straf- und Schlussbestimmungen.

§. 75.

Betrügerische Einwirkung oder Kundgebung.

Wer in betrügerischer Absicht auf Täuschung berechnete Mittel anwendet, um auf den Börsen- oder Marktpreis von Waaren oder Werthpapieren einzuwirken, wird mit Gefängniss und zugleich mit Geldstrafe bis zu fünfzehntausend Mark bestraft. Auch kann auf Verlust der bürgerlichen Ehrenrechte erkannt werden.

Sind mildernde Umstände vorhanden, so kann ausschliesslich auf die Geldstrafe erkannt werden.

Die gleiche Strafe trifft denjenigen, welcher in betrügerischer Absicht wissentlich unrichtige Angaben in Prospekten (§. 38) oder in öffentlichen Kundgebungen macht, durch welche die Zeichnung oder der Ankauf oder Verkauf von Werthpapieren herbeigeführt werden soll.

§. 76. **Bestechung der Presse.**

Wer für Mittheilungen in der Presse, durch welche auf den Börsenpreis eingewirkt werden soll, Vortheile gewährt oder verspricht oder sich gewähren oder versprechen lässt, welche in auffälligem Missverhältniss zu der Leistung stehen, wird mit Gefängniss bis zu einem Jahre und zugleich mit Geldstrafe bis zu fünftausend Mark bestraft.

Die gleiche Strafe trifft denjenigen, der sich für die Unterlassung von Mittheilungen der bezeichneten Art Vortheile gewähren oder versprechen lässt.

Der Versuch ist strafbar.

Sind mildernde Umstände vorhanden, so kann ausschliesslich auf die Geldstrafe erkannt werden.

Zu §§. 70—74.

Die §§. 70—74 sind aufgehoben durch E.G. z. H.G.B. Art. 14 und ersetzt durch H.G.B. §§. 400—405.

Zu §. 75.

Der §. 75 ersetzt zugleich die Sonderbestimmungen des früheren Art. 249d Ziff. 1 und 2 A.D.H., sodaß entsprechende Bestimmungen in das neue H.G.B. nicht mehr aufgenommen sind (Denkschr. 173 z. H.G.B.; vgl. Börsenges. §. 81). Waren, Wertpapiere vgl. H.G.B. §. 1 Anm. III C Ziff. 1 d, e, §. 179 Anm. IVb. Entsprechend auch bei Wechseln und ausländischem Geld (Börsenges. §. 80). Besteht das auf Täuschung berechnete Mittel in einer Mitteilung, so ist die Anwendung vollendet erst wenn dem anderen die Mitteilung zur Kenntnis gekommen ist; dagegen ist unerheblich ob der beabsichtigte Erfolg eingetreten ist, sowohl betreffs der Täuschung, wie auch betreffs der Einwirkung auf den Kurs (R.G. in Strfs. XXIII, 140).

Verbotene Preislisten. §. 77.

Wer wissentlich den Vorschriften der §§. 40, 41, 51 und 52 zuwider Preislisten (Kurszettel) veröffentlicht oder in mechanisch hergestellter Vervielfältigung verbreitet, wird mit Geldstrafe bis zu eintausend Mark oder mit Haft oder mit Gefängniss bis zu sechs Monaten bestraft.

§. 78.

Verleitung zu Börsenspekulationsgeschäften.

Wer gewohnheitsmässig in gewinnsüchtiger Absicht Andere unter Ausbeutung ihrer Unerfahrenheit oder ihres Leichtsinns zu Börsenspekulationsgeschäften verleitet, welche nicht zu ihrem Gewerbebetriebe gehören, wird mit Gefängniss und zugleich mit Geldstrafe bis zu fünfzehntausend Mark bestraft. Auch kann auf Verlust der bürgerlichen Ehrenrechte erkannt werden.

Untreue des Kommissionärs. §. 79.

Ein Kommissionär, welcher, um sich oder einem Dritten einen Vermögensvortheil zu verschaffen,

1. das Vermögen des Kommittenten dadurch beschädigt, dass er hinsichtlich eines abzuschliessenden Geschäfts wider besseres Wissen unrichtigen Rath oder unrichtige Auskunft ertheilt, oder
2. bei der Ausführung eines Auftrages oder bei der Abwickelung eines Geschäfts absichtlich zum Nachtheile des Kommittenten handelt,

wird mit Gefängniss bestraft. Neben der Gefängnissstrafe kann auf Geldstrafe bis zu dreitausend Mark sowie auf Verlust der bürgerlichen Ehrenrechte erkannt werden.

Sind mildernde Umstände vorhanden, so kann ausschliesslich auf die Geldstrafe erkannt werden.

Der Versuch ist strafbar in den Fällen der Ziffer 1.

Wechsel, ausländisches Geld. §. 80.

Die in dem II., IV. und V. Abschnitte sowie im §. 75 bezüglich der Werthpapiere getroffenen Bestimmungen gelten auch für Wechsel und ausländische Geldsorten.

Aufhebung. §. 81.

Der Artikel 249d Ziffer 2 des Handelsgesetzbuchs wird aufgehoben.

Zeitpunkt des Inkrafttretens. §. 82.

Dieses Gesetz tritt mit dem 1. Januar 1897 in Kraft.

Die in den §§. 54 bis 65 enthaltenen Vorschriften treten mit dem 1. November 1896 in Kraft. Mit den bis zum Ende des Jahres 1896 erfolgten Eintragungen in das Börsenregister ist nach Beginn des Jahres 1897 gemäss §. 65 zu verfahren.

Zu §. 79.

Kommissionär vgl. H.G.B. §. 383.

Zu §. 81.

Der Art. 249d Ziff. 2 A.D.H. ist ersetzt durch Börsengeś. §. 75 und in das H.G.B. nicht übernommen.

Die im §. 39 enthaltene Vorschrift tritt mit dem 1. Juli 1896 in Kraft.

Der Abschluss von börsenmässigen Termingeschäften (§. 50 Absatz 3) ist nur bis zum 1. Januar 1897 gestattet mit der Massgabe, dass die bis zu diesem Tage abgeschlossenen Geschäfte auch bis zu diesem Tage abgewickelt sein müssen.

---

2. Bekanntmachung des Reichskanzlers, betreffend die Feststellung des Börsenpreises von Werthpapieren.

Vom 28. Juni 1898. (R.G.Bl. 915).

Auf Grund des §. 35 Ziffer 3 des Börsengesetzes vom 22. Juni 1896 (Reichs-Gesetzbl. S. 157) hat der Bundesrath nachstehende Bestimmungen beschlossen:

Für die Feststellung des Börsenpreises von Werthpapieren sind folgende Grundsätze massgebend.

§. 1. Die Preise werden nach Prozenten des Nennwerths festgestellt.

Für bestimmt zu bezeichnende Werthpapiere, namentlich für Aktien von Versicherungsgesellschaften, für solche Aktien von Terraingesellschaften, bei welchen im Statute die Zahlung von Dividende ausgeschlossen ist, für Aktien von liquidirenden oder in Konkurs gerathenen Gesellschaften, wenn auf derartige Aktien bereits eine Rückzahlung von Kapital stattgefunden hat, für Genussscheine, für Kuxe, für Loospapiere, sind Ausnahmen zulässig.

§. 2. Bei Werthpapieren, welche gleichzeitig auf die deutsche und auf eine ausländische Währung lauten, wird der Preisfeststellung die deutsche Währung zu Grunde gelegt.

Ausnahmen für bestimmt zu bezeichnende Werthpapiere sind zulässig.

§. 3. Für die Umrechnung von Werthen, welche in ausländischer oder in einer ausser Wirksamkeit getretenen inländischen Währung ausgedrückt sind, in die deutsche Währung gelten folgende Umrechnungssätze:

1 Pfund Sterling	=	$20,_{40}$ Mark,
1 Frank, Lira, Peseta, Lëu	=	$0,_{80}$ „
1 österreichischer Gulden (Gold)	=	$2,_{00}$ „
1 „ „ (Währung) . .	=	$1,_{70}$ „
1 österreichisch-ungarische Krone . . .	=	$0,_{85}$ „
1 Gulden holländischer Währung . . .	=	$1,_{70}$ „
1 skandinavische Krone	=	$1,_{125}$ „
1 alter Goldrubel	=	$3,_{20}$ „
1 Rubel } 1 alter Kreditrubel }	=	$2,_{16}$ „
1 Peso	=	$4,_{00}$ „
1 Dollar	=	$4,_{20}$ „
7 Gulden süddeutscher Währung	=	$12,_{00}$ „
1 Mark Banko	=	$1,_{50}$ „ .

Ausnahmen für bestimmt zu bezeichnende Werthpapiere sind zulässig.

§. 4. Die Stückzinsen werden bei Werthpapieren mit festen Zinsen nach dem Zinsfusse, bei dividendentragenden Papieren mit vier Prozent berechnet.

Für bestimmt zu bezeichnende Werthpapiere, namentlich für Aktien von Versicherungsgesellschaften, für solche Aktien von Terraingesellschaften, bei welchen im Statute die Zahlung von Dividende ausgeschlossen ist, für Aktien, welche zur Konvertirung oder zur Zusammenlegung aufgerufen sind und keinen Dividendenanspruch haben, für Aktien von liquidirenden oder in Konkurs gerathenen Gesellschaften, für Genussscheine, für Kuxe, für unverzinsliche Loose, kann der Fortfall von Stückzinsen (der Handel franko Zinsen) festgesetzt werden.

§. 5. Bei Berechnung der Stückzinsen werden das Jahr mit 360 Tagen, die Monate mit je 30 Tagen angesetzt. Abweichend hiervon wird der Monat Februar mit 28, in Schaltjahren mit 29 Tagen angesetzt, wenn der Endpunkt der Zinsberechnung in den Februar fällt.

§. 6. Bei Berechnung der Stückzinsen wird in Kassageschäften der Kauftag, in Zeitgeschäften der Erfüllungstag mitgerechnet.

§. 7. Die Stückzinsen von Werthpapieren, deren Zins- und Dividendenscheine am ersten Tage eines Monats nach altem Stile fällig werden, werden vom Ersten des gleichlautenden Monats neuen Stiles berechnet.

§. 8. Der Dividendenschein von inländischen Aktien, welche nur im Kassageschäfte gehandelt werden, wird am Schlusse des Geschäftsjahrs der Gesellschaft vom Stücke getrennt. Bei den übrigen inländischen und bei den ausländischen Aktien wird der Dividendenschein erst dann vom Stücke getrennt, wenn er zur Auszahlung gelangt.

Ausnahmen für bestimmt zu bezeichnende Werthpapiere sind zulässig.

In allen Fällen, in denen der Dividendenschein erst nach Ablauf des Geschäftsjahrs vom Stücke getrennt wird, werden die Stückzinsen für den entsprechenden Zeitraum über ein Jahr hinaus berechnet.

§. 9. Die im §. 1 Absatz 2, §. 2 Absatz 2, §. 3 Absatz 2, §. 4 Absatz 2, §. 8 Absatz 2 vorgesehenen Ausnahmen greifen nur Platz, wenn darüber zwischen den Börsenorganen sämmtlicher Börsen, an denen die betreffenden Werthpapiere zum Handel zugelassen sind, Einverständniss erzielt wird. Die vereinbarten Ausnahmevorschriften und der Zeitpunkt, mit dem sie Geltung erlangen sollen, sind dem Reichskanzler mitzutheilen; sie werden von diesem im Reichsanzeiger bekannt gemacht und erlangen damit für sämmtliche deutsche Börsen Wirksamkeit.

§. 10. Die vorstehenden Bestimmungen treten mit dem 1. Januar 1899 in Kraft.

---

3. Bekanntmachung des Reichskanzlers, betreffend die Zulassung von Werthpapieren zum Börsenhandel.

Vom 11. Dezember 1896 (R.G.Bl. 768).

Auf Grund des §. 42 des Börsengesetzes vom 22. Juni 1896 (Reichs-Gesetzbl. S. 157) hat der Bundesrath folgende

Bestimmungen, betreffend die Zulassung von Werthpapieren zum Börsenhandel,

beschlossen:

§. 1. Die Zulassung von Werthpapieren zum Börsenhandel darf nur erfolgen, wenn die Gesammtsumme der Stücke, welche auf Grund der Zulassung alsbald in den Verkehr gebracht werden sollen, nach ihrem Nennwerth sich mindestens beläuft:

für die Börsen von Berlin, Frankfurt a. M. und Hamburg auf eine Million Mark, für alle übrigen Börsen auf 500000 Mk.

Für Berlin, Frankfurt a. M. und Hamburg kann die Börsenaufsichtsbehörde im Einzelfalle die Zulassung von Werthen im Mindestbetrage von 500000 Mk. gestatten, wenn der Gegenstand der Emission nur Bedeutung für das engere Wirthschaftsgebiet hat, welchem der Börsenplatz angehört. Die Landesregierung kann unter gleicher Voraussetzung für alle Börsen die Zulassung eines Betrages von weniger als 500000 Mk. gestatten.

Sind die Werthpapiere von einem Gemeinwesen, einer Gesellschaft oder Person ausgestellt, von welchen sonstige Werthe bereits an derselben Börse zugelassen sind, so fällt die im Absatz 1 bezeichnete Beschränkung fort.

§. 2. Aktien und Interimsscheine einer Aktiengesellschaft oder Kommanditgesellschaft auf Aktien dürfen nur zugelassen werden, wenn die einzelnen Stücke auf mindestens eintausend Mark lauten.

Soweit im Einklang mit der inländischen Aktiengesetzgebung die Aktien oder Interimsscheine auf einen geringeren Betrag lauten, kommt vorstehende Beschränkung in Wegfall.

Ausländische Aktien und Interimsscheine, welche auf einen geringeren Betrag lauten, dürfen nur mit Zustimmung der Landesregierung zugelassen werden.

§. 3. Die Zulassung hat zur Voraussetzung:

1. dass die Werthpapiere voll gezahlt sind;
2. dass sie auf deutsche Währung oder gleichzeitig auf diese und eine andere Währung lauten;
3. dass die Zinsen oder Dividenden, sowie die verloosten und gekündigten Stücke an einem deutschen Börsenplatze zahlbar sind, und die Aushändigung der neuen Zinsbogen daselbst kostenfrei erfolgt.

Die Vorschrift unter 1 findet auf die Aktien und Interimsscheine von Versicherungsgesellschaften keine Anwendung.

In geeigneten Fällen kann die Zulassungsstelle von den Voraussetzungen unter 1 bis 3 absehen. Die bewilligten Ausnahmen sind dem Staatskommissar unter Angabe der Gründe mitzutheilen.

Bei Ausnahmen von der Vorschrift unter 2 setzt die Zulassungsstelle den Kurs für die Umrechnung der fremden Währung in deutsche Währung fest, welcher im Börsenhandel zur Anwendung kommen soll.

§. 4. Der Antrag auf Zulassung von Werthpapieren zum Börsenhandel ist bei der Zulassungsstelle schriftlich einzureichen. Der Antrag muss diejenigen Angaben enthalten, welche nach §. 38 Absatz 1 des Börsengesetzes in die Veröffentlichung des Antrags aufzunehmen sind.

Dem Antrage sind der Prospekt und die im §. 8 bezeichneten Nachweise beizufügen. Der Prospekt muss von denjenigen, welche ihn erlassen, unterschriftlich vollzogen sein.

Soweit die Verpflichtung zur Einreichung des Prospekts in Wegfall kommt (§. 38 Absatz 2 und 3 des Börsengesetzes), erübrigt auch die Vorlage von Nachweisen.

§. 5. Der Prospekt muss angeben:

1. das Gemeinwesen, die Gesellschaft oder Person, für deren Werthe die Zulassung erfolgen soll;
2. den Rechtstitel (Gesetz, Privileg, Gesellschaftsvertrag, Gesellschaftsbeschluss u. s. w.), auf welchem die Berechtigung zur Ausgabe der Werthpapiere beruht;
3. den für den Ertrag der Emission vorgesehenen besonderen Verwendungszweck;
4. den Nennbetrag der Emission, und zwar sowohl denjenigen Betrag, welcher in den Verkehr gebracht, als auch denjenigen Betrag, welcher vorläufig vom Verkehr ausgeschlossen werden, und die Zeit, für welche dieser Ausschluss erfolgen soll (§. 38 Absatz 2 Satz 3 des Börsengesetzes);
5. die Merkmale (Betrag, Reihen, Nummern) der zu emittirenden Stücke, und ob diese auf den Inhaber oder auf Namen lauten;
6. die Bestimmungen über Kündbarkeit oder Unkündbarkeit, sowie über die Tilgung der Werthe;
7. die Art der Sicherstellung für Kapital-, Zins- oder Dividendenzahlungen und die Umstände, welche für die Beurtheilung der Sicherstellung von Bedeutung sind;
8. die Vorzugsrechte, welche den zu emittierenden Werthen vor früher ausgegebenen Werthen, oder diesen vor jenen zustehen (Prioritätsschulden, Prioritätsaktien u. s. w.);
9. die bei Zins-, Dividenden- oder Kapitalzahlungen erfolgenden Abzüge oder Beschränkungen;
10. die Plätze und die Termine, an denen die Zinsen oder Dividenden und die Kapitalbeträge zahlbar sind; den Zinssatz; die Fristen für die Verjährung des Anspruchs auf Zinsen oder Dividenden und auf die Kapitalbeträge;
11. den im Falle des §. 3 Absatz 4 festgesetzten Umrechnungskurs.

§. 6. Ausserdem muss der Prospekt enthalten:

A. bei Anleihen eines ausländischen Staates, einer ausländischen kommunalen Körperschaft oder kommunalen Kreditanstalt:

1. eine Uebersicht über den letzten (ordentlichen und ausserordentlichen) Haushalts-Etat des Gemeinwesens oder die Angabe, dass das Gemeinwesen einen Haushalts-Etat nicht veröffentlicht;
2. eine Uebersicht über die wesentlichen Ergebnisse der drei letzten Jahreshaushaltsabschlüsse des Gemeinwesens;
3. eine Uebersicht über den Schuldenbestand des Gemeinwesens;
4. sofern die Verbindlichkeiten, welche das Gemeinwesen innerhalb der letzten zehn Jahre aus Anleihen nach Massgabe der öffentlichen Anleihebedingungen durch Zins- oder Kapitalzahlung zu erfüllen hatte, bisher unerledigt geblieben sind, die Mittheilung der darauf bezüglichen Umstände;

B. bei Antheilscheinen oder Schuldverschreibungen eines gewerblichen Unternehmens:

1. eine Bezeichnung des Zwecks und des Umfanges des Unternehmens;
2. Angaben über eine dem Unternehmen ertheilte Konzession (Privileg), deren Dauer und die das Unternehmen besonders belastenden Konzessionsbedingungen;

3. Angaben über die Erwerbungsrechte, welche einem Anderen gegenüber dem Unternehmen zustehen;
4. Angaben über die innerhalb der letzten drei Jahre eingetretenen Bau- oder Betriebsstörungen, durch welche die Ertragsfähigkeit des Unternehmens für längere Zeit wesentlich beeinträchtigt worden ist;
5. Angaben über die Befugnisse, welche den Inhabern der Schuldverschreibungen gegenüber dem Aussteller eingeräumt sind;

C. bei Grundkredit-Obligationen und Hypotheken-Pfandbriefen:

1. die Angabe der wesentlichen Grundsätze, nach denen die Ermittelung des Werthes und die Beleihung der Pfandgegenstände erfolgt;
2. die Angabe des Betrages, bis zu welchem Schuldverschreibungen und Pfandbriefe im Verhältniss zum Grundkapital und zu den Hypotheken ausgegeben werden dürfen;
3. die Angabe des Bestandes an Hypotheken, Grundschulden und Darlehnsforderungen sowie der Höhe der ausgegebenen, am Schlusse des letzten Kalendervierteljahres in Umlauf gewesenen Schuldverschreibungen;
4. die Angabe der wesentlichen Befugnisse, welche den Inhabern der Schuldverschreibungen gegenüber den Ausstellern eingeräumt sind (Bestellung eines Pfandhalters, Faustpfandrechte und dergleichen);
5. die Angabe der dem Staate, der Gemeinde u. s. w. zustehenden Aufsichtsbefugnisse.

§. 7. Bei Aktien oder Schuldverschreibungen einer Aktiengesellschaft oder Kommanditgesellschaft auf Aktien muss der Prospekt ausser dem durch die §§. 5 und 6 Erforderten angeben:

1. den Gegenstand des Unternehmens;
2. den Tag der Eintragung in das Handelsregister;
3. die Höhe des Grundkapitals;
4. die Art der Bestellung und Zusammensetzung des Aufsichtsraths und des Vorstandes, sowie die Namen der gegenwärtigen Mitglieder;
5. die Art, wie die Berufung der Generalversammlung der Aktionäre geschieht;
6. die Art, wie die von der Gesellschaft ausgehenden Bekanntmachungen erfolgen;
7. das Geschäftsjahr der Gesellschaft;
8. die Bestimmungen über die Aufstellung der Bilanz, die Ansammlung von Reservefonds, die Vertheilung des Gewinns, das Stimmrecht und die Bezugsrechte der Aktionäre. Für inländische Gesellschaften genügt der Hinweis auf die betreffenden Vorschriften des Handelsgesetzbuchs, soweit diese durch den Gesellschaftsvertrag nicht abgeändert sind;
9. die zu Gunsten einzelner Aktionäre bedungenen besonderen Vortheile, soweit sie in fortlaufenden Bezügen oder in der Rückzahlung der Aktien bestehen;
10. sofern nicht bereits zwei volle Jahre seit Eintragung der Gesellschaft in das Handelsregister verflossen sind: die zu Gunsten einzelner Aktionäre bedungenen, nicht unter Ziffer 9 fallenden besonderen Vortheile; die von der Gesellschaft übernommenen vorhandenen oder herzustellenden Anlagen oder sonstigen Vermögensstücke; die von Aktionären auf das Grundkapital gemachten Einlagen, welche nicht durch Baarzahlung zu leisten sind; der

Gesammtaufwand, welcher zu Lasten der Gesellschaft an Aktionäre oder Andere als Entschädigung oder Belohnung für die Gründung oder deren Vorbereitung gewährt ist;

11. die in den letzten fünf Jahren vertheilten Dividenden;
12. die Bilanz des letzten Geschäftsjahres nebst Gewinn- und Verlustrechnung oder — sofern das erste Geschäftsjahr der Gesellschaft noch nicht abgelaufen ist — eine Gegenüberstellung der Vermögensstücke und Verbindlichkeiten;
13. die Höhe der Hypothekenschulden und Anleihen, deren Fälligkeit und Tilgungsart;
14. die Bezugsrechte der ersten Zeichner und anderer Personen.

Bei Schuldverschreibungen einer Gesellschaft mit beschränkter Haftung finden die vorstehenden Bestimmungen entsprechende Anwendung.

§. 8. Es sind beizugeben:

1. jedem Zulassungsantrage der Nachweis über den der Emission zu Grunde liegenden Rechtstitel (§. 5 Ziffer 2), sowie über das Verhältniss zu früher ausgegebenen Werthen (§. 5 Ziffer 8);
2. dem Antrage auf Zulassung der Anleihe eines ausländischen Staates, einer ausländischen kommunalen Körperschaft oder kommunalen Kreditanstalt: der Nachweis, dass die durch §. 6 A unter 1 bis 3 erforderten Uebersichten auf amtlichen Feststellungen beruhen;
3. dem Antrage auf Zulassung der Werthe eines Unternehmens, welches auf einer Konzession beruht: die Konzessionsurkunde oder ein Auszug aus derselben, welcher die im §. 6 B unter 2 erforderten Angaben nachweist;
4. dem Antrage auf Zulassung von Aktien oder Schuldverschreibungen einer Aktiengesellschaft oder Kommanditgesellschaft auf Aktien:
   a) der Nachweis über die Eintragung in das Handelsregister;
   b) der Gesellschaftsvertrag;
   c) der letzte Geschäftsbericht;
   d) bei inländischen Gesellschaften, sofern nicht bereits zwei volle Jahre seit der Eintragung in das Handelsregister verflossen sind, der nach [Artikel 209 h] *§§. 192, 193* des Handelsgesetzbuchs von besonderen Revisoren erstattete Bericht.

Die Beweisstücke sind in einer Form vorzulegen, welche nach dem Ermessen der Zulassungsstelle den Inhalt glaubhaft ergiebt. Den Beweisstücken, welche in einer anderen als der deutschen, englischen oder französischen Sprache abgefasst sind, ist eine beglaubigte Uebersetzung beizufügen.

§. 9. Von den Erfordernissen im §. 6 A unter 1 bis 3, sowie im §. 8 unter 2 kann bei Anleihen solcher ausländischen Staaten ausnahmsweise abgesehen werden, deren Finanzverhältnisse so klar liegen und so allgemein bekannt sind, dass es einer weiteren Information des Publikums im Sinne des §. 36 Absatz 3b des Börsengesetzes nicht bedarf. Bei Schuldverschreibungen von Gemeinwesen, Gesellschaften oder Personen, welche von solchen Staaten garantiert sind, kann von den Erfordernissen im §. 6 A unter 1 bis 3, im §. 6 B unter 2 bis 4, im §. 7 unter 2, 4 bis 10, 12 und im §. 8 unter 2 bis 4 ausnahmsweise abgesehen werden.

Eine derartige Ausnahmebewilligung ist unzulässig, wenn auf den ausländischen Staat die im §. 6 A unter 4 bezeichneten Voraussetzungen zutreffen.

Die bewilligten Ausnahmen sind dem Staatskommissar unter Angabe der Gründe mitzutheilen.

§. 10. Nach Eingang des Zulassungsantrags verfügt die Zulassungsstelle die Veröffentlichung desselben, sofern er den Erfordernissen des §. 38 Absatz 1 des Börsengesetzes entspricht.

Die Veröffentlichung erfolgt auf Kosten des Anstragstellers im Reichsanzeiger und in mindestens zwei anderen inländischen Zeitungen. Diese werden von der Zulassungsstelle mit der Massgabe bestimmt, dass sich unter ihnen eine Zeitung, welche am Börsenplatze erscheint, und, wenn es sich um Aktien oder Schuldverschreibungen einer inländischen Aktiengesellschaft oder Kommanditgesellschaft auf Aktien handelt, eine Zeitung befinden muss, welche in dem engeren Wirthschaftsgebiet erscheint, dem die Gesellschaft angehört. Ausserdem ist der Antrag durch Aushang in der Börse bekannt zu machen.

§. 11. Nachdem die Veröffentlichung verfügt ist, tritt die Zulassungsstelle alsbald in die Prüfung darüber ein, ob der Prospekt die in den §§. 5 bis 7 vorgesehenen Angaben enthält. Ergeben sich Anstände in Betreff der Vollständigkeit oder Deutlichkeit der Angaben, so fordert sie den Antragsteller zu deren Beseitigung auf.

Sie bestimmt ferner nach Massgabe des §. 36 Absatz 3a und b des Börsengesetzes, welche sonstigen Angaben in den Prospekt aufzunehmen oder welche sonstigen Urkunden ihr zur Prüfung vorzulegen sind, und richtet an den Antragsteller die entsprechende Aufforderung.

Kommt der Antragsteller den Aufforderungen nicht nach, so wird, vorbehaltlich des in der Börsenordnung etwa vorgesehenen Beschwerderechts, der Antrag zurückgewiesen.

§. 12. Zwischen der Veröffentlichung des Antrags durch die am Börsenplatze erscheinende Zeitung und dem Zulassungsbeschluss muss eine Frist von mindestens drei Tagen liegen.

§. 13. Bei der Beschlussfassung über die Zulassung sind die infolge der Veröffentlichung des Antrags etwa erhobenen Erinnerungen zu prüfen und die im §. 36 Absatz 3c des Börsengesetzes bezeichneten Gesichtspunkte zu beachten.

In dem Zulassungsbeschluss ist unter Berücksichtigung der Vorschrift im §. 38 Absatz 1 Satz 2 des Börsengesetzes der Tag zu bestimmen, von welchem ab die Einführung an der Börse erfolgen darf.

Der Zulassungsbeschluss ist durch dreitägigen Aushang in der Börse zu veröffentlichen.

Die Beweisstücke (§. 8) sind von der Veröffentlichung des Zulassungsbeschlusses ab bis zur Einführung an der Börse öffentlich auszulegen.

§. 14. Die Veröffentlichung des Prospekts muss von dem Antragsteller in denselben Zeitungen, mit Ausnahme des Reichsanzeigers, bewirkt werden, in denen der Antrag auf Zulassung veröffentlicht worden ist.

§. 15. Zugelassene Werthpapiere dürfen frühestens am dritten Werktage nach dem Tage des Zulassungsbeschlusses und nach dem Tage, an welchem der Prospekt zuerst veröffentlicht worden ist, an der Börse eingeführt werden.

---

4. Bekanntmachung des Reichskanzlers, betreffend die Führung der Börsenregister und die Aufstellung der Gesammtliste.

Vom 9. Oktober 1896. (Centralblatt S. 492).

In Ausführung der §§. 54—65 des Börsengesetzes vom 22. Juni 1896 (Reichs-Gesetzbl. S. 157) hat der Bundesrath folgende Bestimmungen über die Führung der Börsenregister und die Aufstellung der Gesammtliste beschlossen:

I. Führung der Börsenregister.

§. 1. Die Eintragungen in das Börsenregister für Waaren erfolgen nach dem beiliegenden Formular A, die Eintragungen in das Börsenregister für Werthpapiere nach dem beiliegenden Formular B unter Beachtung der in den Formularen enthaltenen Erläuterungen.

§. 2. Die Obliegenheiten des Richters und des Gerichtsschreibers (Registerführers) bei Führung der Börsenregister und den auf die Eintragungen in das Register bezüglichen Verhandlungen bestimmen sich nach den in den einzelnen Bundesstaaten für das Handelsregister geltenden Vorschriften.

Auf die Ertheilung von Abschriften, Auszügen und Bescheinigungen aus dem Register und auf die Bekanntmachung der Eintragungen in dasselbe finden, soweit nicht im Börsengesetze oder in diesen Bestimmungen etwas Anderes angeordnet ist, die zu den [Artikeln 12 bis 14] *§§. 8 bis 11* des Handelsgesetzbuchs in den einzelnen Bundesstaaten ergangenen Ausführungsbestimmungen entsprechende Anwendung.

Die Bekanntmachungen im Reichsanzeiger (§. 62 des Börsengesetzes) sind in einem bestimmten Theile desselben zusammenzustellen.

§. 3. Die Eintragungen sind von dem Registerführer zu unterzeichnen.

Nach erfolgter Eintragung ist in den Akten die Erledigung der Verfügung und der Tag der Erledigung zu vermerken.

§. 4. Für jedes der beiden Börsenregister werden besondere Akten

(A. Akten, betreffend das Börsenregister für Waaren, —

B. Akten, betreffend das Börsenregister für Werthpapiere,)

gehalten. Zu diesen Akten gelangen nach der Zeitfolge alle auf die Registereintragungen bezüglichen Eingänge und die von dem Gerichte erlassenen Verfügungen, sowie die Nachweisungen über die erfolgten Bekanntmachungen.

Nehmen Verhandlungen über einzelne Fälle einen Umfang an, der die Aufnahme in die Sammelakten ungeeignet erscheinen lässt, so sind Sonderakten zu bilden.

§. 5. Das Börsenregister ist dauernd aufzubewahren.

Die Registerakten können vernichtet werden, wenn dreissig Jahre verstrichen sind, seitdem alle Eintragungsvermerke, auf welche die Akten sich beziehen, gelöscht waren.

§. 6. Von jeder Eintragung oder von der Ablehnung der Eintragung ist der Antragsteller zu benachrichtigen. In dem ablehnenden Bescheide sind die Gründe der Ablehnung anzugeben.

Von der Löschung erhält der Eingetragene auch dann Nachricht, wenn sie von Amtswegen erfolgt ist. Eine Bekanntmachung der Löschungen in öffentlichen Blättern findet nicht statt.

Die in den Absätzen 1 und 2 bezeichneten Benachrichtigungen können ohne Förmlichkeiten, insbesondere durch einfache Postsendung, erfolgen.

§. 7. Das Gericht der Eintragung hat, sobald bei Zahlung der Erhaltungsgebühr oder aus sonstigem Anlass zu seiner Kenntniss gelangt, dass eine Verlegung der Niederlassung oder des Wohnsitzes des Eingetragenen erfolgt ist (§. 55 Absatz 2 Satz 2 des Börsengesetzes), dem für den Ort der neuen Niederlassung oder des neuen Wohnsitzes zuständigen Gerichte von dem Sachverhalt unter Beifügung eines Auszuges aus dem Börsenregister Mittheilung zu machen. Dieses Gericht nimmt nach Prüfung der Voraussetzungen für die Uebertragung die neue Eintragung vor und setzt davon den Eingetragenen, sowie das bisher zuständige Gericht in Kenntniss, welches sodann die Löschung seiner Eintragung unter Hinweis auf die Uebertragung herbeiführt.

§. 8. Bevollmächtigte haben ihre Befugniss zur Stellung von Anträgen oder zur Abgabe von Erklärungen durch eine gerichtlich oder notariell aufgenommene oder beglaubigte Vollmacht nachzuweisen.

§. 9. Auf die Erledigung der das Börsenregister betreffenden Angelegenheiten sind die Gerichtsferien ohne Einfluss.

II. Aufstellung der Gesammtliste.

§. 10. Die von den Gerichten gemäss §. 65 des Börsengesetzes alljährlich an das Amtsgericht I zu Berlin zu übersendende Liste ist pünktlich bis zum 31. Januar jedes Jahres mit der Aufschrift „Börsenregistersache" in zwei Exemplaren einzureichen. Von diesen Exemplaren ist das eine derart herzustellen, dass die Rückseiten unbeschrieben bleiben.

In die Liste sind die in den Spalten 2 bis 4 des Formulars A und in den Spalten 2 bis 3 des Formulars B vorgesehenen Eintragungen, welche am 1. Januar

Formular A.

Börsenregister für Waaren.

1.	2.	3.	4.	5.
Laufende Nr.	Name, Vorname, Stand, Firma.	Ort der Niederlassung oder Wohnsitz.	Geschäftszweig.	**Bemerkungen.**
1.	*Lucas, Hans,* *Kaufmann*	*Hamburg*	*Kaffee*	*Eingetragen am 17. November 1897 (Registerakten A Band IV Bl. 389).* *X., Registerführer.*
			Zucker	*Die Ausdehnung auf Zucker ist eingetragen am 14. April 1899 (Registerakten A Band VI Bl. 84).* *X., Registerführer.* *Gelöscht am 31. Dezember 1901 (Registerakten A Band IX Bl. 44).* *X., Registerführer.*
2.	u. s. w.			

Erläuterungen.

1. Zur Ermöglichung von Zusätzen in den Spalten 4 und 5 ist zwischen den laufenden Nummern ein grösserer Zwischenraum zu lassen, als ihn die erste Eintragung erheischt.
2. In Spalte 3 ist auch Strasse und Hausnummer einzutragen, sofern diese Angabe zur Feststellung der Identität erforderlich erscheint.

noch in Kraft bestanden, für jedes der beiden Register gesondert aufzunehmen, und zwar derart, dass die Orte, an denen die Personen oder Firmen ihren Wohnsitz oder ihre Niederlassung haben, in alphabetischer Reihenfolge und für jeden Ort die Personen und Firmen gleichfalls in alphabetischer Reihenfolge geordnet werden.

§. 11. Die Gesammtliste umfasst unter A die Eintragungen in das Börsenregister für Waaren, unter B die Eintragungen in das Börsenregister für Werthpapiere.

In jeder dieser Abtheilungen werden die Orte, an denen die Personen oder Firmen ihren Wohnsitz oder ihre Niederlassung haben, in alphabetischer Reihenfolge und für jeden Ort die Personen und Firmen gleichfalls in alphabetischer Reihenfolge aufgeführt. (Formular C.)

Die Bekanntmachung der Gesammtliste im Reichsanzeiger ist mit besonderer Beschleunigung herbeizuführen.

---

3. Ist die Eintragung auf bestimmte Geschäftszweige nicht beschränkt (§. 61 des Börsengesetzes), so bleibt die Spalte 4 offen.
4. In Spalte 5 ist der Tag der ersten Eintragung, der Tag der Eintragung von Aenderungen in Spalte 4 oder von sonstigen Aenderungen und der Tag der Löschung unter Hinweis auf den Band und das Blatt der Registerakten aufzunehmen.
5. Soweit die Eintragungen durch Löschung erledigt sind, werden sie unterstrichen.

Formular B.

Börsenregister für Werthpapiere.

1.	2.	3.	4.
Laufende Nr.	Name, Vorname, Stand, Firma.	Ort der Niederlassung od. Wohnsitz.	Bemerkungen.
1.	*Meyer, Julius, Bankier (Firma: A. C. Meyer)*	*Schöneberg Potsdamer-str. 2*	*Eingetragen am 10. November 1896 (Registerakten B Band I Bl. 4).* *X. Registerführer.* *Gelöscht in Folge Uebertragung in das Register des Grossherzoglich badischen Amtsgerichts zu Mannheim am 17. Juni 1897 (Registerakten B Band I Bl. 98).* *X. Registerführer.*
2.	*Kurtz & Spanhake offene Handelsgesellschaft*	*Steglitz*	*Eingetragen am 12. Januar 1897 (Registerakten B Band II Bl. 147).* *X. Registerführer.*
3.	*Deutsche Hypothekenbank, Aktien-Ges.*	*Rixdorf*	*Eingetragen am 4. Februar 1897 (Registerakten B Band II Bl. 349).* *X. Registerführer.*

Erläuterungen.

1. Zur Ermöglichung von Zusätzen in der Spalte 4 ist zwischen den laufenden Nummern ein grösserer Zwischenraum zu lassen, als ihn die erste Eintragung erheischt.
2. In Spalte 3 ist auch Strasse und Hausnummer einzutragen, sofern diese Angabe zur Feststellung der Identität erforderlich erscheint.
3. In Spalte 4 ist der Tag der ersten Eintragung, der Tag der Eintragung von Aenderungen und der Tag der Löschung unter Hinweis auf den Band und das Blatt der Registerakten aufzunehmen.
4. Soweit die Eintragungen durch Löschung erledigt sind, werden sie unterstrichen.

Formular C.

Gesammtliste

derjenigen Eintragungen in die Börsenregister, welche am 1. Januar 1897 in Kraft bestanden.

A. Börsenregister für Waaren.

Aachen. *Abel, Heinrich, Brauereibesitzer — Firma Schulz & Co., Kölnerstrasse 2 (Spiritus).*

Althoff & Müller, offene Handelsgesellschaft.

Augsburg.

u. s. w.

B. Börsenregister für Werthpapiere.

u. s. w.

Erläuterung.

Die in Klammern etwa vermerkte Waarengattung bezeichnet den Geschäftszweig, auf welchen die Eintragung beschränkt ist.

---

5. Bankgesetz.

Vom 14. März 1875. (R.G.Bl. 177).

In der Fassung des Gesetzes vom 7. Juni 1899 (R.G.Bl. 311).

Titel I.

Allgemeine Bestimmungen.

§. 1. **Banknoten. Ausgabebefugniss.**

Die Befugniss zur Ausgabe von Banknoten kann nur durch Reichsgesetz erworben, oder über den bei Erlass des gegenwärtigen Gesetzes zulässigen Betrag der Notenausgabe hinaus erweitert werden.

Den Banknoten im Sinne dieses Gesetzes wird dasjenige Staatspapiergeld gleich geachtet, dessen Ausgabe einem Bankinstitute zur Verstärkung seiner Betriebsmittel übertragen ist.

§. 2. **Keine Annahmepflicht.**

Eine Verpflichtung zur Annahme von Banknoten bei Zahlungen, welche gesetzlich in Geld zu leisten sind, findet nicht statt und kann auch für Staatskassen durch Landesgesetz nicht begründet werden.

Vorbemerkung.

Das Bankgesetz ersetzt die Gesetze über die Ausgabe von Banknoten v. 27. März 1870 (Bundesgef.Bl. 51) und v. 21. Dezbr. 1874 (R.G.Bl. 193), das letztere mit Ausnahme der noch geltenden Bestimmung in Art. II §. 4 (abgedruckt unten II 6). Änderungen sind erfolgt durch Gesetze v. 18. Dezbr. 1889 (R.G.Bl. 201) und 7. Juni 1899 (R.G.Bl. 311; abgedruckt unten II 7). Die Artikel 1, 2, 5 und 6 des letzteren Gesetzes treten erst am 1. Januar 1901 in Kraft.

Zu §. 1.

Ausnahme von Abs. 1 für Baiern in Bankges. §. 47 Abs. 3.

Zulässige Nennbeträge. §. 3.

Banknoten dürfen nur auf Beträge von 100, 200, 500 und 1000 Mark oder von einem Vielfachen von 1000 Mark ausgefertigt werden.

Einlösungspflicht. §. 4.

Jede Bank ist verpflichtet, ihre Noten sofort auf Präsentation zum vollen Nennwerthe einzulösen, auch solche nicht nur an ihrem Hauptsitz, sondern auch bei ihren Zweiganstalten jederzeit zum vollen Nennwerthe in Zahlung anzunehmen.

Für beschädigte Noten hat sie Ersatz zu leisten, sofern der Inhaber entweder einen Theil der Note präsentirt, welcher grösser ist, als die Hälfte, oder den Nachweis führt, dass der Rest der Note, von welcher er nur die Hälfte oder einen geringeren Theil als die Hälfte präsentirt, vernichtet sei.

Für vernichtete oder verlorene Noten Ersatz zu leisten ist sie nicht verpflichtet.

§. 5.

Verbot der Ausgabe beschädigter oder beschmutzter Noten.

Banknoten, welche in die Kasse der Bank oder einer ihrer Zweiganstalten oder in eine von ihr bestellte Einlösungskasse in beschädigtem oder beschmutztem Zustande zurückkehren, dürfen nicht wieder ausgegeben werden.

Aufruf und Einziehung. §. 6.

Der Aufruf und die Einziehung der Noten einer Bank oder einer Gattung von Banknoten darf nur auf Anordnung oder mit Genehmigung des Bundesraths erfolgen.

Die Anordnung erfolgt, wenn ein grösserer Theil des Umlaufs sich in beschädigtem oder beschmutztem Zustande befindet, oder wenn die Bank die Befugniss zur Notenausgabe verloren hat.

Die Genehmigung darf nur ertheilt werden, wenn nachgewiesen wird, dass Nachahmungen der aufzurufenden Noten in den Verkehr gebracht sind.

In allen Fällen schreibt der Bundesrath die Art, die Zahl und die Fristen der über den Aufruf zu erlassenden Bekanntmachungen, den Zeitraum, innerhalb dessen und die Stellen, an welchen die Noten eingelöst werden sollen, die Massgaben, unter denen nach Ablauf der Fristen eine Einlösung der aufgerufenen Noten noch stattzufinden hat, und die zur Sicherung der Noteninhaber sonst erforderlichen Massregeln vor.

Die nach dem Vorstehenden von dem Bundesrathe zu erlassenden Vorschriften sind durch das Reichs-Gesetzblatt zu veröffentlichen.

Zu §. 3.

Die Einziehung der nicht auf Reichswährung lautenden Noten war angeordnet durch Münzges. v. 9. Juli 1873 Art. 18 (abgedruckt unten III 2).

Zu §. 4.

Ähnlich dem §. 4 Abs. 2, 3 Reichskassenscheinges. v. 30. April 1874 (unten III 3) §. 6 Abs. 2. Nach H.G.B. §. 367 Abs. 3 findet bei Banknoten keine Zahlungssperre gemäß §. 367 Abs. 1, 2 statt. Nach B.G. §. 799 Abs. 1 ebensowenig ein Aufgebot. Für die vor Inkrafttreten des B.G. ausgestellten Banknoten vgl. E.G. z. B.G. Art. 174 Abs. 1.

Zu §. 6.

Über Einziehung als Vollstreckung eines die Befugnis zur Notenausgabe entziehenden Urteils Bankges. §§. 51 ff.

§. 7.

Verbotene Geschäfte der Notenbanken.

Den Banken, welche Noten ausgeben, ist nicht gestattet:

1. Wechsel zu akzeptiren,
2. Waaren oder kurshabende Papiere für eigene oder für fremde Rechnung auf Zeit zu kaufen oder auf Zeit zu verkaufen, oder für die Erfüllung solcher Kaufs- oder Verkaufsgeschäfte Bürgschaft zu übernehmen.

§. 8.

Veröffentlichungen der Notenbanken.

Banken, welche Noten ausgeben, haben

1. den Stand ihrer Aktiva und Passiva vom 7., 15., 23. und Letzten jedes Monats, spätestens am fünften Tage nach diesen Terminen und
2. spätestens drei Monate nach dem Schlusse jedes Geschäftsjahres eine genaue Bilanz ihrer Aktiva und Passiva, sowie den Jahresabschluss des Gewinn- und Verlustkontos

durch den Reichsanzeiger auf ihre Kosten zu veröffentlichen.

Die wöchentliche Veröffentlichung muss angeben

1. auf Seiten der Passiva:
   - das Grundkapital,
   - den Reservefonds,
   - den Betrag der umlaufenden Noten,
   - die sonstigen täglich fälligen Verbindlichkeiten,
   - die an eine Kündigungsfrist gebundenen Verbindlichkeiten,
   - die sonstigen Passiva;
2. auf Seiten der Aktiva:
   - den Metallbestand (den Bestand an kursfähigem deutschem Gelde und an Gold in Barren oder ausländischen Münzen, das Pfund fein zu 1392 Mark berechnet),
   - den Bestand:
     - an Reichs-Kassenscheinen,
     - an Noten anderer Banken,
     - an Wechseln,
     - an Lombardforderungen,
     - an Effekten,
     - an sonstigen Aktiven.

Welche Kategorien der Aktiva und Passiva in der Jahresbilanz gesondert nachzuweisen sind, bestimmt der Bundesrath.

Ausserdem sind in beiden Veröffentlichungen die aus weiterbegebenen im Inlande zahlbaren Wechseln entsprungenen eventuellen Verbindlichkeiten ersichtlich zu machen.

§. 9.

Steuer vom Überschuß ungedeckten Notenumlaufs.

Banken, deren Notenumlauf ihren Baarvorrath und den ihnen nach Massgabe der Anlage zugewiesenen Betrag übersteigt, haben vom 1. Januar 1876 ab von dem Ueberschusse eine Steuer von jährlich Fünf vom Hundert an die Reichskasse zu entrichten. Als Baarvorrath gilt bei Feststellung der Steuer der in den Kassen der Bank befindliche Betrag an kursfähigem deutschem Gelde, an Reichs-Kassenscheinen, an Noten anderer deutscher Banken und an Gold in Barren oder ausländischen Münzen, das Pfund fein zu 1392 Mark berechnet.

Erlischt die Befugniss einer Bank zur Notenausgabe (§. 49), so wächst der derselben zustehende Antheil an dem Gesammtbetrage des der Steuer nicht unterliegenden ungedeckten Notenumlaufs dem Antheile der Reichsbank zu.

Feststellung des Steuerbetrages. §. 10.

Zum Zweck der Feststellung der Steuer hat die Verwaltung der Bank am 7., 15., 23. und Letzten jedes Monats den Betrag des Baarvorraths und der umlaufenden Noten der Bank festzustellen und diese Feststellung an die Aufsichtsbehörde einzureichen. Am Schluss jedes Jahres wird von der Aufsichtsbehörde auf Grund dieser Nachweisungen die von der Bank zu zahlende Steuer in der Weise festgestellt, dass von dem aus jeder dieser Nachweisungen sich ergebenden steuerpflichtigen Ueberschusse des Notenumlaufs $^5/_{48}$ Prozent als Steuersoll berechnet werden. Die Summe dieser für jede einzelne Nachweisung als Steuersoll berechneten Beträge ergiebt die von der Bank spätestens am 31. Januar des folgenden Jahres zur Reichskasse abzuführende Steuer.

Ausländische Banknoten u. dgl. §. 11.

Ausländische Banknoten oder sonstige auf den Inhaber lautende unverzinsliche Schuldverschreibungen ausländischer Korporationen, Gesellschaften oder Privaten dürfen, wenn sie ausschliesslich oder neben anderen Werthbestimmungen in Reichswährung oder einer deutschen Landeswährung ausgestellt sind, innerhalb des Reichsgebietes zu Zahlungen nicht gebraucht werden.

Titel II.

Reichsbank.

Aufgabe. Zweiganstalten. §. 12.

Unter dem Namen

„Reichsbank“

wird eine unter Aufsicht und Leitung des Reichs stehende Bank errichtet, welche die Eigenschaft einer juristischen Person besitzt und die Aufgabe hat, den Geldumlauf im gesammten Reichsgebiete zu regeln, die Zahlungsausgleichungen zu erleichtern und für die Nutzbarmachung verfügbaren Kapitals zu sorgen.

Die Reichsbank hat ihren Hauptsitz in Berlin. Sie ist berechtigt, aller Orten im Reichsgebiete Zweiganstalten zu errichten.

Der Bundesrath kann die Errichtung solcher Zweiganstalten an bestimmten Plätzen anordnen.

Zu §. 12.

Die Reichsbank ist keine juristische Person privatrechtlichen Karakters, sondern eine öffentlich-rechtliche Einrichtung des Reichs, ihr Vorstand eine öffentliche Behörde (R.G. XV, 236). Die Reichsbank ist Kaufmann (H.G.B. §. 1 Abs. 1 Ziff. 4 Anm. II E), aber nicht Handelsgesellschaft (H.G.B. § 6 Anm. III).

§. 13. **Zulässige Geschäfte.**

Die Reichsbank ist befugt, folgende Geschäfte zu betreiben:

1. Gold und Silber in Barren und Münzen zu kaufen und zu verkaufen;
2. Wechsel, welche eine Verfallzeit von höchstens drei Monaten haben und aus welchen in der Regel drei, mindestens aber zwei als zahlungsfähig bekannte Verpflichtete haften, ferner Schuldverschreibungen des Reichs, eines deutschen Staats oder inländischer kommunaler Korporationen, welche nach spätestens drei Monaten mit ihrem Nennwerthe fällig sind, zu diskontiren, zu kaufen und zu verkaufen;
3. zinsbare Darlehne auf nicht länger als drei Monate gegen bewegliche Pfänder zu ertheilen (Lombardverkehr), und zwar:
   a) gegen Gold und Silber, gemünzt und ungemünzt,
   b) gegen zinstragende oder spätestens nach einem Jahre fällige und auf den Inhaber lautende Schuldverschreibungen des Reichs, eines deutschen Staats oder inländischer kommunaler Korporationen, oder gegen zinstragende, auf den Inhaber lautende Schuldverschreibungen, deren Zinsen vom Reiche oder von einem Bundesstaate garantirt sind, gegen voll eingezahlte Stamm- und Stammprioritätsaktien und Prioritätsobligationen deutscher Eisenbahngesellschaften, deren Bahnen in Betrieb befindlich sind, sowie gegen Pfandbriefe landschaftlicher, kommunaler oder anderer unter staatlicher Aufsicht stehender Bodenkreditinstitute Deutschlands und deutscher Hypothekenbanken auf Aktien, zu höchstens drei Viertel des Kurswerthes, *diesen Pfandbriefen stehen gleich andere auf den Inhaber lautende Schuldverschreibungen der bezeichneten Institute und Banken, welche auf Grund von Darlehnen ausgestellt werden, die an inländische kommunale Korporationen oder gegen Uebernahme der Garantie durch eine solche Korporation gewährt sind,*
   c) gegen zinstragende, auf den Inhaber lautende Schuldverschreibungen nicht deutscher Staaten, sowie gegen staatlich garantirte ausländische Eisenbahn-Prioritätsobligationen, zu höchstens 50 Prozent des Kurswerthes,
   d) gegen Wechsel, welche anerkannt solide Verpflichtete aufweisen, mit einem Abschlage von mindestens 5 Prozent ihres Kurswerthes,
   e) gegen Verpfändung im Inlande lagernder Kaufmannswaaren, höchstens bis zu zwei Drittheilen ihres Werthes;
4. Schuldverschreibungen der vorstehend unter 3. b. bezeichneten Art zu kaufen und zu verkaufen; die Geschäftsanweisung für das Reichsbank-Direktorium (§. 26) wird feststellen, bis zu welcher Höhe die Betriebsmittel der Bank in solchen Schuldverschreibungen angelegt werden dürfen;
5. für Rechnung von Privatpersonen, Anstalten und Behörden Inkassos zu besorgen und nach vorheriger Deckung Zahlungen zu leisten und Anweisungen oder Ueberweisungen auf ihre Zweiganstalten oder Korrespondenten auszustellen;

Zu §. 13.

Der Zusatz zu Ziff. 3b beruht auf Ges. v. 7. Juni 1899 (unten II 7) Art. 6 und tritt nach Art. 10 dieses Gesetzes erst am 1. Januar 1901 in Kraft.

6. für fremde Rechnung Effekten aller Art, sowie Edelmetalle nach vorheriger Deckung zu kaufen und nach vorheriger Ueberlieferung zu verkaufen;
7. verzinsliche und unverzinsliche Gelder im Depositengeschäft und im Giroverkehr anzunehmen; die Summe der verzinslichen Depositen darf diejenige des Grundkapitals und des Reservefonds der Bank nicht übersteigen;
8. Werthgegenstände in Verwahrung und in Verwaltung zu nehmen.

Umtausch von Gold gegen Noten. §. 14.

Die Reichsbank ist verpflichtet, Barrengold zum festen Satze von 1392 Mark für das Pfund fein gegen ihre Noten umzutauschen.

Die Bank ist berechtigt, auf Kosten des Abgebers solches Gold durch die von ihr zu bezeichnenden Techniker prüfen und scheiden zu lassen.

Diskontsatz. Wochenübersichten. §. 15.

Die Reichsbank hat jeweilig den Prozentsatz öffentlich bekannt zu machen, zu welchem sie diskontirt (§. 13, 2) oder zinsbare Darlehne ertheilt (§. 13, 3). Die Aufstellung ihrer Wochen-Uebersichten erfolgt auf Grundlage der Bücher des Reichsbank-Direktoriums und der demselben unmittelbar untergeordneten Zweiganstalten.

Ausgabe von Banknoten. §. 16.

Die Reichsbank hat das Recht, nach Bedürfniss ihres Verkehrs Banknoten auszugeben.

Die An- und Ausfertigung, Einziehung und Vernichtung derselben erfolgt unter Kontrole der Reichsschulden-Kommission, welcher zu diesem Zwecke ein vom Kaiser ernanntes Mitglied hinzutritt.

Deckung. §. 17.

Die Reichsbank ist verpflichtet, für den Betrag ihrer im Umlauf befindlichen Banknoten jederzeit mindestens ein Drittheil in kursfähigem deutschen Gelde, Reichs-Kassenscheinen oder in Gold in Barren oder ausländischen Münzen, das Pfund fein zu 1392 Mark gerechnet, und den Rest in diskontirten Wechseln, welche eine Verfallzeit von höchstens drei Monaten haben, und aus welchen in der Regel drei, mindestens aber zwei als zahlungsfähig bekannte Verpflichtete haften, in ihren Kassen als Deckung bereit zu halten.

Einlösung. §. 18.

Die Reichsbank ist verpflichtet, ihre Noten:

a) bei ihrer Hauptkasse in Berlin sofort auf Präsentation,
b) bei ihren Zweiganstalten, soweit es deren Baarbestände und Geldbedürfnisse gestatten,

dem Inhaber gegen kursfähiges deutsches Geld einzulösen.

Einlösung fremder Noten. §. 19.

Die Reichsbank ist verpflichtet, die Noten der, vom Reichskanzler nach der Bestimmung im §. 45 dieses Gesetzes bekannt gemachten Banken sowohl in Berlin,

---

Zu §. 15.

Über den einzuhaltenden Diskontsatz bestimmt Ges. v. 7. Juni 1899 (unten II 7) Art. 7.

als auch bei ihren Zweiganstalten in Städten von mehr als 80 000 Einwohnern oder am Sitze der Bank, welche die Noten ausgegeben hat, zum vollen Nennwerthe in Zahlung zu nehmen, so lange die ausgebende Bank ihrer Noteneinlösungspflicht pünktlich nachkommt. Die auf diesem Wege angenommenen Banknoten dürfen nur entweder zur Einlösung präsentirt oder zu Zahlungen an diejenige Bank, welche dieselben ausgegeben hat, oder zu Zahlungen an dem Orte, wo letztere ihren Hauptsitz hat, verwendet werden.

Die Reichsbank ist ermächtigt, mit anderen deutschen Banken Vereinbarungen über Verzichtleistung der letzteren auf das Recht zur Notenausgabe abzuschliessen.

§. 20. Pfandverkauf.

Wenn der Schuldner eines im Lombardverkehr (§. 13 Ziffer 3) gewährten Darlehns im Verzuge ist, ist die Reichsbank berechtigt, ohne gerichtliche Ermächtigung oder Mitwirkung das bestellte Faustpfand durch einen ihrer Beamten oder durch einen zu Versteigerungen befugten Beamten öffentlich verkaufen, oder, wenn der verpfändete Gegenstand einen Börsenpreis oder Marktpreis hat, den Verkauf auch nicht öffentlich durch einen ihrer Beamten, oder durch einen Handelsmakler, oder, in Ermangelung eines solchen, durch einen zu Versteigerungen befugten Beamten zum laufenden Preise bewirken zu lassen, und sich aus dem Erlöse wegen Kapital, Zinsen und Kosten bezahlt zu machen. Dieses Recht behält die Bank auch gegenüber anderen Gläubigern und gegenüber der Konkursmasse des Schuldners.

§. 21. Beschränkte Steuerfreiheit.

Die Reichsbank und ihre Zweiganstalten sind im gesammten Reichsgebiete frei von staatlichen Einkommen- und Gewerbesteuern.

§. 22.

Zahlungsvermittlung für Reich und Bundesstaaten.

Die Reichsbank ist verpflichtet, ohne Entgelt für Rechnung des Reichs Zahlungen anzunehmen und bis auf Höhe des Reichsguthabens zu leisten.

Sie ist berechtigt, die nämlichen Geschäfte für die Bundesstaaten zu übernehmen.

§. 23.

Grundkapital, Anteile. Haftung der Anteilseigner.

Das Grundkapital der Reichsbank besteht aus *einhundertundachtzig* Millionen Mark, getheilt in vierzigtausend Antheile von je dreitausend *und sechzigtausend Antheile von je eintausend* Mark.

Zu §. 20.

Vgl. jetzt die allgemeine Bestimmung in B.G. §. 1235 Abs. 2, §. 1221. Auch die Vorschriften über vorherige Androhung (B.G. §. 1234, H.G.B. §. 368) werden zur Anwendung zu bringen sein. „Handelsmakler" im Sinne des §. 20 Bankges. sind nur die „öffentlich ermächtigten Handelsmakler" im Sinne des B.G. und des H.G.B., unter ihnen die Kursmakler (H.G.B. §. 93 Anm. I).

Zu §. 22.

Nach Bekanntmachung des Reichskanzlers v. 29. Dezbr. 1875 (Centralbl. 821) ist die Wahrnehmung der Centralkassengeschäfte des Deutschen Reichs der Reichsbankhauptkasse Berlin übertragen, welche sie unter der Benennung „Reichs-Hauptkasse" führt.

Von letzteren sind dreissigtausend Antheile bis zum 31. Dezember 1900 und dreissigtausend Antheile bis zum 31. Dezember 1905 zu begeben. Auf die Begebung findet der §. 38 des Gesetzes vom 22. Juni 1896 (Prospektzwang) keine Anwendung. Die Antheile lauten auf Namen.

Die Antheilseigner haften persönlich für die Verbindlichkeiten der Reichsbank nicht.

Verteilung des Reingewinns. §. 24.

Aus dem beim Jahresabschlusse sich ergebenden Reingewinn*e* der Reichsbank wird:

1. zunächst den Antheilseignern eine ordentliche Dividende von *drei*undeinhalb Prozent des Grundkapitals berechnet, sodann
2. von dem Mehrbetrag eine Quote von zwanzig Prozent dem Reservefonds zugeschrieben, solange derselbe nicht *den Betrag von sechzig Millionen Mark erreicht hat,*
3. *von dem weiter verbleibenden Reste den Antheilseignern ein Viertel, der Reichskasse drei Viertel überwiesen.*

Erreicht der Reingewinn nicht volle *drei*undeinhalb Prozent des Grundkapitals, so ist das Fehlende aus dem Reservefonds zu ergänzen.

Das bei Begebung von Antheilsscheinen der Reichsbank etwa zu gewinnende Aufgeld fliesst dem Reservefonds zu.

Dividendenrückstände verjähren binnen vier Jahren, von dem Tage ihrer Fälligkeit an gerechnet, zum Vortheil*e* der Bank.

Aufsicht. Kuratorium. §. 25.

Die dem Reiche zustehende Aufsicht über die Reichsbank wird von einem Bank-Kuratorium ausgeübt, welches aus dem Reichskanzler als Vorsitzenden und vier Mitgliedern besteht. Eines dieser Mitglieder ernennt der Kaiser, die drei anderen der Bundesrath.

Das Kuratorium versammelt sich vierteljährlich einmal. In diesen Versammlungen wird ihm über den Zustand der Bank und alle darauf Bezug habenden Gegenstände Bericht erstattet und eine allgemeine Rechenschaft von allen Operationen und Geschäftseinrichtungen der Bank ertheilt.

Zu §. 23.

Grundkapital vgl. H.G.B. §. 178 Anm. II. — Die Fassung des Textes ist die des Ges. v. 7. Juni 1899 Art. 1 und tritt gemäß Art. 10 des letzteren Gesetzes am 1. Januar 1901 in Kraft. Bisher lautete §. 23:

„Das Grundkapital der Reichsbank besteht aus einhundertundzwanzig Millionen Mark, geteilt in vierzigtausend auf Namen lautende Anteile von je dreitausend Mark.

Die Anteilseigner haften persönlich für die Verbindlichkeiten der Reichsbank nicht."

Das Ges. v. 22. Juni 1896 (Börsengesetz) ist abgedruckt oben II. 1.

Zu §. 24.

Durch das Reichsgesetz vom 18. Dezember 1889 (R.G.Bl. 201) wurde vom 1. Januar 1891 ab die in Abs. 1 Ziff. 1 und Abs. 2 des §. 24 erwähnte ordentliche Dividende der Anteilseigner von $4^1/_2$ auf $3^1/_2$ Prozent des Grundkapitals herabgesetzt, und in Abs. 1 Ziff. 3 die Zahl 8 in die Zahl 6 geändert. Demgemäß lautet §. 24 Abs. 1 in der Fassung dieses Gesetzes:

„Aus dem beim Jahresabschlusse sich ergebenden Reingewinn der Reichsbank wird:

1. zunächst den Anteilseignern eine ordentliche Dividende von *drei* und einhalb Prozent des Grundkapitals berechnet, sodann

§. 26. **Leitung.**

Die dem Reiche zustehende Leitung der Bank wird vom Reichskanzler, und unter diesem von dem Reichsbank-Direktorium ausgeübt; in Behinderungsfällen des Reichskanzlers wird die Leitung durch einen vom Kaiser hierfür ernannten Stellvertreter wahrgenommen.

Der Reichskanzler leitet die gesammte Bankverwaltung innerhalb der Bestimmungen dieses Gesetzes und des zu erlassenden Statuts (§. 40). Er erlässt die Geschäftsanweisungen für das Reichsbank-Direktorium und für die Zweiganstalten, sowie die Dienstinstruktionen für die Beamten der Bank, und verfügt die erforderlichen Abänderungen der bestehenden Geschäftsanweisungen (Reglements) und Dienstinstruktionen.

§. 27. **Direktorium.**

Das Reichsbank-Direktorium ist die verwaltende und ausführende, sowie die, die Reichsbank nach aussen vertretende Behörde.

Es besteht aus einem Präsidenten und der erforderlichen Anzahl von Mitgliedern, und fasst seine Beschlüsse nach Stimmenmehrheit, hat jedoch bei seiner Verwaltung überall den Vorschriften und Weisungen des Reichskanzlers Folge zu leisten.

Präsident und Mitglieder des Reichsbank-Direktoriums werden auf den Vorschlag des Bundesraths vom Kaiser auf Lebenszeit ernannt.

§. 28. **Beamte.**

Die Beamten der Reichsbank haben die Rechte und Pflichten der Reichsbeamten, Ihre Besoldungen, Pensionen und sonstigen Dienstbezüge, sowie die Pensionen und Unterstützungen für ihre Hinterbliebenen, trägt die Reichsbank. Der Besoldungs- und Pensionsetat des Reichsbank-Direktoriums wird jährlich durch den Reichshaushalts-Etat, der der übrigen Beamten jährlich vom Kaiser im Einvernehmen mit dem Bundesrathe auf den Antrag des Reichskanzlers festgesetzt.

Kein Beamter der Reichsbank darf Antheilscheine derselben besitzen.

§. 29. **Revision. Rechnungslegung.**

Die Rechnungen der Reichsbank unterliegen der Revision durch den Rechnungshof des Deutschen Reichs.

Die Form, in welcher die jährliche Rechnungslegung zu erfolgen hat, wird durch den Reichskanzler bestimmt. Die hierüber ergehenden Bestimmungen sind dem Rechnungshof mitzutheilen.

---

2. von dem Mehrbetrage eine Quote von zwanzig Prozent dem Reservefonds zugeschrieben, so lange derselbe nicht ein Viertel des Grundkapitals beträgt,

3. der alsdann verbleibende Überrest zur Hälfte an die Anteilseigner und zur Hälfte an die Reichskasse gezahlt, soweit die Gesammtdividende der Anteilseigner nicht *sechs* Prozent übersteigt. Von dem weiter verbleibenden Reste erhalten die Anteilseigner ein Viertel, die Reichskasse drei Viertel."

Das Ges. v. 7. Juni 1899 (unten II 7) Art. 2 giebt unter Aufhebung des Ges. v. 18. Dezb. 1889 Art. 1 dem §. 24 die neue, im Text abgedruckte Fassung. Dieselbe tritt gemäß Art. 10 Ges. v. 7. Juni 1899 am 1. Januar 1901 in Kraft.

Rechte der Anteilseigner. §. 30.

Die Antheilseigner üben die ihnen zustehende Betheiligung an der Verwaltung der Reichsbank durch die Generalversammlung, ausserdem durch einen aus ihrer Mitte gewählten ständigen Zentralausschuss nach Massgabe der nachfolgenden Bestimmungen aus.

Zentralausschuß. §. 31.

Der Zentralausschuss ist die ständige Vertretung der Antheilseigner gegenüber der Verwaltung. Er besteht aus fünfzehn Mitgliedern, neben welchen fünfzehn Stellvertreter zu wählen sind. Die Mitglieder und die Stellvertreter werden von der Generalversammlung aus der Zahl *derjenigen Antheilseigner gewählt, welche auf ihren Namen lautende Antheilsscheine über einen Mindestbetrag von je neuntausend Mark besitzen.* Sämmtliche Mitglieder und Stellvertreter müssen im Reichsgebiete und wenigstens neun Mitglieder und neun Stellvertreter in Berlin ihren Wohnsitz haben. Ein Drittel der Mitglieder scheidet jährlich aus. Die Ausscheidenden sind wieder wählbar.

Der Zentralausschuss versammelt sich unter Vorsitz des Präsidenten des Reichsbank-Direktoriums wenigstens einmal monatlich, kann von demselben aber auch ausserordentlich berufen werden. Er ist beschlussfähig bei Anwesenheit von wenigstens sieben Mitgliedern; die Geschäftsanweisung wird festsetzen, in welchen Fällen und in welcher Reihenfolge die Einberufung von Stellvertretern zu bewirken ist.

Geschäftskreis des Zentralausschusses. §. 32.

Dem Zentralausschuss werden in jedem Monat die wöchentlichen Nachweisungen über die Diskonto-, Wechsel- und Lombardbestände, den Notenumlauf, die Baarfonds, die Depositen, über den An- und Verkauf von Gold, Wechseln und Effekten, über die Vertheilung der Fonds auf die Zweiganstalten zur Einsicht vorgelegt, und zugleich die Ergebnisse der ordentlichen und der ausserordentlichen Kassenrevisionen, sowie die Ansichten und Vorschläge des Reichsbank-Direktoriums über den Gang der Geschäfte im Allgemeinen und über die etwa erforderlichen Massregeln mitgetheilt.

Insbesondere ist der Zentralausschuss gutachtlich zu hören:

a) über die Bilanz und die Gewinnberechnung, welche nach Ablauf des Geschäftsjahres vom Reichsbank-Direktorium aufgestellt, mit dessen Gutachten dem Reichskanzler zur definitiven Festsetzung überreicht, und demnächst den Antheilseigner in deren ordentlicher Generalversammlung mitgetheilt wird;

b) über Abänderungen des Besoldungs- und Pensionsetats (§. 28);

c) über die Besetzung erledigter Stellen im Reichsbank-Direktorium, mit Ausnahme der Stelle des Präsidenten, vor der Beschlussfassung des Bundesraths (§. 27);

d) über den Höchstbetrag, bis zu welchem die Fonds der Bank zu Lombarddarlehen verwendet werden können.

Der Ankauf von Effekten für Rechnung der Bank kann nur erfolgen, nachdem die Höhe des Betrages, bis zu welcher die Fonds der Bank zu diesem Zwecke verwendet werden können, zuvor mit Zustimmung des Zentralausschusses festgesetzt ist;

Zu §. 31.

Die obige neue Fassung beruht auf Ges. v. 7. Juni 1899 (unten II 7) Art. 3.

e) über die Höhe des Diskontosatzes und des Lombard-Zinsfusses, sowie über Veränderungen in den Grundsätzen und Fristen der Kreditertheilung;
f) über Vereinbarungen mit anderen deutschen Banken (§. 19), sowie über die in den Geschäftsbeziehungen zu denselben zu beobachtenden Grundsätze.

Allgemeine Geschäftsanweisungen und Dienstinstruktionen sind dem Zentralausschusse alsbald nach ihrem Erlasse (§. 26) zur Kenntnissnahme mitzutheilen.

§. 33.

Nichtbesoldung der Mitglieder; Ausschließung, Ausscheiden.

Die Mitglieder des Zentralausschusses beziehen keine Besoldung.

Wenn ein Ausschussmitglied das Bankgeheimniss (§. 39) verletzt, die durch sein Amt erlangten Aufschlüsse gemissbraucht oder sonst das öffentliche Vertrauen verloren hat, oder wenn durch dasselbe überhaupt das Interesse des Instituts gefährdet erscheint, so ist die Generalversammlung berechtigt, seine Ausschliessung zu beschliessen.

Ein Ausschussmitglied, welches in Konkurs geräth, während eines halben Jahres den Versammlungen nicht beigewohnt, oder eine der Voraussetzungen seiner Wählbarkeit (§. 31) verloren hat, wird für ausgeschieden erachtet.

§. 34. Deputierte des Zentralausschusses.

Die fortlaufende spezielle Kontrole über die Verwaltung der Reichsbank üben drei, von dem Zentralausschusse aus der Zahl seiner Mitglieder auf ein Jahr gewählte Deputirte des Zentralausschusses beziehungsweise deren gleichzeitig zu wählende Stellvertreter. Die Geschäftsanweisung wird festsetzen, in welchen Fällen und in welcher Reihenfolge die Einberufung von Stellvertretern zu bewirken ist.

Die Deputirten sind insbesondere berechtigt, allen Sitzungen des Reichsbank-Direktoriums mit berathender Stimme beizuwohnen.

Sie sind ferner berechtigt und verpflichtet, in den gewöhnlichen Geschäftsstunden und im Beisein eines Mitgliedes des Reichsbank-Direktoriums von dem Gange der Geschäfte Kenntniss zu nehmen, die Bücher und Portefeuilles der Bank einzusehen und den ordentlichen, wie ausserordentlichen Kassenrevisionen beizuwohnen. Ueber ihre Wirksamkeit erstatten sie in den monatlichen Versammlungen des Zentralausschusses Bericht.

Im Fall des §. 33 Absatz 2 kann ein Deputirter bereits vor der Entscheidung der Generalversammlung durch den Zentralausschuss suspendirt werden.

§. 35.

Geschäfte mit Reichs- oder Staats-Finanzverwaltung.

Geschäfte mit den Finanzverwaltungen des Reichs oder deutscher Bundesstaaten dürfen nur innerhalb der Bestimmungen dieses Gesetzes und des Bankstatuts gemacht und müssen, wenn andere als die allgemein geltenden Bedingungen des Bankverkehrs in Anwendung kommen sollen, zuvor zur Kenntniss der Deputirten gebracht, und, wenn auch nur Einer derselben darauf anträgt, dem Zentralausschuss vorgelegt werden. Sie müssen unterbleiben, wenn der letztere nicht in einer beschlussfähigen Versammlung mit Stimmenmehrheit für die Zulässigkeit sich ausspricht.

§. 36.

Reichsbankhauptstellen, Bezirksausschuß, Beigeordnete.

Ausserhalb des Hauptsitzes der Bank sind an, vom Bundesrathe zu bestimmenden, grösseren Plätzen Reichsbankhauptstellen zu errichten, welche unter Leitung eines aus wenigstens zwei Mitgliedern bestehenden Vorstandes, und unter Aufsicht eines vom Kaiser ernannten Bank-Kommissarius stehen.

Bei jeder Reichsbankhauptstelle soll, wenn sich daselbst eine hinreichende Zahl geeigneter Antheilseigner vorfindet, ein Bezirksausschuss bestehen, dessen Mitglieder vom Reichskanzler aus den vom Bank-Kommissar und vom Zentralausschuss aufgestellten Vorschlagslisten der am Sitz der Bankhauptstelle oder in dessen unmittelbarer Nähe wohnhaften Antheilseigner ausgewählt werden. Dem Ausschuss werden in seinen monatlich abzuhaltenden Sitzungen die Uebersichten über die Geschäfte der Bankhauptstelle und die von der Zentralverwaltung ergangenen allgemeinen Anordnungen mitgetheilt. Anträge und Vorschläge des Bezirksausschusses, welchen vom Vorstande der Bankhauptstelle nicht in eigener Zuständigkeit entsprochen wird, werden von letzterem dem Reichskanzler mittelst Berichts eingereicht.

Eine fortlaufende spezielle Kontrole über den Geschäftsgang bei den Bankhauptstellen nach Massgabe der Bestimmungen im §. 34 üben, soweit es ohne Störung der täglichen laufenden Geschäfte geschehen kann, 2 bis 3 Beigeordnete, welche vom Bezirksausschuss aus seiner Mitte gewählt, oder, wo ein Bezirksausschuss nicht besteht, vom Reichskanzler nach Absatz 2 ernannt werden.

Sonstige Zweiganstalten. §. 37.

Die Errichtung sonstiger Zweiganstalten erfolgt, sofern dieselben dem Reichsbank-Direktorium unmittelbar untergeordnet werden (Reichsbankstellen), durch den Reichskanzler, sofern sie einer anderen Zweiganstalt untergeordnet werden, durch das Reichsbank-Direktorium.

§. 38.

Verpflichtende Unterschrift. Gerichtsstand.

Die Reichsbank wird in allen Fällen, und zwar auch wo die Gesetze eine Spezialvollmacht erfordern, durch die Unterschrift des Reichsbank-Direktoriums oder einer Reichsbankhauptstelle verpflichtet, sofern diese Unterschriften von zwei Mitgliedern des Reichsbank-Direktoriums beziehungsweise von zwei Mitgliedern des Vorstandes der Reichsbankhauptstelle oder den als Stellvertretern der letzteren bezeichneten Beamten vollzogen sind.

Unter welchen Voraussetzungen und in welcher Form die Unterschriften der Bankstellen eine Verpflichtung für die Reichsbank begründen, wird vom Reichskanzler bestimmt und besonders bekannt gemacht.

Gegen die Reichsbankhauptstellen und Bankstellen können alle Klagen, welche auf den Geschäftsbetrieb derselben Bezug haben, bei dem Gerichte des Orts erhoben werden, wo die Zweiganstalt errichtet ist.

Zu §. 38.

In Ausführung des Abs. 2 erging Bekanntm. d. Reichskanzlers v. 27. Dezbr. 1875 (Centralbl. 820). Der Abs. 3 ist aufrecht erhalten durch E.G. z. C.P.O. §. 13 Abs. 1; die Vorschrift ist auf Reichsbankhauptstellen (§. 36 Bankges.) und Bankstellen (§. 37 Bankges.) beschränkt.

§. 39. **Schweigepflicht.**

Sämmtliche bei der Verwaltung der Bank als Beamte, Ausschussmitglieder, Beigeordnete betheiligte Personen sind verpflichtet, über alle einzelne Geschäfte der Bank, besonders über die mit Privatpersonen und über den Umfang des den letzteren gewährten Kredits, Schweigen zu beobachten. Die Deputirten des Zentralausschusses und deren Stellvertreter, sowie die Beigeordneten bei den Reichsbankhauptstellen sind hierzu vor Antritt ihrer Funktion mittelst Handschlags an Eidesstatt besonders zu verpflichten.

§. 40. **Satzung.**

Das Statut der Reichsbank wird nach Massgabe der vorstehend in den §§. 12 bis 39 enthaltenen Vorschriften vom Kaiser im Einvernehmen mit dem Bundesrath erlassen.

Dasselbe muss insbesondere Bestimmungen enthalten:

1. über die Form der Antheilscheine der Reichsbank und der dazu gehörigen Dividendenscheine und Talons;
2. über die bei Uebertragung oder Verpfändung von Antheilscheinen zu beachtenden Formen;
3. über die Mortifikation verlorener oder vernichteter Antheilscheine, sowie über das Verfahren in Betreff abhanden gekommener Dividendenscheine und Talons;
4. über die Grundsätze, nach denen die Jahresbilanz der Reichsbank aufzunehmen ist;
5. über Termine und Modalitäten der Erhebung der Dividende;
6. über die Form, in welcher die Zusammenberufung der Generalversammlungen geschieht, sowie über die Bedingungen und die Art der Ausübung des Stimmrechts der Antheilseigner; die Ausübung des Stimmrechts darf jedoch nicht durch den Besitz von mehr als einem Antheilsscheine bedingt, noch dürfen mehr als *dreihundert* Stimmen in einer Hand vereinigt werden, *wobei ein Antheilsschein zu dreitausend Mark dem Rechte auf drei Stimmen und ein Antheilsschein zu eintausend Mark dem Rechte auf eine Stimme entsprechen soll*;
7. über die Modalitäten der Wahl des Zentralausschusses und der Deputirten desselben, der Bezirksausschüsse und der Beigeordneten bei den Reichsbankhauptstellen;

Zu §. 40.

Die neue Fassung der Ziff. 6 beruht auf Ges. v. 7. Juni 1899 (unten II 7) Art. 4. — Die Satzung der Reichsbank vom 21. Mai 1875 ist im R.G.Bl. 203 verkündet. — Die Anteilscheine wurden als öffentliche Papiere im Sinn des früheren Preuß. Stempelgesetzes v. 1822 und mithin Indossamente als nicht stempelpflichtig angesehen (R.G. XV, 237); nach dem jetzigen Preuß. Stempelges. v. 31. Juli 1895 sind die Indossamente von Reichsbankanteilscheinen stempelpflichtig (Heinitz, Komment. z. St.G. Aufl. 1, Tarif 2 Anm. II 4d). — An einem Reichsbank-Anteilscheine kann, da die Artt. 36, 74 Wechselordnung nicht zur Anwendung kommen, Eigentum durch Indossament nur übertragen werden, wenn der Indossant zur Übertragung des Scheines berechtigt ist (R.G. XXII, 185).

8. über die Form, in welcher die von der Gesellschaft ausgehenden Bekanntmachungen erfolgen, sowie über die öffentlichen Blätter, in welche dieselben aufzunehmen sind;
9. über die im Fall der Aufhebung der Reichsbank (§. 41) eintretende Liquidation;
10. über die Form, in welcher die Mitwirkung der Antheilseigner oder deren Vertreter zu einer durch Reichsgesetz festzustellenden Erhöhung des Grundkapitals herbeigeführt werden soll;
11. über die Voraussetzungen der Sicherstellung, unter denen Effekten für fremde Rechnung gekauft oder verkauft werden dürfen.

§. 41.

Recht des Reichs zu Aufhebung oder Erwerb.

Das Reich behält sich das Recht vor, zuerst zum 1. Januar 1891, alsdann aber von zehn zu zehn Jahren nach vorausgegangener einjähriger Ankündigung, welche auf Kaiserliche Anordnung, im Einvernehmen mit dem Bundesrath, vom Reichskanzler an das Reichsbank-Direktorium zu erlassen und von letzterem zu veröffentlichen ist, entweder

a) die auf Grund dieses Gesetzes errichtete Reichsbank aufzuheben und die Grundstücke derselben gegen Erstattung des Buchwerthes zu erwerben, oder
b) die sämmtlichen Antheile der Reichsbank zum Nennwerthe zu erwerben.

In beiden Fällen geht der bilanzmässige Reservefonds, soweit derselbe nicht zur Deckung von Verlusten in Anspruch zu nehmen ist, zur einen Hälfte an die Antheilseigner, zur andern Hälfte an das Reich über.

Zur Verlängerung der Frist nach Inhalt des ersten Absatzes ist die Zustimmung des Reichstags erforderlich.

Titel III.

Privat-Notenbanken.

§. 42.

Örtliche Beschränkung des Geschäftsbetriebes.

Banken, welche sich bei Erlass dieses Gesetzes im Besitze der Befugniss zur Notenausgabe befinden, dürfen ausserhalb desjenigen Staates, welcher ihnen diese Befugniss ertheilt hat, Bankgeschäfte durch Zweiganstalten weder betreiben noch durch Agenten für ihre Rechnung betreiben lassen, noch als Gesellschafter an Bankhäusern sich betheiligen.

§. 43.

Örtliche Beschränkung der Zahlung mit Banknoten.

Die Noten einer Bank, welche sich bei Erlass dieses Gesetzes im Besitze der Befugniss zur Notenausgabe befindet, dürfen ausserhalb desjenigen Staates, welcher derselben diese Befugniss ertheilt hat, zu Zahlungen nicht gebraucht werden.

Der Umtausch solcher Noten gegen andere Banknoten, Papiergeld oder Münzen unterliegt diesem Verbote nicht.

Zu §. 43.

Von den Banken, welchen noch das Recht der Notenausgabe zusteht (Anlage zu §. 9, abgedr. hinter §. 66) hat nur die Braunschweigische Bank sich nicht gemäß §. 44 unterworfen;

§. 44.

Folge der Unterwerfung unter sachliche Beschränkungen.

Die beschränkenden Bestimmungen des §. 43 finden auf diejenigen Banken keine Anwendung, welche bis zum 1. Januar 1876 folgende Voraussetzungen erfüllen:

1. Die Bank darf ihre Betriebsmittel nur in den im §. 13 unter 1 bis 4 bezeichneten Geschäften, und zwar zu 4 höchstens bis zur Höhe der Hälfte des Grundkapitals der Bank und der Reserven, anlegen.

   Bezüglich des Darlehnsgeschäfts ist der Bank eine Frist bis zum 1. Januar 1877 eingeräumt, innerhalb welcher sie ihre Darlehne den Bestimmungen des §. 13 Nr. 3 zu konformiren hat.

   Sie hat jeweilig den Prozentsatz öffentlich bekannt zu machen, zu welchem sie diskontirt oder zinsbare Darlehne gewährt.
2. Die Bank legt von dem sich jährlich über das Maass von $4^1/_2$ Prozent des Grundkapitals hinaus ergebenden Reingewinn jährlich mindestens 20 Prozent so lange zur Ansammlung eines Reservefonds zurück, als der letztere nicht ein Viertheil des Grundkapitals beträgt.
3. Die Bank verpflichtet sich, für den Betrag ihrer im Umlauf befindlichen Banknoten jederzeit mindestens ein Drittheil in kursfähigem deutschem Gelde, Reichs-Kassenscheinen oder in Gold in Barren oder ausländischen Münzen, das Pfund fein zu 1392 Mark gerechnet, und den Rest in diskontirten Wechseln, welche eine Verfallzeit von höchstens drei Monaten haben und aus welchen in der Regel drei, mindestens aber zwei als zahlungsfähig bekannte Verpflichtete haften, in ihren Kassen als Deckung bereit zu halten.
4. Die Bank verpflichtet sich, ihre Noten bei einer von ihr zu bezeichnenden Stelle in Berlin oder Frankfurt, deren Wahl der Genehmigung des Bundesraths unterliegt, dem Inhaber gegen kursfähiges deutsches Geld einzulösen.

   Die Einlösung hat spätestens vor Ablauf des auf den Tag der Präsentation folgenden Tages zu erfolgen.
5. Die Bank verpflichtet sich, alle deutschen Banknoten, deren Umlauf im gesammten Reichsgebiete gestattet ist, an ihrem Sitze, sowie bei denjenigen ihrer Zweiganstalten, welche in Städten von mehr als 80,000 Einwohnern ihren Sitz haben, zu ihrem vollen Nennwerthe in Zahlung zu nehmen, so lange die Bank, welche solche Noten ausgegeben hat, ihrer Noteneinlösungspflicht pünktlich nachkommt. Alle bei einer Bank eingegangenen Noten einer anderen Bank dürfen, soweit es nicht Noten der Reichsbank sind, nur entweder zur Einlösung präsentirt, oder zu Zahlungen an diejenige Bank, welche dieselben ausgegeben hat, oder zu Zahlungen an dem Orte, wo letztere ihren Hauptsitz hat, verwendet werden.

---

nur auf diese ist daher §. 43 noch anwendbar (Koch, Münz- und Notenbankwesen 3. Aufl. Bankges. Anm. 140); für die übrigen ist die Anwendung des §. 43 durch Bekanntmachung des Reichskanzlers v. 29. Dezbr. 1875 (R.G.Bl. 390) ausgeschlossen.

Zu §. 44.

Die in Abs. 2 vorbehaltene Kündigung soll im Fall der Nichtunterwerfung unter die Regelung des Diskontsatzes nach näherer Maßgabe des Ges. v. 7. Juni 1899 Art. 7 §. 2 (unten II 7) zum 1. Januar 1901 erfolgen.

6. Die Bank verzichtet auf jedes Widerspruchsrecht, welches ihr entweder gegen die Ertheilung der Befugniss zur Ausgabe von Banknoten an andere Banken, oder gegen die Aufhebung einer etwa bestehenden Verpflichtung der Landesregierung, ihre Noten in den öffentlichen Kassen statt baaren Geldes in Zahlung nehmen zu lassen, zustehen möchte.
7. Die Bank willigt ein, dass ihre Befugniss zur Ausgabe von Banknoten zu den in §. 41 bezeichneten Terminen durch Beschluss der Landesregierung oder des Bundesraths mit einjähriger Kündigungsfrist aufgehoben werden könne, ohne dass ihr ein Anspruch auf irgend welche Entschädigung zustände.

Von Seiten des Bundesraths wird eine Kündigung nur eintreten zum Zwecke weiterer einheitlicher Regelung des Notenbankwesens oder wenn eine Notenbank den Anordnungen gegenwärtigen Gesetzes zuwidergehandelt hat. Ob diese Voraussetzungen vorliegen, entscheidet der Bundesrath.

Einer Bank, welche die vorstehend unter 1 bis 7 bezeichneten Voraussetzungen erfüllt hat, kann der Betrieb von Bankgeschäften durch Zweiganstalten oder Agenturen ausserhalb des im §. 42 bezeichneten Gebietes auf Antrag der für den Ort, wo dies geschehen soll, zuständigen Landesregierung durch den Bundesrath gestattet werden.

Banken, welche bis zum 1. Januar 1876 nachweisen, dass der Betrag der nach ihrem Statut oder Privileg ihnen gestatteten Notenausgabe auf den Betrag des Grundkapitals eingeschränkt ist, welcher am 1. Januar 1874 eingezahlt war, sind von der Erfüllung der unter 2 bezeichneten Voraussetzung entbunden und erlangen mit der Gestattung des Umlaufs ihrer Noten im gesammten Reichsgebiete zugleich die Befugniss, im gesammten Reichsgebiete durch Zweiganstalten oder Agenturen Bankgeschäfte zu betreiben. Dem Bundesrath bleibt vorbehalten, diesen Banken einzelne der durch die Bestimmungen unter 1 ausgeschlossenen Formen der Kreditertheilung, in deren Ausübung dieselben sich bisher befunden haben, auf Grund des nachgewiesenen besonderen Bedürfnisses zeitweilig oder widerruflich auch ferner zu gestatten und die hierfür etwa nothwendigen Bedingungen festzusetzen.

§. 45.

Nachweis der Unterwerfung. Bekanntmachung.

Banken, welche von den Bestimmungen im §. 44 zu ihren Gunsten Gebrauch machen wollen, haben dem Reichskanzler nachzuweisen:
1. dass ihre Statuten den durch den §. 44 aufgestellten Voraussetzungen entsprechen;
2. dass die erforderliche Einlösungsstelle eingerichtet ist.

Sobald dieser Nachweis geführt ist, erlässt der Reichskanzler eine durch das Reichs-Gesetzblatt zu veröffentlichende Bekanntmachung, in welcher:
1. die beschränkenden Bestimmungen der §§. 42 und 43 oder des §. 43 dieses Gesetzes zu Gunsten der zu bezeichnenden Bank als nicht anwendbar erklärt,
2. die Stelle, an welcher die Noten der Bank eingelöst werden, bezeichnet wird.

§. 46.

Kündigung der Ausgabebefugnis. Aufhebung von Satzungsbestimmungen.

Kann die Dauer einer bereits erworbenen Befugniss zur Ausgabe von Banknoten durch eine vom Staate oder einer öffentlichen Behörde ausgehende, an einen bestimmten Termin gebundene Kündigung auf eine bestimmte Zeit beschränkt werden, so tritt diese Kündigung zu dem frühesten zulässigen Termine kraft gegenwärtigen Gesetzes ein, es sei denn, dass die Bank den zulässigen Betrag ihrer Notenausgabe auf den am 1. Januar 1874 eingezahlten Betrag ihres Grundkapitals beschränkt und sich den Bestimmungen im §. 44 unter 1 und 3 bis 7 unterworfen hat.

Statutarische Bestimmungen, durch welche die Dauer einer Bank oder der derselben ertheilten Befugniss zur Notenausgabe von der unveränderten Fortdauer des Notenprivilegiums der Preussischen Bank abhängig gemacht ist, treten ausser Kraft.

§. 47.

Änderungen des Grundgesetzes, Statuts, Privilegiums.

Jede Abänderung der Bestimmungen des Grundgesetzes, Statuts oder Privilegiums einer Bank, welche die Befugniss zur Ausgabe von Banknoten bereits erworben hat, bedarf, so lange der Bank diese Befugniss zusteht, zu ihrer Gültigkeit der Genehmigung des Bundesraths, sofern sie das Grundkapital, den Reservefonds, den Geschäftskreis oder die Deckung der auszugebenden Noten, oder die Dauer der Befugniss zur Notenausgabe zum Gegenstande hat. Landesgesetzliche Vorschriften und Konzessionsbedingungen, durch welche eine Bank bezüglich des Betriebs des Diskonto-, des Lombard-, des Effekten- und des Depositengeschäfts Beschränkungen unterworfen ist, welche das gegenwärtige Gesetz nicht enthält, stehen einer solchen Aenderung nicht entgegen.

Die Genehmigung wird, nach Erfüllung der sonstigen gesetzlichen Erfordernisse, durch die betheiligte Landesregierung beantragt und muss versagt werden, wenn die Bank nicht von den Bestimmungen des §. 44 Gebrauch macht.

Die bayerische Regierung ist berechtigt, bis zum Höchstbetrage von 70 Millionen Mark die Befugniss zur Ausgabe von Banknoten für die in Bayern bestehende Notenbank zu erweitern, oder diese Befugniss einer anderen Bank zu ertheilen, sofern die Bank sich den Bestimmungen des §. 44 unterwirft.

§. 48. **Aufsichtsrecht.**

Der Reichskanzler ist jederzeit befugt, sich nöthigenfalls durch kommissarische Einsichtnahme von den Büchern, Geschäftslokalen und Kassenbeständen der Noten ausgebenden Banken die Ueberzeugung zu verschaffen, dass dieselben die durch Gesetz oder Statut festgestellten Bedingungen und Beschränkungen der Notenausgabe innehalten, oder die Voraussetzungen der zu ihren Gunsten etwa ausgesprochenen Nichtanwendbarkeit der §§. 42 und 43 oder des §. 43 dieses Gesetzes erfüllen und dass die von ihnen veröffentlichten Wochen- und Jahresübersichten (§. 8), sowie die behufs der Steuerberechnung abgegebenen Nachweise (§. 10) der wirklichen Sachlage entsprechen.

Das Aufsichtsrecht der Landesregierungen wird durch diese Bestimmung nicht berührt.

§. 49. **Verlust der Ausgabebefugnis.**

Die Befugniss zur Ausgabe von Banknoten geht verloren:

1. durch Ablauf der Zeitdauer, für welche sie ertheilt ist,
2. durch Verzicht,

3. im Falle des Konkurses durch Eröffnung des Verfahrens gegen die Bank,
4. durch Entziehung kraft richterlichen Urtheils,
5. durch Verfügung der Landesregierung nach Massgabe der Statuten oder Privilegien.

Entziehung der Ausgabebefugnis. §. 50.

Die Entziehung der Befugniss zur Notenausgabe wird auf Klage des Reichskanzlers oder der Regierung des Bundesstaates, in welchem die Bank ihren Sitz hat, durch gerichtliches Urtheil ausgesprochen:

1. wenn die Vorschriften der Statuten, des Privilegiums oder des gegenwärtigen Gesetzes über die Deckung für die umlaufenden Noten verletzt worden sind oder der Notenumlauf die durch Statut, Privilegium oder Gesetz bestimmte Grenze überschritten hat;
2. wenn die Bank vor Erlass der in §. 45 erwähnten Bekanntmachung des Reichskanzlers ausserhalb des durch §. 42 ihr angewiesenen Gebiets die in §. 42 ihr untersagten Geschäfte betreibt, oder ausserhalb des durch §. 43 ihr angewiesenen Gebiets ihre Noten vertreibt oder vertreiben lässt;
3. wenn die Bank die Einlösung präsentirter Noten nicht bewirkt
   a) an ihrem Sitze am Tage der Präsentation,
   b) an ihrer Einlösungsstelle (§. 44 Nr. 4) bis zum Ablaufe des auf den Tag der Präsentation folgenden Tages,
   c) an sonstigen durch die Statuten bestimmten Einlösungsstellen bis zum Ablaufe des dritten Tages nach dem Tage der Präsentation;
4. sobald das Grundkapital sich durch Verluste um ein Drittheil vermindert hat.

Die Klage ist im ordentlichen Verfahren zu verhandeln. Der Rechtsstreit gilt im Sinne der Reichs- und Landesgesetze als Handelssache.

In dem Urtheile ist zugleich die Verpflichtung zur Einziehung der Noten auszusprechen.

Vollstreckung. §. 51.

Das Urtheil ist erst nach Eintritt der Rechtskraft vollstreckbar. Die Vollstreckung wird auf Antrag durch das Prozessgericht verfügt. Das Gericht bestimmt zu diesem Zwecke die Frist, innerhalb welcher von der Bankverwaltung die Bekanntmachung über die Einziehung der Noten zu erlassen ist.

Sofern nicht der Konkurs über die Bank ausgebrochen ist, setzt das Gericht einen Kurator ein, welcher die Einziehung der Noten zu überwachen und, wenn die Bank den für diesen Fall vorgesehenen Verpflichtungen nicht nachkommt, die Liquidation der Bank beim Gerichte zu beantragen verpflichtet ist.

Zu §. 49.

Über etwaige Pfand- und Vorzugsrechte der Banknoteninhaber im Konkurse der Bank vgl. E.G. z. K.O. §. 12; sie können nur noch bestehen, insoweit sie durch Landesgesetz zugelassen und in ein Vorrechtsregister eingetragen sind.

Zu §. 50.

Die §§. 50 ff. finden auch Anwendung bei Zuwiderhandlung gegen die eingegangene Verpflichtung bezüglich der Höhe des Diskontsatzes nach Ges. v. 7. Juni 1899 Art. 7 §. 3 Abs. 1 (unten II 7).

Eingehende Noten sind von der Bank an eine vom Reichskanzler zu bezeichnende, am Sitze der Bank gelegene Kasse abzuliefern.

§. 52.

Sicherstellung wegen Restes umlaufender Noten.

Sechs Monate, nachdem das Urtheil (§. 50) die Rechtskraft erlangt hat, zahlt die Bank an die vom Reichskanzler bezeichnete Kasse einen Betrag in baarem Gelde ein, welcher dem bis dahin nicht abgelieferten Betrage ihrer Noten gleichkommt. Dieser Baarbetrag wird ihr nach Massgabe der weiter von ihr abgelieferten Noten und der verbleibende Rest nach Ablauf der letzten vom Bundesrathe für die Einlösung festgesetzen Frist zurückgezahlt.

§. 53. **Vernichtung abgelieferter Noten.**

Die an die Kasse abgelieferten Noten (§. 51 und §. 52) werden in Gegenwart des Kurators der Kasse und des für die Einziehung der Noten bestellten Kurators vernichtet. Ueber die Vernichtung wird ein gerichtliches oder notarielles Protokoll aufgenommen. Die Verwaltung der Bank ist befugt, an der Vernichtung durch zwei Abgeordnete Theil zu nehmen. Der für die Vernichtung bestimmte Termin ist ihr jedesmal spätestens acht Tage vorher von der der Kasse vorgesetzten Behörde anzuzeigen. Die Vernichtung kann in einem oder in mehreren Terminen erfolgen.

§. 54.

Unverzinsliche Inhaber-Schuldverschreibungen der Nicht-Zettelbanken.

Für diejenigen Korporationen, welche, ohne Zettelbanken zu sein, sich beim Erlass dieses Gesetzes im Besitz der Befugniss zur Ausgabe von Noten, Kassenscheinen oder sonstigen auf den Inhaber ausgestellten unverzinslichen Schuldverschreibungen befinden, und für das von ihnen ausgegebene Papiergeld gelten insolange, als sie von der Befugniss, Papiergeld in Umlauf zu erhalten, Gebrauch machen, die Bestimmungen der §§. 2 bis einschliesslich 6, dann des §. 43 und des §. 47 Absatz 1 dieses Gesetzes, soweit sich derselbe auf die Befugniss zur Ausgabe von Papiergeld, auf deren Dauer, oder auf die Deckung des Papiergeldes bezieht.

Titel IV.

Strafbestimmungen.

§. 55.

Unbefugte Ausgabe von Banknoten u. dgl.

Wer unbefugt Banknoten oder sonstige auf den Inhaber lautende unverzinsliche Schuldverschreibungen ausgiebt, wird mit einer Geldstrafe bestraft, welche dem Zehnfachen des Betrages der von ihm ausgegebenen Werthzeichen gleichkommt, mindestens aber fünftausend Mark beträgt.

§. 56.

Verbotswidrige Zahlung mit inländischen Banknoten u. dgl.

Mit Geldstrafe bis zu einhundertfünfzig Mark wird bestraft, wer der Verbotsbestimmung des §. 43 zuwider, Noten inländischer Banken, oder Noten oder sonstige Geldzeichen inländischer Korporationen ausserhalb desjenigen Landesgebiets, für welches dieselben zugelassen sind, zur Leistung von Zahlungen verwendet.

§. 57.

Verbotswidrige Zahlung mit ausländischen Banknoten u. dgl.

Mit Geldstrafe von fünfzig Mark bis zu fünftausend Mark wird bestraft, wer der Verbotsbestimmung in §. 11 zuwider, ausländische Banknoten oder sonstige auf den Inhaber lautende unverzinsliche Schuldverschreibungen ausländischer Korporationen, Gesellschaften oder Privaten, welche ausschliesslich oder neben anderen Werthbestimmungen in Reichswährung oder einer deutschen Landeswährung ausgestellt sind, zur Leistung von Zahlungen verwendet.

Geschieht die Verwendung gewerbsmässig, so tritt neben der Geldstrafe Gefängniss bis zu einem Jahre ein. Der Versuch ist strafbar.

§. 58.

Verstoß gegen Geschäftsbetriebs-Beschränkungen.

Mit Geldstrafe bis zu fünftausend Mark wird bestraft, wer den Bestimmungen im §. 42 zuwider, für Rechnung von Banken als Vorsteher von Zweiganstalten oder als Agent Bankgeschäfte betreibt oder mit Banken als Gesellschafter in Verbindung tritt.

Die gleiche Strafe trifft die Mitglieder des Vorstandes einer Bank, welche den Bestimmungen des §. 7 entgegenhandeln, oder welche dem Verbote des §. 42 zuwider

a) Zweiganstalten oder Agenturen bestellen,

oder

b) die von ihnen vertretene Bank als Gesellschafter an Bankhäusern betheiligen.

§. 59.

Unwahre Darstellung oder Nachweisung. Überausgabe von Noten u. dgl.

Die Mitglieder des Vorstandes einer Bank werden:

1. wenn sie in den durch die Bestimmungen des §. 8 vorgeschriebenen Veröffentlichungen wissentlich den Stand der Verhältnisse der Bank unwahr darstellen oder verschleiern, mit Gefängniss bis zu drei Monaten bestraft;
2. wenn sie durch unrichtige Aufstellung der im §. 10 vorgeschriebenen Nachweisungen den steuerpflichtigen Notenumlauf zu gering angeben, mit einer Geldstrafe bestraft, welche dem Zehnfachen der hinterzogenen Steuer gleichsteht, mindestens aber fünfhundert Mark beträgt;
3. wenn die Bank mehr Noten ausgiebt, als sie auszugeben befugt ist, mit einer Geldstrafe bestraft, welche dem Zehnfachen des zuviel ausgegebenen Betrages gleichkommt, mindestens aber fünftausend Mark beträgt.

Die Strafe zu 3. trifft auch die Mitglieder des Vorstandes solcher Korporationen, welche zur Ausgabe von auf den Inhaber lautenden unverzinslichen Schuldverschreibungen befugt sind, wenn sie mehr solche Geldzeichen ausgeben, als die Korporation auszugeben befugt ist.

Zu §. 58.

Über Zuwiderhandlung gegen Diskontsatzbeschränkung vgl. Ges. v. 7. Juni 1899 Art. 7 §. 3 Abs. 2 (unten II 7).

Zu §. 59.

Für die nach §. 59 strafbaren Handlungen sind gemäß §. 74 Ziff. 5 G.V.G. die Strafkammern als erkennende Gerichte ausschließlich zuständig.

Titel V.
Schlussbestimmungen.

§. 60.
Zeitpunkt des Inkrafttretens.

Die §§. 6, 42 und 43, sowie die auf die letzteren bezüglichen Strafbestimmungen in den §§. 56 und 58 gegenwärtigen Gesetzes treten am 1. Januar 1876 in Kraft.

§. 61.
Abtretung der Preußischen Bank.

Der Reichskanzler wird ermächtigt, mit der Königlich preussischen Regierung wegen Abtretung der Preussischen Bank an das Reich auf folgenden Grundlagen einen Vertrag abzuschliessen:

1. Preussen tritt nach Zurückziehung seines Einschusskapitals von 1,906,800 Thalern, sowie der ihm zustehenden Hälfte des Reservefonds die Preussische Bank mit allen ihren Rechten und Verpflichtungen mit dem 1. Januar 1876 unter den nachstehend Ziffer 2 bis 6 bezeichneten Bedingungen an das Reich ab. Das Reich wird diese Bank an die nach Massgabe der Bestimmungen dieses Gesetzes zu errichtende Reichsbank übertragen.
2. Preussen empfängt für Abtretung der Bank eine Entschädigung von fünfzehn Millionen Mark, welche aus den Mitteln der Reichsbank zu decken ist.
3. Den bisherigen Antheilseignern der Preussischen Bank wird die Befugniss vorbehalten, gegen Verzicht auf alle ihnen durch ihre Bankantheilsscheine verbrieften Rechte zu Gunsten der Reichsbank den Umtausch dieser Urkunden gegen Antheilsscheine der Reichsbank von gleichem Nominalbetrage zu verlangen.
4. Die Reichsbank hat denjenigen Antheilseignern, welche nach den Bestimmungen der §§. 16 und 19 der Bankordnung vom 5. Oktober 1846 (Preuss. Gesetz-Samml. S. 435) die Herauszahlung des eingeschossenen Kapitals und ihres Antheils an dem Reservefonds der Preussischen Bank verlangen, diese Zahlung zu leisten.
5. Die Reichsbank wird zur Erfüllung der von der Preussischen Bank durch Vertrag vom 28./31. Januar 1856 hinsichtlich der Staatsanleihe von sechszehn Millionen fünfhundertachtundneunzigtausend Thalern übernommenen Verbindlichkeiten an Preussen für die Jahre 1876 bis einschliesslich 1925 jährlich 621,910 Thaler in halbjährlichen Raten zahlen. Wird die Konzession der Reichsbank nicht verlängert, so wird das Reich dafür sorgen, dass, so lange keine andere Bank in diese Verpflichtung eintritt, die Rente bis zu dem ebengedachten Zeitpunkte der preussischen Staatskasse unverkürzt zufliesse.
6. Eine Auseinandersetzung zwischen Preussen und der Reichsbank wegen der Grundstücke der Preussischen Bank bleibt vorbehalten.

§. 62.
Beschaffung des Betriebskapitals.

Der Reichskanzler wird ermächtigt:

1. diejenigen Antheilsscheine der Reichsbank zu begeben, welche nicht nach §. 61 Nr. 3 gegen Antheilsscheine der Preussischen Bank umzutauschen sind,

---

Zu §. 61.

Auf Grund dieses §. 61 und des §. 1 des Preuß. Ges. v. 27. März 1875 (G.S. 166) ist zwischen dem Reiche und Preußen der Vertrag vom 17./18. Mai 1875 (G.S. 224, R.G.Bl. 215) geschlossen, nach dessen §. 1 die Preuß. Bank vom 1. Januar 1876 ab mit allen ihren Rechten und Verpflichtungen nach Maßgabe des Vertrages auf das Reich übergegangen ist.

2. auf Höhe der nicht begebenen Antheilsscheine zur Beschaffung des nach §. 23 erforderlichen Grundkapitals der Reichsbank verzinsliche, spätestens am 1. Mai 1876 fällig werdende Schatzanweisungen auszugeben.

§. 63.

Die Ausfertigung der Schatzanweisungen (§. 62 Nr. 2) wird der Preussischen Hauptverwaltung der Staatsschulden übertragen. Den Zinssatz bestimmt der Reichskanzler. Bis zum 1. Mai 1876 kann, nach Anordnung des Reichskanzlers, der Betrag der Schatzanweisungen wiederholt, jedoch nur zur Deckung der in Verkehr gesetzten Schatzanweisungen ausgegeben werden.

§. 64.

Die zur Verzinsung und Einlösung der Schatzanweisungen erforderlichen Beträge müssen der Reichsschulden-Verwaltung aus den bereitesten Einkünften des Reichs zur Verfallzeit zur Verfügung gestellt werden.

§. 65.

Die Ausgabe der Schatzanweisungen ist durch die Reichskasse zu bewirken.

Die Zinsen der Schatzanweisungen verjähren binnen vier Jahren, die verschriebenen Kapitalbeträge binnen 30 Jahren nach Eintritt des in jeder Schatzanweisung auszudrückenden Fälligkeitstermins.

Handelsregister.

§. 66.

Die Bestimmungen des Handelsgesetzbuchs über die Eintragung in das Handelsregister und die rechtlichen Folgen derselben finden auf die Reichsbank keine Anwendung.

Zu §§. 63—65.

Die Ausgabe von Schatzanweisungen gemäß §. 62 Ziff. 2 ist nicht erfolgt, da das Betriebskapital in voller Höhe durch Begebung von Anteilscheinen aufgebracht wurde; mithin sind die §§. 63—65 gegenstandslos geblieben (Koch a. a. O. Anm. 185). — Über die Begebung der neuen Anteilscheine und die Abrechnung bezüglich der Noten der vormaligen Preußischen Bank vgl. Ges. v. 7. Juni 1899 Art. 8, 9 (unten II 7).

Zu §. 66.

Vgl. H.G.B. §. 36 Anm.

Zur Anlage.

Die Zahlen der Anlage bezeichnen den steuerfreien Teil des ungedeckten Notenumlaufs (Bankges. §. 9). — Die obige Fassung ist inhaltlich entnommen aus Ges. v. 7. Juni 1899 (unten II 7) Art. 5, welcher am 1. Januar 1901 in Kraft tritt. Nach dem Bankges. v. 1875 betrug der Anteil der Reichsbank (ohne die demnächst zugewachsenen Anteile) 250000000, die Gesamtsumme 385000000 Mark. — Die Berechtigung der mit kleinem Druck bezeichneten Banken zur Notenausgabe ist jetzt erloschen. Bekanntmachungen d. Reichskanzlers v. 1./4., 23./7. 76 (R.G.Bl. 124, 170) betr. Ziff. 2, 4, 9, 15, 22, 23, 25—31 bezw. 11; v. 13./10. 77 (R.G.Bl. 567) betr. Ziff. 21; v. 25./7. 86 (R.G.Bl. 236) betr. Ziff. 32; v. 15./3. 87 (R.G.Bl. 123) betr. Ziff. 5; v. 16./7., 25./10. 89 (R.G.Bl. 170, 200) betr. Ziff. 10 bezw. 33; v. 9./5. 90 (R.G.Bl. 68) betr. Ziff. 16; v. 14./1. 91 (R.G.Bl. 9) betr. Ziff. 6, 7, 8, 17; v. 27./2. 94 (R.G.Bl. 152) betr. Ziff. 3. Der Anteil der Reichsbank beläuft sich demgemäß jetzt (1900) auf 293400000 Mark.

Anlage zu §. 9.

Laufende No.	Bezeichnung der Bank.		Ungedeckter Notenumlauf. Mark
1.	Reichsbank *(einschliesslich der ihr zugewachsenen Anteile der unter No. 2 bis 11, 15 bis 17, 21 bis 23 und 25 bis 33 bezeichneten Banken)*		*450,000,000*
2.	Ritterschaftliche Privatbank in Pommern (Stettin) . . .	1,222,000	
3.	Städtische Bank in Breslau	1,283,000	
4.	Bank des Berliner Kassenvereins	963,000	
5.	Kölnische Bank	1,251,000	
6.	Magdeburger Privatbank	1,173,000	
7.	Danziger Privat-Aktienbank	1,272,000	
8.	Provinzial-Aktienbank des Grossherzogthums Posen . . .	1,206,000	
9.	Kommunalständische Bank für die preussische Oberlausitz (Görlitz)	1,307,000	
10.	Hannoversche Bank	6,000,000	
11.	Landgräflich hessische konzessionirte Landesbank . . .	159,000	
12.	Frankfurter Bank		10,000,000
13.	Bayerische Banken		32,000,000
14.	Sächsische Bank zu Dresden		16,771,000
15.	Leipziger Bank	5,348,000	
16.	Leipziger Kassenverein	1,440,000	
17.	Chemnitzer Stadtbank	441,000	
18.	Württembergische Notenbank		10,000,000
19.	Badische Bank		10,000,000
20.	Bank für Süddeutschland		10,000,000
21.	Rostocker Bank	1,155,000	
22.	Weimarische Bank	1,971,000	
23.	Oldenburgische Landesbank	1,881,000	
24.	Braunschweigische Bank		2,829,000
25.	Mitteldeutsche Kreditbank in Meiningen	3,187,000	
26.	Privatbank zu Gotha	1,344,000	
27.	Anhalt-Dessauische Landesbank	935,000	
28.	Thüringische Bank (Sondershausen)	1,658,000	
29.	Geraer Bank	1,651,000	
30.	Niedersächsische Bank (Bückeburg)	594,000	
31.	Lübecker Privatbank	500,000	
32.	Kommerzbank in Lübeck	959,000	
33.	Bremer Bank	4,500,000	
	Zusammen . . .		*541,600,000*

6. Gesetz, betreffend die Ausgabe von Banknoten.

Vom 21. Dezember 1874. (R.G.Bl. 193).

Artikel I.

(verlängerte das Ges. v. 27. März 1870 bis 31. Dezember 1875).

Artikel II.

§§. 1—3

(sind ersetzt durch das Bankgesetz).

§. 4.

Die Banken sind ferner verpflichtet, dem Reichskanzler behufs der Veröffentlichung spätestens am siebenten Tage eines jeden Monats den am letzten Tage des vorausgegangenen Monats vorhanden gewesenen Betrag

der umlaufenden —

der in den Bankkassen (einschliesslich der Filiale, Agenturen und sonstigen Zweiganstalten) befindlichen —

eintretendenfalls auch der nach erfolgter Einlösung vernichteten —

Noten nach den einzelnen Abschnitten (Appoints) gesondert, anzuzeigen.

Artikel III.

Das gegenwärtige Gesetz tritt mit dem 1. Januar 1875 in Wirksamkeit.

---

7. Gesetz, betreffend die Abänderung des Bankgesetzes vom 14. März 1875.

Vom 7. Juni 1899. (R.G.Bl. 811).

Grundkapital, Anteile. **Artikel 1.**

Der §. 23. des Bankgesetzes vom 14. März 1875 (Reichs-Gesetzbl. S. 177) wird durch folgende Bestimmung ersetzt:

(Die neue Fassung ist im Text des Bankgesetzes, oben II 5, abgedruckt.)

Verteilung des Reingewinnes. **Artikel 2.**

Der §. 24 des Bankgesetzes erhält unter Aufhebung des Artikels 1 des Gesetzes vom 18. Dezember 1889 (Reichs-Gesetzbl. S. 201) nachstehende Fassung:

(Die neue Fassung ist im Text des Bankgesetzes, oben II 5, abgedruckt.)

Zentralausschuß. **Artikel 3.**

Im §. 31 wird der dritte Satz von „Die Mitglieder“ bis „gewählt“ durch folgende Bestimmung ersetzt:

(Die neue Fassung ist im Text des Bankgesetzes, oben II 5, abgedruckt.)

Stimmrecht der Anteilseigner. **Artikel 4.**

§. 40 Ziffer 6 wird durch folgende Bestimmung ersetzt:

(Die neue Fassung ist im Text des Bankgesetzes, oben II 5, abgedruckt.)

Steuerfreier Notenumlauf. **Artikel 5.**

Der nach Massgabe der Anlage zum §. 9 des Bankgesetzes der Reichsbank zustehende Antheil an dem Gesammtbetrage des der Steuer nicht unterliegenden ungedeckten Notenumlaufs, einschliesslich der ihr inzwischen zugewachsenen Antheile der unter Nr. 2 bis 11, 15 bis 17, 21 bis 23 und 25 bis 33 bezeichneten Banken wird auf vierhundertundfünfzig Millionen Mark festgesetzt, unter gleichzeitiger Erhöhung des Gesammtbetrages auf fünfhunderteinundvierzig Millionen sechshunderttausend Mark.

Zulässige Geschäfte. **Artikel 6.**

Dem §. 13 des Bankgesetzes Ziffer 3 wird unter b nach den Worten „des Kurswerthes;“ folgender Satz beigefügt:

(Der Zusatz ist im Text des Bankgesetzes, oben II 5, abgedruckt.)

Artikel 7. Diskontsatz.

§. 1.

Die Reichsbank darf vom 1. Januar 1901 ab nicht unter dem von ihr gemäss §. 15 des Bankgesetzes jeweilig öffentlich bekannt gemachten Prozentsatze diskontiren, sobald dieser Satz vier Prozent erreicht oder überschreitet.

Wenn die Reichsbank zu einem geringeren als dem öffentlich bekannt gemachten Prozentsatze diskontirt, so hat sie diesen Satz im Reichsanzeiger bekannt zu machen.

§. 2.

Der Bundesrath wird denjenigen Privatnotenbanken gegenüber, auf welche die beschränkenden Bestimmungen des §. 43 des Bankgesetzes keine Anwendung finden, von dem vorbehaltenen Kündigungsrechte behufs Aufhebung der Befugniss zur Ausgabe von Banknoten zum 1. Januar 1901 Gebrauch machen, wenn diese Banken sich nicht bis zum 1. Dezember 1899 verpflichten, vom 1. Januar 1901 ab

1. nicht unter dem gemäss §. 15 des Bankgesetzes öffentlich bekannt gemachten Prozentsatze der Reichsbank zu diskontiren, sobald dieser Satz vier Prozent erreicht oder überschreitet,

   und

2. im Uebrigen nicht um mehr als einviertel Prozent unter dem gemäss §. 15 des Bankgesetzes öffentlich bekannt gemachten Prozentsatze der Reichsbank zu diskontiren, oder falls die Reichsbank selbst zu einem geringeren Satze diskontirt, nicht um mehr als einachtel Prozent unter diesem Satze.

§. 3.

Handelt eine Privatnotenbank der nach §. 2 eingegangenen Verpflichtung entgegen, so wird die Entziehung der Befugniss zur Notenausgabe gemäss §. 50 ff. des Bankgesetzes durch gerichtliches Urtheil ausgesprochen.

Mitglieder des Vorstandes, Vorsteher einer Zweiganstalt, sonstige Angestellte oder Agenten einer solchen Bank, welche für Rechnung der Bank der von ihr eingegangenen Verpflichtung entgegen, unter dem nach §. 2 zulässigen Prozentsatze diskontiren, werden mit Geldstrafe bis zu fünftausend Mark bestraft.

Artikel 8. Begebung der neuen Anteilscheine.

Der Reichskanzler wird ermächtigt, die auf Grund des Artikels 1 dieses Gesetzes auszugebenden neuen Antheilsscheine im Wege öffentlicher Zeichnung zu begeben.

Die Höhe des bei Begebung der neuen Antheilsscheine zu entrichtenden Aufgeldes und die Fristen für die Einzahlung des Gegenwerths bestimmt der Reichskanzler.

Artikel 9.

Noten der vormaligen Preußischen Bank.

§. 1.

Die Reichsbank zahlt am 1. Januar 1901 an die Reichskasse einen Betrag, welcher dem Nennwerthe der dann noch im Umlaufe befindlichen Noten der vormaligen Preussischen Bank entspricht.

§. 2.

Das Reich erstattet der Reichsbank diejenigen Beträge, zu welchen sie vom 1. Januar 1901 ab Noten der im §. 1 bezeichneten Art einlöst oder in Zahlung nimmt oder mit welchen sie für dieselben nach §. 4 des Bankgesetzes Ersatz leistet.

§. 3.

Vom 1. Januar 1901 ab werden die Noten der vormaligen Preussischen Bank bei Feststellung des Notenumlaufs der Reichsbank gemäss §§. 8, 9, 10 und 17 des Bankgesetzes ausser Ansatz gelassen.

Artikel 10. **Zeitpunkt des Inkrafttretens.**

Die Artikel 1, 2, 5 und 6 dieses Gesetzes treten am 1. Januar 1901 in Kraft.

---

8. Hypothekenbankgesetz.

Vom 13. Juli 1899. (**R.G.Bl.** 375).

§. 1.

Hypothekenbanken. Erforderliche Genehmigung.

Aktiengesellschaften und Kommanditgesellschaften auf Aktien, bei welchen der Gegenstand des Unternehmens in der hypothekarischen Beleihung von Grundstücken und der Ausgabe von Schuldverschreibungen auf Grund der erworbenen Hypotheken besteht (Hypothekenbanken), bedürfen zur Ausübung ihres Geschäftsbetriebs der Genehmigung des Bundesraths.

Ist in der Satzung einer Hypothekenbank bestimmt, dass die hypothekarischen Beleihungen nur im Gebiete desjenigen Bundesstaats erfolgen dürfen, in welchem die Bank ihren Sitz hat, so steht die Ertheilung der Genehmigung der Zentralbehörde dieses Bundesstaats zu.

Zu jeder Aenderung der Satzung einer Hypothekenbank ist die Genehmigung der nach den Abs. 1, 2 zuständigen Stelle erforderlich.

Person des Unternehmers. §. 2.

Offenen Handelsgesellschaften, Kommanditgesellschaften, Gesellschaften mit beschränkter Haftung, eingetragenen Genossenschaften und einzelnen Personen ist der Betrieb eines Unternehmens der im §. 1 Abs. 1 bezeichneten Art untersagt.

Aufsicht. §. 3.

Die Hypothekenbanken unterliegen der staatlichen Aufsicht. Die Aufsicht steht dem Bundesstaate zu, in welchem die Bank ihren Sitz hat. Die Aufsicht erstreckt sich auf den ganzen Geschäftsbetrieb der Bank und dauert auch nach deren Auflösung bis zur Beendigung der Liquidation fort.

Befugnisse der Aufsichtsbehörde. §. 4.

Die Aufsichtsbehörde ist befugt, alle Anordnungen zu treffen, welche erforderlich sind, um den Geschäftsbetrieb der Bank mit den Gesetzen, der Satzung und den sonst in verbindlicher Weise getroffenen Bestimmungen im Einklange zu erhalten.

Zu §. 1.

Für am 1. Jan. 1900 bestehende Hypothekenbanken vgl. §. 45 Abs. 1.

Zu §. 2.

Vgl. Strafandrohung in §. 39. — Für am 1. Jan. 1900 bestehende eingetragene Genossenschaften vgl. §. 45 Abs. 2.

Die Aufsichtsbehörde ist namentlich befugt:

1. jederzeit die Bücher und Schriften der Bank einzusehen sowie den Bestand der Kasse und die Bestände an Werthpapieren zu untersuchen;
2. von den Verwaltungsorganen der Bank Auskunft über alle Geschäftsangelegenheiten zu verlangen;
3. einen Vertreter in die Generalversammlungen und in die Sitzungen der Verwaltungsorgane der Bank zu entsenden, die Berufung der Generalversammlung, die Anberaumung von Sitzungen der Verwaltungsorgane sowie die Ankündigung von Gegenständen zur Beschlussfassung zu verlangen und, wenn dem Verlangen nicht entsprochen wird, die Berufung, Anberaumung oder Ankündigung auf Kosten der Bank selbst vorzunehmen;
4. die Ausführung von Beschlüssen oder Anordnungen zu untersagen, die gegen das Gesetz, die Satzung oder die sonst in verbindlicher Weise getroffenen Bestimmungen verstossen.

Die Aufsichtsbehörde kann einen Kommissar bestellen, der unter ihrer Leitung die Aufsicht ausübt. Sie kann bestimmen, dass für die Thätigkeit des Kommissars eine Vergütung von der Bank an die Staatskasse zu entrichten ist; sie setzt den Betrag dieser Vergütung fest.

§. 5. Zulässige Geschäfte.

Die Hypothekenbanken dürfen ausser der Gewährung hypothekarischer Darlehen und der Ausgabe von Hypothekenpfandbriefen nur folgende Geschäfte betreiben:

1. den Erwerb, die Veräusserung und die Beleihung von Hypotheken;
2. die Gewährung nicht hypothekarischer Darlehen an inländische Körperschaften des öffentlichen Rechtes oder gegen Uebernahme der vollen Gewährleistung durch eine solche Körperschaft und die Ausgabe von Schuldverschreibungen auf Grund der so erworbenen Forderungen;
3. die Gewährung von Darlehen an inländische Kleinbahnunternehmungen gegen Verpfändung der Bahn und die Ausgabe von Schuldverschreibungen auf Grund der so erworbenen Forderungen;
4. den kommissionsweisen Ankauf und Verkauf von Werthpapieren, jedoch unter Ausschluss von Zeitgeschäften;
5. die Annahme von Geld oder anderen Sachen zum Zwecke der Hinterlegung, jedoch mit der Massgabe, dass der Gesammtbetrag des hinterlegten Geldes die Hälfte des eingezahlten Grundkapitals nicht übersteigen darf;
6. die Besorgung der Einziehung von Wechseln, Anweisungen und ähnlichen Papieren.

Verfügbares Geld dürfen die Hypothekenbanken nutzbar machen durch Hinterlegung bei geeigneten Bankhäusern, durch Ankauf ihrer Hypothekenpfandbriefe und ihrer gemäss Abs. 1 Nr. 2, 3 ausgegebenen Schuldverschreibungen, durch Ankauf

---

Zu §. 4.

Auf den etwa gemäß §. 4 Abs. 3 bestellten Kommissar können nach §. 51 unter Umständen die Obliegenheiten des Treuhänders übertragen werden.

Zu §. 5.

Die in §. 5. Abs. 2 erwähnten Vorschriften über Ankauf von Wechseln und Wertpapieren durch die Reichsbank s. in Bankgesetz (oben II 5) §. 13 Ziff. 2, 4. — Für am 1. Januar 1900 bestehende Hypothekenbanken vgl. §. 46.

solcher Wechsel und Werthpapiere, welche nach den Vorschriften des Bankgesetzes vom 14. März 1875 von der Reichsbank angekauft werden dürfen, sowie durch Beleihung von Werthpapieren nach einer von der Hypothekenbank aufzustellenden Anweisung. Die Anweisung hat die beleihungsfähigen Papiere und die zulässige Höhe der Beleihung festzusetzen.

Der Erwerb von Grundstücken ist den Hypothekenbanken nur zur Verhütung von Verlusten an Hypotheken oder zur Beschaffung von Geschäftsräumen gestattet. In Ansehung eines solchen Erwerbes stehen in jedem Bundesstaate Hypothekenbanken, die in dem Gebiet eines anderen Bundesstaats ihren Sitz haben, den einheimischen Hypothekenbanken gleich.

Deckung. §. 6.

Der Gesammtbetrag der im Umlaufe befindlichen Hypothekenpfandbriefe muss in Höhe des Nennwerths jederzeit durch Hypotheken von mindestens gleicher Höhe und mindestens gleichem Zinsertrage gedeckt sein.

Die Deckung muss, soweit Hypotheken an landwirthschaftlichen Grundstücken dazu verwendet werden, mindestens zur Hälfte aus Amortisationshypotheken bestehen, bei denen der jährliche Tilgungsbeitrag des Schuldners nicht weniger als ein Viertheil vom Hundert des Hypothekenkapitals beträgt. Die Bank darf jedoch, falls solche Hypotheken vor der Zeit zurückbezahlt werden, an ihrer Stelle bis zum Ablaufe der planmässigen Tilgungszeit Hypotheken anderer Art zur Deckung benutzen.

Steht der Bank eine Hypothek an einem Grundstücke zu, das sie zur Verhütung eines Verlustes an der Hypothek erworben hat, so darf diese als Deckung von Hypothekenpfandbriefen höchstens mit der Hälfte des Betrags in Ansatz gebracht werden, mit welchem sie vor dem Erwerbe des Grundstücks durch die Bank als Deckung in Ansatz gebracht war.

Ist infolge der Rückzahlung von Hypotheken oder aus einem anderen Grunde die vorgeschriebene Deckung in Hypotheken nicht mehr vollständig vorhanden und ist weder die Ergänzung durch andere Hypotheken noch die Einziehung eines entsprechenden Betrags von Hypothekenpfandbriefen sofort ausführbar, so hat die Bank die fehlende Hypothekendeckung einstweilen durch Schuldverschreibungen des Reichs oder eines Bundesstaats oder durch Geld zu ersetzen. Die Schuldverschreibungen dürfen höchstens mit einem Betrag in Ansatz gebracht werden, der um fünf vom Hundert des Nennwerths unter ihrem jeweiligen Börsenpreise bleibt.

Höhe der Pfandbriefausgabe. §. 7.

Die Hypothekenbanken dürfen Hypothekenpfandbriefe nur bis zum fünfzehnfachen Betrage des eingezahlten Grundkapitals und des ausschliesslich zur Deckung einer Unterbilanz oder zur Sicherung der Pfandbriefgläubiger bestimmten Reservefonds ausgeben.

Zu §. 6.

Vgl. Strafandrohung in §. 37. Zu §. 6 Abs. 3 vgl. §. 40 Abs. 2. Über vor 1. Januar 1900 erworbene Hypotheken vgl. §. 49.

Zu §. 7.

Für Banken, welche von dem in §. 46 Abs. 1 gewährten Recht eines über die Grenzen des §. 5 hinausgehenden Geschäftsbetriebes Gebrauch machen, vgl. §. 46 Abs. 2. Für am 1. Januar 1900 bestehende Banken mit dem Recht zu höherer Pfandbriefausgabe vgl. §. 48.

§. 8.

Inhalt der Pfandbriefe. Rückzahlungsbedingungen.

In den Hypothekenpfandbriefen sind die für das Rechtsverhältniss zwischen der Hypothekenbank und den Pfandbriefgläubigern massgebenden Bestimmungen, insbesondere in Betreff der Kündbarkeit der Hypothekenpfandbriefe, ersichtlich zu machen.

Die Hypothekenbank darf auf das Recht zur Rückzahlung der Hypothekenpfandbriefe höchstens für einen Zeitraum von zehn Jahren verzichten. Den Pfandbriefgläubigern darf ein Kündigungsrecht nicht eingeräumt werden.

§. 9. **Einlösungswert über Nennbetrag.**

Die Ausgabe von Hypothekenpfandbriefen, deren Einlösungswerth den Nennwerth übersteigt, ist nicht gestattet.

§. 10.

Erfordernisse der zur Deckung dienenden Hypotheken.

Als Deckung für Hypothekenpfandbriefe dürfen nur Hypotheken benutzt werden, welche den in den §§. 11, 12 bezeichneten Erfordernissen entsprechen.

§. 11. **Höhe der Beleihung.**

Die Beleihung ist auf inländische Grundstücke beschränkt und der Regel nach nur zur ersten Stelle zulässig.

Die Beleihung darf die ersten drei Fünftheile des Werthes des Grundstücks nicht übersteigen. Die Zentralbehörde eines Bundesstaats kann die Beleihung landwirthschaftlicher Grundstücke in dem Gebiete des Bundesstaats oder in Theilen dieses Gebiets bis zu zwei Drittheilen des Werthes gestatten.

§. 12.

Grundstückswert. Grundstücke ohne dauernden Ertrag, Bauplätze, Bergwerke.

Der bei der Beleihung angenommene Werth des Grundstücks darf den durch sorgfältige Ermittelung festgestellten Verkaufswerth nicht übersteigen. Bei der Feststellung dieses Werthes sind nur die dauernden Eigenschaften des Grundstücks und der Ertrag zu berücksichtigen, welchen das Grundstück bei ordnungsmässiger Wirthschaft jedem Besitzer nachhaltig gewähren kann.

Soweit vor der Beleihung die Grundstücke durch eine öffentliche Behörde des Gebiets, in welchem sie liegen, abgeschätzt werden, kann der Bundesrath bestimmen, dass der bei der Beleihung angenommene Werth auch den durch eine solche Abschätzung festgestellten Werth nicht übersteigen darf.

Die zur Deckung von Hypothekenpfandbriefen verwendeten Hypotkeken an Bauplätzen sowie an solchen Neubauten, welche noch nicht fertiggestellt und ertragsfähig sind, dürfen zusammen den zehnten Theil des Gesammtbetrags der zur Deckung der Hypothekenpfandbriefe benutzten Hypotheken sowie den halben Betrag des eingezahlten Grundkapitals nicht überschreiten. Im übrigen sind Hypotheken an Grundstücken, die einen dauernden Ertrag nicht gewähren, insbesondere an Gruben und

---

Zu §. 10.

Über vor 1. Januar 1900 erworbene Hypotheken vgl. §. 49.

Brüchen, von der Verwendung zur Deckung von Hypothekenpfandbriefen ausgeschlossen. Das Gleiche gilt von Hypotheken an Bergwerken. Hypotheken an anderen Berechtigungen, für welche die sich auf Grundstücke beziehenden Vorschriften Anwendung finden, sind von der Verwendung zur Deckung von Hypothekenpfandbriefen ausgeschlossen, sofern die Berechtigungen einen dauernden Ertrag nicht gewähren.

Anweisung über Wertermittelung. §. 13.

Die Hypothekenbank hat auf Grund der Vorschriften des §. 12 eine Anweisung über die Werthermittelung zu erlassen; die Anweisung bedarf der Genehmigung der Aufsichtsbehörde.

Nimmt die Bank hypothekarische Beleihungen in dem Gebiet eines Bundesstaats vor, in dem sie nicht ihren Sitz hat, so ist die Anweisung auch der Aufsichtsbehörde dieses Bundesstaats einzureichen. Ueber Beanstandungen, die von der Behörde erhoben werden, beschliesst, wenn die Erledigung in anderer Weise nicht zu erreichen ist, der Bundesrath; die Beschlussfassung des Bundesraths wird auf Antrag durch den Reichskanzler herbeigeführt.

§. 14.

Darlehn in Geld oder Pfandbriefen.

Die hypothekarischen Darlehen sind in Geld zu gewähren.

Die Gewährung von Darlehen in Hypotheken-Pfandbriefen der Bank zum Nennwerth ist nur zulässig, wenn die Satzung der Bank sie gestattet und der Schuldner ausdrücklich zustimmt. In diesem Falle ist dem Schuldner urkundlich das Recht einzuräumen, die Rückzahlung der Hypothek nach seiner Wahl in Geld oder in Hypotheken-Pfandbriefen der Bank, die derselben Gattung angehören wie die empfangenen, nach dem Nennwerthe zu bewirken. Hypothekenpfandbriefe, die bei der amtlichen Feststellung des Börsenpreises nicht unterschieden werden, gelten im Sinne dieser Vorschrift stets als zu derselben Gattung gehörig.

§. 15.

Grundzüge der Darlehnsbedingungen. Verzeichnis der Beleihungen.

Die Grundzüge der Bedingungen für die hypothekarischen Darlehen sind von der Hypothekenbank festzustellen; die Grundzüge bedürfen der Genehmigung der Aufsichtsbehörde. In den Bedingungen ist namentlich zu bestimmen, welche Nachtheile den Schuldner bei nicht rechtzeitiger Zahlung treffen sowie unter welchen Voraussetzungen die Bank befugt ist, die vorzeitige Rückzahlung der Hypothek zu verlangen.

Nimmt die Bank Beleihungen in dem Gebiet eines Bundesstaats vor, in dem sie nicht ihren Sitz hat, so kann die Aufsichtsbehörde dieses Bundesstaats verlangen, dass ihr die Grundzüge der Darlehensbedingungen eingereicht werden. Auf die Erledigung von Beanstandungen finden die Vorschriften des §. 13 Abs. 2 Satz 2 entsprechende Anwendung.

Der Aufsichtsbehörde des im Abs. 2 bezeichneten Bundesstaats ist auf ihr Verlangen alljährlich ein Verzeichniss der hypothekarischen Beleihungen einzureichen, welche die Bank in dem Gebiete des Bundesstaats vorgenommen hat. Der Bundesrath kann Bestimmungen über die Einrichtung und den Inhalt der Verzeichnisse erlassen.

§. 16.

Darlehnsprospekte, Antragsformulare.

In den von der Hypothekenbank verwendeten Darlehensprospekten und Antragsformularen sind alle Bestimmungen über die Art der Auszahlung der Darlehen, über Abzüge zu Gunsten der Bank, über die Höhe und Fälligkeit der Zinsen und der sonst dem Schuldner obliegenden Leistungen, über den Beginn einer Amortisation und über die Kündigung und Rückzahlung aufzunehmen.

§. 17.

Verringerung der Sicherheit. Auflösung der Bank.

Im Falle einer Verschlechterung des beliehenen Grundstücks oder seiner Zubehörstücke, der ein unwirthschaftliches Verfahren des Besitzers nicht zu Grunde liegt, finden zu Gunsten der Hypothekenbank die Vorschriften der §§. 1133, 1135 des Bürgerlichen Gesetzbuchs über das Recht des Gläubigers auf sofortige Befriedigung aus dem Grundstücke nur in Ansehung des Betrags Anwendung, für welchen in dem verminderten Werthe des Grundstücks nicht mehr die nach dem Gesetz oder der Satzung erforderliche Deckung vorhanden ist. Ueber diesen Betrag hinaus darf sich die Bank für den Fall einer Verminderung des Werthes des Grundstücks das Recht, die vorzeitige Rückzahlung der Hypothek zu verlangen, nicht ausbedingen.

Die Bank darf sich für den Fall, dass ein Theil des Grundstücks veräussert und die Unschädlichkeit der Veräusserung für die Berechtigten nach Massgabe der Landesgesetze von der zuständigen Behörde festgestellt wird, keine weiteren als die ihr gesetzlich zustehenden Rechte auf Sicherstellung oder Befriedigung vorbehalten.

Es darf nicht bedungen werden, dass die Bank im Falle ihrer Auflösung die vorzeitige Rückzahlung der Hypothek verlangen kann.

§. 18.

Kündigung und Rückzahlung des Darlehns.

Dem Schuldner ist urkundlich das Recht einzuräumen, die Hypothek ganz oder theilweise zu kündigen und zurückzuzahlen.

Zu §§. 17—21.

Über vor 1. Januar 1900 abgeschlossene Verträge vgl. §. 49.

Zu §. 17.

Es lauten B.G.:

§. 1133. „Ist in Folge einer Verschlechterung des Grundstücks die Sicherheit der Hypothek gefährdet, so kann der Gläubiger dem Eigentümer eine angemessene Frist zur Beseitigung der Gefährdung bestimmen. Nach dem Ablaufe der Frist ist der Gläubiger berechtigt, sofort Befriedigung aus dem Grundstücke zu suchen, wenn nicht die Gefährdung durch Verbesserung des Grundstücks oder durch anderweitige Hypothekenbestellung beseitigt worden ist. Ist die Forderung unverzinslich und noch nicht fällig, so gebührt dem Gläubiger nur die Summe, welche mit Hinzurechnung der gesetzlichen Zinsen für die Zeit von der Zahlung bis zur Fälligkeit dem Betrage der Forderung gleichkommt."

§. 1135. „Einer Verschlechterung des Grundstücks im Sinne der §§. 1133, 1134 steht es gleich, wenn Zubehörstücke, auf die sich die Hypothek erstreckt, verschlechtert oder den Regeln einer ordnungsmäßigen Wirtschaft zuwider von dem Grundstück entfernt werden."

Das Recht der Rückzahlung darf nur bis zu einem Zeitraume von zehn Jahren ausgeschlossen werden. Dieser Zeitraum beginnt mit der Auszahlung des Darlehens, im Falle der Auszahlung in Theilbeträgen mit der letzten Zahlung; wird nach der Auszahlung des Darlehens eine Vereinbarung über die Zeit der Rückzahlung getroffen, so beginnt der zehnjährige Zeitraum mit der Vereinbarung.

Die Kündigungsfrist darf neun Monate und bei Hypotheken, welche die Bank kündigen kann, auch die der Bank eingeräumte Kündigungsfrist nicht überschreiten.

Soweit es nach diesen Vorschriften nicht gestattet ist, das Recht des Schuldners zur Rückzahlung der Hypothek auszuschliessen, darf sich die Bank eine Rückzahlungsprovision oder die Bestellung einer Sicherheit bei der Kündigung nicht ausbedingen.

§. 19.

Amortisationshypothek: Kündigung durch Bank, Jahresleistung des Schuldners.

Bei Amortisationshypotheken darf zu Gunsten der Bank ein Kündigungsrecht nicht bedungen werden. Eine Vereinbarung, welche der Bank das Recht einräumt, aus besonderen, in dem Verhalten des Schuldners liegenden Gründen die Rückzahlung der Hypothek vor der bestimmten Zeit zu verlangen, wird hierdurch nicht berührt.

Die Jahresleistung des Schuldners darf nur die bedungenen Zinsen und den Tilgungsbeitrag enthalten.

§. 20.

Beginn der Amortisation. Zinsen.

Der Beginn der Amortisation darf für einen zehn Jahre nicht übersteigenden Zeitraum hinausgeschoben werden. Ist in einem solchen Falle infolge der Hinausschiebung der Amortisation ausser den bedungenen Zinsen ein Betrag an die Bank zu entrichten, so ist dieser in der Darlehensurkunde ersichtlich zu machen.

Von dem Beginne der Amortisation an dürfen die Jahreszinsen von keinem höheren Betrag als von dem für den Schluss des Vorjahrs sich ergebenden Restkapitale berechnet werden; der Mehrbetrag der Jahresleistung ist zur Tilgung zu verwenden.

§. 21.

Amortisationshypothek: Außerordentliche Tilgung, Pflichten der Bank.

Das Recht des Schuldners zur theilweisen Rückzahlung der Hypothek kann bei Amortisationshypotheken in der Weise beschränkt werden, dass eine Zahlung von der Bank nur angenommen zu werden braucht, wenn die Zahlung dazu bestimmt und geeignet ist, die Tilgungszeit unter Beibehaltung der bisherigen Höhe der Jahresleistungen um ein Jahr oder um mehrere Jahre abzukürzen. Die Vorschrift findet jedoch keine Anwendung, wenn der Betrag der Zahlung den zehnten Theil des Restkapitals erreicht und der Schuldner verlangt, dass die späteren Jahresleistungen unter Beibehaltung der ursprünglichen Tilgungszeit herabgesetzt werden; in diesem Falle darf bei den im §. 6 Abs. 2 bezeichneten Hypotheken der jährliche Tilgungsbeitrag weniger als ein Viertheil vom Hundert des ursprünglichen Kapitals betragen; die Bank hat einen neuen Tilgungsplan aufzustellen.

Die Bank darf sich von der Verpflichtung, in Ansehung des amortisirten Betrags die ihr behufs der Berichtigung des Grundbuchs, der Löschung der Hypothek oder

der Herstellung eines Theilhypothekenbriefs nach den Vorschriften des bürgerlichen Rechtes obliegenden Handlungen vorzunehmen, im voraus nicht befreien.

Die Bank hat nach Veröffentlichung der Jahresbilanz jedem Schuldner auf Verlangen mitzutheilen, welcher Betrag der Hypothek am Schlusse des Vorjahrs amortisirt war.

§. 22. **Hypothekenregister.**

Die zur Deckung der Hypothekenpfandbriefe bestimmten Hypotheken sind von der Bank einzeln in ein Register einzutragen. Im Falle des §. 6 Abs. 4 sind die ersatzweise zur Deckung bestimmten Werthpapiere gleichfalls in das Register einzutragen; die Eintragung hat die einzelnen Stücke zu bezeichnen.

Innerhalb des ersten Monats eines jeden Kalenderhalbjahrs ist eine von dem nach §. 29 bestellten Treuhänder beglaubigte Abschrift der Eintragungen, welche während des letzten Halbjahrs in dem Hypothekenregister vorgenommen worden sind, der Aufsichtsbehörde einzureichen. Die Abschrift wird von der Aufsichtsbehörde aufbewahrt.

§. 23.

Veröffentlichungen der Hypothekenbanken.

Innerhalb des zweiten Monats eines jeden Kalenderhalbjahrs hat die Bank den Gesammtbetrag der Hypothekenpfandbriefe, welche am letzten Tage des vergangenen Halbjahrs im Umlaufe waren, und den nach Abzug aller Rückzahlungen oder sonstigen Minderungen sich ergebenden Gesammtbetrag der am letzten Tage des vergangenen Halbjahrs in das Hypothekenregister eingetragenen Hypotheken sowie den Gesammtbetrag der an diesem Tage in das Register eingetragenen Werthpapiere und des in der Verwahrung des Treuhänders befindlichen Geldes im Deutschen Reichsanzeiger und in den für die Veröffentlichungen der Bank bestimmten Blättern bekannt zu machen.

Sind in dem Register Werthpapiere oder solche Hypotheken eingetragen, die nicht ihrem vollen Betrage nach zur Deckung von Hypothekenpfandbriefen geeignet sind, so ist in der Bekanntmachung anzugeben, mit welchem Betrage die Werthpapiere oder die Hypotheken als Deckung nicht in Ansatz kommen.

§. 24. **Jahresbilanz.**

Die Jahresbilanz einer Hypothekenbank hat in getrennten Posten namentlich zu enthalten:

1. den Gesammtbetrag der zur Deckung der Hypothekenpfandbriefe bestimmten Hypotheken und Werthpapiere;
2. den Gesammtbetrag der rückständigen Hypothekenzinsen;
3. den Gesammtwerth der Grundstücke der Bank unter gesonderter Angabe des Werthes der Bankgebäude;
4. die Gesammtbeträge der Bestände an Geld, an Wechseln und an Werthpapieren, unter gesonderter Angabe des Betrags der eigenen Hypothekenpfandbriefe und Schuldverschreibungen der Bank;
5. den Gesammtbetrag der Forderungen der Bank aus Lombardgeschäften;
6. den Gesammtbetrag der Guthaben bei Bankhäusern;

7. den Gesammtbetrag der im Umlaufe befindlichen Hypothekenpfandbriefe nach ihrem Nennwerthe, bei verschieden verzinslichen Hypothekenpfandbriefen den Gesammtbetrag jeder dieser Gattungen;
8. den Gesammtbetrag der Verbindlichkeiten der Bank aus der Annahme von Geld zum Zwecke der Hinterlegung.

§. 25.

Bilanzansatz bei Ausgabe unter Nennbetrag, Ausgabekosten, künftigen Jahresleistungen der Hypothekenschuldner.

Sind Hypothekenpfandbriefe zu einem geringeren Betrag als dem Nennwerth ausgegeben worden, so darf in die Aktiven der Bilanz ein Betrag aufgenommen werden, der vier Fünftheilen des Mindererlöses gleichkommt; von dem Mindererlös ist der Gewinn abzuziehen, den die Bank durch den Rückkauf von Hypothekenpfandbriefen zu einem geringeren Betrag als dem Nennwerth erzielt hat. Der demgemäss in die Bilanz eingestellte Aktivposten muss jährlich zu mindestens einem Viertheil abgeschrieben werden.

In keinem Jahre dürfen die nach den Vorschriften des Abs. 1 in die Bilanz aufgenommenen Aktivposten zusammen mehr betragen als das Doppelte des Ueberschusses, den die Hypothekenzinsen für das Bilanzjahr ergeben, wenn von ihnen die Pfandbriefzinsen und ausserdem ein Viertheil vom Hundert der Gesammtsumme der Hypotheken abgezogen werden; auch dürfen die bezeichneten Aktivposten zusammen nicht den Betrag des ausschliesslich zur Deckung einer Unterbilanz bestimmten Reservefonds übersteigen.

Die durch die Ausgabe der Hypothekenpfandbriefe entstandenen Kosten, mit Einschluss der für die Unterbringung gezahlten Provisionen, sind ihrem vollen Betrage nach zu Lasten des Jahres zu verrechnen, in welchem sie entstanden sind.

Ansprüche der Bank auf Jahresleistungen der Hypothekenschuldner für die auf das Bilanzjahr folgende Zeit dürfen nicht in die Aktiven der Bilanz aufgenommen werden.

§. 26.

Bilanzansatz bei Ausgabe über Nennbetrag.

Sind Hypothekenpfandbriefe zu einem höheren Betrag als dem Nennwerth ausgegeben worden und hat die Bank auf das Recht verzichtet, die Hypothekenpfandbriefe jederzeit zurückzuzahlen, so ist der Mehrerlös, soweit er den Betrag von eins vom Hundert des Nennwerths übersteigt, in die Passiven der Bilanz einzustellen. Die Bank darf über ihn während der Jahre, für welche die Rückzahlung der Hypothekenpfandbriefe ausgeschlossen ist, alljährlich nur zu einem der Zahl dieser Jahre entsprechenden Bruchtheile verfügen. Die Verfügung ist ausgeschlossen, so lange ein Mindererlös der im §. 25 Abs. 1 bezeichneten Art als Aktivposten in der Bilanz steht; zur Tilgung eines solchen Mindererlöses sowie zur Deckung des Verlustes, der für die Bank durch den Rückkauf von Hypothekenpfandbriefen zu einem den Nennwerth übersteigenden Betrag entstanden ist, darf der Mehrerlös jederzeit verwendet werden.

Gewinn- und Verlustrechnung. §. 27.

In der Gewinn- und Verlustrechnung sind in getrennten Posten namentlich die Gesammtbeträge der in dem Geschäftsjahre von der Bank verdienten Hypothekenzinsen, Darlehensprovisionen und sonstigen Nebenleistungen der Hypothekenschuldner sowie der Gesammtbetrag der für das Geschäftsjahr von der Bank zu entrichtenden Pfandbriefzinsen anzugeben.

§. 28.

Im Geschäftsbericht oder Bilanz bezw. Gewinn- und Verlustrechnung ersichtlich zu machende Thatsachen.

In dem Geschäftsbericht oder in der Bilanz sind ersichtlich zu machen:

1. die Zahl der zur Deckung der Hypothekenpfandbriefe bestimmten Hypotheken und deren Vertheilung nach ihrer Höhe in Stufen von hunderttausend Mark;
2. die Beträge, welche davon auf Hypotheken an landwirthschaftlichen und auf solche an anderen Grundstücken, auf Amortisationshypotheken und auf andere Hypotheken, auf Hypotheken an Bauplätzen und an unfertigen, noch nicht ertragsfähigen Neubauten fallen;
3. die Zahl der Zwangsversteigerungen und die Zahl der Zwangsverwaltungen, welche in dem Geschäftsjahr auf Antrag der Bank bewirkt worden sind, sowie die Zahl der in dem Geschäftsjahre bewirkten Zwangsversteigerungen und Zwangsverwaltungen, an welchen die Bank sonst betheiligt war;
4. die Zahl der Fälle, in welchen die Bank während des Geschäftsjahrs Grundstücke zur Verhütung von Verlusten an Hypotheken hat übernehmen müssen, sowie den Gesammtbetrag dieser Hypotheken und die Verluste oder Gewinne, welche sich bei dem Wiederverkauf übernommener Grundstücke ergeben haben;
5. die Jahre, aus welchen die Rückstände auf die von den Hypothekenschuldnern zu entrichtenden Zinsen herrühren, sowie der Gesammtbetrag der Rückstände eines jeden Jahres;
6. der Gesammtbetrag der im Geschäftsjahr erfolgten Rückzahlungen auf die Hypotheken, getrennt nach den durch Amortisation und den in anderer Weise erfolgten Rückzahlungen;
7. die Beschränkungen, welchen sich die Bank hinsichtlich der Rückzahlung der Hypothekenpfandbriefe unterworfen hat, getrennt nach den einzelnen Gattungen der Hypothekenpfandbriefe.

Die unter Nr. 3 bis 5 bezeichneten Angaben sind getrennt nach landwirthschaftlichen und anderen Grundstücken und nach den Hauptgebieten zu machen, auf welche sich die Geschäftsthätigkeit der Hypothekenbank erstreckt.

In dem Geschäftsbericht oder in der Gewinn- und Verlustrechnung sind der Mehrerlös und der Mindererlös anzugeben, welche in dem Geschäftsjahre durch die Ausgabe von Hypothekenpfandbriefen zu einem höheren oder geringeren Betrag als dem Nennwerth entstanden sind.

§. 29. **Treuhänder.**

Bei jeder Hypothekenbank ist ein Treuhänder sowie ein Stellvertreter zu bestellen. Die Bestellung erfolgt durch die Aufsichtsbehörde nach Anhörung der Hypothekenbank. Die Bestellung kann jederzeit durch die Aufsichtsbehörde widerrufen werden.

Zu §. 29.

Unter bestimmten Voraussetzungen ist nach §. 51 die Übertragung der Obliegenheiten des Treuhänders auf den Staatskommissar zulässig.

§. 30.

Sorge für Deckung und für Eintragung in das Hypothekenregister.

Der Treuhänder hat darauf zu achten, dass die vorschriftsmässige Deckung für die Hypothekenpfandbriefe jederzeit vorhanden ist; hierbei hat er, sofern der Werth der beliehenen Grundstücke gemäss der von der Aufsichtsbehörde genehmigten Anweisung festgesetzt ist, nicht zu untersuchen, ob der festgesetzte Werth dem wirklichen Werthe entspricht.

Er hat darauf zu achten, dass die zur Deckung der Hypothekenpfandbriefe bestimmten Hypotheken und Werthpapiere gemäss den Vorschriften des §. 22 Abs. 1 in das Hypothekenregister eingetragen werden.

Er hat die Hypothekenpfandbriefe vor der Ausgabe mit einer Bescheinigung über das Vorhandensein der vorschriftsmässigen Deckung und über die Eintragung in das Hypothekenregister zu versehen.

Eine in das Hypothekenregister eingetragene Hypothek sowie ein in das Hypothekenregister eingetragenes Werthpapier kann nur mit Zustimmung des Treuhänders in dem Register gelöscht werden. Die Zustimmung des Treuhänders bedarf der schriftlichen Form; sie kann in der Weise erfolgen, dass der Treuhänder seine Namensunterschrift dem Löschungsvermerk im Hypothekenregister beifügt.

Mitverwahrung. §. 31.

Der Treuhänder hat die Urkunden über die in das Hypothekenregister eingetragenen Hypotheken sowie die in das Register eingetragenen Werthpapiere und das gemäss §. 6 Abs. 4 zur Deckung der Hypothekenpfandbriefe bestimmte Geld unter dem Mitverschlusse der Bank zu verwahren; er darf diese Gegenstände nur gemäss den Vorschriften dieses Gesetzes herausgeben.

Er ist verpflichtet, Hypothekenurkunden sowie Werthpapiere und Geld auf Verlangen der Bank herauszugeben und zur Löschung im Hypothekenregister mitzuwirken, soweit die übrigen in das Register eingetragenen Hypotheken und Werthpapiere zur Deckung der Hypothekenpfandbriefe genügen oder die Bank eine andere vorschriftsmässige Deckung beschafft. Ist die Bank dem Hypothekenschuldner gegenüber zur Aushändigung der Hypothekenurkunde oder zur Vornahme der im §. 1145

Zu §. 30.

Zu Abs. 3 vgl. Strafandrohung in §. 38.

Zu §. 31.

Der §. 1145 B.G. lautet:

„Befriedigt der Eigentümer den Gläubiger nur teilweise, so kann er die Aushändigung des Hypothekenbriefs nicht verlangen. Der Gläubiger ist verpflichtet, die teilweise Befriedigung auf dem Briefe zu vermerken und den Brief zum Zwecke der Berichtigung des Grundbuchs oder der Löschung dem Grundbuchamt oder zum Zwecke der Herstellung eines Teilhypothekenbriefs für den Eigentümer der zuständigen Behörde oder einem zuständigen Notare vorzulegen.

Die Vorschrift des Abs. 1 Satz 2 gilt für Zinsen und andere Nebenleistungen nur, wenn sie später als in dem Kalendervierteljahr, in welchem der Gläubiger befriedigt wird, oder dem folgenden Vierteljahre fällig werden. Auf Kosten, für die das Grundstück nach §. 1118 haftet, findet die Vorschrift keine Anwendung."

Zu Abs. 2 Satz 2 Halbs. 2 vgl. Strafandrohung in §. 37 Abs. 2.

des Bürgerlichen Gesetzbuchs bezeichneten Handlungen verpflichtet, so hat der Treuhänder die Urkunde auch dann herauszugeben, wenn die bezeichneten Voraussetzungen nicht vorliegen; wird die Hypothek zurückgezahlt, so ist in dem letzteren Falle das gezahlte Geld dem Treuhänder zur Verwahrung gemäss Abs. 1 zu übergeben.

Bedarf die Bank einer Hypothekenurkunde nur zu vorübergehendem Gebrauche, so hat der Treuhänder sie herauszugeben, ohne dass die Bank verpflichtet ist, eine andere Deckung zu beschaffen.

§. 32. **Einsicht. Mittheilungen.**

Der Treuhänder ist befugt, jederzeit die Bücher und Schriften der Bank einzusehen, soweit sie sich auf die Hypothekenpfandbriefe und auf die in das Hypothekenregister eingetragenen Hypotheken beziehen.

Die Hypothekenbank ist verpflichtet, von den Kapitalrückzahlungen auf die in das Hypothekenregister eingetragenen Hypotheken sowie von sonstigen für die Pfandbriefgläubiger erheblichen Aenderungen, welche diese Hypotheken betreffen, dem Treuhänder fortlaufende Mittheilung zu machen.

§. 33.

Streitigkeiten zwischen Treuhänder und Bank.

Streitigkeiten zwischen dem Treuhänder und der Hypothekenbank entscheidet die Aufsichtsbehörde.

§. 34. **Vergütung.**

Der Treuhänder kann von der Hypothekenbank eine angemessene Vergütung für seine Geschäftsführung verlangen. Der Betrag der vereinbarten Vergütung ist der Aufsichtsbehörde anzuzeigen; in Ermangelung einer Einigung wird der Betrag durch die Aufsichtsbehörde festgesetzt.

§. 35. **Konkurs der Bank.**

Ist über das Vermögen der Hypothekenbank der Konkurs eröffnet, so gehen in Ansehung der Befriedigung aus den in das Hypothekenregister eingetragenen Hypotheken und Werthpapieren die Forderungen der Pfandbriefgläubiger den Forderungen aller anderen Konkursgläubiger vor. Das Gleiche gilt von Geld, das dem Treuhänder zur Deckung der Hypothekenpfandbriefe in Verwahrung gegeben ist. Die Pfandbriefgläubiger haben unter einander gleichen Rang.

In Betreff des Anspruchs der Pfandbriefgläubiger auf Befriedigung aus dem sonstigen Vermögen der Bank finden die für die Absonderungsberechtigten geltenden Vorschriften der §§. 64, 153, 155, 156 und des §. 168 Nr. 3 der Konkursordnung (Reichs-Gesetzbl. 1898 S. 612) entsprechende Anwendung.

Gehören zur Konkursmasse eigene Hypothekenpfandbriefe der Bank, die von dieser dem Bestand an Werthpapieren zugeschrieben sind, so werden sie bei der Berechnung der auf die einzelnen Hypothekenpfandbriefe fallenden Antheile an dem Erlös aus den im Abs. 1 bezeichneten Gegenständen mitgezählt.

Während des Konkurses der Hypothekenbank sind die Kosten einer Versammlung der Pfandbriefgläubiger, die nach den Vorschriften des Gesetzes, betreffend die gemeinsamen Rechte der Besitzer von Schuldverschreibungen, berufen wird, aus dem zur vorzugsweisen Befriedigung der letzteren dienenden Theile der Konkursmasse zu berichtigen.

Untreue des Treuhänders. §. 36.

Treuhänder, die absichtlich zum Nachtheile der Pfandbriefgläubiger handeln, werden wegen Untreue nach §. 266 des Strafgesetzbuchs bestraft.

§. 37.

Ausgabe ungedeckter Pfandbriefe. Schmälerung der Deckung.

Wer für eine Hypothekenbank wissentlich Hypothekenpfandbriefe über den Betrag hinaus ausgiebt, welcher durch die in das Hypothekenregister eingetragenen Hypotheken und Werthpapiere oder das in der Verwahrung des Treuhänders befindliche Geld vorschriftsmässig gedeckt ist, wird mit Gefängniss bis zu einem Jahre und mit Geldstrafe bis zu zwanzigtausend Mark bestraft.

Die gleiche Strafe trifft denjenigen, welcher für eine Hypothekenbank wissentlich über eine in das Hypothekenregister eingetragene Hypothek oder über ein in das Register eingetragenes Werthpapier durch Veräusserung oder Belastung verfügt, obwohl die übrigen in das Register eingetragenen Hypotheken und Werthpapiere zur vorschriftsmässigen Deckung der Hypothekenpfandbriefe nicht genügen, sowie denjenigen, welcher der Vorschrift des §. 31 Abs. 2 Satz 2 zuwider es unterlässt, bei der Rückzahlung einer Hypothek das gezahlte Geld dem Treuhänder zur Verwahrung zu übergeben.

Sind mildernde Umstände vorhanden, so kann auf die Geldstrafe allein erkannt werden.

§. 38.

Ausgabe ohne Bescheinigung des Treuhänders.

Wer für eine Hypothekenbank Hypothekenpfandbriefe ohne die nach §. 30 Abs. 3 erforderliche Bescheinigung ausgiebt, wird mit Geldstrafe bis zu eintausend Mark oder mit Gefängniss bis zu drei Monaten bestraft.

Nicht zugelassene Unternehmer. §. 39.

Zuwiderhandlungen gegen die Vorschrift des §. 2 werden mit Geldstrafe bis zu dreitausend Mark bestraft.

Grundschulden. §. 40.

Den Hypotheken stehen im Sinne dieses Gesetzes die Grundschulden gleich.

Hat die Bank ein Grundstück zur Verhütung von Verlusten an einer ihr an dem Grundstücke zustehenden Hypothek oder Grundschuld bei der Zwangsversteigerung erworben und an Stelle der gelöschten Hypothek oder Grundschuld für sich eine Grundschuld eintragen lassen, so findet auf diese die Vorschrift des §. 6 Abs. 3 entsprechende Anwendung.

Zu §. 36.

Der §. 266 St.G.B. bedroht Untreue mit Gefängnis, neben welchem auf Verlust der bürgerlichen Ehrenrechte erkannt werden kann; falls die Untreue begangen wird, um sich oder einem anderen einen Vermögensvorteil zu verschaffen, so kann neben der Gefängnisstrafe auf Geldstrafe bis zu 3000 Mk. erkannt werden.

§. 41.

Schuldverschreibungen gedeckt durch Verbindlichkeit öffentlich-rechtlicher Körperschaft.

Werden von einer Hypothekenbank auf Grund nicht hypothekarischer Darlehen, die an inländische Körperschaften des öffentlichen Rechtes oder gegen Uebernahme der Gewährleistung durch eine solche Körperschaft gewährt sind, Schuldverschreibungen ausgegeben, so finden auf diese Schuldverschreibungen und die ihnen zu Grunde liegenden Darlehensforderungen die Vorschriften des §. 6 Abs. 1, 4 und der §§. 8, 9, 22, 23, 25, 26, 29 bis 38 entsprechende Anwendung.

Die Schuldverschreibungen, welche die Hypothekenbank gemäss Abs. 1 ausgiebt, dürfen unter Hinzurechnung der im Umlaufe befindlichen Hypothekenpfandbriefe den für die letzteren im §. 7 bestimmten Höchstbetrag nicht um mehr als den fünften Theil übersteigen.

§. 42.

Schuldverschreibungen auf Grund Darlehns an Kleinbahn.

Werden von einer Hypothekenbank auf Grund von Darlehen, die an Kleinbahnunternehmungen gegen Verpfändung der Bahn gewährt sind, Schuldverschreibungen ausgegeben, so finden auf diese Schuldverschreibungen und die ihnen zu Grunde liegenden Darlehensforderungen die im §. 41 Abs. 1 angeführten Vorschriften entsprechende Anwendung. Die von der Hypothekenbank in der bezeichneten Weise ausgegebenen Schuldverschreibungen stehen im Sinne der Vorschriften des §. 7 und des §. 41 Abs. 2 den Hypothekenpfandbriefen gleich.

Die Satzung der Bank kann bestimmen, dass auf Grund der Forderungen aus den gemäss Abs. 1 gewährten Darlehen und auf Grund der Forderungen aus Darlehen, die an Kleinbahnunternehmungen gegen Uebernahme der Gewährleistung durch eine inländische Körperschaft des öffentlichen Rechtes gewährt sind, Schuldverschreibungen einer und derselben Art ausgegeben werden, denen beide Arten von Forderungen zur Deckung dienen. In dem Geschäftsbericht oder in der Bilanz ist der Gesammtbetrag der Forderungen der einen und der anderen Art ersichtlich zu machen.

Im Übrigen sind die für die Gewährung von Darlehen an Kleinbahnunternehmungen massgebenden Grundsätze von der Hypothekenbank festzustellen; die Grundsätze bedürfen der Genehmigung der Aufsichtsbehörde. Die Vorschriften des §. 13 Abs. 2 finden entsprechende Anwendung.

Zu §. 41.

Für Banken, welche von dem in §. 46 Abs. 1 gewährten Recht eines über die Grenzen des §. 5 hinausgehenden Geschäftsbetriebes Gebrauch machen, vgl. §. 46 Abs. 3. Für am 1. Januar 1900 bestehende Banken mit dem Recht zu höherer Schuldverschreibungsausgabe vgl. §. 48. — Über Schuldverschreibungen auf Grund von Rentenforderungen, die als Reallasten eingetragen sind, vgl. §. 52.

Zu §. 42.

Für am 1. Januar 1900 bestehende Banken mit dem Recht zu höherer Schuldverschreibungsausgabe vgl. §. 48.

§. 43.

Landesgesetzliche Konkursvorrechte bei Pfandbriefen und Schuldverschreibungen.

Der §. 17 des Einführungsgesetzes zur Konkursordnung wird durch folgende Vorschriften ersetzt:

Unberührt bleiben die landesgesetzlichen Vorschriften, nach welchen den Inhabern von Pfandbriefen, die von Kreditanstalten, welche nicht zu den Hypothekenbanken gehören, auf Grund von Hypotheken ausgestellt sind, ein Vorrecht vor allen anderen Konkursgläubigern in Ansehung der Befriedigung aus den Hypotheken der Anstalt zusteht.

Unberührt bleiben die landesgesetzlichen Vorschriften, nach welchen den Inhabern von Schuldverschreibungen, die von Körperschaften des öffentlichen Rechtes, Aktiengesellschaften, Kommanditgesellschaften auf Aktien, Gesellschaften mit beschränkter Haftung oder Genossenschaften über ein Anlehen ausgestellt sind, ein Vorrecht vor nicht bevorrechtigten Konkursgläubigern, deren Forderungen später entstehen, dadurch gewährt werden kann, dass die zu bevorrechtigenden Forderungen in ein öffentliches Schuldbuch eingetragen werden.

Zeitpunkt des Inkrafttretens. §. 44.

Dieses Gesetz tritt, soweit sich nicht aus dem §. 53 ein Anderes ergiebt, gleichzeitig mit dem Bürgerlichen Gesetzbuch in Kraft.

§. 45.

Bestehende Banken: Genehmigung, Person des Unternehmers.

Auf die bei dem Inkrafttreten dieses Gesetzes bestehenden Hypothekenbanken finden die Vorschriften des §. 1 Abs. 1, 2 keine Anwendung.

Auf die bei dem Inkrafttreten dieses Gesetzes in das Genossenschaftsregister eingetragenen Genossenschaften findet, sofern sie vor dem 1. Mai 1898 gemäss den Bestimmungen ihrer Satzung die im §. 1 Abs. 1 bezeichneten Geschäfte betrieben haben, die Vorschrift des §. 2 keine Anwendung.

§. 46.

Bestehende Banken: Zulässige Geschäfte.

Die bei dem Inkrafttreten dieses Gesetzes bestehenden Hypothekenbanken unterliegen den Vorschriften des §. 5 insoweit nicht, als sie bis zum 1. Mai 1898 gemäss den Bestimmungen ihrer Satzung Geschäfte in weiterem als dem im §. 5 bezeichneten Umfange betrieben haben.

Eine Hypothekenbank, die von dem Rechte des erweiterten Geschäftsbetriebs nach Massgabe des Abs. 1 Gebrauch macht, darf Hypothekenpfandbriefe nur bis zum zehnfachen Betrage des eingezahlten Grundkapitals und des im §. 7 bezeichneten Reservefonds ausgeben. Die Befugniss zur Ausgabe von Hypothekenpfandbriefen ist

---

Zu §. 46.

Für am 1. Januar 1900 bestehende Banken mit dem Recht zu h ö h e r e r Pfandbriefausgabe vgl. §. 48.

auf den doppelten Betrag des eingezahlten Grundkapitals und des im §. 7 bezeichneten Reservefonds beschränkt, wenn bei dem Inkrafttreten des Gesetzes die von der Bank ausgegebenen Hypothekenpfandbriefe den doppelten Betrag des eingezahlten Grundkapitals nicht übersteigen.

Der Betrag, bis zu welchem hiernach eine Bank Hypothekenpfandbriefe ausgeben darf, tritt auch im Sinne des §. 41 Abs. 2 an die Stelle des im §. 7 bestimmten Höchstbetrags.

§. 47.

Verzicht auf bisherigen erweiterten Geschäftsbetrieb.

Beschliesst eine Hypothekenbank, die nach §. 46 nicht an die Vorschriften des §. 5 gebunden ist, sich diesen Vorschriften zu unterwerfen und ihre Satzung demgemäss zu ändern, so ist, wenn im Zusammenhange damit zugleich eine Herabsetzung des Grundkapitals stattfindet, die im §. 289 Abs. 3, 4 des Handelsgesetzbuchs vorgesehene Sicherstellung der Gläubiger in Ansehung der Pfandbriefgläubiger nicht erforderlich, sofern die im Umlaufe befindlichen Hypothekenpfandbriefe durch die in das Hypothekenregister eingetragenen Hypotheken vollständig gedeckt sind.

§. 48.

Bisherige Banken: Höhe der Pfandbrief- und Schuldverschreibungsausgabe.

Eine Hypothekenbank, die bei dem Inkrafttreten dieses Gesetzes das Recht besitzt, über den in den §§. 7, 41, 42 oder im §. 46 Abs. 2 Satz 1, Abs. 3 bestimmten Betrag hinaus Hypothekenpfandbriefe oder Schuldverschreibungen auszugeben, behält dieses Recht mit der Massgabe, dass die Hypothekenpfandbriefe und die auf Grund von Darlehen an Kleinbahnunternehmungen ausgegebenen Schuldverschreibungen den zwanzigfachen Betrag des eingezahlten Grundkapitals nicht übersteigen dürfen und dass hierbei das eingezahlte Kapital nur insoweit berücksichtigt wird, als es innerhalb des Betrags verbleibt, auf welchen am 1. Mai 1898 das Grundkapital der Bank durch die Satzung festgesetzt war; die Schuldverschreibungen, welche die Bank auf Grund nicht hypothekarischer Darlehen an Körperschaften des öffentlichen Rechtes oder gegen Uebernahme der Gewährleistung durch eine solche Körperschaft ausgiebt, dürfen unter Hinzurechnung der im Umlaufe befindlichen Hypothekenpfandbriefe und auf Grund von Darlehen an Kleinbahnunternehmungen ausgegebenen Schuldverschreibungen den Betrag, bis zu welchem die Bank Hypothekenpfandbriefe ausgeben darf, nicht um mehr als den fünften Theil übersteigen.

Auf Grund einer nach dem 1. Mai 1898 in das Handelsregister eingetragenen Kapitalserhöhung dürfen Hypothekenpfandbriefe und Schuldverschreibungen nur nach den Vorschriften der §§. 7, 41, 42, 46 ausgegeben werden. Hierbei bleibt der Reservefonds, der bei Erreichung des nach Abs. 1 zulässigen Höchstbetrags vorhanden war, ausser Betracht.

Diese Vorschriften finden in dem Falle des §. 46 Abs. 2 Satz 2 keine Anwendung.

§. 49. **Bisherige Hypotheken.**

Auf die Deckung der Hypothekenpfandbriefe durch Hypotheken, die vor dem Inkrafttreten dieses Gesetzes von einer Hypothekenbank gemäss den Bestimmungen ihrer Satzung erworben sind, finden die Vorschriften des §. 6 Abs. 2 und der §§. 10 bis 12 keine Anwendung. Die Vorschriften des §. 17 Abs. 1 Satz 2, Abs. 2, 3 und der §§. 18 bis 21 sind nur für Verträge massgebend, die nach dem Inkrafttreten dieses Gesetzes abgeschlossen werden.

§. 50.

Abrechnung für bisheriges Geschäftsjahr.

Die Vorschriften der §§. 24 bis 28 finden bei den bestehenden Hypothekenbanken erst auf die Bilanz, die Gewinn- und Verlustrechnung und den Geschäftsbericht für das mit oder in dem Jahre 1900 beginnende Geschäftsjahr Anwendung.

Auf die Verrechnung des Mindererlöses, der vor dem Inkrafttreten dieses Gesetzes durch die Ausgabe von Hypothekenpfandbriefen zu einem geringeren Betrag als dem Nennwerth entstanden ist, sowie auf die Verrechnung der Kosten der vor dem bezeichneten Zeitpunkt erfolgten Ausgabe von Hypothekenpfandbriefen finden die Vorschriften des §. 25 keine Anwendung. Die Bank hat jedoch die zur Deckung eines solchen Mindererlöses oder solcher Kosten in die Aktiven der Bilanz aufgenommenen Posten, soweit die Aufnahme nach §. 25 nicht zulässig sein würde, längstens binnen fünf Jahren abzuschreiben. Das Gleiche gilt bezüglich der vor dem Inkrafttreten dieses Gesetzes in die Aktiven der Bilanz aufgenommenen Ansprüche auf künftige Jahresleistungen der Darlehensschuldner.

Staatskommissar. §. 51.

Ist bei einer Hypothekenbank zur Zeit des Inkrafttretens dieses Gesetzes ein Staatskommissar mit der Ueberwachung der Pfandbriefausgabe betraut, so können die Obliegenheiten, welche nach §. 22 Abs. 2 und den §§. 30 bis 32, 41, 42 von dem Treuhänder wahrzunehmen sind, dem nach §. 4 Abs. 3 bestellten Kommissar übertragen werden.

§. 52.

Schuldverschreibungen auf Grund von Renten-Reallasten.

Hat eine Hypothekenbank auf Grund von Rentenforderungen, die vor dem 1. Januar 1899 als Reallasten in das Grundbuch eingetragen worden sind, besondere Schuldverschreibungen ausgegeben, so finden auf diese Schuldverschreibungen und auf die ihnen zu Grunde liegenden Rentenforderungen die Vorschriften der §§. 6, 22, 29 bis 35, des §. 37 Abs. 2, 3, des §. 41 Abs. 1 und des §. 51 entsprechende Anwendung.

§. 53.

Anlegung der neuen Register. Erlöschen landesgesetzlicher Pfandrechte.

Die bestehenden Hypothekenbanken haben mit der Anlegung der in den §§. 22, 41, 42, 52 vorgeschriebenen Register so zeitig zu beginnen, dass die Register am 1. Januar 1900 angelegt sind. Unverzüglich nach diesem Zeitpunkte haben sie der Aufsichtsbehörde anzuzeigen, dass die Anlegung der Register erfolgt ist. Eine von dem Treuhänder oder dem Kommissar der Aufsichtsbehörde beglaubigte Abschrift des Registers ist der Behörde mit thunlichster Beschleunigung einzureichen.

Mit der Erstattung der im Abs. 1 Satz 2 vorgeschriebenen Anzeige erlöschen die Pfandrechte, welche für die Pfandbriefgläubiger nach den Landesgesetzen bestellt sind. Soweit einer Bank in der Satzung oder den Pfandbriefbedingungen die Verpflichtung zur Bestellung eines Pfandrechts für die Pfandbriefgläubiger auferlegt ist, verlieren die hierauf bezüglichen Bestimmungen mit dem gedachten Zeitpunkt ihre Wirksamkeit.

III. Münzen und Papiergeld.

1. Gesetz, betreffend die Ausprägung von Reichsgoldmünzen.

Vom 4. Dezember 1871. (R.G.Bl. 404).

§. 1. **Zehnmarkstück.**

Es wird eine Reichsgoldmünze ausgeprägt, von welcher aus Einem Pfunde feinen Goldes $139\frac{1}{2}$ Stück ausgebracht werden.

§. 2. **Mark, Pfennig.**

Der zehnte Theil dieser Goldmünze wird Mark genannt und in hundert Pfennige eingetheilt.

§. 3. **Zwanzigmarkstück.**

Ausser der Reichsgoldmünze zu 10 Mark (§. 1) sollen ferner ausgeprägt werden: Reichsgoldmünzen zu 20 Mark, von welchen aus einem Pfunde feinen Goldes $69\frac{3}{4}$ Stück ausgebracht werden.

§. 4.

Mischungsverhältnis, Normalgewicht.

Das Mischungsverhältniss der Reichsgoldmünzen wird auf 900 Tausendtheile Gold und 100 Tausendtheile Kupfer festgestellt.

Es werden demnach

$125,_{55}$ Zehn-Mark-Stücke,

$62,_{775}$ Zwanzig-Mark-Stücke

je Ein Pfund wiegen.

§. 5. **Äußeres der Münzen.**

Die Reichsgoldmünzen tragen auf der einen Seite den Reichsadler mit der Inschrift „Deutsches Reich“ und mit der Angabe des Werthes in Mark, sowie mit der Jahreszahl der Ausprägung, auf der anderen Seite das Bildniss des Landesherrn,

---

Vorbemerkung.

Mit geringen Maßgaben ausgedehnt auf Elsaß-Lothringen durch das G. wegen Einführung der Reichs-Münzgesetze in Elsaß-Lothringen v. 15. November 1874 (R.G.Bl. 131). In Helgoland eingeführt durch Vdg. v. 22. März 1891 (R.G.Bl. 21) zu VI 2.

Zu §. 1.

Durch Kaiserl. Erlaß v. 17. Februar 1875 (R.G.Bl. 72) ist bestimmt, daß die Reichsbehörden für das Zehnmarkstück die Benennung „Krone“ und für das Zwanzigmarkstück die Benennung „Doppelkrone“ anwenden sollen.

beziehungsweise das Hoheitszeichen der freien Städte, mit einer entsprechenden Umschrift und dem Münzzeichen. Durchmesser der Münzen, Beschaffenheit und Inschrift der Ränder derselben werden vom Bundesrathe festgestellt.

Ausprägung. §. 6.

Bis zum Erlass eines Gesetzes über die Einziehung der groben Silbermünzen erfolgt die Ausprägung der Goldmünzen auf Kosten des Reichs für sämmtliche Bundesstaaten auf den Münzstätten derjenigen Bundesstaaten, welche sich dazu bereit erklärt haben.

Der Reichskanzler bestimmt unter Zustimmung des Bundesrathes die in Gold auszumünzenden Beträge, die Vertheilung dieser Beträge auf die einzelnen Münzgattungen und auf die einzelnen Münzstätten und die den letzteren für die Prägung jeder einzelnen Münzgattung gleichmässig zu gewährende Vergütung. Er versieht die Münzstätten mit dem Golde, welches für die ihnen überwiesenen Ausprägungen erforderlich ist.

§. 7.

Ausprägungsverfahren. Geduldete Gewichtabweichung.

Das Verfahren bei Ausprägung der Reichsgoldmünzen wird vom Bundesrathe festgestellt und unterliegt der Beaufsichtigung von Seiten des Reichs. Dieses Verfahren soll die vollständige Genauigkeit der Münzen nach Gehalt und Gewicht sicherstellen. Soweit eine absolute Genauigkeit bei dem einzelnen Stücke nicht innegehalten werden kann, soll die Abweichung in Mehr oder Weniger im Gewicht nicht mehr als zwei und ein halb Tausendtheile seines Gewichts, im Feingehalt nicht mehr als zwei Tausendtheile betragen.

Verhältnis zu älteren Währungen. §. 8.

Alle Zahlungen, welche gesetzlich in Silbermünzen der Thalerwährung, der süddeutschen Währung, der lübischen oder hamburgischen Kurantwährung oder in Thalern Gold bremer Rechnung zu leisten sind, oder geleistet werden dürfen, können in Reichsgoldmünzen (§§. 1. und 3.) dergestalt geleistet werden, dass gerechnet wird:

das Zehn-Mark-Stück zum Werthe von $3^1/_3$ Thalern oder 5 Fl. 50 Kr. süddeutscher Währung, 8 Mark $5^1/_3$ Schilling lübischer und hamburgischer Kurant-Währung, $3^1/_{93}$ Thaler Gold bremer Rechnung;

das Zwanzig-Mark-Stück zum Werthe von $6^2/_3$ Thalern oder 11 Fl. 40 Kr. süddeutscher Währung, 16 Mark $10^2/_3$ Schilling lübischer und hamburgischer Kurant-Währung, $6^2/_{93}$ Thaler Gold bremer Rechnung.

Passirgewicht. §. 9.

Reichsgoldmünzen, deren Gewicht um nicht mehr als fünf Tausendtheile hinter dem Normalgewicht (§. 4.) zurückbleibt (Passirgewicht), und welche nicht durch gewaltsame oder gesetzwidrige Beschädigung am Gewicht verringert sind, sollen bei allen Zahlungen als vollwichtig gelten.

Reichsgoldmünzen, welche das vorgedachte Passirgewicht nicht erreichen und an Zahlungsstatt von den Reichs-, Staats-, Provinzial- oder Kommunalkassen, sowie von Geld- und Kreditanstalten und Banken angenommen worden sind, dürfen von den gedachten Kassen und Anstalten nicht wieder ausgegeben werden.

Zu §. 6.

Vgl. Münzges. v. 9. Juli 1873 (unten III 2) Art. 12.

Die Reichsgoldmünzen werden, wenn dieselben in Folge längerer Cirkulation und Abnutzung am Gewicht soviel eingebüsst haben, dass sie das Passirgewicht nicht mehr erreichen, für Rechnung des Reichs zum Einschmelzen eingezogen. Auch werden dergleichen abgenutzte Goldmünzen bei allen Kassen des Reichs und der Bundesstaaten stets voll zu demjenigen Werthe, zu welchem sie ausgegeben sind, angenommen werden.

§. 10. **Ausprägung anderer Münzen.**

Eine Ausprägung von anderen, als den durch dieses Gesetz eingeführten Goldmünzen, sowie von groben Silbermünzen, mit Ausnahme von Denkmünzen, findet bis auf Weiteres nicht statt.

§. 11. **Einziehung bisheriger Münzen.**

Die zur Zeit umlaufenden Goldmünzen der deutschen Bundesstaaten sind von Reichs wegen und auf Kosten des Reichs nach Massgabe der Ausprägung der neuen Goldmünzen (§. 6.) einzuziehen.

Der Reichskanzler wird ermächtigt, in gleicher Weise die Einziehung der bisherigen groben Silbermünzen der deutschen Bundesstaaten anzuordnen und die zu diesem Behufe erforderlichen Mittel aus den bereitesten Beständen der Reichskasse zu entnehmen.

Ueber die Ausführung der vorstehenden Bestimmungen ist dem Reichstage alljährlich in seiner ersten ordentlichen Session Rechenschaft zu geben.

§. 12.

Eichung und Stempelung für Normal- und Passirgewicht.

Es sollen Gewichtsstücke zur Eichung und Stempelung zugelassen werden, welche das Normalgewicht und das Passirgewicht der nach Massgabe dieses Gesetzes auszumünzenden Goldmünzen, sowie eines Vielfachen derselben angeben. Für die Eichung und Stempelung dieser Gewichtsstücke sind die Bestimmungen der Artikel 10. und 18. der Maass- und Gewichtsordnung vom 17. August 1868 (Bundesgesetzbl. S. 473) massgebend.

§. 13. **Halbpfennig.**

Im Gebiet des Königreichs Bayern kann im Bedürfnissfall eine Untertheilung des Pfennigs in zwei Halb-Pfennige stattfinden.

---

2. Münzgesetz.

Vom 9. Juli 1873. (R.G.Bl. 233).

Artikel 1. **Reichsgoldwährung. Inkrafttreten.**

An die Stelle der in Deutschland geltenden Landeswährungen tritt die Reichsgoldwährung. Ihre Rechnungseinheit bildet die Mark, wie solche durch §. 2 des

---

Zu §. 10.

Die Befugnis zur Ausprägung von Silbermünzen als Denkmünzen ist aufgehoben durch Münzges. v. 9. Juli 1873 (unten III 2) Art. 11.

Vorbemerkung.

Das Münzgesetz ist in Elsaß-Lothringen (mit geringen Abweichungen in Übergangsbestimmungen) eingeführt durch Ges. wegen Einführung der Reichsmünzgesetze in Elsaß-

Gesetzes vom 4. Dezember 1871, betreffend die Ausprägung von Reichsgoldmünzen (Reichs-Gesetzbl. S. 404), festgestellt worden ist.

Der Zeitpunkt, an welchem die Reichswährung im gesammten Reichsgebiete in Kraft treten soll, wird durch eine mit Zustimmung des Bundesrathes zu erlassende, mindestens drei Monate vor dem Eintritt dieses Zeitpunktes zu verkündende Verordnung des Kaisers bestimmt. Die Landesregierungen sind ermächtigt, auch vor diesem Zeitpunkte für ihr Gebiet die Reichsmarkrechnung im Verordnungswege einzuführen.

Goldenes Fünfmarkstück. **Artikel 2.**

Ausser den in dem Gesetze vom 4. Dezember 1871 bezeichneten Reichsgoldmünzen sollen ferner ausgeprägt werden Reichsgoldmünzen zu fünf Mark, von welchen aus einem Pfunde feinen Goldes 279 Stück ausgebracht werden. Die Bestimmungen der §§. 4, 5, 7, 8 und 9 jenes Gesetzes finden auf diese Münzen entsprechende Anwendung, jedoch mit der Massgabe, dass bei denselben die Abweichung in Mehr oder Weniger im Gewicht (§. 7) vier Tausendtheile, und der Unterschied zwischen dem Normalgewicht und dem Passirgewicht (§. 9) acht Tausendtheile betragen darf.

Silber-, Nickel-, Kupfermünzen. **Artikel 3.**

Ausser den Reichsgoldmünzen sollen als Reichsmünzen und zwar

1) als Silbermünzen:
Fünfmarkstücke,
Zweimarkstücke,
Einmarkstücke,
Fünfzigpfennigstücke und
Zwanzigpfennigstücke;

2) als Nickelmünzen:
Zwanzigpfennigstücke,
Zehnpfennigstücke und
Fünfpfennigstücke;

3) als Kupfermünzen:
Zweipfennigstücke und
Einpfennigstücke

nach Massgabe folgender Bestimmungen ausgeprägt werden.

Lothringen v. 15. Novb. 1874 (R.G.Bl. 131), in Helgoland durch Vdg. v. 22. März 1891 (R.G.Bl. 21) zu VI 2.

Zu Art. 1.

Verordnung, betreffend die Einführung der Reichswährung, vom 22. September 1875 (R.G.Bl. 303): „Einziger Artikel. Die Reichswährung tritt im gesamten Reichsgebiete am 1. Januar 1876 in Kraft."

Zu Art. 2.

In dem zur Beratung stehenden Entwurf eines Abänderungsgesetzes ist die Aufhebung des Art. 2 und die Außerkurssetzung des goldenen Fünfmarkstücks in Aussicht genommen.

Zu Art. 3.

Gesetz, betr. die Ausprägung einer Nickelmünze zu zwanzig Pfennig, vom 1. April 1886 (R.G.Bl. 67): „In Artikel 3 des Münzgesetzes vom 9. Juli 1873 (R.G.Bl. 233) ist unter Nr. 2 vor dem Worte „Zehnpfennigstücke" einzuschalten „Zwanzigpfennigstücke"."

In dem zur Beratung stehenden Entwurf eines Abänderungsgesetzes ist die demnächstige Außerkurssetzung der silbernen und der nickelnen Zwanzigpfennigstücke in Aussicht genommen.

§. 1.

Mischungsverhältnis, Normalgewicht, Ausprägungsverfahren.

Bei Ausprägung der Silbermünzen wird das Pfund feinen Silbers in

20 Fünfmarkstücke,
50 Zweimarkstücke,
100 Einmarkstücke,
200 Fünfzigpfennigstücke und in
500 Zwanzigpfennigstücke

ausgebracht.

Das Mischungsverhältniss beträgt 900 Theile Silber und 100 Theile Kupfer, so dass 90 Mark in Silbermünzen 1 Pfund wiegen.

Das Verfahren bei Ausprägung dieser Münzen wird vom Bundesrath festgestellt. Bei den einzelnen Stücken darf die Abweichung in Mehr oder Weniger im Feingehalt nicht mehr als drei Tausendtheile, im Gewicht, mit Ausnahme der Zwanzigpfennigstücke, nicht mehr als zehn Tausendtheile betragen. In der Masse aber müssen das Normalgewicht und der Normalgehalt bei allen Silbermünzen innegehalten werden.

§. 2.

Äußeres der Münzen über eine Mark.

Die Silbermünzen über eine Mark tragen auf der einen Seite den Reichsadler mit der Inschrift „Deutsches Reich" und mit der Angabe des Werthes in Mark, sowie mit der Jahreszahl der Ausprägung, auf der anderen Seite das Bildniss des Landesherrn beziehungsweise das Hoheitszeichen der freien Städte mit einer entsprechenden Umschrift und dem Münzzeichen. Durchmesser der Münzen, Beschaffenheit und Verzierung der Ränder derselben werden vom Bundesrathe festgestellt.

§. 3.

Äußeres der übrigen Scheidemünzen.

Die übrigen Silbermünzen, die Nickel- und Kupfermünzen tragen auf der einen Seite die Werthangabe, die Jahreszahl und die Inschrift „Deutsches Reich", auf der andern Seite den Reichsadler und das Münzzeichen. Die näheren Bestimmungen über Zusammensetzung, Gewicht und Durchmesser dieser Münzen, sowie über die Verzierung der Schriftseite und die Beschaffenheit der Ränder werden vom Bundesrathe festgestellt.

§. 4. Ausprägung.

Die Silber-, Nickel- und Kupfermünzen werden auf den Münzstätten derjenigen Bundesstaaten, welche sich dazu bereit erklären, ausgeprägt. Die Ausprägung und Ausgabe dieser Münzen unterliegt der Beaufsichtigung von Seiten des Reichs. Der Reichskanzler bestimmt unter Zustimmung des Bundesrathes die auszuprägenden Beträge, die Vertheilung dieser Beträge auf die einzelnen Münzgattungen und auf die einzelnen Münzstätten und die den letzteren für die Prägung jeder einzelnen Münzgattung gleichmässig zu gewährende Vergütung. Die Beschaffung der Münzmetalle für die Münzstätten erfolgt auf Anordnung des Reichskanzlers.

Gesamtbetrag der Silbermünzen. **Artikel 4.**

Der Gesammtbetrag der Reichssilbermünzen soll bis auf Weiteres zehn Mark für den Kopf der Bevölkerung des Reichs nicht übersteigen.

Bei jeder Ausgabe dieser Münzen ist eine dem Werthe nach gleiche Menge der umlaufenden groben Landessilbermünzen und zwar zunächst der nicht dem Dreissigthalerfusse angehörenden einzuziehen. Der Werth wird nach der Vorschrift im Art. 14 §. 2 berechnet.

Artikel 5.

Gesammtbetrag der Nickel- und Kupfermünzen.

Der Gesammtbetrag der Nickel- und Kupfermünzen soll zwei und eine halbe Mark für den Kopf der Bevölkerung des Reichs nicht übersteigen.

Artikel 6.

Einziehung von Landesscheidemünzen.

Von den Landesscheidemünzen sind:

1) die auf andere als Thalerwährung lautenden, mit Ausschluss der bayerischen Heller und der mecklenburgischen nach dem Marksystem ausgeprägten Fünf-, Zwei- und Einpfennigstücke,

2) die auf der Zwölftheilung des Groschens beruhenden Scheidemünzen zu zwei und vier Pfennigen,

3) die Scheidemünzen der Thalerwährung, welche auf einer anderen Eintheilung des Thalers, als der in 30 Groschen beruhen, mit Ausnahme der Stücke im Werthe von $^1/_{12}$ Thaler,

bis zu dem Zeitpunkte des Eintritts der Reichswährung (Art. 1) einzuziehen.

Nach diesem Zeitpunkte ist Niemand verpflichtet, diese Scheidemünzen in Zahlung zu nehmen, als die mit der Einlösung derselben beauftragten Kassen.

Artikel 7.

Anordnung der Ausprägung und Einziehung.

Die Ausprägung der Silber-, Nickel und Kupfermünzen (Art. 3), sowie die vom Reichskanzler anzuordnende Einziehung der Landessilbermünzen und Landesscheidemünzen erfolgt auf Rechnung des Reichs.

Artikel 8.

Außerkurssetzung von Landesmünzen.

Die Anordnung der Ausserkurssetzung von Landesmünzen und Feststellung der für dieselbe erforderlichen Vorschriften erfolgt durch den Bundesrath.

Die Bekanntmachungen über Ausserkurssetzung von Landesmünzen sind ausser in den zu der Veröffentlichung von Landesverordnungen bestimmten Blättern auch durch das Reichs-Gesetzblatt zu veröffentlichen.

Zu Art. 4.

In dem zur Beratung stehenden Entwurf eines Abänderungsgesetzes ist die Erhöhung der Zahl 10 auf 14 in Art. 4 Abs. 1 und eine andere Fassung des Abs. 2 in Aussicht genommen.

Zu Art. 6.

Die Einziehung der in Art. 6 Abs. 1 genannten Landesscheidemünzen ist erfolgt.

Eine Ausserkurssetzung darf erst eintreten, wenn eine Einlösungsfrist von mindestens vier Wochen festgesetzt und mindestens drei Monate vor ihrem Ablaufe durch die vorbezeichneten Blätter bekannt gemacht worden ist.

Artikel 9.

Inzahlungnahme von Scheidemünzen, Umtausch gegen Goldmünzen.

Niemand ist verpflichtet, Reichssilbermünzen im Betrage von mehr als zwanzig Mark und Nickel- und Kupfermünzen im Betrage von mehr als einer Mark in Zahlung zu nehmen.

Von den Reichs- und Landeskassen werden Reichssilbermünzen in jedem Betrage in Zahlung genommen. Der Bundesrath wird diejenigen Kassen bezeichnen, welche Reichsgoldmünzen gegen Einzahlung von Reichssilbermünzen in Beträgen von mindestens 200 Mark oder von Nickel- und Kupfermünzen in Beträgen von mindestens 50 Mark auf Verlangen verabfolgen. Derselbe wird zugleich die näheren Bedingungen des Umtausches festsetzen.

Artikel 10.

An Gewicht verringerte, verfälschte Stücke.

Die Verpflichtung zur Annahme und zum Umtausch (Art. 9) findet auf durchlöcherte und anders, als durch den gewöhnlichen Umlauf im Gewicht verringerte, ingleichen auf verfälschte Münzstücke keine Anwendung.

Reichs-Silber-, Nickel- und Kupfermünzen, welche in Folge längerer Cirkulation und Abnutzung an Gewicht oder Erkennbarkeit erheblich eingebüsst haben, werden zwar noch in allen Reichs- und Landeskassen angenommen, sind aber auf Rechnung des Reichs einzuziehen.

Zu Art. 8.

Bezüglich der in Österreich bis zum Schluß des Jahres 1867 geprägten Vereinsthaler und Vereinsdoppelthaler (vgl. unten Zusätze zu Art. 15 Ziff. 1) erging das Ges. betr. die Vereinsthaler österreichischen Gepräges, v. 28. Februar 1892 (R.G.Bl. 315):

§. 1. „Der Bundesrat wird ermächtigt, die Außerkurssetzung der in Oesterreich bis zum Schlusse des Jahres 1867 geprägten Vereinsthaler und Vereinsdoppelthaler unter Einlösung derselben auf Rechnung des Reichs zu dem Wertverhältnisse von drei Mark gleich einem Thaler anzuordnen und die hierfür erforderlichen Vorschriften festzustellen."

§. 2 und 3 (Ausführungsbestimmungen zur Deckung des dem Reich hierdurch entstehenden Verlustes).

Bisher ist von dieser Ermächtigung nicht Gebrauch gemacht worden. In Oesterreich sind die österreichischen Vereinsthaler und Vereinsdoppelthaler gemäß Ges. v. 24. März 1893 (Öster.G.Bl. S. 51) außer Kurs gesetzt durch Verordnung d. Finanzministers v. 12. April 1893 (Öster.G.Bl. S. 126).

Zu Art. 9.

Die in Abs. 2 Satz 2 und 3 vorbehaltenen Festsetzungen sind erfolgt durch Bekanntmachung des Reichskanzlers v. 19. Dezember 1875 (Centralbl. 802). Als Kassen sind hierin bezeichnet die Reichsbank-Hauptkasse Berlin und die Kassen der Reichsbankhauptstellen Frankfurt a/M., Königsberg und München.

Artikel 11.
Verbot der Ausprägung anderer Silber-, Nickel-, Kupfermünzen.

Eine Ausprägung von anderen, als den durch dieses Gesetz eingeführten Silber-, Nickel- und Kupfermünzen findet nicht ferner statt. Die durch die Bestimmung im §. 10 des Gesetzes, betreffend die Ausprägung von Reichsgoldmünzen, vom 4. Dezember 1871 (Reichs-Gesetzbl. S. 404), vorbehaltene Befugniss, Silbermünzen als Denkmünzen auszuprägen, erlischt mit dem 31. Dezember 1873.

Ausprägung von Goldmünzen. Artikel 12.

Die Ausprägung von Reichsgoldmünzen geschieht auch ferner nach Massgabe der Bestimmung im §. 6 des Gesetzes, betreffend die Ausprägung von Reichsgoldmünzen, vom 4. Dezember 1871 (Reichs-Gesetzbl. S. 404), auf Rechnung des Reichs.

Privatpersonen haben das Recht, auf denjenigen Münzstätten, welche sich zur Ausprägung auf Reichsrechnung bereit erklärt haben, Zwanzigmarkstücke für ihre Rechnung ausprägen zu lassen, soweit diese Münzstätten nicht für das Reich beschäftigt sind.

Die für solche Ausprägungen zu erhebende Gebühr wird vom Reichskanzler mit Zustimmung des Bundesrathes festgestellt, darf aber das Maximum von 7 Mark auf das Pfund fein Gold nicht übersteigen.

Die Differenz zwischen dieser Gebühr und der Vergütung, welche die Münzstätte für die Ausprägung in Anspruch nimmt, fliesst in die Reichskasse. Diese Differenz muss für alle deutschen Münzstätten dieselbe sein.

Die Münzstätten dürfen für die Ausprägung keine höhere Vergütung in Anspruch nehmen, als die Reichskasse für die Ausprägung von Zwanzigmarkstücken gewährt.

Ausländische Münzen. Artikel 13.

Der Bundesrath ist befugt:

1) den Werth zu bestimmen, über welchen hinaus fremde Gold- und Silbermünzen nicht in Zahlung angeboten und gegeben werden dürfen, sowie den Umlauf fremder Münzen gänzlich zu untersagen;
2) zu bestimmen, ob ausländische Münzen von Reichs- oder Landeskassen zu einem öffentlich bekannt zu machenden Kurse im inländischen Verkehr in Zahlung genommen werden dürfen, auch in solchem Falle den Kurs festzusetzen.

Gewohnheitsmässige oder gewerbsmässige Zuwiderhandlungen gegen die vom Bundesrathe in Gemässheit der Bestimmungen unter 1 getroffenen Anordnungen werden bestraft mit Geldstrafe bis zu 150 Mark oder mit Haft bis zu sechs Wochen.

Artikel 14.
Vorgeschriebene Benutzung der Reichswährung nach Inkrafttreten.

Von dem Eintritt der Reichswährung an gelten folgende Vorschriften:

Zu Art. 13.

Vgl. B.G. §. 244.

Zu Art. 14.

Vgl. R.O.H. XXIII, 205, XXV, 48, R.G. I, 23, VI, 125, XIX, 52. Vgl. B.G. §. 245: „Ist eine Geldschuld in einer bestimmten Münzsorte zu zahlen, die sich zur Zeit der Zahlung nicht mehr im Umlaufe befindet, so ist die Zahlung so zu leisten, wie wenn die Münzsorte nicht bestimmt wäre.“

§. 1.

Zahlung infolge älterer Verpflichtung.

Alle Zahlungen, welche bis dahin in Münzen einer inländischen Währung oder in landesgesetzlich den inländischen Münzen gleichgestellten ausländischen Münzen zu leisten waren, sind vorbehaltlich der Vorschriften Art. 9, 15 und 16 in Reichsmünzen zu leisten.

§. 2. Umrechnung.

Die Umrechnung solcher Goldmünzen, für welche ein bestimmtes Verhältniss zu Silbermünzen gesetzlich nicht feststeht, erfolgt nach Massgabe des Verhältnisses des gesetzlichen Feingehalts derjenigen Münzen, auf welche die Zahlungsverpflichtung lautet, zu dem gesetzlichen Feingehalte der Reichsgoldmünzen.

Bei der Umrechnung anderer Münzen werden

der Thaler zum Werthe von 3 Mark,

der Gulden süddeutscher Währung zum Werthe von $1^5/_7$ Mark,

die Mark lübischer oder hamburgischer Kurantwährung zum Werthe von $1^1/_5$ Mark,

die übrigen Münzen derselben Währungen zu entsprechenden Werthen nach ihrem Verhältniss zu den genannten berechnet.

Bei der Umrechnung werden Bruchtheile von Pfennigen der Reichswährung zu einem Pfennig berechnet, wenn sie einen halben Pfennig oder mehr betragen, Bruchtheile unter einem halben Pfennig werden nicht gerechnet.

§. 3.

Zahlung infolge neuer Verpflichtung.

Werden Zahlungsverpflichtungen nach Eintritt der Reichswährung unter Zugrundelegung vormaliger inländischer Geld- oder Rechnungswährungen begründet, so ist die Zahlung vorbehaltlich der Vorschriften Art. 9, 15 und 16 in Reichsmünzen unter Anwendung der Vorschriften des §. 2 zu leisten.

§. 4. Urkunden, Entscheidungen.

In allen gerichtlich oder notariell aufgenommenen Urkunden, welche auf einen Geldbetrag lauten, desgleichen in allen zu einem Geldbetrag verurtheilenden gerichtlichen Entscheidungen ist dieser Geldbetrag, wenn für denselben ein bestimmtes Verhältniss zur Reichswährung gesetzlich feststeht, in Reichswährung auszudrücken; woneben jedoch dessen gleichzeitige Bezeichnung nach derjenigen Währung, in welcher ursprünglich die Verbindlichkeit begründet war, gestattet bleibt.

Artikel 15.

Vorläufig beibehaltene ältere Münzen.

An Stelle der Reichsmünzen sind bei allen Zahlungen bis zur Ausserkurssetzung anzunehmen:

1) im gesammten Bundesgebiete an Stelle aller Reichsmünzen die Ein- und Zweithalerstücke deutschen Gepräges unter Berechnung des Thalers zu 3 Mark;

Die Bestimmung im Artikel 15, Ziffer 1 des Münzgesetzes vom 9. Juli 1873 (Reichs-Gesetzbl. S. 233) findet auch auf die in Oesterreich bis zum Schlusse des Jahres 1867 geprägten Vereinsthaler und Vereinsdoppelthaler Anwendung.

Der Bundesrath ist befugt, zu bestimmen, dass die Einthalerstücke deutschen Gepräges, sowie die in Oesterreich bis zum Schlusse des Jahres 1867 geprägten Vereinsthaler bis zu ihrer Ausserkurssetzung nur noch an Stelle der Reichssilbermünzen, unter Berechnung des Thalers zu 3 Mark, in Zahlung anzunehmen sind.

Eine solche Bestimmung ist durch das Reichs-Gesetzblatt zu veröffentlichen und tritt frühestens einen Monat nach ihrer Veröffentlichung in Kraft.

2) im gesammten Bundesgebiete an Stelle der Reichssilbermünzen, Silberkurantmünzen deutschen Gepräges zu $^1/_3$ und $^1/_6$ Thaler unter Berechnung des $^1/_3$ Thalerstücks zu einer Mark und des $^1/_6$ Thalerstücks zu einer halben Mark;

3) in denjenigen Ländern, in welchen gegenwärtig die Thalerwährung gilt, an Stelle der Reichs-, Nickel- und Kupfermünzen die nachbezeichneten Münzen der Thalerwährung zu den daneben bezeichneten Werthen:

$^1/_{12}$ Thalerstücke	zum	Werthe	von	25	Pfennig,
$^1/_{15}$	"	"	"	"	20	"
$^1/_{30}$	"	"	"	"	10	"
$^1/_2$ Groschenstücke	"	"	"	5	"	
$^1/_5$	"	"	"	"	2	"
$^1/_{10}$ und $^1/_{12}$	"	"	"	"	1	"

4) in denjenigen Ländern, in welchen die Zwölftheilung des Groschens besteht, an Stelle der Reichs-, Nickel- und Kupfermünzen die auf der Zwölftheilung des Groschens beruhenden Dreipfennigstücke zum Werthe von $2^1/_2$ Pfennig;

5) in Bayern an Stelle der Reichskupfermünzen die Hellerstücke zum Werthe von $^1/_2$ Pfennig;

6) in Mecklenburg an Stelle der Reichskupfermünzen die nach dem Marksystem ausgeprägten Fünfpfennigstücke, Zweipfennigstücke und Einpfennigstücke zum Werthe von 5, 2 und 1 Pfennig.

Die sämmtlichen sub 3 und 4 verzeichneten Münzen sind an allen öffentlichen Kassen des gesammten Bundesgebietes zu den angegebenen Werthen bis zur Ausserkurssetzung in Zahlung anzunehmen.

Artikel 16.

Vorläufig geduldete ältere Münzen.

Deutsche Goldkronen, Landesgoldmünzen und landesgesetzlich den inländischen Münzen gleichgestellte ausländische Goldmünzen, sowie grobe Silbermünzen, welche einer anderen Landes-

---

Zu Art. 15.

Außer den Einthalerstücken deutschen Gepräges sind alle in dem ursprünglichen Art. 15 erwähnten Münzen außer Kurs gesetzt. Durch die Bestimmung in Art. 15 Ziff. 1 hat der Thaler bis zur Außerkurssetzung einen unabänderlichen Goldwert erhalten (R.O.H. XXV, 45); er ist ein Silbergeld mit einem durch Bezugnahme auf die Goldwährung festgestellten Zwangskurs. — Der Art. 15 Ziff. 1 Abs. 2 beruht auf Ges. betr. die Abänderung des Art. 15 des Münzgesetzes vom 20. April 1874 (R.G.Bl. 35); Ziff. 1 Abs. 3 und 4 sind hinzugefügt durch Ges. betr. die Abänderung des Art. 15 des Münzgesetzes, vom 6. Januar 1876 (R.G.Bl. 3). Von der durch letzteres Gesetz gegebenen Ermächtigung ist bisher nicht Gebrauch gemacht worden. Über die Zulassung einer völligen Außerkurssetzung der österreichischen Vereinsthaler und Vereinsdoppelthaler vgl. Anm. zu Art. 8 Münzges. — In dem zur Beratung stehenden Entwurf eines Abänderungsgesetzes ist die allmähliche Einziehung aller oder fast aller noch vorhandenen Thaler teils zur Ausprägung von Reichssilbermünzen teils zum Verkauf in Aussicht genommen.

Zu Art. 16.

Die erwähnten Münzen sind sämtlich außer Kurs gesetzt.

währung als der Thalerwährung angehören, sind bis zur Ausserkurssetzung als Zahlung anzunehmen, soweit die Zahlung nach den bisherigen Vorschriften in diesen Münzsorten angenommen werden musste.

Artikel 17.

Zahlungen vor Eintritt der Reichswährung.

Schon vor Eintritt der Reichsgoldwährung können alle Zahlungen, welche gesetzlich in Münzen einer inländischen Währung oder in ausländischen, den inländischen Münzen landesgesetzlich gleichgestellten Münzen geleistet werden dürfen, ganz oder theilweise in Reichsmünzen, vorbehaltlich der Vorschrift Art. 9, dergestalt geleistet werden, dass die Umrechnung nach den Vorschriften Art. 14 §. 2 erfolgt.

Artikel 18. Banknoten, Papiergeld.

Bis zum 1. Januar 1876 sind sämmtliche nicht auf Reichswährung lautenden Noten der Banken einzuziehen. Von diesem Termine an dürfen nur solche Banknoten, welche auf Reichswährung in Beträgen von nicht weniger als 100 Mark lauten, im Umlauf bleiben oder ausgegeben werden.

Dieselben Bestimmungen gelten für die bis jetzt von Korporationen ausgegebenen Scheine.

Das von den einzelnen Bundesstaaten ausgegebene Papiergeld ist spätestens bis zum 1. Januar 1876 einzuziehen und spätestens sechs Monate vor diesem Termine öffentlich aufzurufen. Dagegen wird nach Massgabe eines zu erlassenden Reichsgesetzes eine Ausgabe von Reichspapiergeld stattfinden. Das Reichsgesetz wird über die Ausgabe und den Umlauf des Reichspapiergeldes, sowie über die den einzelnen Bundesstaaten zum Zweck der Einziehung ihres Papiergeldes zu gewährenden Erleichterungen die näheren Bestimmungen treffen.

---

3. Gesetz, betreffend die Ausgabe von Reichskassenscheinen.

Vom 30. April 1874. (R.G.Bl. 40).

§. 1.

Gesamtbetrag, Einzelbeträge.

Der Reichskanzler wird ermächtigt, Reichskassenscheine zum Gesammtbetrage von 120 Millionen Mark in Abschnitten zu 5, 20 und 50 Mark ausfertigen zu lassen und unter die Bundesstaaten nach dem Massstabe ihrer durch die Zählung vom 1. Dezember 1871 festgestellten Bevölkerung zu vertheilen.

Ueber die Vertheilung des Gesammtbetrages auf die einzelnen Abschnitte beschliesst der Bundesrath.

Zu Art. 17.

Vgl. B.G. §. 244.

Zu Art. 18.

Zur Ausführung des Art. 18 Abs. 1 erging Ges. betr. die Ausgabe von Banknoten v. 21. Dezember 1874 Art. II (oben II 6). Der Art. 18 ist teils durch erfolgte Einziehung der nicht auf Reichswährung lautenden Noten und Scheine und des Papiergeldes der Bundesstaaten erledigt, teils durch Bankgesetz (oben II 5) §. 3, 54 und Reichskassenscheingesetz (unten III 3) ersetzt.

Vorbemerkung.

In Helgoland eingeführt durch Vdg. v. 22. März 1891 (R.G.Bl. 21) zu VI 2.

§. 2.

Früheres Papiergeld der Einzelstaaten.

Jeder Bundesstaat hat das von ihm seither ausgegebene Staatspapiergeld spätestens bis zum 1. Juli 1875 zur Einlösung öffentlich aufzurufen und thunlichst schnell einzuziehen.

Zur Annahme von Staatspapiergeld sind vom 1. Januar 1876 an nur die Kassen desjenigen Staats verpflichtet, welcher das Papiergeld ausgegeben hat.

Vorschuß an Einzelstaaten. §. 3.

Denjenigen Staaten, deren Papiergeld den ihnen nach §. 1 zu überweisenden Betrag von Reichskassenscheinen übersteigt, werden zwei Drittheile des überschiessenden Betrages aus der Reichskasse als ein Vorschuss überwiesen und zwar, soweit die Bestände der letzteren es gestatten, in baarem Gelde, soweit sie es nicht gestatten, in Reichskassenscheinen.

Der Reichskanzler wird zu diesem Zwecke ermächtigt, Reichskassenscheine über den im §. 1 festgesetzten Betrag hinaus bis auf Höhe des zu leistenden Vorschusses anfertigen zu lassen, und soweit als nöthig in Umlauf zu setzen.

Ueber die Art der Tilgung dieses Vorschusses wird gleichzeitig mit der Ordnung des Zettelbankwesens Bestimmung getroffen. In Ermangelung einer solchen Bestimmung hat die Rückzahlung des Vorschusses innerhalb 15 Jahren, vom 1. Januar 1876 an gerechnet, in gleichen Jahresraten zu erfolgen.

Die auf den Vorschuss eingehenden Rückzahlungen sind zunächst zur Einziehung der nach vorstehenden Bestimmungen ausgefertigten Reichskassenscheine zu verwenden.

Ausgabe der Reichskassenscheine. §. 4.

Diejenigen Bundesstaaten, welche Papiergeld ausgegeben haben, werden die ihnen ausgefolgten Reichskassenscheine (§§. 1 und 3), soweit der Betrag der letzteren den Betrag des ausgegebenen Staatspapiergeldes nicht übersteigt, nur in dem Masse in Umlauf setzen, als Staatspapiergeld zur Einziehung gelangt.

§. 5.

Einlösung. Keine Annahmepflicht im Privatverkehr.

Die Reichskassenscheine werden bei allen Kassen des Reichs und sämmtlicher Bundesstaaten nach ihrem Nennwerthe in Zahlung angenommen und von der Reichs-Hauptkasse für Rechnung des Reichs jederzeit auf Erfordern gegen baares Geld eingelöst.

Im Privatverkehr findet ein Zwang zu ihrer Annahme nicht statt.

Zu §. 2.

Hierdurch ist Münzgesetz (oben III 2) Art. 18 Abs. 3 Satz 1 ersetzt. Bis 31. März 1891 war ein Rest von 1 149 561,86 Mk. nicht eingezogen (Centralbl. 1891 S. 72/73; vgl. Koch, Münz- und Notenbankwesen, 3. Aufl., Kassenscheingel. Anm. 7).

Zu §. 3.

Erledigt durch die erfolgte Rückzahlung des Vorschusses. Die in Abs. 3 Satz 1 vorbehaltene Bestimmung war nicht ergangen.

Zu §. 5.

Reichs-Hauptkasse vgl. Anm. zu §. 22 Bankges. (oben II 5). Die ursprünglichen Scheine wurden demnächst durch andere ersetzt. Wegen Einziehung der ursprünglichen Scheine erging demnächst Ges. v. 21. Juli 1884 (R.G.Bl. 172):

§. 6.

Ausfertigung. Reichsschulden-Verwaltung. Beschädigte, vernichtete Scheine.

Die Ausfertigung der Reichskassenscheine wird der Preussischen Haupt-Verwaltung der Staatsschulden unter der Benennung „Reichsschulden-Verwaltung“ übertragen.

Die Reichsschulden-Verwaltung hat für beschädigte oder unbrauchbar gewordene Exemplare für Rechnung des Reichs Ersatz zu leisten, wenn das vorgelegte Stück zu einem echten Reichskassenscheine gehört und mehr als die Hälfte eines solchen beträgt. Ob in anderen Fällen ausnahmsweise ein Ersatz geleistet werden kann, bleibt ihrem pflichtmässigen Ermessen überlassen.

§. 7.

Beschreibung. Kontrolle über Ausfertigung und Ausgabe.

Vor der Ausgabe der Reichskassenscheine ist eine genaue Beschreibung derselben öffentlich bekannt zu machen.

Die Kontrole über die Ausfertigung und Ausgabe der Reichskassenscheine übt die Reichsschulden-Kommission.

§. 8. **Neues Papiergeld der Einzelstaaten.**

Von den Bundesstaaten darf auch ferner nur auf Grund eines Reichsgesetzes Papiergeld ausgegeben oder dessen Ausgabe gestattet werden.

„Die Bestimmung des §. 5 Absatz 1 des Gesetzes, betreffend die Ausgabe von Reichskassenscheinen, vom 30. April 1874 (Reichs-Gesetzbl. S. 40) tritt bezüglich der mit dem Datum vom 11. Juli 1874 ausgefertigten Reichskassenscheine mit Ende des Monats Juni 1885 außer Wirksamkeit.

Vom 1. Juli 1885 ab werden die Scheine nur noch bei der Königlich preußischen Kontrolle der Staatspapiere eingelöst.“

Zu §. 7.

Vgl. Ges. betr. den Schutz des zur Anfertigung von Reichskassenscheinen verwendeten Papiers gegen unbefugte Nachahmung v. 26. Mai 1885 (R.G.Bl. 165).

Zu §. 8.

Ein Ermächtigungsgesetz ist nicht ergangen. Der Art. 8 ersetzt das Bundesges. über die Ausgabe von Papiergeld v. 16. Juni 1870 (B.G.Bl. 507), welches lautete:

§. 1. „Bis zur gesetzlichen Feststellung der Grundsätze über die Emission von Papiergeld (Art. 4 Nr. 3 der Bundes-Verfassung) darf von den Staaten des Norddeutschen Bundes nur auf Grund eines auf den Antrag der beteiligten Landesregierung erlassenen Bundesgesetzes Papiergeld ausgegeben oder dessen Ausgabe gestattet werden.“

§. 2. „Das zur Zeit umlaufende Papiergeld nach stattgefundener Einziehung durch neue Wertzeichen zu ersetzen, beziehungsweise dagegen umzutauschen, ist gestattet.

Hierbei darf jedoch Papiergeld von geringerem Nennwerte an die Stelle von Papiergeld höheren Nennwerts nicht gesetzt werden.“

IV. Inhaberpapiere.

1. Gesetz, betreffend die Inhaberpapiere mit Prämien.

Vom 8. Juni 1871. (R.G.Bl. 210).

§. 1.

Ausgabe von Prämien-Inhaberpapieren in Deutschland.

Auf den Inhaber lautende Schuldverschreibungen, in welchen allen Gläubigern oder einem Theile derselben ausser der Zahlung der verschriebenen Geldsumme eine Prämie dergestalt zugesichert wird, dass durch Ausloosung oder durch eine andere auf den Zufall gestellte Art der Ermittelung die zu prämiirenden Schuldverschreibungen und die Höhe der ihnen zufallenden Prämie bestimmt werden sollen (Inhaberpapiere mit Prämien), dürfen innerhalb des Deutschen Reichs nur auf Grund eines Reichsgesetzes und nur zum Zwecke der Anleihe eines Bundesstaats oder des Reichs ausgegeben werden.

§. 2.

Verbotswidrige inländische und neue ausländische Prämien-Inhaberpapiere.

Inhaberpapiere mit Prämien, welche nach Verkündigung des gegenwärtigen Gesetzes, der Bestimmung im §. 1 zuwider, im Inlande ausgegeben sein möchten,

---

Vorbemerkung.

Ausgedehnt auf Elsaß-Lothringen durch Ges. v. 27. Januar 1872 (Ges.Bl. f. Els.-Lothr. 111). — Über Inhaberpapiere mit Prämien vgl. Ges. betr. die Abzahlungsgeschäfte v. 16. Mai 1894 (R.G.Bl. 450):

§. 7. „Wer Lotterieloose, Inhaberpapiere mit Prämien (Gesetz vom 8. Juni 1871, Reichs-Gesetzbl. S. 210) oder Bezugs- oder Anteilscheine auf solche Loose oder Inhaberpapiere gegen Teilzahlungen verkauft oder durch sonstige auf die gleichen Zwecke abzielende Verträge veräußert, wird mit Geldstrafe bis zu 500 Mk. bestraft.

Es begründet keinen Unterschied, ob die Übergabe des Papiers vor oder nach der Zahlung des Preises erfolgt."

§. 8. „Die Bestimmungen dieses Gesetzes finden keine Anwendung, wenn der Empfänger der Ware als Kaufmann in das Handelsregister eingetragen ist."

Zu §. 2.

Der Käufer verstößt nicht gegen das Verbot des Weiterbegebens; das Abschließen oder Vermitteln eines Geschäfts an anderen als den in §. 2 genannten Orten, soweit der Handelnde nicht weiterbegiebt, ist für ihn nicht verboten (R.G. in Strfs. VIII, 296). Unerheblich ist, wo das Veräußerungsgeschäft abgeschlossen ist; unter „weiterbegeben" ist nicht jenes, sondern nur die Handlung verstanden, durch welche das Inhaberpapier auf Grund eines auf Eigentumsübertragung gerichteten Rechtsgeschäfts in den Besitz und die Verfügungsbefugnis eines anderen gebracht wird (R.G. in Strfs. XXI, 248).

imgleichen Inhaberpapiere mit Prämien, welche nach dem 30. April 1871 im Auslande ausgegeben sind, dürfen weder weiter begeben, noch an den Börsen, noch an anderen zum Verkehr mit Werthpapieren bestimmten Versammlungsorten zum Gegenstande eines Geschäfts oder einer Geschäftsvermittelung gemacht werden.

§. 3.

Ältere Ausländische Prämien-Inhaberpapiere.

Dasselbe gilt vom 15. Juli 1871 ab von ausländischen Inhaberpapieren mit Prämien, deren Ausgabe vor dem 1. Mai 1871 erfolgt ist, sofern dieselben nicht abgestempelt sind (§§. 4, 5).

§. 4. **Abstempelung.**

Die Schuldverschreibungen, deren Abstempelung erfolgen soll, müssen spätestens am 15. Juli 1871 zu diesem Zwecke eingereicht werden.

Für die Abstempelung ist eine Gebühr zu entrichten, welche für eine Schuldverschreibung, deren Nominalbetrag den Werth von Einhundert Thalern nicht übersteigt . . . . 5 Sgr. oder $17^1/_2$ Kr. S. W., für eine Schuldverschreibung, deren Nominalbetrag den Werth von Einhundert Thalern übersteigt . . 10 „ „ 35 „ „ „ beträgt.

Der Ertrag dieser Abstempelungsgebühr fliesst zur Reichskasse.

§. 5. **Ausführungsverordnung.**

Der Bundesrath wird die zur Ausführung dieses Gesetzes erforderliche Instruktion erlassen und in derselben festsetzen, unter welchen Umständen ein gutgläubiger Inhaber, der aus entschuldbaren Gründen die Einreichungsfrist versäumt hat, noch nachträglich Abstempelung seiner Schuldverschreibungen erlangen kann. Der Bundesrath wird ferner zur Berechnung der Stempel-Abgabe den Thalerwerth der fremden Valuten feststellen, auch die Behörden bestimmen, bei welchen die Einreichung zur Abstempelung (§. 4) zu erfolgen hat.

§. 6. **Strafbestimmung.**

Wer den Bestimmungen der §§. 1, 2 oder 3 zuwiderhandelt, verfällt in eine Geldstrafe, welche dem fünften Theile des Nennwerthes der den Gegenstand der Zuwiderhandlung bildenden Papiere gleichkommt, mindestens aber Einhundert Thaler betragen soll.

Zu §. 3.

Ein Fall der Lieferung ungestempelter Stücke R.O.H. XX, 418.

Zu §. 4.

Die so abgestempelten Prämienpapiere sind befreit von der Verstempelung nach dem Reichsstempelges. v. 27. April 1894 (unten V) Tarif 2 Befreiung 2. Die Fälschung des Stempels begründet nicht eine Einziehung der Inhaberpapiere (R.G. in Strff. XXIII, 50).

Zu §. 5.

Vgl. die Bekanntmachung, betr. die Vorschriften zur Ausführung des Reichsgesetzes vom 8. Juni 1871 über die Inhaberpapiere mit Prämien, vom 19. Juni 1871 (R.G.Bl. 255) und Nachträge v. 1. Juli, 10. Juli, 4. Dezb. 1871 (R.G.Bl. 304, 314, 408).

Mit Geldstrafe bis zu Einhundert Thalern oder Gefängniss bis zu drei Monaten wird bestraft, wer ein im §. 2 oder §. 3 bezeichnetes Inhaberpapier mit Prämie öffentlich ankündigt, ausbietet oder empfiehlt, oder zur Feststellung eines Kurswerthes notirt.

---

2. Bestimmungen des Bürgerlichen Gesetzbuchs über Schuldverschreibungen auf den Inhaber (§§. 793—808).

§. 793.

Begriff. Recht des Inhabers. Unterzeichnung.

Hat Jemand eine Urkunde ausgestellt, in der er dem Inhaber der Urkunde eine Leistung verspricht (Schuldverschreibung auf den Inhaber), so kann der Inhaber von ihm die Leistung nach Massgabe des Versprechens verlangen, es sei denn, dass er zur Verfügung über die Urkunde nicht berechtigt ist. Der Aussteller wird jedoch auch durch die Leistung an einen nicht zur Verfügung berechtigten Inhaber befreit.

Die Gültigkeit der Unterzeichnung kann durch eine in die Urkunde aufgenommene Bestimmung von der Beobachtung einer besonderen Form abhängig gemacht werden.

Zu §. 6.

Für Zuwiderhandlungen gegen die Bestimmungen der §§. 1, 2 und 3 des Ges. v. 8. Juni 1871 sind ausschließlich die Strafkammern als erkennende Gerichte zuständig (G.V.G. §. 74 Ziff. 3).

Vorbemerkung.

Die Bestimmungen des B.G. über Schuldverschreibungen auf den Inhaber sind auf Inhaberaktien insoweit entsprechend anzuwenden, als in ihnen Bestimmungen enthalten sind, welche aus dem Wesen der Inhaberpapiere überhaupt folgen (Denkschr. z. H.G.B. 137, K.B. 70, Staub 7. Aufl., Exkurs zu §. 224 H.G.B.). Nachstehend ist vermerkt, inwieweit die einzelnen Vorschriften hiernach als anwendbar auf Aktien zu erachten sind. — Über die Bestellung einer Hypothek für die Forderung aus einer Schuldverschreibung auf den Inhaber, aus einem Wechsel oder aus einem anderen Papiere, das durch Indossament übertragen werden kann, bestimmen B.G. §§. 1187—1189, über die Bestellung eines Pfandrechts an beweglichen Sachen für eine so verbriefte Forderung bestimmen B.G. §. 1270, E.G. z. K.O. §. 14, E.G. v. 17. Mai 1898 zum Ges. betr. Änderungen der K.O. Art. III. Vgl. auch Hypothekenbankgesetz (oben II 8) §§. 35, 41, 42, 52, Schuldverschreibungsgesetz (unten IV 4) §§. 16, 17, 25. — Über landesgesetzliche Konkursvorrechte vgl. §. 17 E.G. z. K.O. in der Fassung des Hypothekenbankges. §. 43. — Über das Pfandrecht an Inhaberpapieren bestimmen B.G. §§. 1293 ff.

Zu §. 793.

Der §. 793 Abs. 1 ist entsprechend anwendbar auf Inhaberaktien (K.B. 71 z. H.G.B.). Nur geht das Recht des Inhabers hier nicht auf Gewährung einer bestimmten einzelnen Leistung, sondern auf Gewährung aller im Anteilrecht enthaltenen Befugnisse. Die Anwendbarkeit ist nicht (was Staub 7. Aufl., Exkurs zu H.G.B. §. 224 Anm. 14 annimmt) eine auf vermögensrechtliche Leistungen beschränkte, bezieht sich vielmehr auch auf andere Leistungen, z. B. die Gewährung des Stimmrechts (H.G.B. §. 252 Anm. II a); nur bestehen für Aktien auch Sonderbestimmungen (z. B. H.G.B. §. 318 in Verbindung mit B.G. §. 134), welche, soweit sie reichen, den allgemeinen Bestimmungen vorgehen.

Der §. 793 Abs. 2 ist (in umgekehrter Reihenfolge der Sätze) wiederholt in H.G.B. §. 181. Vgl. auch E.G. zu B.G. Art. 100.

Zur Unterzeichnung genügt eine im Wege der mechanischen Vervielfältigung hergestellte Namensunterschrift.

§. 794.

In Verkehr Gelangen ohne Willen des Ausstellers.

Der Aussteller wird aus einer Schuldverschreibung auf den Inhaber auch dann verpflichtet, wenn sie ihm gestohlen worden oder verloren gegangen oder wenn sie sonst ohne seinen Willen in den Verkehr gelangt ist.

Auf die Wirksamkeit einer Schuldverschreibung auf den Inhaber ist es ohne Einfluss, wenn die Urkunde ausgegeben wird, nachdem der Aussteller gestorben oder geschäftsunfähig geworden ist.

§. 795. **Staatliche Genehmigung.**

Im Inland ausgestellte Schuldverschreibungen auf den Inhaber, in denen die Zahlung einer bestimmten Geldsumme versprochen wird, dürfen nur mit staatlicher Genehmigung in den Verkehr gebracht werden.

Die Genehmigung wird durch die Zentralbehörde des Bundesstaats ertheilt, in dessen Gebiete der Aussteller seinen Wohnsitz oder seine gewerbliche Niederlassung hat. Die Ertheilung der Genehmigung und die Bestimmungen, unter denen sie erfolgt, sollen durch den Deutschen Reichsanzeiger bekannt gemacht werden.

Eine ohne staatliche Genehmigung in den Verkehr gelangte Schuldverschreibung ist nichtig; der Aussteller hat dem Inhaber den durch die Ausgabe verursachten Schaden zu ersetzen.

Diese Vorschriften finden keine Anwendung auf Schuldverschreibungen, die von dem Reiche oder einem Bundesstaat ausgegeben werden.

Zu §. 794.

Anwendbar auf Inhaberaktien (vgl. z. B. H.G.B. §. 221 Anm. II); jedoch mit der Maßgabe, daß nicht auf diesem Wege Rechte begründet werden können, deren Begründung durch Vorschriften öffentlichen Rechts untersagt ist. So z. B. bei in Verkehr Gelangen von Inhaberaktien vor Eintragung der A.G. (H.G.B. §. 209 Anm. Ic), oder bei in Verkehr Gelangen von mehr Inhaberaktien, als Anteile des Grundkapitals vorhanden (vgl. z. B. H.G.B. §. 219 Anm. IV). In K.B. 71 z. H.G.B. ist angenommen, der §. 794 Abs. 1 sei anwendbar, der Fall des §. 794 Abs. 2 könne nicht in Frage kommen. Gegen Anwendbarkeit des §. 794 überhaupt Staub 7. Aufl., Exkurs zu H.G.B. §. 224 Anm. 12, 13.

Zu §. 795.

Nicht anwendbar auf Inhaberaktien (vgl. H.G.B. §. 179 Abs. 2, Vorbem. I zu H.G.B. Buch II Abschn. 3). Nicht entsprechend auf im Ausland ausgestellte Inhaberpapiere (R.O.H. XII, 302). Vgl. auch H.G.B. §. 180 Abs. 2 (K.B. 71 z. H.G.B.). — Durch B.G. §. 795 und die Strafbestimmung in E.G. z. B.G. Art. 34 IV (St.G.B. §. 145a) ist das Preuß. Ges. wegen Ausstellung von Inhaberpapieren v. 17. Juni 1833 (G.S. 75) ersetzt. — Die Preuß. Verordnung d. Königs v. 16. Novbr. 1899 (G.S. 562) Art. 8 bestimmt:

„Die nach §. 795 des Bürgerlichen Gesetzbuchs zur Ausgabe von Schuldverschreibungen auf den Inhaber erforderliche Genehmigung wird auf Grund eingeholter Königlicher Ermächtigung von den zuständigen Ministern erteilt.

Der Ermächtigung bedarf es nicht für die Genehmigung von Änderungen der Höhe des Zinssatzes und von sonstigen Änderungen der Ausgabebedingungen."

Einwendungen des Ausstellers. §. 796.

Der Aussteller kann dem Inhaber der Schuldverschreibung nur solche Einwendungen entgegensetzen, welche die Gültigkeit der Ausstellung betreffen oder sich aus der Urkunde ergeben oder dem Aussteller unmittelbar gegen den Inhaber zustehen.

Leistung gegen Aushändigung. §. 797.

Der Aussteller ist nur gegen Aushändigung der Schuldverschreibung zur Leistung verpflichtet. Mit der Aushändigung erwirbt er das Eigenthum an der Urkunde, auch wenn der Inhaber zur Verfügung über sie nicht berechtigt ist.

§. 798.

Umtausch wegen Beschädigung oder Verunstaltung.

Ist eine Schuldverschreibung auf den Inhaber in Folge einer Beschädigung oder einer Verunstaltung zum Umlaufe nicht mehr geeignet, so kann der Inhaber, sofern ihr wesentlicher Inhalt und ihre Unterscheidungsmerkmale noch mit Sicherheit erkennbar sind, von dem Aussteller die Ertheilung einer neuen Schuldverschreibung auf den Inhaber gegen Aushändigung der beschädigten oder verunstalteten verlangen. Die Kosten hat er zu tragen und vorzuschiessen.

Kraftloserklärung. §. 799.

Eine abhanden gekommene oder vernichtete Schuldverschreibung auf den Inhaber kann, wenn nicht in der Urkunde das Gegentheil bestimmt ist, im Wege des Aufgebotsverfahrens für kraftlos erklärt werden. Ausgenommen sind Zins-, Renten- und Gewinnantheilscheine sowie die auf Sicht zahlbaren unverzinslichen Schuldverschreibungen.

Zu §. 796.

Anwendbar auf Inhaberaktien (K.B. 71 z. H.G.B.) mit der zu §. 794 vermerkten Maßgabe. Staub 7. Aufl., Exkurs zu H.G.B. §. 224 Anm. 15 will die Anwendbarkeit auf die vermögensrechtlichen Ansprüche beschränken; jedoch zu Unrecht (oben Anm. zu B.G. §. 793 Abs. 1).

Zu §. 797.

Wohl nicht anwendbar auf Inhaberaktien (ebenso Staub 7. Aufl., Exkurs zu H.G.B. §. 224 Anm. 16; dagegen K.B. 71 z. H.G.B.); denn bei diesen kommen — abweichend von dem Fall der Schuldverschreibung — wiederholte Leistungen verschiedener Art in Betracht. Höchstens könnte sich fragen, ob die Inhaberaktie gegen die letzte dieser Leistungen, also bei Empfang des Vermögensanteils bei Verteilung des Gesellschaftsvermögens, auszuhändigen sei. Aber auch dies ist wohl zu verneinen, weil eine Nachtragsliquidation (H.G.B. §. 302 Abs. 4) und auch sonstige nachträgliche Leistungen (z. B. Gewährung eines Stimmrechts in einer nachträglichen Generalversammlung) nicht ausgeschlossen sind. Für die Gewährung des Stimmrechts vgl. H.G.B. §. 255 Abs. 2. Das Recht auf Leistung des Gewinnanteils ist besonders in den Gewinnanteilscheinen und dem Erneuerungsschein verbrieft.

Zu §. 798.

Der §. 798 ist in H.G.B. §. 229 für Aktien oder Interimsscheine jeder Art in entsprechender Fassung wiederholt.

Zu §. 799.

Der §. 799 Abs. 1 Satz 1 ist in H.G.B. §. 228 Abs. 1 Satz 1 für Aktien oder Interimsscheine jeder Art in entsprechender Fassung wiederholt. Der §. 799 Abs. 1 Satz 2 ist un=

Der Aussteller ist verpflichtet, dem bisherigen Inhaber auf Verlangen die zur Erwirkung des Aufgebots oder der Zahlungssperre erforderliche Auskunft zu ertheilen und die erforderlichen Zeugnisse auszustellen. Die Kosten der Zeugnisse hat der bisherige Inhaber zu tragen und vorzuschiessen.

§. 800.

Neue Urkunden nach Kraftloserklärung.

Ist eine Schuldverschreibung auf den Inhaber für kraftlos erklärt, so kann derjenige, welcher das Ausschlussurtheil erwirkt hat, von dem Aussteller, unbeschadet der Befugniss, den Anspruch aus der Urkunde geltend zu machen, die Ertheilung einer neuen Schuldverschreibung auf den Inhaber an Stelle der für kraftlos erklärten verlangen. Die Kosten hat er zu tragen und vorzuschiessen.

§. 801. **Vorlegungsfrist. Verjährung.**

Der Anspruch aus einer Schuldverschreibung auf den Inhaber erlischt mit dem Ablaufe von dreissig Jahren nach dem Eintritte der für die Leistung bestimmten Zeit, wenn nicht die Urkunde vor dem Ablaufe der dreissig Jahre dem Aussteller zur Einlösung vorgelegt wird. Erfolgt die Vorlegung, so verjährt der Anspruch in zwei Jahren von dem Ende der Vorlegungsfrist an. Der Vorlegung steht die gerichtliche Geltendmachung des Anspruchs aus der Urkunde gleich.

Bei Zins-, Renten- und Gewinnantheilscheinen beträgt die Vorlegungsfrist vier Jahre. Die Frist beginnt mit dem Schlusse des Jahres, in welchem die für die Leistung bestimmte Zeit eintritt.

Die Dauer und der Beginn der Vorlegungsfrist können von dem Aussteller in der Urkunde anders bestimmt werden.

§. 802. **Hemmung durch Zahlungssperre.**

Der Beginn und der Lauf der Vorlegungsfrist sowie der Verjährung werden durch die Zahlungssperre zu Gunsten des Antragstellers gehemmt. Die Hemmung beginnt

---

mittelbar anwendbar auf Gewinnanteilscheine der A.G. mit der Maßgabe des §. 228 Abs. 2 H.G.B. Der §. 799 Abs. 2 ist ausdrücklich in H.G.B. §. 228 Abs. 1 Satz 2 für anwendbar auf Aktien und Interimsscheine jeder Art erklärt. Das Aufgebotverfahren ist näher geregelt in C.P.O. §§. 1003 ff.

Zahlungssperre vgl. C.P.O. §. 1019. Über die Wirkung einer im Reichsanzeiger erfolgten Bekanntmachung des Verlustes auf die Ausschließung der Gutgläubigkeit des erwerbenden Bankiers vgl. H.G.B. §. 367.

Zu §. 800.

Der §. 800 ist ausdrücklich in H.G.B. §. 228 Abs. 1 Satz 2 für anwendbar auf Aktien und Interimsscheine jeder Art erklärt.

Zu §. 801.

Der §. 801 Abs. 1 und 3 ist anwendbar auf Inhaberaktien (K.B. 71 z. H.G.B.), insbesondere bei Erhebung des Anteils bei Verteilung des Gesellschaftsvermögens. Staub 7. Aufl., Exkurs zu §. 224 Anm. 17 will die Anwendbarkeit auf die vermögensrechtlichen Ansprüche beschränken. Der §. 801 Abs. 2 ist anwendbar auf die den Aktien beigefügten Gewinnanteilscheine (H.G.B. §. 213 Anm. IIc, K.B. 71 z. H.G.B).

Auf Namen-Aktien und Namen-Gewinnanteilscheine ist §. 801 B.G. nicht anwendbar; bei ihnen gelten die allgemeinen Regeln über Verjährung (Staub a. a. O.).

mit der Stellung des Antrags auf Zahlungssperre; sie endigt mit der Erledigung des Aufgebotsverfahrens und, falls die Zahlungssperre vor der Einleitung des Verfahrens verfügt worden ist, auch dann, wenn seit der Beseitigung des der Einleitung entgegenstehenden Hindernisses sechs Monate verstrichen sind und nicht vorher die Einleitung beantragt worden ist. Auf diese Frist finden die Vorschriften der §§. 203, 206, 207 entsprechende Anwendung.

Zinsscheine. §. 803.

Werden für eine Schuldverschreibung auf den Inhaber Zinsscheine ausgegeben, so bleiben die Scheine, sofern sie nicht eine gegentheilige Bestimmung enthalten, in Kraft, auch wenn die Hauptforderung erlischt oder die Verpflichtung zur Verzinsung aufgehoben oder geändert wird.

Werden solche Zinsscheine bei der Einlösung der Hauptschuldverschreibung nicht zurückgegeben, so ist der Aussteller berechtigt, den Betrag zurückzubehalten, den er nach Abs. 1 für die Scheine zu zahlen verpflichtet ist.

§. 804.

Verlorener oder vernichteter Zins-, Renten- oder Gewinnanteilschein.

Ist ein Zins-, Renten- oder Gewinnantheilschein abhanden gekommen oder vernichtet und hat der bisherige Inhaber den Verlust dem Aussteller vor dem Ablaufe der Vorlegungsfrist angezeigt, so kann der bisherige Inhaber nach dem Ablaufe der Frist die Leistung von dem Aussteller verlangen. Der Anspruch ist ausgeschlossen, wenn der abhanden gekommene Schein dem Aussteller zur Einlösung vorgelegt oder der Anspruch aus dem Scheine gerichtlich geltend gemacht worden ist, es sei denn, dass die Vorlegung oder die gerichtliche Geltendmachung nach dem Ablaufe der Frist erfolgt ist. Der Anspruch verjährt in vier Jahren.

In dem Zins-, Renten- oder Gewinnantheilscheine kann der im Abs. 1 bestimmte Anspruch ausgeschlossen werden.

§. 805.

Ausgabe neuer Zins- oder Rentenscheine.

Neue Zins- oder Rentenscheine für eine Schuldverschreibung auf den Inhaber dürfen an den Inhaber der zum Empfange der Scheine ermächtigenden Urkunde

---

Zu §. 802.

Anwendbar auf Inhaberaktien (vgl. zu B.G. §. 801, Staub a. a. O. Anm. 18). Zahlungssperre vgl. zu B.G. §. 799.

Die §§. 203, 206, 207 B.G. enthalten Vorschriften über Hemmung bei Stillstand der Rechtspflege, Verhinderung an Rechtsverfolgung durch höhere Gewalt, bei Geschäftsunfähigkeit und bei einem Anspruch der zu einem Nachlaß gehört oder sich gegen einen Nachlaß richtet.

Zu §. 803.

Anwendbar auf Inhaberaktien, soweit hier überhaupt Zinsscheine ausgegeben werden können (H.G.B. §. 215 Anm. IIb). Über Gewinnanteilscheine bei Aktien vgl. H.G.B. §. 223 Anm. II.

Zu §. 804.

Anwendbar auf Gewinnanteilscheine zu Aktien (K.B. 71 z. H.G.B.). — Zu §. 804 Abs. 1 vgl. E.G. z. B.G. Art. 100.

(Erneuerungsschein) nicht ausgegeben werden, wenn der Inhaber der Schuldverschreibung der Ausgabe widersprochen hat. Die Scheine sind in diesem Falle dem Inhaber der Schuldverschreibung auszuhändigen, wenn er die Schuldverschreibung vorlegt.

§. 806. Umschreibung auf Namen.

Die Umschreibung einer auf den Inhaber lautenden Schuldverschreibung auf den Namen eines bestimmten Berechtigten kann nur durch den Aussteller erfolgen. Der Aussteller ist zur Umschreibung nicht verpflichtet.

§. 807.

Karten, Marken und ähnliche Urkunden.

Werden Karten, Marken oder ähnliche Urkunden, in denen ein Gläubiger nicht bezeichnet ist, von dem Aussteller unter Umständen ausgegeben, aus welchen sich ergiebt, dass er dem Inhaber zu einer Leistung verpflichtet sein will, so finden die Vorschriften des §. 793 Abs. 1 und der §§. 794, 796, 797 entsprechende Anwendung.

§. 808.

Zur Leistung an Inhaber ermächtigende Urkunden.

Wird eine Urkunde, in welcher der Gläubiger benannt ist, mit der Bestimmung ausgegeben, dass die in der Urkunde versprochene Leistung an jeden Inhaber bewirkt werden kann, so wird der Schuldner durch die Leistung an den Inhaber der Urkunde befreit. Der Inhaber ist nicht berechtigt, die Leistung zu verlangen.

Der Schuldner ist nur gegen Aushändigung der Urkunde zur Leistung verpflichtet. Ist die Urkunde abhanden gekommen oder vernichtet, so kann sie, wenn nicht ein Anderes bestimmt ist, im Wege des Aufgebotsverfahrens für kraftlos erklärt werden. Die im §. 802 für die Verjährung gegebenen Vorschriften finden Anwendung.

Zu §. 805.

Der §. 805 ist in H.G.B. §. 230 für die Gewinnanteilscheine bei der A.G. in entsprechender Fassung wiederholt.

Zu §. 806.

Der §. 806 Satz 1 ist entsprechend anwendbar auf Inhaberaktien. Von §. 806 Satz 2 abweichend für Inhaberaktien H.G.B. §. 183 Abs. 2. — Eine Umschreibung der in §. 806 vorausgesetzten Art liegt nicht schon in dem auf das Inhaberpapier gesetzten Vermerk, daß in einem Buch des Schuldners ein benannter Gläubiger als Berechtigter eingetragen sei (R.G. XL, 134). — Vgl. auch E.G. z. B.G. Art. 101.

Zu §. 807.

Über Kraftloserklärung und Zahlungssperre wegen solcher Urkunden bestimmt E.G. z. B.G. Art. 102 Abs. 1. Vgl. auch C.P.O. §. 1003. Über Beschränkung der Konsumgenossenschaften und Konsumanstalten im Ausgeben derartiger Urkunden vgl. Gen.Ges. (unten VII 1) §. 32 und Ges. v. 12. Aug. 1896 (unten VII 6) Art. 2.

Zu §. 808.

Zu §. 808 Abs. 2 Satz 2 vgl. E.G. z. B.G. Art. 102 Abs. 2, 177, C.P.O. §. 1023.

3. Bestimmungen des Einführungsgesetzes zum Bürgerlichen Gesetzbuch über Schuldverschreibungen auf den Inhaber.

a. Strafbestimmung.

Artikel 34.

Inverkehrbringen ohne staatliche Genehmigung.

Das Strafgesetzbuch wird dahin geändert:

. . . .

IV. Als §. 145a wird folgende Vorschrift eingestellt:

Wer im Inlande Schuldverschreibungen auf den Inhaber, in denen die Zahlung einer bestimmten Geldsumme versprochen wird, ohne die erforderliche staatliche Genehmigung ausstellt und in den Verkehr bringt, wird mit einer Geldstrafe bestraft, die dem fünften Theile des Nennwerths der ausgegebenen Schuldverschreibungen gleichkommen kann, mindestens aber dreihundert Mark beträgt.

. . . .

b. Landesgesetzliche Vorschriften.

Artikel 100.

Unterzeichnung. Verlorene oder vernichtete Zins- oder Rentenscheine.

Unberührt bleiben die landesgesetzlichen Vorschriften, nach welchen bei Schuldverschreibungen auf den Inhaber, die der Bundesstaat oder eine ihm angehörende Körperschaft, Stiftung oder Anstalt des öffentlichen Rechtes ausstellt:

1. die Gültigkeit der Unterzeichnung von der Beobachtung einer besonderen Form abhängt, auch wenn eine solche Bestimmung in die Urkunde nicht aufgenommen ist;
2. der im §. 804 Abs. 1 des Bürgerlichen Gesetzbuchs bezeichnete Anspruch ausgeschlossen ist, auch wenn die Ausschliessung in dem Zins- oder Rentenscheine nicht bestimmt ist.

Umschreibung auf Namen. **Artikel 101.**

Unberührt bleiben die landesgesetzlichen Vorschriften, welche den Bundesstaat oder ihm angehörende Körperschaften, Stiftungen und Anstalten des öffentlichen Rechtes abweichend von der Vorschrift des §. 806 Satz 2 des Bürgerlichen Gesetzbuchs verpflichten, die von ihnen ausgestellten, auf den Inhaber lautenden Schuldverschreibungen auf den Namen eines bestimmten Berechtigten umzuschreiben, sowie

---

Zu Art. 34.

Bei Zuwiderhandlungen sind ausschließlich die Strafkammern als erkennende Gerichte zuständig (G.V.G. §. 74 Ziff. 1). — Zu Abs. 2 vgl. auch Art. 177. — Nicht anwendbar auf Aktien (vgl. zu B.G. §. 795, oben IV 2).

Zu Art. 100.

Nicht anwendbar auf Aktien. — Vgl. für Preußen das Preuß. Ausf.G. z. B.G. Art. 17.

Zu Art. 101.

Nicht anwendbar auf Aktien. — Vgl. für Preußen das Preuß. Ausf.G. z. B.G. Art. 18.

die landesgesetzlichen Vorschriften, welche die sich aus der Umschreibung einer solchen Schuldverschreibung ergebenden Rechtsverhältnisse, mit Einschluss der Kraftloserklärung, regeln.

Artikel 102.

Kraftloserklärung. Zahlungssperre.

Unberührt bleiben die landesgesetzlichen Vorschriften über die Kraftloserklärung und die Zahlungssperre in Ansehung der im §. 807 des Bürgerlichen Gesetzbuchs bezeichneten Urkunden.

Unberührt bleiben die landesgesetzlichen Vorschriften, welche für die Kraftloserklärung der im §. 808 des Bürgerlichen Gesetzbuchs bezeichneten Urkunden ein anderes Verfahren als das Aufgebotsverfahren bestimmen.

c. Übergangsbestimmungen.

Artikel 174.

Umtausch, Kraftloserklärung, Vorlegungsfrist, Verjährung, Verlust von Nebenscheinen, Umschreibung.

Von dem Inkrafttreten des Bürgerlichen Gesetzbuchs an gelten für die vorher ausgestellten Schuldverschreibungen auf den Inhaber die Vorschriften der §§. 798 bis 800, 802, 804 und des §. 806 Satz 1 des Bürgerlichen Gesetzbuchs. Bei den auf Sicht zahlbaren unverzinslichen Schuldverschreibungen sowie bei Zins-, Renten- und Gewinnantheilscheinen bleiben jedoch für die Kraftloserklärung und die Zahlungssperre die bisherigen Gesetze massgebend.

Die Verjährung der Ansprüche aus den vor dem Inkrafttreten des Bürgerlichen Gesetzbuchs ausgestellten Schuldverschreibungen auf den Inhaber bestimmt sich, unbeschadet der Vorschriften des §. 802 des Bürgerlichen Gesetzbuchs, nach den bisherigen Gesetzen.

Artikel 175.

Zins-, Renten- und Gewinnanteilscheine.

Für Zins-, Renten- und Gewinnantheilscheine, die nach dem Inkrafttreten des Bürgerlichen Gesetzbuchs für ein vor dieser Zeit ausgestelltes Inhaberpapier aus-

---

Zu Art. 102.

Vgl. C.P.O. §§. 1003, 1023. — Nicht anwendbar auf Aktien.

Zu Art. 174.

Es betreffen §. 798: Umtausch wegen Beschädigung oder Verunstaltung, §. 799: Kraftloserklärung, §. 800: Ausstellung neuer Urkunde nach Kraftloserklärung, §. 802: Hemmung der Vorlegungsfrist und der Verjährung durch Zahlungssperre, §. 804: Ersatz bei Verlust oder Vernichtung von Zins-, Renten- oder Gewinnanteilscheinen, §. 806 Satz 1: Umschreibung auf Namen. — Der Abs. 1 Satz 1 und der Abs. 2 sind entsprechend anwendbar auf Inhaberaktien. Der Abs. 1 Satz 2 ist unmittelbar anwendbar auf Gewinnanteilscheine zu Namen- oder Inhaberaktien.

Zu Art. 175.

Unmittelbar anwendbar auf Gewinnanteilscheine zu Inhaberaktien. Auf Gewinnanteilscheine zu Namenpapieren, also auch zu Namenaktien, ist wohl eine entsprechende Anwendung nicht zulässig, denn die Neuausgabe von Gewinnanteilscheinen enthält eine nach Inkrafttreten des B.G. neu vorgenommene Rechtshandlung, und auf diese kann — mangels einer ausdrücklichen Ausnahmevorschrift, welche indessen für Namenpapiere fehlt — nur das B.G. anwendbar sein. Ein sachlicher Grund für eine solche Unterscheidung ist allerdings nicht erkennbar.

gegeben werden, sind die Gesetze massgebend, welche für die vor dem Inkrafttreten des Bürgerlichen Gesetzbuchs ausgegebenen Scheine gleicher Art gelten.

Außerkurssetzung. **Artikel 176.**

Die Ausserkurssetzung von Schuldverschreibungen auf den Inhaber findet nach dem Inkrafttreten des Bürgerlichen Gesetzbuchs nicht mehr statt. Eine vorher erfolgte Ausserkurssetzung verliert mit dem Inkrafttreten des Bürgerlichen Gesetzbuchs ihre Wirkung.

Artikel 177.

Zur Leistung an Inhaber ermächtigende Urkunden.

Von dem Inkrafttreten des Bürgerlichen Gesetzbuchs an gelten für vorher ausgegebene Urkunden der im §. 808 des Bürgerlichen Gesetzbuchs bezeichneten Art, sofern der Schuldner nur gegen Aushändigung der Urkunde zur Leistung verpflichtet ist, die Vorschriften des §. 808 Abs. 2 Satz 2, 3 des Bürgerlichen Gesetzbuchs und des Artikel 102 Abs. 2 dieses Gesetzes.

Artikel 178.

Anhängiges Verfahren auf Kraftloserklärung oder Zahlungssperre.

Ein zur Zeit des Inkrafttretens des Bürgerlichen Gesetzbuchs anhängiges Verfahren, das die Kraftloserklärung einer Schuldverschreibung auf den Inhaber oder einer Urkunde der im §. 808 des Bürgerlichen Gesetzbuchs bezeichneten Art oder die Zahlungssperre für ein solches Papier zum Gegenstande hat, ist nach den bisherigen Gesetzen zu erledigen. Nach diesen Gesetzen bestimmen sich auch die Wirkungen des Verfahrens und der Entscheidung.

---

4. Gesetz, betreffend die gemeinsamen Rechte der Besitzer von Schuldverschreibungen.

Vom 4. Dezember 1899. (R.G.Bl. 691).

I. Gläubigerversammlung (§§. 1—13).

§. 1.

Verbindlichkeit der Beschlüsse. Zulässiger Inhalt.

Sind von Jemand, der im Inlande seinen Wohnsitz oder seine gewerbliche Niederlassung hat, im Inlande Schuldverschreibungen mit im voraus bestimmten Nennwerthen ausgestellt, die nach dem Verhältnisse dieser Werthe den Gläubigern gleiche Rechte

---

Zu Art. 176.

Eine dem Art. 176 Satz 2 entsprechende Vorschrift für Inhaberaktien in E.G. z. H.G.B. Art. 26. Vgl. E.G. z. H.G.B. Art. 26 Anm.

Zu Art. 177.

Nicht anwendbar auf Aktien.

Zu Art. 178.

Anwendbar auf Inhaberaktien.

gewähren, und betragen die Nennwerthe der ausgegebenen Schuldverschreibungen zusammen mindestens dreihunderttausend Mark und die Zahl der ausgegebenen Stücke mindestens dreihundert, so haben die Beschlüsse, welche von einer Versammlung der Gläubiger aus diesen Schuldverschreibungen zur Wahrung ihrer gemeinsamen Interessen gefasst werden, nach Massgabe dieses Gesetzes verbindliche Kraft für alle Gläubiger der bezeichneten Art.

Die Versammlung kann insbesondere zur Wahrnehmung der Rechte der Gläubiger einen gemeinsamen Vertreter für diese bestellen.

Eine Verpflichtung zu Leistungen kann für die Gläubiger durch Beschluss der Gläubigerversammlung nicht begründet werden.

§. 2.

Sinken von Gesamtbetrag oder Zahl der Schuldverschreibungen.

Sinkt der Gesammtbetrag der im Umlaufe befindlichen Schuldverschreibungen unter einhunderttausend Mark oder sinkt die Zahl der im Umlaufe befindlichen Stücke unter einhundert, so ist dies von dem Schuldner unverzüglich im Deutschen Reichsanzeiger bekannt zu machen. Von dem auf die Bekanntmachung folgenden Tage an können Gläubigerversammlungen auf Grund dieses Gesetzes nicht mehr abgehalten werden; mit dem bezeichneten Zeitpunkt erlischt das Amt eines von der Gläubigerversammlung bestellten Vertreters der Gläubiger.

§. 3.

Berufung. Kosten

Die Versammlung wird durch den Schuldner berufen.

Die Versammlung ist zu berufen, wenn Gläubiger, deren Schuldverschreibungen zusammen den zwanzigsten Theil des Gesammtbetrags der im Umlaufe befindlichen Schuldverschreibungen erreichen, oder ein von der Gläubigerversammlung bestellter Vertreter der Gläubiger die Berufung schriftlich unter Angabe des Zweckes und der Gründe verlangen.

Die Kosten der Berufung und Abhaltung der Versammlung trägt, soweit nicht in diesem Gesetz ein Anderes vorgeschrieben ist, der Schuldner.

§. 4.

Berufung kraft richterlicher Ermächtigung.

Wird einem nach §. 3 Abs. 2 gestellten Verlangen nicht entsprochen, so kann das Amtsgericht, in dessen Bezirke der Schuldner seinen Wohnsitz oder seine gewerbliche Niederlassung hat, die Antragsteller ermächtigen, die Versammlung zu berufen. Hat in dem Zeitpunkt, in welchem der Antrag gestellt werden soll, der Schuldner im Inlande weder einen Wohnsitz noch eine gewerbliche Niederlassung, so

---

Zu §. 1.

Über die Rechte und Pflichten des gemäß Abs. 2 bestellten Vertreters bestimmen §§. 14 ff. — Zu Abs. 3 vgl. H.G.B. §. 276 Anm. Vb. Andere Beschränkungen des zulässigen Inhalts der Beschlüsse vgl. unten §§. 11 ff., 14.

Zu §. 3.

Zu Abs. 2 vgl. H.G.B. §. 254 Abs. 1.

Zu §. 4.

Vgl. H.G.B. §. 254 Abs. 3, 4.

ist das Amtsgericht zuständig, in dessen Bezirk er zuletzt seinen Wohnsitz oder seine gewerbliche Niederlassung gehabt hat.

Wird der Antrag von Gläubigern gestellt, so haben diese ihre Schuldverschreibungen bei der Reichsbank, bei einem Notar oder bei einer anderen durch die Landesregierung dazu für geeignet erklärten Stelle zu hinterlegen.

Wird die Ermächtigung zur Berufung der Gläubigerversammlung ertheilt, so kann das Gericht zugleich über den Vorsitz in der Versammlung Bestimmung treffen. Das Gericht entscheidet darüber, ob die durch den Antrag sowie die durch die Berufung und Abhaltung der Versammlung entstehenden Kosten von den Antragstellern oder von dem Schuldner zu tragen sind.

Vor der Verfügung, durch welche über den Antrag auf Ermächtigung zur Berufung der Gläubigerversammlung oder über die Tragung der Kosten entschieden wird, ist soweit thunlich der Schuldner und, wenn ein Vertreter der Gläubiger bestellt ist, auch dieser zu hören. Gegen die Verfügung findet die sofortige Beschwerde statt.

§. 5.

Geschäftsbetriebe unter staatlicher Aufsicht.

Steht der Geschäftsbetrieb des Schuldners unter staatlicher Aufsicht, so hat das Gericht vor der im §. 4 Abs. 4 bezeichneten Verfügung auch die Aufsichtsbehörde zu hören.

Die Aufsichtsbehörde kann die Gläubigerversammlung auf Kosten des Schuldners berufen oder die Berufung durch den Schuldner anordnen.

Sie hat das Recht, einen Vertreter in die Versammlung zu entsenden.

Form und Frist der Berufung. §. 6.

Die Berufung der Gläubigerversammlung erfolgt durch mindestens zweimalige Bekanntmachung im Deutschen Reichsanzeiger und in den sonstigen Blättern, durch welche für den Bezirk des im §. 4 bezeichneten Gerichts die Eintragungen in das Handelsregister bekannt gemacht werden. An die Stelle der letzteren Blätter treten, wenn der Schuldner eine Aktiengesellschaft, eine Kommanditgesellschaft auf Aktien, eine Gesellschaft mit beschränkter Haftung oder eine eingetragene Genossenschaft ist, die für die Veröffentlichungen der Gesellschaft oder der Genossenschaft bestimmten Blätter.

Die Frist zwischen der letzten Bekanntmachung und dem Tage der Versammlung ist so zu bemessen, dass mindestens zwei Wochen für die im §. 10 Abs. 2 vorgesehene Hinterlegung der Schuldverschreibungen frei bleiben.

In dem Falle des §. 4 muss bei der Berufung auf die gerichtliche Ermächtigung Bezug genommen werden.

Zu §. 5.

Vgl. §. 13.

Zu §. 6.

Zu Abs. 1 vgl. H.G.B. §. 11, §. 182 Anm. IVb 7. — Zu Abs. 2 vgl. H.G.B. §. 255 Abs. 2. — Zu Abs. 3 vgl. H.G.B. §. 254 Abs. 3 Satz 3.

§. 7. **Tagesordnung. Anträge.**

Der Zweck der Versammlung soll bei der Berufung bekannt gemacht werden. Jedem Gläubiger ist auf Verlangen eine Abschrift der Anträge zu ertheilen.

Ueber Gegenstände, die nicht gemäss §. 6 Abs. 1, 2 ihrem wesentlichen Inhalte nach angekündigt sind, können Beschlüsse nicht gefasst werden.

Die Vorschriften der §§. 3, 4, des §. 5 Abs. 1, 2 und des §. 6 Abs. 3 finden auf die Ankündigung von Gegenständen zur Beschlussfassung einer Versammlung entsprechende Anwendung.

§. 8. **Verzeichnis der Erschienenen.**

Bei dem Beginne der Versammlung ist ein Verzeichniss der erschienenen Gläubiger oder Vertreter von Gläubigern mit Angabe ihres Namens und Wohnorts sowie des Betrags der von Jedem vertretenen Schuldverschreibungen aufzustellen. Das Verzeichniss ist sofort nach der Aufstellung, spätestens aber vor der ersten Abstimmung zur Einsicht aufzulegen; es ist von dem Vorsitzenden zu unterzeichnen.

§. 9. **Protokoll.**

Jeder Beschluss der Versammlung bedarf zu seiner Gültigkeit der Beurkundung durch ein über die Verhandlung gerichtlich oder notariell aufgenommenes Protokoll.

In dem Protokolle sind der Ort und der Tag der Verhandlung, der Name des Richters oder des Notars sowie die Art und das Ergebniss der Beschlussfassungen anzugeben.

Das nach §. 8 aufgestellte Verzeichniss der Theilnehmer der Versammlung sowie die Belege über die ordnungsmässige Berufung der Versammlung sind dem Protokolle beizufügen. Die Beifügung der Belege über die Berufung der Versammlung kann unterbleiben, wenn die Belege unter Angabe ihres Inhalts in dem Protokoll aufgeführt werden.

Das Protokoll muss von dem Richter oder dem Notar vollzogen werden. Die Zuziehung von Zeugen ist nicht erforderlich.

§. 10. **Beschlußfassung. Stimmrecht.**

Die Beschlüsse bedürfen, soweit nicht in diesem Gesetz ein Anderes vorgeschrieben ist, der Mehrheit der abgegebenen Stimmen. Die Mehrheit wird nach den Beträgen der Schuldverschreibungen berechnet. Bei Gleichheit der Stimmen entscheidet die Zahl der Gläubiger.

Gezählt werden nur die Stimmen derjenigen Gläubiger, welche ihre Schuldverschreibungen spätestens am zweiten Tage vor der Versammlung bei der Reichsbank, bei einem Notar oder bei einer anderen durch die Landesregierung dazu für geeignet erklärten Stelle hinterlegt haben.

Zu §. 7.

Zu Abs. 1 und 2 vgl. H.G.B. §. 256. — Zu Abs. 3 vgl. H.G.B. §§. 253, 254.

Zu §. 8.

Vgl. H.G.B. §. 258.

Zu §. 9.

Vgl. H.G.B. §. 259.

Das Stimmrecht kann durch einen Bevollmächtigten ausgeübt werden. Für die Vollmacht ist die schriftliche Form erforderlich und genügend.

Der Schuldner ist für die in seinem Besitze befindlichen Schuldverschreibungen nicht stimmberechtigt. Soweit ihm an den Schuldverschreibungen ein Pfandrecht oder ein Zurückbehaltungsrecht zusteht, ist er auf Verlangen des Eigenthümers verpflichtet, die Schuldverschreibungen bei einer der im Abs. 2 bezeichneten Stellen in der Weise zu hinterlegen, dass, unbeschadet der Fortdauer des Pfandrechts oder Zurückbehaltungsrechts, dem Eigenthümer die Ausübung des Stimmrechts ermöglicht wird; die Kosten der Hinterlegung hat der Eigenthümer zu tragen und vorzuschiessen.

§. 11.

Aufgabe oder Beschränkung von Rechten der Gläubiger.

Die Aufgabe oder Beschränkung von Rechten der Gläubiger, insbesondere die Ermässigung des Zinsfusses oder die Bewilligung einer Stundung, kann von der Gläubigerversammlung nur zur Abwendung einer Zahlungseinstellung oder des Konkurses des Schuldners beschlossen werden.

Der Beschluss, durch welchen Rechte der Gläubiger aufgegeben oder beschränkt werden, bedarf einer Mehrheit von mindestens drei Viertheilen der abgegebenen Stimmen. Die Mehrheit muss mindestens die Hälfte des Nennwerths der im Umlaufe befindlichen Schuldverschreibungen und, wenn dieser nicht mehr als zwölf Millionen Mark beträgt, mindestens zwei Drittheile des Nennwerths erreichen; beträgt der Nennwerth der im Umlaufe befindlichen Schuldverschreibungen weniger als sechzehn Millionen, aber mehr als zwölf Millionen Mark, so muss die Mehrheit acht Millionen Mark erreichen.

In diesen Fällen bleiben bei der Berechnung des Nennwerths der umlaufenden Schuldverschreibungen die im Besitze des Schuldners befindlichen Schuldverschreibungen, für welche das Stimmrecht nach §. 10 Abs. 4 ausgeschlossen ist, ausser Ansatz.

Der Schuldner ist verpflichtet, in der Gläubigerversammlung Auskunft über den Betrag der im Umlaufe befindlichen, zum Stimmen berechtigenden Schuldverschreibungen zu ertheilen.

§. 12.

Benachteiligung einzelner Gläubiger. Bekanntmachung. Verzicht auf Kapitalansprüche.

Ein Beschluss der im §. 11 bezeichneten Art muss für alle Gläubiger die gleichen Bedingungen festsetzen. Die Festsetzung ungleicher Bedingungen ist nur mit ausdrücklicher Einwilligung der zurückgesetzten Gläubiger zulässig. Jedes sonstige Abkommen des Schuldners oder eines Dritten mit einem Gläubiger, durch welches dieser begünstigt werden soll, ist nichtig. Ein Beschluss der Versammlung, der

---

Zu §. 10.

Vgl. H.G.B. §§. 251, 252, 255 Abs. 2.

Zu §. 11.

Für den Fall, daß der Geschäftsbetrieb unter staatlicher Aufsicht steht, vgl. §. 13.

Zu §. 12.

Zu Abs. 1 vgl. §. 23 und H.G.B. §. 250 Anm. IIIc 4. — Zu Abs. 3 vgl. H.G.B. §. 250 Anm. IIIc 8.

durch Begünstigung einzelner Gläubiger zu Stande gebracht ist, hat den übrigen Gläubigern gegenüber keine verbindliche Kraft.

Der Schuldner hat den Beschluss in der im §. 6 Abs. 1 bezeichneten Weise bekannt zu machen.

Auf die dem Nennwerthe der Schuldverschreibungen entsprechenden Kapitalansprüche kann durch Beschluss der Versammlung nicht verzichtet werden.

§. 13.

Geschäftsbetriebe unter staatlicher Aufsicht.

Steht der Geschäftsbetrieb des Schuldners unter staatlicher Aufsicht, so ist zu einem Beschlusse der im §. 11 bezeichneten Art die Bestätigung durch die Aufsichtsbehörde erforderlich.

Die Aufsichtsbehörde hat die Ertheilung sowie die Versagung der Bestätigung öffentlich bekannt zu machen.

II. Gläubigervertreter (§§. 14—17).

§. 14.

Bestellung, Vertretung, Abberufung.

Beschliesst die Versammlung die Bestellung eines Vertreters der Gläubiger, so muss zugleich der Umfang seiner Befugnisse bestimmt werden.

Soweit der Vertreter zur Geltendmachung von Rechten der Gläubiger ermächtigt ist, kann durch Beschluss der Gläubigerversammlung die Befugniss der einzelnen Gläubiger zur selbständigen Geltendmachung ausgeschlossen werden. Der Beschluss unterliegt den Vorschriften des §. 11 Abs. 2 bis 4, des §. 12 Abs. 2 und des §. 13.

Zum Verzicht auf Rechte der Gläubiger ist der Vertreter nur auf Grund eines ihn hierzu im einzelnen Falle besonders ermächtigenden Beschlusses der Gläubigerversammlung befugt. Der Beschluss unterliegt den Vorschriften der §§. 11 bis 13.

Führt der Vertreter für die Gesammtheit der Gläubiger einen Rechtsstreit, so hat er in diesem die Stellung eines gesetzlichen Vertreters. Für die Kosten des Rechtsstreits, welche den Gläubigern zur Last fallen, haftet der Schuldner, unbeschadet seines Rückgriffs gegen die Gläubiger.

Sind mehrere Vertreter bestellt, so können sie, falls nicht ein Anderes bestimmt ist, ihre Befugnisse nur in Gemeinschaft ausüben.

Ein Vertreter kann, unbeschadet des Anspruchs auf die vertragsmässige Vergütung, von der Gläubigerversammlung jederzeit abberufen werden. Der Beschluss bedarf einer Mehrheit von drei Viertheilen der abgegebenen Stimmen; die Mehrheit muss, wenn dem Vertreter nach Massgabe des Abs. 2 die ausschliessliche Geltendmachung von Rechten der Gläubiger übertragen ist, mindestens die Hälfte des Nennwerths der im Umlaufe befindlichen Schuldverschreibungen betragen; die Vorschriften des §. 11 Abs. 3, 4 und des §. 12 Abs. 2 finden Anwendung.

Zu §. 13.

Vgl. §. 5.

Zu §. 14.

Zu Abs. 1 vgl. §. 1 Abs. 2. — Ausnahme von Abs. 2 in §. 19. — Zu Abs. 5 vgl. H.G.B. §. 232. — Zu Abs. 6 vgl. H.G.B. §. 243 Abs. 4.

§. 15.

Teilnahme an Mitgliederversammlung, Mitteilung von Schriftstücken.

Ist der Schuldner eine Gesellschaft oder juristische Person, deren Mitglieder in Versammlungen Beschlüsse fassen, so ist jeder nach Massgabe dieses Gesetzes bestellte Vertreter der Gläubiger befugt, den Mitgliederversammlungen beizuwohnen und sich an den Berathungen zu betheiligen.

Soweit nach den Gesetzen Schriftstücke, die sich auf die Verhandlungen in der Mitgliederversammlung oder auf die Vermögenslage oder den Geschäftsbetrieb der Gesellschaft beziehen, den Gesellschaftern mitzutheilen sind, hat die Mittheilung in gleicher Weise auch an den Vertreter der Gläubiger zu erfolgen.

§. 16.

Vertreter bei Sicherungshypothek oder gemäß Festsetzung bei Urkundenausgabe.

Die Befugnisse und Verpflichtungen eines Vertreters, dessen Bestellung gemäss §. 1189 des Bürgerlichen Gesetzbuchs oder auf Grund einer bei Ausgabe der Schuldverschreibungen in verbindlicher Weise getroffenen Festsetzung erfolgt, werden durch die nach diesem Gesetze vorgenommene Bestellung eines Vertreters nicht berührt.

Die Rechte, welche nach den Vorschriften des §. 3 und des §. 7 Abs. 3 einem von der Gläubigerversammlung bestellten Vertreter hinsichtlich der Berufung der Versammlung und der Ankündigung von Gegenständen zur Beschlussfassung zustehen, können auch von einem Vertreter der im Abs. 1 bezeichneten Art geltend gemacht werden.

Auf Antrag von Gläubigern, deren Schuldverschreibungen zusammen den fünften Theil des Gesammtbetrags der im Umlaufe befindlichen Schuldverschreibungen erreichen, kann das Gericht, wenn ein wichtiger Grund vorliegt, den Vertreter abberufen. Zuständig ist das im §. 4 bezeichnete Amtsgericht. Vor der Verfügung, durch welche über den Antrag entschieden wird, sind soweit thunlich der Vertreter und der Schuldner zu hören. Gegen die Verfügung findet die sofortige Beschwerde statt.

§. 17.

Vor Inkrafttreten des B.G. oder vor Grundbuchanlegung bestellter Vertreter.

Die Vorschriften des §. 16 finden auch auf einen Vertreter Anwendung, der für die Besitzer von Schuldverschreibungen vor dem Inkrafttreten des Bürgerlichen Gesetz-

---

Zu §. 16.

Der §. 1189 B.G. lautet:

„Bei einer Hypothek der im §. 1187 bezeichneten Art" (Sicherungshypothek für die Forderung aus einer Schuldverschreibung auf den Inhaber, aus einem Wechsel oder aus einem anderen Papiere, das durch Indossament übertragen werden kann) „kann für den jeweiligen Gläubiger ein Vertreter mit der Befugnis bestellt werden, mit Wirkung für und gegen jeden späteren Gläubiger bestimmte Verfügungen über die Hypothek zu treffen und den Gläubiger bei der Geltendmachung der Hypothek zu vertreten. Zur Bestellung des Vertreters ist die Eintragung in das Grundbuch erforderlich.

Ist der Eigentümer berechtigt, von dem Gläubiger eine Verfügung zu verlangen, zu welcher der Vertreter befugt ist, so kann er die Vornahme der Verfügung von dem Vertreter verlangen."

buchs in Gemässheit des bisherigen Rechtes bestellt worden ist oder nach dem Inkrafttreten des Bürgerlichen Gesetzbuchs bis zu dem Zeitpunkt, in welchem das Grundbuch als angelegt anzusehen ist, in Gemässheit des Landesrechts durch Eintragung in das Hypothekenbuch oder ein ähnliches Buch bestellt wird.

Ein solcher Vertreter steht im Sinne des §. 44 Abs. 2 der Grundbuchordnung einem nach §. 1189 des Bürgerlichen Gesetzbuchs bestellten Vertreter gleich. Dasselbe gilt in Ansehung eines durch die Gläubigerversammlung bestellten Vertreters.

III. Konkurs des Schuldners. (§§. 18, 19.)

§. 18. Gläubigerversammlung.

Ist über das Vermögen des Schuldners der Konkurs eröffnet, so gelten in Ansehung der Versammlung der im §. 1 bezeichneten Gläubiger die folgenden besonderen Vorschriften.

Die Versammlung wird von dem Konkursgerichte berufen und geleitet.

Unverzüglich nach der Eröffnung des Konkurses ist eine Versammlung der Gläubiger zu berufen, um über die Bestellung eines gemeinsamen Vertreters im Konkursverfahren zu beschliessen; die Berufung kann unterbleiben, wenn schon vorher von einer Versammlung über die Bestellung eines solchen Vertreters Beschluss gefasst worden ist.

Das Konkursgericht hat ausser den Fällen des §. 3 Abs. 2 eine Versammlung der Gläubiger zu berufen, wenn dies von dem Konkursverwalter, dem Ausschusse der Konkursgläubiger oder der Aufsichtsbehörde verlangt wird.

Die Stelle, bei welcher die Gläubiger die Schuldverschreibungen zu hinterlegen haben, wird durch das Konkursgericht bestimmt.

Die Vorschriften des §. 5 Abs. 1, 2, des §. 11 Abs. 1, des §. 12 Abs. 3 und des §. 13 finden keine Anwendung.

§. 19. Anmeldung. Erhebung.

Werden im Konkurse die Forderungen aus den Schuldverschreibungen durch den von der Gläubigerversammlung bestellten Vertreter der Gläubiger angemeldet, so bedarf es der Beifügung der Schuldverschreibungen nicht. Zur Erhebung der bei einer Vertheilung auf die Schuldverschreibungen fallenden Beträge ist die Vorlegung der Schuldverschreibungen erforderlich; auf die Erhebung findet die Vorschrift des §. 14 Abs. 2 keine Anwendung.

Zu §. 17.

Der §. 44 Grundbuchordnung lautet:

„Bei einer Hypothek für die Forderung aus einer Schuldverschreibung auf den Inhaber, aus einem Wechsel oder einem anderen Papiere, das durch Indossament übertragen werden kann, soll eine Eintragung nur erfolgen, wenn die Urkunde vorgelegt wird; die Eintragung ist auf der Urkunde zu vermerken.

Diese Vorschrift findet keine Anwendung, wenn eine Eintragung auf Grund der Bewilligung eines nach §. 1189 des Bürgerlichen Gesetzbuchs bestellten Vertreters oder auf Grund einer gegen diesen erlassenen gerichtlichen Entscheidung bewirkt werden soll."

Zu §. 18.

Über die Tragung der Kosten einer gemäß §. 18 berufenen Gläubigerversammlung, falls Schuldner eine Hypothekenbank, bestimmt Hypothekenbankges. (oben II 8) §. 35 Abs. 4.

IV. Unentziehbarkeit der Rechte von Gläubigerversammlung und -vertreter. (§. 20.)

§. 20.

Die in diesem Gesetze der Gläubigerversammlung und dem Vertreter der Gläubiger eingeräumten Befugnisse können durch Festsetzungen in den Schuldverschreibungen nicht ausgeschlossen oder beschränkt werden.

V. Strafvorschriften. (§§. 21—23.)

§. 21.

Stimmrechtsausübung an Stelle des Schuldners.

Wer Schuldverschreibungen, die sich im Besitze des Schuldners befinden, einem Anderen zu dem Zwecke überlässt, das Stimmrecht der Vorschrift des §. 10 Abs. 4 zuwider an Stelle des Schuldners auszuüben, wird mit Gefängniss bis zu einem Jahre und mit Geldstrafe bis zu fünftausend Mark bestraft. Die gleiche Strafe trifft denjenigen, welcher die Schuldverschreibungen zu dem bezeichneten Zwecke verwendet.

Sind mildernde Umstände vorhanden, so tritt ausschliesslich die Geldstrafe ein.

§. 22.

Falsche Angaben über Gesamtbetrag oder Zahl der umlaufenden Schuldverschreibungen.

Wer in der Bekanntmachung, die gemäss §. 2 erlassen wird, oder in der Auskunft, die gemäss §. 11 Abs. 4 in der Gläubigerversammlung ertheilt wird, wissentlich unwahre Angaben über Thatsachen macht, deren Mittheilung ihm nach den bezeichneten Vorschriften obliegt, wird mit Gefängniss bis zu einem Jahre oder mit Geldstrafe bis zu dreitausend Mark bestraft.

Wer es unterlässt, die nach §. 2 ihm obliegende Bekanntmachung zu bewirken, wird mit Geldstrafe bis zu dreitausend Mark bestraft.

§. 23.

Besondere Vorteile für Stimmen in bestimmtem Sinn oder Nichtstimmen.

Wer sich besondere Vortheile dafür gewähren oder versprechen lässt, dass er bei einer Abstimmung in der Gläubigerversammlung in einem gewissen Sinne stimme oder an der Abstimmung in der Gläubigerversammlung nicht Theil nehme, wird mit Geldstrafe bis zu dreitausend Mark oder mit Gefängniss bis zu einem Jahre bestraft.

Die gleiche Strafe trifft denjenigen, welcher besondere Vortheile dafür gewährt oder verspricht, dass Jemand bei einer Abstimmung in der Gläubigerversammlung in einem gewissen Sinne stimme oder an der Abstimmung in der Gläubigerversammlung nicht Theil nehme.

Zu §. 21.

Vgl. H.G.B. §. 318.

Zu §. 23.

Vgl. H.G.B. §. 317.

VI. Besondere Arten von Schuldverschreibungen. (§§. 24, 25.)

§. 24.

Schuldverschreibungen öffentlich-rechtlicher Körperschaften.

Auf Schuldverschreibungen des Reichs, eines Bundesstaats oder einer Körperschaft des öffentlichen Rechtes finden die Vorschriften dieses Gesetzes keine Anwendung. Die Landesgesetze können jedoch bestimmen, dass die bezeichneten Vorschriften auch auf Schuldverschreibungen von Körperschaften des öffentlichen Rechtes Anwendung finden.

§. 25.

Schuldverschreibungen mit Pfandrecht an Eisenbahn oder Kleinbahn.

Unberührt bleiben die landesgesetzlichen Vorschriften über die Versammlung und Vertretung der Pfandgläubiger einer Eisenbahn oder Kleinbahn in dem zur abgesonderten Befriedigung dieser Gläubiger aus den Bestandtheilen der Bahneinheit bestimmten Verfahren.

VII. Inkrafttreten. Übergangsbestimmung. (§. 26.)

§. 26.

Dieses Gesetz tritt gleichzeitig mit dem Bürgerlichen Gesetzbuch in Kraft.

Es findet auch auf die vorher ausgegebenen Schuldverschreibungen Anwendung.

Zu §. 25.

Für Preußen vgl. Ges. betr. das Pfandrecht an Privateisenbahnen und Kleinbahnen und die Zwangsvollstreckung in dieselben, v. 19. August 1895 (G.S. 499) und E.G. z. B.G. Art. 112.

V. Stempelabgaben.

Reichsstempelgesetz.

Vom 27. April 1894. (R.G.Bl. 381).

§. 1.

Stempelpflichtige Urkunden und Geschäfte.

Die in dem anliegenden Tarif unter 1, 2, 3 und 5 bezeichneten Urkunden und die daselbst unter 4 bezeichneten Geschäfte unterliegen den daselbst bezeichneten Abgaben nach Massgabe der nachstehenden Bestimmungen:

I. Aktien, Renten- und Schuldverschreibungen.

(Tarifnummer 1 bis 3.)

Entrichtung der Stempelabgabe. §. 2.

Die Verpflichtung zur Entrichtung der unter Tarifnummer 1 bis 3 bezeichneten Stempelabgabe wird erfüllt durch Zahlung des Abgabebetrages an eine zuständige Steuerstelle, welche auf dem vorzulegenden Werthpapiere Reichsstempelmarken zum entsprechenden Betrage zu verwenden oder die Aufdrückung des Stempels zu veranlassen hat.

In welchen Fällen und unter welchen Bedingungen der Verpflichtung zur Versteuerung durch rechtzeitige Verwendung von Stempelmarken ohne amtliche Mitwirkung einer Steuerstelle genügt werden kann, bestimmt der Bundesrath.

§. 3.

Stempelpflicht. Bestrafung von Verstößen. Einbringung ausländischer Wertpapiere.

Ausländische Werthpapiere, welche durch ein im Auslande abgeschlossenes Geschäft von einem zur Zeit des Geschäftsabschlusses im Inlande wohnhaften Kontrahenten angeschafft sind und ihm aus dem Auslande übersandt oder von ihm oder

---

Zu §. 1.

Die Steuer ist begründet durch das Vorhandensein der steuerpflichtigen Urkunden oder Geschäfte, auch wenn dem Handelnden nicht bewußt war, daß eine solche Urkunde oder ein solches Geschäft vorliege (R.G. in Strff. XXII, 195).

Zu §. 3.

I. **Fertiggestellte Urkunde.** Voraussetzung der Anwendung des §. 3 ist das Vorliegen einer nach Inhalt und Form derart fertiggestellten Urkunde (R.G. in Strff. XVII, 433), wie sie

einem Vertreter aus dem Auslande abgeholt werden, sind von dem Erwerber binnen vierzehn Tagen nach der Einbringung der Werthpapiere in das Inland zur Versteuerung anzumelden. Wer dieses unterlässt oder wer Werthpapiere der unter den Tarifnummern 1 bis 3 bezeichneten Art im Inlande ausgiebt, veräussert, verpfändet oder ein anderes Geschäft unter Lebenden damit macht oder Zahlung darauf leistet, bevor die Verpflichtung zur Versteuerung erfüllt oder den Kontrolvorschriften des Bundesraths genügt ist, verfällt in eine Geldstrafe, welche dem fünfundzwanzigfachen Betrage der hinterzogenen Abgabe gleichkommt, mindestens aber zwanzig Mark für jedes Werthpapier beträgt.

Diese Strafen treffen besonders und zum vollen Betrage jeden, der als Kontrahent oder in anderer Eigenschaft an der Ausgabe, Veräusserung, Verpfändung oder an dem sonstigen Geschäfte theilgenommen hat.

Dieselben Personen sind für die Entrichtung der Steuer solidarisch verhaftet.

§. 4.

Anzeige vor Auflegung zur Zeichnung.

Bevor stempelpflichtige inländische Werthpapiere zur Zeichnung aufgelegt werden, oder zu weiteren Einzahlungen auf solche aufgefordert wird, hat der Emittent hiervon der zuständigen Steuerstelle unter Angabe der Zahl, der Gattung und des Nenn-

---

zur Einführung in den Handelsverkehr bestimmt ist; Teil dieser Fertigstellung ist das Hinzufügen der etwa erforderlichen Unterschriften (R.G. in Strss. XXXI, 401).

II. **„Angeschafft"** steht in §. 3 in dem allgemeineren Sinne von „erworben", schließt also die nach Tarif 4a Abs. 2 der Anschaffung gleichgestellten Geschäfte ein (R.G. XLI, 140).

III. **Ausgeben, Veräußern, Verpfänden.** Zu der Fertigstellung muß noch das Ausgeben der Aktienurkunde hinzukommen (R.G. in Strss. XXVIII, 359), um den hier fraglichen Urkundenstempel zu begründen (über Geschäftsstempel vgl. Tarif **4a** Abs. 2); ein solches Ausgeben liegt nicht in der Übernahme bei Gleichgründung ohne Zuteilung bestimmter Urkunden an jeden einzelnen Übernehmer von Grundkapitalanteilen (R.G. in Strss. XXXI, 401). „Ausgeben" von Aktien vgl. H.G.B. §. 184 Anm. I, §. 241 Anm. IIIc 4.

IV. **Andere Geschäfte unter Lebenden.** Auch bezüglich der inländischen Wertpapiere haben — abgesehen von den in §. 3 erwähnten Zahlungen — nur solche Rechtsgeschäfte die Abgabepflicht zur Folge, welche eine Verfügung über das Papier selbst („ein Geschäft damit") enthalten, sei es, daß Eigentum auf einen anderen übertragen wird, sei es, daß diesem andere Rechte an dem Papier, sei es auch nur ein Zurückbehaltungsrecht, eingeräumt werden (R.G. in Strss. XI, 172, XXXI, 404); nicht hierunter fallen Rechtsgeschäfte, welche sich nur auf das Papier beziehen, z. B. die Ausstellung einer Vollmacht zum Verkauf des Papiers, die Hingabe zur Verwahrung, die Rücknahme aus solcher (R.G. in Strss. XI, 172, XXXI, 404).

V. **Kontrahent** in Abs. 2 ist auch der Vertragsgegner des nach Abs. 1 mit Strafe bedrohten Ausgebers, Veräußerers, Verfügenden oder Zahlungsleisters (R.G. in Strss. XXVIII, 361).

VI. **Teilnahme in anderer Eigenschaft.** So z. B. die Vorstandsmitglieder der ausgebenden Gesellschaft (R.G. in Strss. XI, 434; vgl. Ges. §. 35). Der Ausdruck sollte sich aber nicht auf Bedienstete beziehen, die nur die Aufträge ihrer Vorgesetzten ausführen (R.G. a. a. O.; vgl. H.G.B. § 209 Anm. IIa).

Zu §. 4.

I. **Zeitpunkt der Anzeige.** Die Notwendigkeit der Anzeige hängt nicht von vorheriger Fertigstellung (§. 3 Anm. I) der Urkunden ab (R.G. in Strss. XVII, 433, XXI, 91). Da die vollzogene Übernahme ein Mehr gegenüber dem Auflegen zur Zeichnung (unten Anm. IV)

werthes der Stücke oder des Betrages der zu leistenden Einzahlungen nach Massgabe eines von dem Bundesrath zu bestimmenden Formulars Anzeige zu erstatten.

Die Zuwiderhandlung gegen diese Vorschrift zieht Geldstrafe im Betrage von fünfzig bis fünfhundert Mark nach sich.

Befreiung von Landesstempel. §. 5.

Die der Reichsstempelsteuer unterworfenen Werthpapiere unterliegen in den einzelnen Bundesstaaten keiner weiteren Stempelabgabe (Taxe, Sportel u. s. w.).

Auch ist von der Umschreibung solcher Werthpapiere in den Büchern und Registern der Gesellschaft etc., sowie von den auf die Werthpapiere selbst gesetzten Uebertragungsvermerken (Indossamenten, Cessionen u. s. w.) eine Abgabe nicht zu entrichten.

Im Uebrigen, insbesondere hinsichtlich der Urkunden über Eintragungen in dem Hypothekenbuche (Grundbuche), bleiben die landesgesetzlichen Vorschriften unberührt.

§. 6.

Übergangsvorschriften. Stempelfreiheit bei Umtausch.

Die vor dem Inkrafttreten dieses Gesetzes ausgegebenen inländischen und mit dem Reichsstempel versehenen ausländischen Werthpapiere werden nach dem Gesetze

---

ist, so ist bei Gleichgründung spätestens mit der Übernahme die Anzeigepflicht gegeben (R.G. XVII, 439). Handelt es sich um Auflegung neuer, durch eine Erhöhung des Grundkapitals zu schaffender Grundkapitalanteile zur Zeichnung, so ist die Anzeige nicht bereits vor Fassung des Erhöhungsbeschlusses zu erstatten, es sei denn, daß thatsächlich eine Zeichnung schon vorher veranstaltet oder derart vorbereitet wird, daß sie in unmittelbarem Anschluß an den demnächstigen Erhöhungsbeschluß erfolgen soll (R.G. in Strff. XXI, 92).

II. **Anzeigepflichtiger** ist der „Emittent", d. h. derjenige, welcher die Emission beabsichtigt (R.G. in Strff. XVII, 435, XXI, 91, XXV, 146, XXXI, 405). Bei der Gleichgründung sind zunächst die Gründer Emittenten (R.G. in Strff. XVII, 438, XXV, 146, XXXI, 405), nicht etwa die (zu jener Zeit noch nicht errichtete) A.G. und die als Vorstand in Aussicht genommene Person als solche (R.G. in Strff. XXXI, 406). Eine unter den Begriff des Auflegens zur Zeichnung fallende Thätigkeit kann aber gleichzeitig von verschiedenen Personen entwickelt werden (R.G. in Strff. XXV, 147); so kann auch bei Gleichgründung die an die späteren Gründer gerichtete Aufforderung zur Übernahme von Grundkapitalanteilen seitens einer Person ergangen sein, welche nicht selbst Mitgründer wird; dieser Aufforderer ist dann gleichfalls anzeigepflichtig (R.G. in Strff. XXXI, 406). Auch bei Aufforderung zu weiteren Einzahlungen ist der Emittent anzeigepflichtig; es ist nicht zweifellos, ob notwendig stets dieser und der Aufforderer dieselbe Person sind (R.G. in Strff. XXV, 146); bei Aufforderung zu weiteren Einzahlungen auf Grundkapitalanteile ist die Gesellschaft „Emittent" (R.G. in Strff. XXV, 147).

III. **„Stempelpflichtige** Wertpapiere" sind hier diejenigen Papiere, welche, wenn sie der bestehenden Absicht gemäß ausgegeben werden, der Stempelabgabe unterliegen (R.G. in Strff. XVII, 435).

IV. **Auflegen zur Zeichnung, Emission.** Hierunter fällt jede Veranstaltung, welche bezweckt und zu bewirken geeignet ist, daß der Wertbetrag stempelpflichtiger Wertpapiere innerhalb eines bestimmten oder unbestimmten Personenkreises auf dem Wege schriftlicher Verpflichtung zu dessen Einzahlung aufgebracht wird, also insbesondere jede derartige Veranstaltung zur Aufbringung des Aktienkapitals (R.G. in Strff. XVII, 439, XXI, 91, XXV, 147, XXXI, 405). Das Auflegen zur Zeichnung ist nicht Voraussetzung der Stempelpflicht (R.G. in Strff. XI, 432).

Zu §. 5.

Vgl. §. 18 Anm.

vom 1. Juli 1881 beurtheilt. Das Gleiche gilt für nach dem Inkrafttreten des Gesetzes ausgegebene inländische Werthpapiere in Ansehung der vorher geleisteten Zahlungen. Vor dem Inkrafttreten dieses Gesetzes ausgestellte, noch nicht mit dem Reichsstempel versehene ausländische Werthpapiere sind, wenn sie innerhalb sechs Monaten nach diesem Zeitpunkte zur Stempelung vorgelegt werden, nach dem Gesetze vom 1. Juli 1881, bei späterer Vorlegung nach den durch gegenwärtiges Gesetz für inländische Werthpapiere derselben Art in den Tarifnummern 1a und 2a festgesetzten Sätzen zu verstempeln.

Werthpapiere, welche lediglich zum Zweck des Umtausches, das heisst behufs Erneuerung der Urkunde ohne Veränderung des ursprünglichen Rechtsverhältnisses, ausgestellt worden sind, bleiben steuerfrei, wenn die zum Umtausch gelangenden Stücke ordnungsmässig versteuert oder steuerfrei sind und den vom Bundesrath zu erlassenden Kontrolvorschriften genügt worden ist.

II. Kauf- und sonstige Anschaffungsgeschäfte.

(Tarifnummer 4.)

§. 7.

Inländischer oder ausländischer Ort des Abschlusses.

Die unter Tarifnummer 4 angeordnete Abgabe ist von allen im Inlande abgeschlossenen Geschäften der bezeichneten Art zu erheben.

Im Auslande abgeschlossene Geschäfte unterliegen der Abgabe, wenn beide Kontrahenten im Inlande wohnhaft sind; ist nur der eine Kontrahent im Inlande

---

Zu §. 6.

I. **Umtausch.** Kein bloßer Umtausch ist die Ausstellung einer neuen Aktienurkunde (z. B. eines certificate of shares) bei Übergang der Anteilrechte an einen neuen Berechtigten (R.G. XXXVII, 118).

II. **Stempelaufdruck.** Unter den Begriff eines Umtausches fällt nicht das Aufdrucken eines Stempels auf die alte Urkunde, wodurch eine Veränderung des ursprünglichen Rechtsverhältnisses beurkundet werden soll. Doch ist nicht der Gegenschluß aus §. 6 Abs. 2 zu machen, daß dann stets Stempelpflicht eintrete (R.G. XL, 15, 127, 137, gegen XXXVI, 92). Vielmehr ist zu unterscheiden, ob in dem Stempelaufdruck die Verbriefung neu hinzukommender Rechte (die Beurkundung einer wesentlichen Veränderung des Rechtsverhältnisses, R.G. XL, 130, eines neuen stempelpflichtigen Geschäfts, R.G. XL, 136) oder nur ein Verzicht auf einen Teil der bereits verbrieften Rechte liegt. Hiernach wurde für nicht stempelpflichtig erachtet ein Aufdruck, welcher zum Ausdruck bringt den Verzicht des Inhabers der Vorzugsaktie auf sein Vorzugsrecht (R.G. XL, 16) oder die Beilegung neuer Vorzugsrechte an bestimmte Anteilrechte (Verein. Civilsenate d. R.G. v. 27. Dezemb. 1899 gegen R.G. XXXVI, 91; dahingestellt XL, 16), die Änderung von Inhaber- in Namenaktien (R.G. XL, 130) oder von Namen- in Inhaberaktien (R.G. XL, 130 Anm.), eine Zinsherabsetzung (R.G. XL, 133, 135), die Hinausschiebung des Fälligkeitstages (R.G. XL, 135). Dagegen ist das Eintreten einer neuen Stempelpflicht angenommen im Falle eines Aufdrucks, welcher zum Ausdruck bringt eine Erhöhung des Nennwerts (R.G. XL, 131; die Verstempelung des vollen Nennwerts, nicht nur der Erhöhung, verlangt R.G. XVIII, 53), oder eine Änderung der Individualität der A.G. bezw. des Schuldners (R.G. XL, 131; vgl. XLI, 86). Ebenso für den Fall, daß anläßlich einer Herabsetzung des Grundkapitals von je 7 Aktien über je 300 Mk. sechs vernichtet und die siebente auf 1000 Mk. abgestempelt wurde (R.G. XXIII, 51); wohl zu Unrecht, da die hierin liegende Zusammenlegung keine neuen Rechte schafft (H.G.B. §. 290 Anm. IIc 1).

wohnhaft, so ist die Abgabe nur im halben Betrage zu entrichten. Bei kaufmännischen Firmen entscheidet für die Frage des Wohnortes der Sitz der Handelsniederlassung, welche das Geschäft abgeschlossen hat.

Als im Auslande abgeschlossen gelten auch solche Geschäfte, welche durch briefliche oder telegraphische Korrespondenz zwischen einem Orte des Inlandes und einem Orte des Auslandes zu Stande gekommen sind.

§. 8.

Bedingung, Wahl, Verlängerung, Kommissions- und Abwickelungsgeschäft, Aufgabe.

Bedingte Geschäfte gelten in Betreff der Abgabepflicht als unbedingte. Ist einem Kontrahenten ein Wahlrecht eingeräumt, oder die Befugniss, innerhalb bestimmter Grenzen den Umfang der Lieferung zu bestimmen, so wird die Abgabe nach dem höchstmöglichen Werth des Gegenstandes des Geschäfts berechnet.

Jede Verabredung, durch welche die Erfüllung des Geschäfts unter veränderten Vertragsbestimmungen oder gegen Entgelt unter denselben Vertragsbestimmungen auf einen späteren Termin verschoben wird, gilt als neues abgabepflichtiges Geschäft.

Ist das Geschäft von einem Kommissionär ([Artikel 360] *§. 383* des Handelsgesetzbuchs) abgeschlossen, so ist die Abgabe sowohl für das Geschäft zwischen dem Kommissionär und dem Dritten, als auch für das Abwickelungsgeschäft zwischen dem Kommissionär und dem Kommittenten zu entrichten, sofern nicht die Bestimmung des §. 12 Absatz 2 eintritt.

Geschäfte, welche vorbehaltlich der Aufgabe („an Aufgabe") abgeschlossen werden, sind abgabepflichtig. Die Bezeichnung des definitiven Gegenkontrahenten (die Aufgabe) ist steuerfrei, wenn dieselbe spätestens am folgenden Werktage gemacht wird; wird dieselbe später gemacht, so gilt sie als ein neues abgabepflichtiges Geschäft.

Zu §. 7.

I. **Im Inland abgeschlossen** ist jedes Geschäft, bei welchem die endgiltigen Abschlußerklärungen zwischen zwei im Inland befindlichen Personen ausgewechselt worden sind, gleichviel ob diese dabei ihren eigenen Willen erklärt haben oder nur Boten anderer, im Ausland wohnender Personen gewesen sind (R.G. XVIII, 27).

II. **Zwischen einem Ort des Inlandes und einem Ort des Auslandes zu Stande gekommen** sind nur solche Geschäfte, bei deren Abschluß die Korrespondenz zwischen Ausland und Inland unmittelbar zwischen den Vertragschließenden bezw. den für sie etwa abschließenden Vertretern geführt worden ist, nicht etwa bloß zwischen einem der Vertragschließenden und seinem Boten oder Bevollmächtigten (R.G. XVIII, 27).

III. **Durch Korrespondenz** zu Stande gekommen ist nur dasjenige, bei welchem die den Abschluß selbst enthaltenden Willenserklärungen auf dem Korrespondenzwege erfolgt sind; nicht etwa jedes, bei dessen Abschluß Korrespondenz irgendwie als mitwirkendes Hilfsmittel benutzt worden ist (R.G. XVIII, 26).

Zu §. 8.

I. **Bedingtes Geschäft.** Als bedingtes Geschäft abgabepflichtig ist z. B. die Hingabe in Verwahrung unter Ermächtigung des Verwahrers, die verwahrten Gegenstände sich anzueignen gegen Verpflichtung zur Rückgabe gleichartiger (R.G. XLII, 11). Über Konsortialverträge vgl. Anm. I zu Tarif 4.

II. **Abschluß durch Kommissionär.** Der §. 8 Abs. 3 ist nur anwendbar, wenn der Abschließende Kommissionär ist, also gewerbsmäßig mit Waren oder Wertpapiere für fremde

§. 9. **Stempelpflichtige.**

Zur Entrichtung der Abgabe ist zunächst verpflichtet:

1. wenn das Geschäft durch einen im Inlande wohnhaften Vermittler abgeschlossen ist, dieser,

   andernfalls:

2. wenn nur einer der Kontrahenten im Inlande wohnhaft ist, dieser,
3. wenn von den Kontrahenten nur der eine ein im Inlande wohnhafter nach [Artikel 28] *§. 38* des Handelsgesetzbuchs zur Führung von Handelsbüchern verpflichteter Kaufmann ist, der letztere,
4. wenn es sich um das Abwickelungsgeschäft zwischen dem Kommissionär und dem Kommittenten handelt (§. 8 Absatz 3), der Kommissionär,
5. in allen übrigen Fällen der Veräusserer.

Die im Inlande wohnhaften Vermittler und die Kontrahenten haften für die Abgabe als Gesammtschuldner, indessen ist bei Geschäften, für welche die Abgabe nur im halben Betrage zu entrichten ist (§. 7 Absatz 2), der nicht im Inlande wohnhafte Kontrahent für die Entrichtung der Abgabe nicht verhaftet.

Der Vermittler ist berechtigt, den Ersatz der entrichteten Abgabe von jedem für die Abgabe verhafteten Kontrahenten zu fordern.

§. 10. **Schlußnote.**

Der zur Entrichtung der Abgabe zunächst Verpflichtete hat über das abgabepflichtige Geschäft eine Schlussnote auszustellen, welche den Namen und den Wohnort des Vermittlers und der Kontrahenten, den Gegenstand und die Bedingungen des Geschäfts, insbesondere den Preis, sowie die Zeit der Lieferung ergeben muss. Die Unterschrift des Ausstellers ist nicht erforderlich.

Die Schlussnote ist doppelt auf einem vorher gestempelten oder mit den erforderlichen Stempelmarken zu versehenden Formular auszustellen, von dem je eine Hälfte für jeden der beiden Kontrahenten bestimmt ist. Spätestens am dritten Tage nach dem Tage des Geschäftsabschlusses hat der Aussteller der Schlussnote die nicht für ihn bestimmte Hälfte der letzteren, wenn derselbe die Schlussnote aber als Vermittler ausgestellt hat (§. 9 Ziffer 1), deren beide Hälften abzusenden.

Vermittler haben diese Absendung und den verwendeten Stempelbetrag in ihren Geschäftsbüchern zu vermerken.

Der zur Entrichtung der Abgabe zunächst Verpflichtete darf unversteuerte Schlussnoten über das abgabepflichtige Geschäft nicht ausstellen und aus der Hand geben.

Rechnung in eigenem Namen handelt; es genügt nicht, daß ein einzelnes derartiges Geschäft vorliegt (R.G. in Strff. XX, 364). Nach R.G. a. a. O. ist §. 8 Abs. 3 anwendbar auch im Fall eines von einem Kaufmann, der nicht Kommissionär ist, abgeschlossenen Kommissionsgeschäfts (vgl. H.G.B. §. 406 Abs. 1 Satz 2). Die Stempelpflichtigkeit des Abwickelungsgeschäfts tritt nicht auch in solchen Fällen ein, in denen der nach außen abschließende nicht Kommissionär ist; so z. B. nicht bei Abwickelung zwischen Gesellschaftern (R.G. XXVI, 52).

Zu §. 9.

„Vermittler" ist jeder, der durch eine auf Herbeiführung der Willenseinigung der Vertragschließenden abzielende selbständige Thätigkeit zu diesem Ergebnisse mitgewirkt hat; er kann daneben (für einzelne bei der Vermittelung in Betracht kommende Handlungen) Bote oder selbst Bevollmächtigter eines Vertragschließenden sein (R.G. XVIII, 27).

§. 11.

Pflicht des Vertragschließenden bei Nichteingang oder mangelhafter Stempelung der Schlußnote.

Ist einem für die Entrichtung der Abgabe verhafteten Kontrahenten (§. 9 Absatz 2) eine zu niedrig versteuerte Schlussnote zugestellt worden, so hat derselbe binnen vierzehn Tagen nach dem Tage des Geschäftsabschlusses den fehlenden Stempelbetrag auf der Schlussnote nachträglich zu verwenden; ist einem solchen Kontrahenten eine versteuerte Schlussnote überhaupt nicht zugegangen, so hat derselbe seinerseits binnen der bezeichneten Frist nach Massgabe der im §. 10 Absatz 1 und 2 gegebenen Bestimmungen zu verfahren.

Sind bei einem durch einen Vermittler abgeschlossenen Geschäfte (§. 9 Ziffer 1) zwei derartige Kontrahenten betheiligt, so hat jeder von ihnen nur die Hälfte des auf der zugestellten Schlussnote fehlenden Betrages nachträglich zu verwenden, im Falle des Nichteinganges der Schlussnote aber zu der von ihm auszustellenden Schlussnote nur die Hälfte des tarifmässigen Stempels zu verwenden.

Die nach den vorstehenden Bestimmungen mangels des Empfanges der Schlussnote entrichtete Abgabe ist zurückzuerstatten, wenn nachgewiesen wird, dass der zunächst Verpflichtete die ihm nach §. 10 obliegenden Verpflichtungen rechtzeitig erfüllt hat. Die Entscheidung erfolgt im Verwaltungswege.

§. 12.

Schlußnote über mehrere abgabepflichtige Geschäfte. Kommission für auswärtigen Kommittenten. Report-, Deport-, Kostgeschäft.

Eine Schlussnote kann mehrere abgabepflichtige Geschäfte umfassen, insofern letztere demselben Steuersatze unterliegen und an demselben Tage und unter denselben Kontrahenten, welche in gleicher Eigenschaft gehandelt haben, abgeschlossen worden sind. Die Abgabe ist in diesem Falle von dem Gesammtwerthe der Geschäfte zu berechnen.

Wird bei Kommissionsgeschäften für einen auswärtigen Kommittenten, welcher seinerseits als Kommissionär eines Dritten handelt, die Schlussnote mit dem Zusatze „in Kommission“ ausgestellt, so bleibt das Abwickelungsgeschäft zwischen ihm und seinem Kommittenten von der Abgabe befreit, wenn er die Schlussnote mit dem Vermerk versieht, dass sich eine versteuerte, über denselben Betrag oder dieselbe Menge und denselben Preis lautende Schlussnote mit zu bezeichnender Nummer (§. 14) in seinen Händen befindet.

Umfasst eine Schlussnote ein Kaufgeschäft und gleichzeitig ein zu einer späteren Zeit zu erfüllendes Rückkaufgeschäft über in der Tarifnummer 4 bezeichnete Gegenstände derselben Art und in demselben Betrage, beziehungsweise derselben Menge (Report-, Deport-, Kostgeschäft), so ist die Abgabe nur für das dem Werthe nach höhere dieser beiden Geschäfte zu berechnen.

Zu §. 12.

„Kommissionsgeschäfte“ im Sinne des §. 12 sind nur die Geschäfte eines Kommissionärs (R.G. in Strfs. XX, 367; vgl. oben §. 8 Anm. II).

§. 13. **Tausch. Uneigentliche Leihe.**

Tauschgeschäfte, bei welchen verschiedene Abschnitte oder Stücke mit verschiedenen Zinsterminen von Werthpapieren derselben Gattung ohne anderweite Gegenleistung Zug um Zug ausgetauscht werden, sind steuerfrei.

Uneigentliche Leihgeschäfte, das heisst solche, bei denen der Empfänger befugt ist, an Stelle der empfangenen Werthpapiere andere Stücke gleicher Gattung zurückzugeben, bleiben steuerfrei, wenn diese Geschäfte ohne Ausbedingung oder Gewährung eines Leihgeldes, Entgeltes, Aufgeldes oder einer sonstigen Leistung und unter Festsetzung einer Frist von längstens einer Woche für die Rücklieferung der Werthpapiere abgeschlossen werden. Die darüber auszufertigenden Schlussnoten müssen diese Festsetzung sowie den Vermerk „Unentgeltliches Leihgeschäft" enthalten.

§. 14. **Aufbewahrung der Schlußnoten.**

Die Schlussnoten sind nach der Zeitfolge numerirt von den im §. 39 bezeichneten Anstalten, sowie denjenigen Anstalten und Personen, welche gewerbsmässig abgabepflichtige Kauf- und sonstige Anschaffungsgeschäfte betreiben oder vermitteln, fünf Jahre lang, von anderen Personen ein Jahr lang aufzubewahren.

§. 15.

Abgabepflichtiges Geschäft unter Nicht-Vollkaufleuten.

Ist bei dem Abschluss eines abgabepflichtigen Geschäfts zwischen zwei Kontrahenten, welche nicht nach [Artikel 28] *§. 38* des Handelsgesetzbuchs zur Führung von Handelsbüchern verpflichtet sind, eine beiderseits unterschriebene Vertragsurkunde aufgestellt worden, so bleiben die §§. 9, 10, 11, 12, 14 ausser Anwendung. Die Kontrahenten sind verpflichtet, die Vertragsurkunde binnen vierzehn Tagen nach dem Geschäftsabschluss der Steuerbehörde zur Abstempelung vorzulegen; diese Verpflichtung erstreckt sich bei Geschäften, für welche die Abgabe nur im halben Betrage zu erheben ist (§. 7 Absatz 2), nicht auf den nicht im Inlande wohnhaften Kontrahenten.

§. 16. **Aussetzung der Besteuerung.**

Bei Geschäften, für welche eine rechtzeitige Berechnung der Steuer nicht möglich ist, bleibt die Besteuerung unter den vom Bundesrath festzusetzenden Massgaben solange ausgesetzt, bis die Berechnung möglich wird. Der Bundesrath bestimmt ferner, unter welchen Umständen ausserhalb dieses Falles, insbesondere bei im Auslande abgeschlossenen Geschäften, eine andere Frist zur Ausstellung der Schlussnoten eintreten kann.

§. 17.

Verabfolgung von Stempelzeichen auf Kredit.

Nach der näheren Bestimmung des Bundesraths dürfen Stempelzeichen zur Entrichtung der in der Tarifnummer 4 angeordneten Abgabe auf Kredit verabfolgt werden.

§. 18. **Befreiung von Landesstempel.**

Geschäfte, welche nach Tarifnummer 4 abgabepflichtig sind, oder auf welche die Vorschrift unter „Befreiungen" zu dieser Tarifnummer Anwendung findet, sowie Schriftstücke über solche Geschäfte sind in den einzelnen Bundesstaaten keinen Stempelabgaben (Taxen, Sporteln u. s. w.) unterworfen. Werden diese Schriftstücke indessen gerichtlich oder notariell aufgenommen oder beglaubigt, so unterliegen sie, neben der in Tarifnummer 4 für das Geschäft vorgeschriebenen Abgabe, den in den Landesgesetzen für gerichtliche oder notarielle Aufnahmen und Beglaubigungen etwa vorgeschriebenen Stempeln (Taxen, Sporteln u. s. w.).

Strafvorschrift. §. 19.

Wer den Vorschriften im §. 10 Absatz 1 und 2, §. 11 Absatz 1 und 2 und §. 15 zuwiderhandelt oder eine Schlussnote wahrheitswidrig mit dem im §. 12 Absatz 2 oder §. 13 bezeichneten Vermerk versieht, oder im Falle der Tarifnummer 4a behufs Erlangung einer Steuerermässigung unrichtige Nachweise vorlegt, hat eine Geldstrafe verwirkt, welche dem fünfzigfachen Betrage der hinterzogenen Abgabe oder der beanspruchten Steuerermässigung gleichkommt, mindestens aber zwanzig Mark beträgt.

Kann der Betrag der hinterzogenen Abgabe nicht festgestellt werden, so tritt statt der vorstehend bestimmten Strafe eine Geldstrafe von zwanzig bis fünftausend Mark ein.

Rückfall. §. 20.

Wer, nachdem er auf Grund des §. 19 bestraft worden, von Neuem den dortselbst bezeichneten Vorschriften zuwiderhandelt, hat neben der im §. 19 vorgesehenen Strafe eine Geldstrafe von einhundertfünfzig bis fünftausend Mark verwirkt.

Diese Rückfallsstrafe tritt ein ohne Rücksicht darauf, ob die frühere Bestrafung in demselben oder in einem anderen Bundesstaate erfolgt ist. Sie ist verwirkt, auch wenn die frühere Strafe nur theilweise entrichtet oder ganz oder theilweise erlassen ist.

Dieselbe ist ausgeschlossen, wenn seit der Entrichtung oder dem Erlass der letzten Strafe bis zur Begehung der neuen Zuwiderhandlung fünf Jahre verflossen sind.

§. 21.

Bestrafung von Ordnungswidrigkeiten.

Wer gegen die Vorschriften im §. 10 Absatz 3 und §. 14 verstösst, ist mit Geldstrafe von drei Mark bis fünftausend Mark zu bestrafen.

Zu §. 18.

Die Befreiung der §§. 5, 18 geht nicht dahin, daß ein wirtschaftlich einheitliches Geschäft nur einmal besteuert werden soll; es kommt vielmehr nur auf die rechtliche Einheitlichkeit an (R.G. XXV, 65, XXXIV, 139). So ist bei einem hypothekarisch verbrieften notariell registrierten Darlehn der landesgesetzliche Registrierungsstempel zu erheben, auch wenn bezüglich der für das Darlehn hingegebenen Schuldverschreibungen der Reichsstempel verwendet ist (R.G. XXV, 68). So ist der landesgesetzliche Schuldverschreibungsstempel zu erheben, wenn eine Schuldverschreibung über die Schuld ausgestellt wird, welche durch die Ausführung eines mit Reichsstempel belegten Anschaffungsgeschäftes entstanden ist (R.G. XXXIV, 139). Nicht ausgeschlossen ist ferner eine landesgesetzliche Besteuerung eines etwa in Erfüllung eines Fusionsvertrages erfolgenden Eigentumserwerbes an Grundstücken (R.G. XXXVIII, 32). Dagegen ist nicht der in einem Fusionsvertrag enthaltene Vermögensüberlassungsvertrag nach Landesgesetz zu verstempeln, wenn das in Gewährung der Gegenleistung durch Aktienhingabe liegende Anschaffungsgeschäft abgabepflichtig ist (R.G. XXXIII, 41).

III. Lotterieloose.

(Tarifnummer 5.)

§. 22.

Vorausentrichtung der Stempelabgabe.

Wer im Bundesgebiete Lotterien und Ausspielungen veranstalten will, hat die Stempelabgabe für die gesammte planmässige Anzahl der Loose oder Ausweise über Spieleinlagen im Voraus zu entrichten.

§. 23.

Genehmigung der Steuerstelle zum Loosabsatz.

Vor der Entrichtung der Abgabe darf ohne Genehmigung der zuständigen Steuerstelle mit dem Loosabsatze nicht begonnen werden. Die Genehmigung kann von vorgängiger Sicherstellung der Abgabe abhängig gemacht werden.

§. 24. **Ausländische Loose.**

Wer ausländische Loose oder Ausweise über Spieleinlagen in das Bundesgebiet einführt oder daselbst empfängt, hat dieselben, bevor mit dem Vertriebe begonnen wird, spätestens binnen drei Tagen nach dem Tage der Einführung oder des Empfanges der zuständigen Behörde anzumelden und davon die Stempelabgabe zu entrichten.

§. 25. **Art der Abgabenentrichtung.**

Die Verpflichtung zur Entrichtung der Stempelabgabe wird erfüllt durch Zahlung des Abgabebetrages bei der zuständigen Behörde.

Ob und in welcher Weise eine Verwendung von Stempelzeichen stattzufinden hat, bestimmt der Bundesrath.

§. 26. **Strafvorschrift.**

Die Nichterfüllung der in den §§. 22 bis 24 bezeichneten Verpflichtungen wird mit einer dem fünffachen Betrage der hinterzogenen Abgabe gleichkommenden Geldstrafe geahndet. Dieselbe ist jedoch gegen den Unternehmer inländischer Lotterien oder Ausspielungen, sowie gegen jeden, welcher den Vertrieb ausländischer Loose

---

Zu §. 22.

Die Strafbarkeit der Lotterie oder Ausspielung hebt nicht die Stempelpflicht auf (R.G. in Strff. XI, 10, XVI, 302, XXII, 195, XXX, 398). Ebensowenig das gleichzeitige Vorhandensein einer sonstigen strafbaren Handlung, z. B. des Glückspiels (R.G. XXVIII, 368). Über Konkurrenz mit solchen strafbaren Handlungen vgl. Anm. zu Ges. §. 26. — Das „will" deutet nur darauf hin, daß die Abgabe im voraus zu entrichten ist; nicht etwa soll durch jenes Wort für erforderlich erklärt werden, daß der Handelnde sich aller Thatbestandsmerkmale bewußt sein müsse (R.G. in Strff. XXII, 195). Den Spieleinlagen stehen bei Anwendung der §§. 22 bis 24 Wetteinsätze bei öffentlich veranstalteten Pferderennen und ähnlichen öffentlichen Veranstaltungen gleich (Tarif 5 Abs. 2, R.G. in Strff. XXXI, 367). — Über die Fälle einer Befreiung von der Stempelpflicht bestimmt Tarif 5 (R.G. in Strff. XI, 11) und §. 28.

Zu §. 24.

Die Vorschrift richtet sich auch gegen den Vermittler, während §. 22 den Veranstalter trifft (R.G. in Strff. XXXI, 368).

oder Ausweise über Ausspielungen im Bundesgebiete besorgt, nicht unter dem Betrage von zweihundertundfünfzig Mark festzusetzen.

Die gleiche Strafe trifft denjenigen, welcher Wetteinsätze der in der Tarifnummer 5 bezeichneten Art entgegennimmt, ohne einen Ausweis darüber auszustellen.

Ist die Zahl der abgesetzten Loose oder die Gesammthöhe der Wetteinsätze nicht zu ermitteln, so tritt Geldstrafe von zweihundertundfünfzig bis fünftausend Mark ein.

Rückerstattung. §. 27.

Ein Anspruch auf Rückerstattung des eingezahlten Abgabebetrages ist ausgeschlossen; eine solche kann von der obersten Landesfinanzbehörde nur dann zugestanden werden, wenn eine beabsichtigte Ausspielung erweislich nicht zu Stande gekommen ist.

§. 28.

Staatslotterieen deutscher Bundesstaaten.

Die §§. 22 bis 27 leiden auf Staatslotterien deutscher Bundesstaaten keine Anwendung.

Die Stempelsteuer für die Loose der letzteren wird durch die Lotterieverwaltung eingezogen und in einer Summe für die Gesammtzahl der von ihr abgesetzten Loose zur Reichskasse abgeführt.

Eine Abstempelung der Loose findet nicht statt.

Übergangsvorschrift. §. 29.

Loose etc. inländischer Unternehmungen, für welche vor Inkrafttreten dieses Gesetzes die obrigkeitliche Erlaubniss bereits ertheilt ist, sowie ausländische Loose, welche vor diesem Zeitpunkte in das Bundesgebiet eingeführt, auch binnen drei Tagen nach demselben bei der zuständigen Behörde angemeldet sind, und die Loose der Staatslotterien, deren Ausgabe auch nur für eine Klasse bereits vor diesem Zeitpunkte begonnen hat, unterliegen der Reichstempelabgabe nur nach Massgabe der bisherigen gesetzlichen Bestimmungen.

Zu §. 26.

I. **Wetten.** Das R.G. in Strff. XXXI, 369 erachtet als strafbar nach §. 26 Abs. 2 auch die Nichtentrichtung der Stempelabgabe vom Wettgeschäft seitens des Vermittlers, wenn über das Wettgeschäft selbst kein Ausweis ausgestellt ist, gleichgiltig ob ein Ausweis über die Annahme des Auftrages zu vermitteln erteilt ist. Der Ausdruck „Entgegennehmen von Wetteinsätzen" trifft, da er nur statt „Abschluß des Wettgeschäfts" steht, nicht ausschließlich den Fall der Barzahlung des Einsatzes, vielmehr auch die Fälle einer Aufrechnung oder Stundung des Einsatzes (R.G. in Strff. XXX, 50). Die Thätigkeit eines unselbständigen Gehilfen eines Veranstalters ist kein „Entgegennehmen von Wetteinsätzen"; ein solcher Gehilfe ist daher nicht strafbar als Thäter nach §. 26 Abs. 2 (R.G. in Strff. XXXI, 53). Das Gesetz ist einschränkend dahin auszulegen, daß nicht auch Wetten lediglich privater Art, insbesondere behufs Entscheidung eines Meinungsstreits in engbegrenztem Personenkreise, getroffen werden sollen (R.G. in Strff. XXVIII, 369, XXX, 52). Ein fortgesetztes Delikt gegen §. 26 Abs. 2 ist möglich (R.G. in Strff. XXXI, 116; vgl. auch Anm. zu §. 34 Ges.). Über Konkurrenz mit Glückspiel vgl. R.G. in Strff. XXVIII, 369, XXXI, 116, über Konkurrenz mit Veranstaltung einer unerlaubten öffentlichen Lotterie vgl. R.G. in Strff. XVI, 305, XXX, 397.

II. **Nicht ermittelte Zahl oder Höhe.** Die Mindeststrafe von 250 Mk. gemäß §. 26 Abs. 3 ist für jeden als selbständiges Vergehen angesehenen Fall verwirkt (R.G. in Strff. XXX, 53).

§. 30. **Befreiung von Landesstempel.**

Oeffentliche Ausspielungen, Verloosungen und Lotterien, für welche die Reichsstempelabgabe zu entrichten ist, unterliegen in den einzelnen Bundesstaaten keiner weiteren Stempelabgabe (Taxe, Sportel u. s. w.).

IV. Allgemeine Bestimmungen.

§. 31.

Ausführungsverordnungen des Bundesrats.

Der Bundesrath erlässt die Anordnungen wegen der Anfertigung und des Vertriebes der nach Massgabe dieses Gesetzes zu verwendenden Stempelmarken und gestempelten Formulare, sowie die Vorschriften über die Form der Schlussnoten und über die Art der Verwendung der Marken. Er stellt die Bedingungen fest, unter welchen für verdorbene Marken und Formulare, sowie für Stempel auf verdorbenen Werthpapieren Erstattung zulässig ist.

§. 32.

Unvorschriftsmäßig verwendete Stempelmarken.

Stempelmarken, welche nicht in der vorgeschriebenen Weise verwendet worden sind, werden als nicht verwendet angesehen.

§. 33. **Rechtsweg.**

In Beziehung auf die Verpflichtung zur Entrichtung der in diesem Gesetze festgestellten Abgaben ist der Rechtsweg zulässig. Die Klage ist bei Verlust des Klagerechts binnen sechs Monaten nach erfolgter Beitreibung oder mit Vorbehalt geleisteter Zahlung zu erheben. Für die Berechnung dieser Frist sind die Bestimmungen der Civilprozessordnung massgebend. Zuständig sind ohne Rücksicht auf den Werth des Streitgegenstandes die Landgerichte. Soweit bei denselben Kammern für Handelssachen bestehen, gehört der Rechtsstreit vor diese. Die Revision, sowie die Beschwerde gegen Entscheidungen der Oberlandesgerichte geht an das Reichsgericht.

§. 34. **Ordnungsstrafen.**

Zuwiderhandlungen gegen die Vorschriften dieses Gesetzes oder gegen die zu dessen Ausführung erlassenen Vorschriften, die im Gesetze mit keiner besonderen Strafe belegt sind, ziehen eine Ordnungsstrafe bis zu einhundertfünfzig Mark nach sich.

Zu §. 33.

Aus Satz 2 ist zu entnehmen, daß im Falle einer ohne Zwang geschehenen Entrichtung die Rückforderung im Wege des Rechtsstreits nur zulässig ist, wenn vor oder bei der Zahlung ein Vorbehalt erklärt wurde (R.G. XXXVII, 121). Auch auf dem Wege einer Feststellungsklage, wenn deren Voraussetzungen vorhanden, darf die Frage der Stempelpflicht zum Austrag gebracht werden (R.G. XXXI, 31). Das Gericht ist nicht befugt, mittels einstweiliger Verfügung die Einstellung einer Verwaltungszwangsvollstreckung anzuordnen (R.G. XXV, 407). — Durch die erfolgte Einziehung des Stempels durch den Fiskus wird die Beweislast nicht geändert; der Fiskus bleibt vielmehr beweispflichtig dafür, daß die thatsächlichen Voraussetzungen der Stempelpflicht vorgelegen haben (R.G. XXVI, 56).

Dieselbe Strafe tritt ein, wenn in den Fällen der §§. 3, 19 und 26 aus den Umständen sich ergiebt, dass eine Steuerhinterziehung nicht hat verübt werden können oder nicht beabsichtigt worden ist.

§. 35.

Bestrafung von Vertretern und von gemeinschaftlichen Vertragschließenden.

Die auf Grund dieses Gesetzes zu verhängenden Strafen sind bei Genossenschaften und Aktiengesellschaften gegen die Vorstandsmitglieder, bei Kommanditgesellschaften gegen die persönlich haftenden Gesellschafter, bei offenen Handelsgesellschaften gegen die Gesellschafter nur im einmaligen Betrage, jedoch unter Haftbarkeit jedes einzelnen als Gesammtschuldner festzusetzen. Ebenso ist in anderen Fällen zu verfahren, in denen bei einem Geschäfte mehrere Personen als Vertreter desselben Kontrahenten oder als gemeinschaftliche Kontrahenten betheiligt sind.

Auf die Verhängung der im §. 20 vorgeschriebenen Rückfallsstrafe finden diese Bestimmungen keine Anwendung.

Strafverfahren. §. 36.

Hinsichtlich des administrativen Strafverfahrens wegen der Zuwiderhandlungen gegen dieses Gesetz, der Strafmilderung und des Erlasses der Strafe im Gnadenwege, der Vollstreckung der Strafe, sowie der Verjährung der Strafverfolgung finden die Vorschriften in den §§. 17 Satz 1, 18 und 19 des Gesetzes vom 10. Juni 1869, betreffend die Wechselstempelsteuer, sinngemässe Anwendung. Die auf Grund des gegenwärtigen Gesetzes erkannten Geldstrafen fallen dem Fiskus desjenigen Staates zu, von dessen Behörden die Strafentscheidung erlassen ist.

Zu §. 34.

Eine Absicht, die Steuer zu hinterziehen, ist bei Irrtum über Vorhandensein der Steuerpflicht ausgeschlossen, mag der Irrtum sich auf Thatsachen oder auf die Auslegung des Stempelgesetzes und der in ihm enthaltenen Strafandrohung beziehen, mag er entschuldbar oder unentschuldbar sein (R.G. in Strfs. XI, 435, XXX, 52). Ein fortgesetztes Vergehen gegen §. 34 ist möglich; jedoch braucht selbst bei Annahme eines von vornherein gefaßten Entschlusses, Stempelsteuerdelikte zu begehen, die Selbständigkeit des in jedem Einzelfall gefaßten Vorsatzes nicht aufgehoben zu sein (R.G. in Strfs. XXX, 286; vgl. auch Anm. zu §. 26 Ges.).

Zu §. 35.

„Gemeinschaftliche Kontrahenten" sind z. B. zwei Personen, welche von einem Dritten ungeteilt Wertpapiere zu Pfand nehmen (R.G. in Strfs. XXVIII, 365).

Zu §. 36.

Es lautet Wechselstempelsteuerges. v. 10. Juni 1869:

§. 17 Satz 1. „Wechselstempel-Hinterziehungen (§. 15) verjähren in fünf Jahren, von dem Tage der Ausstellung des Wechsels an gerechnet."

§. 18. „In Betreff der Feststellung, Untersuchung und Entscheidung der Wechselstempel-Hinterziehung und der Vollstreckung der Strafe, sowie in Betreff der Strafmilderung und des Erlasses der Strafe im Gnadenwege kommen die Vorschriften zur Anwendung, nach welchen sich das Verfahren wegen Vergehen gegen die Zollgesetze — in den von der gemeinschaftlichen Zollgrenze ausgeschlossenen Bezirken aber das Verfahren wegen Vergehen gegen die Stempelgesetze — bestimmt.

§. 37.

Verwandlung der Geldstrafe. Beitreibung.

Die Verwandlung einer Geldstrafe, zu deren Zahlung der Verpflichtete unvermögend ist, in eine Freiheitsstrafe findet nicht statt. Auch darf zur Beitreibung von Geldstrafen ohne Zustimmung des Verurtheilten, wenn dieser ein Deutscher ist, kein Grundstück subhastirt werden.

§. 38. **Behörden und Beamte.**

Unter den in diesem Gesetze erwähnten Behörden und Beamten sind, soweit das Gesetz nichts anderes bestimmt, die betreffenden Landesbehörden und Landesbeamten verstanden.

Welche dieser Behörden und Beamten die in dem Gesetze als zuständig bezeichneten sind, bestimmen, sofern das Gesetz nichts anderes verfügt, die Landesregierungen.

Den letzteren liegt auch die Kontrole über die betreffenden Behörden und Beamten ob.

§. 39.

Befugnisse der beaufsichtigenden Behörden und Beamten.

Die in den einzelnen Bundesstaaten mit der Beaufsichtigung des Stempelwesens beauftragten Behörden und Beamten haben die ihnen obliegenden Verpflichtungen mit den gleichen Befugnissen, wie sie ihnen hinsichtlich der nach den Landesgesetzen zu entrichtenden Stempelabgaben zustehen, auch hinsichtlich der in diesem Gesetze bestimmten Abgaben wahrzunehmen.

Der Prüfung in Bezug auf die Abgabenentrichtung durch von den Landesregierungen zu bestimmende höhere Beamte unterliegen öffentliche Anstalten, Aktiengesellschaften, Kommanditgesellschaften auf Aktien, eingetragene Genossenschaften und Gesellschaften mit beschränkter Haftung, sofern sie abgabepflichtige Geschäfte der unter Nummer 4 des Tarifs bezeichneten Art gewerbsmässig betreiben oder ver-

---

Die im §. 15 vorgeschriebenen Geldbußen fallen dem Fiskus desjenigen Staates zu, von dessen Behörden die Strafentscheidung erlassen ist."

§. 19. „Jede von einer nach §. 18 zuständigen Behörde wegen Wechselstempel-Hinterziehung einzuleitende Untersuchung und zu erlassende Strafentscheidung kann auch auf diejenigen Inhaber des Wechsels, welche anderen Bundesstaaten angehören, ausgedehnt werden. Die Strafvollstreckung ist nötigenfalls durch Requisition der zuständigen Behörden und Beamten des Staates zu bewirken, in dessen Gebiete die Vollstreckungsmaßregel zur Ausführung kommen soll.

Die Behörden und Beamten der Bundesstaaten sollen sich gegenseitig thätig und ohne Verzug den verlangten Beistand in allen gesetzlichen Maßregeln leisten, welche zur Entdeckung oder Bestrafung der Wechselstempel-Hinterziehungen dienlich sind."

Der §. 17 Satz 1 Wechselstempelsteuerges. findet nicht nur auf absichtliche Hinterziehungen, sondern auch auf die Ordnungswidrigkeiten des §. 34 Abs. 2 Reichsstempelges. Anwendung (R.G. in Strfs. **XXX**, 286).

Zu §. 39.

„Gewerbsmäßig" ist ein Betreiben oder Vermitteln, welches von der Absicht beherrscht wird, eine fortgesetzte, auf Erwerb gerichtete Thätigkeit auszuüben (H.G.B. §. 1 Anm. III **A**); ob diese Thätigkeit einen besonders großen Umfang hat, ist unerheblich (R.G. in Strfs. **XXVII**, 208).

mitteln. Der gleichen Prüfung unterliegen die zur Erleichterung der Liquidation von Zeitgeschäften bestimmten Anstalten.

Den revidirenden Beamten sind alle bezüglichen Schriftstücke und erforderlichenfalls auch die Geschäftsbücher zur Einsicht vorzulegen.

Von anderen als den im Absatz 2 bezeichneten Personen kann die Steuerdirektivbehörde die Einreichung der auf bestimmt zu bezeichnende abgabepflichtige Geschäfte bezüglichen Schriftstücke verlangen.

§. 40.

Prüfungs- und Anzeigepflicht anderer Behörden und Beamten.

Ausserdem haben die Reichsbehörden, die Behörden und Beamten der Bundesstaaten und Kommunen, die von Handelsvorständen eingesetzten Sachverständigenkommissionen und Schiedsgerichte, sowie die Notare die Verpflichtung, die Besteuerung der ihnen vorkommenden Urkunden zu prüfen und die zu ihrer Kenntniss gelangenden Zuwiderhandlungen gegen dieses Gesetz bei der zuständigen Behörde zur Anzeige zu bringen.

Sachverständige. Handelsvorstände. §. 41.

Der Bundesrath ordnet an, in welchen Fällen bei administrativen Straffestsetzungen Sachverständige zu hören sind; solche sind, wo Handelsvorstände bestehen, von diesen zu bezeichnen.

Die Handelsvorstände können unter Berücksichtigung der besonderen Verhältnisse und Gewohnheiten ihres Bezirks, zum Zweck der Durchführung des Gesetzes und Sicherung der Entrichtung der Abgaben reglementarische Anordnungen erlassen; letztere bedürfen der Zustimmung der Landesregierungen.

§. 42.

Vollstreckbarkeit und Vollstreckungsverfahren.

Bezüglich der Vollstreckbarkeit und des Vollstreckungsverfahrens werden die Reichsstempelabgaben den Landesabgaben gleichgeachtet.

Persönliche Befreiungen. §. 43.

Die Kassen des Reichs sind von der Entrichtung der durch dieses Gesetz unter Tarifnummer 1, 2, 3 angeordneten Abgaben befreit.

Andere subjektive Befreiungen finden, soweit nicht ausdrücklich Ausnahmen angeordnet sind, nicht statt.

Zu §. 43.

Es lautet Wechselstempelsteuerges. v. 10. Juni 1869 §. 26 Abs. 2—4:

„Für die Aufhebung der in den einzelnen Staaten des Bundes bestehenden subjektiven Befreiungen von der Wechselstempelsteuer, welche auf lästigen Privatrechtstiteln beruhen, wird, insoweit dieselben nach den Landesgesetzen nicht ohne Entschädigung aufgehoben werden können, aus der Bundeskasse Entschädigung geleistet. Sind in den der Befreiung zum Grunde liegenden Verträgen, Spezialprivilegien und sonstigen Rechtstiteln Bestimmungen über die Art und Höhe der Entschädigung enthalten, so behält es dabei sein Bewenden.

Anderenfalls wird bis zum Erlöschen der Befreiung dem Berechtigten der Stempelbetrag, welchen er nach Vorschrift dieses Gesetzes entrichtet hat, auf Grund periodischer

Wegen der Entschädigung für die Aufhebung solcher Befreiungen, welche etwa auf lästigen Privatrechtstiteln beruhen, sowie wegen der Erstattung der von solchen Berechtigten entrichteten Stempelbeträge, kommen die entsprechenden Bestimmungen des Gesetzes, betreffend die Wechselstempelsteuer (§. 26 Absatz 2 bis 4), zur Anwendung.

§. 44.

Erhebungs- und Verwaltungskosten.

Jedem Bundesstaate wird von der jährlichen Einnahme, welche in seinem Gebiete aus dem Verkauf von Stempelmarken oder gestempelten Blankets oder durch baare Einzahlung von Reichsstempelabgaben erzielt wird, mit Ausnahme der Steuer von Loosen der Staatslotterien, der Betrag von zwei Prozent aus der Reichskasse gewährt.

§. 45. **Reichskasse. Überweisung.**

Der Ertrag der Abgaben fliesst nach Abzug

1. der auf dem Gesetze oder auf allgemeinen Verwaltungsvorschriften beruhenden Steuererlasse und Steuererstattungen,
2. der nach Vorschrift des §. 44 zu berechnenden Erhebungs- und Verwaltungskosten

in die Reichskasse und ist den einzelnen Bundesstaaten nach dem Massstabe der Bevölkerung, mit welcher sie zu den Matrikularbeiträgen herangezogen werden, zu überweisen.

§. 46. **Zeitpunkt des Inkrafttretens.**

Dieses Gesetz tritt mit dem 1. Mai 1894 in Kraft.

Für das Gebiet der Insel Helgoland wird der Zeitpunkt des Inkrafttretens des Gesetzes durch Kaiserliche Verordnung unter Zustimmung des Bundesraths festgesetzt.

Nachweisung aus der Bundeskasse erstattet. Die Aufstellung und Prüfung der periodischen Nachweisungen erfolgt nach den von dem Bundesrate hierüber zu erlassenden näheren Anordnungen.

Für Stempelbeträge, deren Erstattung der Berechtigte von anderen Teilnehmern am Umlaufe des Wechsels oder von seinen Kommittenten zu fordern hat, wird in keinem Falle aus der Bundeskasse Entschädigung gewährt."

[Tarif.]

Tarif.

Laufende Nr.	Gegenstand der Besteuerung.	Steuersatz vom Hundert	Steuersatz vom Tausend	M	Pf	Berechnung der Stempelabgabe.
	Aktien, Renten- und Schuldverschreibungen.					
1.	a) Inländische Aktien und Aktienantheilsscheine, sowie Interimsscheine über Einzahlungen auf diese Werthpapiere	1	—	—	—	
	b) Ausländische Aktien und Aktienantheilsscheine, wenn sie im Inlande ausgehändigt, veräussert, verpfändet oder wenn daselbst andere Geschäfte unter Lebenden damit gemacht oder Zahlungen darauf geleistet werden, — unter der gleichen Voraussetzung auch Interimsscheine über Einzahlungen auf diese Werthpapiere	1½	—	—	—	vom Nennwerthe, bei Interimsscheinen vom Betrage der bescheinigten Einzahlungen, und zwar zu 1a in Abstufungen von 1 Mark, zu 1b in Abstufungen von 1½ Mark für je 100 Mark oder einen Bruchtheil dieses Betrages.
	Die Abgabe ist von jedem Stück nur einmal zu entrichten. Befreit sind: Inländische Aktien und Aktienantheilsscheine, sowie Interimsscheine über Einzahlungen auf diese Werthpapiere, sofern sie von Aktiengesellschaften ausgegeben					Der nachweislich ver-

Zu Tarifnummer 1.

I. **Aktien** vgl. H.G.B. §. 179 Anm. IV a. Aktie über mehrere Anteilrechte vgl. H.G.B. §. 179 Anm. IV d, R.G. XLII, 42. Aktienanteilscheine können nur bei den vor Inkrafttreten des Ges. v. 18. Juli 1884 gegründeten Gesellschaften vorkommen.

II. **Interimsscheine** vgl. H.G.B. §. 179 Anm. V. Kein Interimsschein, und überhaupt keine stempelpflichtige Urkunde ist die in der Errichtungsverhandlung (H.G.B. §. 188) enthaltene Bescheinigung über erfolgte Einzahlung auf die übernommenen Aktien (R.G. i. Strff. VIII, 35).

III. **Geschäfte unter Lebenden** vgl. Reichsstempelges. §. 3 Anm. IV.

IV. **Gemeinnützige Zwecke** vgl. H.G.B. §. 180 Anm. II a 1.

Laufende Nr.	Gegenstand der Besteuerung.	Steuersatz vom Hundert	Steuersatz vom Tausend	ℳ	₰	Berechnung der Stempelabgabe.
(1.)	werden, welche nach der Entscheidung des Bundesraths ausschliesslich gemeinnützigen Zwecken dienen; den zur Vertheilung gelangenden Reingewinn satzungsmässig auf eine höchstens vierprozentige Verzinsung der Kapitaleinlagen beschränken, auch bei Ausloosungen oder für den Fall der Auflösung nicht mehr als den Nennwerth ihrer Antheile zusichern und bei der Auflösung den etwaigen Rest des Gesellschaftsvermögens für gemeinnützige Zwecke bestimmen. Die von solchen Aktiengesellschaften beabsichtigten Veranstaltungen müssen auch für die minder begüterten Volksklassen bestimmt sein.					steuerte Betrag der Interimsscheine wird auf den Betrag der demnächst etwa zu versteuernden Aktien u. s. w. angerechnet. Ausländische Werthe werden nach den Vorschriften wegen Erhebung des Wechselstempels umgerechnet.
2.	a) Inländische für den Handelsverkehr bestimmte Renten- und Schuldverschreibungen					

V. **Umtausch und Stempelaufdruck** vgl. Reichsstempelges. §. 6 Anm. I, II.

VI. **Steuersatz.** Die Steuer ist bei Ausgabe von Aktien vom vollen Nennwert zu berechnen, auch wenn die Ausgabe vor Vollzahlung erfolgt (R.G. XXXIX, 103). Wird eine Urkunde über mehrere Anteile ausgestellt, so ist nach Anweisung des Finanzministers (v. 18. Febr. 1899 (Centralbl. d. Abgaben-Gesetzgbg. S. 41) die Urkunde als eine Aktie zu versteuern, wenn (nach Inhalt der Urkunde oder Satzung) der Empfänger nicht das Recht hat, die Ausstellung getrennter Urkunden zu verlangen (vgl. R.G. XLII, 41); jedoch als mehrere Aktien, wenn dem Empfänger dies Recht zusteht (vgl. R.G. XXXVI, 160).

Zu Tarifnummer 2.

I. **Für den Handelsverkehr bestimmt** vgl. H.G.B. §. 1 Anm. III C Ziff. 1 e, §. 93 Anm. III e. Wesentlich ist weder die Absicht des Ausgebers noch der thatsächliche Erfolg, sondern die Beschaffenheit (Form und Inhalt) der Urkunde, vor allem deren leichte Übertragbarkeit und Veräußerbarkeit (R.G. XVI, 85, XVIII, 134); „bestimmt" steht daher hier für „geeignet" (vgl. R.G. XVI, 86). Für den Handelsverkehr bestimmt in diesem Sinne sind stets Inhaberschuldverschreibungen (R.G. in Strff. XI, 426, R.G. XVIII, 134), unter Umständen auch Ordrepapiere (R.G. in Strff. XI, 426, R.G. XVI, 86). Namenpapiere, auch wenn Legitimationspapiere (R.G.

Laufende Nr.	Gegenstand der Besteuerung.	Steuersatz vom Hundert	Steuersatz vom Tausend	ℳ	₰	Berechnung der Stempelabgabe.
(2.)	(auch Partialobligationen), sofern sie nicht unter Nummer 3 fallen, sowie Interimsscheine über Einzahlungen auf diese Werthpapiere . .	—	4	—	—	
	b) Renten- und Schuldverschreibungen ausländischer Staaten, Korporationen, Aktiengesellschaften oder industrieller Unternehmungen und sonstige für den Handelsverkehr bestimmte ausländische Renten- und Schuldverschreibungen, wenn sie im Inlande ausgehändigt, veräussert, verpfändet, oder wenn daselbst andere Geschäfte unter Lebenden damit gemacht, oder Zahlungen darauf geleistet werden, — unter der gleichen Voraussetzung auch Interimsscheine über Einzahlungen auf diese Werthpapiere . .	—	6	—	—	vom Nennwerthe, bei Interimsscheinen vom Betrage der bescheinigten Einzahlungen, und zwar zu 2a in Abstufungen von 40 Pfennig, zu 2b in Abstufungen von 60 Pfennig für je 100 Mark oder einen Bruchtheil dieses Betrages. Der nachweislich versteuerte Betrag der Interimsscheine wird auf den Betrag der demnächst etwa zu versteuernden Rentenverschreibungen u. s. w. angerechnet.
	Die Abgabe ist von jedem Stück nur einmal zu entrichten.					Ist der Kapitalwerth von Rentenverschreibungen aus diesen selbst nicht ersichtlich, so gilt als solcher

XVI, 88), sind nur ausnahmsweise für den Handelsverkehr bestimmt; wohl nur dann, wenn sie mittels Indossaments übertragbar sind (R.G. XVI, 87; dagegen für nur mit Genehmigung übertragbare Namenaktien R.G. XXXIX, 39). Nicht, wenn sie nur durch Abtretung (selbst Blankoabtretung) übertragbar sind (R.G. XVI, 87). Ebenso nicht ein auf Namen umgeschriebenes, nicht indossables Inhaberpapier (R.G. XL, 134). In der Regel ferner nicht kaufmännische Verpflichtungsscheine und Grundschuldbriefe (Fin.Min.Erl. v. 6. Mai 1895, angeführt Loeck, Reichsstempelges. Abschn. III Anm. 143). Unerheblich ist, ob beabsichtigt ist, die Papiere auch an die Börse zu bringen, ob sie gleichzeitig in größeren Beträgen oder nur nach und nach ausgegeben sind, ob das verbriefte Rechtsverhältnis kündbar, und ob der Schuldgrund angegeben ist (R.G. in Strfs. XI, 432). — Die Nr. 2b ist dahin ausgelegt worden, daß auch die im Eingang der Nr. 2b genannten Urkunden nur wenn für den Handelsverkehr bestimmt stempelpflichtig seien; „sonstige" bezeichne die Gleichstellung mit dem vorher Genannten (R.G. XXXIX, 140).

II. **Schuldverschreibung.** Sie kann darin liegen, daß von zwei in Kontokorrentverkehr stehenden Personen die eine der anderen anzeigt, sie habe einen Schuldbetrag auf Sonderkonto

Laufende Nr.	Gegenstand der Besteuerung.	Steuersatz vom Hundert	Steuersatz vom Tausend	ℳ	₰	Berechnung der Stempelabgabe.
(2.)	Befreit sind: 1. Renten- und Schuldverschreibungen des Reichs und der Bundesstaaten, sowie Interimsscheine über Einzahlungen auf diese Werthpapiere; 2. die auf Grund des Reichsgesetzes vom 8. Juni 1871 abgestempelten ausländischen Inhaberpapiere mit Prämien. Anmerkung zu Tarifnummer 1 und 2. Der Aushändigung ausländischer Werthpapiere im Inlande wird es gleichgeachtet, wenn solche Werthpapiere, welche durch ein im Auslande abgeschlossenes Geschäft von einem zur Zeit des Geschäftsabschlusses im Inlande wohnhaften Kontrahenten angeschafft sind, diesem aus dem Auslande übersandt oder von ihm oder einem Vertreter aus dem Auslande abgeholt werden. Genussscheine und ähnliche					der 25fache Betrag der einjährigen Rente. Ausländische Werthe werden nach den Vorschriften wegen Erhebung des Wechselstempels umgerechnet.

verbucht und werde ihn bis zu bestimmtem Zeitpunkt verzinsen (R.G. XXXIV, 139). Eine Schuldverschreibung liegt z. B. auch in einem schriftlichen Anerkenntnis des Staats über geschuldete Rückvergütung von Steuer (R.G. XVIII, 133).

III. **Geschäfte unter Lebenden** vgl. Reichsstempelges. §. 3 Anm. IV.

IV. **Genußscheine.** Diese Bezeichnung wird Urkunden sehr verschiedenen Inhalts beigelegt. In der Regel verbriefen sie kein Anteilrecht, und dann fallen sie nicht unter den Begriff der Aktien (H.G.B. §. 179 Anm. IV a). Als Schuldverschreibungen wurden Genußscheine erachtet, welche den Inhabern für den Fall der Auflösung der Gesellschaft außer einem Anteil an dem etwaigen Überschuß ein Forderungsrecht auf den bestimmten Betrag von je 1000 Mk. gewährten (R.G. XXX, 17).

V. **Umtausch, Stempelaufdruck** vgl. Reichsstempelges. §. 6 Anm. I, II.

Zur Anmerkung zu Tarifnummer 1 und 2.

„Angeschafft" steht hier in dem allgemeineren Sinne von „erworben", schließt also die nach Tarif 4a Abs. 2 der Anschaffung gleichgestellten Geschäfte ein (R.G. XLI, 140).

Laufende Nr.	Gegenstand der Besteuerung.	Steuersatz vom Hundert	Steuersatz vom Tausend	ℳ	₰	Berechnung der Stempelabgabe.
(2.)	zum Bezuge eines Antheils an dem Gewinn einer Aktienunternehmung berechtigende Werthpapiere, sofern sie sich nicht als Aktien oder Aktienantheilsscheine (Tarifnummer 1) oder als Renten- oder Schuldverschreibungen (Tarifnummer 2) darstellen, unterliegen einer festen Abgabe, die für					
	a) solche, welche als Ersatz an Stelle amortisirter Aktien ausgegeben werden	—	—	—	50	von jeder einzelnen Urkunde
	b) alle übrigen, und zwar					
	1. inländische	—	—	3	—	
	2. ausländische	—	—	5	—	
	beträgt.					
	Vor dem 1. Mai 1894 ausgegebene Genussscheine sind der vorbezeichneten Abgabe nicht unterworfen.					
3.	a) Inländische auf den Inhaber lautende und auf Grund staatlicher Genehmigung ausgegebene Renten- und Schuldverschreibungen der Kommunalverbände und Kommunen, sowie Interimsscheine über Einzahlungen auf diese Werthpapiere . .	—	1	—	—	vom Nennwerthe beziehungsweise vom Betrage der bescheinigten Einzahlungen nach Massgabe der Vorschriften für die Abgabenberechnung bei inländischen Werthpapieren der unter Nr. 2 bezeichneten Art, und zwar in Abstufungen von 10 beziehungsweise 20 Pfennig für je 100 Mark oder einen Bruchtheil dieses Betrages.
	b) Inländische auf den Inhaber lautende und auf Grund staatlicher Genehmigung ausgegebene Renten- und Schuldverschreibungen der Korporationen ländlicher oder städtischer Grundbesitzer, der Grundkredit- und Hypothekenbanken oder der Transportgesellschaften, sowie Interimsscheine über Einzahlungen auf diese Werthpapiere . .	—	2	—	—	

Laufende Nr.	Gegenstand der Besteuerung.	Steuersatz vom Hundert	Steuersatz vom Tausend	ℳ	₰	Berechnung der Stempelabgabe.
	Kauf- und sonstige Anschaffungsgeschäfte.					
4.	a) Kauf- und sonstige Anschaffungsgeschäfte über 1. ausländische Banknoten, ausländisches Papiergeld, ausländische Geldsorten; 2. Werthpapiere der unter Nr. 1, 2 und 3 des Tarifs bezeichneten Art . . .	—	$^2/_{10}$	—	—	
	Den Kauf- und sonstigen Anschaffungsgeschäften steht gleich die bei Errichtung einer Aktiengesellschaft oder Kommanditgesellschaft auf Aktien erfolgende Zutheilung der Aktien auf Grund vorhergehender Zeichnung, die bei Errichtung einer Aktiengesellschaft stattfindende Uebernahme der Aktien durch die Gründer und die Ausreichung von Werthpapieren an den ersten Erwerber.					
	Ermässigung. Hat ein Kontrahent nachweislich im Arbitrageverkehr					

Zu Tarifnummer 4.

I. **Kauf- und sonstige Anschaffungsgeschäfte.** Anschaffung vgl. H.G.B. §. 1 Anm. IIIC Ziff. 1 a. Hierzu gehört ein Umtausch unter Veränderung des verbrieften Rechtsverhältnisses (Ges. §. 6 Abs. 2); so z. B. der seitens des Aktionärs bewirkte Umtausch von Aktien einer A.G. gegen Aktien einer anderen A.G. nach erfolgter Übertragung des Vermögens der ersteren A.G. als Ganzes an die zweite A.G. (R.G. XLI, 86), der Umtausch gewöhnlicher Aktien gegen bevorrechtigte Aktien derselben Gesellschaft unter Zuzahlung (R.G. XXI, 32), der Umtausch von Schuldverschreibungen gegen andere derselben Gesellschaft unter Änderung des Zinsfußes, des Gesammtbetrages der Schuld und des Tilgungsplans (R.G. XXVII, 49), der Umtausch von der Auslosung unterliegenden Schuldverschreibungen verstaatlichter Eisenbahnen gegen der Auslosung nicht unterliegende Schuldverschreibungen des Staates mit herabgesetztem Zinssatz (R.G.

Laufende Nr.	Gegenstand der Besteuerung.	Steuersatz vom Hundert	Steuersatz vom Tausend	ℳ	₰	Berechnung der Stempelabgabe.
(4.)	unter die Tarifnummer 4a 1 und 2 fallende Gegenstände derselben Gattung im Inlande gekauft und im Auslande verkauft oder umgekehrt, oder an dem einen Börsenplatze des Auslandes gekauft und an dem anderen verkauft, so ermässigt sich die Stempelabgabe von jedem dieser Geschäfte, soweit deren Werthbeträge sich decken, zu Gunsten dieses Kontrahenten um ein Zwanzigstel vom Tausend, wenn die beiden einander gegenüberstehenden Geschäfte zu festen Kursen an demselben oder an zwei unmittelbar auf einander folgenden Börsentagen abgeschlossen sind. Es macht keinen Unterschied, ob der Kontrahent die Geschäfte im Auslande selbst oder durch eine Metaverbindung abgeschlossen hat. Unter den gleichen Voraussetzungen tritt diese Steuer-					vom Werthe des Gegenstandes des Geschäfts, und zwar in Abstufungen von 20 beziehungsweise 40 Pfennig für je 1000 Mark oder einen Bruchtheil dieses Betrages. Der Werth des Gegenstandes wird nach dem vereinbarten Kauf- oder Lieferungspreis, sonst durch den mittleren Börsen- oder Marktpreis am Tage des Abschlusses bestimmt. Die zu den Werthpapieren gehörigen Zins- und Gewinnantheilsscheine bleiben bei Berechnung der Abgabe ausser Betracht. Bei Geschäften über die unter Nr. 2 Befreiungen Nr. 1 und Nr. 3 des Tarifs aufgeführten Papiere bleibt der den Nennwerth übersteigende Werth der angeschafften Werthpapiere dieser Gattung ausser Betracht, wenn der gesammte

XXVII, 50). Ebenso uneigentliche Verpfändungs- (R.G. XXI, 36), Leih-, Miet- und Verwahrungsgeschäfte (R.G. XLII, 12; vgl. Ges. 13), nicht aber eigentliche Verpfändungsgeschäfte (R.G. XXI, 36). Die Hingabe in Verwahrung mit der Ermächtigung zur Rücklieferung anderer Stücke ist ein durch das Gebrauchmachen von der Ermächtigung bedingtes (Ges. §. 8) Anschaffungsgeschäft (R.G. XLII, 11). Ein Konsortialvertrag betreffs Übernahme der demnächst von einem Darlehnsnehmer auszugebenden Schuldverschreibungen ist kein Anschaffungsgeschäft, auch kein bedingtes, vielmehr ein Gesellschaftsvertrag, bei welchem als einer der Gesellschaftszwecke die Abschließung eines Anschaffungsgeschäftes in Aussicht genommen ist (R.G. XXVI, 50). Bei Unterkonsortialverträgen, d. h. Verträgen zwischen einem der Hauptkonsorten und Unterkonsorten über gemeinschaftliche Verwertung der auf den Anteil des ersteren im Hauptkonsortium fallenden Papiere, ist zu unterscheiden, ob der Unterkonsortialvertrag vor oder nach dem vom Hauptkonsortium mit dem Dritten abgeschlossenen Anschaffungsgeschäft abgeschlossen wird; nur in letzterem Falle ist der Unterkonsortialvertrag ein Anschaffungsgeschäft,

Laufende Nr.	Gegenstand der Besteuerung.	Steuersatz vom Hundert	Steuersatz vom Tausend	ℳ	₰	Berechnung der Stempelabgabe.
(4.)	ermässigung ein, wenn An- und Verkäufen von ausländischen Banknoten oder ausländischem Papiergeld Geschäfte über Kontanten oder Wechsel gegenüberstehen. Eine einmalige, längstens halbmonatliche Prolongation im Auslande abgeschlossener Geschäfte dieser Art bleibt steuerfrei. Die Geschäfte sind zunächst nach dem vollen Betrage zu versteuern. Der Bundesrath erlässt die näheren Vorschriften darüber, auf Grund welcher Nachweise die Erstattung des zuviel verwendeten Stempels erfolgt. b) Kauf- und sonstige Anschaffungsgeschäfte, welche unter Zugrundelegung von Usancen einer Börse geschlossen werden (Loko-, Zeit-, Fix-, Termin-, Prämien- u. s. w. Geschäfte), über Mengen von Waaren, die börsenmässig gehandelt werden	—	$^4/_{10}$	—	—	Nennwerth 5000 Mark nicht übersteigt. Ausländische Werthe sind nach den Vorschriften wegen Erhebung des Wechselstempels umzurechnen.

weil der Hauptkonsorte seinen Anteil bereits erworben hatte, mithin in dem Unterkonsortialvertrag kein reines Abwickelungsgeschäft unter Gesellschaftern, vielmehr zugleich ein eventueller Veräußerungsvertrag liegt (R.G. XXVI, 52; vgl. R.G. XX, 197, XXI, 68). Auch ein Diskontierungsgeschäft enthält eine Anschaffung (vgl. R.G. XVIII, 129).

II. **Gleichstehende Geschäfte.** Der Abs. 2 zu Tarif 4a war in der Fassung des Reichsstempelges. v. 29. Mai 1885 nicht enthalten. Die Verein. Civils. d. R.G. hatten am 30. Juni 1893 einen Beschluß dahin gefaßt, daß eine im Wege der Gleichgründung erfolgende Übernahme der „Aktien" einer zu errichtenden Aktiengesellschaft durch die Gründer kein Anschaffungsgeschäft sei (R.G. XXXI, 17). Um eine derartige Übernahme dennoch steuerpflichtig zu machen, wurde dem Gesetz in der neuen Fassung der obige Absatz hinzugefügt. — Unter „Ausreichung an den ersten Erwerber" ist nicht die Handlung der Aushändigung verstanden, sondern der Abschluß des Geschäfts, durch welches der „erste Erwerber" den Anspruch auf Auslieferung erlangt (R.G. XXXIX, 129; über Urkundenstempel vgl. §. 3 Anm. III).

Laufende Nr.	Gegenstand der Besteuerung.	Steuersatz vom Hundert	Steuersatz vom Tausend	ℳ	₰	Berechnung der Stempelabgabe.
(4.)	Als börsenmässig gehandelt gelten diejenigen Waaren, für welche an der Börse, deren Usancen für das Geschäft massgebend sind, Terminpreise notirt werden. Befreiungen. Die vorbestimmte Abgabe wird nicht erhoben: 1. falls der Werth des Gegenstandes des Geschäfts nicht mehr als 600 Mark beträgt. Werden zwischen denselben Kontrahenten an einem Tage zu gleichen Vertragsbestimmungen mehrere Geschäfte über Gegenstände derselben Art ohne Vermittler oder durch denselben Vermittler abgeschlossen, deren Gesammtwerth mehr als 600 Mark beträgt, so greift für die einzelnen Geschäfte, auch wenn der Werth des Gegenstandes derselben den Betrag von 600 Mark nicht übersteigt, diese Befreiung nicht Platz. 2. falls die Waaren, welche Gegen-					

III. **Wert des Gegenstandes.** Bei Übernahme von „Aktien" (Grundkapitalanteilen) ist Gegenstand des Geschäfts der volle Wert der übernommenen Einlageverpflichtung (= „Ausgabebetrag", H.G.B. §. 184 Anm. 1), selbst wenn zunächst nur ein Teil einzuzahlen ist (R.G. XXXIX, 131).

IV. **Mengen von Waren** (Tarif 4b) sind (wenn man von dem Erfordernis des börsenmäßigen Handelns absieht) nicht ausschließlich solche, die nach Zahl, Maß oder Gewicht gehandelt werden; nur muß es sich um eine im gewöhnlichen Sprachgebrauch als Menge bezeichnete größere Zahl von gleichartigen Sachen handeln, die nach ihrer Beschaffenheit und dem Willen der Vertragschließenden als untereinander völlig gleichartige in Betracht kommen, ohne daß dabei auf das einzelne Stück als solches irgend ein Gewicht gelegt wird (R.G. XLII, 259).

V. **Befreiungen.** Sie beziehen sich auf die Stempelvorschriften unter 4a und 4b (R.G. XLII, 261).

Laufende Nr.	Gegenstand der Besteuerung.	Steuersatz vom Hundert	Steuersatz vom Tausend	M	Pf	Berechnung der Stempelabgabe.
(4.)	stand eines nach Nr. 4b stempelpflichtigen Geschäfts sind, von einem der Vertragschliessenden im Inlande erzeugt oder hergestellt sind; 3. für die Ausreichung der von den Pfandbriefinstituten und Hypothekenbanken ausgegebenen auf den Inhaber lautenden Schuldverschreibungen als Darlehnsvaluta an den kreditnehmenden Grundbesitzer; 4. für sogenannte Kontantgeschäfte über die unter Nr. 4a 1 bezeichneten Gegenstände sowie über ungemünztes Gold oder Silber. Als Kontantgeschäfte gelten solche Geschäfte, welche vertragsmässig durch Lieferung des Gegenstandes seitens des Verpflichteten an dem Tage des Geschäftsabschlusses zu erfüllen sind. 5. von den zur Versicherung von Werthpapieren gegen Verloosung geschlossenen Geschäften, unbeschadet der Stempelpflicht der nach erfolgter Verloosung stattfindenden Kauf- oder sonstigen Anschaffungsgeschäfte.					
	Lotterieloose.					
5.	Loose öffentlicher Lotterien, sowie Ausweise über Spiel-					

Zu Tarifnummer 5.

I. **Wetteinsätze.** Vgl. Ges. §. 26 Anm. I. „Bei" weist nicht darauf hin, daß der Abschluß der Wetten am Ort des Pferderennens u. s. w. stattfinden muß, vielmehr nur auf eine Beziehung der Wette zu bestimmten Rennen (R.G. in Strfs. XXIX, 425).

Laufende Nr.	Gegenstand der Besteuerung.	Steuersatz vom Hundert	Steuersatz vom Tausend	ℳ	₰	Berechnung der Stempelabgabe.
(5.)	einlagen bei öffentlich veranstalteten Ausspielungen von Geld- oder anderen Gewinnen Den Spieleinlagen stehen gleich die Wetteinsätze bei öffentlich veranstalteten Pferderennen und ähnlichen öffentlichen Veranstaltungen. Befreit sind: Loose der von den zuständigen Behörden genehmigten Ausspielungen und Lotterien, sofern der Gesammtpreis der Loose einer Ausspielung die Summe von einhundert Mark und bei Ausspielungen zu ausschliesslich mildthätigen Zwecken die Summe von fünfundzwanzigtausend Mark nicht übersteigt.	10	—	—	—	bei inländischen Loosen vom planmässigen Preise (Nennwerth) sämmtlicher Loose oder Ausweise; bei ausländischen Loosen von dem Preise der einzelnen Loose in Abstufungen von 50 Pfennig für je 5 Mark oder einen Bruchtheil dieses Betrages.

II. **Ausweise.** Hierunter sind nur die vom Veranstalter des Spiel- oder Wettunternehmens, der dem Einsetzenden als Selbstvertragschließender gegenübertritt, ausgestellten Ausweise zu verstehen, nicht auch die vom Vermittler für einen ihm erteilten Auftrag zum Einsetzen ausgegebenen Bescheinigungen (R.G. in Strfs. XXXI, 367).

VI. Urheberrechte und unlauterer Wettbewerb.

1. Gesetz, betr. das Urheberrecht an Schriftwerken, Abbildungen, musikalischen Kompositionen und dramatischen Werken.

Vom 11. Juni 1870. (B.G.Bl. 339).

I. Schriftstücke.

a. Ausschliessliches Recht des Urhebers.

§. 1. **Schutz des Urhebers.**

Das Recht, ein Schriftwerk auf mechanischem Wege zu vervielfältigen, steht dem Urheber desselben ausschliesslich zu.

Vorbemerkung.

I. **Geltungsgebiet.** Dies Gesetz wurde eingeführt in Südhessen und Baden durch die Verfassung des deutschen Bundes v. 15. November 1870 (B.G.Bl. 627) Art. 80 zu I, 25, in Württemberg durch Vertrag v. 25. November 1870 Art. 1 (B.G.Bl. 654), in Baiern durch Reichsges. v. 22. April 1871 (B.G.Bl. 87) §. 11 „unbeschadet der fortdauernden Geltung des Art. 68 des Bairischen Gesetzes über den Schutz der Urheberrechte an litterarischen Erzeugnissen und Werken der Kunst vom 28. Juni 1865", in Elsaß-Lothringen durch Reichsges. v. 27. Januar 1873 (R.G.Bl. 42), in Helgoland durch Reichsges. v. 22. März 1891 (R.G.Bl. 21) Art. I Ziff. VII.

II. **Mehrstaatlicher Verband.** Ein mehrstaatlicher Verband zum Schutz von Werken der Litteratur und Kunst wurde gebildet durch Übereinkunft (Berner Konvention) v. 9. September 1886 (R.G.Bl. 1887 S. 493) zwischen Deutschland, Belgien, Spanien mit Kolonieen, Frankreich mit Kolonieen, Großbritannien mit Kolonieen, Haïti, Italien, Schweiz, Tunis. Demnächst traten bei: Luxemburg (R.G.Bl. 1888 S. 227), Montenegro (R.G.Bl. 1893 S. 136), Norwegen (R.G.Bl. 1896 S. 107). Die Übereinkunft wurde in einigen Punkten geändert durch Zusatzakte v. 4. Mai 1896 (R.G.Bl. 1897 S. 759) zwischen Deutschland, Belgien, Spanien, Frankreich, Großbritannien, Italien, Luxemburg, Monaco, Montenegro, Schweiz, Tunis. Gleichzeitig wurde eine Deklaration zur Übereinkunft und zur Zusatzakte (R.G.Bl. 1897 S. 769) vereinbart zwischen vorgenannten Staaten und Norwegen, jedoch unter Ausschluß von Großbritannien. Demnächst sind der Zusatzakte und der Deklaration beigetreten Haïti (R.G.Bl. 1898 S. 106), und der Übereinkunft, der Zusatzakte und der Deklaration Japan (R.G.Bl. 1899 S. 310; vgl. R.G.Bl. 1896 S. 726). Zur Ausführung der Übereinkunft erging das Ges. v. 4. April 1888 (R.G.Bl. 139) und auf Grund dieses Gesetzes die Verordnungen v. 11. Juli 1888 (R.G.Bl. 225) und v. 29. November 1897 (R.G.Bl. 787). Montenegro hat die Übereinkunft mit Nachträgen gekündigt und tritt zum 1. April 1900 aus dem Verband (Centralbl. 1899 S. 192). — In Art. 15 der Berner Konvention und Zusatzartikel zu derselben sind die bisherigen die Urheber oder Rechtsnachfolger günstiger stellenden Sonderabkommen zwischen einzelnen der beteiligten Staaten aufrechterhalten und der künftige Abschluß derartiger Abkommen gestattet. — Zur Auslegung einiger Bestimmungen der Berner Konvention vgl. R.G. XXII, 180, XL, 109, R.G. in Strfs. XXIX, 193, XXX, 81, 189.

Zu §. 1.

I. **Urheberrecht** kann, gleich dem Eigentumsrechte, jedem Dritten gegenüber unbedingt geltend gemacht werden; der Geltendmachende braucht den inneren Grund, warum er das Recht geltend mache, nicht anzugeben (R.G. XII, 52).

Schutz des Herausgebers. §. 2.

Dem Urheber wird in Beziehung auf den durch das gegenwärtige Gesetz gewährten Schutz der Herausgeber eines aus Beiträgen Mehrerer bestehenden Werkes gleich geachtet, wenn dieses ein einheitliches Ganzes bildet.

Das Urheberrecht an den einzelnen Beiträgen steht den Urhebern derselben zu.

II. **Urheber** ist derjenige, aus dessen eigentümlicher geistiger Thätigkeit das Werk hervorgegangen ist; also nicht der Besteller des Werks, es sei denn, daß gerade die von ihm entwickelte geistige Thätigkeit das wesentlich Schaffende ist (R.G. in Strfs. XV, 406).

III. **Schriftwerk** ist nur was sich als Ausfluß einer individuellen geistigen Thätigkeit darstellt, nicht auch gewöhnliche Briefe, deren Inhalt sich im wesentlichen auf die Mitteilung persönlicher Nachrichten, die Besprechung geschäftlicher Angelegenheiten u. dgl. beschränkt, selbst wenn vereinzelt Bemerkungen betrachtender Art eingeflossen sind (R.G. XLI, 49). Ein Schriftwerk ist was fähig ist, durch Schrift mitgeteilt zu werden; nicht erforderlich ist, daß es aufgezeichnet ist oder auch nur aufgezeichnet werden soll (R.G. XXII, 176). Verlagsfähigkeit ist nicht außerdem erfordert (R.G. in Strfs. XXVII, 24; vgl. jedoch R.G. XXII, 177). Auch ein kleines, zu Reklamezwecken verwendetes Gedicht ist ein Schriftwerk (R.G. in Strfs. XII, 360). Unerheblich ist das Maß der erforderlich gewesenen geistigen Thätigkeit, der Umfang und der innere Gehalt und Wert der Geistesarbeit (R.G. in Strfs. XIX, 199).

IV. **Geschütztes Interesse** ist nicht nur das Vermögensinteresse, sondern auch das geistige Interesse des Schriftstellers (R.G. XII, 51, XLI, 47; vgl. XVIII, 18). Nachdruck liegt daher in einer Herstellung von Abdrucken nach Vornahme willkürlicher Änderungen durch den Verleger, sei es bei der ersten, sei es behufs Herstellung einer folgenden Ausgabe; so selbst nach dem Tode des Urhebers und wenn der Inhalt des Schriftwerks Änderungen von Zeit zu Zeit nötig machte, es sei denn, daß im Verlagsvertrage dem Verleger ein Recht hierzu übertragen ist (R.G. XII, 53). Kein Nachdruck liegt in der Vornahme unerheblicher Änderungen an Briefen, von denen vorauszusetzen ist, daß der Briefschreiber bei ihrer Abfassung auf die Stilisierung und die Wahl des Ausdrucks keinen besonderen Wert gelegt hat (R.G. XLI, 47). Ebensowenig in der Benutzung des Titels eines Schriftwerks für ein anderes Schriftwerk (R.G. XII, 116, R.G. in Strfs. XVII, 199; dahingestellt, ob niemals: R.G. XVIII, 13). Durch Nachdruck eines fehlenden Teiles und Einfügung desselben in ein unvollständiges, als solches nicht vertriebsfähiges, ohne Rechtsverletzung erworbenes Exemplar entsteht ein sich auf das ganze Schriftwerk erstreckender Nachdruck (R.G. XVIII, 13); so auch wenn der nachgedruckte Teil das Titelblatt ist und nach Lage des Einzelfalls durch diesen Wiederdruck eine Beeinträchtigung des Urheberrechts erfolgt (R.G. XVIII, 16). Nicht jede Schädigung des Urhebers enthält die dem Nachdruck eigentümliche Verletzung des Urheberrechts; letztere ist vielmehr nur vorhanden, wenn der Nachdrucker durch Vervielfältigungen in Wettbewerb mit den Vervielfältigungen des Berechtigten tritt (R.G. XVIII, 15). Ob, wenn letzteres nicht der Fall, dennoch nach allgemeinen Grundsätzen eine Rechtsverletzung anzunehmen ist und Schadensersatzpflicht eintritt, ist nach B.G. §§. 823 ff. zu entscheiden (vgl. R.G. XVIII, 17).

Zu §. 2.

Ein einheitliches Ganze liegt vor, wenn das Werk einem bestimmten Ziel zustrebt und diesem Ziel alle einzelnen Teile dienen; unerheblich ist einerseits, ob etwa der Zweck nur unvollständig erreicht, und andererseits, ob in einer den wissenschaftlichen Anforderungen entsprechenden Weise eine Anordnung und Gruppierung der einzelnen Teile durchgeführt worden ist (R.G. in Strfs. III, 76). Wird nicht das Sammelwerk als solches, sondern ein Einzelbeitrag aus demselben nachgedruckt, so hat der Einzelbeitragende das Verfolgungsrecht (R.G. in Strfs. XXX, 294), falls er nicht etwa das Urheberrecht am Einzelbeitrag überhaupt dem Herausgeber übertragen hat und mit dessen Genehmigung nachgedruckt ist. Sollte nach dem Willen des Urhebers das Recht

§. 3. **Übertragbarkeit.**

Das Recht des Urhebers geht auf dessen Erben über. Dieses Recht kann beschränkt oder unbeschränkt durch Vertrag oder durch Verfügung von Todeswegen auf Andere übertragen worden.

b. Verbot des Nachdrucks.

§. 4. **Mechanische Vervielfältigung.**

Jede mechanische Vervielfältigung eines Schriftwerkes, welche ohne Genehmigung des Berechtigten (§§. 1, 2, 3) hergestellt wird, heisst Nachdruck und ist verboten.

Hinsichtlich dieses Verbotes macht es keinen Unterschied, ob das Schriftwerk ganz oder nur theilweise vervielfältigt wird.

Als mechanische Vervielfältigung ist auch das Abschreiben anzusehen, wenn es dazu bestimmt ist, den Druck zu vertreten.

---

am Einzelbeitrag nur zu einem bestimmten, vom Herausgeber zu verwirklichenden Zwecke übertragen oder sonst an die Person des Herausgebers gebunden werden, so hat letzterer kein Recht zur selbständigen Weiterveräußerung des Einzelbeitrags (R.G. in Strff. XXX, 295).

Zu §. 3.

I. **Übertragung.** Das Urheberrecht geht in demselben Sinne und Umfange, wie es in den Händen des Schriftstellers bestand, auf die Erben über; auch diesen ist nicht nur das Vermögensinteresse, sondern auch das geistige Interesse geschützt (R.G. XII, 52, XLI, 47). — Der Übertragung gleich steht die Anfertigung in der Absicht, nicht für sich, sondern für einen anderen ein Urheberrecht zu schaffen; so z. B. wenn mehrere Mitglieder einer Gesellschaft gemeinsam für die Gesellschaft ein Schriftwerk schaffen (R.G. XXXIV, 106).

II. **Weiter**übertragung. Ist eine Übertragung erfolgt, so ist die Zustimmung des Urhebers zur Weiterveräußerung nicht erforderlich, es sei denn, daß sich aus dem Übertragungsvertrage oder aus sonstigen Umständen ein ausreichender Anhalt für die Annahme ergiebt, daß nach dem Willen des Urhebers das übertragene Recht an die Person des Erwerbers gebunden sein soll (R.G. in Strff. XVII, 274). Jedoch liegt in der Befugnis des Urhebers, der Übertragung Beschränkungen beizufügen, zugleich die Berechtigung, die Weiterübertragung auszuschließen oder nur unter gewissen Bedingungen zuzulassen (R.G. in Strff. XVII, 275). So nicht nur im Verhältnis des Urhebers zum Verleger, sondern auch im Verhältnis des Einzelbeitragenden zum Herausgeber des Sammelwerks (R.G. in Strff. XXX, 295).

III. **Zeitliche Beschränkung.** Ist das Urheberrecht nur auf Zeit übertragen, so liegt kein Nachdruck in der durch den Rechtsnachfolger vor Zeitablauf geschehenden Herstellung von Vervielfältigungen mit der Absicht, sie nach Zeitablauf zu vertreiben; doch können aus dem späteren Vertrieb Ansprüche des Urhebers, insbesondere auf Schadensersatz, erwachsen (R.G. in Strff. XIV, 267). Ist das Urheberrecht durch Vertrag übertragen, und wird demnächst durch Gesetz die Schutzfrist verlängert, so kommt dies nicht dem Urheber, sondern dem Rechtsnachfolger zu gut (R.G. III, 156, VI, 29).

Zu §. 4.

I. **Mechanische Vervielfältigung** zielt auf die Art der Herstellung in technischer Beziehung (R.G. in Strff. VIII, 429). Sie besteht in der Herstellung mittels eines Verfahrens, durch welches eine Vielheit von Exemplaren gleichzeitig oder doch derartig nacheinander hergestellt werden kann, daß vermöge einer der Herstellung einer Mehrheit vorarbeitenden Vorrichtung bei den ferneren Exemplaren nicht der ganze Prozeß von Anfang an wiederholt zu werden braucht (R.G. XXII, 178). Verboten ist die mechanische Vervielfältigung; „Nachdruck" ist nur der juristische Fachausdruck für die verbotene Vervielfältigung, nicht die Kennzeichnung der Art

Abdruck. §. 5.

Als Nachdruck (§. 4) ist auch anzusehen:

a) der ohne Genehmigung des Urhebers erfolgte Abdruck von noch nicht veröffentlichten Schriftwerken (Manuskripten).

Auch der rechtmässige Besitzer eines Manuskriptes oder einer Abschrift desselben bedarf der Genehmigung des Urhebers zum Abdruck;

b) der ohne Genehmigung des Urhebers erfolgte Abdruck von Vorträgen, welche zum Zwecke der Erbauung, der Belehrung oder der Unterhaltung gehalten sind;

c) der neue Abdruck von Werken, welchen der Urheber oder der Verleger dem unter ihnen bestehenden Vertrage zuwider veranstaltet;

d) die Anfertigung einer grösseren Anzahl von Exemplaren eines Werkes Seitens des Verlegers, als demselben vertragsmässig oder gesetzlich gestattet ist.

---

der Wiedergabe (R.G. XXII, 176). Verboten ist daher die einheitliche Vielheitsnachbildung in irgend einer Form; so z. B. die Nachbildung von Musikstücken durch Durchlochung von Pappscheiben, die auswechselbar sind und, wenn auf ein Musikwerk gelegt, bei einer mittels rein äußerlicher Handgriffe bewirkten Bewegung des letzteren die Musikstücke wiedergeben (R.G. XXII, 176; entsprechend bei Wachszylindern für Phonographen). Anders, wenn der Tonkörper und eine denselben zum Klingen bringende Vorrichtung derartig miteinander verbunden sind, daß lediglich das zusammengefügte Ganze das Musikwerk darstellt und den Gegenstand des Betriebs bildet, wie z. B. bei Spieluhren (R.G. XXII, 178). Auch die nicht nach dem Originalmanuskript, sondern nach einer berechtigten oder unberechtigten Vervielfältigung bewirkte unbefugte mechanische Vervielfältigung eines Schriftwerks ist Nachdruck (R.G. in Strff. XIV, 69, XXVIII, 259).

II. **Teilweise** Vervielfältigung. Abgesehen von den Ausnahmefällen des §. 7 wird das Vorhandensein eines Nachdrucks nicht dadurch ausgeschlossen, daß die teilweise Vervielfältigung bei der Umformung eines Schriftwerks in ein Werk anderer Gattung erfolgt, z. B. durch Herübernahme der Zwiegespräche eines Romans in ein Schauspiel (R.G. in Strff. VIII, 431). Es ist nicht erlaubt, ein Schriftwerk in der Weise auszubeuten, daß ein Auszug einfach dem Ideengang des Werkes folgt, es nach seinen hauptsächlichsten Gedanken auszieht und dann als selbständige Arbeit veröffentlicht wird; die Grenze zwischen teilweisem Nachdruck und erlaubter Entlehnung bestimmt sich wesentlich nach dem Zweck der Anführung, ob sie zu wissenschaftlichen oder kritischen Zwecken, oder lediglich zur Ausbeutung erfolgt (R.G. in Strff. XVI, 355). Teilweiser Nachdruck ist nur anzunehmen, wenn ein nach Menge oder Inhalt irgendwie erheblicher Teil des fremden Schriftwerks unbefugt vervielfältigt wird (R.G. XII, 117). Ein Adreßbuch für ein neues Jahr ist nicht eine blos verbesserte Ausgabe des Adreßbuchs für das frühere Jahr, sondern ein neues Werk (R.G. XII, 115, R.G. in Strff. XVII, 198).

III. **Abschreiben** gilt als Vervielfältigung nur, wenn eine Mehrheit von Exemplaren hergestellt oder doch die Herstellung mehrerer Abschriften beabsichtigt war; darauf, ob eine größere oder geringere Zahl, kommt es dagegen nicht an (R.G. in Strff. XIV, 46, 50, R.G. XX, 100). Die Einzelabschrift ist nicht Nachdruck, auch wenn sie zum Zweck der Verwertung hergestellt wird (anders bei Werken bildender Künste, Ges. v. 9. Jan. 1876, unten VI 2, §. 6 Ziff. 1); so z. B. bei dem einmaligen Ausschreiben von Stimmen aus einer Partitur zum Zweck der musikalischen Aufführung, oder bei einmaligem Abschreiben von Rollen aus einem Schauspiel (R.G. XX, 104).

Zu §. 5.

Jeder vertragswidrige neue Abdruck oder Zuvieldruck fällt unter §. 5c und d; wohl aber nicht jedes sonstige vertragswidrige Verhalten (R.G. V, 264). Die Folgen des letzteren sind im Nachdrucksgesetz nicht geregelt (R.G. XII, 109).

§. 6. **Übersetzung.**

Uebersetzungen ohne Genehmigung des Urhebers des Originalwerkes gelten als Nachdruck:

a) wenn von einem, zuerst in einer todten Sprache erschienenen Werke eine Uebersetzung in einer lebenden Sprache herausgegeben wird;

b) wenn von einem gleichzeitig in verschiedenen Sprachen herausgegebenen Werke eine Uebersetzung in einer dieser Sprachen veranstaltet wird;

c) wenn der Urheber sich das Recht der Uebersetzung auf dem Titelblatte oder an der Spitze des Werkes vorbehalten hat, vorausgesetzt, dass die Veröffentlichung der vorbehaltenen Uebersetzung nach dem Erscheinen des Originalwerkes binnen einem Jahre begonnen und binnen drei Jahren beendet wird. Das Kalenderjahr, in welchem das Originalwerk erschienen ist, wird hierbei nicht mitgerechnet.

Bei Originalwerken, welche in mehreren Bänden oder Abtheilungen erscheinen, wird jeder Band oder jede Abtheilung im Sinne dieses Paragraphen als ein besonderes Werk angesehen, und muss der Vorbehalt der Uebersetzung auf jedem Bande oder jeder Abtheilung wiederholt werden.

Bei dramatischen Werken muss die Uebersetzung innerhalb sechs Monaten, vom Tage der Veröffentlichung des Originals an gerechnet, vollständig erschienen sein.

Der Beginn und beziehungsweise die Vollendung der Uebersetzung muss zugleich innerhalb der angegebenen Fristen zur Eintragung in die Eintragsrolle (§§. 39 ff.) angemeldet werden, widrigenfalls der Schutz gegen neue Uebersetzungen erlischt.

Die Uebersetzung eines noch ungedruckten gegen Nachdruck geschützten Schriftwerkes (§. 5 Littr. a und b) ist als Nachdruck anzusehen.

Uebersetzungen geniessen gleich Originalwerken den Schutz dieses Gesetzes gegen Nachdruck.

c. Was nicht als Nachdruck anzusehen ist.

§. 7.

Als Nachdruck ist nicht anzusehen:

a) das wörtliche Anführen einzelner Stellen oder kleinerer Theile eines bereits veröffentlichten Werkes oder die Aufnahme bereits veröffentlichter Schriften von geringerem Umfang in ein grösseres Ganzes, sobald dieses nach seinem

---

Zu §. 7.

I. §. 7 **Ziff. a.** Im Fall des §. 7ª ist das Unterlassen der Angabe des Urhebers oder der Quelle nicht Nachdruck, sondern nur gemäß §. 24 strafbar (R.G. in Strfſ. I, 184). Ein „eigentümlicher" litterarischer Zweck liegt nur vor, wenn das neue Werk einen eigenen, selbständigen Zweck verfolgt (R.G. in Strfſ. I, 185; vgl. XVI, 357). Zwar bezielt das Gesetz hiermit nicht unmittelbar die Eigentümlichkeit und Selbständigkeit der betreffenden Arbeit, sondern zunächst die Zugehörigkeit zu einer besonderen und eigentümlichen Gattung im Gesamtgebiet der Litteratur; dennoch muß das neue Werk sich als neue geistige Schöpfung darstellen (R.G. in Strfſ. III, 77, XVI, 356). Bei Entscheidung der Frage, ob eine „Schrift von geringerem Umfange" aufgenommen, ist Ziel und Inhalt der Sammlung und ihr inneres Verhältnis zu dem benutzten Werk zu berücksichtigen; unter Umständen darf ein ganzes Werk aufgenommen werden; bei Prüfung der Frage, ob ein Mißverhältnis des entlehnten Teils zu dem Umfang der neuen Sammlung besteht, ist letztere nicht bloß in dem bisher erschienenen Teil, sondern in ihrem in Aussicht genommenen Umfang ins Auge zu fassen (R.G. in Strfſ. III, 78). Haben

Hauptinhalt ein selbstständiges wissenschaftliches Werk ist, sowie in Sammlungen, welche aus Werken mehrerer Schriftsteller zum Kirchen-, Schul- und Unterrichtsgebrauch oder zu einem eigenthümlichen literarischen Zwecke veranstaltet werden. Vorausgesetzt ist jedoch, dass der Urheber oder die benutzte Quelle angegeben ist;

b) der Abdruck einzelner Artikel aus Zeitschriften und anderen öffentlichen Blättern mit Ausnahme von novellistischen Erzeugnissen und wissenschaftlichen Ausarbeitungen, sowie von sonstigen grösseren Mittheilungen, sofern an der Spitze der letzteren der Abdruck untersagt ist;

c) der Abdruck von Gesetzbüchern, Gesetzen, amtlichen Erlassen, öffentlichen Aktenstücken und Verhandlungen aller Art;

d) der Abdruck von Reden, welche bei den Verhandlungen der Gerichte, der politischen, kommunalen und kirchlichen Vertretungen, sowie der politischen und ähnlichen Versammlungen gehalten werden.

d. Dauer des ausschliesslichen Rechtes des Urhebers.

Regel. §. 8.

Der Schutz des gegenwärtigen Gesetzes gegen Nachdruck wird, vorbehaltlich der folgenden besonderen Bestimmungen, für die Lebensdauer des Urhebers (§§. 1 und 2) und dreissig Jahre nach dem Tode desselben gewährt.

Miturheber, Mitarbeiter. §. 9.

Bei einem von mehreren Personen als Miturhebern verfassten Werke erstreckt sich die Schutzfrist auf die Dauer von dreissig Jahren nach dem Tode des Letztlebenden derselben.

---

aber die einzelnen Lieferungen eine gewisse Selbständigkeit, und sind sie selbständig verkäuflich, so kommt jede Lieferung für das Verhältnis zu den darin aufgenommenen fremden Werken selbständig in Betracht (R.G. in Strff. XVI, 356).

II. §. 7 **Ziff. b.** Der Begriff „novellistische Erzeugnisse" ist umfassender als „Novellen" (R.G. in Strff. XX, 107). Es sind darunter erzählende Prosadichtungen zu verstehen (R.G. in Strff. XV, 60, XIX, 200, XX, 110). Zweck des novellistischen Erzeugnisses ist Ausübung der Kunst oder Unterhaltung, Zweck einer Lebensschreibung Wiedergabe geschichtlicher Vorgänge; dasselbe Erzeugnis kann novellistisch und lebensbeschreibend sein; dann fällt es wegen ersterer Eigenschaft unter die Bestimmung des §. 7^{b} (R.G. in Strff. XX, 110). — Über den in §. 7^{b} vorausgesetzten Begriff einer wissenschaftlichen Ausarbeitung vgl. R.G. in Strff. XXII, 59. — Nur bezüglich der „größeren Mitteilungen", nicht auch bezüglich der „novellistischen Erzeugnisse" und „wissenschaftlichen Ausarbeitungen" ist der Schutz von dem ausdrücklichen Untersagen des Abdrucks abhängig (R.G. in Strff. XV, 62). — Unter „Artikel" sind auch Inserate mitbegriffen (R.G. in Strff. XII, 361). — Unter Zeitschriften sind nur Zeitungen und zeitungsähnliche Schriften zu verstehen; nicht auch die nur jährlich einmal erscheinenden Kalender (R.G. in Strff. XIV, 73).

III. §. 7 **Ziff. c.** Voraussetzung des §. 7^{c} ist, daß die Schriftstücke von einer zum öffentlichen staatlichen Organismus gehörenden Behörde herrühren; es genügt nicht, daß sie aus öffentlichen Verhandlungen eines privaten, keine staatliche Einrichtung bildenden Vereins hervorgegangen sind (R.G. XXXIV, 106). Nach Patenterteilung ist der Wiederabdruck der Patentschriften einschließlich der beigefügten Beschreibungen und Zeichnungen zulässig (R.G. in Strff. XXVII, 25).

Bei Werken, welche durch Beiträge mehrerer Mitarbeiter gebildet werden, richtet sich die Schutzfrist für die einzelnen Beiträge danach, ob die Urheher derselben genannt sind oder nicht (§§. 8, 11).

§. 10. **Periodische Werke.**

Einzelne Aufsätze, Abhandlungen etc., welche in periodischen Werken, als: Zeitschriften, Taschenbüchern, Kalendern etc., erschienen sind, darf der Urheber, falls nichts Anderes verabredet ist, auch ohne Einwilligung des Herausgebers oder Verlegers des Werkes, in welches dieselben aufgenommen sind, nach zwei Jahren vom Ablauf des Jahres des Erscheinens an gerechnet, anderweitig abdrucken.

§. 11.

Unterlassene Nennung des Urhebers.

Bei Schriftwerken, welche bereits veröffentlicht sind, ist die im §. 8 vorgeschriebene Dauer des Schutzes an die Bedingung geknüpft, dass der wahre Name des Urhebers auf dem Titelblatte oder unter der Zueignung oder unter der Vorrede angegeben ist.

Bei Werken, welche durch Beiträge mehrerer Mitarbeiter gebildet werden, genügt es für den Schutz der Beiträge, wenn der Name des Urhebers an der Spitze oder am Schluss des Beitrags angegeben ist.

Ein Schriftwerk, welches entweder unter einem anderen, als dem wahren Namen des Urhebers veröffentlicht, oder bei welchem ein Urheber gar nicht angegeben ist, wird dreissig Jahre lang, von der ersten Herausgabe an gerechnet, gegen Nachdruck geschützt (§. 28).

Wird innerhalb dreissig Jahre, von der ersten Herausgabe an gerechnet, der wahre Name des Urhebers von ihm selbst oder seinen hierzu legitimirten Rechtsnachfolgern zur Eintragung in die Eintragsrolle (§§. 39 ff.) angemeldet, so wird dadurch dem Werke die im §. 8 bestimmte längere Dauer des Schutzes erworben.

§. 12.

Nach Tod des Urhebers erschienene Werke.

Die erst nach dem Tode des Urhebers erschienenen Werke werden dreissig Jahre lang, vom Tode des Urhebers an gerechnet, gegen Nachdruck geschützt.

§. 13.

Juristische Personen und Gesellschaften als Herausgeber.

Akademien, Universitäten, sonstige juristische Personen, öffentliche Unterrichtsanstalten, sowie gelehrte oder andere Gesellschaften, wenn sie als Herausgeber dem Urheber gleich zu achten sind (§. 2), geniessen für die von ihnen herausgegebenen Werke einen Schutz von dreissig Jahren nach deren Erscheinen.

§. 14. **Mehrere Bände oder Abteilungen.**

Bei Werken, die in mehreren Bänden oder Abtheilungen erscheinen, wird die Schutzfrist von dem ersten Erscheinen eines jeden Bandes oder einer jeden Abtheilung an berechnet.

Zu §. 10.

Das Recht des Urhebers ist durch §. 10 nur gegenüber dem Herausgeber oder Verleger des periodischen Werks beschränkt; unberührt bleibt das Ausschließungsrecht des Urhebers gegenüber Dritten (R.G. in Strff. XV, 63).

Bei Werken jedoch, die in einem oder mehreren Bänden eine einzige Aufgabe behandeln und mithin als in sich zusammenhängend zu betrachten sind, beginnt die Schutzfrist erst nach dem Erscheinen des letzten Bandes oder der letzten Abtheilung.

Wenn indessen zwischen der Herausgabe einzelner Bände oder Abtheilungen ein Zeitraum von mehr als drei Jahren verflossen ist, so sind die vorher erschienenen Bände, Abtheilungen etc. als ein für sich bestehendes Werk und ebenso die nach Ablauf der drei Jahre erscheinenden weiteren Fortsetzungen als ein neues Werk zu behandeln.

Übersetzungen. §. 15.

Das Verbot der Herausgabe von Uebersetzungen dauert in dem Falle des §. 6, Littr. b. fünf Jahre vom Erscheinen des Originalwerkes, in dem Falle des §. 6, Littr. c. fünf Jahre vom ersten Erscheinen der rechtmässigen Uebersetzung ab gerechnet.

Berechnung der Schutzfrist. §. 16.

In den Zeitraum der gesetzlichen Schutzfrist (§§. 8 ff.) wird das Todesjahr des Verfassers, beziehungsweise das Kalenderjahr des ersten Erscheinens des Werkes oder der Uebersetzung nicht eingerechnet.

Ausschluß des Heimfallsrechts. §. 17.

Ein Heimfallsrecht des Fiskus oder anderer zu herrenlosen Verlassenschaften berechtigter Personen findet auf das ausschliessliche Recht des Urhebers und seiner Rechtsnachfolger nicht statt.

e. Entschädigung und Strafen.

Veranstalter des Nachdrucks. §. 18.

Wer vorsätzlich oder aus Fahrlässigkeit einen Nachdruck (§§. 4 ff.) in der Absicht, denselben innerhalb oder ausserhalb des Norddeutschen Bundes zu verbreiten, veranstaltet, ist den Urheber oder dessen Rechtsnachfolger zu entschädigen verpflichtet und wird ausserdem mit einer Geldstrafe bis zu Eintausend Thalern bestraft.

Die Bestrafung des Nachdrucks bleibt jedoch ausgeschlossen, wenn der Veranstalter desselben auf Grund entschuldbaren, thatsächlichen oder rechtlichen Irrthums in gutem Glauben gehandelt hat.

Kann die verwirkte Geldstrafe nicht beigetrieben werden, so wird dieselbe nach Maassgabe der allgemeinen Strafgesetze in eine entsprechende Freiheitsstrafe bis zu sechs Monaten umgewandelt.

Statt jeder aus diesem Gesetze entspringenden Entschädigung kann auf Verlangen des Beschädigten neben der Strafe auf eine an den Beschädigten zu erlegende

---

Zu §. 18.

I. **Veranstalter** im weitesten Umfange des Begriffs ist derjenige, dem die Vorteile des Nachdrucks zu gute kommen (R.G. in Strff. XX, 430), insbesondere daher auch der Verleger (R.G. XII, 107, R.G. in Strff. XX, 430). Aber auch derjenige, der — ohne daß der Nachdruck für seine Rechnung geschieht — die für die Herstellung erforderlichen geschäftlichen Vorrichtungen zur Verfügung stellt; nicht auch wer lediglich als Setzer, Stecher, Korrektor, Maschinist oder dergleichen mit seinen persönlichen Kräften äußerlich zur mechanischen Vervielfältigung mitwirkt (R.G. in Strff. XII, 36). Auch nicht wer als Geschäftsführer dem Geschäftsherrn die

Geldbusse bis zum Betrage von zweitausend Thalern erkannt werden. Für diese Busse haften die zu derselben Verurtheilten als Gesammtschuldner.

Eine erkannte Busse schliesst die Geltendmachung eines weiteren Entschädigungsanspruches aus.

Vervielfältigung vorschlägt und sie dann in dessen Auftrage und in dessen Geschäftsbetrieb herstellt (R.G. in Strfs. XIV, 238); unter Umständen kann allerdings in dem Vorschlagen ein Veranlassen oder in dem Ausführen eine strafbare Beihilfe liegen (a. a. O. 240, 241).

II. **Voraussetzungen der Strafbarkeit und Entschädigungspflicht.**

a. **Vorsatz.** Bewußte Rechtswidrigkeit ist stets strafbar, bewußtes Wollen nicht, wenn ein entschuldbarer Irrtum (Abs. 2) über die Rechtswidrigkeit vorlag (R.G. in Strfs. X, 402). Zur Annahme von Vorsatz genügt die Feststellung, daß der Thäter bewußt mit der Möglichkeit eines fremde Urheberrechte verletzenden Erfolges gerechnet hat (R.G. in Strfs. XXVI, 123). Mitthäterschaft ist nicht ausgeschlossen (R.G. in Strfs. XX, 431). Über die Grenze zwischen Mitthäterschaft und Gehilfenschaft bei Veranstaltung des Nachdrucks vgl. R.G. in Strfs. IX, 110.

b. **Fahrlässigkeit.** Schuldhafte Fahrlässigkeit liegt nur vor, wenn der Veranstalter es an der den Umständen nach gebotenen Aufmerksamkeit hat fehlen lassen und wenn er bei Anwendung dieser Aufmerksamkeit die Vorstellung von der rechtsverletzenden Kausalität seines Handelns hätte gewinnen können (R.G. in Strfs. XX, 212). Auch fahrlässige „Teilnahme" ist zu ahnden; für die Strafbarkeit jedes Mitwirkenden ist das jedem einzelnen nachgewiesene Bewußtsein entscheidend (R.G. in Strfs. IX, 120). — Erfolgt in einem Geschäftsbetriebe ein Nachdruck, so ist der Geschäftsherr auch nicht als fahrlässiger Nachdrucker strafbar, wenn er einem geeigneten Beamten die Prüfung dessen, was gedruckt werden soll, übertragen und ihm hierbei eine dem Gesetz entsprechende Anweisung für jene Prüfung gegeben hatte, selbst aber keine Kenntnis von der Thatsache des Druckens erhalten hatte (vgl. R.G. in Strfs. XXIX, 198). Der Verleger einer Zeitung, welcher das von ihm gesammelte Material dem Redakteur zum Abdruck übergiebt, hat einen demnächst vorkommenden Nachdruck mitverschuldet (R.G. in Strfs. XX, 432). Bei Herausgabe einer Fachzeitschrift liegt keine Fahrlässigkeit des nicht fachgelehrten Verlegers darin, daß er dem Urteil des fachgelehrten Redakteurs mehr als seinem eigenen Urteil traute (R.G. in Strfs. XXVI, 124).

c. **Irrtum.** Nach §. 18 Abs. 2 soll auch Unkenntnis oder unrichtige Auffassung des Strafgesetzes den auf Grund solcher Unkenntnis in gutem Glauben handelnden Nachdrucker von Strafe befreien; nur muß die Unkenntnis unverschuldet, also weder vorsätzlich noch fahrlässig sein (R.G. in Strfs. IV, 351, IX, 120, XV, 421, XIX, 201). Bei Vorliegen eines verschuldeten Irrtums ist zu unterscheiden, ob er in einer Unkenntnis von Thatsachen oder von Rechtssätzen bestanden hat, und im letzteren Fall ferner, ob etwa nur ein Irrtum über die Anwendbarkeit des Strafgesetzes auf einen dem Veranstalter bekannten Thatbestand obgewaltet hat (R.G. in Strfs. XXX, 147); in letzerem Fall befreit der Irrtum nicht von Strafe. Wird verschuldeter Irrtum angenommen, so bleibt noch die Frage offen, ob wegen Vorsatz oder Fahrlässigkeit zu verurteilen (R.G. in Strfs. XV, 421, XXX, 146). Bei Beurteilung der Frage, ob der Irrtum entschuldbar, ist, da es sich um eine Ausnahmebestimmung handelt, ein strenger Maßstab anzulegen (R.G. in Strfs. XIX, 201).

d. **Verbreitungsabsicht.** Dies bildet den Gegensatz zu der Absicht, den Nachdruck nur für den eigenen Privatgebrauch zu verwenden (R.G. in Strfs. XII, 36, XIV, 47). Eine Verbreitungsabsicht liegt daher bereits in der Absicht irgend einer Mitteilung des nachgedruckten Exemplars an andere Personen als den Nachdrucker, zu deren Gebrauch; ob die Verbreitung gewerbsmäßig oder überhaupt zum Erwerb geschieht, ist unerheblich (R.G. in Strfs. XIV, 48). Unerheblich ist, ob der Veranstalter den

Wenn den Veranstalter des Nachdrucks kein Verschulden trifft, so haftet er dem Urheber oder dessen Rechtsnachfolger für den entstandenen Schaden nur bis zur Höhe seiner Bereicherung.

Nachdruck unmittelbar selbst, oder ob er ihn durch Dritte verbreiten zu lassen beabsichtigt. Ebenso unerheblich ist, wie und wo, insbesondere ob in einem Lande, wo das betreffende Werk nicht geschützt ist, verbreitet werden soll (R.G. in Strff. IX, 113). Die Absicht braucht nicht auf gewerbsmäßige Verbreitung zu gehen (R.G. in Strff. X, 404; abweichend im Fall des §. 25). Über das Merkmal des „Verbreitens" vgl. §. 25 Anm. I.

e. **Nachdruck.** Nur insoweit Nachdruck vorliegt, greift dies Gesetz ein; neben den Ansprüchen, welche dies Gesetz gewährt, bleiben die etwaigen Ansprüche aus einem Verlagsvertrage bestehen, und zwar nicht allein bei Vertragsverletzungen, die nicht Nachdruck sind (§. 5 Anm.), sondern auch bei solchen, welche zugleich eine Zuwiderhandlung gegen das Nachdrucksverbot und gegen die Vertragspflichten enthalten (R.G. XII, 109).

f. **That im Ausland.** Die Veranstaltung oder Veranlassung des Nachdrucks im Auslande, selbst wenn nach dem Recht des Begehungsorts straflos, ist rechtswidrig und strafbar nach deutschem Recht (R.G. in Strff. IX, 111, R.G. XXXIV, 48; anders bei Aufführungen).

III. **Wirkungen.**

a. **Entschädigung.** Der Urheber hat die Wahl, ob er den Anspruch darauf stützen will, daß überhaupt, oder darauf daß ohne Genehmigung, oder darauf daß zu alleinigem Vorteile des Nachdruckers nachgedruckt ist; in jedem dieser Fälle sind verschiedene Gesichtspunkte für die Berechnung der Schadenshöhe in Betracht zu ziehen; trifft den Veranstalter kein Verschulden, so ist (Abs. 6) nur die letztere Art der Berechnung zulässig (R.G. XXXV, 67). Im zweiten Fall kann die angemessene Licenzgebühr gefordert werden, wobei etwaige mittelbare dem Urheber durch den Nachdruck erwachsene Vorteile nicht abgezogen werden dürfen (R.G. XXXV, 68). Schaden schließt den entgangenen Gewinn ein (R.G. XXXV, 66). — Während das Wort „Entschädigung" hier gleichbedeutend mit Schadensersatz gebraucht ist (vgl. §. 18 Abs. 4 „Beschädigten", §. 19 „Schaden"), hat es in §§. 54, 55 die losere Bedeutung von „Vergütung" ohne Rücksicht auf das Vorhandensein eines Schadens.

b. **Buße.** Da auf die Buße nur „neben der Strafe" erkannt werden darf, so darf im Fall einer Freisprechung von Strafe keine Buße zugesprochen werden (R.G. XXXIII, 354). Der Strafrichter ist zwar nicht verpflichtet, auf eine Buße zu erkennen, wenn die Verhandlung ihm gar keine Anhaltspunkte für das bei Feststellung des Betrages der Entschädigung eventuell eintretende freie Ermessen gewährt hat und ihm solche auch von dem Nebenkläger nicht geboten werden; indessen ist der Strafrichter nicht dadurch an Zuerkennung einer Buße behindert, daß die Höhe des Schadens nicht mit Zuverlässigkeit festgestellt worden ist (R.G. in Strff. VI, 399, XVII, 191). Eine Geltendmachung des Anspruchs auf Buße, welche vor Anschluß des Antragstellers als Nebenkläger erfolgt (St.P.O. §. 443 Abs. 2) ist unwirksam; dagegen bedarf der Anspruch auf Buße keiner besonderen Begründung in der Hauptverhandlung (R.G. in Strff. XXI, 156).

c. **Herausgabe der Bereicherung.** Der Anspruch auf Herausgabe der Bereicherung besteht nicht nur bei unverschuldetem Nachdruck, sondern auch bei Vorsatz oder Fahrlässigkeit des Nachdruckers; der Anspruch darf in diesen Fällen entweder an Stelle des Schadensersatzanspruchs oder als eventueller erhoben werden (R.G. XXXV, 66). Unerheblich ist, ob der Urheber seinerseits einen gleich hohen Gewinn hätte erzielen können (R.G. XXXV, 71, 74). Die Sondervorschrift des §. 18 Abs. 6 regelt den

§. 19.

Entscheidung über Schaden oder Bereicherung.

Darüber, ob ein Schaden entstanden ist, und wie hoch sich derselbe beläuft, desgleichen über den Bestand und die Höhe einer Bereicherung, entscheidet das Gericht unter Würdigung aller Umstände nach freier Ueberzeugung.

§. 20. **Veranlasser des Nachdrucks.**

Wer vorsätzlich oder aus Fahrlässigkeit einen Anderen zur Veranstaltung eines Nachdrucks veranlasst, hat die im §. 18 festgesetzte Strafe verwirkt, und ist den Urheber oder dessen Rechtsnachfolger nach Maassgabe der §§. 18 und 19 zu entschädigen verpflichtet, und zwar selbst dann, wenn der Veranstalter des Nachdrucks nach §. 18 nicht strafbar oder ersatzverbindlich sein sollte.

Wenn der Veranstalter des Nachdrucks ebenfalls vorsätzlich oder aus Fahrlässigkeit gehandelt hat, so haften Beide dem Berechtigten solidarisch.

Die Strafbarkeit und die Ersatzverbindlichkeit der übrigen Theilnehmer am Nachdruck richtet sich nach den allgemeinen gesetzlichen Vorschriften.

§. 21. **Einziehung. Übernahmerecht.**

Die vorräthigen Nachdrucks-Exemplare und die zur widerrechtlichen Vervielfältigung ausschliesslich bestimmten Vorrichtungen, wie Formen, Platten, Steine, Stereotypabgüsse etc., unterliegen der Einziehung. Dieselben sind, nachdem die Einziehung dem Eigenthümer gegenüber rechtskräftig erkannt ist, entweder zu vernichten oder ihrer gefährdenden Form zu entkleiden und alsdann dem Eigenthümer zurückzugeben.

Wenn nur ein Theil des Werkes als Nachdruck anzusehen ist, so erstreckt sich die Einziehung nur auf den als Nachdruck erkannten Theil des Werkes und die Vorrichtungen zu diesem Theile.

Die Einziehung erstreckt sich auf alle diejenigen Nachdrucks-Exemplare und Vorrichtungen, welche sich im Eigenthum des Veranstalters des Nachdrucks, des

---

Anspruch auf Herausgabe der Bereicherung in einer die Anwendung *allgemeiner* Grundsätze *ausschließenden* Weise (R.G. XII, 106). Der Anspruch kann auch gegen denjenigen gerichtet werden, für dessen Rechnung und in dessen Namen der Nachdruck veranstaltet ist (R.G. XII, 108).

Zu §. 19.

Vgl. C.P.O. §§. 286, 287.

Zu §. 20.

Ein Veranlassen liegt in der Einwirkung auf die Entschließung eines anderen dahin, daß in diesem der Entschluß zur Veranstaltung eines Nachdrucks hervorgerufen wird, gleichgiltig ob der Veranstalter vorsätzlich oder fahrlässig oder ohne Verschulden handelt (R.G. in Strfs. XIV, 241). Die Veranlassung des Nachdrucks ist nicht ein Sonderfall der nach §. 48 St.G.B. zu bestrafenden Anstiftung, vielmehr von letzterer Bestimmung losgelöst als ein selbständiger Thatbestand (R.G. in Strfs. XXX, 295, XXIX, 445). Anstiftung zu einer mit *Vorsatz* ausgeführten Veranlassung fällt unter die Strafvorschrift des §. 48 St.G.B.; dagegen ist die Annahme einer strafbaren Anstiftung zu einer nur *fahrlässigen* Veranlassung ausgeschlossen (R.G. in Strfs. XXX, 296). — Auch auf den Veranlasser ist der Strafbefreiungsgrund des §. 18 Abs. 2 anwendbar (R.G. in Strfs. IV, 351).

Druckers, der Sortimentsbuchhändler, der gewerbsmässigen Verbreiter und desjenigen, welcher den Nachdruck veranlasst hat (§. 20), befinden.

Die Einziehung tritt auch dann ein, wenn der Veranstalter oder Veranlasser des Nachdrucks weder vorsätzlich noch fahrlässig gehandelt hat (§. 18). Sie erfolgt auch gegen die Erben desselben.

Es steht dem Beschädigten frei, die Nachdrucks-Exemplare und Vorrichtungen ganz oder theilweise gegen die Herstellungskosten zu übernehmen, insofern nicht die Rechte eines Dritten dadurch verletzt oder gefährdet werden.

Vollendung und Versuch. §. 22.

Das Vergehen des Nachdrucks ist vollendet, sobald ein Nachdrucks-Exemplar eines Werkes den Vorschriften des gegenwärtigen Gesetzes zuwider, sei es im Gebiete des Norddeutschen Bundes, sei es ausserhalb desselben, hergestellt worden ist.

Im Falle des blossen Versuchs des Nachdrucks tritt weder eine Bestrafung noch eine Entschädigungsverbindlichkeit des Nachdruckers ein. Die Einziehung der Nachdrucksvorrichtungen (§. 21) erfolgt auch in diesem Falle.

Rückfall. §. 23.

Wegen Rückfalls findet eine Erhöhung der Strafe über das höchste gesetzliche Maass (§. 18) nicht statt.

§. 24.

Nichtangabe von Quelle oder Namen.

Wenn in den Fällen des §. 7 Littr. a. die Angabe der Quelle oder des Namens des Urhebers vorsätzlich oder aus Fahrlässigkeit unterlassen wird, so haben der Veranstalter und der Veranlasser des Abdrucks eine Geldstrafe bis zu zwanzig Thalern verwirkt. Eine Umwandlung der Geldstrafe in Freiheitsstrafe findet nicht statt. Eine Entschädigungspflicht tritt nicht ein.

Zu §. 21.

Die Einziehung ist nicht Strafe, sondern nur Sicherung gegen künftige Schädigung (R.G. V, 265, R.G. in Strfs. XIII, 330, XXII, 57, 259, XXVII, 27; vgl. XIII, 21). Auch bei nur *teilweisem* Nachdruck muß die Einziehung des *ganzen* Werks erfolgen, wenn aus *äußeren* Gründen die Ausscheidung unausführbar ist; nur auf *teilweise* Einziehung ist dagegen auch dann zu erkennen, wenn durch die Aussonderung der Zusammenhang des Werks zerrissen wird und das Verbleibende sich als etwas wesentlich anderes darstellt (R.G. in Strfs. XII, 202). — Über den Einziehungsantrag vgl. §. 36.

Zu §. 22.

Unter „bloßer Versuch" in Abs. 2 Satz 1 sind lediglich vorbereitende Handlungen nicht einbegriffen, bei Vorliegen nur *letzterer* daher Einziehung unzulässig (R.G. in Strfs. XXX, 64). Auch *Versuch* liegt nur vor, wenn Absicht der Herstellung einer — objektiven — Nachbildung und Verbreitungsabsicht besteht (R.G. in Strfs. XXX, 64). Doch ist auf Einziehung wegen Versuchs (Abs. 2 Satz 2) — unter Voraussetzung eines Antrages — selbst *dann* zu erkennen, wenn der Thäter weder vorsätzlich noch fahrlässig gehandelt hat (R.G. in Strfs. XXX, 65; vgl. §. 21 Abs. 4). Tritt der Schutz während der Herstellungsthätigkeit ein, so ist die seit diesem Zeitpunkt erfolgende Herstellung Nachdruck, trotzdem die *frühere* es *nicht* war (R.G. in Strfs. IX, 117).

§. 25. **Verbreiter.**

Wer vorsätzlich Exemplare eines Werkes, welche den Vorschriften des gegenwärtigen Gesetzes zuwider angefertigt worden sind, innerhalb oder ausserhalb des Norddeutschen Bundes gewerbemässig feilhält, verkauft oder in sonstiger Weise verbreitet, ist nach Maassgabe des von ihm verursachten Schadens den Urheber oder dessen Rechtsnachfolger zu entschädigen verpflichtet und wird ausserdem mit Geldstrafe nach §. 18 bestraft.

Die Einziehung der zur gewerbemässigen Verbreitung bestimmten Nachdrucks-Exemplare nach Maassgabe des §. 21 findet auch dann statt, wenn der Verbreiter nicht vorsätzlich gehandelt hat.

Der Entschädigungspflicht, sowie der Bestrafung wegen Verbreitung unterliegen auch der Veranstalter und Veranlasser des Nachdrucks, wenn sie nicht schon als solche entschädigungspflichtig und strafbar sind.

Zu §. 25.

I. „**Verbreiten**" umfaßt das „verkaufen" und das „feilhalten" („sonstiger"); im Nachdrucksgesetz ist zwar vorwiegend an ein Verbreiten der Nachdrucks*exemplare* gedacht; in gewissen Fällen liegt aber ein strafbares Verbreiten bereits in der ungenehmigten Veröffentlichung des *Inhalts*, selbst *ohne* die Absicht der verkäuflichen Ablassung an Dritte (R.G. in Strff. II, 247). — Mehrere auf verschiedene Exemplare *desselben* Werks bezügliche Einzelverkäufe können unter Umständen als *eine* Verbreitungshandlung strafbar sein; jede Verbreitung eines *anderen* Werks ist jedoch eine *selbständige* strafbare Handlung (R.G. in Strff. IV, 37). Voraussetzung der Strafbarkeit des Verbreitens ist das Vorliegen des *objektiven* Thatbestandes des Nachdrucks, nicht auch die Strafbarkeit des Veranstalters oder Veranlassers (R.G. in Strff. X, 403, XXVIII, 178). Der Verbreiter ist als *solcher* nicht Beteiligter an Veranstaltung oder Veranlassung; wird daher der Strafantrag gegen Veranstalter oder Veranlasser zurückgenommen, so bleibt die Verfolgung des Verbreiters dennoch zulässig (R.G. in Strff. XXVIII, 179).

II. **Vorsätzlich.** Voraussetzung ist hiernach, daß der Thäter weiß und will, erstens daß er gewerbsmäßig verbreitet, und zweitens daß der Gegenstand eine unbefugt angefertigte Nachbildung ist, oder mindestens, daß er eine Nachbildung ohne Prüfung, ob sie unbefugt angefertigt ist, verbreitet und sie verbreiten will auch für den Fall, daß sie eine unbefugte Nachbildung sein sollte; da §. 18 Abs. 2 auch im Fall des §. 25 anwendbar, befreit entschuldbarer Irrtum jeder Art (R.G. in Strff. XV, 420).

III. **Gewerbsmäßig.** Das Wort „gewerbsmäßig" bezieht sich nicht nur auf „feilhält" und „verkauft", sondern auch auf „in sonstiger Weise verbreitet" (R.G. in Strff. X, 404). Voraussetzung ist nicht, daß der Verbreitende aus dem Vertriebe von *Nachdrucks*exemplaren ein besonderes Gewerbe macht, sondern die (wenngleich nur *einmalige*) Verbreitung eines Nachdrucksexemplars muß innerhalb des Kreises *irgend* eines Gewerbebetriebs, für die Zwecke des Erwerbes und der Gewinnsucht erfolgen (R.G. in Strff. X, 404, XI, 335).

IV. **Angefertigt.** Nicht unter den §. 25 fällt die verbotene Verbreitung von in *zulässiger Weise angefertigten* Vervielfältigungen (R.G. in Strff. XIV, 275).

V. **Verbreitung durch den *Veranstalter oder Veranlasser*.** Ist die Verbreitung nur Verwirklichung eines wegen Gutgläubigkeit nicht strafbaren Vorsatzes, so ist sie straflos; der Abs. 3 ist nur auf Fälle zu beziehen, in denen sich zwischen Veranstaltung bezw. Veranlassung und Verbreitung der gute in bösen Glauben verwandelt hat (R.G. in Strff. X, 405). Der Veranstalter, welcher wegen dieser Veranstaltung bestraft wird, kann nicht außerdem noch wegen Verbreitung des veranstalteten Nachdrucks bestraft werden (R.G. in Strff. XI, 336).

f. Verfahren.

Zuständige Gerichte. §. 26.

Sowohl die Entscheidung über den Entschädigungsanspruch, als auch die Verhängung der im gegenwärtigen Gesetze angedrohten Strafen und die Einziehung der Nachdrucks-Exemplare etc. gehört zur Kompetenz der ordentlichen Gerichte.

Die Einziehung der Nachdrucks-Exemplare etc. kann sowohl im Strafrechtswege beantragt, als im Civilrechtswege verfolgt werden.

Antrag. §. 27.

Das gerichtliche Strafverfahren ist nicht von Amtswegen, sondern nur auf den Antrag des Verletzten einzuleiten. Der Antrag auf Bestrafung kann bis zur Verkündung eines auf Strafe lautenden Erkenntnisses zurückgenommen werden.

Verfolgungsberechtigter. §. 28.

Die Verfolgung des Nachdrucks steht Jedem zu, dessen Urheber- oder Verlagsrechte durch die widerrechtliche Vervielfältigung beeinträchtigt oder gefährdet sind.

Bei Werken, welche bereits veröffentlicht sind, gilt bis zum Gegenbeweise derjenige als Urheber, welcher nach Maassgabe des §. 11 Absatz 1, 2 auf dem Werke als Urheber angegeben ist.

Bei anonymen und pseudonymen Werken ist der Herausgeber und wenn ein solcher nicht angegeben ist, der Verleger berechtigt, die dem Urheber zustehenden Rechte wahrzunehmen. Der auf dem Werke angegebene Verleger gilt ohne weiteren Nachweis als der Rechtsnachfolger des anonymen oder pseudonymen Urhebers.

§. 29.

Beweiswürdigung, Entscheidung über Fahrlässigkeit.

In den Rechtsstreitigkeiten wegen Nachdrucks, einschliesslich der Klagen wegen Bereicherung aus dem Nachdruck, hat der Richter, ohne an positive Regeln über die Wirkung der Beweismittel gebunden zu sein, den Thatbestand nach seiner freien, aus dem Inbegriff der Verhandlungen geschöpften Ueberzeugung festzustellen. Ebenso ist der Richter bei Entscheidung der Frage: ob der Nachdrucker oder der Veranlasser des Nachdrucks (§§. 18, 20) fahrlässig gehandelt hat, an die in den Landesgesetzen vorgeschriebenen verschiedenen Grade der Fahrlässigkeit nicht gebunden.

Zu §. 26.

Nimmt das Strafgericht an, daß sachlich Nachdruck vorliegt, spricht aber wegen unverschuldeten Irrtums frei, so kann der Freigesprochene durch Feststellungsklage vor dem Zivilgericht die Frage, ob Nachdruck vorliege, noch zum Austrag bringen (R.G. in Strfs. XIII, 328). Die Kosten der nach dem Tode des Nachdruckers im Strafverfahren erkannten Einziehung fallen der Staatskasse zur Last (R.G. in Strfs. XII, 200). Ebenso die Kosten eines nur auf Einziehung gerichteten Verfahrens vor dem Strafrichter jedenfalls dann, wenn kein Beteiligter Widerspruch geltend gemacht hat (R.G. in Strfs. XIII, 21).

Zu §. 27.

Verletzter ist, wem das ausschließliche Recht zur Vervielfältigung zusteht, also z. B. der Urheber des in einem periodischen Werk erschienenen Einzelaufsatzes (R.G. in Strfs. XV, 63). In dem Strafantrag ist der Einziehungsantrag nicht von selbst enthalten; letzterer muß vielmehr besonders gestellt werden (R.G. in Strfs. XIII, 332).

§. 30. **Gutachten Sachverständiger.**

Sind technische Fragen, von welchen der Thatbestand des Nachdrucks oder der Betrag des Schadens oder der Bereicherung abhängt, zweifelhaft oder streitig, so ist der Richter befugt, das Gutachten Sachverständiger einzuholen.

§. 31. **Sachverständigenvereine.**

In allen Staaten des Norddeutschen Bundes sollen aus Gelehrten, Schriftstellern, Buchhändlern und anderen geeigneten Personen Sachverständigen-Vereine gebildet werden, welche, auf Erfordern des Richters, Gutachten über die an sie gerichteten Fragen abzugeben verpflichtet sind. Es bleibt den einzelnen Staaten überlassen, sich zu diesem Behufe an andere Staaten des Norddeutschen Bundes anzuschliessen, oder auch mit denselben sich zur Bildung gemeinschaftlicher Sachverständigen-Vereine zu verbinden. Die Sachverständigen-Vereine sind befugt, auf Anrufen der Betheiligten über streitige Entschädigungsansprüche und die Einziehung nach Maassgabe der §§. 18 bis 21 als Schiedsrichter zu verhandeln und zu entscheiden.

Das Bundeskanzler-Amt erlässt die Instruktion über die Zusammensetzung und den Geschäftsbetrieb der Sachverständigen-Vereine.

§. 32. **Reichsgericht.**

Die in den §§. 12 und 13 des Gesetzes, betreffend die Errichtung eines obersten Gerichtshofes für Handelssachen vom 12. Juni 1869 (Bundesgesetzbl. S. 201), geregelte Zuständigkeit des Bundes-Oberhandelsgerichts zu Leipzig wird auf diejenigen bürgerlichen Rechtsstreitigkeiten ausgedehnt, in welchen auf Grund der Bestimmungen dieses Gesetzes durch die Klage ein Entschädigungsanspruch oder ein Anspruch auf Einziehung geltend gemacht wird.

Das Bundes-Oberhandelsgericht tritt auch in den nach den Bestimmungen dieses Gesetzes zu beurtheilenden Strafsachen an die Stelle des für das Gebiet, in welchem die Sache in erster Instanz anhängig geworden ist, nach den Landesgesetzen bestehenden obersten Gerichtshofes, und zwar mit derjenigen Zuständigkeit, welche nach diesen Landesgesetzen dem obersten Gerichtshofe gebührt.

In den zufolge der vorstehenden Bestimmung zur Zuständigkeit des Bundes-Oberhandelsgerichts gehörenden Strafsachen bestimmt sich das Verfahren auch bei diesem Gerichtshofe nach den für das Gebiet, aus welchem die Sache an das Bundes-Oberhandelsgericht gelangt, geltenden Strafprozessgesetzen. Die Verrichtungen der Staatsanwaltschaft in diesen Strafsachen werden bei dem Bundes-Oberhandelsgericht von dem Staatsanwalt wahrgenommen, welcher dieselben bei dem betreffenden obersten

---

Zu §. 30.

Das Gericht ist nicht verpflichtet, den Sachverständigen-Verein zu hören, kann sich vielmehr auch z. B. mit dem Gutachten eines einzelnen Sachverständigen begnügen (R.G. in Strfs. V, 84).

Zu §. 31.

Instruktion betr. Sachverständigenvereine v. 12. Dezember 1870 (B.G.Bl. 621) mit Änderungen v. 16. Juli 1879 (R.G.Bl. 266, Centralbl. 490) und 25. Oktober 1882 (Centralbl. 417). Die Verlesung eines Gutachtens des Sachverständigen-Vereins im Hauptverhandlungstermin ist zulässig (R.G. in Strfs. XXII, 260).

Landesgerichtshofe wahrzunehmen hat. Der bezeichnete Staatsanwalt kann sich jedoch bei der mündlichen Verhandlung durch einen in Leipzig angestellten Staatsanwalt oder durch einen in Leipzig wohnenden Advokaten vertreten lassen.

Strafsachen, für welche in letzter Instanz das Bundes-Oberhandelsgericht zuständig ist, und Strafsachen, für welche in letzter Instanz der oberste Landesgerichtshof zuständig ist, können in Einem Strafverfahren nicht verbunden werden.

Die Bestimmungen der §§. 10, 12 Abs. 2, §. 16 Abs. 2, §§. 17, 18, 21 und 22 des Gesetzes vom 12. Juni 1869 finden auch auf die zur Zuständigkeit des Bundes-Oberhandelsgerichts gehörenden Strafsachen entsprechende Anwendung.

g. Verjährung.

Nachdruck. §. 33.

Die Strafverfolgung des Nachdrucks und die Klage auf Entschädigung wegen Nachdrucks, einschliesslich der Klage wegen Bereicherung (§. 18), verjähren in drei Jahren.

Der Lauf der Verjährung beginnt mit dem Tage, an welchem die Verbreitung der Nachdrucks-Exemplare zuerst stattgefunden hat.

Verbreitung. §. 34.

Die Strafverfolgung der Verbreitung von Nachdrucks-Exemplaren und die Klage auf Entschädigung wegen dieser Verbreitung (§. 25) verjähren ebenfalls in drei Jahren.

Der Lauf der Verjährung beginnt mit dem Tage, an welchem die Verbreitung zuletzt stattgefunden hat.

Frist für Strafantrag. §. 35.

Der Nachdruck und die Verbreitung von Nachdrucks-Exemplaren sollen straflos bleiben, wenn der zum Strafantrage Berechtigte den Antrag binnen drei Monaten nach erlangter Kenntniss von dem begangenen Vergehen und von der Person des Thäters zu machen unterlässt.

Einziehungsantrag. §. 36.

Der Antrag auf Einziehung und Vernichtung der Nachdrucks-Exemplare, sowie der zur widerrechtlichen Vervielfältigung ausschliesslich bestimmten Vorrichtungen (§. 21) ist so lange zulässig, als solche Exemplare und Vorrichtungen vorhanden sind.

Zu §. 33.

Verbreitung im Sinne des §. 33 Abs. 2 ist nicht bereits die Übergabe der Nachbildung seitens eines Teilnehmers an den anderen, z. B. des Veranstalters an den Veranlasser, vielmehr erst die Übergabe an einen dritten Unbeteiligten (R.G. in Strff. XI, 334). — Bezüglich der Verstöße gegen das Nachdrucksgesetz ist es unerheblich, ob die im Preßgesetz §. 22 vorgesehene Verjährungsfrist abgelaufen ist (R.G. in Strff. XX, 182).

Zu §. 35.

Liegt fortgesetztes Vergehen vor, so ist dennoch für die Frage der Rechtzeitigkeit des Antrages jede einzelne Rechtsverletzung als gesonderte zu berücksichtigen (R.G. in Strff. III, 327).

Zu §. 36.

Die Einziehung ist nicht Strafe, sondern nur Sicherung gegen künftige Schädigungen (Anm. zu §. 21). Eine gewöhnliche Prozeßvollmacht genügt für die Ermächtigung zur Stellung eines

§. 37.

Nichtangabe von Quelle oder Namen.

Die Uebertretung, welche dadurch begangen wird, dass in den Fällen des §. 7 Littr. a. die Angabe der Quelle oder des Namens des Urhebers unterblieben ist, verjährt in drei Monaten.

Der Lauf der Verjährung beginnt mit dem Tage, an welchem der Abdruck zuerst verbreitet worden ist.

§. 38. **Unterbrechung.**

Die allgemeinen gesetzlichen Vorschriften bestimmen, durch welche Handlungen die Verjährung unterbrochen wird.

Die Einleitung des Strafverfahrens unterbricht die Verjährung der Entschädigungsklage nicht, und eben so wenig unterbricht die Anstellung der Entschädigungsklage die Verjährung des Strafverfahrens.

h. Eintragsrolle.

§. 39. **Zuständige Behörde.**

Die Eintragsrolle, in welche die in den §§. 6 und 11 vorgeschriebenen Eintragungen stattzufinden haben, wird bei dem Stadtrath zu Leipzig geführt.

§. 40. **Beschränkung vorheriger Prüfung.**

Der Stadtrath zu Leipzig ist verpflichtet, auf Antrag der Betheiligten die Eintragungen zu bewirken, ohne dass eine zuvorige Prüfung über die Berechtigung des Antragstellers oder über die Richtigkeit der zur Eintragung angemeldeten Thatsachen stattfindet.

§. 41.

Führung, Einsicht, Auszüge, Bekanntmachung.

Das Bundeskanzler-Amt erlässt die Instruktion über die Führung der Eintragsrolle. Es ist Jedermann gestattet, von der Eintragsrolle Einsicht zu nehmen und sich beglaubigte Auszüge aus derselben ertheilen zu lassen. Die Eintragungen werden im Börsenblatt für den Deutschen Buchhandel und, falls dasselbe zu erscheinen aufhören sollte, in einer anderen vom Bundeskanzler-Amte zu bestimmenden Zeitung öffentlich bekannt gemacht.

Einziehungsantrages (R.G. in Strfs. XXII, 259). Der Einziehungsantrag kann, selbst wenn die Möglichkeit eines Strafantrages vorhanden, selbständig ohne letzteren gestellt werden (R.G. in Strfs. XXII, 57). Der Antrag auf Einziehung und die Einziehung der während der Dauer des Schutzes hergestellten Nachdrucksexemplare ist auch noch nach Fortfall des Schutzes (z. B. durch Zeitablauf oder Aufnahme des Schriftwerks in ein öffentliches Aktenstück) zulässig (R.G. in Strfs. XXVII, 28; dahingestellt bezüglich der Vorrichtungen).

Zu §. 38.

Betreffs Unterbrechung der Verjährung des Entschädigungs- und des Bereicherungsanspruchs waren bisher die allgemeinen Vorschriften der Landesgesetze maßgebend (R.G. XII, 106, XXXVII, 401); jetzt (E.G. z. B.G. Art. 55; vgl. jedoch Art. 169, 76) kommt B.G. §§. 208 ff. zur Anwendung.

Zu §. 41.

Instruktion über die Führung der Eintragsrolle v. 7. Novb. 1870 (Centralbl. 1876 S. 120) mit Änderung v. 23. März 1892 (Centralblatt. 155).

Stempelfreiheit. Gebühr, Kosten. §. 42.

Alle Eingaben, Verhandlungen, Atteste, Beglaubigungen, Zeugnisse, Auszüge u. s. w., welche die Eintragung in die Eintragsrolle betreffen, sind stempelfrei.

Dagegen wird für jede Eintragung, für jeden Eintragsschein, sowie für jeden sonstigen Auszug aus der Eintragsrolle eine Gebühr von je 15 Sgr. erhoben, und ausserdem hat der Antragsteller die etwaigen Kosten für die öffentliche Bekanntmachung der Eintragung (§. 41) zu entrichten.

II. Geographische, topographische, naturwissenschaftliche, architektonische, technische und ähnliche Abbildungen.

§. 43.

Anwendbarkeit der Regeln über „Schriftstücke".

Die Bestimmungen in den §§. 1—42 finden auch Anwendung auf geographische, topographische, naturwissenschaftliche, architektonische, technische und ähnliche Zeichnungen und Abbildungen, welche nach ihrem Hauptzwecke nicht als Kunstwerke zu betrachten sind.

§. 44.

Herübernahme einzelner Abbildungen.

Als Nachdruck ist es nicht anzusehen, wenn einem Schriftwerke einzelne Abbildungen aus einem anderen Werke beigefügt werden, vorausgesetzt, dass das Schriftwerk als die Hauptsache erscheint und die Abbildungen nur zur Erläuterung des Textes u. s. w. dienen. Auch muss der Urheber oder die benutzte Quelle angegeben sein, widrigenfalls die Strafbestimmung im §. 24 Platz greift.

III. Musikalische Kompositionen.

§. 45.

Anwendbarkeit von Regeln über „Schriftstücke".

Die Bestimmungen in den §§. 1 bis 5, 8 bis 42 finden auch Anwendung auf das ausschliessliche Recht des Urhebers zur Vervielfältigung musikalischer Kompositionen.

Bearbeitungen. §. 46.

Als Nachdruck sind alle ohne Genehmigung des Urhebers einer musikalischen Komposition herausgegebenen Bearbeitungen derselben anzusehen, welche nicht als

---

Zu §. 43.

Wesentlich ist der wissenschaftliche oder doch belehrende Zweck; die Zeichnungen und Abbildungen sind gemäß § 43, wie überhaupt Schriftwerke, nur unter der Voraussetzung geschützt, daß sie sich als Ausfluß eigener geistiger Thätigkeit der als Urheber in Betracht kommenden Person darstellen (R.G. in Strfs. XV, 407). Eine technische Zeichnung ist z. B. die Bauzeichnung für eigentümliche Einrichtungen einer Fabrik (R.G. in Strfs. XV, 407).

Zu §. 44.

Vgl. Ges. betr. das Urheberrecht an Werken der bildenden Künste (unten VI 2) §. 6 Ziff. 4.

Zu §. 45.

Über Vervielfältigung durch Pappscheiben für Herophone einerseits und durch Spieluhren andererseits vgl. §. 4 Anm. I.

eigenthümliche Kompositionen betrachtet werden können, insbesondere Auszüge aus einer musikalischen Komposition, Arrangements für einzelne oder mehrere Instrumente oder Stimmen, sowie der Abdruck von einzelnen Motiven oder Melodien eines und desselben Werkes, die nicht künstlerisch verarbeitet sind.

§. 47. **Fälle zulässigen Abdrucks.**

Als Nachdruck ist nicht anzusehen: das Anführen einzelner Stellen eines bereits veröffentlichten Werkes der Tonkunst, die Aufnahme bereits veröffentlichter kleinerer Kompositionen in ein nach seinem Hauptinhalte selbstständiges wissenschaftliches Werk, sowie in Sammlungen von Werken verschiedener Komponisten zur Benutzung in Schulen, ausschliesslich der Musikschulen. Vorausgesetzt ist jedoch, dass der Urheber oder die benutzte Quelle angegeben ist, widrigenfalls die Strafbestimmung des §. 24 Platz greift.

§. 48. **Text zu Kompositionen.**

Als Nachdruck ist nicht anzusehen: die Benutzung eines bereits veröffentlichten Schriftwerkes als Text zu musikalischen Kompositionen, sofern der Text in Verbindung mit der Komposition abgedruckt wird.

Ausgenommen sind solche Texte, welche ihrem Wesen nach nur für den Zweck der Komposition Bedeutung haben, namentlich Texte zu Opern oder Oratorien. Texte dieser Art dürfen nur unter Genehmigung ihres Urhebers mit den musikalischen Kompositionen zusammen abgedruckt werden.

Zum Abdruck des Textes ohne Musik ist die Einwilligung des Urhebers oder seiner Rechtsnachfolger erforderlich.

§. 49.

Zusammensetzung der Sachverständigen-Vereine.

Die Sachverständigen-Vereine, welche nach Maassgabe des §. 31 Gutachten über den Nachdruck musikalischer Kompositionen abzugeben haben, sollen aus Komponisten, Musikverständigen und Musikalienhändlern bestehen.

IV. Oeffentliche Aufführung dramatischer, musikalischer oder dramatisch-musikalischer Werke.

§. 50. **Aufführungsberechtigter.**

Das Recht, ein dramatisches, musikalisches oder dramatisch-musikalisches Werk öffentlich aufzuführen, steht dem Urheber und dessen Rechtsnachfolgern (§. 3) ausschliesslich zu.

In Betreff der dramatischen und dramatisch-musikalischen Werke ist es hierbei gleichgültig, ob das Werk bereits durch den Druck etc. veröffentlicht worden ist oder nicht. Musikalische Werke, welche durch Druck veröffentlicht worden sind, können

---

Zu §. 50.

Die erfolgte Übertragung eines Aufführungsrechts an eine Bühne ist im Zweifel dahin auszulegen, daß damit die Zahl der Aufführungsstätten begrenzt, nicht aber dem Erwerber das Recht verliehen werden soll, an einer beliebigen demnächst erweiterten Zahl der unter seiner Leitung stehenden Bühnen die Aufführung zu bewirken (R.G. VI, 29). Über gesetzliche Verlängerung der Schutzdauer, nachdem Übertragung erfolgt, vgl. §. 3 Anm. III.

ohne Genehmigung des Urhebers öffentlich aufgeführt werden, falls nicht der Urheber auf dem Titelblatt oder an der Spitze des Werkes sich das Recht der öffentlichen Aufführung vorbehalten hat.

Dem Urheber wird der Verfasser einer rechtmässigen Uebersetzung des dramatischen Werkes in Beziehung auf das ausschliessliche Recht zur öffentlichen Aufführung dieser Uebersetzung gleich geachtet.

Die öffentliche Aufführung einer rechtswidrigen Uebersetzung (§. 6) oder einer rechtswidrigen Bearbeitung (§. 46) des Originalwerkes ist untersagt.

Mehrere Urheber. §. 51.

Sind mehrere Urheber vorhanden, so ist zur Veranstaltung der öffentlichen Aufführung die Genehmigung jedes Urhebers erforderlich.

Bei musikalischen Werken, zu denen ein Text gehört, einschliesslich der dramatisch-musikalischen Werke, genügt die Genehmigung des Komponisten allein.

Dauer des Schutzes. §. 52.

In Betreff der Dauer des ausschliesslichen Rechts zur öffentlichen Aufführung kommen die §§. 8 bis 17 zur Anwendung.

Anonyme und pseudonyme Werke, welche zur Zeit ihrer ersten rechtmässigen öffentlichen Aufführung noch nicht durch den Druck veröffentlicht sind, werden dreissig Jahre vom Tage der ersten rechtmässigen Aufführung an, posthume Werke dreissig Jahre vom Tode des Urhebers an gegen unbefugte öffentliche Aufführung geschützt.

Wenn der Urheber des anonymen oder pseudonymen Werkes oder sein hierzu legitimirter Rechtsnachfolger innerhalb der Frist von dreissig Jahren den wahren Namen des Urhebers vermittelst Eintragung in die Eintragsrolle (§. 39) bekannt macht, oder wenn der Urheber das Werk innerhalb derselben Frist unter seinem wahren Namen veröffentlicht, so gelangt die Bestimmung des §. 8 zur Anwendung.

§. 53.

Vermutung für Urheberschaft bei Aufführung vor mechanischer Vervielfältigung.

Bei dramatischen, musikalischen und dramatisch-musikalischen Werken, welche noch nicht mechanisch vervielfältigt, aber öffentlich aufgeführt worden sind, gilt bis zum Gegenbeweise derjenige als Urheber, welcher bei der Ankündigung der Aufführung als solcher bezeichnet worden ist.

§. 54.

Folgen unbefugter Veranstaltung oder Veranlassung.

Wer vorsätzlich oder aus Fahrlässigkeit ein dramatisches, musikalisches oder dramatisch-musikalisches Werk vollständig oder mit unwesentlichen Aenderungen unbefugter Weise öffentlich aufführt, ist den Urheber oder dessen Rechtsnachfolger

---

Zu §. 54.

I. **Veranstalter und Veranlasser.** Veranstalter einer Aufführung ist jeder, dessen Wille auf Veranstaltung gerichtet, und durch dessen Thätigkeit die Ausführung ins Werk gesetzt ist; unter Umständen der Eigentümer des Theaters, in der Regel der Theaterdirektor, aber auch der

zu entschädigen verpflichtet und wird ausserdem mit einer Geldstrafe nach Maassgabe der §§. 18 und 23 bestraft.

Auf den Veranlasser der unbefugten Aufführung findet der §. 20 mit der Maassgabe Anwendung, dass die Höhe der Entschädigung nach §. 55 zu bemessen ist.

§. 55.

Höhe der Entschädigung, Herausgabe der Bereicherung.

Die Entschädigung, welche dem Berechtigten im Falle des §. 54 zu gewähren ist, besteht in dem ganzen Betrage der Einnahme von jeder Aufführung ohne Abzug der auf dieselbe verwendeten Kosten.

Ist das Werk in Verbindung mit anderen Werken aufgeführt worden, so ist, unter Berücksichtigung der Verhältnisse, ein entsprechender Theil der Einnahme als Entschädigung festzusetzen.

Wenn die Einnahme nicht zu ermitteln oder eine solche nicht vorhanden ist, so wird der Betrag der Entschädigung vom Richter nach freiem Ermessen festgestellt.

Trifft den Veranstalter der Aufführung kein Verschulden, so haftet er dem Berechtigten auf Höhe seiner Bereicherung.

§. 56.

Verfahren, Verjährung, Eintragsrolle.

Die Bestimmungen in den §§. 26 bis 42 finden auch in Betreff der Aufführung von dramatischen, musikalischen und dramatisch-musikalischen Werken Anwendung.

V. Allgemeine Bestimmungen.

§. 57.

Inkrafttreten. Aufhebung älterer Vorschriften.

Das gegenwärtige Gesetz tritt mit dem 1. Januar 1871 in Kraft. Alle früheren, in den einzelnen Staaten des Norddeutschen Bundes geltenden, rechtlichen Bestimmungen

---

Leiter einer in einem fremden Theater spielenden Theatergesellschaft; unerheblich ist, ob die betreffende Person die für Schauspielunternehmer erforderliche öffentlich-rechtliche Erlaubnis besitzt, und wer der Ortspolizeibehörde die etwa erforderliche Anzeige der Aufführung erstattet hat (R.G. in Strff. XXX, 339). Weder Veranstalter noch Veranlasser ist ein Gastwirt, der mit einem Kapellmeister vereinbart, daß dieser gegen ein jedem Mann der Kapelle seitens des Gastwirts zu zahlendes Entgelt zur Unterhaltung der Besucher der Gastwirtschaft Musikstücke aufführt, sofern die Auswahl der Musikstücke vollständig dem Kapellmeister überlassen wird (R.G. XXXVIII, 24).

II. **Entschädigung** ist in §§. 54, 55 in dem losen Sinne von Vergütung gebraucht (vgl. §. 55 Abs. 1). Der Anspruch auf Entschädigung (und ebenso der Anspruch auf Buße) ist daher nicht abhängig von dem Nachweis, daß ein Schaden entstanden ist (R.G. in Strff. I, 329); Entschädigung und Buße kommen daher einer Privatstrafe nahe (R.G. in Strff. VI, 399).

III. **Buße.** Auch im Fall des §. 54 kann (§. 18 Abs. 4) auf Buße statt auf Entschädigung erkannt werden; die Höhe der Buße ist dann nicht gemäß §. 55, sondern gemäß §. 19 nach freiem Ermessen zu bestimmen (R.G. in Strff. XXVIII, 161).

IV. **Im Ausland erfolgende Verstöße** gegen §. 54 sind strafbar nur unter den Voraussetzungen des St.G.B. §. 4 Ziff. 3, §. 5 (abweichend bei Nachdruck; §. 18 Anm. IIf); sind sie aus diesem Grunde nicht mit Strafe bedroht, so kann auch nicht Entschädigung gefordert werden (R.G. XXXIV, 47).

in Beziehung auf das Urheberrecht an Schriftwerken, Abbildungen, musikalischen Kompositionen und dramatischen Werken treten von demselben Tage ab ausser Wirksamkeit.

Übergangsbestimmung. §. 58.

Das gegenwärtige Gesetz findet auf alle vor dem Inkrafttreten desselben erschienenen Schriftwerke, Abbildungen, musikalischen Kompositionen und dramatischen Werke Anwendung, selbst wenn dieselben nach den bisherigen Landesgesetzgebungen keinen Schutz gegen Nachdruck, Nachbildung oder öffentliche Aufführung genossen haben.

Die bei dem Inkrafttreten dieses Gesetzes vorhandenen Exemplare, deren Herstellung nach der bisherigen Gesetzgebung gestattet war, sollen auch fernerhin verbreitet werden dürfen, selbst wenn ihre Herstellung nach dem gegenwärtigen Gesetze untersagt ist.

Ebenso sollen die bei dem Inkrafttreten dieses Gesetzes vorhandenen, bisher rechtmässig angefertigten Vorrichtungen, wie Formen, Platten, Steine, Stereotypabgüsse etc., auch fernerhin zur Anfertigung von Exemplaren benutzt werden dürfen.

Auch dürfen die beim Inkrafttreten des Gesetzes bereits begonnenen, bisher gestatteten Vervielfältigungen noch vollendet werden.

Die Regierungen der Staaten des Norddeutschen Bundes werden ein Inventarium über die Vorrichtungen, deren fernere Benutzung hiernach gestattet ist, amtlich aufstellen und diese Vorrichtungen mit einem gleichförmigen Stempel bedrucken lassen. Ebenso sollen alle Exemplare von Schriftwerken, welche nach Maassgabe dieses Paragraphen auch fernerhin verbreitet werden dürfen, mit einem Stempel versehen werden.

Nach Ablauf der für die Legalisirung angegebenen Frist unterliegen alle mit dem Stempel nicht versehenen Vorrichtungen und Exemplare der bezeichneten Werke, auf Antrag des Verletzten, der Einziehung. Die nähere Instruktion über das bei der Aufstellung des Inventariums und bei der Stempelung zu beobachtende Verfahren wird vom Bundeskanzler-Amte erlassen.

§. 59.

Übergangsbestimmung für Übersetzungen.

Insofern nach den bisherigen Landesgesetzgebungen für den Vorbehalt des Uebersetzungsrechts andere Förmlichkeiten und für das Erscheinen der ersten Uebersetzung andere Fristen, als im §. 6 Littr. c. vorgeschrieben sind, hat es bei denselben in Betreff derjenigen Werke, welche vor dem Inkrafttreten des gegenwärtigen Gesetzes bereits erschienen sind, sein Bewenden.

Privilegien. §. 60.

Die Ertheilung von Privilegien zum Schutze des Urheberrechts ist nicht mehr zulässig.

Zu §. 58.

Voraussetzung des §. 58 Abs. 1 ist, daß das Gesetz vom 11. Juni 1870 einen Schutz gewährt, den die früheren Landesgesetzgebungen versagten (R.G. in Strfs. II, 181). Die in §. 58 Abs. 2 zugelassene Verbreitung ist in ganz Deutschland gestattet, wenngleich früher die betreffende Nachbildung nicht in allen Bundesstaaten verbreitet werden durfte (R.G. in Strfs. VII, 58). Der §. 58 Abs. 5 schreibt nur die Abstempelung von „Schriftwerken" vor; musikalische Kompositionen brauchen nicht abgestempelt zu werden, soweit nicht etwa Staatsverträge hierüber schärfere Vorschriften enthalten (R.G. in Strfs. XXII, 261.) — Der §. 58 ist nicht entsprechend anwendbar, wenn das Schriftwerk nach Inkrafttreten des Gesetzes erschienen, ein Schutzrecht aber erst später erworben ist (R.G. in Strfs. IX, 118).

Dem Inhaber eines vor dem Inkrafttreten des gegenwärtigen Gesetzes von dem Deutschen Bunde oder den Regierungen einzelner, jetzt zum Norddeutschen Bunde gehörigen Staaten ertheilten Privilegiums steht es frei, ob er von diesem Privilegium Gebrauch machen oder den Schutz des gegenwärtigen Gesetzes anrufen will.

Der Privilegienschutz kann indess nur für den Umfang derjenigen Staaten geltend gemacht werden, von welchen derselbe ertheilt worden ist.

Die Berufung auf den Privilegienschutz ist dadurch bedingt, dass das Privilegium entweder ganz oder dem wesentlichen Inhalte nach dem Werke vorgedruckt oder auf oder hinter dem Titelblatt desselben bemerkt ist. Wo dieses nach der Natur des Gegenstandes nicht stattfinden kann, oder bisher nicht geschehen ist, muss das Privilegium, bei Vermeidung des Erlöschens, binnen drei Monaten nach dem Inkrafttreten dieses Gesetzes zur Eintragung in die Eintragsrolle angemeldet und von dem Kuratorium derselben öffentlich bekannt gemacht werden.

§. 61.

Beschränkung auf inländischen Urheber oder im Inland niedergelassenen Verleger.

Das gegenwärtige Gesetz findet Anwendung auf alle Werke inländischer Urheber, gleichviel ob die Werke im Inlande oder Auslande erschienen oder überhaupt noch nicht veröffentlicht sind.

Wenn Werke ausländischer Urheber bei Verlegern erscheinen, die im Gebiete des Norddeutschen Bundes ihre Handelsniederlassung haben, so stehen diese Werke unter dem Schutze des gegenwärtigen Gesetzes.

§. 62.

Erscheinen im ehemaligen Deutschen Bunde, außerhalb des Norddeutschen Bundes.

Diejenigen Werke ausländischer Urheber, welche in einem Orte erschienen sind, der zum ehemaligen Deutschen Bunde, nicht aber zum Norddeutschen Bunde, gehört, geniessen den Schutz dieses Gesetzes unter der Voraussetzung, dass das Recht des betreffenden Staates den innerhalb des Norddeutschen Bundes erschienenen Werken einen den einheimischen Werken gleichen Schutz gewährt; jedoch dauert der Schutz nicht länger als in dem betreffenden Staate selbst. Dasselbe gilt von nicht veröffentlichten Werken solcher Urheber, welche zwar nicht im Norddeutschen Bunde, wohl aber im ehemaligen Deutschen Bundesgebiete staatsangehörig sind.

Zu §. 60.

Die Privilegien betr. Urheber- und Verlagsrechte sind nicht aufgehoben durch Ges. v. 17. März 1868 (R.G. XVII, 265).

Zu §. 61.

„Erscheinen" in §. 61 Abs. 2 bedeutet „erstes Erscheinen"; der §. 61 Abs. 2 ist daher nicht anwendbar, wenn das Werk eines ausländischen Urhebers zuerst außerhalb Deutschland und erst später in Deutschland erscheint (R.G. in Strfs. II, 180, XXII, 163).

Zu §. 62.

Für Österreich vgl. R.G. in Strfs. XXIX, 199.

2. Gesetz, betreffend das Urheberrecht an Werken der bildenden Künste.

Vom 9. Januar 1876. (R.G.Bl. 4).

A. Ausschliessliches Recht des Urhebers.

Recht des Urhebers. §. 1.

Das Recht, ein Werk der bildenden Künste ganz oder theilweise nachzubilden, steht dem Urheber desselben ausschliesslich zu.

Rechtsnachfolge. §. 2.

Das Recht des Urhebers geht auf dessen Erben über. Dieses Recht kann beschränkt oder unbeschränkt durch Vertrag oder durch Verfügung von Todeswegen auf Andere übertragen werden.

Baukunst. §. 3.

Auf die Baukunst findet das gegenwärtige Gesetz keine Anwendung.

Freie Benutzung eines Werkes. §. 4.

Als Nachbildung ist nicht anzusehen die freie Benutzung eines Werkes der bildenden Künste zur Hervorbringung eines neuen Werkes.

Vorbemerkung.

Dies Gesetz ist eingeführt in Helgoland durch Ges. v. 22. März 1891 (R.G.Bl. 21) Art. I Ziff. VII. — Über den mehrstaatlichen Verband zum Schutze von Werken der Litteratur und Kunst vgl. oben VI, 1 Vorbemerkung II.

Zu §. 1.

I. **Werk der bildenden Kunst.** Das Schaffen durch formgebende Thätigkeit zwecks Hervorbringung eines auf das Schönheitsgefühl wirkenden Eindrucks kennzeichnet das Erzeugnis als ein Werk der bildenden Kunst (R.G. in Strfs. VI, 344). Das Werk muß eine eigentümliche geistige Schöpfung sein, wenn auch andererseits ein künstlerischer Wert des Werks nicht vorhanden zu sein braucht (R.G. in Strfs. XXIII, 134). Unerheblich für den Begriff eines Werkes der bildenden Kunst ist es, ob und in welcher Weise der Verfertiger oder Besteller des Werkes das Urheberrecht zu verwerten gedenkt, insbesondere, ob die künstlerische Thätigkeit einem der Kunst fremden Zwecke, z. B. der Reklame, dienstbar gemacht werden soll (R.G. in Strfs. XXIII, 130).

II. **Nachbilden** ist (vgl. §. 4) die unfreie Benutzung zur Hervorbringung eines Werkes, welchem die Eigenschaft der Neuheit nicht zukommt (R.G. in Strfs. XVIII, 324). Das Wort **„Nachbildung"** in diesem Gesetz bezeichnet das Werk, nicht das Verfahren (R.G. in Strfs. XVIII, 325).

Zu §. 2.

Das R.G. in Strfs. XIV, 219 nimmt an, daß wenn das Nachbildungsrecht mit Beschränkung auf ein bestimmtes Kunstverfahren übertragen ist, und ein Dritter das ursprüngliche Werk unter Benutzung eines anderen Kunstverfahrens unbefugt nachbildet, nicht nur der Urheber, sondern auch der Erwerber des beschränkten Rechts strafantragsberechtigt sei, falls das Vorgehen des Dritten jenes beschränkte Recht beeinträchtige oder gefährde. Der Übertragungsempfänger hat im Zweifel das Recht zur Weiterübertragung (R.G. in Strfs. XVII, 276; vgl. zu Nachdrucksges. §. 3).

Zu §. 4.

Eine nach §. 4 statthafte freie Benutzung liegt nur dann vor, wenn ein neues, auf einer eigenen schöpferischen Thätigkeit beruhendes Kunstwerk hergestellt wird; kein solches

§. 5. **Verbotene Nachbildung.**

Jede Nachbildung eines Werkes der bildenden Künste, welche in der Absicht, dieselbe zu verbreiten, ohne Genehmigung des Berechtigten (§§. 1, 2) hergestellt wird, ist verboten. Als verbotene Nachbildung ist es auch anzusehen:

1. wenn bei Hervorbringung derselben ein anderes Verfahren angewendet worden ist, als bei dem Originalwerk;
2. wenn die Nachbildung nicht unmittelbar nach dem Originalwerke, sondern mittelbar nach einer Nachbildung desselben geschaffen ist;
3. wenn die Nachbildung eines Werkes der bildenden Künste sich an einem Werke der Baukunst, der Industrie, der Fabriken, Handwerke oder Manufakturen befindet;
4. wenn der Urheber oder Verleger dem unter ihnen bestehenden Vertrage zuwider eine neue Vervielfältigung des Werkes veranstalten;
5. wenn der Verleger eine grössere Anzahl von Exemplaren eines Werkes anfertigen lässt, als ihm vertragsmässig oder gesetzlich gestattet ist.

§. 6. **Erlaubte Nachbildung.**

Als verbotene Nachbildung ist nicht anzusehen:

1. die Einzelkopie eines Werkes der bildenden Künste, sofern dieselbe ohne die Absicht der Verwerthung angefertigt wird. Es ist jedoch verboten, den Namen oder das Monogramm des Urhebers des Werkes in irgend einer Weise auf der Einzelkopie anzubringen, widrigenfalls eine Geldstrafe bis zu fünfhundert Mark verwirkt ist;
2. die Nachbildung eines Werkes der zeichnenden oder malenden Kunst durch die plastische Kunst, oder umgekehrt;

---

ist die Wiederholung eines früheren Kunstwerks, mag sie auch durch den Urheber des letzteren und in freier Weise hergestellt sein (R.G. XXXVI, 48). Wird ein Ölbild mit Genehmigung des Urhebers photographiert, erwirbt ein Dritter diese Photographie und übermalt sie mit Ölfarben, wenngleich in anderen Tönen als denen des ursprünglichen Bildes, so liegt in dem ungenehmigten Übermalen eine unbefugte Nachbildung (R.G. in Strff. VII, 234, XI, 362). Ebenso wenn der Dritte unter Benutzung der Photographie einen Ölfarbendruck herstellt (R.G. in Strff. XIV, 218).

Zu §. 6.

I. **Nachbildung in anderer Kunstart (Ziff. 2).** Durch §. 6 Ziff. 2 wird nur die Nachbildung durch ein Kunstverfahren, nicht auch eine mechanische Nachbildung freigegeben (R.G. XVIII, 106, 151, R.G. in Strff. XVIII, 34). Die Worte „durch die plastische Kunst" stehen für „zur Hervorbringung eines Werkes der plastischen Kunst" (R.G. in Strff. XVIII, 325). Wird eine gezeichnete Medaille räumlich nachgeahmt, und werden von dem so gewonnenen Stempel Abdrücke genommen, so enthalten letztere eine unerlaubte Nachbildung der Zeichnung (R.G. in Strff. VI, 344). Ein für durchscheinendes Licht bestimmtes Bild (Lithophanie, Diophanie) ist kein Werk plastischer, vielmehr ein Werk zeichnender Kunst, daher die Nachbildung einer Zeichnung durch solche Lichtbilder unerlaubt (R.G. XVIII, 107, R.G. in Strff. XVII, 366, XVIII, 329). — Vgl. auch Musterschutzges. §. 6 Ziff. 2; doch sind die dort in Frage kommenden Begriffe nicht genau die gleichen wie hier (R.G. XVIII, 110).

II. **An öffentlichem Ort angebrachte Werke (Ziff. 3).** Nach dauernder Anbringung des Werks an der Straße oder dem öffentlichen Platz bleibt ein über den Schutz dieses Werkes hinausgehender Schutz des zu Grunde liegenden Modelles, soweit letzteres mit ersterem überein-

3. die Nachbildung von Werken der bildenden Künste, welche auf oder an Strassen oder öffentlichen Plätzen bleibend sich befinden. Die Nachbildung darf jedoch nicht in derselben Kunstform erfolgen;
4. die Aufnahme von Nachbildungen einzelner Werke der bildenden Künste in ein Schriftwerk, vorausgesetzt, dass das letztere als die Hauptsache erscheint, und die Abbildungen nur zur Erläuterung des Textes dienen. Jedoch muss der Urheber des Originals oder die benutzte Quelle angegeben werden, widrigenfalls die Strafbestimmung im §. 24 des Gesetzes vom 11. Juni 1870, betreffend das Urheberrecht an Schriftwerken etc., (Bundes-Gesetzbl. 1870 S. 339) Platz greift.

Urheberrecht des Nachbildners. §. 7.

Wer ein von einem Anderen herrührendes Werk der bildenden Künste auf rechtmässige Weise, aber mittelst eines anderen Kunstverfahrens nachbildet, hat in Beziehung auf das von ihm hervorgebrachte Werk das Recht eines Urhebers (§. 1), auch wenn das Original bereits Gemeingut geworden ist.

§. 8.

Trennung von Eigentum und Urheberrecht.

Wenn der Urheber eines Werkes der bildenden Künste das Eigenthum am Werke einem Anderen überlässt, so ist darin die Uebertragung des Nachbildungsrechts fortan nicht enthalten; bei Portraits und Portraitbüsten geht dieses Recht jedoch auf den Besteller über.

Der Eigenthümer des Werkes ist nicht verpflichtet, dasselbe zum Zweck der Veranstaltung von Nachbildungen an den Urheber oder dessen Rechtsnachfolger herauszugeben.

B. Dauer des Urheberrechts.

Schutzfrist. §. 9.

Der Schutz des gegenwärtigen Gesetzes gegen Nachbildung wird für die Lebensdauer des Urhebers und dreissig Jahre nach dem Tode desselben gewährt.

---

stimmt, nicht bestehen (R.G. in Strff. XVIII, 32). Die Ziff. 3 findet Anwendung auch, wenn das Werk sich an einem Bauwerk befindet (R.G. in Strff. XVIII, 33). Unter Kunstform ist nicht das bei Herstellung angewandte Verfahren zu verstehen; vielmehr ist eine besondere Kunstform als vorhanden anzunehmen wo der im Urkunstwerke enthaltene künstlerische Gedanke in wesentlich verschiedener Weise seiner äußeren Erscheinung nach zum Ausdruck gebracht ist; von einander verschiedene Kunstformen sind daher Zeichnen und Malen, oder Relief und Rundform (R.G. in Strff. XVIII, 36). Unerheblich ist im Fall der Ziff. 3, ob die Nachbildung eine künstlerische ist (R.G. in Strff. XVIII, 34).

III. **Aufnahme von Nachbildungen in ein Schriftwerk** (**Ziff. 4**). Vgl. Nachdrucksges. (oben VI 1) §. 44. Die Aufnahme der Nachbildung ist nur erlaubt, wenn beide Voraussetzungen nebeneinander vorhanden sind: erstens muß das Schriftwerk Hauptsache sein, und zweitens müssen die Abbildungen nur zur Erläuterung des Textes dienen (R.G. XVIII, 153). Für die Frage, ob Schriftwerk oder Abbildungen Hauptsache, ist nicht der Standpunkt des Verfassers des Schriftwerks entscheidend (R.G. XVIII, 154).

Zu §. 8.

Bezüglich photographischer Porträts vgl. Ges. v. 10. Jan. 1876 (unten VI 3) §. 7.

Bei Werken, welche veröffentlicht sind, ist diese Dauer des Schutzes an die Bedingung geknüpft, dass der wahre Name des Urhebers auf dem Werke vollständig genannt oder durch kenntliche Zeichen ausgedrückt ist.

Werke, welche entweder unter einem anderen, als dem wahren Namen des Urhebers veröffentlicht, oder bei welchen ein Urheber garnicht angegeben ist, werden dreissig Jahre lang, von der Veröffentlichung an, gegen Nachbildung geschützt. Wird innerhalb dieser dreissig Jahre der wahre Name des Urhebers von ihm selbst oder seinen hierzu legitimirten Rechtsnachfolgern zur Eintragung in die Eintragsrolle (§. 39 des Gesetzes vom 11. Juni 1870, betreffend das Urheberrecht an Schriftwerken etc., — Bundes-Gesetzbl. 1870 S. 339) angemeldet, so wird dadurch dem Werke die im Absatz 1 bestimmte längere Dauer des Schutzes erworben.

§. 10.

Erscheinen in mehreren Bänden oder Abteilungen.

Bei Werken, die in mehreren Bänden oder Abtheilungen erscheinen, wird die Schutzfrist von dem ersten Erscheinen eines jeden Bandes oder einer jeden Abtheilung an berechnet.

Bei Werken jedoch, die in einem oder mehreren Bänden eine einzige Aufgabe behandeln und mithin als in sich zusammenhängend zu betrachten sind, beginnt die Schutzfrist erst nach dem Erscheinen des letzten Bandes oder der letzten Abtheilung.

Wenn indessen zwischen der Herausgabe einzelner Bände oder Abtheilungen ein Zeitraum von mehr als drei Jahren verflossen ist, so sind die vorher erschienenen Bände, Abtheilungen etc., als ein für sich bestehendes Werk und ebenso die nach Ablauf der drei Jahre erscheinenden weiteren Fortsetzungen als ein neues Werk zu behandeln.

§. 11.

Veröffentlichung nach Tod des Urhebers.

Die erst nach dem Tode des Urhebers veröffentlichten Werke werden dreissig Jahre lang, vom Tode des Urhebers an gerechnet, gegen Nachbildung geschützt.

§. 12. Erscheinen in periodischen Werken.

Einzelne Werke der bildenden Künste, welche in periodischen Werken, als Zeitschriften, Taschenbüchern, Kalendern etc. erschienen sind, darf der Urheber, falls nichts anderes verabredet ist, auch ohne Einwilligung des Herausgebers oder Verlegers des Werkes, in welches dieselben aufgenommen sind, nach zwei Jahren, vom Ablaufe des Jahres des Erscheinens an gerechnet, anderweitig abdrucken.

§. 13. Beginn der Schutzfrist.

In den Zeitraum der gesetzlichen Schutzfrist wird das Todesjahr des Verfassers beziehungsweise das Kalenderjahr der ersten Veröffentlichung oder des ersten Erscheinens des Werkes nicht eingerechnet.

§. 14.

Abgrenzung gegen Geschmacksmuster-Schutz.

Wenn der Urheber eines Werkes der bildenden Künste gestattet, dass dasselbe an einem Werke der Industrie, der Fabriken, Handwerke oder Manufakturen nachgebildet wird, so geniesst er den Schutz gegen weitere Nachbildungen an Werken der Industrie etc. nicht nach Massgabe des gegenwärtigen Gesetzes, sondern nur nach Massgabe des Gesetzes, betreffend das Urheberrecht an Mustern und Modellen.

Kein Heimfallsrecht. §. 15.

Ein Heimfallsrecht des Fiskus oder anderer zu herrenlosen Verlassenschaften berechtigter Personen findet auf das ausschliessliche Recht des Urhebers und seiner Rechtsnachfolger nicht statt.

C. Sicherstellung des Urheberrechts.

§. 16.

Schadensersatz, Strafen, Verfahren, Verjährung, Eintragsrolle.

Die Bestimmungen in den §§. 18—42 des Gesetzes vom 11. Juni 1870, betreffend das Urheberrecht an Schriftwerken etc., (Bundes-Gesetzbl. 1870 S. 339) finden auch auf die Nachbildung von Werken der bildenden Künste entsprechende Anwendung.

Die Sachverständigen-Vereine, welche nach Massgabe des §. 31 des genannten Gesetzes Gutachten über die Nachbildung von Werken der bildenden Künste abzugeben haben, sollen aus Künstlern verschiedener Kunstzweige, aus Kunsthändlern, Kunstgewerbtreibenden und aus anderen Kunstverständigen bestehen.

D. Allgemeine Bestimmungen.

Inkrafttreten. §. 17.

Das gegenwärtige Gesetz tritt mit dem 1. Juli 1876 in Kraft. Alle früheren in den einzelnen Staaten des Deutschen Reichs geltenden Bestimmungen in Beziehung auf das Urheberrecht an Werken der bildenden Künste treten von demselben Tage ab ausser Wirksamkeit.

Übergangsbestimmung. §. 18.

Das gegenwärtige Gesetz findet auch auf alle vor dem Inkrafttreten desselben erschienenen Werke der bildenden Künste Anwendung, selbst wenn dieselben nach den bisherigen Landesgesetzgebungen keinen Schutz gegen Nachbildung genossen haben.

Die bei dem Inkrafttreten dieses Gesetzes vorhandenen Exemplare, deren Herstellung nach der bisherigen Gesetzgebung gestattet war, sollen auch fernerhin verbreitet werden dürfen, selbst wenn ihre Herstellung nach dem gegenwärtigen Gesetze untersagt ist.

Zu §. 14.

Ein Werk der Industrie ist auch z. B. ein in mehreren Abdrücken hergestelltes Ausstellungsdiplom (R.G. in Strff. VI, 345). Das Nachbilden an einem Werk der Industrie u. s. w. setzt voraus, daß die Nachbildung in enge Verbindung mit jenem Werk gebracht werden soll (R.G. in Strff. III, 355). Hat der Urheber die Nachbildung von Werken der Industrie gestattet, so ist allein der Musterschutz auch auf diejenigen Nachbildungen anwendbar, welche zu dem Zweck der Anbringung gefertigt und nur hierzu geeignet, auch wenn sie noch nicht angebracht sind (R.G. in Strff. III, 356). Bloßes Stillschweigen gegenüber einer Verletzung des Urheberrechts enthält keine Gestattung der Nachbildung; damit letztere angenommen werden kann, muß vielmehr eine ausdrückliche oder stillschweigende, wörtliche oder thatsächliche Willensäußerung des Berechtigten hinzukommen, welche die Absicht des fraglichen teilweisen Verzichts schlüssig zum Ausdruck bringt (R.G. in Strff. III, 357). — Zur Gewinnung des Musterschutzes im Fall des §. 14. muß die Anmeldung zum Musterregister erfolgen (R.G. in Strff. III, 355).

Ebenso sollen die bei dem Inkrafttreten dieses Gesetzes vorhandenen, bisher rechtmässig angefertigten Vorrichtungen, wie Formen, Platten, Steine, Stereotypabgüsse u. s. w. auch fernerhin zur Anfertigung von Exemplaren benutzt werden dürfen.

Auch dürfen die beim Inkrafttreten des Gesetzes bereits begonnenen, bisher gestatteten Vervielfältigungen noch vollendet werden.

Die Regierungen der Staaten des Deutschen Reichs werden ein Inventarium über die Vorrichtungen, deren fernere Benutzung hiernach gestattet ist, amtlich aufstellen und diese Vorrichtungen mit einem gleichförmigen Stempel bedrucken lassen.

Nach Ablauf der für die Legalisirung angegebenen Frist unterliegen alle mit dem Stempel nicht versehenen Vorrichtungen der bezeichneten Werke, auf Antrag des Verletzten, der Einziehung. Die nähere Instruktion über das bei der Aufstellung des Inventariums und bei der Stempelung zu beobachtende Verfahren wird vom Reichskanzler-Amt erlassen.

§. 19. Privilegien.

Die Ertheilung von Privilegien zum Schutze des Urheberrechts ist nicht mehr zulässig.

Dem Inhaber eines vor dem Inkrafttreten des gegenwärtigen Gesetzes von den Regierungen einzelner deutscher Staaten ertheilten Privilegiums steht es frei, ob er von diesem Privilegium Gebrauch machen oder den Schutz des gegenwärtigen Gesetzes anrufen will.

Der Privilegienschutz kann indess nur für den Umfang derjenigen Staaten geltend gemacht werden, von welchen derselbe ertheilt worden ist.

Die Berufung auf den Privilegienschutz ist dadurch bedingt, dass das Privilegium entweder ganz oder dem wesentlichen Inhalte nach dem Werke vorgedruckt oder auf oder hinter dem Titelblatt desselben bemerkt ist. Wo dieses nach der Natur des Gegenstandes nicht stattfinden kann oder bisher nicht geschehen ist, muss das Privilegium, bei Vermeidung des Erlöschens, binnen drei Monaten nach dem Inkrafttreten dieses Gesetzes zur Eintragung in die Eintragsrolle angemeldet werden. Das Kuratorium der Eintragsrolle hat das Privilegium öffentlich bekannt zu machen.

§. 20.

Inländischer Urheber oder Verleger.

Das gegenwärtige Gesetz findet Anwendung auf alle Werke inländischer Urheber, gleichviel ob die Werke im Inlande oder Auslande erschienen oder überhaupt noch nicht veröffentlicht sind.

Wenn Werke ausländischer Urheber bei inländischen Verlegern erscheinen, so stehen diese Werke unter dem Schutze des gegenwärtigen Gesetzes.

§. 21.

Zum Deutschen Bunde gehörender ausländischer Urheber oder Erscheinungsort.

Diejenigen Werke ausländischer Urheber, welche in einem Orte erschienen sind, der zum ehemaligen Deutschen Bunde, nicht aber zum Deutschen Reich gehört, ge-

---

Zu §. 18.

Hatte schon vor Inkrafttreten dieses Gesetzes der Urheber sein Urheberrecht übertragen, so erlangt nunmehr der Rechtsnachfolger, nicht mehr der Urheber, den Schutz des neuen Gesetzes (R.G. in Strfs. V, 82, VIII, 263).

niessen den Schutz dieses Gesetzes unter der Voraussetzung, dass das Recht des betreffenden Staates den innerhalb des Deutschen Reichs erschienenen Werken einen den einheimischen Werken gleichen Schutz gewährt; jedoch dauert der Schutz nicht länger, als in dem betreffenden Staate selbst. Dasselbe gilt von nicht veröffentlichten Werken solcher Urheber, welche zwar nicht im Deutschen Reich, wohl aber im ehemaligen deutschen Bundesgebiete staatsangehörig sind.

---

3. Gesetz, betreffend den Schutz der Photographien gegen unbefugte Nachbildung.

Vom 10. Januar 1876. (R.G.Bl. 8).

Recht des Verfertigers. §. 1.

Das Recht, ein durch Photographie hergestelltes Werk ganz oder theilweise auf mechanischem Wege nachzubilden, steht dem Verfertiger der photographischen Aufnahme ausschliesslich zu.

Auf Photographien von solchen Werken, welche gesetzlich gegen Nachdruck und Nachbildung noch geschützt sind, findet das gegenwärtige Gesetz keine Anwendung.

Freie Benutzung eines Werkes. §. 2.

Als Nachbildung ist nicht anzusehen die freie Benutzung eines durch Photographie hergestellten Werkes zur Hervorbringung eines neuen Werkes.

Verbotene Nachbildung. §. 3.

Die mechanische Nachbildung eines photographischen Werkes, welche in der Absicht, dieselbe zu verbreiten, ohne Genehmigung der Berechtigten (§§. 1 und 7) hergestellt wird, ist verboten.

Vorbemerkung.

Dies Gesetz ist eingeführt in Helgoland durch Ges. v. 22. März 1891 (R.G.Bl. 21) Art. I Ziff. VII. — Über den mehrstaatlichen Verband zum Schutze von Werken der Litteratur und Kunst vgl. Nachdrucksges. (oben VI 1) Vorbem. II, und insbesondere Zusatzakte v. 4. Mai 1896 Art. 2 Ziff. I zu 1 B (R.G.Bl. 1897 S. 766).

Zu §. 1.

Die Nachbildung einer Nachbildung ist — abgesehen von der Ausnahme des §. 8 — in demselben Umfang verboten wie die Nachbildung der ursprünglichen Photographie (R.G. in Strff. XXIII, 129). — Ist das Werk selbst noch geschützt (§. 1 Abs. 2), so genießt die Photographie nur Schutz, wenn und soweit der Photograph Rechtsnachfolger des Urhebers des nachgebildeten Werkes ist (R.G. in Strff. III, 354). Über die Frage, ob und in welchen Fällen derjenige, welcher nur das Recht zur Nachbildung durch Photographie erworben hat, auch gegen einen mittels anderen Verfahrens Nachbildenden Strafantrag stellen kann, vgl. Ges. betr. Urheberrecht an Werken bildender Kunst (oben VI 2) Anm. zu §. 2.

Zu §. 2.

Ein neues Werk und freie Benutzung sind nur dann vorhanden, wenn in dem neuen Erzeugnis die älteren hierzu benutzten Werke ihre Selbständigkeit völlig eingebüßt haben; ein durch Zusammenfügung mehrerer Porträts gewonnenes Gruppenbild ist ein neues Werk nur, wenn eine gemeinsame Handlung, ein die Figuren verknüpfender Vorgang eingefügt ist (R.G. in Strff. XIV, 53).

§. 4. **Erlaubte Nachbildung.**

Die Nachbildung eines photographischen Werkes, wenn sie sich an einem Werke der Industrie, der Fabriken, Handwerke oder Manufakturen befindet, ist als eine verbotene nicht anzusehen.

§. 5.

Angabe von Namen, Wohnort, Kalenderjahr.

Jede rechtmässige photographische oder sonstige mechanische Abbildung der Originalaufnahme muss auf der Abbildung selbst oder auf dem Karton

a) den Namen beziehungsweise die Firma des Verfertigers der Originalaufnahme oder des Verlegers, und

b) den Wohnort des Verfertigers oder Verlegers,

c) das Kalenderjahr, in welchem die rechtmässige Abbildung zuerst erschienen ist,

enthalten, widrigenfalls ein Schutz gegen Nachbildung nicht stattfindet.

§. 6. **Schutzfrist.**

Der Schutz des gegenwärtigen Gesetzes gegen Nachbildung wird dem Verfertiger des photographischen Werkes fünf Jahre gewährt. Diese Frist wird vom Ablaufe desjenigen Kalenderjahres ab gerechnet, in welchem die rechtmässigen photographischen oder sonstigen mechanischen Abbildungen der Originalaufnahme zuerst erschienen sind.

Wenn solche Abbildungen nicht erscheinen, so wird die fünfjährige Frist von dem Ablauf desjenigen Kalenderjahres ab gerechnet, in welchem das Negativ der photographischen Aufnahme entstanden ist.

Bei Werken, die in mehreren Bänden oder Abtheilungen erscheinen, findet der §. 14 des Gesetzes vom 11. Juni 1870, betreffend das Urheberrecht an Schriftwerken etc., Anwendung.

§. 7. **Rechtsnachfolge.**

Das im §. 1 bezeichnete Recht des Verfertigers eines photographischen Werkes geht auf dessen Erben über. Auch kann dieses Recht von dem Verfertiger oder

---

Zu §. 4.

Selbst dann greift das Verbot nicht Platz, wenn die Nachbildung des photographischen Werkes ein wesentlicher Bestandteil des Werkes der Industrie ist (z. B. bei einer Ansichtspostkarte), solange nur nicht das Bild die Hauptsache und das Werk der Industrie bloß das unselbständige Mittel zur Verbreitung jenes Bildes ist (R.G. in Strff. XXXI, 45). Der §. 4 ist aber nicht anwendbar auf Fälle, in denen nach §. 1 Abs. 2 dies Gesetz überhaupt nicht Anwendung findet (R.G. in Strff. III, 353).

Zu §. 5.

Der §. 5 betrifft nicht den Schutz des Negativs (hierüber bestimmt §. 6 Abs. 2 in Verbindung mit §. 1), sondern den Schutz jedes Einzelabdrucks; fehlen auf einem Einzelabdruck die in §. 5 vorgeschriebenen Angaben, so hat dies zur Folge, daß der betreffende Einzelabdruck nachgebildet werden darf, nicht aber, daß auch andere Einzelabdrücke oder das Negativ nachgebildet werden dürfen (R.G. in Strff. XX, 377).

Zu §. 7.

Verbreitung eines photographischen Bildnisses (Porträts) liegt auch in dem ohne Genehmigung des Bestellers erfolgten öffentlichen Aushängen der Nachbildung in dem Schaukasten des Verfertigers, selbst wenn nur zur Ansicht (R.G. in Strff. II, 251). Das bei Porträts von

dessen Erben ganz oder theilweise durch Vertrag oder durch Verfügung von Todeswegen auf Andere übertragen werden. Bei photographischen Bildnissen (Portraits) geht das Recht auch ohne Vertrag von selbst auf den Besteller über.

§. 8.

Nachbildung durch ein Werk bildender Kunst.

Wer eine von einem Anderen verfertigte photographische Aufnahme durch ein Werk der malenden, zeichnenden oder plastischen Kunst nachbildet, geniesst in Beziehung auf das von ihm hervorgebrachte Werk das Recht eines Urhebers nach Massgabe des §. 7 des Gesetzes vom 9. Januar d. J., betreffend das Urheberrecht an Werken der bildenden Künste.

§. 9.

Schadensersatz, Strafen, Verfahren, Verjährung, Texterläuternde Abbildungen, Anwendungsgebiet.

Die Bestimmungen in den §§. 18 bis 38, 44, 61 Absatz 1 des Gesetzes vom 11. Juni 1870, betreffend das Urheberrecht an Schriftwerken etc., finden auch Anwendung auf das ausschliessliche Nachbildungs- und Vervielfältigungsrecht des Verfertigers photographischer Werke.

Sachverständigen-Vereine. §. 10.

Die Sachverständigen-Vereine, welche Gutachten über die Nachbildung photographischer Aufnahmen abzugeben haben, sollen aus Künstlern verschiedener Kunstzweige, aus Kunsthändlern, aus anderen Kunstverständigen und aus Photographen bestehen.

Photographieähnliches Verfahren. §. 11.

Die Bestimmungen des gegenwärtigen Gesetzes finden auch Anwendung auf solche Werke, welche durch ein der Photographie ähnliches Verfahren hergestellt werden.

---

selbst auf den Besteller übergehende Recht ist, wenngleich es in der Person des Verfertigers gar nicht entsteht, doch als ein von dem Recht des Verfertigers *abgeleitetes* gestaltet, unterliegt daher gleichfalls den Zeitbeschränkungen des §. 6 (R.G. in Strfſ. XV, 249). Entgegen der Regel des §. 7 Satz 3 kann vereinbart werden, daß von Anfang an dem *Verfertiger* das Urheberrecht zustehen soll (R.G. in Strfſ. XIV, 52).

Zu §. 8.

Ein Werk der bildenden Kunst ist auch die Umgestaltung einer Photographie unter Zuhilfenahme malerischer, zeichnerischer oder bildnerischer Kunstmittel (R.G. in Strfſ. XIV, 54). Jede nichtmechanische Nachbildung einer Photographie ist erlaubt; ist jedoch die Nachbildung keine *künstlerische*, sondern z. B. nur eine technische Handzeichnung, so erwirbt der Nachbildner kein selbständiges Urheberrecht, so daß mechanische Vervielfältigungen der *Nachbildung* nicht ohne Genehmigung des bezüglich der *Photographie* Schutzberechtigten zwecks Verbreitung hergestellt werden dürfen (R.G. in Strfſ. XXIII, 132).

Zu §. 9.

Als Veranlasser strafbar ist wer den Photographen veranlaßt, ohne Zustimmung des Bestellers hergestellte Nachbildungen eines photographischen Porträts käuflich zu überlassen (R.G. in Strfſ. XXIX, 444).

§. 12. Inkrafttreten. Übergangsbestimmung.

Das gegenwärtige Gesetz tritt mit dem 1. Juli 1876 in Kraft. Auf photographische Aufnahmen, welche vor diesem Tage angefertigt sind, findet dasselbe nur dann Anwendung, wenn die erste rechtmässige photograpische oder sonstige mechanische Abbildung der Originalaufnahme nach dem Inkrafttreten des gegenwärtigen Gesetzes erschienen ist.

Photographische Aufnahmen, welche schon bisher landesgesetzlich gegen Nachbildung geschützt waren, behalten diesen Schutz; jedoch kann derselbe nur für denjenigen räumlichen Umfang geltend gemacht werden, für welchen er durch die Landesgesetzgebung ertheilt war.

---

4. Gesetz, betreffend das Urheberrecht an Mustern und Modellen.

Vom 11. Januar 1876. (R.G.Bl. 11).

§. 1. Inhalt und Gegenstand des Schutzes.

Das Recht, ein gewerbliches Muster oder Modell ganz oder theilweise nachzubilden, steht dem Urheber desselben ausschliesslich zu.

Als Muster oder Modelle im Sinne dieses Gesetzes werden nur neue und eigenthümliche Erzeugnisse angesehen.

Vorbemerkung.

Dieses Gesetz ist eingeführt in Helgoland durch Ges. v. 22. März 1891 (R.G.Bl. 21) Art. I Ziff. VII.

Zu §. 1.

I. **Geschmacksmuster.** Das Gesetz will nur die äußere Erscheinung der Industrie-Erzeugnisse nach Zeichnung, Farbe und plastischer Gestalt, also bloß die Form schützen, wenn diese neu und eigentümlich ist und hierdurch dem Erzeugnisse besonderen Wert giebt (R.O.H. XXIV, 110, R.G. XXXV, 93). Die Erzeugnisse müssen zugleich bestimmt oder geeignet sein, die Schönheitsempfindung zu befriedigen (R.G. IV, 109), auch wenn sie nicht der Kunstindustrie (R.G. XIV, 57), sondern z. B. nur der Mode dienen (R.O.H. XXIV, 114). Die beabsichtigte Wirkung, daß der Anschauende das Muster als schön empfindet, braucht nicht erreicht zu werden, wenn nur auf den Formensinn in neuer und eigentümlicher Weise eingewirkt wird (R.G. XIV, 58, 60). Ein solches Einwirken auf den Formensinn muß vermöge der äußeren Erscheinung des Musters thatsächlich erfolgen; die bloße Absicht des Anmelders, einzuwirken, genügt nicht (R.G. XL, 105). Auch Etiketten können als Geschmacksmuster geschützt werden (R.G. XL, 105, R.G. in Strfs. XXVII, 323). Ein Verfahren zur Herstellung von Vorbildern für die Form eignet sich nicht zur Eintragung in das Musterregister (Johow I, 16). Das Recht auf Schutz wird nicht dadurch ausgeschlossen, daß mit der Anmeldung des Musters die Ausschließung anderer vom Wettbewerb erstrebt wird und diese anderen geschädigt werden (R.G. in Strfs. XXVII, 323).

II. **Abgrenzung des Geschmacksmuster-Schutzes von ähnlichen Schutzrechten.** Vom Geschmacksmusterschutz sind abzugrenzen:

a. **Patent- und Gebrauchsmusterschutz.** Für diese ist wesentlich nicht die Schönheit, sondern die an die Form sich knüpfende besondere Nützlichkeit oder Brauchbarkeit des Erzeugnisses (R.O.H. XXIV, 113, R.G. XIV, 55). Und zwar eine Nützlichkeit in wirtschaftlicher oder technischer Beziehung; da eine solche Schmuckgegenständen überhaupt nicht zukommt, so fallen Schmuckgegenstände in das Gebiet der Geschmacksmuster (R.G. XXXVI, 60, XXXIX, 133; vgl. jedoch Gebrauchsmusterges. §. 1 Anm. IV).

§. 2.

Urheber bei Anfertigung in gewerblicher Anstalt.

Bei solchen Mustern und Modellen, welche von den in einer inländischen gewerblichen Anstalt beschäftigten Zeichnern, Malern, Bildhauern etc. im Auftrage oder für Rechnung des Eigenthümers der gewerblichen Anstalt angefertigt werden, gilt der letztere, wenn durch Vertrag nichts anderes bestimmt ist, als der Urheber der Muster und Modelle.

---

b. **Schutz von Werken bildender Kunst.** Derselbe wird gewährt einem Werk, welches selbständig dem Schönheitszweck dienen soll, nicht nur als Vorbild zur Nachbildung anderer Erzeugnisse, nicht „als Mittel zu einem außerhalb seines (in sich beschlossenen) Daseins liegenden Zweck" (R.G. XIV, 54). Bildnisse eines bestimmten Menschen, welche nicht Photographieen sind, unterliegen in der Regel nur dem Schutz als Werke der bildenden Kunst; doch kann die Gesamtheit des Bildnisses mit einem dasselbe umgebenden Figurenwerk, wenn ersteres nebensächlich, auch als Geschmacksmuster geschützt werden (R.G. in Strfs. XXI, 150). Vgl. auch §. 14 Ges. v. 9. Jan. 1876 (oben VI 2).

c. **Schutz von Zeichnungen und Abbildungen,** welche zur Belehrung über Gegenstände des theoretischen Wissens als solchen bestimmt sind (R.G. XIV, 54).

d. **Zeichenschutz.** Der Zeichenschutz gewährt das Recht, sich des Zeichens behufs Unterscheidung der damit zu bezeichnenden Waren von den Waren anderer zu bedienen. Der Musterschutzberechtigte kann die Löschung eines später eingetragenen, mit dem geschützten Muster übereinstimmenden Warenzeichens verlangen (R.G. XXXVIII, 134). Ebenso kann der Warenzeichen-Berechtigte demjenigen, der später einen Musterschutz erlangt, verwehren, Nachbildungen des Musters als Warenzeichen zu verwenden (R.G. XL, 103).

e. **Schutz gegen unlauteren Wettbewerb.** Während nach dem Geschmacksmustergesetz nur die Nachbildung des Musters oder Modells verboten ist, trifft Wettbewerbsges. §. 9 schon das Verraten eines geheimen (insbesondere nicht eingetragenen) Musters oder Modells an Dritte und die Verwertung oder weitere Mitteilung solcher im Wege des Verrats erlangter Gegenstände (R.G. in Strfs. XXXI, 92).

III. **Neu und eigentümlich** sind nicht die unfreien Nachbildungen bekannter Gegenstände (R.G. XL, 105). Das R.G. XXXVIII, 135 scheint davon auszugehen, daß nur eine vorherige Verbreitung des Musters die Neuheit ausschließe. Neu ist nicht was in anderem Stoff bereits bekannt war (R.G. in Strfs. XXIII, 93).

IV. **Inhalt des Schutzes.** Der Schutz giebt nicht nur das Recht, unter Ausschließung anderer das Muster ganz oder teilweise nachzubilden, sondern auch das ausschließliche Recht der gewerbsmäßigen Verbreitung der Nachbildungen (R.G. XXXVIII, 134, XL, 103). Der Schutz ist nicht auf einen bestimmten Gewerbszweig beschränkt und erstreckt sich auch auf Nachbildung in anderem Stoff (R.G. in Strfs. XXIII, 93).

Zu §. 2.

Voraussetzung des §. 2 ist nicht notwendig, daß der Zeichner u. s. w. in der fremden Anstalt arbeitet; unter Umständen kann es genügen, wenn er in seiner Wohnung arbeitet, doch muß dann jedenfalls ein auf die Dauer berechnetes Anstellungsverhältnis vorliegen (R.G. in Strfs. XIII, 222). Soweit die Voraussetzungen des §. 2 nicht vorliegen, z. B. wenn einem selbständigen Zeichner ein einzelner Auftrag erteilt worden ist, ist der Zeichner der Urheber, und es ist dann Thatfrage, ob er sein Urheberrecht etwa dem Besteller besonders übertragen hat (R.G. in Strfs. V, 348, XIII, 222).

§. 3. **Rechtsnachfolge.**

Das Recht des Urhebers geht auf dessen Erben über. Dieses Recht kann beschränkt oder unbeschränkt durch Vertrag oder durch Verfügung von Todeswegen auf Andere übertragen werden.

§. 4. **Benutzung einzelner Motive.**

Die freie Benutzung einzelner Motive eines Musters oder Modells zur Herstellung eines neuen Musters oder Modells ist als Nachbildung nicht anzusehen.

§. 5. **Verbotene Nachbildung.**

Jede Nachbildung eines Musters oder Modells, welche in der Absicht, dieselbe zu verbreiten, ohne Genehmigung des Berechtigten (§§. 1—3) hergestellt wird, ist verboten. Als verbotene Nachbildung ist es auch anzusehen:

1. wenn bei Hervorbringung derselben ein anderes Verfahren angewendet worden ist, als bei dem Originalwerke, oder wenn die Nachbildung für einen anderen Gewerbszweig bestimmt ist, als das Original;
2. wenn die Nachbildung in anderen räumlichen Abmessungen oder Farben hergestellt wird, als das Original, oder wenn sie sich vom Original nur durch solche Abänderungen unterscheidet, welche nur bei Anwendung besonderer Aufmerksamkeit wahrgenommen werden können;
3. wenn die Nachbildung nicht unmittelbar nach dem Originalwerke, sondern mittelbar nach einer Nachbildung desselben geschaffen ist.

§. 6. **Erlaubte Nachbildung.**

Als verbotene Nachbildung ist nicht anzusehen:

1. die Einzelkopie eines Musters oder Modells, sofern dieselbe ohne die Absicht der gewerbsmässigen Verbreitung und Verwerthung angefertigt wird;
2. die Nachbildung von Mustern, welche für Flächenerzeugnisse bestimmt sind, durch plastische Erzeugnisse, und umgekehrt;
3. die Aufnahme von Nachbildungen einzelner Muster oder Modelle in ein Schriftwerk.

Zu §. 6 Ziff. 2.

Bei der Anmeldung muß angegeben werden, ob das Muster für Flächenerzeugnisse oder für plastische Erzeugnisse bestimmt ist (R.G. XIV, 58, Bestimmungen über d. Führung d. Musterregisters §. 6, unten VI 5). Die Worte „bestimmt sind" in §. 6 Ziff. 2 des Gesetzes sind auszulegen als „nach der bei der Anmeldung zur Eintragung abgegebenen Erklärung des Urhebers bestimmt sind" (R.G. XIV, 66, abweichend von R.G. IV, 109). Es kann ein plastisches Modell für ein Flächenmuster und ein Flächenmodell für ein plastisches Muster niedergelegt werden, ohne daß hierdurch die Wirkung der allein maßgebenden Erklärung geändert wird (R.G. XIV, 67). Manche Muster, z. B. Muster von Buchstaben (Typen) können entweder als Flächenmuster oder als plastisches Muster (aber nicht zugleich als beides; Bestimmungen §. 6, unten VI 5) angemeldet werden; in jedem von beiden Fällen tritt ein Schutz ein, die Wirkung ist jedoch eine verschiedene (R.G. XIV, 68). Ist ein plastisches Modell als Muster für Flächenerzeugnisse angemeldet, so hindert dies nicht die spätere Anmeldung desselben Modells durch einen anderen als Muster für plastische Erzeugnisse (R.G. XVIII, 110). Flächenerzeugnisse sind nur Erzeugnisse, die mittels der Darstellung in der Fläche ihre eigentümliche Bestimmung finden, nicht auch ein in der Fläche, z. B. durch Zeichnung, ausgeführtes

Anmeldung und Niederlegung. §. 7.

Der Urheber eines Musters oder Modells geniesst den Schutz gegen Nachbildung nur dann, wenn er dasselbe zur Eintragung in das Musterregister angemeldet und ein Exemplar oder eine Abbildung des Musters etc. bei der mit Führung des Musterregisters beauftragten Behörde niedergelegt hat.

Die Anmeldung und Niederlegung muss erfolgen, bevor ein nach dem Muster oder Modelle gefertigtes Erzeugniss verbreitet wird.

Schutzfrist. §. 8.

Der Schutz des gegenwärtigen Gesetzes gegen Nachbildung wird dem Urheber des Musters oder Modells nach seiner Wahl ein bis drei Jahre lang, vom Tage der Anmeldung (§. 7) ab, gewährt.

Der Urheber ist berechtigt, gegen Zahlung der im §. 12 Absatz 3 bestimmten Gebühr, eine Ausdehnung der Schutzfrist bis auf höchstens fünfzehn Jahre zu verlangen. Die Verlängerung der Schutzfrist wird in dem Musterregister eingetragen.

Der Urheber kann das ihm nach Absatz 2 zustehende Recht ausser bei der Anmeldung auch bei Ablauf der dreijährigen und der zehnjährigen Schutzfrist ausüben.

Musterregister. §. 9.

Das Musterregister wird von den mit der Führung der Handelsregister beauftragten Gerichtsbehörden geführt.

Der Urheber hat die Anmeldung und Niederlegung des Musters oder Modells bei der Gerichtsbehörde seiner Hauptniederlassung, und falls er eine eingetragene Firma nicht besitzt, bei der betreffenden Gerichtsbehörde seines Wohnortes zu bewirken.

Urheber, welche im Inlande weder eine Niederlassung, noch einen Wohnsitz haben, müssen die Anmeldung und Niederlegung bei dem Handelsgericht in Leipzig bewirken.

Muster, welches zur plastischen Vervielfältigung bestimmt ist (R.G. in Strfs. XXX, 60); ist letzteres der Zweck der Zeichnung, so ist die hierin liegende Nachbildung des geschützten plastischen Musters unerlaubt, enthält jedoch für sich allein noch nicht eine Vollendung der unerlaubten plastischen Nachbildung (R.G. in Strfs. XXX, 62). — Vgl. auch Ges. betr. den Schutz von Werken der bildenden Kunst (oben VI 2) §. 6 Ziff. 2.

Zu §. 7.

Keine Verbreitung eines Erzeugnisses liegt in einer Verbreitung des Musters selbst in Abbildungen (R.G. in Strfs. V, 351). Verbreitung ist nicht bedingt durch Eigentumsübertragung; unter Umständen kann ein Zugänglichmachen zwecks Gebrauchs durch andere, ausnahmsweise selbst zwecks bloßer Einsicht genügen; stets jedoch ist ein Indenverkehrbringen durch die Zugänglichmachung notwendige Voraussetzung; letzteres liegt nicht in der vereinzelten Übersendung einer Probe behufs Veranlassung zu Bestellungen (R.G. in Strfs. V, 351). Der Strafrichter hat zwar von Amts wegen zu prüfen, ob schon vor der Anmeldung verbreitet ist, braucht aber mangels entscheidender Bedenken diesen Gesichtspunkt nicht in den Urteilsgründen zu erörtern, und es bedarf einer Feststellung nach dieser Richtung nur, wenn in der Hauptverhandlung ein hierauf bezüglicher Einwand erhoben ist (R.G. in Strfs. VI, 214).

Zu §. 9.

Niederlassung im Sinne des Abs. 3 ist auch eine Zweigniederlassung (H.G.B. §. 30 Anm. IV, R.G. XLI, 82). — Die in Abs. 4 erwähnten Vorschriften sind erlassen und nachstehend abgedruckt unter VI 5.

Die Muster oder Modelle können offen oder versiegelt, einzeln oder in Packeten niedergelegt werden. Die Packete dürfen jedoch nicht mehr als 50 Muster oder Modelle enthalten und nicht mehr als 10 Kilogramm wiegen. Die näheren Vorschriften über die Führung des Musterregisters erlässt das Reichskanzler-Amt.

Die Eröffnung der versiegelt niedergelegten Muster erfolgt drei Jahre nach der Anmeldung (§. 7) beziehentlich, wenn die Schutzfrist eine kürzere ist, nach dem Ablaufe derselben.

Die Eintragung und die Verlängerung der Schutzfrist (§. 8 Alinea 2) wird monatlich im Deutschen Reichsanzeiger bekannt gemacht. Die Kosten der Bekanntmachung hat der Anmeldende zu tragen.

§. 10. **Eintragung.**

Die Eintragungen in das Musterregister werden bewirkt, ohne dass eine zuvorige Prüfung über die Berechtigung des Antragstellers oder über die Richtigkeit der zur Eintragung angemeldeten Thatsachen stattfindet.

§. 11. **Öffentlichkeit.**

Es ist Jedermann gestattet, von dem Musterregister und den nicht versiegelten Mustern und Modellen Einsicht zu nehmen und sich beglaubigte Auszüge aus dem Musterregister ertheilen zu lassen. In Streitfällen darüber, ob ein Muster oder Modell gegen Nachbildung geschützt ist, können zur Herbeiführung der Entscheidung auch die versiegelten Packete von der mit der Führung des Musterregisters beauftragten Behörde geöffnet werden.

§. 12. **Stempelfreiheit, Gebühren.**

Alle Eingaben, Verhandlungen, Atteste, Beglaubigungen, Zeugnisse, Auszüge etc., welche die Eintragung in das Musterregister betreffen, sind stempelfrei.

Für jede Eintragung und Niederlegung eines einzelnen Musters oder eines Packets mit Mustern etc. (§. 9) wird, insofern die Schutzfrist auf nicht länger als drei Jahre beansprucht wird (§. 8 Absatz 1), eine Gebühr von 1 Mark für jedes Jahr erhoben.

Nimmt der Urheber in Gemässheit des §. 8 Absatz 2 eine längere Schutzfrist in Anspruch, so hat er für jedes weitere Jahr bis zum zehnten Jahre einschliesslich eine Gebühr von 2 Mark, von elf bis fünfzehn Jahren eine Gebühr von 3 Mark für jedes einzelne Muster oder Modell zu entrichten. Für jeden Eintragungsschein, sowie für jeden sonstigen Auszug aus dem Musterregister wird eine Gebühr von je 1 Mark erhoben.

§. 13. **Urheber.**

Derjenige, welcher nach Massgabe des §. 7 das Muster oder Modell zur Eintragung in das Musterregister angemeldet und niedergelegt hat, gilt bis zum Gegenbeweise als Urheber.

Zu §. 13.

Aus §. 13 folgt, daß gegen den wegen Nachbildung eines angemeldeten und niedergelegten Musters oder Modells Angeklagten bis zum Gegenbeweise vermutet wird, daß jenes Muster oder Modell ein neues (§. 1 Abs. 2) war (R.O.H. XXIV, 404, R.G. in Strff. XXX, 145). Da infolge der Bestimmungen der §§. 10 und 13 der Angeklagte durch die Handlung des

§. 14.

Schadensersatz, Strafen, Verfahren, Verjährung.

Die Bestimmungen in den §§. 18—36, 38 des Gesetzes vom 11. Juni 1870, betreffend das Urheberrecht an Schriftwerken etc., (Bundes-Gesetzbl. 1870 S. 339) finden auch auf das Urheberrecht an Mustern und Modellen mit der Massgabe entsprechende Anwendung, dass die vorräthigen Nachbildungen und die zur widerrechtlichen Vervielfältigung bestimmten Vorrichtungen nicht vernichtet, sondern auf Kosten des Eigenthümers und nach Wahl desselben entweder ihrer gefährdenden Form entkleidet, oder bis zum Ablauf der Schutzfrist amtlich aufbewahrt werden.

Die Sachverständigen-Vereine, welche nach §. 31 des genannten Gesetzes Gutachten über die Nachbildung von Mustern oder Modellen abzugeben haben, sollen aus Künstlern, aus Gewerbtreibenden verschiedener Gewerbzweige und aus sonstigen Personen, welche mit dem Muster- und Modellwesen vertraut sind, zusammengesetzt werden.

Streitigkeiten als Handelssachen. §. 15.

Bürgerliche Rechtsstreitigkeiten, in welchen auf Grund der Bestimmungen dieses Gesetzes eine Klage wegen Entschädigung, Bereicherung oder Einziehung angestellt wird, gelten im Sinne der Reichs- und Landesgesetze als Handelssachen.

Anwendungsgebiet. §. 16.

Das gegenwärtige Gesetz findet Anwendung auf alle Muster und Modelle inländischer Urheber, sofern die nach den Mustern oder Modellen hergestellten Erzeug-

---

Anmelders in die Zwangslage gebracht wird, seinerseits den Gegenbeweis führen zu müssen, nahm R.G. VIII, 21 für das bisherige gemeine Recht an, daß der Eingetragene auch ohne Verschulden haftet, wenn er durch ein anhängig gemachtes Strafverfahren dem Verfolgten Schaden zufügt, und sich dann herausstellt, daß er nicht schutzberechtigt war, z. B. wegen mangelnder Neuheit des Musters. Für die Zukunft tritt wohl nur bei widerrechtlicher Verletzung Schadensersatzpflicht ein (B.G. §. 823 Abs. 1); eine Widerrechtlichkeit liegt aber in jeder Anhängigmachung eines Strafverfahrens, wenn der Verfolgende zu Unrecht eingetragen war selbst wenn er sich ohne Verschulden im Recht glaubte (vgl. C.P.O. §. 717). Die Vermutung des §. 13 gilt auch für das Strafverfahren, jedoch unbeschadet des Rechts des Gerichts, auch von Amts wegen Beweiserhebungen zur Führung des Gegenbeweises anzuordnen (R.G. in Strff. XXX, 145).

Zu §. 14.

Fahrlässigkeit liegt nicht darin, daß der Nachbildner eines im Verkehr befindlichen Gegenstandes, bezüglich dessen kein besonderer Anlaß zu Zweifeln über das etwaige Bestehen eines Musterschutzes vorliegt, unterläßt, sich über das etwaige Bestehen eines solchen Schutzes zu vergewissern (R.G. in Strff. XX, 212).

Zu §. 15.

Über die Zuständigkeit der Kammern für Handelssachen vgl. G.V.G. §. 101 Ziff. 3c.

Zu §. 16.

Staatsverträge. Vgl. für Belgien: Übereink. v. 12. Dezbr. 1883 (R.G.Bl. 1884 S. 188); für Großbritannien: die (außer Kraft getretene; R.G.Bl. 1898 S. 1019) Deklaration v. 14. April 1875 (R.G.Bl. 199), Ges. v. 1. Juli 1899 (R.G.Bl. 346), Bekanntm. v. 7. Juli 1899 (R.G.Bl. 364); Japan: Vertrag v. 4. April 1896 Art. XVII, XXI (R.G.Bl. 722), Protokoll

nisse im Inlande verfertigt sind, gleichviel ob dieselben im Inlande oder Auslande verbreitet werden.

Wenn ausländische Urheber im Gebiete des Deutschen Reichs ihre gewerbliche Niederlassung haben, so geniessen sie für die im Inlande gefertigten Erzeugnisse den Schutz des gegenwärtigen Gesetzes.

Im Uebrigen richtet sich der Schutz der ausländischen Urheber nach den bestehenden Staatsverträgen.

§. 17.

Zeitpunkt des Inkrafttretens. Übergangsbestimmungen.

Das gegenwärtige Gesetz tritt mit dem 1. April 1876 in Kraft. Es findet Anwendung auf alle Muster und Modelle, welche nach dem Inkrafttreten desselben angefertigt worden sind.

Muster und Modelle, welche vor diesem Tage angefertigt worden sind, geniessen den Schutz des Gesetzes nur dann, wenn das erste nach dem Muster etc. gefertigte Erzeugniss erst nach dem Inkrafttreten des Gesetzes verbreitet worden ist.

Muster und Modelle, welche schon bisher landesgesetzlich gegen Nachbildung geschützt waren, behalten diesen Schutz; jedoch kann derselbe nur für denjenigen räumlichen Umfang geltend gemacht werden, für welchen er durch die Landesgesetzgebung ertheilt war.

---

5. Bestimmungen über die Führung des Musterregisters.

Bekanntmachung des Reichskanzleramts v. 29. Februar 1876 (Centralblatt für das Deutsche Reich 1876 S. 123) und Nachträge.

§. 1. Das Musterregister wird von den mit der Führung der Handelsregister beauftragten Gerichtsbehörden geführt (§. 9 des Gesetzes vom 11. Januar 1876, betreffend das Urheberrecht an Mustern und Modellen — Reichs-Gesetzblatt S. 11). Soweit im Nachstehenden nichts Abweichendes bestimmt ist, kommen die Vorschriften über die Führung des Handelsregisters auch bei dem Musterregister zur Anwendung.

§. 2. Das Musterregister wird nach dem anliegenden Formular A. eingerichtet. Zu demselben ist ein Verzeichniss anzulegen, welches die eingetragenen Namen, beziehungsweise Firmen in alphabetischer Reihenfolge enthält. A.

---

hierzu (R.G.Bl. 1899 S. 725), Bekanntm. v. 7. Juli 1899 (R.G.Bl. 364); Italien: Übereink. v. 18. Jan. 1892 (R.G.Bl. 293); Österreich-Ungarn: Übereink. v. 6. Dezbr. 1891 (R.G.Bl. 1892 S. 289); Oranje-Freistaat: Vertrag v. 28. April 1897 Art. 7 (R.G.Bl. 1898 S. 96); Portugal: Vertrag v. 2. März 1872 Art. 10 (R.G.Bl. 258); Schweiz: Übereink. v. 13. April 1892 (R.G.Bl. 1894 S. 511); Serbien: Übereink. v. 21./9. Aug. 1892 (R.G.Bl. 1893 S. 317—320); Südafrikanische Republik: Vertrag v. 22. Jan. 1885 Art. 6 (R.G.Bl. 1886 S. 212). Nach dem Übereinkommen mit der Schweiz v. 13. April 1892 (R.G.Bl. 1894 S. 511) werden Schweizer geschützt auch wenn die Erzeugnisse in der Schweiz verfertigt sind (R.G. **XLI**, 77).

Erlass d. Reichskanzlers v. 23. Dezb. 1886, §. 1. Im Muster-Register erhält jedes Muster oder Modell, welches einzeln niedergelegt wird, und jedes niedergelegte Packet mit Mustern etc. bei Eintragung der Schutzfrist eine besondere Nummer.

§. 3. Zu dem Musterregister werden Akten angelegt, in welche, nach der Zeitfolge, alle dasselbe betreffenden Eingaben, Verhandlungen, Urkunden etc. gebracht werden.

Eingaben und Verhandlungen, in welchen ein Antrag auf Eintragung in das Musterregister enthalten ist, müssen mit dem Vermerke versehen werden, an welchem Tage und zu welcher Stunde sie bei dem Gerichte eingegangen sind.

§. 4. Die Exemplare und Abbildungen der Muster etc., welche in Gemässheit des §. 7 des Gesetzes beim Gerichte niedergelegt werden, sind in einem besonderen leicht zugänglichen Behältnisse sicher aufzubewahren und mit einem Papierstreifen zu versehen, auf welchem das betreffende Blatt des Musterregisters und der Akten angegeben ist.

§. 5. Die Anträge auf Eintragung in das Musterregister können schriftlich oder mündlich zu Protokoll gestellt werden. Im ersteren Falle muss die Echtheit der Unterschrift des Antragstellers von einer zur Führung eines öffentlichen Siegels berechtigten Person, unter Beidrückung dieses Siegels, amtlich beglaubigt sein; im letzteren Falle muss die Identität der Person des Antragstellers, sofern derselbe dem Gericht nicht bekannt ist, durch einen bekannten und glaubhaften Zeugen erwiesen werden.

§. 6. Bei der Anmeldung muss bestimmt angegeben werden, ob das Muster etc., dessen Eintragung verlangt wird, für Flächenerzeugnisse oder für plastische Erzeugnisse bestimmt ist (§. 6 Nr. 2 des Gesetzes). Wenn der Anmeldende eine solche Angabe unterlassen hat, so ist er zur nachträglichen Beibringung derselben mit dem Bemerken aufzufordern, dass die Eintragung des Musters etc. vor Abgabe dieser Erklärung nicht erfolgen könne. Die Anmeldung eines und desselben Musters etc. für Flächenerzeugnisse und für plastische Erzeugnisse ist unzulässig.

§. 7. Die Muster können offen oder versiegelt, einzeln oder in Packeten niedergelegt werden. Die Packete dürfen aber nicht mehr als 50 Muster etc. enthalten und nicht mehr als 10 Kilogramm wiegen (§. 9 Abs. 4 des Gesetzes). Wenn bei der Gerichtsbehörde ein Packet eingeht, welches mehr als 10 Kilogramm wiegt, oder welches — nach der Aufschrift bezw. nach dem Anschreiben — mehr als 50 Muster enthält, so ist dasselbe zurückzusenden und die Eintragung in das Musterregister zu verweigern. Auf den Packeten muss äusserlich angegeben sein, wieviel Muster etc. in demselben enthalten sind.

Ausserdem müssen an jedem Muster, bezw. an jedem Packete mit Mustern die Fabriknummern oder die Geschäftsnummern, unter welchen die Muster in den Geschäftsbüchern des Urhebers oder seines Rechtsnachfolgers eingetragen sind, angegeben sein.

§. 8. Alle Eingaben, Verhandlungen, Atteste, Beglaubigungen, Zeugnisse, Auszüge etc., welche die Eintragung in das Musterregister betreffen, sind stempelfrei.

Die Gebühren, welche für die Eintragung und Niederlegung der Muster etc. entrichtet werden müssen, sind im §. 12 des Gesetzes angegeben.

Ausserdem hat der Anmeldende nach §. 9 des Gesetzes die Kosten der Bekanntmachung im Deutschen Reichsanzeiger zu tragen. Diese Kosten betragen für die Bekanntmachung jeder einzelnen Eintragung 1 M. 50 Pf.*) Eintragungsscheine werden nur auf ausdrückliches Verlangen des Anmeldenden ertheilt. Für jeden solchen Schein, sowie für jeden sonstigen Auszug aus dem Musterregister wird eine Gebühr von 1 M. erhoben (§. 12 des Gesetzes).

Die Gebühren sind entweder baar an das Gericht einzusenden oder, auf Verlangen des Anmeldenden, durch Postvorschuss von demselben einzuziehen.

§. 9. Wenn in Gemässheit des §. 8 des Gesetzes eine Verlängerung der Schutzfrist beantragt wird, so ist diese Verlängerung im Musterregister in der Spalte 7 einzutragen.

Die Verlängerung der Schutzfrist wird ebenfalls im Deutschen Reichsanzeiger bekannt gemacht, und es hat daher derjenige, welcher die Verlängerung nachsucht, ausser den im §. 12 des Gesetzes bestimmten Gebühren die Kosten der Bekanntmachung mit 1 M. 50 Pf.*) zu tragen.

§. 10. Die Eintragung und die Verlängerung der Schutzfrist wird monatlich im Deutschen Reichsanzeiger bekannt gemacht (§. 9 des Gesetzes). Die mit der Führung des Musterregisters betraute Behörde hat am Schlusse jedes Monats ein Verzeichniss der von ihr im Laufe des verflossenen Monats bewirkten Eintragungen an die „Expedition des Deutschen Reichs- und Preussischen Staatsanzeigers in Berlin" portofrei einzusenden und zugleich den Kostenbetrag für die Bekanntmachung (s. §§. 8, 9) beizufügen.*)

Die Expedition des Deutschen Reichsanzeigers etc. übersendet dem Gerichte über die erfolgte Bekanntmachung kostenfrei ein Belagsblatt, welches zu den Akten zu bringen ist.

Die Bekanntmachung ist nach folgendem Muster abzufassen:

A. In das Musterregister ist eingetragen:

No. 1. Firma Schmidt u. Co. in Leipzig: 1 Muster für Teppiche; offen; Flächenmuster; Fabriknummer 100; Schutzfrist 1 Jahr; Angemeldet am 1. April 1876, Vormittags 9 Uhr.

No. 2. Fabrikant Schulz in Leipzig: 1 Packet mit 20 Mustern für Tapeten; Flächenmuster; Fabriknummer 10—29; Schutzfrist 3 Jahre; Angemeldet am 2. April 1876, Vormittags 10 Uhr.

No. 3. Glasfabrik von Müller in Leipzig: 1 Glaskrone; versiegelt; Muster für plastische Erzeugnisse; Fabriknummer 20; Schutzfrist 10 Jahre; Angemeldet am 3. April 1876, Vormittags 11 Uhr.

Leipzig, den 30. April 1876. Königliches Handelsgericht.

B. In das Musterregister ist eingetragen:

bei No. 1. Firma Schmidt u. Co. in Leipzig hat für das unter No. 1 eingetragene Teppichmuster die Verlängerung der Schutzfrist bis auf 3 Jahre angemeldet.

Leipzig, den 31. Dezember 1876. Königliches Handelsgericht.

---

*) Hierfür ist jetzt maßgebend Erlaß des Reichskanzlers v. 23. Dezbr. 1886 (Centralbl. S. 418):

§. 2. „Die Kosten für die Bekanntmachung der Eintragung einer Schutzfrist oder ihrer Verlängerung im „Deutschen Reichsanzeiger" werden vom 1. Januar 1887 ab nach dem Raum, die Zeile zu 30 Pfg., berechnet.

Für jedes Belagsblatt sind 10 Pfg. zu entrichten; außerdem sind der Verwaltung des Reichsanzeigers die Kosten für Porto zu erstatten."

§. 3. „Der Kostenbetrag ist erst nach Zustellung der Kostenrechnung der Expedition des Deutschen Reichsanzeigers einzusenden."

§. 11. Die versiegelt niedergelegten Muster etc. werden nach Ablauf der Schutzfrist, oder, falls die Schutzfrist drei Jahre übersteigt, nach Ablauf von drei Jahren, von der Anmeldung ab gerechnet, von Amtswegen eröffnet und können alsdann von jedermann eingesehen werden.

Damit die Eröffnung rechtzeitig erfolge, ist über die versiegelt niedergelegten Muster ein besonderes Verzeichniss zu führen, in welchem der Tag vermerkt wird, an welchem die amtliche Eröffnung vorzunehmen ist. Ueber die erfolgte Oeffnung ist eine kurze Verhandlung aufzunehmen, welche bei den Akten verbleibt.

§. 12.*) *Die niedergelegten Muster u. s. w., sowie deren Abbildungen werden vier Jahre nach Ablauf der Schutzfrist aufbewahrt. Demnächst ist an den Urheber, bezw. seinen Rechtsnachfolger die Aufforderung zu richten, die Muster u. s. w. binnen vier Wochen in Empfang zu nehmen, widrigenfalls über dieselben anderweitig verfügt werden würde. Die Aufforderung gilt mit der Aufgabe zur Post, selbst wenn sie als unbestellbar zurückkommt, als bewirkt. Wird ihr nicht entsprochen, so sind die Muster u. s. w., sofern sie einen Werth nicht besitzen, zu vernichten, im übrigen aber einer öffentlichen Sammlung oder Anstalt zu überweisen oder auf geeignetem Wege zu veräussern. Die Landesregierungen bezeichnen die Kasse, welcher der Erlös aus der Veräusserung zuzuführen ist.*

Musterregister. A.

Fortlaufende Nr.	Name, bezw. Firma des Anmeldenden.	Tag und Stunde der Anmeldung.	Bezeichnung des angemeldeten Musters oder Modells.	Angabe: ob das Muster für Flächenerzeugnisse oder für plastische Erzeugnisse bestimmt ist.	Schutzfrist.	Verlängerung der Schutzfrist.	Akten über das Musterregister.	Bemerkungen.
1.	2.	3.	4.	5.	6.	7.	8.	9.
1.	Firma Schmidt u. Comp. in Leipzig.	1. April 1876, Vormittags 9 Uhr.	1 Muster für Teppiche, offen, Fabriknummer 100.	Flächenerzeugnisse.	1 Jahr.		Bd. 1. S. 1.	
2.	Fabrikant Schulz in Leipzig.	2. April 1876, Vormittags 10 Uhr.	1 versiegeltes Packet mit 20 Mustern für Tapeten, Fabriknummer 10—29.	Flächenerzeugnisse.	3 Jahre.			

6. Patentgesetz.

Vom 7. April 1891. (R.G.Bl. 79).

Artikel 1.

An Stelle der §§. 1 bis 40 des Patentgesetzes vom 25. Mai 1877 (Reichs-Gesetzbl. S. 501) treten folgende Bestimmungen.

*) Der §. 12 ist oben in der Fassung gegeben, welche er durch Erlaß des Reichskanzlers vom 12. November 1883 (Centralbl. S. 325) erhalten hat.

Zu Art. 1.

Die §§. 41—44 des Patentgesetzes v. 25. Mai 1877 betreffen die auf Grund landesgesetzlicher Bestimmungen bereits früher bestehenden Patente. Nach §. 45 trat das Patentgesetz v. 25. Mai 1877 am 1. Juli 1877 in Kraft.

Erster Abschnitt.

Patentrecht.

§. 1. **Gegenstand des Patentschutzes.**

Patente werden ertheilt für neue Erfindungen, welche eine gewerbliche Verwerthung gestatten.

Ausgenommen sind:

1. Erfindungen, deren Verwerthung den Gesetzen oder guten Sitten zuwiderlaufen würde;
2. Erfindungen von Nahrungs-, Genuss- und Arzneimitteln, sowie von Stoffen, welche auf chemischem Wege hergestellt werden, soweit die Erfindungen nicht ein bestimmtes Verfahren zur Herstellung der Gegenstände betreffen.

§. 2. **Mangel der Neuheit.**

Eine Erfindung gilt nicht als neu, wenn sie zur Zeit der auf Grund dieses Gesetzes erfolgten Anmeldung in öffentlichen Druckschriften aus den letzten hundert Jahren bereits derart beschrieben oder im Inlande bereits so offenkundig benutzt ist, dass danach die Benutzung durch andere Sachverständige möglich erscheint.

Die im Auslande amtlich herausgegebenen Patentbeschreibungen stehen den öffentlichen Druckschriften erst nach Ablauf von drei Monaten seit dem Tage der Herausgabe gleich, sofern das Patent von demjenigen, welcher die Erfindung im Auslande angemeldet hat, oder von seinem Rechtsnachfolger nachgesucht wird. Diese Begünstigung erstreckt sich jedoch nur auf die amtlichen Patentbeschreibungen derjenigen Staaten, in welchen nach einer im Reichs-Gesetzblatt enthaltenen Bekanntmachung die Gegenseitigkeit verbürgt ist.

§. 3. **Anspruch auf Patenterteilung.**

Auf die Ertheilung des Patents hat derjenige Anspruch, welcher die Erfindung zuerst nach Massgabe dieses Gesetzes angemeldet hat. Eine spätere Anmeldung kann den Anspruch auf ein Patent nicht begründen, wenn die Erfindung Gegenstand

---

Zu §. 1.

Erfinderrecht vor Patenterteilung. Ein solches Recht besteht; auf dasselbe sind die allgemeinen Vorschriften des B.G. anzuwenden, soweit nicht das Patentgesetz Bestimmungen enthält (R.G. XXIX, 51), es hat bereits einen Vermögenswert und ist ein verletzbarer und selbst der Ausübung nach übertragbarer Vermögensgegenstand (R.G. XXXVII, 45). Nur begründet bis zur Erteilung des Patents das Erfinderrecht *als solches* keinen Anspruch auf ausschließliche Ausnutzung der Erfindung und kein Untersagungsrecht gegen Dritte (R.G. XXXVII, 43).

Zu §. 2.

I. **Offenkundige Benutzung.** Vgl. Gebrauchsmustergef. (unten VI 7) §. 1 Abs. 2 (R.G. XXXVII, 40).

II. **Bekanntmachungen** des in §. 2 Abs. 2 vorgesehenen Inhalts sind bisher nicht erschienen. Vgl. jedoch für *Italien*: Übereink. v. 18. Januar 1892 (R.G.Bl. 293); für *Österreich-Ungarn*: Übereink. v. 6. Dezemb. 1891 (R.G.Bl. 1892 S. 289); für *Schweiz*: Übereink. v. 13. April 1892 (R.G.Bl. 1894 S. 511).

Zu §. 3.

Die Anmeldung einer Erfindung zur *Patent*erteilung wahrt nicht gleichzeitig den Anspruch auf *Gebrauchsmusterschutz* (R.G. XXXVII, 40). „Gegenstand" des früheren

des Patents des früheren Anmelders ist. Trifft diese Voraussetzung theilweise zu, so hat der spätere Anmelder nur Anspruch auf Ertheilung eines Patents in entsprechender Beschränkung.

Ein Anspruch des Patentsuchers auf Ertheilung des Patents findet nicht statt, wenn der wesentliche Inhalt seiner Anmeldung den Beschreibungen, Zeichnungen, Modellen, Geräthschaften oder Einrichtungen eines Anderen oder einem von diesem angewendeten Verfahren ohne Einwilligung desselben entnommen und von dem letzteren aus diesem Grunde Einspruch erhoben ist. Hat der Einspruch die Zurücknahme oder Zurückweisung der Anmeldung zur Folge, so kann der Einsprechende, falls er innerhalb eines Monats seit Mittheilung des hierauf bezüglichen Bescheides des Patentamts die Erfindung seinerseits anmeldet, verlangen, dass als Tag seiner Anmeldung der Tag vor Bekanntmachung der früheren Anmeldung festgesetzt werde.

Wirkung des Patents. §. 4.

Das Patent hat die Wirkung, dass der Patentinhaber ausschliesslich befugt ist, gewerbsmässig den Gegenstand der Erfindung herzustellen, in Verkehr zu bringen, feilzuhalten oder zu gebrauchen. Ist das Patent für ein Verfahren ertheilt, so erstreckt sich die Wirkung auch auf die durch das Verfahren unmittelbar hergestellten Erzeugnisse.

Patents ist nicht ein Patent, welches nur unter Benutzung des früheren Patents ausgebeutet werden kann, also von dem früheren Patent „abhängig" ist; auf den letzteren Fall ist §. 3 Abs. 1 Satz 2 u. 3 nicht anwendbar, vielmehr sind besondere Bestimmungen über letzteren Fall nicht im Patentgesetz enthalten (R.G. XXXIII, 151). Ist ein Patent auf einen luftdichten Verschluß an Flaschen eigentümlicher, aber bereits früher bekannter Art erteilt, so ist Gegenstand des Patents nicht auch die Flasche; letztere darf daher auch von anderen hergestellt und vertrieben werden (R.G. XXXII, 53). Nur dann enthält das Feilhalten einzelner nicht selbst patentierter Teile eines Kombinationspatents (d. h. eines Patents, bei welchem die Erfindung in der Herbeiführung einer neuen Art des Zusammenwirkens bekannter Teile besteht) eine Patentverletzung, wenn der Verkäufer weiß, daß die verkauften Teile zu gewerbsmäßiger Benutzung der Kombination ohne Erlaubnis des Patentinhabers verwendet werden sollen und so thatsächlich verwendet worden sind (R.G. XXII, 168, R.G. in Strfs. XXVI, 382). Bei Kombinationspatenten ist auf Änderung oder Weglassung einzelner Glieder kein entscheidendes Gewicht zu legen, es sei denn, daß infolgedessen der in der patentierten Vorrichtung verkörperte neue Gedanke (der Erfindungsgedanke) nicht mehr zur Benutzung gelangt (R.G. in Strafs. XXIV, 267). — Nach §. 3 Abs. 2 soll namentlich wer das Geheimnis der Erfindung eines anderen sich auf unredliche Art verschafft hat, beim Widerspruch desselben kein Recht auf Patenterteilung haben (R.G. in Strfs. XXVIII, 29).

Zu §. 4.

I. **Herstellung** ist die gesamte Thätigkeit, durch welche der Gegenstand geschaffen wird, von ihrem Beginn an; nicht nur die letzte, die Vollendung unmittelbar herbeiführende Handlung; daher liegt ein Herstellen schon in der Anfertigung der Teile, welche später zusammengesetzt werden sollen, es sei denn, daß diese Teile nicht nur für diesen Zweck, sondern allgemein verwendbar sind (R.G. XL, 79).

II. **Gewerbsmäßiger** Gebrauch bildet den Gegensatz zur Benutzung zu Studienzwecken oder für den persönlichen oder häuslichen Bedarf (R.G. XXXIX, 33). Ein gewerbsmäßiger Gebrauch liegt aber vor, wenn thatsächlich die Benutzung in einem Gewerbe erfolgt, auch wenn

§. 5. **Beschränkung der Patentwirkung.**

Die Wirkung des Patents tritt gegen denjenigen nicht ein, welcher zur Zeit der Anmeldung bereits im Inlande die Erfindung in Benutzung genommen oder die zur Benutzung erforderlichen Veranstaltungen getroffen hatte. Derselbe ist befugt, die Erfindung für die Bedürfnisse seines eigenen Betriebes in eigenen oder fremden Werkstätten auszunutzen. Diese Befugniss kann nur zusammen mit dem Betriebe vererbt oder veräussert werden.

Die Wirkung des Patents tritt ferner insoweit nicht ein, als die Erfindung nach Bestimmung des Reichskanzlers für das Heer oder für die Flotte oder sonst im Interesse der öffentlichen Wohlfahrt benutzt werden soll. Doch hat der Patentinhaber

---

der Inhalt der Erfindung nicht in besonderer Beziehung zu demjenigen Gewerbebetriebe steht, in welchem die Benutzung stattfindet (R.G. XXXIX, 33).

III. **Patent für Verfahren.** Die in §. 4 Satz 2 erwähnte „Wirkung" ist die in Satz 1 näher bestimmte. Die Worte „durch" und „unmittelbar" sind statt „mittels" von der Reichstagskommission behufs Beschränkung der Tragweite des Satz 2 gewählt. Die Wirkung erstreckt sich nicht auch auf einen Gegenstand, welcher die unmittelbar durch das patentierte Verfahren hergestellten Gegenstände nur als unselbständig gewordene Bestandteile enthält, z. B. nicht auf den Schrank, bei dessen Herstellung die durch Patentverletzung erzeugten Nägel verwendet sind (R.G. XXXIX, 34).

IV. **Abhängiges Patent.** Im Fall eines Patents, das sachlich nicht ohne Benutzung eines früheren Patents gewerblich gebraucht werden kann, ist mangels Zustimmung des Inhabers des früheren Patents jene Einschränkung zu beachten, selbst wenn in der Patenturkunde das Abhängigkeitsverhältnis nicht erwähnt ist (R.G. XXXIII, 160). Über Kombinationspatente vgl. Anm. zu §. 3.

V. **Lizenzerteilung.** Streitig ist, ob in der Erteilung einer Lizenz die Abtretung eines Teiles des Patentrechts selbst mit dinglicher Wirkung oder nur der lediglich ein Forderungsrecht begründende Verzicht auf das Verbotsrecht des Patentinhabers liegt; jedenfalls wird durch Lizenzerteilung (oder ihr gleichstehenden Verkauf patentierter Gegenstände an einen anderen zum Weiterverkauf) das früher durch das Patent beschränkte Eigentum des Lizenzempfängers in dem vereinbarten Umfange frei von jener Beschränkung, und der spätere Erwerber des Patents erwirbt es nur mit der durch die Lizenzerteilung erfolgten Minderung des Verbotsrechts (R.G. in Strfs. XXXI, 393). Keine Genehmigung des Patentinhabers zur gewerbsmäßigen Herstellung durch einen anderen liegt darin, daß er den anderen, der ihm der Patentverletzung verdächtig war, auf die Probe stellt, indem er ihn durch Dritte zu einer Patentverletzung veranlassen läßt (R.G. in Strfs. XXIII, 364).

VI. **Klage wegen Patentverletzung.** Zur Begründung bedarf es nur der Darlegung des Schutzrechts auf Seiten des Klägers und der Störung seitens des Beklagten; letzterem bleibt dann überlassen, ob er ein Recht zur Störung behaupten will (R.G. XLII, 96).

VII. **Beschränkung auf Inland.** Durch Erteilung eines deutschen Patents wird niemand, weder ein Deutscher noch ein Ausländer gehindert, den patentierten Gegenstand im Auslande herzustellen und den so hergestellten Gegenstand im Auslande zu vertreiben; auch in Deutschland dürfen Verträge über einen derartigen Vertrieb abgeschlossen werden (R.G. XXX, 55).

Zu §. 5.

I. **In Benutzung Nehmen** (vgl. §. 36) liegt vor, wenn auch nur eine der in §. 4 erwähnten Thätigkeitsarten vorgenommen wird, so z. B. ein gewerbsmäßiges Herstellen ohne hinzukommende gewerbsmäßige Veräußerung (R.G. in Strfs. XXVII, 53). Ein Fabrikant, der auf Grund einer, eine bestimmte Herstellungsart vorschreibenden, Bestellung einen Gegenstand

in diesem Falle gegenüber dem Reich oder dem Staate, welcher in seinem besonderen Interesse die Beschränkung des Patents beantragt hat, Anspruch auf angemessene Vergütung, welche in Ermangelung einer Verständigung im Rechtswege festgesetzt wird.

Auf Einrichtungen an Fahrzeugen, welche nur vorübergehend in das Inland gelangen, erstreckt sich die Wirkung des Patents nicht.

Rechtsnachfolge. §. 6.

Der Anspruch auf Ertheilung des Patents und das Recht aus dem Patent gehen auf die Erben über. Der Anspruch und das Recht können beschränkt oder unbeschränkt durch Vertrag oder durch Verfügung von Todeswegen auf andere übertragen werden.

Schutzfrist. Zusatzpatent. §. 7.

Die Dauer des Patents ist fünfzehn Jahre; der Lauf dieser Zeit beginnt mit dem auf die Anmeldung der Erfindung folgenden Tage. Bezweckt eine Erfindung die Verbesserung oder sonstige weitere Ausbildung einer anderen, zu Gunsten des Patentsuchers durch ein Patent geschützten Erfindung, so kann dieser die Ertheilung eines Zusatzpatents nachsuchen, welches mit dem Patent für die ältere Erfindung sein Ende erreicht.

Wird durch die Erklärung der Nichtigkeit des Hauptpatents ein Zusatzpatent zu einem selbständigen Patent, so bestimmt sich dessen Dauer und der Fälligkeitstag der Gebühren nach dem Anfangstage des Hauptpatents. Für den Jahresbetrag der Gebühren ist der Anfangstag des Zusatzpatents massgebend. Dabei gilt als erstes Patentjahr der Zeitabschnitt zwischen dem Tage der Anmeldung des Zusatzpatents und dem nächstfolgenden Jahrestage des Anfangs des Hauptpatents.

Gebühren. §. 8.

Für jedes Patent ist vor der Ertheilung eine Gebühr von dreissig Mark zu entrichten (§. 24 Absatz 1).

Mit Ausnahme der Zusatzpatente (§. 7) ist ausserdem für das Patent mit Beginn des zweiten und jedes folgenden Jahres der Dauer eine Gebühr zu entrichten, welche das erste Mal fünfzig Mark beträgt und weiterhin jedes Jahr um fünfzig Mark steigt.

Diese Gebühr (Absatz 2) ist innerhalb sechs Wochen nach der Fälligkeit zu entrichten. Nach Ablauf der Frist kann die Zahlung nur unter Zuschlag einer Gebühr von zehn Mark innerhalb weiterer sechs Wochen erfolgen.

---

dementsprechend herstellt, nimmt in *eigenem* Namen dies Verfahren in Benutzung; anders der unselbständige Arbeiter oder Werkmeister (R.G. in Strfs. XXVII, 54).

II. **Unlauterkeit der Benutzung.** Der §. 5 Abs. 1 hat den Fall der Doppelerfindung im Auge, bei der eine Erfindung unabhängig von der anderen vor sich gegangen ist; er ist daher nicht anwendbar auf einen Fall, in welchem der Erfinder einen anderen um Erprobung der Erfindung ersucht und der andere dann die Erfindung im eigenen Interesse weiterbenutzt (R.G. XXXVII, 44). Ebensowenig wenn vor Anmeldung durch den Erfinder der Benutzer unmittelbar oder mittelbar die Erfindung der Gerätschaften oder Einrichtungen des späteren Patentinhabers ohne dessen Willen entnommen hatte (R.G. in Strfs. XXVIII, 29; vgl. XXVII, 55).

Einem Patentinhaber, welcher seine Bedürftigkeit nachweist, können die Gebühren für das erste und zweite Jahr der Dauer des Patents bis zum dritten Jahre gestundet und, wenn das Patent im dritten Jahre erlischt, erlassen werden.

Die Zahlung der Gebühren kann vor Eintritt der Fälligkeit erfolgen. Wird auf das Patent verzichtet oder dasselbe für nichtig erklärt oder zurückgenommen, so erfolgt die Rückzahlung der nicht fällig gewordenen Gebühren.

Durch Beschluss des Bundesraths kann eine Herabsetzung der Gebühren angeordnet werden.

§. 9. **Erlöschen.**

Das Patent erlischt, wenn der Patentinhaber auf dasselbe verzichtet, oder wenn die Gebühren nicht rechtzeitig bei der Kasse des Patentamts oder zur Ueberweisung an dieselbe bei einer Postanstalt im Gebiete des Deutschen Reichs eingezahlt sind.

§. 10. **Nichtigerklärung.**

Das Patent wird für nichtig erklärt, wenn sich ergiebt:

1. dass der Gegenstand nach §§. 1 und 2 nicht patentfähig war,
2. dass die Erfindung Gegenstand des Patents eines früheren Anmelders ist,
3. dass der wesentliche Inhalt der Anmeldung den Beschreibungen, Zeichnungen, Modellen, Geräthschaften oder Einrichtungen eines Anderen oder einem von diesem angewendeten Verfahren ohne Einwilligung desselben entnommen war.

Trifft eine dieser Voraussetzungen (1 bis 3) nur theilweise zu, so erfolgt die Erklärung der Nichtigkeit durch entsprechende Beschränkung des Patents.

§. 11. **Zurücknahme.**

Das Patent kann nach Ablauf von drei Jahren, von dem Tage der über die Ertheilung des Patents erfolgten Bekanntmachung (§. 27 Absatz 1) gerechnet, zurückgenommen werden:

1. wenn der Patentinhaber es unterlässt, im Inlande die Erfindung in angemessenem Umfange zur Ausführung zu bringen, oder doch alles zu thun, was erforderlich ist, um diese Ausführung zu sichern;
2. wenn im öffentlichen Interesse die Ertheilung der Erlaubniss zur Benutzung der Erfindung an andere geboten erscheint, der Patentinhaber aber gleichwohl sich weigert, diese Erlaubniss gegen angemessene Vergütung und genügende Sicherstellung zu ertheilen.

Zu §. 10.

Die Ziff. 2 ist anwendbar selbst wenn das Patent des früheren Anmelders nicht mehr besteht (R.G. XXXIII, 155). — Soweit es sich nicht um Nichtigerklärung handelt, sondern nur um Feststellung des Verhältnisses verschiedener gültiger Patente zu einander, insbesondere um Feststellung eines Abhängigkeitsverhältnisses, ist nicht das Patentamt, sondern sind die ordentlichen Gerichte zuständig (R.G. XXXIII, 161). — Im Falle der Ziff. 3 sind die etwaigen weitergehenden Ansprüche des Verletzten nach allgemeinen Grundsätzen zu beurteilen (R.G. XXIX, 51). — Bis zur Nichtigerklärung hat der Patentinhaber ein Dritte bindendes formelles Recht; nach erfolgter Nichtigerklärung ist es jedoch anzusehen, als hätte das Patent nie bestanden (R.G. in Strff. XXX, 188).

Zu §. 11.

Nach dem Übereinkommen mit der Schweiz v. 13. April 1892 genügt, wenn Patente in beiden Staaten erteilt sind, auch die Ausführung in der Schweiz (R.G. XXXVII, 49).

§. 12.

Wohnsitz im Auslande. Vergeltungsrecht.

Wer nicht im Inlande wohnt, kann den Anspruch auf die Ertheilung eines Patents und die Rechte aus dem Patent nur geltend machen, wenn er im Inlande einen Vertreter bestellt hat. Der Letztere ist zur Vertretung in dem nach Massgabe dieses Gesetzes stattfindenden Verfahren, sowie in den das Patent betreffenden bürgerlichen Rechtsstreitigkeiten und zur Stellung von Strafanträgen befugt. Der Ort, wo der Vertreter seinen Wohnsitz hat, und in Ermangelung eines solchen der Ort, wo das Patentamt seinen Sitz hat, gilt im Sinne des §. [24] *23* der Civilprozessordnung als der Ort, wo sich der Vermögensgegenstand befindet.

Unter Zustimmung des Bundesraths kann durch Anordnung des Reichskanzlers bestimmt werden, dass gegen die Angehörigen eines ausländischen Staates ein Vergeltungsrecht zur Anwendung gebracht werde.

Zweiter Abschnitt.

Patentamt.

Zuständigkeit, Sitz, Mitglieder. §. 13.

Die Ertheilung, die Erklärung der Nichtigkeit und die Zurücknahme der Patente erfolgt durch das Patentamt.

Das Patentamt hat seinen Sitz in Berlin. Es besteht aus einem Präsidenten, aus Mitgliedern, welche die Befähigung zum Richteramt oder zum höheren Verwaltungsdienst besitzen (rechtskundige Mitglieder), und aus Mitgliedern, welche in einem Zweige der Technik sachverständig sind (technische Mitglieder). Die Mitglieder werden, und zwar der Präsident auf Vorschlag des Bundesraths, vom Kaiser ernannt. Die Berufung der rechtskundigen Mitglieder erfolgt, wenn sie im Reichs- oder Staatsdienst ein Amt bekleiden, auf die Dauer dieses Amts, anderenfalls auf Lebenszeit. Die Berufung der technischen Mitglieder erfolgt entweder auf Lebenszeit oder auf fünf Jahre. In letzterem Falle finden auf sie die Bestimmungen im §. 16 des Gesetzes, betreffend die Rechtsverhältnisse der Reichsbeamten, vom 31. März 1873 keine Anwendung.

Abteilungen. §. 14.

In dem Patentamt werden

1. Abtheilungen für die Patentanmeldungen (Anmeldeabtheilungen),
2. eine Abtheilung für die Anträge auf Erklärung der Nichtigkeit oder auf Zurücknahme von Patenten (Nichtigkeitsabtheilung),
3. Abtheilungen für die Beschwerden (Beschwerdeabtheilungen)

gebildet.

Zu §. 12.

I. **Vertreter.** Eine Klage gegen einen auswärtigen Patentinhaber kann diesem selbst zugestellt werden; aber auch dem Vertreter sowohl in einem gegen den Auswärtigen eingeleiteten Nichtigkeitsverfahren, wie auch in einem gegen ihn anhängig gemachten Patentverletzungsrechtsstreit wenn die Verletzung durch die Ausnutzung des dem Auswärtigen zustehenden Patents begangen sein soll (R.G. XLII, 95). Der Vertreter ist gesetzlicher Bevollmächtigter; nicht gesetzlicher Vertreter im Sinn der C.P.O. (R.G. XLII, 97).

II. **Vergeltungsrecht.** Eine weitergehende, jedoch wohl auf das Gebiet des bürgerlichen Rechts zu beschränkende, Bestimmung über das Vergeltungsrecht enthält jetzt Art. 31 E.G. z. B.G.

In den Anmeldeabtheilungen dürfen nur solche technische Mitglieder mitwirken, welche auf Lebenszeit berufen sind. Die technischen Mitglieder der Anmeldeabtheilungen dürfen nicht in den übrigen Abtheilungen, die technischen Mitglieder der letzteren nicht in den Anmeldeabtheilungen mitwirken.

Die Beschlussfähigkeit der Anmeldeabtheilungen ist durch die Anwesenheit von mindestens drei Mitgliedern bedingt, unter welchen sich zwei technische Mitglieder befinden müssen.

Die Entscheidungen der Nichtigkeitsabtheilung und der Beschwerdeabtheilungen erfolgen in der Besetzung von zwei rechtskundigen und drei technischen Mitgliedern. Zu anderen Beschlussfassungen genügt die Anwesenheit von drei Mitgliedern.

Die Bestimmungen der Civilprozessordnung über Ausschliessung und Ablehnung der Gerichtspersonen finden entsprechende Anwendung.

Zu den Berathungen können Sachverständige, welche nicht Mitglieder sind, zugezogen werden; dieselben dürfen an den Abstimmungen nicht theilnehmen.

§. 15. Beschlüsse und Entscheidungen.

Die Beschlüsse und die Entscheidungen der Abtheilungen erfolgen im Namen des Patentamts; sie sind mit Gründen zu versehen, schriftlich auszufertigen und allen Betheiligten von Amtswegen zuzustellen.

§. 16. Beschwerde.

Gegen die Beschlüsse der Anmeldeabtheilungen und der Nichtigkeitsabtheilung findet die Beschwerde statt. An der Beschlussfassung über die Beschwerde darf kein Mitglied theilnehmen, welches bei dem angefochtenen Beschlusse mitgewirkt hat.

§. 17. Ausführungsverordnung.

Die Bildung der Abtheilungen, die Bestimmung ihres Geschäftskreises, die Formen des Verfahrens, einschliesslich des Zustellungswesens, und der Geschäftsgang des Patentamts werden, insoweit dieses Gesetz nicht Bestimmungen darüber trifft, durch Kaiserliche Verordnung unter Zustimmung des Bundesraths geregelt.

§. 18.
Gutachten. Thätigkeit außerhalb gesetzlichen Geschäftskreises.

Das Patentamt ist verpflichtet, auf Ersuchen der Gerichte über Fragen, welche Patente betreffen, Gutachten abzugeben, sofern in dem gerichtlichen Verfahren von einander abweichende Gutachten mehrerer Sachverständiger vorliegen.

Im Uebrigen ist das Patentamt nicht befugt, ohne Genehmigung des Reichskanzlers ausserhalb seines gesetzlichen Geschäftskreises Beschlüsse zu fassen oder Gutachten abzugeben.

§. 19.
Patentrolle. Einsicht, Bekanntmachungen.

Bei dem Patentamt wird eine Rolle geführt, welche den Gegenstand und die Dauer der ertheilten Patente, sowie den Namen und Wohnort der Patentinhaber und

---

Zu §§. 14, 17.

Vgl. Verordnungen v. 11. Juli 1891, 5. Juni 1897, 6. Mai 1899 (abgedruckt unten VI 9).

ihrer bei Anmeldung der Erfindung etwa bestellten Vertreter angiebt. Der Anfang, der Ablauf, das Erlöschen, die Erklärung der Nichtigkeit und die Zurücknahme der Patente sind, unter gleichzeitiger Bekanntmachung durch den Reichsanzeiger, in der Rolle zu vermerken.

Tritt in der Person des Patentinhabers oder seines Vertreters eine Aenderung ein, so wird dieselbe, wenn sie in beweisender Form zur Kenntniss des Patentamts gebracht ist, ebenfalls in der Rolle vermerkt und durch den Reichsanzeiger veröffentlicht. Solange dieses nicht geschehen ist, bleiben der frühere Patentinhaber und sein früherer Vertreter nach Massgabe dieses Gesetzes berechtigt und verpflichtet.

Die Einsicht der Rolle, der Beschreibungen, Zeichnungen, Modelle und Probestücke, auf Grund deren die Ertheilung der Patente erfolgt ist, steht, soweit es sich nicht um ein im Namen der Reichsverwaltung für die Zwecke des Heeres oder der Flotte genommenes Patent handelt, jedermann frei.

Das Patentamt veröffentlicht die Beschreibungen und Zeichnungen, soweit deren Einsicht jedermann freisteht, in ihren wesentlichen Theilen durch ein amtliches Blatt. In dasselbe sind auch die Bekanntmachungen aufzunehmen, welche durch den Reichsanzeiger nach Massgabe dieses Gesetzes erfolgen müssen.

Dritter Abschnitt.

Verfahren in Patentsachen.

Anmeldung. §. 20.

Die Anmeldung einer Erfindung behufs Ertheilung eines Patents geschieht schriftlich bei dem Patentamt. Für jede Erfindung ist eine besondere Anmeldung erforderlich. Die Anmeldung muss den Antrag auf Ertheilung des Patents enthalten und in dem Antrage den Gegenstand, welcher durch das Patent geschützt werden soll, genau bezeichnen. In einer Anlage ist die Erfindung dergestalt zu beschreiben, dass danach die Benutzung derselben durch andere Sachverständige möglich erscheint. Am Schlusse der Beschreibung ist dasjenige anzugeben, was als patentfähig unter Schutz gestellt werden soll (Patentanspruch). Auch sind die erforderlichen Zeichnungen, bildlichen Darstellungen, Modelle und Probestücke beizufügen.

Das Patentamt erlässt Bestimmungen über die sonstigen Erfordernisse der Anmeldung.

Bis zu dem Beschlusse über die Bekanntmachung der Anmeldung sind Abänderungen der darin enthaltenen Angaben zulässig. Gleichzeitig mit der Anmeldung sind für die Kosten des Verfahrens zwanzig Mark zu zahlen.

Zu §. 19.

Der Grundsatz des §. 19 Abs. 2 Satz 2 gilt nur für das Verhältnis zu Dritten; in dem Verhältnis des eingetragenen Patentinhabers zu demjenigen, welchem das Recht auf das Patent zusteht, kann letzterer fordern, daß der Eingetragene in Umschreibung in der Patentrolle willige, das ausschließliche Ausnutzungsrecht des anderen anerkenne und selbst sich der Ausnutzung enthalte (R.G. XXXI, 56). — Über die Zulässigkeit des Abdrucks nach der in §. 19 Abs. 4 vorgesehenen Veröffentlichung vgl. Nachdrucksges. (oben VI 1) §. 7 c.

Zu §. 20.

Die „Bezeichnung des zu schützenden Gegenstandes“ und der „Patentanspruch“ müssen äußerlich unterschieden werden (abweichend bei Gebrauchsmuster-Anmeldung R.G. XL, 142). — Zu §. 20 Abs. 2 vgl. Erlaß des Patentamts v. 22. Novbr. 1898, abgedruckt unten VI 9 e.

§. 21. **Vorprüfung.**

Die Anmeldung unterliegt einer Vorprüfung durch ein Mitglied der Anmeldeabtheilung.

Erscheint hierbei die Anmeldung als den vorgeschriebenen Anforderungen (§. 20) nicht genügend, so wird durch Vorbescheid der Patentsucher aufgefordert, die Mängel innerhalb einer bestimmten Frist zu beseitigen.

Insoweit die Vorprüfung ergiebt, dass eine nach §§. 1, 2, 3 Absatz 1 patentfähige Erfindung nicht vorliegt, wird der Patentsucher hiervon unter Angabe der Gründe mit der Aufforderung benachrichtigt, sich binnen einer bestimmten Frist zu äussern.

Erklärt sich der Patentsucher auf den Vorbescheid (Absatz 2 und 3) nicht rechtzeitig, so gilt die Anmeldung als zurückgenommen; erklärt er sich innerhalb der Frist, so fasst die Anmeldeabtheilung Beschluss.

§. 22. **Zurückweisender Beschluß.**

Ist durch die Anmeldung den vorgeschriebenen Anforderungen (§. 20) nicht genügt oder ergiebt sich, dass eine nach §§. 1, 2, 3 Absatz 1 patentfähige Erfindung nicht vorliegt, so wird die Anmeldung von der Abtheilung zurückgewiesen. An der Beschlussfassung darf das Mitglied, welches den Vorbescheid erlassen hat, nicht theilnehmen.

Soll die Zurückweisung auf Grund von Umständen erfolgen, welche nicht bereits durch den Vorbescheid dem Patentsucher mitgetheilt waren, so ist demselben vorher Gelegenheit zu geben, sich über diese Umstände binnen einer bestimmten Frist zu äussern.

§. 23. **Bekanntmachung der Anmeldung.**

Erachtet das Patentamt die Anmeldung für gehörig erfolgt und die Ertheilung eines Patents nicht für ausgeschlossen, so beschliesst es die Bekanntmachung der Anmeldung. Mit der Bekanntmachung treten für den Gegenstand der Anmeldung zu Gunsten des Patentsuchers einstweilen die gesetzlichen Wirkungen des Patents ein (§§. 4 und 5).

Die Bekanntmachung geschieht in der Weise, dass der Name des Patentsuchers und der wesentliche Inhalt des in seiner Anmeldung enthaltenen Antrags durch den Reichsanzeiger einmal veröffentlicht wird. Mit der Veröffentlichung ist die Anzeige zu verbinden, dass der Gegenstand der Anmeldung einstweilen gegen unbefugte Benutzung geschützt sei.

Gleichzeitig ist die Anmeldung mit sämmtlichen Beilagen bei dem Patentamt zur Einsicht für jedermann auszulegen. Auf dem durch §. 17 des Gesetzes bestimmten Wege kann angeordnet werden, dass die Auslegung auch ausserhalb Berlins zu erfolgen habe.

Die Bekanntmachung kann auf Antrag des Patentsuchers auf die Dauer von höchstens sechs Monaten, vom Tage des Beschlusses über die Bekanntmachung an gerechnet, ausgesetzt werden. Bis zur Dauer von drei Monaten darf die Aussetzung nicht versagt werden.

Handelt es sich um ein im Namen der Reichsverwaltung für die Zwecke des Heeres oder der Flotte nachgesuchtes Patent, so erfolgt auf Antrag die Patentertheilung ohne jede Bekanntmachung. In diesem Falle unterbleibt auch die Eintragung in die Patentrolle.

§. 24.

Einzahlung der Jahresgebühr. Einspruch. Beschluß über Patenterteilung.

Innerhalb der Frist von zwei Monaten nach der Veröffentlichung (§. 23) ist die erste Jahresgebühr (§. 8 Absatz 1) einzuzahlen. Erfolgt die Einzahlung nicht binnen dieser Frist, so gilt die Anmeldung als zurückgenommen.

Innerhalb der gleichen Frist kann gegen die Ertheilung des Patents Einspruch erhoben werden. Der Einspruch muss schriftlich erfolgen und mit Gründen versehen sein. Er kann nur auf die Behauptung gestützt werden, dass der Gegenstand nach §§. 1 und 2 nicht patentfähig sei, oder dass dem Patentsucher ein Anspruch auf das Patent nach §. 3 nicht zustehe. Im Falle des §. 3 Absatz 2 ist nur der Verletzte zum Einspruch berechtigt.

Nach Ablauf der Frist hat das Patentamt über die Ertheilung des Patents Beschluss zu fassen. An der Beschlussfassung darf das Mitglied, welches den Vorbescheid (§. 21) erlassen hat, nicht theilnehmen.

Ermittelungen. §. 25.

Bei der Vorprüfung und in dem Verfahren vor der Anmeldeabtheilung kann jederzeit die Ladung und Anhörung der Betheiligten, die Vernehmung von Zeugen und Sachverständigen, sowie die Vornahme sonstiger zur Aufklärung der Sache erforderlicher Ermittelungen angeordnet werden.

Beschwerde. §. 26.

Gegen den Beschluss, durch welchen die Anmeldung zurückgewiesen wird, kann der Patentsucher, und gegen den Beschluss, durch welchen über die Ertheilung des Patents entschieden wird, der Patentsucher oder der Einsprechende innerhalb eines Monats nach der Zustellung Beschwerde einlegen. Mit der Einlegung der Beschwerde sind für die Kosten des Beschwerdeverfahrens zwanzig Mark zu zahlen; erfolgt die Zahlung nicht, so gilt die Beschwerde als nicht erhoben.

Ist die Beschwerde an sich nicht statthaft oder ist dieselbe verspätet eingelegt, so wird sie als unzulässig verworfen.

Wird die Beschwerde für zulässig befunden, so richtet sich das weitere Verfahren nach §. 25. Die Ladung und Anhörung der Betheiligten muss auf Antrag eines derselben erfolgen. Dieser Antrag kann nur abgelehnt werden, wenn die Ladung des Antragstellers in dem Verfahren vor der Anmeldeabtheilung bereits erfolgt war.

Soll die Entscheidung über die Beschwerde auf Grund anderer als der in dem angegriffenen Beschlusse berücksichtigten Umstände erfolgen, so ist den Betheiligten zuvor Gelegenheit zu geben, sich hierüber zu äussern.

Das Patentamt kann nach freiem Ermessen bestimmen, inwieweit einem Betheiligten im Falle des Unterliegens die Kosten des Beschwerdeverfahrens zur Last fallen, sowie anordnen, dass dem Betheiligten, dessen Beschwerde für gerechtfertigt befunden ist, die Gebühr (Absatz 1) zurückgezahlt wird.

§. 27.

Ertheilung, Versagung, Rücknahme der Anmeldung.

Ist die Ertheilung des Patents endgültig beschlossen, so erlässt das Patentamt darüber durch den Reichsanzeiger eine Bekanntmachung und fertigt demnächst für den Patentinhaber eine Urkunde aus.

Wird die Anmeldung nach der Veröffentlichung (§. 23) zurückgenommen oder wird das Patent versagt, so ist dies ebenfalls bekannt zu machen. Die eingezahlte Jahresgebühr wird in diesen Fällen erstattet. Mit der Versagung des Patents gelten die Wirkungen des einstweiligen Schutzes als nicht eingetreten.

§. 28.

Nichtigerklärung oder Zurücknahme des Patents.

Die Einleitung des Verfahrens wegen Erklärung der Nichtigkeit oder wegen Zurücknahme des Patents erfolgt nur auf Antrag.

Im Falle des §. 10 Nr. 3 ist nur der Verletzte zu dem Antrage berechtigt.

Im Falle des §. 10 Nr. 1 ist nach Ablauf von fünf Jahren, von dem Tage der über die Ertheilung des Patents erfolgten Bekanntmachung (§. 27 Absatz 1) gerechnet, der Antrag unstatthaft.

Der Antrag ist schriftlich an das Patentamt zu richten und hat die Thatsachen anzugeben, auf welche er gestützt wird. Mit dem Antrage ist eine Gebühr von fünfzig Mark zu zahlen. Erfolgt die Zahlung nicht, so gilt der Antrag als nicht gestellt. Die Gebühr wird erstattet, wenn das Verfahren ohne Anhörung der Betheiligten beendet wird.

Wohnt der Antragsteller im Auslande, so hat er dem Gegner auf dessen Verlangen Sicherheit wegen der Kosten des Verfahrens zu leisten. Die Höhe der Sicherheit wird von dem Patentamt nach freiem Ermessen festgesetzt. Dem Antragsteller wird bei Anordnung der Sicherheitsleistung eine Frist bestimmt, binnen welcher die Sicherheit zu leisten ist. Erfolgt die Sicherheitsleistung nicht vor Ablauf der Frist, so gilt der Antrag als zurückgenommen.

§. 29.

Aufforderung zur Erklärung. Säumnisverfahren.

Nachdem die Einleitung des Verfahrens verfügt ist, fordert das Patentamt den Patentinhaber unter Mittheilung des Antrags auf, sich über denselben innerhalb eines Monats zu erklären.

Erklärt der Patentinhaber binnen der Frist sich nicht, so kann ohne Ladung und Anhörung der Betheiligten sofort nach dem Antrage entschieden und bei dieser Entscheidung jede von dem Antragsteller behauptete Thatsache für erwiesen angenommen werden.

§. 30. **Gewöhnliches Verfahren.**

Widerspricht der Patentinhaber rechtzeitig, oder wird im Falle des §. 29 Absatz 2 nicht sofort nach dem Antrage entschieden, so trifft das Patentamt, und zwar im ersteren Falle unter Mittheilung des Widerspruchs an den Antragsteller, die zur Aufklärung der Sache erforderlichen Verfügungen. Es kann die Vernehmung von Zeugen und Sachverständigen anordnen. Auf dieselben finden die Vorschriften der Civilprozessordnung entsprechende Anwendung. Die Beweisverhandlungen sind unter Zuziehung eines beeidigten Protokollführers aufzunehmen.

Die Entscheidung erfolgt nach Ladung und Anhörung der Betheiligten.

Wird die Zurücknahme des Patents auf Grund des §. 11 Nr. 2 beantragt, so muss der diesem Antrage entsprechenden Entscheidung eine Androhung der Zurücknahme unter Angabe von Gründen und unter Festsetzung einer angemessenen Frist vorausgehen.

Kosten. §. 31.

In der Entscheidung (§§. 29, 30) hat das Patentamt nach freiem Ermessen zu bestimmen, zu welchem Antheile die Kosten des Verfahrens den Betheiligten zur Last fallen.

Rechtshilfe. §. 32.

Die Gerichte sind verpflichtet, dem Patentamt Rechtshülfe zu leisten. Die Festsetzung einer Strafe gegen Zeugen und Sachverständige, welche nicht erscheinen oder ihre Aussage oder deren Beeidigung verweigern, sowie die Vorführung eines nicht erschienenen Zeugen erfolgt auf Ersuchen durch die Gerichte.

Berufung. §. 33.

Gegen die Entscheidung des Patentamts (§§. 29, 30) ist die Berufung zulässig. Die Berufung geht an das Reichsgericht. Sie ist binnen sechs Wochen nach der Zustellung bei dem Patentamt schriftlich anzumelden und zu begründen.

Durch das Urtheil des Gerichtshofs ist nach Massgabe des §. 31 auch über die Kosten des Verfahrens zu bestimmen.

Im Uebrigen wird das Verfahren vor dem Gerichtshof durch ein Regulativ bestimmt, welches von dem Gerichtshof zu entwerfen ist und durch Kaiserliche Verordnung unter Zustimmung des Bundesraths festgestellt wird.

Geschäftssprache. §. 34.

In Betreff der Geschäftssprache vor dem Patentamt finden die Bestimmungen des Gerichtsverfassungsgesetzes über die Gerichtssprache entsprechende Anwendung. Eingaben, welche nicht in deutscher Sprache abgefasst sind, werden nicht berücksichtigt.

Vierter Abschnitt.
Strafen und Entschädigung.

§. 35.

Schadensersatz wegen Verletzung des Schutzrechts.

Wer wissentlich oder aus grober Fahrlässigkeit den Bestimmungen der §§. 4 und 5 zuwider eine Erfindung in Benutzung nimmt, ist dem Verletzten zur Entschädigung verpflichtet.

Zu §. 32.

Die Pflicht zur Rechtshilfe ist nicht auf die Zwecke der Beweiserhebung beschränkt; insbesondere hat auf Ersuchen des Patentamts das zuständige Amtsgericht die Vollstreckungsklausel wegen der im Nichtigkeitsverfahren ergangenen Kostenentscheidungen zu erteilen (R.G. XXXIII, 423).

Handelt es sich um eine Erfindung, welche ein Verfahren zur Herstellung eines neuen Stoffes zum Gegenstand hat, so gilt bis zum Beweise des Gegentheils jeder Stoff von gleicher Beschaffenheit als nach dem patentirten Verfahren hergestellt.

§. 36.

Bestrafung der Verletzung des Schutzrechts.

Wer wissentlich den Bestimmungen der §§. 4 und 5 zuwider eine Erfindung in Benutzung nimmt, wird mit Geldstrafe bis zu fünftausend Mark oder mit Gefängniss bis zu einem Jahre bestraft.

Die Strafverfolgung tritt nur auf Antrag ein. Die Zurücknahme des Antrags ist zulässig.

Wird auf Strafe erkannt, so ist zugleich dem Verletzten die Befugniss zuzusprechen, die Verurtheilung auf Kosten des Verurtheilten öffentlich bekannt zu machen. Die Art der Bekanntmachung, sowie die Frist zu derselben ist im Urtheil zu bestimmen.

§. 37. **Buße.**

Statt jeder aus diesem Gesetze entspringenden Entschädigung kann auf Verlangen des Beschädigten neben der Strafe auf eine an ihn zu erlegende Busse bis zum Betrage von zehntausend Mark erkannt werden. Für diese Busse haften die zu derselben Verurtheilten als Gesammtschuldner.

Eine erkannte Busse schliesst die Geltendmachung eines weiteren Entschädigungsanspruchs aus.

§. 38. **Zuständigkeit des Reichsgerichts.**

In bürgerlichen Rechtsstreitigkeiten, in welchen durch Klage oder Widerklage ein Anspruch auf Grund der Bestimmungen dieses Gesetzes geltend gemacht ist, wird die Verhandlung und Entscheidung letzter Instanz im Sinne des §. 8 des Einführungsgesetzes zum Gerichtsverfassungsgesetze dem Reichsgericht zugewiesen.

§. 39. **Verjährung.**

Die Klagen wegen Verletzung des Patentrechts verjähren rücksichtlich jeder einzelnen dieselbe begründenden Handlung in drei Jahren.

Zu §. 36.

I. **Wissentlich.** Wer mit Kenntnis von einer Eintragung das Patentrecht verletzt, ist strafbar, ohne daß es auf seinen guten Glauben an die (in Wahrheit nicht vorhandene) Richtigkeit der Eintragung ankommt (R.G. in Strfs. XXX, 188).

II. **Den Bestimmungen der §§. 4 und 5 zuwider.** Bei der Beurteilung, ob dies Merkmal vorliegt, ist der Strafrichter ebensowenig, wie in anderer Beziehung an eine etwaige vorhergehende Entscheidung des Civilgerichts gebunden (R.G. in Strfs. XXIV, 266).

III. **In-Benutzung-Nehmen.** Durch eine der in §. 4 erwähnten Thätigkeiten des gewerbsmäßigen Herstellens, in Verkehr Bringens, Feilhaltens oder Gebrauchens wird das Merkmal des In-Benutzung-Nehmens erfüllt (R.G. in Strfs. XXVII, 53).

IV. **Einziehung** ist zulässig gemäß St.G.B. §. 40. Besteht im Einzelfall die Patentverletzung nur in dem Verkauf von Gegenständen, so kann hierauf nicht die Einziehung der für die Herstellung benutzten Werkzeuge gegründet werden (R.G. in Strfs. XXVII, 246).

Vortäuschung eines Patents. §. 40.

Mit Geldstrafe bis zu eintausend Mark wird bestraft:

1. wer Gegenstände oder deren Verpackung mit einer Bezeichnung versieht, welche geeignet ist, den Irrthum zu erregen, dass die Gegenstände durch ein Patent nach Massgabe dieses Gesetzes geschützt seien;
2. wer in öffentlichen Anzeigen, auf Aushängeschildern, auf Empfehlungskarten oder in ähnlichen Kundgebungen eine Bezeichnung anwendet, welche geeignet ist, den Irrthum zu erregen, dass die darin erwähnten Gegenstände durch ein Patent nach Massgabe dieses Gesetzes geschützt seien.

Übergangsbestimmung. **Artikel II.**

Die Bestimmung im §. 28 Absatz 3 des Artikels I findet auf die zur Zeit bestehenden Patente mit der Massgabe Anwendung, dass der Antrag mindestens bis zum Ablauf von drei Jahren nach dem Tage des Inkrafttretens dieses Gesetzes statthaft ist.

Zeitpunkt des Inkrafttretens. **Artikel III.**

Dieses Gesetz tritt mit dem 1. Oktober 1891 in Kraft.

---

7. Gesetz, betreffend den Schutz von Gebrauchsmustern.

Vom 1. Juni 1891. (R.G.Bl. 290).

Gegenstand des Schutzes. §. 1.

Modelle von Arbeitsgeräthschaften oder Gebrauchsgegenständen oder von Theilen derselben werden, insoweit sie dem Arbeits- oder Gebrauchszweck durch eine neue

---

Zu §. 40.

Der §. 40 ist anwendbar, gleichgiltig ob der Mangel des Schutzes darauf beruht, daß niemals ein Patent erteilt worden ist, oder darauf, daß ein früher erteilt gewesenes Patent nicht mehr zu Recht besteht (R.G. in Strfs. XXVIII, 17). Nach R.G. a. a. O. trifft aber §. 40 *nicht* den Fall, daß zwar ein Patentschutz besteht, aber ein *anderer* als der *behauptete*, so z. B. wenn *mehrere* Patente als den Gegenstand schützend genannt sind, aber nur *eins* von diesen noch besteht. Für den Thatbestand des §. 40 genügt ein *fahrlässiges* Handeln (R.G. in Strfs. XXIV, 400, XXVI, 192). Ein dem §. 40 entgegenstehender Geschäftsgebrauch schließt die Strafbarkeit nicht aus; unerheblich ist auch, ob bei gewissen, mit geschäftlichen Mißbräuchen vertrauten Personen der Erfolg einer Täuschung ausbleibt (R.G. in Strfs. XXVI, 192). Auch die Anpreisung in einer Fachzeitschrift ist eine öffentliche Anzeige (R.G. in Strfs. XXVI, 194). Nicht nach Ziff. 1 strafbar ist als *solche* die gewerbliche Verwertung eines von einem *Dritten* mit unzulässiger Bezeichnung versehenen Gegenstandes; anders wenn der Verwerter Veranlasser oder sonst Teilnehmer des Bezeichners ist (R.G. in Strfs. XXV, 78). Unter Kundgebung in Ziff. 2 ist eine besondere Veranstaltung zu verstehen; sie liegt nicht in dem Feilhalten einzelner Stücke der seitens eines Dritten in unzulässiger Weise bezeichneten Ware, es sei denn, daß im Einzelfall das betreffende Stück nicht als die für den Verkehr bestimmte Ware, sondern in erster Reihe als Träger der Anpreisung in Betracht kommt (R.G. in Strfs. XXV, 80).

Vorbemerkung.

Entstehung und Zweck des Gesetzes. Der Entwurf dieses Gesetzes ist dem Reichstage mit Schreiben des Reichskanzlers vom 25. November 1890 zur Beschlußfassung vorgelegt (Druck-

Gestaltung, Anordnung oder Vorrichtung dienen sollen, als Gebrauchsmuster nach Massgabe dieses Gesetzes geschützt.

---

sachen des Reichstags, 8. Legislaturperiode, I. Session 1890, Nr. 153), und in erster Lesung (5. Dezember 1890, Prot. S. 793) der für die Patentgesetznovelle eingesetzten Kommission zur Vorberatung überwiesen worden. Dieselbe erstattete am 13. April 1891 (Nr. 398 der Drucksachen) ihren Bericht. Die zweite Lesung fand im Reichstage am 24. und die dritte Lesung am 30. April 1891 statt (Prot. S. 2555, 2640). Das Gesetz ist sodann mit dem Datum vom 1. Juni 1891 im R.G.Bl. S. 290 verkündet und trat nach §. 15 des Gesetzes mit dem 1. Oktober 1891 in Kraft. Das Gesetz ist nach der dem Entwurfe beigefügten Begründung bestimmt, die Lücke auszufüllen, welche zwischen den durch das Reichsgesetz vom 11. Januar 1876 betr. das Urheberrecht an Mustern und Modellen (R.G.Bl. 11) geschützten Zier- und Geschmacksmustern und den durch das Patentgesetz geschützten Erfindungen hinsichtlich solcher gewerblicher Erzeugnisse geblieben war, die nicht lediglich durch eine neue Form die äußere Erscheinung des Gegenstandes verändern, sondern mittels einer in der Gestaltung (Anordnung) oder Vorrichtung vorgenommenen Neuerung seine Verwendbarkeit erhöhen (Gebrauchsmuster). Die Vorschriften des Gesetzes sind an die Bestimmungen des Patentgesetzes angelehnt, doch durch die Fortlassung der behördlichen Vorprüfung und durch die infolgedessen dem Besitzer des Musters im Streitfalle obliegende Verpflichtung, die Schutzberechtigung seines Musters nachzuweisen, durch die kürzere Schutzfrist, die mäßigere Abgabe u. dgl. m. von den entsprechenden Anordnungen des Patentgesetzes abweichend. — Der Staatssekretär des Innern hob bei der ersten Berathung des Gesetzes im Plenum des Reichstags hervor (Prot. S. 795), daß dieses Gesetz nicht nur denjenigen Gebrauchsmustern Schutz gewähren solle, welche nicht patentfähig seien sondern auch an sich patentfähigen Erfindungen von geringerer Bedeutung, für welche das weitläufigere und kostspieligere Verfahren der Patentierung nicht paßt. — Als Beispiele für die Gegenstände, welche sich, falls sie eine Neuerung im Sinne des §. 1 enthalten, zum Schutze durch dieses Gesetz eignen würden, sind in den Mot. S. 1, Objekte der Bekleidungsindustrie, Hand- und Reisegeräte, hauswirtschaftliche Geräte, Gegenstände des Hochbauwesens, Kurzwaren, Schankgerätschaften, Schneiderwerkzeuge, Schreib- und Zeichenmaterialien genannt. In dem Berichte der Reichstags-Kommission (S. 2) ist hervorgehoben, daß auch Spielwaren unter der angegebenen Voraussetzung dahin zu rechnen seien, weil der §. 1 einen Unterschied in der Richtung, in welcher die Gebrauchsfähigkeit eines Erzeugnisses sich geltend macht, nicht aufstelle.

Zu §. 1.

I. **Abgrenzung von Geschmacksmuster und Patent.** Der Abs. 1 des §. 1 beabsichtigt nicht, den Begriff der Gebrauchs- oder Nützlichkeitsmuster zu bestimmen, vielmehr nur eine Umschreibung zu geben, welche einerseits das Gebiet der Gebrauchsmuster gegen das der Geschmacksmuster abgrenzt und andererseits dem Patentgesetz gegenüber diejenigen Neuerungen von vornherein ausschließt, zu deren Gunsten der Patentschutz vornehmlich eingeführt ist. In ersterer Hinsicht schließen die Worte „Modelle ...... insoweit sie dem Arbeits- oder Gebrauchszwecke dienen" die Neuerungen aus, welche eine Einwirkung auf den Schönheitssinn bezwecken (vgl. Anm. IV). In letzterer Hinsicht schließt die Fassung des §. 1 die Anwendung auf solche Neuerungen aus, welche ein Verfahren zur Herstellung von Gegenständen betreffen, und die Bezeichnung „Modelle von Arbeitsgerätschaften oder Gebrauchsgegenständen" soll andeuten, daß Maschinen und Betriebsvorrichtungen für den Musterschutz außer Betracht bleiben. Ein Verfahren fällt niemals unter den Begriff des Gebrauchsmusters (R.G. XXXVI, 59, XXXIX, 8, R.G. in Strff. XXV, 218). Den Zweifel, ob eine neue Erfindung oder ein neues Muster vorliegt, mag der Urheber der Neuerung nach seinem Interesse erledigen (Mot. S. 9) und demgemäß seine Anmeldung machen.

II. **Modelle.** Der §. 1 bezeichnet die dort näher umschriebenen „Modelle" als schutzberechtigt. In der Kommission des Reichstags (Bericht S. 3) wurde bemerkt, es liege die Ge-

Modelle gelten insoweit nicht als neu, als sie zur Zeit der auf Grund dieses Gesetzes erfolgten Anmeldung bereits in öffentlichen Druckschriften beschrieben oder im Inlande offenkundig benutzt sind.

---

fahr nahe, daß dieses Wort in dem industriellen Sinne aufgefaßt werden möchte, wonach es das in vorläufiger Ausführung bezw. in minderwertigem Stoffe hergestellte Vorbild, die zum Abgießen dienende Ursprungsform u. dergl. bezeichnet. Die Regierungskommissarien erwiderten jedoch und die Kommission stimmte hierin zu, daß eine so enge Auslegung des Wortes nicht zutreffen würde. Der Anmeldende habe eine Darstellung des zu schützenden Gegenstandes einzureichen, aus welcher die dem Arbeits- oder Gebrauchszwecke dienende Gestaltung (Anordnung) oder Vorrichtung so deutlich erkennbar ist, daß darüber bei demnächstiger Rechtsverfolgung ein Zweifel nicht entstehen könne. In welcher Ausführung und in welchem Stoffe diese Darstellung erfolge, ob ein Modell in dem oben bezeichneten engeren Sinne, ein Probeexemplar der zu schützenden Erzeugnisse oder eine Abbildung der letzteren eingereicht werde, komme, wenn nur die zum Schutz berechtigenden Eigenschaften klar genug ersichtlich seien, nicht in Betracht (Bericht S. 4).

III. **Arbeitsgerätschaften oder Gebrauchsgegenstände oder Teile derselben.** Hierunter sind nur bewegliche Sachen verstanden; dem Gebrauchsmusterschutz unterliegen nicht unbewegliche Sachen und Bestandteile von solchen; z. B. nicht Häuser, Wiesenberieselungen, Schächte und Teile solcher Anlagen, wie die Konstruktion von Zimmerdecken (R.G. XLI, 65). Nur verhältnismäßig einfache Werkzeuge oder Vorrichtungen fallen unter jene Bezeichnung; so z. B. eine Hobelbank, eine Drehbank, ein einfacher zum Weben bestimmter Rahmen mit Haspeln und Klammern (R.G. in Strfs. XXVIII, 187). Nicht aber künstliche, aus vielen ineinander greifenden Arbeitsmitteln zusammengesetzte Maschinen oder die Gesamtheit einer Reihe selbständiger, zum Zweck eines auf einer Mehrheit von Arbeitsvorgängen aufgebauten Betriebes zusammengefügter Vorrichtungen (R.G. XXXVI, 18, XXXIX, 116, XLI, 75). Nichtsdestoweniger kann ein einzelner Teil einer solchen zusammengesetzten Vorrichtung als Gebrauchsmuster schutzfähig sein (R.G. XXXIX, 117, XLI, 75). — Gebrauchsgegenstände können auch diejenigen sein, deren Gebrauchszweck lediglich in ihrer Verbrauchbarkeit besteht, wie z. B. Briefumschläge (R.G. XXXIX, 7). Dagegen ist Voraussetzung des Vorhandenseins eines Gebrauchsgegenstandes die Dauer der gewerblichen Verwertbarkeit des Gegenstandes in der neuen Gestaltung; Halbfabrikate können Gebrauchsmusterschutz daher nur erhalten, wenn sie als solche Gegenstände des Verkehrs (z. B. des Veredelungsverkehrs) sind, nicht jedoch insoweit das Halbfabrikat nur eine Durchgangsgestaltung in einer einheitlichen Fabrikation darstellt; denn in letzterem Falle würde die Gewährung eines Schutzes auf das Schützen eines Verfahrens hinauslaufen (R.G. XXXIX, 8).

IV. **Insoweit sie dem Arbeits- oder Gebrauchszweck dienen.** Vgl. oben Anm. I. Unter Gebrauchszweck ist hier nur ein wirtschaftlicher oder technischer Nutzzweck verstanden; einen solchen haben Schmuckgegenstände nicht, obgleich sie Gebrauchsgegenstände sind; ihr Schutz kann daher nicht durch Gebrauchsmusterschutz, vielmehr nur durch Geschmacksmusterschutz erfolgen (R.G. XXXVI, 60, XXXIX, 133). Dagegen wurde ein einzelner Bestandteil, der mit anderen zu einem Schmuckgegenstand verarbeitet werden soll, als unter den Gebrauchsmusterschutz fallend erachtet (R.G. XXXIX, 133).

V. **Gestaltung, Anordnung oder Vorrichtung.** Das Wort „Anordnung" ist in der Kommission des Reichstags (Bericht S. 3) dem Texte des Entwurfs hinzugefügt; als Beispiele von schutzbedürftigen, aber nicht patentfähigen Gebrauchsneuerungen wurden zur Begründung dieses Zusatzes angeführt: die besondere Anordnung und Befestigung der einzelnen Teile einer Baracke, vermöge deren dieselbe mit Leichtigkeit auf- und abgeschlagen und transportiert werden könnte, ferner die dem Brenner an einer Petroleumlampe mit besonderem Luftzuführungsverfahren angewiesene neue Stelle. — In der Anwendung eines an sich bekannten, wenn auch für den betreffenden Zweck noch nicht verwendeten anderen Stoffes allein liegt keine neue Gestaltung,

Anordnung oder Vorrichtung (R.G. XXXV, 92, R.G. in Strfs. XXIX, 436); dennoch kann die Verwendung eines bestimmten Stoffes den Gebrauchsmusterschutz begründen, wenn der gewerbliche Vorteil, den das Modell bietet, eine beabsichtigte Folge der Verwendung gerade dieses Stoffes ist (R.G. XLI, 40). Über die Frage, wann in dergleichen Fällen das Erfordernis der Neuheit vorliegt, vgl. unten Anm. VI b.

VI. **Neuheit.**

a. **Fortschritt.** Auf dem Gebiet des Musterschutzes sind zwar an die Bedeutung des Erfindergedankens geringere Ansprüche zu machen als auf dem Gebiet des Patentschutzes; dennoch darf auch auf ersterem Gebiet nicht gänzlich davon abgesehen werden (R.G. XXXIX, 120). Geschützt werden können daher nur Gegenstände, die einen technischen Fortschritt enthalten und nicht das Erzeugnis einer nur handwerksmäßigen Übung, sondern das Ergebnis einer geistigen Thätigkeit sind (R.G. XLI, 38). Darauf, ob der angestrebte Zweck in vollem Umfange erreicht wird, ist jedoch die Prüfung nicht auszudehnen (R.G. XXXIX, 120). Bei Erzeugnissen der Feinmechanik kann schon eine geringfügige Abweichung von der bisherigen Gestaltung bedeutsam für den Verwendungszweck und mithin eine neue Form sein (R.G. XL, 144). Waren bisher nur Anläufe und Versuche gemacht, in bestimmter neuer Form einen für seinen Zweck verwendbaren Gegenstand herzustellen, so steht dies dem Erwerb eines Gebrauchsmusterrechts für die endlich gelungene Ausführung nicht im Wege (R.G. XXXIII, 164, XL, 144).

b. **Neuer Stoff.** Einer Anordnung fehlt die Neuheit, wenn sie nichts thut, als daß sie die bekannten physikalischen Eigenschaften eines bekannten (wenn auch für den betreffenden Zweck bisher nicht verwendeten) Stoffes für einen bekannten Zweck in bekannter Form anwendet (R.G. XXXV, 94, R.G. in Strfs. XXIX, 436; vgl. jedoch R.G. XLI, 40). Ob anders zu entscheiden bei Anwendung eines überhaupt (nicht nur für die betreffende Anwendung) neuen Stoffes für bekannte Gestaltungen und in bekannten Formen oder bei Neuanwendung eines bekannten Stoffes unter Benutzung nicht bekannter physikalischer Eigenschaften desselben für bekannte Formen, ist dahingestellt R.G. XXXV, 94 (vgl. oben Anm. V).

c. **Offenkundige Benutzung** (vgl. Patentges. §. 2 Abs. 1) ist jede Benutzung, welche über die Schwelle des Hauses, der Geschäfts- und Arbeitsräume des Benutzers in den geschäftlichen Verkehr hinaustritt in einer Weise, welche erkennen läßt, daß nach dem Willen des Benutzers diese Benutzung nicht streng auf den Kreis der auf Grund besonderer mit dem Benutzer eingegangener Rechtsgeschäfte unmittelbar beteiligten Personen beschränkt, vor allen anderen Personen aber geheim gehalten werden soll, sondern daß die Benutzung der zufälligen Kenntnisnahme beliebiger Dritter offen stehen soll; das Behaupten offenkundiger Benutzung liegt daher in der Behauptung, daß der Gegenstand durch dritte Fabrikanten hergestellt und in den Verkehr gebracht sei (R.G. in Strfs. XXVIII, 160). Nicht notwendig ist Benutzung im Betriebe vorausgesetzt; ist das Neue des Modells auch in anderer Weise als durch den Betrieb erkennbar, so kann auch eine offenkundige Herstellung nach dem Modell und ein das allemeine Bekanntwerden ermöglichendes Feilbieten des Mustergegenstandes genügen (R.G. XXXIII, 164, XXXVII, 40); ebenso auch eine Zurschaustellung (R.G. in Strfs. XXX, 244). Auch die Benutzung durch den Urheber des Modells ist eine Benutzung (R.G. in Strfs. XXV, 62, XXVIII, 188); der Urheber hat daher kein Schutzrecht, wenn er selbst vor der Anmeldung eine Benutzungshandlung offenkundig vornimmt, z. B. durch Verkauf Nachbildungen des Musters in den freien Verkehr bringt (R.G. in Strfs. XXV, 63). Nicht offenkundig ist die Aufstellung des Gegenstandes in einer Gefängnisanstalt behufs Gebrauchs bei Anfertigung von Arbeiten durch die Sträflinge für den Urheber (R.G. in Strfs. XXVIII, 188). Ob die Benutzung nur zur Probe

Anmeldung. §. 2.

Modelle, für welche der Schutz als Gebrauchsmuster verlangt wird, sind bei dem Patentamt schriftlich anzumelden.

Die Anmeldung muss angeben, unter welcher Bezeichnung das Modell eingetragen werden und welche neue Gestaltung oder Vorrichtung dem Arbeits- oder Gebrauchszweck dienen soll.

Jeder Anmeldung ist eine Nach- oder Abbildung des Modells beizufügen.

Ueber die sonstigen Erfordernisse der Anmeldung trifft das Patentamt Bestimmung.

Gleichzeitig mit der Anmeldung ist für jedes angemeldete Modell eine Gebühr von fünfzehn Mark einzuzahlen.

---

vorgenommen, ist unerheblich; doch ist keine „Benutzung" derjenige Gebrauch seitens des Erfinders oder der von ihm Beauftragten, der nur dazu dienen soll, ihm die Gewißheit zu verschaffen, daß sein Werk gelungen sei; eine „Benutzung" ist aber der nach erlangter Gewißheit fortgesetzte Gebrauch (R.G. in Strfs. XXX, 243).

d. **Anmeldung, ihr Inhalt und Zeitpunkt, maßgebend.** Nicht zugelassen ist, daß im Streitfall der Berechtigte an Stelle dessen, was seine Anmeldung über die Neuerung und die Zwecke, denen zu dienen sie bestimmt ist, angiebt, etwas anderes setzt was sie nicht angiebt (R.G. XXXIX, 121; vgl. XXXIII, 102). — Entscheidend für die Frage der Neuheit ist der Zeitpunkt der erfolgten Anmeldung; in Betracht kommt jedoch nur eine Anmeldung, welche erkennen läßt, daß der Gebrauchsmusterschutz verlangt wird (R.G. XXXVII, 39).

VII. **Gegenstand des Schutzes** ist die neue Form, nicht die etwa der neuen Formgebung zu Grunde liegende Erfindung (R.G. XL, 10, R.G. in Strfs. XXIX, 437; wesentlich abweichend R.G. in Strfs. XXV, 217). Andererseits ist die Grenze des Schutzbereichs nicht zu eng zu ziehen; stellt sich das eingetragene Modell als die Grundform einer Gattung von Gebrauchsgegenständen dar, so sind auch alle innerhalb des Gattungsbegriffs liegenden Abweichungen von der Grundform geschützt (R.G. XL, 11; vgl. R.G. in Strfs. XXV, 218). Der Inhalt der bei Anmeldung eingereichten Beschreibung des Modells ist als solcher unerheblich für die Entscheidung der Frage was geschützt ist (R.G. in Strfs. XXIX, 436; dagegen XXV, 215). Ist ein Modell niedergelegt, welches nicht die in der Anmeldung angegebene Neuheit enthält, so wird durch einen daraufhin erteilten Gebrauchsmusterschutz die Verwendung der Form, welche jenes Modell zeigt, nicht unzulässig (R.G. XXXIII, 102). Die Benutzung der zur Verbesserung eines eingetragenen Gebrauchsmusters gemachten Zusätze darf in Verbindung mit jenem nur erfolgen, wenn der für jenes Schutzberechtigte seine Einwilligung erteilt (R.G. in Strfs. XXV, 219).

Zu §. 2.

I. **Anmeldung.** Durch die Bestimmung, daß alle Gebrauchsmuster bei dem Patentamt anzumelden sind, ist eine Zentralstelle für diese Anmeldungen geschaffen. Die Erfordernisse der schriftlichen Anmeldung sind auf das Notwendigste beschränkt; sie muß enthalten die Angabe, unter welcher Bezeichnung das Modell eingetragen werden soll und (R.G. XL, 141) was an demselben als neu behauptet wird, also die genaue Bezeichnung, welcher Gegenstand und welche Neuheit geschützt werden soll. Auch muß eine Nach- oder Abbildung des Modells der Anmeldung beigefügt werden. Abweichend von § 20 Patentges. ist eine sprachliche Trennung der Angaben über die Bezeichnung des Modells einerseits und über die neue Vorrichtung oder Gestaltung andererseits nicht vorgeschrieben; daher ist zwar nicht empfehlenswert, aber gesetzlich zulässig, die Bezeichnung des Modells und den Schutzanspruch sprachlich dergestalt zusammenzuziehen, daß die Bezeichnung zugleich den Schutzanspruch angiebt oder umgekehrt (R.G. XL, 142). Die Angabe der neuen Gestaltung oder Vorrichtung hat nicht die Bedeutung einer Beschreibung, sondern einer Kennzeichnung des Modells (R.G. XXXIII, 101, XXXV, 92);

§. 3. **Eintragung. Änderungen. Einsicht.**

Entspricht die Anmeldung den Anforderungen des §. 2, so verfügt das Patentamt die Eintragung in die Rolle für Gebrauchsmuster.

Die Eintragung muss den Namen und Wohnsitz des Anmelders, sowie die Zeit der Anmeldung angeben.

Die Eintragungen sind durch den Reichs-Anzeiger in bestimmten Fristen bekannt zu machen.

Aenderungen in der Person des Eingetragenen werden auf Antrag in der Rolle vermerkt.

Die Einsicht der Rolle sowie der Anmeldungen, auf Grund deren die Eintragungen erfolgt sind, steht jedermann frei.

§. 4. **Wirkung der Eintragung.**

Die Eintragung eines Gebrauchsmusters im Sinne des §. 1 hat die Wirkung, dass dem Eingetragenen ausschliesslich das Recht zusteht, gewerbsmässig das Muster

---

daneben ist eine Beschreibung nicht erforderlich (R.G. XXXIII, 101). Auf Grund des §. 2 Abs. 4 ist ergangen der Erlaß des Patentamts v. 22. Novbr. 1898, abgedruckt unten VI 9 e.

II. **Gebühr.** Ein Kommissar des Bundesrats bemerkte bei der 2. Lesung im Reichstage (Prot. S. 2557), daß für mehrere Gegenstände, welche sich nur als Varietäten einer und derselben Neuerung darstellen und dieselbe lediglich illustrieren, die Gebühr nur einmal zu zahlen sei. Handelt es sich um innerlich verschiedene Neuerungen an mehreren Gegenständen, so ist die Gebühr für jeden der letzteren besonders zu zahlen.

Zu §. 3.

I. **Prüfung der Anmeldung.** Nicht das Vorprüfungsverfahren wie bei Patenten, sondern das Anmeldeverfahren findet statt. Das Patentamt ist daher nur mit der Prüfung betraut, ob den formellen Erfordernissen der Anmeldung (§. 2) genügt ist, und die behördliche Eintragung ist nur eine äußere Voraussetzung für den Schutz. Das Patentamt hat daher nicht zu prüfen, ob das angemeldete Modell als ein solches von Arbeitsgerätschaften oder Gebrauchsgegenständen sich darstellt, ob die angemeldete Gestaltung, Anordnung oder Vorrichtung neu oder bereits bekannt ist (R.G. XL, 11), ob sie einem Arbeits- oder Gebrauchszwecke oder etwa lediglich einem Schönheitszwecke dient, oder ob der Gegenstand der Anmeldung sich ausreichend von anderen Anmeldungen oder Eintragungen unterscheidet. — Ergeben sich bei Prüfung der formellen Erfordernisse der Anmeldung Bedenken, so hat das Patentamt diese dem Anmeldenden zur Erledigung aufzugeben. Streitigkeiten hierüber sind im Dienstwege nach §. 14 des G. zu erledigen.

II. **Eintragung.** Die Eintragung in die „Rolle für Gebrauchsmuster" muß den Namen und den Wohnsitz des Anmelders und außerdem die Zeit der Anmeldung angeben, weil der Schutz mit dem auf die Anmeldung folgenden Tage beginnt (§. 8). Bei der Eintragung hat das Patentamt sich an die Angaben des Anmelders zu halten (R.G. XL, 12). Eine zusätzliche Eintragung ist erforderlich, wenn die Schutzfrist verlängert oder der Lauf der Frist durch Verzicht verkürzt ist. Aenderungen in der Person des Berechtigten werden auf den Antrag gehörig legitimirter Personen eingetragen, erteilte Licenzen werden jedoch nicht vermerkt (Mot. 12). Die Einsicht der Rolle und der den Eintragungen zu Grunde liegenden Anmeldungen steht jedermann frei. Eine Löschung der Eintragungen findet nicht statt, da aus der Eintragung selbst der Ablauf der Schutzfrist sich ergiebt (Mot. 12).

Zu §. 4.

I. **Wirkung der Eintragung.** Der Abs. 1 des §. 4 entspricht dem §. 4 Patentgesetz. Er bezeichnet die Wirkung der Eintragung eines Gebrauchsmusters in die Rolle, aber nur eines

nachzubilden, die durch Nachbildung hervorgebrachten Geräthschaften und Gegenstände in Verkehr zu bringen, feilzuhalten oder zu gebrauchen.

Das durch eine spätere Anmeldung begründete Recht darf, soweit es in das Recht des auf Grund früherer Anmeldung Eingetragenen eingreift, ohne Erlaubniss des letzteren nicht ausgeübt werden.

Wenn der wesentliche Inhalt der Eintragung den Beschreibungen, Zeichnungen, Modellen, Geräthschaften oder Einrichtungen eines Anderen ohne Einwilligung desselben entnommen ist, so tritt dem Verletzten gegenüber der Schutz des Gesetzes nicht ein.

---

solchen „im Sinne des §. 1". Hierdurch soll erkennbar gemacht werden, daß die Eintragung für sich allein kein Recht gewährt, vielmehr nur dann, wenn ein Gebrauchsmuster vorliegt, für welches die sachlichen Erfordernisse des §. 1 vorhanden sind. Da die Eintragung auf Antrag, ohne sachliche Prüfung seitens des Patentamts, erfolgt, so braucht der Anmelder im Streitfalle zwar nicht darzuthun, daß er der geistige Urheber der Neuerung ist (Mot. 13, 14), hat aber zu behaupten und darzuthun, daß die sachlichen Voraussetzungen zum Schutze seines Musters vorhanden sind (Mot. 13). In der Kommission (Bericht S. 10) führten die Regierungsvertreter aus: Die Motive wollen an der zuletzt hier angeführten Stelle nur hervorheben, daß auf dem Gebiete des Gebrauchsmusterschutzes, im Gegensatze zu dem System des Patentgesetzes, die Frage, ob die sachlichen Voraussetzungen des geltend gemachten Rechts gegeben seien, Gegenstand der richterlichen Prüfung und Entscheidung sei, daß mithin hier durch den Richter in jedem einzelnen Falle das Vorhandensein der Erfordernisse des §. 1 festgestellt sein müsse, wenn der Anspruch des Eingetragenen durchdringen solle. Dagegen sei es in keiner Weise die Absicht der Motive gewesen, sich über die Verteilung der Beweislast zwischen den Parteien auszusprechen, vielmehr sei es selbstverständlich, daß in dieser Hinsicht lediglich die allgemeinen Grundsätze Platz greifen. — Die Wirkung einer rechtmäßigen Eintragung ist im ersten Absatze dieses Paragraphen bezeichnet; der zweite und dritte Absatz bestimmen die Ausnahmen, in welchen jene Wirkung nicht eintritt. Verboten ist nach Abs. 1 jede einzelne der daselbst bezeichneten Thätigkeiten (R.G. in Strss. XXVII, 89). Das Wort „gewerbsmäßig" bezieht sich auf sämtliche in Abs. 1 aufgeführten Arten der Verletzung des Schutzrechts; gewerbsmäßig ist jede Benutzung bei dem Betrieb eines Gewerbes, nicht aber ein bloßes Proben, um sich von der Tauglichkeit zu überzeugen (R.G. in Strss. XXVII, 90). — Der zweite Absatz entscheidet über das Verhältnis der Rechte aus verschiedenen, zur Rolle für Gebrauchsmuster erfolgten Anmeldungen, welche einen ganz oder teilweise gleichartigen Gegenstand betreffen. Über die Frage, welches Recht früher eingetragen ist und inwieweit der Gegenstand einer späteren Anmeldung mit demjenigen einer früheren sich deckt und daher ohne Erlaubnis des früher Eingetragenen nicht ausgeübt werden darf, entscheiden die Gerichte. — Der dritte Absatz des §. 4 regelt den Schutz desjenigen, dessen Beschreibungen, Zeichnungen, Modellen, Gerätschaften oder Einrichtungen der wesentliche Inhalt der Eintragung ohne seine Einwilligung entnommen ist. Ihm, als dem Verletzten, steht dann der Einwand der Entwendung und die Klage auf Löschung zu, aber nicht einem Dritten (§. 6 Abs. 2).

II. **Kein Schutz entgegenstehender Besitzrechte.** Nach §. 5 Abs. 1 des Patentgesetzes tritt die Wirkung des Patents gegen denjenigen nicht ein, welcher zur Zeit der Anmeldung bereits im Inlande die Erfindung in Benutzung genommen oder die zur Benutzung erforderlichen Veranstaltungen getroffen hatte. Derselbe ist befugt, die Erfindung für die Bedürfnisse seines eigenen Betriebes in eigenen oder fremden Werkstätten auszunutzen. Diese Befugnis kann nur zusammen mit dem Betriebe vererbt oder veräußert werden. — In der Kommission (Bericht S. 11) erklärten die Regierungsvertreter, man habe aus praktischen Gründen davon abgesehen, ein dem Schutzrecht entgegenstehendes Besitzrecht, wie es gegen Patente anerkannt sei, auch bei Gebrauchsmustern festzusetzen, namentlich weil jeder, der im

§. 5.

Widerstreit zwischen Gebrauchsmuster und Patent.

Soweit ein nach §. 4 begründetes Recht in ein Patent eingreift, dessen Anmeldung vor der Anmeldung des Modells erfolgt ist, darf der Eingetragene das Recht ohne Erlaubniss des Patentinhabers nicht ausüben.

Imgleichen darf, soweit in ein nach §. 4 begründetes Recht durch ein später angemeldetes Patent eingegriffen wird, das Recht aus diesem Patent ohne Erlaubniss des Eingetragenen nicht ausgeübt werden.

§. 6. **Anspruch Dritter auf Löschung.**

Liegen die Erfordernisse des §. 1 nicht vor, so hat jedermann gegen den Eingetragenen Anspruch auf Löschung des Gebrauchsmusters.

Im Falle des §. 4 Absatz 3 steht dem Verletzten ein Anspruch auf Löschung zu.

Besitz einer schutzfähigen Neuerung sich befinde, ohne Weiterungen und mit geringem Kostenaufwande sein Muster zur Eintragung bringen könne.

III. **„Gesetzlich geschützt.“** In der Kommission war zwar ein Antrag dahin angenommen worden, daß jedes Stück eines nach Maßgabe dieses Gesetzes geschützten Gebrauchsmusters bei Verlust der Entschädigungsansprüche die Bezeichnung „Gesetzlich geschützt“ tragen müsse (Bericht S. 8); in der 2. Lesung des Reichstags ist diese Bestimmung jedoch gestrichen worden (Prot. 2558).

Zu §. 5.

Widerstreit zwischen Gebrauchsmuster und Patent. Der Absatz 2 des §. 4 regelt den sachlichen Widerstreit mehrerer in die Rolle für Gebrauchsmuster erfolgter Eintragungen Der §. 5 regelt den Widerstreit zwischen Eintragungen in die Rolle für Gebrauchsmuster und in die Patentrolle. Die frühere Anmeldung, auf Grund deren eine Eintragung erfolgt ist, hindert die Ausübung des auf die spätere Anmeldung eingetragenen Rechts ohne Erlaubnis des aus der ersteren Schutzberechtigten, insoweit in dessen Recht eingegriffen wird. Streitigkeiten darüber, inwieweit der Eingriff reicht und die Ausübung des Rechts unstatthaft ist, unterliegen der Zuständigkeit der ordentlichen Gerichte. Mit Rücksicht auf die zeitlich verschiedene Dauer des Schutzes von Patenten und von Gebrauchsmustern hat die Ausübung des nachstehenden Rechts nur so lange zu ruhen, als das bessere Recht sich in Wirksamkeit befindet. So lange letzteres der Fall ist, kommen die Wirkungen aus der späteren Anmeldung weder gegenüber dem Inhaber des vorgehenden Rechts, noch gegenüber Dritten zur Geltung (Mot. 16). — Hat die frühere Eintragung in die Patentrolle zur Folge, daß es der späteren Anmeldung zur Musterrolle an dem Erfordernis der Neuheit (§. 1 Abs. 2) fehlt, so ist die Klage auf Löschung gemäß §. 6 gegeben.

Zu §. 6.

I. **Löschungsberechtigter.**

a) Wegen Mangels der sachlichen Erfordernisse eines Gebrauchsmusters. Die Thatsache der Eintragung eines Musters in die Rolle ist geeignet, die Meinung hervorzurufen, daß der Gegenstand ein schutzberechtigter sei, und kann schon hierdurch die Interessen Dritter stören. Das Gesetz gestattet jedermann, die Eintragung aus dem Grunde anzufechten, daß die sachlichen Erfordernisse (§. 1) fehlen, ohne von dem Anfechtenden den Nachweis seines besonderen Interesses an der Löschung zu verlangen. Die Löschungsklage kann auch darauf gestützt werden, daß die in §. 2 Abs. 2 geforderte Angabe nicht gemacht worden sei (R.G. XL, 141). Der rechtskräftig zur Löschung Verurteilte ist anzuhalten, die Löschung durch Verzichtleistung (§. 8 Ziff. 2) herbeizuführen (Mot. 13).

Rechtsnachfolge. §. 7.

Das durch die Eintragung begründete Recht geht auf die Erben über und kann beschränkt oder unbeschränkt durch Vertrag oder Verfügung von Todeswegen auf andere übertragen werden.

Schutzfrist. Löschung. §. 8.

Die Dauer des Schutzes ist drei Jahre; der Lauf dieser Zeit beginnt mit dem auf die Anmeldung folgenden Tage. Bei Zahlung einer weiteren Gebühr von sechszig Mark vor Ablauf der Zeit tritt eine Verlängerung der Schutzfrist um drei Jahre ein. Die Verlängerung wird in der Rolle vermerkt.

Wenn der Eingetragene während der Dauer der Frist auf den Schutz Verzicht leistet, so wird die Eintragung gelöscht.

Die nicht in Folge von Ablauf der Frist stattfindenden Löschungen von Eintragungen sind durch den Reichs-Anzeiger in bestimmten Fristen bekannt zu machen.

---

b) Wegen Entwendung der Erfindung. Der Abs. 2 des §. 6 giebt im Falle der Entwendung der Erfindung die Klage auf Löschung nur dem Verletzten. Diesem ist aber die Klage auf Uebertragung des Schutzrechts versagt, weil in solchen Fällen, in denen die Entwendung durch Mißbrauch eines Dienstverhältnisses bewirkt worden, der Verletzte in der Regel durch Schadensersatzklage sich werde decken können, und weil die Klage auf Uebertragung des Schutzrechts leicht zu einem Unrecht gegen Dritte führen könne, welche inzwischen dieselbe Neuerung erfunden haben (Prot. 2558).

II. **Anspruchsgegner.** Der Anspruch auf Löschung richtet sich gegen den in die Rolle als berechtigt Eingetragenen; es brauchen also bei Erhebung des Anspruchs Rechtsveränderungen nur insoweit berücksichtigt zu werden, als sie in der Rolle vermerkt sind (§. 3 Abs. 2 und 4), es wäre denn, daß durch den Tod des Berechtigten andere an seine Stelle getreten sind (Mot. 16).

Zu §. 7.

Rechtsnachfolge. Das in Folge der Eintragung mit dem gesetzlichen Schutze versehene Vermögensrecht ist vererblich und kann im ganzen oder teilweise auf andere, unter Lebenden oder von Todeswegen, übertragen werden. Da der Schutz mit dem auf den Tag der Anmeldung folgenden Tage beginnt, so sind auch diejenigen Rechtsveränderungen und Rechtsakte wirksam, welche zwischen dem Tage der Anmeldung und demjenigen der Eintragung liegen (Mot. 16).

Zu §. 8.

I. **Schutzfrist.** Aus Zweckmäßigkeitsgründen ist eine feste Schutzfrist von 3 Jahren gegen Zahlung einer Gebühr von 15 Mark (§. 2 Abs. 4), und eine Verlängerung auf weitere 3 Jahre gegen eine vor Ablauf der ersten Frist gezahlte Gebühr von 60 Mark bestimmt (Mot. 16, Bericht S. 6). Eine Mahnung der Eingetragenen seitens des Patentamts vor Ablauf der dreijährigen Frist zur Erwägung, ob sie eine Verlängerung der Schutzfrist verlangen wollen, ist nicht vorgeschrieben (Prot. 2558). Da der Schutz mit dem auf die Anmeldung folgenden Tage beginnt, so kann es ratsam sein, wenn zunächst ein Patent für die Erfindung nachgesucht wird, für den Fall seiner Ablehnung die Erfindung gleichzeitig als Gebrauchsmuster anzumelden (Komm.-Ber. S. 3).

II. **Löschung.** Der 3. Abs. des §. 8 ist in der Kommission dem Entwurfe hinzugefügt, und zu seiner Begründung ist bemerkt worden, daß man zwar aus den Bekanntmachungen des Reichsanzeigers über die Eintragung und Verlängerung den Ablauf der Schutzfrist berechnen könne, daß es jedoch ohne den vorgeschlagenen Zusatz an einer Vorkehrung fehle, wie das Publikum von den in Folge von Verzichtleistungen oder Löschungsklage eingetretenen Löschungen Kenntnis erhalten solle (Bericht S. 6).

§. 9.

Schadensersatz wegen Verletzung des Schutzrechts.

Wer wissentlich oder aus grober Fahrlässigkeit den Bestimmungen der §§. 4 und 5 zuwider ein Gebrauchsmuster in Benutzung nimmt, ist dem Verletzten zur Entschädigung verpflichtet.

Die Klagen wegen Verletzung des Schutzrechtes verjähren rücksichtlich jeder einzelnen dieselbe begründenden Handlung in drei Jahren.

§. 10.

Bestrafung der Verletzung des Schutzrechts.

Wer wissentlich den Bestimmungen der §§. 4 und 5 zuwider ein Gebrauchsmuster in Benutzung nimmt, wird mit Geldstrafe bis zu fünftausend Mark oder mit Gefängniss bis zu einem Jahre bestraft.

Die Strafverfolgung tritt nur auf Antrag ein. Die Zurücknahme des Antrags ist zulässig.

Wird auf Strafe erkannt, so ist zugleich dem Verletzten die Befugniss zuzusprechen, die Verurtheilung auf Kosten des Verurtheilten öffentlich bekannt zu machen. Die Art der Bekanntmachung, sowie die Frist zu derselben ist im Urtheil zu bestimmen.

§. 11. **Buße.**

Statt jeder aus diesem Gesetze entspringenden Entschädigung kann auf Verlangen des Beschädigten neben der Strafe auf eine an ihn zu erlegende Busse bis zum Betrage von zehntausend Mark erkannt werden. Für diese Busse haften die zu derselben Verurtheilten als Gesammtschuldner.

Eine erkannte Busse schliesst die Geltendmachung eines weiteren Entschädigungsanspruchs aus.

§. 12.

Zuständigkeit des Reichsgerichts.

In bürgerlichen Rechtsstreitigkeiten, in welchen durch Klage oder Widerklage ein Anspruch auf Grund der Bestimmungen dieses Gesetzes geltend gemacht ist, wird die Verhandlung und Entscheidung letzter Instanz im Sinne des §. 8 des Einführungsgesetzes zum Gerichtsverfassungsgesetze dem Reichsgericht zugewiesen.

Zu §. 9.

Schadensersatzpflicht. Der 1. Absatz des §. 9 entspricht dem 1. Abs. des §. 35 des Patentgesetzes und der 2. Abs. dem §. 39 des letzteren Gesetzes.

Zu §. 10.

Strafvorschrift. Der §. 10 entspricht dem §. 36 des Patentgesetzes. Unter den Worten „in Benutzung nehmen" (vgl. §. 1 Anm. VIc) ist nur die im §. 4 näher gekennzeichnete Art der (gewerbsmäßigen) Benutzung verstanden (Bericht S. 11).

Zu §. 11.

Buße. Der §. 11 entspricht dem §. 37 des Patentgesetzes.

Zu §. 12.

Zuständigkeit des Reichsgerichts. Der §. 12 entspricht dem §. 38 des Patentgesetzes und war notwendig, damit in dem gerichtlichen Verfahren über Ansprüche aus diesem Gesetze die Revisionen und Beschwerden, für welche nach dem Gerichtsverfassungsgesetze an sich das

§. 13.

Weder Wohnsitz noch Niederlassung im Inland.

Wer im Inlande einen Wohnsitz oder eine Niederlassung nicht hat, kann nur dann den Anspruch auf den Schutz dieses Gesetzes geltend machen, wenn in dem Staate, in welchem sein Wohnsitz oder seine Niederlassung sich befindet, nach einer im Reichs-Gesetzblatt enthaltenen Bekanntmachung deutsche Gebrauchsmuster einen Schutz geniessen.

Wer auf Grund dieser Bestimmung eine Anmeldung bewirkt, muss gleichzeitig einen im Inlande wohnhaften Vertreter bestellen. Name und Wohnsitz des Vertreters werden in die Rolle eingetragen. Der eingetragene Vertreter ist zur Vertretung des Schutzberechtigten in den das Gebrauchsmuster betreffenden Rechtsstreitigkeiten und zur Stellung von Strafanträgen befugt. Der Ort, wo der Vertreter seinen Wohnsitz hat, und in Ermangelung eines solchen der Ort, wo das Patentamt seinen Sitz hat, gilt im Sinne des §. [24] *23* der Civilprozessordnung als der Ort, wo der Vermögensgegenstand sich befindet.

Ausführungsverordnungen. §. 14.

Die zur Ausführung dieses Gesetzes erforderlichen Bestimmungen über die Einrichtung und den Geschäftsgang des Patentamts werden durch Kaiserliche Verordnung unter Zustimmung des Bundesraths getroffen.

Zeitpunkt des Inkrafttretens. §. 15.

Dieses Gesetz tritt mit dem 1. Oktober 1891 in Kraft.

Reichsgericht zuständig ist, dem letzteren auch für das Gebiet derjenigen Bundesstaaten zugewiesen werden, in welchen auf Grund der Vorschrift im §. 8 des E.G. zum G.V.G. ein oberstes Landesgericht besteht (Mot. 17).

Zu §. 13.

I. **Weder Wohnsitz noch Niederlassung im Inland.** Der 1. Abs. des §. 13 will den Grundsatz der Gegenseitigkeit in Bezug auf das Ausland zur Geltung bringen. Während im §. 12 Abs. 2 des Patentgesetzes nur die Anwendung eines Vergeltungsrechts gegen die Angehörigen eines ausländischen Staates (als Ausnahme) zugelassen ist, bestimmt der §. 13 Abs. 1 des vorliegenden Gesetzes mit Rücksicht darauf, daß der Schutz der Gebrauchsmuster jetzt erst in Deutschland neu geregelt wird und die ausländischen Staaten diesen Schutz verschieden behandeln, daß diejenigen, welche im Inlande weder einen Wohnsitz noch eine Niederlassung haben, nur dann Anspruch auf den Schutz des Gesetzes machen können, wenn in dem Staate, in welchem sie ihren Wohnsitz oder ihre Niederlassung haben, nach einer im R.G.Bl. enthaltenen Bekanntmachung deutsche Gebrauchsmuster einen Schutz genießen (Mot. 18). Vgl. die ähnliche Bestimmung in Warenzeichengesetz (unten VI 8) §. 23. Die Regierungsvertreter bemerkten in der Kommission (Bericht S. 11), vor Erlaß einer solchen Bekanntmachung werde selbstverständlich immer geprüft werden, ob der im Auslande gewährte Schutz inländischer Gebrauchsmuster sich als ausreichend und als gleichwertig dem inländischen Schutze darstelle.

II. **Inländische Vertreter.** Der 2. Abs. des §. 13 entspricht in seiner Fassung dem Abs. 1 §. 12 des Patentgesetzes.

Zu §. 14.

Kaiserliche Verordnung. Die Verordnung v. 11. Juli 1891 ist nachstehend abgedruckt unter VI 9a, die Verordnung v. 30. Juni 1894 nachstehend unter VI 9d.

8. Gesetz zum Schutz der Waarenbezeichnungen.

Vom 12. Mai 1894. (R.G.Bl. 441).*)

§. 1. Recht zur Anmeldung.

Wer in seinem Geschäftsbetriebe zur Unterscheidung seiner Waaren von den Waaren Anderer eines Waarenzeichens sich bedienen will, kann dieses Zeichen zur Eintragung in die Zeichenrolle anmelden.

---

*) Der nachstehende Kommentar ist von Justizrat H. Makower verfaßt und fand sich handschriftlich in dessen Nachlaß vor. Der Abdruck ist möglichst unverändert erfolgt; die neu ergangenen Bekanntmachungen und Entscheidungen sowie einige Verweisungen sind nachgetragen.

Vorbemerkung.

I. **Entstehung und Zweck des Gesetzes.** Der Entwurf eines Gesetzes zum Schutz der Warenbezeichnungen nebst Begründung wurde am 25. November 1893 dem Reichstag vorgelegt (Nr. 70 Reichstag; 9. Legislatur-Periode, II. Session 1893/94), vom Reichstag in der 35. Sitzung vom 25. Januar 1894 zum erstenmal beraten und einer Kommission von 14 Mitgliedern überwiesen. Die Kommission beriet den Entwurf in 7 Sitzungen und erstattete ihren Bericht (a. a. O. Nr. 298) durch den Abgeordneten Schmidt (Elberfeld). Die zweite und dritte Beratung im Plenum des Reichstages fanden in der 83. und 86. Sitzung am 16. und 19. April 1894 statt. Das Gesetz ist am 16. Mai 1894 zu Berlin ausgegeben, und nach §. 26 am 1. Oktober 1894 in Kraft getreten. Die Begründung macht geltend: der Gesetz-Entwurf bezwecke eine Revision und Erweiterung des Gesetzes über Markenschutz v. 30. November 1874 (R.G.Bl. 143), an dessen Stelle er treten solle, namentlich in der Richtung einer Zentralisierung des ganzen Zeichenwesens bei dem Patentamt, während bisher nur die ausländischen Warenzeichen bei einer Stelle, dem Leipziger Handelsgericht, vereinigt waren; hierdurch werde eine einheitliche und gleichmäßige Praxis und eine bessere Übersicht über die zu Recht bestehenden Zeichen erzielt werden können. Sodann empfehle es sich, an die Stelle des Anmeldeverfahrens eine Vorprüfung treten zu lassen. Endlich bedürfe es einer Ausdehnung des Schutzes, welcher bisher wegen der Verbindung mit dem Handelsregister nur den eingetragenen Firmen gewährt worden, auf alle Verkehrskreise, der Zulässigkeit eines gewissen Schutzes auch für Warenzeichen, welche nur in Worten ohne Verbindung mit figürlichen Zeichen bestehen, eines erhöhten Rechtsschutzes gegen verschleierte Umgehungen des Gesetzes, und der Ausdehnung des Schutzes auf solche karakteristische Bezeichnungen der Waren, welche ohne in den Bereich der eigentlichen Marken zu fallen, doch ähnliche Zwecke der Information der Abnehmer über Beschaffenheit und Ursprung der Waren verfolgen. — Die Kommission des Reichstags änderte den Entwurf nur in wenigen Bestimmungen.

II. **Verhältnis zwischen Zeichenschutz und Musterschutz.** Über das Verhältnis zwischen Zeichenschutz und Musterschutz gaben die Regierungskommissare in der Kommission (K.B. 6) folgende Erklärung ab: Der Musterschutz gewähre dem Urheber des Musters das Recht der ausschließlichen Vervielfältigung, der Zeichenschutz dem Eingetragenen ausschließlich das Recht, das Zeichen zur Kenntlichmachung von Waren zu verwenden. Ein geschütztes (Schönheits- oder Geschmacks-) Muster könne als Warenzeichen angemeldet und eingetragen werden; in diesem Falle habe der Inhaber des Musterschutzes allein das Recht, das Muster gewerblich nachzubilden, während die Befugnis zur Verwendung der Nachbildungen als Warenbezeichnung ausschließlich dem Träger des Zeichenrechts zustehe. Diese beiden Befugnisse hätten einen verschiedenen Inhalt und könnten neben einander bestehen. Es sei auch begrifflich nicht ausgeschlossen, daß ein eingetragenes Zeichen nachträglich als Muster geschützt werde. Allerdings sei in diesem Falle die Rechtsbeständigkeit des Musterschutzes davon abhängig, daß durch die Eintragung des Zeichens dem Muster die Eigenschaft der Neuheit nicht verloren gegangen sei (§. 1 Abs. 2, G. v.

11. Januar 1876). Diese Ansicht ist verworfen vom R.G. (XXXVIII, 134), welches dahin entschieden hat, die Freiheit, beliebige Zeichen als Warenzeichen zu wählen, sei soweit eingeschränkt, als die Zeichen, sei es als Geschmacksmuster, sei es aus einem anderen Grunde, der freien Besitznahme nicht zugänglich seien, weil an ihnen bereits das ausschließliche Recht eines anderen begründet sei; daher könne der Musterschutz-Berechtigte die Löschung des später eingetragenen übereinstimmenden Warenzeichens verlangen. Zeichenrecht wie Geschmacksmusterrecht finde hinsichtlich der Befugnis, die es dem Berechtigten verleiht, seine notwendige Schranke an dem zur Zeit seiner Entstehung bereits begründeten Recht eines anderen (R.G. XL, 103).

III. **„Warenbezeichnungen".** Der Ausdruck „Warenbezeichnungen" findet sich nur in der Überschrift des Gesetzes und in den von der Kommission vorgenommenen Änderungen der §§. 22, 23; er ist umfassender als der Begriff „Warenzeichen", und wahrscheinlich mit Rücksicht auf die Vorschriften der §§. 15—17, 22 und 23 gewählt. „Warenzeichen" ist diejenige „Warenbezeichnung", deren Schutz durch die Eintragung bedingt ist (R.G. in Strss. XXXI, 31). — Der Ausdruck „Markenschutz" kommt statt des sonst im Gesetze gebrauchten Fachausdrucks „Schutz des Warenzeichens" im §. 23 Abs. 3 einmal vor, und zwar gleichfalls infolge einer in der Kommission vorgenommenen Änderung.

Zu §. 1.

I. **Warenzeichen.** Das Gesetz giebt keine Bestimmung des Begriffes „Warenzeichen", sondern setzt denselben als bekannt voraus. — Daß nicht nur ein Zeichen, sondern auch mehrere zu dem bezeichneten Zwecke angemeldet werden können, ist unbedenklich (Begr. 9, K.B. 1). Neuheit des Zeichens ist keine Voraussetzung der Eintragungsfähigkeit; also können auch schon benutzte eingetragen werden, falls sie nicht bereits in den allgemeinen Gebrauch übergegangen sind (Begr. 10). Ein Zeitungstitel ist als solcher kein Warenzeichen, weil kein freiwilliges, sondern für den Vertrieb notwendiges (und daher einem Namen gleichstehendes) Merkzeichen; durch Eintragung eines Zeitungstitels in die Zeichenrolle entsteht daher eine Schutzberechtigung nur für die Zwecke, für welche die Benutzung eines Warenzeichens nach §§. 1, 12 bestimmt ist, nicht aber ein ausschließliches Recht zur Benutzung als Zeitungstitel (R.G. in Strss. XXVIII, 280, R.G. XL, 21).

II. **Anmeldeberechtigter.** Während das Gesetz über Markenschutz nur Gewerbtreibenden, deren Firma im Handelsregister eingetragen war, die Befugnis erteilte, ihre Warenzeichen eintragen zu lassen, giebt das vorliegende Gesetz dieses Recht auch solchen Personen, welche dem Firmenzwang nicht unterliegen, wie z. B. Minder-Kaufleuten, Handwerkern, Produzenten auf dem Gebiete des Land- und Gartenbaues, Besitzern von Mineralquellen u. s. w., also jedem, der rechtsfähig ist („Wer"), mithin auch juristischen Personen, offenen Handelsgesellschaften und Kommanditgesellschaften. — Wer eine Firma führt, kann unter dieser oder unter seinem bürgerlichen Namen ein Zeichen anmelden (Begr. 9).

III. **Zweckbestimmung des Zeichens.** Notwendig ist, daß das Zeichen zur „Unterscheidung" der Waren in einem bestimmten „Geschäftsbetriebe" von den Waren anderer Personen, nicht aber anderen Zwecken dienen soll. Mit dem Zweck der Unterscheidung ist jedoch häufig verbunden der Zweck der Erklärung einer Gewähr dafür, daß das einzelne gezeichnete Stück von einem bestimmten Geschäftstreibenden herrühre (R.G. in Strss. XXX, 97). Der Ausdruck „Geschäftsbetrieb" ist nicht im räumlichen Sinne zu verstehen, sondern umfaßt jedes auf Gewinn abzielende Unternehmen im Bereiche der Hervorbringung (Produktion) oder des Handels (Begr. 9, R.G. in Strss. XXVIII, 278). Unzulässig ist die Eintragung eines Zeichens zum Zwecke der Benutzung für mehrere Geschäftsbetriebe, doch kann ein bereits in die Zeichenrolle aufgenommenes Zeichen für einen Zweiten, Dritten u. s. w. als Kennzeichen für dieselben Waren eingetragen werden, wenn der Erstberechtigte nicht gemäß §. 5 Widerspruch erhebt. Selbstverständlich steht privaten Vereinbarungen, nach welchen das für Einen ein-

§. 2. **Zeichenrolle. Anmeldung.**

Die Zeichenrolle wird bei dem Patentamt geführt. Die Anmeldung eines Waarenzeichens hat schriftlich bei dem Patentamt zu erfolgen. Jeder Anmeldung muss die Bezeichnung des Geschäftsbetriebes, in welchem das Zeichen verwendet werden soll, ein Verzeichniss der Waaren, für welche es bestimmt ist, sowie eine deutliche Darstellung und soweit erforderlich eine Beschreibung des Zeichens beigefügt sein.

Das Patentamt erlässt Bestimmungen über die sonstigen Erfordernisse der Anmeldung.

Für jedes Zeichen ist bei der Anmeldung eine Gebühr von dreissig Mark, bei jeder Erneuerung der Anmeldung eine Gebühr von zehn Mark zu entrichten. Führt die erste Anmeldung nicht zur Eintragung, so werden von der Gebühr zwanzig Mark erstattet.

---

getragene Warenzeichen auch von Anderen für dieselben Waren benutzt werden darf, nichts im Wege (K.B. 2).

IV. **Waren.** Unter „Waren" ist hier jeder Gegenstand der Hervorbringung oder des Handels zu verstehen, welcher in den wirtschaftlichen Verkehr gebracht wird (Begr. a. a. O., R.G. in Strfs. XXVIII, 278). Daher sind als Waren im Sinne dieses Gesetzes auch lebende Tiere anzusehen, so daß ein Züchter oder Landwirt sich das Brandmal eintragen lassen kann, mit welchem er seine Pferde oder sein Schlachtvieh zur Unterscheidung von denen anderer Landwirte oder Züchter versieht (K.B. 1).

Zu §. 2.

I. **Patentamt.** Während bisher die Anmeldungen bei dem Gerichte der Hauptniederlassung zu erfolgen hatten, verweist das vorliegende Gesetz alle Anmeldungen an das Patentamt und erzielt dadurch die beabsichtigte Zentralisation. Daß die Anmeldungen schriftlich erfolgen müssen, ergiebt das Gesetz.

II. **Erfordernisse der Anmeldung.**

a. **Bezeichnung des Geschäftsbetriebes.** Die Erfordernisse der Anmeldung sind gegenüber dem früheren Rechte durch die Vorschrift erweitert, daß auch der Geschäftsbetrieb bezeichnet werden muß, in welchem das Zeichen verwendet werden soll. Die Eintragung und Bekanntmachung bewirkt die leichtere Erkennbarkeit des Zusammenhangs zwischen dem Zeichen und dem Geschäfte für die Öffentlichkeit.

b. **Verzeichnis der Waren.** Das Verzeichnis der Waren, für welche das Zeichen bestimmt ist, hat der Anmelder nach seinem Ermessen zu fertigen. Das frühere Recht verlangte nur Angabe der Warengattungen, weshalb Bezeichnungen wie: Maschinen, Kurzwaren, chemische Produkte u. dgl. für genügend erachtet wurden. Das vorliegende Gesetz erfordert eine genauere Bezeichnung der Waren selbst (Begr. 10), läßt also jene allgemeine Bezeichnungen und Ausdrücke wie: „Kleineisenwaren", „Textilwaren" oder gar „Waren aller Art" nicht zu. — Der Schutz wird den eingetragenen Zeichen nur für die verzeichneten oder für gleichartige Waren gewährt; es kann daher dasselbe Zeichen (z. B. Adler, Drache, Löwe) für verschiedenartige Waren zu Gunsten verschiedener Personen eingetragen werden (z. B. für Textilwaren, Stahlwaren, Tabake). Ob die Waren verschieden sind, wird das Patentamt nicht bloß nach der Herstellung und dem Material sondern auch danach zu prüfen haben, ob eine Täuschung oder Verwechselung im Verkehr möglich ist. Wäre z. B. ein Zeichen für Meerschaumpfeifen eingetragen, so wäre eine Anmeldung desselben Zeichens für Holzpfeifen abzuweisen; ein zur Kennzeichnung von Briefpapier eingetragenes Zeichen wäre nicht für Schreibpapier zu gewähren; ein für lackierte Blechwaren (Eimer, Tabletten, Schalen u. s. w.)

§. 3.

Inhalt der Zeichenrolle. Einsicht. Veröffentlichungen.

Die Zeichenrolle soll enthalten:

1. den Zeitpunkt des Eingangs der Anmeldung;
2. die nach §. 2 Absatz 1 der Anmeldung beizufügenden Angaben;
3. Namen und Wohnort des Zeicheninhabers und seines etwaigen Vertreters, sowie Aenderungen in der Person, im Namen oder im Wohnorte des Inhabers oder des Vertreters;
4. den Zeitpunkt einer Erneuerung der Anmeldung;
5. den Zeitpunkt der Löschung des Zeichens.

Die Einsicht der Zeichenrolle steht jedermann frei.

Jede Eintragung und jede Löschung wird amtlich bekannt gemacht. Das Patentamt veröffentlicht in regelmässiger Wiederholung Uebersichten über die in der Zwischenzeit eingetragenen und gelöschten Zeichen.

---

geschütztes Zeichen kann nicht zu Gunsten eines anderen eingetragen werden für die äußerlich ganz ähnlichen oder gleich aussehenden lackierten aus Papier hergestellten Eimer, Tabletten, Schalen u. s. w. (K.B. 2).

c. **Darstellung und Beschreibung des Zeichens.** Nur wenn an sich das Zeichen nicht deutlich genug dargestellt ist, wird die Beifügung einer besonderen Beschreibung erforderlich (R.G. XLII, 17). Die deutliche Darstellung des Zeichens wird in der Regel durch eine bildliche Wiedergabe erfolgen; wo diese aber das Wesen des Zeichens, das Markenbild, nicht hinreichend klar ergiebt (was bei solchen Zeichen häufig vorkommt, welche in die Ware selbst eingeschlagen oder gepreßt werden), kann der Anmelder eine Beschreibung beifügen oder das Patentamt eine solche fordern. Soll für ein Wortzeichen nur der Klanglaut geschützt werden (§. 4 Anm. III), so bedarf es keiner besonderen Beschreibung, außer wenn ein von der gewöhnlichen Aussprache abweichender Laut geschützt werden soll (R.G. XLII, 17 gegen Begr. 10). Bei einem lediglich aus Wörtern bestehenden Zeichen kann — falls nichts Gegenteiliges erhellt — ohne weiteres angenommen werden, daß durch die Anmeldung und Eintragung der Schutz der Wörter als Klangzeichen beabsichtigt ist (R.G. XXXVIII, 80, 107, XLII, 17). Die in §. 2 vorgeschriebene Darstellung wird auch bei Klangzeichen erfordert, aber nicht als rechtlich notwendig erachtet (R.G. in Strfs. XXX, 352).

d. **Nicht erforderliche Bezeichnung als Warenzeichen.** Das Warenzeichen braucht sich nicht selbst als solches durch den Vermerk: Warenzeichen, Marke oder dergl. zu bezeichnen, und zwar weder bei der Anmeldung noch bei der Verwendung auf Waren, deren Verpackung, Umhüllung oder sonst (K.B. 6).

III. **Ausführungserlaß des Patentamts.** Auf Grund des §. 2 Abs. 2 erging der Erlaß des Patentamts v. 21. Juli 1894. Die Bestimmungen sind nunmehr ersetzt durch den Erlaß v. 22. November 1898, abgedruckt unter VI 9e.

Zu §. 3.

I. **Zeichenrolle.** Die Zeichenrolle ist an die Stelle des früheren Zeichenregisters getreten.

II. **Änderung der Firma.** Das frühere Zeichenrecht kann bei Änderung der Firma für die neue Firma selbst dann gewahrt werden, wenn die frühere Firma eine unzulässige war (R.G. XXXVIII, 76).

§. 4. **Nicht einzutragende Zeichen.**

Die Eintragung in die Rolle ist zu versagen für Freizeichen, sowie für Waarenzeichen,

1. welche ausschliesslich in Zahlen, Buchstaben oder solchen Wörtern bestehen, die Angaben über Art, Zeit und Ort der Herstellung, über die Beschaffenheit, über die Bestimmung, über Preis-, Mengen- oder Gewichtsverhältnisse der Waare enthalten;
2. welche in- oder ausländische Staatswappen oder Wappen eines inländischen Ortes, eines inländischen Gemeinde- oder weiteren Kommunalverbandes enthalten;

Zu §. 4.

I. **Versagung der Eintragung.** Die Eintragung ist außer in den in §. 4 aufgeführten Fällen auch dann abzulehnen, wenn das Zeichen den Voraussetzungen des §. 1 nicht entspricht oder die Anmeldung den im §. 2 oder den nach §. 2 Abs. 2 vom Patentamt aufgestellten Erfordernissen nicht genügt (Begr. 13). Verneint das Patentamt das Vorliegen der nach §. 4 die Eintragung ausschließenden Voraussetzungen, und trägt es ein, so tritt die Schutzwirkung ein (§. 12), vorbehaltlich eines demnächstigen Löschungsbeschlusses des Patentamts (§. 8 Abs. 2 Ziff. 2). Das Gericht ist in diesen Fällen nicht befugt, nachzuprüfen, ob die Eintragung zu Recht erfolgt ist (R.G. XXXVIII, 108, 137).

II. **Freizeichen.** Abweichend von dem früheren Rechte versagt das Gesetz die Eintragung für Freizeichen. Eine Begriffsbestimmung ist im Gesetze nicht gegeben; es sind jedoch darunter solche Zeichen zu verstehen, welche im freien Gebrauche aller oder gewisser Klassen von Gewerbtreibenden vor der Anmeldung oder Eintragung für eine bestimmte Person waren und in hergebrachter Weise die Warengattung oder bestimmte Mengen- oder Größenverhältnisse oder die Herkunft der Ware aus einem bestimmten Ort oder Bezirke, mithin Eigenschaften der Ware erkennbar machen sollen (R.O.H. XXV, 71, R.G. III, 81, XXIV, 75). Freizeichen können als Bestandteile von Warenzeichen verwendet werden, und an der Benutzung desselben Freizeichens als Teil eines anderen Warenzeichens ist niemand gehindert (R.O.H. XXIV, 293, R.G. III, 72). Ist es zweifelhaft, ob ein angemeldetes Warenzeichen ein Freizeichen ist, so kann das Patentamt zu seiner Unterrichtung Zeugen und Sachverständige hören und bei Behörden, Handelskammern, Berufsgenossenschaften, Fachvereinen und sonstigen Vereinigungen anfragen. Auch wenn ein solches Freizeichen eingetragen worden ist, kann nach §. 8 Abs. 2 die Zulässigkeit von neuem zur Erörterung gezogen werden (Begr. 12). — Durch Eintragung gemäß Ges. v. 30. November 1874 wurde ein Freizeichen nicht zum Privatzeichen; ebensowenig wird aus einem geschützten Privatzeichen durch nachträglichen Eintritt allgemeiner Benutzung oder durch mehrfache Benutzung seitens Dritter als Verzierung der Ware oder ihrer Verpackung ein Freizeichen (K.B. 3).

III. **Zahlen, Buchstaben, Preis-, Mengen-, Gewichtsverhältnisse. (Abs. 1 Ziff. 1).** Bloße Zahlen und Buchstaben sollen nach wie vor von der Eintragung als Warenzeichen ausgeschlossen sein, weil sie nach ihrer Bestimmung dem allgemeinen Gebrauch nicht entzogen werden dürfen. Während früher aber auch die Benutzung von Worten allein zu Warenzeichen allgemein verboten war (§. 3 Abs. 2 Ges. über Markenschutz, R.G. XLII, 18), läßt das Gesetz **Wortzeichen zu** (R.G. in Strff. XXVIII, 277; vgl. §. 2 Anm. IIc), wenn sie nicht Angaben über Art, Zeit und Ort der Herstellung, über die Beschaffenheit, über die Bestimmung, über Preis-, Mengen- oder Gewichtsverhältnisse der Waren enthalten. Hierdurch sollen frei erfundene sog. Phantasieworte (einzelne und zusammengesetzte wie z. B. Spatenbräu-München, K.B. 3, Plenar-Verhandlung 2. Lesung S. 2159) oder doch solche, welche zu der Ware und ihren Besonderheiten in keiner durch den Begriff des Wortes gegebenen Beziehung stehen oder durch die Gestalt der Buchstaben ein besonderes Bild gewähren, als Warenzeichen für zulässig erklärt werden. Mit der für ein einzelnes Wort gegebenen Einschränkung soll auch die Ver-

3. welche Aergerniss erregende Darstellungen oder solche Angaben enthalten, die ersichtlich den thatsächlichen Verhältnissen nicht entsprechen und die Gefahr einer Täuschung begründen.

Zeichen, welche gelöscht sind, dürfen für die Waaren, für welche sie eingetragen waren, oder für gleichartige Waaren zu Gunsten eines anderen, als des letzten Inhabers erst nach Ablauf von zwei Jahren seit dem Tage der Löschung von Neuem eingetragen werden.

---

bindung mehrerer Wörter, namentlich zu etikettenartigen Warenbezeichnungen ohne figürliches Beiwerk, schutzfähig sein (Begr. a. a. O.). Das Wortzeichen kann sowohl als Wortbild wie auch nach seinem Laut (Klangzeichen) geschützt werden (R.G. in Strff. XXX, 352). Besteht ein Wortzeichen aus mehreren Wörtern, so kann eins derselben, z. B. ein Phantasiewort, in der Weise, weil vorwiegend dem Gedächtnis sich einprägend, hervortreten („Schlagwort der Ware"), daß es das eigentlich Unterscheidende am ganzen Zeichen ist; in solchen Fällen erstreckt sich der Schutz auch gegen den Gebrauch dieses Wortes allein oder in Verbindung mit anderen unwesentlichen Worten (R.G. XLII, 19). Das Verbot im Urteil darf aber nur auf diejenige Form sich erstrecken, welche im Einzelfall unbefugt thatsächlich gebraucht worden ist (R.G. XLII, 19). Fügt ein Dritter bei Bezeichnung gleichartiger Waren einem eingetragenen Wortzeichen noch andere Worte oder Silben bei, so liegt hierin eine Verletzung des für das ältere Wortzeichen bestehenden Schutzrechts nur dann, wenn (§. 20) anzunehmen ist, daß im Verkehr die Gefahr einer Verwechselung zwischen beiden Zeichen ungeachtet der vorhandenen Abweichungen besteht; hierbei sind sowohl die äußere Gestalt der Schriftzeichen, wie auch der entsprechende Klanglaut beider Zeichen, und ob ein neues einheitliches Wort geschaffen, zu beachten (R.G. XLI, 70). — Auch für Klangzeichen besteht ein Zeichenschutz nur in den Grenzen des §. 12 (Anm. Id zu §. 12).

IV. **Wappen.** (**Abs. 1 Ziff. 2**). Schon bisher war die Benutzung öffentlicher Wappen (des Inlandes) zu Marken untersagt. Das Gesetz verbietet die Benutzung in- und ausländischer Staatswappen, im übrigen aber nur die Benutzung von Wappen eines inländischen Ortes, eines inländischen Gemeinde- oder weiteren Kommunalverbandes. Bildeten jedoch Staatswappen im Auslande den Inhalt eines Warenzeichens, so kann dasselbe nach Maßgabe der betreffenden Staatsverträge auch im Inlande eingetragen werden. — Die Wappen sind nur in ihrer besonderen heraldischen Gestaltung von der Eintragung ausgeschlossen; einzelne Motive, Sinnbilder oder Figuren sind der Verwertung bei Warenzeichen nicht entzogen (Begr. a. a. O.).

V. **Ärgernis erregende oder zur Täuschung geeignete Zeichen.** (**Abs. 1 Ziff. 3**). Zeichen, welche Ärgernis erregende Darstellungen enthalten, waren bereits früher verboten. Das Gesetz fügt, mit besonderer Rücksicht auf die erweiterte Schutzfähigkeit von Wörtern, im Interesse der Redlichkeit des Verkehrs das Verbot solcher Zeichen hinzu, die ersichtlich den thatsächlichen Verhältnissen nicht entsprechen und die Gefahr einer Täuschung begründen (Begr. a. a. O.). — Durch Ziffer 3 ist unter anderem die Eintragung französischer Etiketten in die neue Zeichenrolle zur Bezeichnung für den im Inlande erzeugten Champagner, und zwar auch für solche verboten, welche etwa bisher schon nach dem früheren Rechte eingetragen waren (K.B. 7). — Der Ausdruck „ersichtlich" soll bedeuten: zu Tage liegend, durch den Anblick erkennbar, also ohne langwierige Untersuchungen, ohne Anhörung von Zeugen und Sachverständigen; gegen die Versagung ist nach §. 10 Abs. 2 Beschwerde zulässig. Ist die Eintragung erfolgt, dann kann die Löschung immer noch von Amts wegen (§. 8 Abs. 2 Ziffer 2) oder auf Antrag eines Dritten (§. 9 Ziffer 3) erfolgen. In der letzteren Gesetzesstelle findet sich der Ausdruck: „wenn Umstände vorliegen, aus denen sich ergiebt" u. s. w. Hier soll also erforderlichenfalls eine eingehende Untersuchung stattfinden, da es sich um förmliche Klage und richterliches Urteil handelt (Plenar-Verhandlung 2 Lesung S. 2158).

§. 5. **Früheres übereinstimmendes Zeichen.**

Erachtet das Patentamt, dass ein zur Anmeldung gebrachtes Waarenzeichen mit einem anderen, für dieselben oder für gleichartige Waaren auf Grund des Gesetzes über Markenschutz vom 30. November 1874 (Reichs-Gesetzbl. S. 143) oder auf Grund des gegenwärtigen Gesetzes früher angemeldeten Zeichen übereinstimmt, so macht es dem Inhaber dieses Zeichens hiervon Mittheilung. Erhebt derselbe nicht innerhalb eines Monats nach der Zustellung Widerspruch gegen die Eintragung des neu angemeldeten Zeichens, so ist das Zeichen einzutragen. Im anderen Falle entscheidet das Patentamt durch Beschluss, ob die Zeichen übereinstimmen.

Aus dem Unterbleiben der im ersten Absatz vorgesehenen Mittheilung erwächst ein Ersatzanspruch nicht.

§. 6.

Beschluß über Übereinstimmung. Klage.

Wird durch den Beschluss (§. 5 Absatz 1) die Uebereinstimmung der Zeichen verneint, so ist das neuangemeldete Zeichen einzutragen.

Wird durch den Beschluss die Uebereinstimmung der Zeichen festgestellt, so ist die Eintragung zu versagen. Sofern der Anmelder geltend machen will, dass ihm

---

VI. **Sperrzeit.** Der Abs. 3 will verhindern, daß wenn die rechtzeitige Erneuerung versäumt ist, Andere als der bisher Geschützte sich sofort zu dessen Nachteil des verfallenen Zeichens bemächtigen (Begr. a. a. O.). Die hier angeordnete Frist gilt nicht für den Fall des §. 9 Abs. 2, weil dort gerade der Berechtigte die Eintragung seines Zeichens verlangt. — Unter dem „letzten Inhaber" sind auch der oder die Rechtsnachfolger zu verstehen, auf welche der Rechtsanspruch durch Erbschaft oder Vertrag übergegangen ist, sofern dieser Übergang den Bestimmungen dieses Gesetzes, insbesondere denjenigen des §. 7 entspricht (K.B. 3).

Zu §. 5.

I. **Übereinstimmung.** Unter „Übereinstimmung" des Zeichens, welches für dieselben oder gleichartige Waren neu angemeldet worden, mit dem geschützten ist mit Rücksicht auf §. 20 die Möglichkeit der Verwechselung zu verstehen (Begr. 13, K.B. 3).

II. **Verfahren.** Die Fassung der §§. 5 und 6 ist abweichend von dem Entwurf (§. 5; vgl. auch Begr. 13) in der Kommission (K.B. 4) festgestellt worden. — Die Vorprüfung des Patentamts bei der Anmeldung eines Zeichens erstreckt sich zunächst auf die Fragen, ob dasselbe mit einem im Inlande (Plenar-Verhandlung 2. Lesung S. 2161) geschützten übereinstimmt und ob der Schutz hinsichtlich derselben oder gleichartiger Waren beansprucht wird, als diejenigen sind, hinsichtlich deren der Schutz im Inlande besteht. Erachtet das Patentamt beides als vorliegend, so stellt es dem Inhaber des Zeichens ohne Vorbescheid (§. 10 Abs. 1) eine Mitteilung hierüber zu. Widerspricht dieser nicht innerhalb eines Monats nach der Zustellung, so erfolgt die Eintragung des neu angemeldeten Zeichens, und eine Beschwerde ist nicht gegeben. Dem ersten Zeicheninhaber bleibt aber das Klagerecht auf Löschung wegen Übereinstimmung vor den ordentlichen Gerichten vorbehalten (§. 9 Ziffer 1). Wird dagegen rechtzeitig Widerspruch gegen die Eintragung erhoben, so entscheidet das Patentamt durch Beschluß.

Zu §. 6.

I. **Verneinung der Übereinstimmung.** Nach §. 6 Abs. 1 ist das neu angemeldete Zeichen einzutragen, wenn das Patentamt durch Beschluß die Übereinstimmung der Zeichen verneint. In der Kommission (K.B. 4) ist bemerkt, es werde festgestellt, daß nach der Fassung der §§. 5 und 6 das Recht der Beschwerde gegen einen Beschluß des Patentamts nicht ausgeschlossen werde, daß sich vielmehr der §. 10 auch auf den §. 5 beziehen solle. Man

ungeachtet der durch die Entscheidung des Patentamts festgestellten Uebereinstimmung ein Anspruch auf die Eintragung zustehe, hat er diesen Anspruch im Wege der Klage gegenüber dem Widersprechenden zur Anerkennung zu bringen. Die Eintragung auf Grund einer zu seinen Gunsten ergehenden Entscheidung wird unter dem Zeitpunkte der ursprünglichen Anmeldung bewirkt.

Rechtsnachfolge. §. 7.

Das durch die Anmeldung oder Eintragung eines Waarenzeichens begründete Recht geht auf die Erben über und kann durch Vertrag oder durch Verfügung von Todeswegen auf Andere übertragen werden. Das Recht kann jedoch nur mit dem Geschäftsbetriebe, zu welchem das Waarenzeichen gehört, auf einen Anderen übergehen. Der Uebergang wird auf Antrag des Rechtsnachfolgers in der Zeichenrolle vermerkt, sofern die Einwilligung des Berechtigten in beweisender Form beigebracht wird. Ist der Berechtigte verstorben, so ist der Nachweis der Rechtsnachfolge zu führen.

Solange der Uebergang in der Zeichenrolle nicht vermerkt ist, kann der Rechtsnachfolger sein Recht aus der Eintragung des Waarenzeichens nicht geltend machen.

Verfügungen und Beschlüsse des Patentamts, welche einer Zustellung an den Inhaber des Zeichens bedürfen, sind stets an den eingetragenen Inhaber zu richten. Ergiebt sich, dass derselbe verstorben ist, so kann das Patentamt nach seinem Ermessen die Zustellung als bewirkt ansehen oder zum Zweck der Zustellung an die Erben deren Ermittelung veranlassen.

---

wird daher den Abs. 2 des §. 10 dahin verstehen müssen, daß wenn trotz Widerspruchs die Übereinstimmung der Zeichen verneint wird, die als die Zurückweisung eines Antrags auf Versagung der Eintragung anzusehen ist, dem Widersprechenden, also dem Inhaber des älteren Zeichens, das Rechtsmittel der Beschwerde offen bleibt.

II. **Bejahung der Übereinstimmung.** Wird durch den Beschluß die Übereinstimmung der Zeichen festgestellt, so wird die Eintragung versagt. Der Anmelder kann jedoch nach §. 10 Abs. 2 Beschwerde einlegen und hat außerdem, wenn er behauptet einen zivilrechtlichen Anspruch auf Eintragung zu haben, das Recht, vor den ordentlichen Gerichten zu klagen, wobei jedoch die Frage der Übereinstimmung als durch das Patentamt endgiltig bejaht nicht mehr zur Erörterung gezogen werden kann (vgl. §. 12 Anm. Ia). — Erkennt der Anmelder ohne weiteres die Übereinstimmung der Zeichen und der zu kennzeichnenden Waren an, so kann er auch ohne vorherige Anrufung des Patentamts seinen zivilrechtlichen Anspruch sofort durch Klage geltend machen (K.B. 5). Dringt er mit der Klage durch, und wird das Urteil rechtskräftig, so hat dies Urteil insoweit rückwirkende Kraft, daß die Eintragung des Zeichens unter dem Zeitpunkt der ursprünglichen Anmeldung bewirkt werden muß.

Zu §. 7.

I. **Bindung des Zeichens an den Geschäftsbetrieb.** Aus der Zweckbestimmung des einzelnen Zeichens (§. 1 Anm. III) ergiebt sich, daß dasselbe nur in Verbindung mit dem Geschäftsbetriebe, dessen Waren es kenntlich machen soll, auf einen anderen übergehen kann. Vgl. H.G.B. § 23. — Ein Zeichen, welches für eine Firma eingetragen ist, haftet an derselben, und ein Wechsel in der Person der Firmeninhaber bedarf der Eintragung in die Zeichenrolle nicht, sofern der Geschäftsbetrieb unter unveränderter Firma fortgesetzt wird (Begr. 14).

II. **Wirkung des Vermerks in der Zeichenrolle.** Die Rechtsgiltigkeit der Übertragung ist von dem Vermerk in der Zeichenrolle nicht bedingt, aber die Aktiv- und Passivlegitimation für zeichenrechtliche Ansprüche des Rechtsnachfolgers ist von seiner vorgängigen Eintragung in die Zeichenrolle abhängig gemacht. Bis dahin kann er sein Recht anderen gegenüber

§. 8.

Löschung auf Antrag des Inhabers oder von Amts wegen.

Auf Antrag des Inhabers wird das Zeichen jederzeit in der Rolle gelöscht.

Von Amtswegen erfolgt die Löschung:

1. wenn seit der Anmeldung des Zeichens oder seit ihrer Erneuerung zehn Jahre verflossen sind;
2. wenn die Eintragung des Zeichens hätte versagt werden müssen.

Soll die Löschung ohne Antrag des Inhabers erfolgen, so giebt das Patentamt diesem zuvor Nachricht. Widerspricht er innerhalb eines Monats nach der Zustellung nicht, so erfolgt die Löschung. Widerspricht er, so fasst das Patentamt Beschluss. Soll in Folge Ablaufs der zehnjährigen Frist die Löschung erfolgen, so ist von derselben abzusehen, wenn der Inhaber des Zeichens bis zum Ablauf eines Monats nach der Zustellung unter Zahlung einer Gebühr von zehn Mark neben der Erneuerungsgebühr die Erneuerung der Anmeldung nachholt; die Erneuerung gilt dann als an dem Tage des Ablaufs der früheren Frist geschehen.

§. 9.

Löschung auf Antrag eines Dritten.

Ein Dritter kann die Löschung eines Waarenzeichens beantragen:

1. wenn das Zeichen für ihn auf Grund einer früheren Anmeldung für dieselben oder für gleichartige Waaren in der Zeichenrolle oder in den nach Massgabe des Gesetzes über den Markenschutz vom 30. November 1874 geführten Zeichenregistern eingetragen steht;
2. wenn der Geschäftsbetrieb, zu welchem das Waarenzeichen gehört, von dem eingetragenen Inhaber nicht mehr fortgesetzt wird;

---

nicht geltend machen, und alle Verhandlungen über das Zeichen, auch soweit sie dessen Rechtsbestand zum Gegenstande haben (§§. 8 u. 9), werden lediglich mit dem in der Rolle noch eingetragenen Inhaber gepflogen.

Zu §. 8.

I. **Verhältnis des §. 8 zum §. 9.** Der §. 8 regelt die Fälle, wenn der Inhaber selbst die Löschung des Zeichens beantragt (Abs. 1) und wenn die Löschung von Amts wegen erfolgen soll (Abs. 2 u. 3). Der §. 9 behandelt die Fälle, in welchen die Löschung auf Antrag eines Dritten erfolgen soll.

II. **Schutzfrist.** Aus Ziff. 1 ergiebt sich, daß die Erneuerung vor Ablauf der zehnjährigen Frist, gleichviel wie lange vorher, beantragt werden kann, die neue Frist aber von dem Zeitpunkt der vor dem Ablauf der früheren Frist erfolgten Erneuerung, nicht von dem Zeitpunkte des Ablaufs der früheren Frist, zu laufen beginnt (Begr. 14; anders bei Erneuerung innerhalb eines Monats nach Ablauf der ersten Frist).

III. **Löschung von Amts wegen.** Die Löschung eines Zeichens von Amts wegen soll in den beiden im Gesetz angegebenen Fällen erst nach zuvoriger Benachrichtigung des Zeicheninhabers und, wenn er innerhalb eines Monats widerspricht, durch Beschluß des Patentamts erfolgen. Gegen den Beschluß ist nach §. 10 Abs. 2 die Beschwerde zulässig. — Soll die Löschung von Amts wegen wegen Ablaufs der zehnjährigen Frist erfolgen, so kann der Zeicheninhaber die Löschung abwenden, wenn er binnen Monatsfrist nach Zustellung der Benachrichtigung die Erneuerung unter Zahlung einer Zuschlags- und der Erneuerungsgebühr von je 10 Mk. beantragt. Die Erneuerung gilt dann rückwirkend als am Tage des Ablaufs der früheren Frist geschehen. Hierdurch wird für die Eintragung der alte Rang gewahrt (Begr. 14).

3. wenn Umstände vorliegen, aus denen sich ergiebt, dass der Inhalt des Waarenzeichens den thatsächlichen Verhältnissen nicht entspricht und die Gefahr einer Täuschung begründet.

Hat ein nach dem Gesetze über Markenschutz vom 30. November 1874 von der Eintragung ausgeschlossenes Waarenzeichen bis zum Erlass des gegenwärtigen Gesetzes innerhalb betheiligter Verkehrskreise als Kennzeichen der Waaren eines bestimmten Geschäftsbetriebes gegolten, so kann der Inhaber des letzteren, falls das Zeichen nach Massgabe des gegenwärtigen Gesetzes für einen Anderen in die Zeichenrolle eingetragen wird, bis zum 1. Oktober 1895 die Löschung beantragen. Wird dem Antrage stattgegeben, so darf das Zeichen für den Antragsteller schon vor Ablauf der im §. 4 Absatz 2 bestimmten Frist in die Zeichenrolle eingetragen werden.

Der Antrag auf Löschung ist im Wege der Klage geltend zu machen und gegen den eingetragenen Inhaber oder, wenn dieser gestorben, gegen dessen Erben zu richten.

Hat vor oder nach Erhebung der Klage ein Uebergang des Waarenzeichens auf einen Anderen stattgefunden, so ist die Entscheidung in Ansehung der Sache auch gegen den Rechtsnachfolger wirksam und vollstreckbar. Auf die Befugniss des Rechtsnachfolgers, in den Rechtsstreit einzutreten, finden die Bestimmungen der §§. [63 bis 66 und 73] *66 bis 69 und 76* der Civilprozessordnung entsprechende Anwendung.

In den Fällen des Absatz 1 Nr. 2 kann der Antrag auf Löschung zunächst bei dem Patentamt angebracht werden. Das Patentamt giebt dem als Inhaber des

---

Zu §. 9.

I. **Löschung auf Antrag eines Dritten.** Der §. 9 bezeichnet die Fälle, in welchen Dritte die Löschung eines Warenzeichens beantragen können; die Ziff. 1 und Abs. 2 gewähren dieses Recht nur dem durch die neue Eintragung Verletzten, während die Ziff. 2 u. 3 jedem Dritten die Anfechtung gestatten, auch ohne Nachweis seines Interesses. — Für die hier zugelassenen Klagen sind nach §. 101 Ziff. 3c des Gerichtsverfassungsgesetzes die Kammern für Handelssachen zuständig.

II. **Die einzelnen Fälle.**

a. **Widerstreit mit früherem Zeichen.** Im Falle des Widerstreits soll nach wie vor der Zeitpunkt der Anmeldung für den Vorrang entscheidend sein. Der durch den früheren Gebrauch eines Zeichens begründete Besitzstand war nur im Falle des Abs. 2 dieses §. entscheidend, wenn nämlich das Zeichen nach dem früheren Rechte (aus sachlichen oder persönlichen Gründen) nicht eingetragen werden konnte (Begr. 14).

b. **Nichtfortsetzung des Geschäftsbetriebes.** Im Falle der Ziff. 2 wird die Frage, ob der Geschäftsbetrieb, zu welchem das Warenzeichen gehört, von dem eingetragenen Inhaber nicht mehr fortgesetzt wird, in der Regel nicht zweifelhaft sein; deshalb ist in Abs. 5 dieses §. dem Dritten anheimgestellt, seinen Antrag zunächst bei dem Patentamt anzubringen, welches löscht wenn der benachrichtigte Zeicheninhaber nicht innerhalb eines Monats widerspricht. Geschieht dies aber, so bleibt dem Dritten überlassen, im ordentlichen Verfahren zu klagen (Begr. 14). — In der Kommission (K.B. 5) erklärten die Regierungskommissarien: ein Löschungsgrund aus Ziff. 2 solle dann gegeben sein, wenn der Geschäftsbetrieb überhaupt aufhört (H.G.B. §. 22 Anm. Ib), oder wenn eine Trennung in der Inhaberschaft des Geschäftsbetriebes und des Warenzeichens eintritt. Auf diesen letzteren Fall sei hingedeutet durch die Worte: „wenn der Geschäftsbetrieb ... von dem eingetragenen Inhaber nicht mehr fortgesetzt wird." Die Fassung sei nicht darauf berechnet, die Löschung dann zuzulassen, wenn der eingetragene Inhaber stirbt oder durch besondere Umstände an der persönlichen Fortsetzung des Betriebes gehindert ist. In Fällen dieser Art genüge die Fortsetzung des Betriebes durch den Erben oder sonstigen Rechtsnachfolger, um die Löschung aus-

Waarenzeichens Eingetragenen davon Nachricht. Widerspricht derselbe innerhalb eines Monats nach der Zustellung nicht, so erfolgt die Löschung. Widerspricht er, so wird dem Antragsteller anheimgegeben, den Anspruch auf Löschung im Wege der Klage zu verfolgen.

§. 10.

Verfahren nach Anmeldung, Übertragungsantrag, Widerspruch gegen Löschung.

Anmeldungen von Waarenzeichen, Anträge auf Uebertragung und Widersprüche gegen die Löschung derselben werden in dem für Patentangelegenheiten massgebenden Verfahren durch Vorbescheid und Beschluss erledigt. In den Fällen des §. 5 Absatz 1 wird ein Vorbescheid nicht erlassen.

Gegen den Beschluss, durch welchen ein Antrag zurückgewiesen wird, kann der Antragsteller, und gegen den Beschluss, durch welchen Widerspruchs ungeachtet die

---

zuschließen. Ein Mißverständnis in dieser Beziehung sei nach dem Inhalt des §. 7 nicht zu besorgen. — Die Wortfassung des Gesetzes ist, namentlich auch hinsichtlich anderer Rechtsnachfolger als der Erben, hiermit schwer zu vereinigen. Erben und Rechtsnachfolger können indessen den Übergang des Zeichens auf sie in der Rolle verzeichnen lassen; alsdann sind sie die eingetragenen Inhaber, und der Fall der Ziff. 2 liegt demnächst nicht mehr vor.

c. **Zur Täuschung geeignete Zeichen.** Der Antrag ist nach Ziff. 3 nur dann begründet, wenn beide Voraussetzungen vorliegen, daß der Inhalt den thatsächlichen Verhältnissen nicht entspricht und die Gefahr einer Täuschung vorliegt (K.B. 5). Wegen des gleichfalls in Betracht kommenden öffentlichen Interesses ist in §. 4 Ziff. 3 dem Patentamt die Vorprüfung überlassen. Ist aber die Eintragung erfolgt, so kann die Löschung im Wege der Klage durch einen Dritten doch herbeigeführt werden. Dies wird auch dann zulässig sein, wenn das Patentamt auf Grund §. 4 Ziff. 3 und §. 8 von Amts wegen das Verfahren auf Löschung herbeigeführt, diese schließlich aber doch durch Beschluß abgelehnt hat. Dieser Beschluß steht dem bei dem Verfahren nicht zugezogenen Dritten nicht entgegen. — Ob auch eine Täuschungsabsicht vorlag, ist unerheblich; eine Täuschung durch Ausstattung ist nur gemäß §. 15 verfolgbar; unerheblich ist auch, ob eine Täuschung der Zwischenhändler ausgeschlossen ist; nur auf die Gefahr einer Täuschung des Publikums kommt es an (R.G. XL, 94). Nicht den thatsächlichen Verhältnissen entsprechend ist z. B. ein Wortwarenzeichen, wenn im Verkehr das verwendete Wort als eine Gattungsbezeichnung für eine gewisse Güte und Preislage verstanden wird und jenes Wortwarenzeichen für andersartige Ware verwendet wird (R.G. XL, 94).

III. **Nach früherem Recht nicht eintragungsfähige Zeichen.** Es handelt sich im Abs. 2 — wie im K.B. 5 festgestellt wurde — nicht nur um solche Zeichen, welche an sich nach dem bisherigen Recht von der Eintragung ausgeschlossen waren (z. B. Worte), sondern auch um bisher eintragungsfähige Zeichen, welche als Kennzeichen der Waren solcher Geschäftsbetriebe gegolten haben, deren Inhaber nach dem früheren Gesetze zur Anmeldung eines Zeichens nicht berechtigt waren (z. B. Landwirte, Handwerker, nicht firmentragende Kaufleute). Der §. 9 Abs. 2 ist aber nur anwendbar gegenüber Warenzeichen, welche in die Zeichenrolle des Patentamts neu eingetragen werden, nicht auch gegenüber solchen, welche bereits in das frühere Zeichenregister eingetragen waren und in die Zeichenrolle nur übertragen werden (R.G. XLI, 72). — Lagen die Voraussetzungen des Abs. 2 vor, so mußte zunächst bis zum 1. Oktober 1895 auf Löschung gegen den eingetragenen Inhaber oder dessen Erben geklagt werden, und sind diese rechtskräftig verurteilt, so kann das Zeichen sofort für den Kläger eingetragen werden.

Löschung angeordnet wird, der Inhaber des Zeichens innerhalb eines Monats nach der Zustellung bei dem Patentamt Beschwerde einlegen.

Zustellungen, welche die Eintragung, die Uebertragung oder die Löschung eines Waarenzeichens betreffen, erfolgen mittelst eingeschriebenen Briefes. Kann eine Zustellung im Inlande nicht erfolgen, so wird sie durch Aufgabe zur Post nach Massgabe der §§. [161, 175] *175*, *192*, *213* der Civilprozessordnung bewirkt.

Gutachten des Patentamts. §. 11.

Das Patentamt ist verpflichtet, auf Ersuchen der Gerichte über Fragen, welche eingetragene Waarenzeichen betreffen, Gutachten abzugeben, sofern in dem gerichtlichen Verfahren von einander abweichende Gutachten mehrerer Sachverständigen vorliegen.

§. 12.

Wirkung der Eintragung und der Löschung.

Die Eintragung eines Waarenzeichens hat die Wirkung, dass dem Eingetragenen ausschliesslich das Recht zusteht, Waaren der angemeldeten Art oder deren Verpackung oder Umhüllung mit dem Waarenzeichen zu versehen, die so bezeichneten Waaren in Verkehr zu setzen, sowie auf Ankündigungen, Preislisten, Geschäftsbriefen, Empfehlungen, Rechnungen oder dergleichen das Zeichen anzubringen.

Im Falle der Löschung können für die Zeit, in welcher ein Rechtsgrund für die Löschung früher bereits vorgelegen hat, Rechte aus der Eintragung nicht mehr geltend gemacht werden.

Zu §. 10.

Beschwerde. Mit der Beschwerde ist der Instanzenzug erschöpft.

Zu §. 11.

Gutachten des Patentamts. Das Patentamt hat auf Ersuchen der G e r i c h t e nur Ober-Gutachten abzugeben, also wenn von einander a b w e i c h e n d e Gutachten m e h r e r e r Sachverständiger vorliegen (entsprechend für Patentsachen §. 18 des Patentgesetzes und für Fragen betr. den Schutz von Gebrauchsmustern Erl. d. Reichskanzlers v. 10. Septbr. 1894). — Inwieweit das Patentamt verpflichtet sein soll, auf Anrufen der S t a a t s a n w a l t s c h a f t Gutachten abzugeben, wurde einer späteren Regelung vorbehalten (K.B. 6). Jetzt ist durch Erlaß des Reichskanzlers v. 16. Sepbr. 1899 das Patentamt allgemein ermächtigt worden, auf Ersuchen der Staatsanwaltschaft über Fragen, welche den Schutz von Warenzeichen betreffen, Gutachten abzugeben, sofern in dem gerichtlichen Verfahren von einander abweichende Gutachten mehrerer Sachverständiger vorliegen.

Zu §. 12.

I. **Wirkung der Eintragung.**

a. **Eintragung.** J e d e Eintragung, auch wenn sie hätte v e r s a g t werden müssen, ist wirksam, solange sie besteht (R.G. XXXVIII, 78). Es besteht (abgesehen von §. 13; vgl. auch §. 9) keine Ausnahme von der Ausschließlichkeit des durch die Eintragung erworbenen Schutzrechts zu Gunsten eines Besitzstandes anderer Personen, der seinerseits n i c h t durch Eintragung geschützt ist (R.G. XXXVIII, 108; vgl. unten Anm. I e). Das Gericht ist nicht berechtigt, nachzuprüfen, ob die Eintragung mit Recht erfolgt sei oder nicht (R.G. in Strfs. XXVIII, 277). Im Falle des Widerstreits eines eingetragenen Zeichens mit einem früheren gleichfalls e i n g e t r a g e n e n sollen, so lange der Weg der gerichtlichen Klage auf Löschung nicht beschritten ist, b e i d e eingetragene Zeichen D r i t t e n gegenüber wirksam sein, diese also eine Einrede aus dem Rechte eines der Eingetragenen nicht erheben können. Macht e i n e r der Eingetragenen sein Recht aus der Eintragung gegen den a n d e r e n geltend, so kann dieser durch Erhebung der Widerklage auf Grund seines besseren Rechtes die Löschung des klägerischen Zeichens beantragen (Begr. 15); bis zur erfolgenden Löschung darf aber jeder von beiden sein Zeichen gebrauchen, auch derjenige, dem das Vorhandensein eines begründeten Anspruchs des anderen auf Löschung bekannt ist (R.G. in Strfs. XXX, 214). — Ein in Schwarzdruck angemeldetes und eingetragenes Zeichen wird auch in anderer Färbung geschützt; jedoch nur insoweit eine Verwechselungsgefahr abgesehen von der Färbung, nicht insoweit sie lediglich durch Uebereinstimmung der Färbungen besteht (R.G. XLIII, 96). Der Inhalt der Eintragung, nicht der Anmeldung ist entscheidend für den Umfang des Schutzrechts; unerheblich ist, unter welcher Warenklasse die Eintragung erfolgt ist (R.G. XXXVIII, 79).

b. **Beginn des Schutzes.** Die Zeit der Anmeldung entscheidet über den Vorrang (§. 9. Ziff. 1), die Zeit der Eintragung des Zeichens über den Beginn des damit verbundenen Ausschließungsrechts (entsprechend §. 4 Ges. betr. den Schutz von Gebrauchsmustern v. 1. Juni 1891).

c. **Schutzmittel.** Der Berechtigte kann neben den sonstigen Rechtsbehelfen gegen jede unbefugte Verwendung seines Zeichens sowohl auf Feststellung klagen, daß sein Gegner zum Gebrauch des Zeichens nicht berechtigt ist (R.G. XXXVIII, 105), wie auch auf Unterlassung des Eingriffs in sein Recht (Begr. 15.) Eine Störung des Schutzberechtigten ist nicht schon dann anzunehmen, wenn die geschützten Worte irgendwie auf den Etiketten oder in den Ankündigungen eines anderen vorkommen, sondern nur wenn dies in einer Weise geschieht, welche geeignet ist, Dritte in den Glauben zu versetzen, daß die betreffende Ware mit jenen Worten bezeichnet werden soll (R.G. XXXVIII, 106). Über den Fall, daß das Eigentum an der das Warenzeichen nachbildenden Sache einem Dritten zusteht, vgl. R.G. XXXVIII, 138.

d. **Inhalt des Zeichenrechts.** Der Inhalt des Zeichenrechts ist gegen das frühere Recht erweitert. Früher war das Zeichen nur auf den Waren und deren Verpackung geschützt. Im §. 12 wird der Schutz nicht auf die Waren der angemeldeten Art und deren Verpackung beschränkt, sondern auf deren Umhüllungen erstreckt, um zweifelsfrei festzustellen, daß auch Behälter, Flaschen, Büchsen, welche in eine nur vorübergehende Verbindung mit den Waren — etwa beim Feilhalten derselben — gebracht werden, nicht unbefugt mit dem Zeichen versehen werden dürfen (Begr. 15). Es ist weiter im §. 12 dem Zeicheninhaber über den Rahmen der eigentlichen Warenbezeichnung hinaus die ausschließliche Befugnis eingeräumt, das Zeichen als Verzierung, insbesondere als Vignette für Ankündigungen, Preislisten, Geschäftsbriefe, Empfehlungen, Rechnungen u. dergl. (z. B. Geschäfts- und Ladenschilder R.G. XXXVIII, 137; Geschäftswagen R.G. XXXVI, 15) zu verwenden. Die Begr. 15 enthält die Beschränkung, daß das Zeichen von Dritten als Verzierung nicht benutzt werden dürfe „im geschäftlichen Verkehr, soweit derselbe auf Waren sich bezieht, zu deren Kennzeichnung das Zeichen bestimmt ist." Diese Einschränkung ist zwar im Gesetze nicht ausgesprochen; dennoch wird man sie als gewollt annehmen müssen, denn wenn der Schutz sich nur auf Waren der angemeldeten Art oder deren Verpackung oder Umhüllung erstreckt, also andere Waren sowie deren Verpackung und Umhüllung sehr wohl von Dritten mit dem einem Anderen geschützten Zeichen versehen werden dürfen, so ist nicht anzunehmen, daß dies Zeichen zum Briefwechsel u. dergl. über diese anderen Waren nicht sollte benutzt werden dürfen. Auch die Bemerkung der Regierungskommissare auf S. 6 Spalte 2 des K.B. ist nur von dem Falle zu verstehen, wenn ein Geschäftstreibender das einem Anderen geschützte Zeichen für seine gleichartigen Waren als Verzierung oder in Verbindung mit anderen Zeichnungen benutzen wollte. — „Versehen" ist gleichbedeutend mit „anbringen"; eine Rechnung ist daher mit dem Namen eines anderen „versehen" auch wenn dieser Name nur bei der Ware steht und damit die Unterstellung herbeigeführt wird, daß die Ware von dem

§. 13.

Begrenzung der Eintragungswirkung.

Durch die Eintragung eines Waarenzeichens wird niemand gehindert, seinen Namen, seine Firma, seine Wohnung, sowie Angaben über Art, Zeit und Ort der Herstellung, über die Beschaffenheit, über die Bestimmung, über Preis-, Mengen- oder Gewichtsverhältnisse von Waaren, sei es auch in abgekürzter Gestalt, auf Waaren, auf deren Verpackung oder Umhüllung anzubringen und derartige Angaben im Geschäftsverkehr zu gebrauchen.

Genannten herrühre; für die Anwendung des §. 14 ist nicht Voraussetzung, daß das Geschäftspapier selbst sich als von dem Inhaber des betreffenden Namens unmittelbar oder mittelbar ausgegangen gebe (R.G. XXXVI, 15). — Der Schutz erstreckt sich auch bei Klangzeichen, insbesondere solchen Wortzeichen, nicht auf Benennung der Ware ohne Anbringung des Zeichens in einer im §. 12 angegebenen Weise; in solchen Fällen kann nur das Gesetz über unlauteren Wettbewerb (unten VI, 10) in Frage kommen (R.G. XLII, 20). Ist ein Wort als Klangzeichen geschützt, so ist nicht jede Verwendung dieses Wortes durch andere Personen bei dem Verkehr mit gleichartigen Waren unzulässig; so kann durch deutlich unterscheidende Zusätze (z. B. „künstliches Kränchen", wenn „Kränchen" geschützt) die Verwendung zulässig werden (R.G. in Strfs. XXX, 353).

e. **Ausschließungsrecht sogar gegen älteren Benutzer.** Der Schutz des eingetragenen Zeichens wirkt auch demjenigen gegenüber, welcher vor der Eintragung dasselbe gutgläubig benutzte (R.G. XXXVIII, 108). Er trägt die Folge seines Säumens mit der Anmeldung zur Eintragung. Ein Antrag in der Kommission, welcher das Gegenteil bestimmen wollte, wurde abgelehnt (K.B. 6).

II. **Wirkung der Löschung.** Das durch die Eintragung des Warenzeichens begründete Recht wird durch die Löschung beseitigt. Nicht aber erst vom Tage der Löschung ab. Sonst könnte der Inhaber eines Zeichens, dessen Eintragung von vornherein hätte versagt werden müssen, auch nachdem die Löschung von Amts wegen bewirkt ist (§. 8 Abs. 2 Ziff. 2), für diejenige Zeit, während welcher das Zeichen eingetragen war, Entschädigungsansprüche gegen Dritte geltend machen, was unzulässig erscheint. Deshalb ist die Wirkung der Löschung, gleichviel ob sie nach §. 8 oder §. 9 erfolgt, auf denjenigen Zeitpunkt zurückverlegt, in welchem vor der Löschung bereits ein Rechtsgrund für dieselbe vorlag. In den Fällen, in denen die Eintragung hätte versagt werden müssen (§. 8 Abs. 2 Ziff. 2), fällt er mit dem Zeitpunkt der Eintragung zusammen. Das Gleiche wird im allgemeinen dann eintreten, wenn die Eintragung hätte beanstandet werden müssen (§§. 5, 8 Abs. 1 Ziff. 1). In anderen Fällen wird der Zeitpunkt später liegen (Begr. 15). — Die Wirkung der Löschung kann noch über denjenigen Zeitpunkt hinaus zurückgezogen werden, in welchem derjenige Rechtsgrund eingetreten ist, der den äußeren Anlaß zur Löschung gegeben hat. Wenn beispielsweise durch rechtskräftiges Urteil wegen Aufgabe des Geschäftsbetriebes (§. 9 Abs. 1 Ziff. 2) die Löschung angeordnet ist, so muß jedem, der nachträglich von dem früheren Zeicheninhaber in Anspruch genommen wird, die Einrede offen stehen, daß das Zeichen schon vor der Aufgabe des Geschäftsbetriebes aus einem anderen Grunde, etwa weil es überhaupt nicht eintragungsfähig war, hätte zur Löschung gebracht werden können (Begr. 15). Das Gesetz versagt daher nach eingetragener Löschung den Schutz schon von der Zeit ab, in welcher ein „Rechtsgrund" überhaupt für die Löschung früher bereits vorgelegen hat (Begr. 15). Der eingetragen Gewesene kann aber seinerseits nicht wegen unbefugten Gebrauchs nachträglich zur Rechenschaft gezogen werden (oben Anm. Ia).

Zu §. 13.

Begrenzung der Eintragungswirkung. Das Zeichenrecht findet seine natürliche Grenze in der Befugnis jedes Produzenten oder Handeltreibenden, seine Waren mit seinem eigenen

§. 14.

Verletzung des Namen-, Firmen-, Zeichenrechts.

Wer wissentlich oder aus grober Fahrlässigkeit Waaren oder deren Verpackung oder Umhüllung, oder Ankündigungen, Preislisten, Geschäftsbriefe, Empfehlungen, Rechnungen oder dergleichen mit dem Namen oder der Firma eines Anderen oder mit einem nach Massgabe dieses Gesetzes geschützten Waarenzeichen widerrechtlich versieht oder dergleichen widerrechtlich gekennzeichnete Waaren in Verkehr bringt oder feilhält, ist dem Verletzten zur Entschädigung verpflichtet.

Hat er die Handlung wissentlich begangen, so wird er ausserdem mit Geldstrafe von einhundertfünfzig bis fünftausend Mark oder mit Gefängniss bis zu sechs Monaten bestraft. Die Strafverfolgung tritt nur auf Antrag ein. Die Zurücknahme des Antrages ist zulässig.

Namen, seiner Firma, seiner Wohnung zu versehen. Da in §. 4 Ziff. 1 die dort erwähnten Angaben als Teile eines Zeichens (nicht als selbständige) zugelassen sind, so war hier die Benutzung derselben für andere Zeichen vorzubehalten (Begr. 16). Ist aber ein Warenzeichen (insbesondere ein Wortzeichen) bereits eingetragen, so darf bei nachher neu begründeten Firmen dies Wortzeichen nicht als freiwilliger Zusatz zur Firma gewählt werden (R.G. in Strff. XXX, 13).

Zu §. 14.

I. **Verbotswidriges Verhalten.** Der §. 14 Abs. 1 umfaßt mehrere, von einander verschiedene Fälle. Niemand darf seine Waren, gleichviel welcher Art sie sind, mit dem Namen oder der Firma eines Anderen versehen; ferner darf Niemand das Warenzeichen eines Anderen für Waren, deren Verpackung, Umhüllung u. s. w. benutzen, insoweit diese Waren denjenigen gleichartig sind, für welche das Zeichen angemeldet und eingetragen ist. Die letztere Einschränkung folgt aus dem Merkmal der Widerrechtlichkeit (unten zu c), da das Gesetz im §. 12 nur Schutz für Waren der angemeldeten Art gewährt.

a. **Wissentlich oder grob fahrlässig.** Wissentlichkeit ist vorhanden, falls der Thäter sich bewußt war, daß ihm ein Recht zur Verwendung des Namens oder der Firma nicht zustehe (R.G. in Strff. XXIX, 366), bezw. daß das von ihm benutzte Zeichen ein gesetzlich geschütztes sei, und daß ihm selbst ein Recht zu der vorgenommenen Verwendung dieses Zeichens nicht zustehe (R.G. in Strff. XXIX, 314). Unerheblich ist, ob er etwa annahm, die Benutzung sei nicht geeignet, die Abnehmer der Ware darüber irrezuführen, aus welcher Fabrik oder aus welchem Geschäft die Ware herstamme (R.G. in Strff. XXIX, 314). Ein Irrtum über die Tragweite des Strafgesetzes hebt das Merkmal der Wissentlichkeit nicht auf (R.G. in Strff. XXX, 98).

b. **Versehen der Verpackung, Umhüllung, Ankündigung u. s. w.** Ob ein Prospekt, welcher durch Verschnürung mit der die Ware enthaltenen Schachtel verbunden ist, als Teil der Verpackung oder als besondere Ankündigung zu erachten, ist Thatfrage (R.G. in Strff. XXXI, 292). Unter „Ankündigungen" fällt auch die Anbringung von Namen, Firmen oder Warenzeichen auf Schildern, Geschäftswagen u. s. w. Die Benutzung eines Warenzeichens liegt auch in der Anbringung als Verzierung, z. B. als Vignette auf Briefbogen. Unerheblich ist eine Änderung der Größenverhältnisse des Zeichens (K.B. 7, R.G. XXXVI, 15). Ein „Versehen" einer Flüssigkeit mit einem Namen oder Warenzeichen kann dadurch geschehen, daß sie in ein Gefäß gefüllt wird, welches den Namen oder das Zeichen trägt (R.G. in Strff. XXIX, 313).

c. **Widerrechtlich.** Widerrechtlich handelt auch wer ohne (ausdrückliche oder stillschweigende) Genehmigung des Zeichenberechtigten die von diesem erworbene Ware unter Benutzung des Zeichens weiterverkauft; eine Genehmigung ist im Zweifel nicht als erteilt anzunehmen für den Weiterverkauf nach Zerteilung oder Auflösung (R.G. in Strff. XXX, 96); keine Genehmigung ist erforderlich für einen Weitervertrieb nach Umgestaltung der Art der Ware (§. 12 Abs. 1, R.G. in Strff. XXX, 97).

d. **Verletzung des Namenrechts.** Der in §. 14 gewährte Schutz des Namens schließt nicht unbedingt den Gebrauch eines fremden Namens zur Empfehlung einer Ware ohne Ermächtigung des Nameninhabers aus; verboten ist nur ein Gebrauch, welcher geeignet ist, den Schein zu erwecken, als stehe die betreffende Ware in besonderer Beziehung zur Person des Namensträgers, z. B. als herstellend, als den Hersteller durch Rat oder That unterstützend, als beaufsichtigend; nicht verboten ist an sich der bloße Hinweis, daß die Herstellungsweise eine durch jenen anderen vorgeschlagene oder empfohlene sei; durch besondere äußere Hervorhebung des Namens kann aber auch mittels eines Hinweises der letzteren Art der Schein einer besonderen Beziehung der ersteren Art hervorgerufen werden, und ein derartiger Gebrauch, des Namens ist widerrechtlich (R.G. in Strff. XXIX, 333, XXXI, 33). Durch Führung eines Namens verletzt ist auch derjenige, welchem der Namenberechtigte sein Namenrecht übertragen hat; auch an fremden Namen kann ein Untersagungsrecht gegen Dritte erworben werden (R.G. in Strff. XXIX, 354, R.G. XL, 63). Der „andere", dessen Namenrecht verletzt wird, braucht nicht Produzent oder Gewerbetreibender zu sein (R.G. in Strff. XXIX, 333, 365, XXX, 93, XXXI, 32, 292); auch ist unerheblich, ob er selbst seinen Namen zur Kennzeichnung ähnlicher Waren benutzt (R.G. in Strff. XXIX, 366; anders bei Nachahmung von Ausstattungen, §. 15 Anm. II). Doch muß ein berechtigter Namensträger vorhanden sein, auf dessen Person die Bezeichnung der Ware mit dem Namen hinweist; nicht der Gebrauch eines abstrakten, sondern der Gebrauch eines dem bestimmten „anderen" gehörenden Namens ist Voraussetzung des Namensschutzes in §. 14; letzteres ist nicht der Fall, wenn der betreffende Name aufgehört hat, eine bestimmte Person zu bezeichnen, sondern zur Gattungsbezeichnung einer Ware geworden ist (R.G. in Strff. XXX, 93). Er kann auch eine juristische Person sein; z. B. eine Ortsgemeinde, wenn in der That mit dem Namen die Körperschaft, nicht die Örtlichkeit bezeichnet werden sollte (R.G. XXXI, 292). — Über den Schutz des Namens vgl. auch Wettbewerbsges. §. 8, B.G. §. 12 (R.G. XLII, 151), H.G.B. §. 37 Anm. III.

II. **Schadensersatzpflicht.** Voraussetzung für den Eintritt der zivilrechtlichen Schadensersatzpflicht bei Verletzung des Zeichenrechts ist die Wissentlichkeit oder die grobe Fahrlässigkeit. Bei der 2. Lesung wurde in der Plenar-Verhandlung (S. 2163) darauf hingewiesen, daß wer ein Warenzeichen benutzen wolle, sich zu unterrichten habe, ob hierdurch das Recht eines anderen verletzt werde, und daß durch die Vereinigung aller Zeichen in der Rolle des Patentamts die Ermittelung erleichtert werde. — Auf die Schätzung des Schadens findet C.P.O. §. 287 Anwendung (K.B. 7). Eine Vermögensbeschädigung liegt in einer Einbuße an demjenigen Erfolge des Gewerbebetriebes, der ohne widerrechtliche Störung der Rechtsordnung aus der naturgemäßen Wirkung getroffener gewerblicher Veranstaltungen regelmäßig erwartet werden durfte (R.G. XXVIII, 248, XXXVIII, 171).

III. **Strafbarkeit.** Die Strafe (§. 14 Abs. 2) ist nur auf die wissentliche (vgl. R.G. in Strff. XXIX, 356) Verletzung jenes Rechts gesetzt, und auf den Höchstbetrag von 5000 Mk., sowie die Buße (§. 18) auf den Höchstbetrag von 10000 Mk., bestimmt, um den Richter in die Lage zu versetzen, in Fällen schwererer Art ein Straf- oder Entschädigungsmaß zu verhängen, welches im Verhältnis zu dem Grade der Verschuldung, zu dem Vermögen des Schuldigen und zu der Höhe des entstandenen Schadens eine angemessene Sühne bildet (Begr. 16). Voraussetzung der Strafbarkeit ist nicht das Entstehen eines Schadens (R.G. in Strff. XXXI, 32). Steht einer Firma das verletzte Recht zu, so ist diese zur Stellung des Strafantrages befugt (R.G. in Strff. XXIX, 367).

§. 15.

Täuschende Nachahmung der Ausstattung.

Wer zum Zweck der Täuschung in Handel und Verkehr Waaren oder deren Verpackung oder Umhüllung, oder Ankündigungen, Preislisten, Geschäftsbriefe, Empfehlungen, Rechnungen oder dergleichen mit einer Ausstattung, welche innerhalb betheiligter Verkehrskreise als Kennzeichen gleichartiger Waaren eines Anderen gilt, ohne dessen Genehmigung versieht, oder wer zu dem gleichen Zweck derartig gekennzeichnete Waaren in Verkehr bringt oder feilhält, ist dem Verletzten zur Entschädigung verpflichtet und wird mit Geldstrafe von einhundert bis dreitausend Mark oder mit Gefängniss bis zu drei Monaten bestraft. Die Strafverfolgung tritt nur auf Antrag ein. Die Zurücknahme des Antrages ist zulässig.

Zu §. 15.

I. **Verhältnis des Ausstattungsschutzes zum Zeichenschutz.** Der §. 15 bezweckt, unabhängig von dem Zeichenrecht, den Schutz der Ausstattungen gegen beabsichtigte Nachahmung, wie aus den Worten: „zum Zweck der Täuschung" hervorgeht. Er will den Täuschungen über die Hervorbringungs- oder Verkaufsstelle vorbeugen. Die Begr. 16 bemerkt im wesentlichen: Die Art der Ausstattung der Ware oder ihrer Verpackung dient zuweilen als Bezeichnung der Quelle, aus welcher die Ware stammt. Zahlreiche Genußmittel, namentlich Tabak, Liköre, Thee, Schokoladen, viele Luxuswaren, namentlich Parfümerien, Mode- und Toilettenartikel, aber auch unentbehrliche Gegenstände des täglichen Verbrauchs, wie Butter, Honig, Zwirn, Nadeln, Seifen, Kerzen, Zündhölzer u. s. w. werden den Verbrauchern in einer eigentümlichen äußeren Ausstattung dargeboten. Das kennzeichnende Merkmal ist meist mit der Ware oder mit den zu ihrer Verpackung oder Umhüllung verwendeten Behältern, Gefäßen, Flaschen u. s. w. in äußere Verbindung gebracht; es kann aber auch in der eigentümlichen Formung der Ware oder der Verpackung bestehen. Die Besonderheit der Ausstattung ist teils durch die Natur der Ware oder der Verpackung bedingt, teils hat sie den Zweck, die Ware zu zieren oder ihr ein im Verkehr auffallend hervortretendes äußeres Ansehen zu gewähren. Mit der Redlichkeit des Verkehrs verträgt es sich nicht, wenn die eigentümliche, in den Abnehmerkreisen bekannte und als Ursprungszeichen behandelte Art der äußeren Ausstattung, unter welcher ein bestimmtes Geschäft seine Waren in den Verkehr zu bringen gewohnt ist, von einem anderen dazu benutzt wird, um mittels einer Täuschung der Öffentlichkeit die Wertschätzung der eigenen Ware zu steigern. Diesem unlauteren Wettbewerb will das Gesetz steuern. Der Schutz kann aber nicht so weit wie bei dem Warenzeichen erstreckt werden, weil die Warenzeichen willkürliche Unterscheidungen bezwecken, die Art der Ausstattung aber häufig aus der Art und Verpackung der Waren sich unwillkürlich ergiebt. Es soll daher die besondere Ausstattung (auch wenn sie in einem eintragungsfähigen, aber nicht eingetragenen Warenzeichen besteht, K.B. 7, R.G. in Strfs. XXIX, 160) erst dann Schutz finden, wenn sie bei dem kaufenden Publikum bereits als die kennzeichnende Eigentümlichkeit eines bestimmten Verkäufers gilt, die Bedeutung eines bestimmten Ursprungsnachweises errungen hat. Die Anwendung des §. 15 wird nicht dadurch ausgeschlossen, daß das als Bestandteil der Ausstattung des Nachahmers verwendete Zeichen als Warenzeichen eingetragen ist (R.G. in Strfs. XXIX, 160). — In der Kommission (K.B. 2, 7) wurde hinzugefügt: Etiketten könnten als Warenzeichen eingetragen werden, nicht aber die Formen der Verpackung (also nicht die Formen von Flaschen, Schachteln u. dgl., noch die Verschnürung von Warenballen); diese aber würden zumeist als Gebrauchsmuster geschützt werden können.

II. **Ausstattung** ist entweder äußere Zuthat (Verzierung, Aufmachung, Etikettierung, Verpackung und ähnliches, K.B. 7) oder doch wenigstens als solches gewolltes und geeignetes Kennzeichen äußerer Art eines Bestandteils; dagegen kann nicht als Ausstattung auch die einem bestimmten Gebrauchszweck dienende besondere Formgebung geschützt werden (R.G. XL, 67). Ausstattung ist nicht die wörtliche Bezeichnung der Ware für sich allein

§. 16.

Täuschende Wappen- oder Ortsbezeichnung.

Wer Waaren oder deren Verpackung oder Umhüllung oder Ankündigungen, Preislisten, Geschäftsbriefe, Empfehlungen, Rechnungen oder dergleichen fälschlich mit einem Staatswappen oder mit dem Namen oder Wappen eines Ortes, eines Gemeinde- oder weiteren Kommunalverbandes zu dem Zweck versieht, über Beschaffenheit und Werth der Waaren einen Irrthum zu erregen, oder wer zu dem gleichen Zweck derartig bezeichnete Waaren in Verkehr bringt oder feilhält, wird mit Geldstrafe von einhundertfünfzig bis fünftausend Mark oder mit Gefängniss bis zu sechs Monaten bestraft.

Die Verwendung von Namen, welche nach Handelsgebrauch zur Benennung gewisser Waaren dienen, ohne deren Herkunft bezeichnen zu sollen, fällt unter diese Bestimmung nicht.

(R.G. XXXVIII, 167). — Der Schutz ist nur für diejenige Ausstattung gegeben, die thatsächlich verwendet wird (anders bei Verletzung des Namen- oder Firmenrechts; §. 14 Anm. Id); es genügt nicht, daß das Publikum irrtümlich die betreffende Ausstattung für das Kennzeichen der Ware eines anderen hält (R.G. in Strfs. XXIX, 249, XXXI, 29). Indessen wird nicht schon mit dem Augenblick, in welchem der Gebrauch einer neuen Ausstattung beginnt, allein aus diesem Grunde die frühere Ausstattung für den Zugriff Dritter frei; denn der Schutz der älteren Ausstattung dauert für die älteren Vorräte und für die bereits an die Kunden versendeten Waren fort (R.G. in Strfs. XXXI, 29).

Zu §. 16.

I. **Täuschende Wappen- oder Ortsbezeichnung.** Der §. 16 bezweckt, der beabsichtigten Irreführung der Abnehmer über den Hervorbringungs- oder Handelsort entgegenzuwirken. Ländernamen sind von dem Schutze ausgeschlossen, weil sie nur einen Hinweis auf die Beschaffenheit, und zwar in solcher Allgemeinheit enthalten, daß die Absicht zu täuschen nicht vorausgesetzt werden kann (Begr. 17). — Ob der Name oder das Wappen für sich allein oder in Verbindung mit anderen wörtlichen oder figürlichen Bestandteilen oder anderen Angaben (z. B. mit der Firma) auf die Ware gesetzt worden ist, bleibt ohne Belang. Auch die mißbräuchliche Benutzung eines Siegels, welches Namen oder Wappen eines Orts enthält (z. B. eines sog. Hopfensiegels) fällt unter §. 16, wenn nicht nach dem allgemeinen Strafgesetz eine härtere Strafe verwirkt ist. Der Grundsatz, daß jedermann seinen persönlichen oder geschäftlichen Wohnsitz zur Warenbezeichnung verwenden darf, erleidet an sich durch §. 16 keine Einschränkung. Wenn jedoch die Wohnsitzangabe zu einem Irrtum über den Herkunftsort und infolge dessen zu einem Irrtum über Beschaffenheit und Wert der Ware Anlaß geben kann, so wird es im Sinne des §. 16 eines Vermerks über den wirklichen Herkunftsort bedürfen, um diesen Irrtum auszuschließen (Begr. 18, K.B. 7). — Selbstverständlich ändert der §. 16 nichts an einer etwa ausdrücklich übernommenen Pflicht, Waren gerade aus dem betreffenden Lande oder Orte zu liefern (K.B. 8). „Beschaffenheit und Wert" in §. 16 sind nicht in rein objektivem Sinne zu verstehen, letzteres vielmehr im Sinne von „Handelswert"; schon dann liegt ein Irrtum über Beschaffenheit und Wert vor, wenn ein Irrtum über den Herkunftsort erregt wird, und nach den Anschauungen des Verkehrslebens der Herkunftsort die Güte der Ware und die Preisbemessung beeinflußt; strafbar ist daher z. B. die Irrtumserregung, daß ein Schaumwein an einem bestimmten Ort Frankreichs hergestellt sei, während in Wahrheit nur der Rohwein von dort stammte und anderwärts verarbeitet ist; ebenso die Benutzung des Braunschweiger Wappens zur Bezeichnung der in Berlin (wenngleich aus Braunschweiger Rohware, mit Braunschweiger Maschinen durch Braunschweiger Arbeiter) hergestellten Konserven (R.G. in Strfs. XXVIII, 357, 371, K.B. 7). Nur wenn gleichzeitig über Beschaffenheit und Wert ein

§. 17. **Ausländische Waren.**

Ausländische Waaren, welche mit einer deutschen Firma und Ortsbezeichnung, oder mit einem in die Zeichenrolle eingetragenen Waarenzeichen widerrechtlich versehen sind, unterliegen bei ihrem Eingang nach Deutschland zur Einfuhr oder Durch-

---

Irrtum erregt werden soll, liegt ein Verstoß gegen §. 16 vor (R.G. in Strfs. XXVIII, 372). Das R.G. (in Strfs. XXX, 410) legt — wohl zu Unrecht — „fälschlich" einschränkend aus als „dem wahren Herstellungsorte nicht entsprechend", erachtet mithin als nicht unter §. 16 fallend die Täuschung über die Qualifikation der Herstellungsstätte, z. B. den Gebrauch des österreichischen Wappens durch einen in Österreich Niedergelassenen, auch wenn nach österreichischem Recht dies Wappen nur auf Grund besonderer Verleihung geführt werden durfte, eine Verleihung aber nicht erfolgt war. Nicht unter §. 16 fällt die richtige Angabe, daß die Ware in A hergestellt sei, verbunden mit der Irrtumserregung, die Herstellung sei nach dem aus dem Orte B stammenden Verfahren erfolgt, denn in der letzteren Angabe liegt nur eine (möglicherweise nach Wettbewerbsges. §. 4 strafbare) Täuschung über die Herstellungsart (R.G. in Strfs. XXXI, 2). — Dadurch, daß §. 16 nur eine Strafvorschrift enthält, ist nicht ausgeschlossen, daß aus einer Übertretung des in §. 16 enthaltenen Verbots auch zivilrechtliche Ansprüche abgeleitet werden können, insoweit solche aus allgemeinen Grundsätzen ableitbar sind (R.G. XXXVIII, 169). — Über täuschende Angaben hinsichtlich der Bezugsquelle vgl. Wettbewerbsges. §. 1, 4.

II. **Ortsbezeichnungen, welche nicht die Herkunft kennzeichnen.** Nach §. 16 Abs. 2 bezieht sich das Verbot des §. 16 Abs. 1 nicht auf solche Bezeichnungen, welche zwar äußerlich als Herkunftsangaben sich darstellen, nach Handelsgebrauch aber nur die allgemeine Natur der Ware, nicht ihre Herkunft, bezeichnen, also einen „Gattungsnamen" für die Ware abgeben, wie: Berliner Blau, Schweinfurter Grün, Thorner Pfefferkuchen, Bairisches Bier, Schweizer Käse, Westfälischer Schinken, Braunschweiger Cervelatwurst, Kölnisches Wasser, Kognak, Wiener Würste (Teltower Rüben, Aachener Printen, Mainzer Sauerkraut, K.B. 8) und dergleichen. Bezeichnungen dieser Art finden sich häufig im Verkehr mit Tabaken; z. B. bei Schnupftabaken die Bezeichnung: Pariser; bei Cigarren die Bezeichnung: Havanna, Amsterdam und andere, spanischen, niederländischen oder amerikanischen Orten entlehnte Namen, die im Verkehr ihre geographische Bedeutung längst verloren haben; bei Weinen die Bezeichnung: Bordeaux, Médoc, St. Julien, Madeira, Malaga, Porto, Rüdesheimer, Niersteiner, Trabener u. dgl., da unter diesen Bezeichnungen nur auf eine Sorte von gewisser Beschaffenheit und Preislage hingedeutet wird. Ob die Benennung nur diesen Sinn, oder ob sie den Zweck hat, zu täuschen, ist Frage des Einzelfalls (Begr. 17). Nicht gestattet ist die Bezeichnung von Kunstwein oder des Verschnittes von Kunst- und Naturwein mit dem Orts- oder Lagenamen von Naturwein, also mit Namen wie Rüdesheimer, Brauneberger u. s. w. Ebensowenig dürfen schäumende Weine mit der Ortsbezeichnung des Landes, aus welchem die Trauben oder der Wein stammen, versehen werden, wenn sie in einem anderen Lande erst zu Schaumweinen gemacht worden sind (K.B. 7, oben Anm. I). — Ein Redner in der Plenar-Verhandlung 2. Lesung (S. 2164) erachtete den §. 16 Abs. 2 als entbehrlich, weil wenn dessen Voraussetzungen vorhanden seien, die im Abs. 1 erforderte Absicht der Irrtumserregung eben nicht vorläge. Die Absicht des Abs. 2 ist aber nur, die Frage ausdrücklich und zweifelsfrei klar zu stellen. — Der §. 16 Abs. 2 gestattet die Verwendung des Ortsnamens nur für die Bezeichnung derjenigen einzelnen Warengattung, im Zusammenhang mit welcher der Ortsname nicht als Herkunftsbezeichnung dient; was von dieser Warengattung gilt, kann aber nicht ohne weiteres auf andere Warengattungen übertragen werden (R.G. in Strfs. XXXI, 290).

Zu §. 17.

Ausländische Waren. Der §. 17 ist in der Kommission dem Gesetzentwurfe hinzugefügt. Er beruht auf der Erwägung, daß die Strafbestimmungen der §§. 14 ff. gegenüber dem Inländer zur Anwendung kommen, der etwa den durch dieses Gesetz gewährten Schutz verletzt,

fuhr auf Antrag des Verletzten und gegen Sicherheitsleistung der Beschlagnahme und Einziehung. Die Beschlagnahme erfolgt durch die Zoll- und Steuerbehörden, die Festsetzung der Einziehung durch Strafbescheid der Verwaltungsbehörden (§. 459 der Strafprozessordnung).

Buße. §. 18.

Statt jeder aus diesem Gesetze entspringenden Entschädigung kann auf Verlangen des Beschädigten neben der Strafe auf eine an ihn zu erlegende Busse bis zum Betrage von zehntausend Mark erkannt werden. Für diese Busse haften die zu derselben Verurtheilten als Gesammtschuldner.

Eine erkannte Busse schliesst die Geltendmachung eines weiteren Entschädigungsanspruchs aus.

Nebenstrafen. §. 19.

Erfolgt eine Verurtheilung auf Grund der §§. 14 bis 16, 18, so ist bezüglich der im Besitz des Verurtheilten befindlichen Gegenstände auf Beseitigung der widerrechtlichen Kennzeichnung, oder, wenn die Beseitigung in anderer Weise nicht möglich ist, auf Vernichtung der damit versehenen Gegenstände zu erkennen.

Erfolgt die Verurtheilung im Strafverfahren, so ist in den Fällen der §§. 14 und 15 dem Verletzten die Befugniss zuzusprechen, die Verurtheilung auf Kosten des Verurtheilten öffentlich bekannt zu machen. Die Art der Bekanntmachung sowie die Frist zu derselben ist in dem Urtheil zu bestimmen.

§. 20.

Unerhebliche Abweichungen bei Warenbezeichnung.

Die Anwendung der Bestimmungen dieses Gesetzes wird durch Abweichungen nicht ausgeschlossen, mit denen fremde Namen, Firmen, Zeichen, Wappen und

---

gleichviel ob er die widerrechtlich gezeichneten Waren einzuführen versucht oder nicht, daß aber diese Strafen in der Regel gegen einen Ausländer nicht werden angewendet werden können; deshalb bedürfe es eines besonderen Schutzes der Inländer durch schleunige Beschlagnahme der verbotswidrigen Ware bei ihrem Eingange nach Deutschland und der Festsetzung der Einziehung durch Strafbescheid der Verwaltungsbehörden (§. 459 St.P.O.). Die Zulässigkeit der Beschlagnahme durch die Staatsanwaltschaft und durch einstweilige Verfügungen der Zivilgerichte genüge dem Bedürfnisse der Beschleunigung nicht. — Die Zollbehörden seien nicht verpflichtet, jedem Antrage des angeblich Verletzten stattzugeben, hätten vielmehr nur in die schleunige Prüfung einzugehen, ob rechtliche Ansprüche desselben vorliegen, und nach dem Ergebnis der Untersuchung zu verfahren. In Preußen richtet sich das Verfahren des Näheren nach den Vorschriften des Gesetzes v. 26. Juli 1897 (G.S. 237) betreffend das Verwaltungsstrafverfahren bei Zuwiderhandlungen gegen die Zollgesetze u. s. w. (§. 59 des eben erwähnten Gesetzes).

Zu §. 18.

Buße. Nach St.P.O. §. 443 Abs. 2 muß sich derjenige, welcher in einem auf erhobene öffentliche Klage anhängigen Verfahren eine Buße verlangt, zu diesem Zwecke der Klage als Nebenkläger anschließen. Der Verurteilte hat die dem Nebenkläger erwachsenen notwendigen Auslagen zu erstatten (St.P.O. §§. 437, 503).

Zu §. 20.

Unerhebliche Abweichungen bei Warenbezeichnung. Die Fassung des §. 20 soll erkennbar machen, daß alle Bestimmungen dieses Gesetzes (R.G. in Strff. XXXI, 1; also auch die §§. 5 und 9, Plenar-Verhandlung 2. Lesung S. 2160) sich nicht nur auf genau gleiche Zeichen, Namen u. s. w. be-

sonstige Kennzeichnungen von Waaren wiedergegeben werden, sofern ungeachtet dieser Abweichungen die Gefahr einer Verwechselung im Verkehr vorliegt.

§. 21. **Zuständigkeit des Reichsgerichts.**

In bürgerlichen Rechtsstreitigkeiten, in welchen durch Klage oder Widerklage ein Anspruch auf Grund dieses Gesetzes geltend gemacht ist, wird die Verhandlung und Entscheidung letzter Instanz im Sinne des §. 8 des Einführungsgesetzes zum Gerichtsverfassungsgesetze dem Reichsgericht zugewiesen.

§. 22. **Vergeltungsrecht.**

Wenn deutsche Waaren im Auslande bei der Einfuhr oder Durchfuhr der Verpflichtung unterliegen, eine Bezeichnung zu tragen, welche ihre deutsche Herkunft erkennen lässt, oder wenn dieselben bei der Zollabfertigung in Beziehung auf die Waarenbezeichnungen ungünstiger als die Waaren anderer Länder behandelt werden, so ist der Bundesrath ermächtigt, den fremden Waaren bei ihrem Eingang nach Deutschland zur Einfuhr oder Durchfuhr eine entsprechende Auflage zu machen, und anzuordnen, dass für den Fall der Zuwiderhandlung die Beschlagnahme und Einziehung der Waaren erfolge. Die Beschlagnahme erfolgt durch die Zoll- und Steuerbehörden, die Festsetzung der Einziehung durch Strafbescheid der Verwaltungsbehörden (§. 459 der Strafprozessordnung).

ziehen, sondern auch auf ähnliche, d. h. auf solche, welche im Verkehr der Gefahr einer Verwechselung unterliegen, daß auch die teilweise (R.G. XXXVIII, 83) oder durch Zusätze ergänzte Benutzung eines Zeichens, Namens u. s. w. die Gefahr einer Verwechselung nicht ausschließt, und daß es nicht darauf ankommt, ob bei dem Vergleiche zweier vorliegender Zeichen die Verschiedenheit erkennbar ist, und ob das geschützte Zeichen abgeändert nachgeahmt ist, vielmehr nur darauf, ob trotz der Abweichung die erwähnte Gefahr besteht (K.B. 8). Bei einem Bildzeichen sind nicht die Teile des Bildes im einzelnen, sondern der Gesamteindruck ist maßgebend so wie er zur Einprägung in das Gedächtnis sich eignet; entsprechend auch bei Wortzeichen, gleichgiltig ob sie als Bild oder als Klang geschützt sind (R.G. XLII, 19). Für keine genügende Unterscheidung wurde die Bezeichnung als „Deutsche Kaiserhölzer" im Vergleich zum Warenzeichen „Kaiserhölzer" erachtet (R.G. XL, 106). — Der §. 20 bezieht sich auch auf Warenkennzeichnungen, die in Ankündigungen wiedergegeben werden (R.G. in Strss. XXXI, 1). — Bei Vornahme der Vergleichung ist das eingetragene Zeichen das maßgebende (§. 12 Anm. **Ia**).

Zu §. 22.

Vergeltungsrecht. Der §. 22 gewährt dem Bundesrat ein Mittel der Vergeltung von Erschwerungen der deutschen Ausfuhr durch Anordnung entsprechender Erschwerungen der Einfuhr oder Durchfuhr ausländischer Waren; eine solche Maßregel darf nur durch allgemeine Anordnung, nicht gegenüber einer bestimmten einzelnen Warenlieferung getroffen werden. Auch hier soll im Interesse der Beschleunigung die Beschlagnahme durch die Zoll- und Steuerbehörden und die Festsetzung der Einziehung durch Strafbescheid der Verwaltungsbehörden erfolgen (§. 459 St.P.O.). Gegen den Bescheid steht dem Bestraften der Antrag auf gerichtliche Entscheidung binnen einer Woche nach der Bekanntmachung des Bescheides zu; der Antrag muß bei der Verwaltungsbehörde, welche den Bescheid erlassen oder ihn bekannt gemacht hat, angebracht werden. In Preußen richtet sich das Verfahren des Näheren nach den Vorschriften des Gesetzes v. 26. Juli 1897 (G.S. 237) betreffend das Verwaltungsstrafverfahren bei Zuwiderhandlungen gegen die Zollgesetze u. s. w. (§. 59 des eben erwähnten Gesetzes). — Eine allgemeine, aber wohl auf das Gebiet des bürgerlichen Rechts zu beschränkende Bestimmung über die Zulässigkeit eines Vergeltungsrechts enthält E.G. z. B.G. Art. 31.

Nur im Ausland Niedergelassene. §. 23.

Wer im Inlande eine Niederlassung nicht besitzt, hat auf den Schutz dieses Gesetzes nur Anspruch, wenn in dem Staate, in welchem seine Niederlassung sich befindet, nach einer im Reichs-Gesetzblatt enthaltenen Bekanntmachung deutsche Waarenbezeichnungen in gleichem Umfange wie inländische Waarenbezeichnungen zum gesetzlichen Schutz zugelassen werden.

Der Anspruch auf Schutz eines Waarenzeichens und das durch die Eintragung begründete Recht können nur durch einen im Inlande bestellten Vertreter geltend gemacht werden. Der letztere ist zur Vertretung in dem nach Massgabe dieses Gesetzes vor dem Patentamt stattfindenden Verfahren, sowie in den das Zeichen betreffenden bürgerlichen Rechtsstreitigkeiten und zur Stellung von Strafanträgen befugt. Für die das Zeichen betreffenden Klagen gegen den eingetragenen Inhaber ist das Gericht zuständig, in dessen Bezirk der Vertreter seinen Wohnsitz hat, in dessen Ermangelung das Gericht, in dessen Bezirk das Patentamt seinen Sitz hat.

Wer ein ausländisches Waarenzeichen zur Anmeldung bringt, hat damit den Nachweis zu verbinden, dass er in dem Staate, in welchem seine Niederlassung sich befindet, für dieses Zeichen den Markenschutz nachgesucht und erhalten hat. Die Eintragung ist, soweit nicht Staatsverträge ein Anderes bestimmen, nur dann zulässig, wenn das Zeichen den Anforderungen dieses Gesetzes entspricht.

Zu §. 23.

I. **Verhältnis zum früheren Recht.** Der §. 20 des Ges. v. 30. November 1874, welcher den Schutz der Warenzeichen solcher Personen betrifft, die im Inlande eine Handelsniederlassung nicht besitzen, ist durch den vorliegenden §. 23 in mehrfacher Beziehung geändert. Aufgehoben ist die Bestimmung des früheren Gesetzes, daß der im Inlande gewährte Schutz nur so lange dauert, als er in dem Lande besteht, in welchem sich die Handelsniederlassung befindet. Hinzugefügt ist, nach dem Vorbilde des Patentgesetzes und des Gebrauchsmustergesetzes, der Zwang für solche Personen, welche im Inlande keine Niederlassung besitzen, einen Vertreter im Inlande zu bestellen, und der Inhalt der Vollmacht dieses Vertreters sowohl gegenüber dem Patentamt wie auch gegenüber den beteiligten Kreisen ist im Gesetz bestimmt. Zu beachten ist, daß dies nur für die Fälle der Abs. 2, 3 („Warenzeichen", oben Vorbem. III), nicht für sonstige Fälle des Abs. 1 („Warenbezeichnungen") gilt (R.G. in Strff. **XXXI**, 31). Abgeändert ist ferner der §. 20 Ziff. 2 des früheren Gesetzes dahin, daß es nicht darauf ankommt, ob der Anmeldende im Auslande einen Schutz überhaupt beanspruchen kann, sondern ob er dort einen solchen beantragt und erhalten hat (Abs. 3 §. 23 d. Ges.), und zwar einen Schutz in gleichem Umfange, wie inländische Warenzeichen zum gesetzlichen Schutze in Deutschland zugelassen werden (K.B. 9). Diesem letzteren Gesichtspunkt entspricht es, daß wenn ein nur im Ausland Niedergelassener ein Recht auf Schutz seines Namens, seiner Firma u.s.w. (nicht eines von ihm im Inlande erworbenen Warenzeichens) gemäß §§. 14 ff. in Anspruch nimmt, dieser Schutz nicht zu gewähren ist, wenn dem Ausländer in seinem eigenen Heimatstaat kein entsprechender Schutz zusteht; der Schutz im Inlande ist nur etwas zu dem Schutz im Heimatstaat des Ausländers Hinzutretendes (R.G. **XL**, 64).

II. **Niedergelassener.** In der Begründung des Entwurfs ist derjenige, welcher im Inlande eine Niederlassung nicht besitzt, wohl der Kürze halber, zuweilen als „Ausländer" bezeichnet; auf die Staatsangehörigkeit kommt es aber bei Anwendung des §. 23 nicht an, sondern nur auf das Vorhandensein einer Niederlassung im Inlande; der §. 23 ist also anwendbar auch auf Deutsche, bei welchen die Voraussetzung einer Niederlassung im Inlande nicht zutrifft. — Über den Begriff der Niederlassung vgl. H.G.B. §. 13 Anm. Ib. Eine Niederlassung im Sinne des §. 23 ist im Inlande vorhanden, wenngleich nur eine Zweigniederlassung im Inlande sich

§. 24.

Ältere Warenzeichen. Übergangsbestimmung.

Auf die in Gemässheit des Gesetzes über Markenschutz vom 30. November 1874 in die Zeichenregister eingetragenen Waarenzeichen finden bis zum 1. Oktober 1898 die Bestimmungen jenes Gesetzes noch ferner Anwendung. Die Zeichen können bis zum 1. Oktober 1898 jederzeit zur Eintragung in die Zeichenrolle nach Massgabe des gegenwärtigen Gesetzes angemeldet werden und unterliegen alsdann dessen Bestimmungen. Die Eintragung darf nicht versagt werden hinsichtlich derjenigen Zeichen, welche auf Grund eines älteren landesgesetzlichen Schutzes in die Zeichenregister eingetragen worden sind. Die Eintragung geschieht unentgeltlich und unter dem Zeitpunkte der ersten Anmeldung. Ueber den Inhalt der ersten Eintragung ist ein Zeugniss der bisherigen Registerbehörde beizubringen.

Mit der Eintragung in die Zeichenrolle oder, sofern eine solche nicht erfolgt ist, mit dem 1. Oktober 1898 erlischt der den Waarenzeichen bis dahin gewährte Schutz.

---

befindet, die Hauptniederlassung aber im Auslande (R.G. XLI, 67). Da der Schutz des Gesetzes (z. B. der Schutz des Namenrechts durch §. 14) nicht auf Gewerbetreibende beschränkt ist, so braucht auch die „Niederlassung" keine gewerbliche zu sein; in Ermangelung einer solchen entscheidet der Wohnsitz (R.G. in Straff. XXXI, 32).

III. **Inland.** Der §. 23 findet auf die deutschen Schutzgebiete und auf diejenigen auswärtigen Bezirke, in denen das Reich die Konsulargerichtsbarkeit ausübt, keine Anwendung. Niederlassungen in den Schutzgebieten und Niederlassungen von Reichsangehörigen oder Schutzgenossen in den der deutschen Konsulargerichtsbarkeit unterstehenden Bezirken sind im Sinne des Gesetzes als inländische Niederlassungen anzusehen (Begr. 19; vgl. jedoch Loewe in Z.f.H. Bd. 49 S. 244).

IV. **Vertreter.** Über dessen Vertretungsmacht bei einer gegen den Vertretenen gerichteten Klage vgl. Patentges. §. 12 Anm. I, R.G. XLII, 94.

V. **Bekanntmachungen der in §. 23 Abs. 1 gedachten Art** sind ergangen für Belgien (Bek. v. 22. Sept. 1894, R.G.Bl. 521), Brasilien (a. a. O.), Bulgarien (a. a. O.), Dänemark (a. a. O.), Frankreich (a. a. O.), Griechenland (a. a. O.), Großbritannien (a. a. O.), Guatemala (Bek. v. 17. Aug. 1899, R.G.Bl. 513), Italien (Bek. v. 22. Sept. 1894, R.G.Bl. 521), Luxemburg (a. a. O.), Mexiko (Bek. v. 16. Mai 1899, R.G.Bl. 284), Niederlande (Bek. v. 22. Sept. 1894, R.G.Bl. 521), Norwegen (a. a. O.), Österreich-Ungarn (a. a. O.), Rumänien (a. a. O.), Rußland (a. a. O.), Schweden (a. a. O.), Schweiz (a. a. O.), Serbien (a. a. O.), Venezuela (a. a. O.), Vereinigte Staaten von Amerika (a. a. O.).

VI. **Staatsverträge.** Um alle Zweifel zu beseitigen, ist am Schlusse des Abs. 2 dieses Paragraphen ausdrücklich bestimmt, daß ein ausländisches Warenzeichen in Deutschland nur eingetragen werden kann, wenn es den Anforderungen dieses Gesetzes entspricht — soweit nicht Staatsverträge ein anderes bestimmen, wie die mit Österreich-Ungarn v. 6. Dezember 1891 (R.G.Bl. 1892 S. 289), mit Italien v. 18. Januar 1892 (R.G.Bl. 293) und der Schweiz v. 13. April 1892 (R.G.Bl. 511).

Zu §. 24.

Ältere Warenzeichen. Der §. 24 enthält eine Übergangsbestimmung. Den nach Maßgabe des Ges. v. 30. November 1874 eingetragenen Zeichen sollte der Schutz jenes Gesetzes noch bis zum 1. Oktober 1898, oder doch bis zu dem Zeitpunkte verbleiben, in welchem sie die Eintragung in die neue Zeichenrolle erlangt haben, weil von diesem Zeitpunkte ab das vorliegende Gesetz auf sie Anwendung findet (R.G. XLII, 16). Die Übertragung erfolgte unentgeltlich und, zur Wahrung des Ranges, unter dem Datum der ersten Anmeldung zum früheren Zeichenregister, wobei nichts im Wege stand, auf Antrag auch die Thatsache zu vermerken, daß das betr. Zeichen auf Grund eines älteren landesgesetzlichen Schutzes eingetragen war (K.B. 9). Da die früher eingetragenen Zeichen nur „nach Maßgabe des gegenwärtigen

Ausführungsverordnung. §. 25.

Die zur Ausführung dieses Gesetzes erforderlichen Bestimmungen über die Einrichtung und den Geschäftsgang des Patentamts, sowie über das Verfahren vor demselben werden durch Kaiserliche Verordnung unter Zustimmung des Bundesraths getroffen.

Zeitpunkt des Inkrafttretens. §. 26.

Dieses Gesetz tritt mit dem 1. Oktober 1894 in Kraft.

Von dem gleichen Zeitpunkte ab werden Anmeldungen von Waarenzeichen auf Grund des Gesetzes über Markenschutz vom 30. November 1874 nicht mehr angenommen.

---

9. Ausführungsverordnungen zum Patent-, Gebrauchsmuster- und Warenzeichengesetz.

a. Kaiserliche Verordnung zur Ausführung des Patentgesetzes vom 7. April 1891 und des Gesetzes, betr. den Schutz von Gebrauchsmustern, vom 1. Juni 1891.

Vom 11. Juli 1891. (R.G.Bl. 349).

Wir **Wilhelm** ... verordnen auf Grund der Bestimmungen im §. 17 des Patentgesetzes vom 7. April 1891 (Reichs-Gesetzbl. S. 79) und im §. 14 des Gesetzes, betreffend den Schutz von Gebrauchsmustern, vom 1. Juni 1891 (Reichs-Gesetzbl. S. 290) im Namen des Reichs, nach erfolgter Zustimmung des Bundesraths, was folgt:

I. Patentangelegenheiten.

§. 1. Im Patentamt werden für die Patentanmeldungen vier Abtheilungen gebildet, welche die Bezeichnung

Anmeldeabtheilung

führen und durch den Zusatz I, II, III, IV unterschieden werden.*)

Gesetzes" angemeldet werden konnten, so hatte das Patentamt zu prüfen, ob sie bei ihrer ersten Eintragung schutzberechtigt waren, und dies rechtfertigt sich durch die Erwägung, daß früher die Eintragung im Anmeldeverfahren, also ohne jede nähere Prüfung erfolgte. Eben wegen der für diese Prüfung erforderlichen Zeit, und da bei Inkrafttreten des neuen Gesetzes etwa 20000 Zeichen eingetragen waren, ist die Frist bis zum 1. Oktober 1898 erstreckt. Genügte das zur Übertragung angemeldete Zeichen zwar nicht dem früheren, wohl aber dem gegenwärtigen Gesetz, so waren nur die Anforderungen des letzteren bei der Beurteilung zu Grunde zu legen. Nur wenn das Zeichen schon vor dem früheren Markenschutzgesetz landesgesetzlich geschützt war, sollte mit Rücksicht auf die Aufrechterhaltung jener älteren Rechte durch §. 3 Abs. 4 Ges. v. 30. November 1874 das Zeichen auf Antrag in die Zeichenrolle übertragen werden, wenngleich es den Anforderungen des neuen Warenzeichengesetzes nicht genügte (Begr. 19).

Zu §. 25.

Kaiserliche Verordnung. Die Verordnung v. 30. Juni 1894 ist nachstehend abgedruckt unter VI 9d.

*) Durch Vdg. v. 30. Juni 1894 (abgedruckt VI 9d) ist eine Abteilung für Warenzeichen, und durch die Vdgen. v. 5. Juni 1897 und 6. Mai 1899 (abgedruckt VI 9b und c) sind zwei neue Anmeldeabteilungen V und VI hinzugefügt worden. Vgl. ferner §. 20 Vdg. v. 11. Juli 1891 betr. Anmeldestelle für Gebrauchsmuster.

Der Reichskanzler bestimmt, für welche Gebiete der Technik eine jede der Abtheilungen zuständig ist.

Zu dem Geschäftskreis der Anmeldeabtheilungen gehören auch die Beschlüsse über Eintragungen und Löschungen in der Patentrolle (§. 19 des Patentgesetzes) für das einer jeden Abtheilung zugewiesene Gebiet der Technik.

§. 2. Für Beschwerden gegen die Beschlüsse der Anmeldeabtheilungen und der Nichtigkeitsabtheilung (§§. 16, 26 des Patentgesetzes) werden zwei Abtheilungen gebildet, welche die Bezeichnung

Beschwerdeabtheilung

führen und durch den Zusatz I und II unterschieden werden.

Die Beschwerdeabtheilung I ist zuständig für Beschwerden gegen Beschlüsse der Anmeldeabtheilungen I und II,*) sowie für Beschwerden gegen Beschlüsse der Nichtigkeitsabtheilung. Die Beschwerdeabtheilung II ist zuständig für Beschwerden gegen Beschlüsse der Anmeldeabtheilungen III und IV.**)

Die Beschwerdeabtheilungen sind ausserdem, und zwar jede innerhalb des durch Absatz 2 festgesetzten Geschäftskreises, zuständig für die vom Patentamt abzugebenden Gutachten.***)

§. 3. Meinungsverschiedenheiten zwischen mehreren Abtheilungen über die Zuständigkeit werden von dem Präsidenten entschieden.

Für Anträge oder Gesuche, welche andere, als die in den §§. 1 und 2 bezeichneten Angelegenheiten betreffen, wird die Zuständigkeit von dem Präsidenten bestimmt.

§. 4.†) Die Geschäftsleitung in den Anmeldeabtheilungen steht dem zum Vorsitz berufenen rechtskundigen *oder technischen* Mitgliede, die Geschäftsleitung in den Beschwerdeabtheilungen und in der Nichtigkeitsabtheilung dem Präsidenten zu. Ueber die Vertretung des Präsidenten im Vorsitze trifft der Reichskanzler Bestimmung.

§. 5. Die Zuweisung der Mitglieder an die Abtheilungen erfolgt durch den Reichskanzler.

Im Falle des Todes, der Erkrankung oder der längeren Abwesenheit eines Mitgliedes können in die davon betroffene Abtheilung, solange das Bedürfniss dieses erfordert, durch den Präsidenten Mitglieder anderer Abtheilungen zur Aushülfe berufen werden.

§. 6. In den Abtheilungen trifft der Vorsitzende die für den Fortgang der Sachen erforderlichen Verfügungen.

In den Anmeldeabtheilungen bezeichnet er für jede Klasse der Anmeldungen im Voraus das Mitglied, welchem die Vorprüfung (§. 21 des Patentgesetzes) obliegt, sowie einen weiteren Berichterstatter für das Verfahren nach Erlass des Vorbescheides.

---

*) Auch gegen Beschlüsse der Abteilung für Warenzeichen; Vdg. v. 30. Juni 1894 (abgedr. VI 9d) §. 2.

**) Auch gegen Beschlüsse der Anmeldeabteilungen V und VI; Vdgen. v. 5. Juni 1897 (abgedr. VI 9b) §. 2 und v. 6. Mai 1899 (abgedr. VI 9c) §. 2.

***) Dies entsprechend ausgedehnt für die neu geschaffenen Abteilungen durch die vorstehend Anm. *) und **) angeführten Verordnungen. Über Gutachten in Angelegenheiten von Gebrauchsmustern bestimmt Vdg. v. 30. Juni 1894 (abgedr. VI 9d).

†) In der Fassung der abändernden Verordnung des Kaisers v. 25. Oktober 1899 (R.G.Bl. 661).

In den Beschwerdeabtheilungen und in der Nichtigkeitsabtheilung bezeichnet der Präsident für jede Klasse im Voraus zwei Berichterstatter.

An Stelle der hiernach berufenen Mitglieder können für den einzelnen Fall andere Berichterstatter bezeichnet werden.

Die Berichterstatter halten den mündlichen Vortrag in der Sitzung und entwerfen alle Beschlüsse und Entscheidungen. Der Vorsitzende prüft die Entwürfe und stellt sie fest. Ueber sachliche Meinungsverschiedenheiten beschliesst die Abtheilung.

§. 7. In den Anmeldeabtheilungen bedarf es der Berathung und Abstimmung in einer Sitzung für Beschlüsse über die Bekanntmachung der Anmeldung, sowie für Beschlüsse, durch welche die Anmeldung oder ein Einspruch ganz oder theilweise zurückgewiesen wird.

Für die Beschlüsse der Beschwerdeabtheilungen, durch welche eine auf Grund des §. 16 des Patentgesetzes erhobene Beschwerde erledigt wird, sowie für die nach §§. 26, 29 und 30 des Patentgesetzes ergehenden Entscheidungen der Beschwerdeabtheilungen und der Nichtigkeitsabtheilung bedarf es der Berathung und Abstimmung in einer Sitzung. An den Entscheidungen nehmen ausser dem Präsidenten und dem weiteren rechtskundigen Mitgliede die beiden für die Sache bestellten Berichterstatter und ein drittes von dem Präsidenten vorher bestimmtes technisches Mitglied theil.

§. 8. Bei den Abstimmungen entscheidet die absolute Mehrheit der Stimmen, bei Stimmengleichheit die Stimme des Vorsitzenden.

Ist eine Anhörung der Betheiligten (Patentgesetz §. 25, §. 26 Absatz 3, §. 30 Absatz 2) vorhergegangen, so kann ein Mitglied, welches hierbei nicht zugegen gewesen ist, an der Abstimmung nicht theilnehmen.

§. 9. Dem Präsidenten liegt es ob, auf eine gleichmässige Behandlung der Geschäfte und auf die Beobachtung gleicher Grundsätze hinzuwirken. Zu diesem Behufe ist er befugt, den Berathungen aller Abtheilungen beizuwohnen, auch sämmtliche Mitglieder zu Plenarversammlungen zu vereinigen und die Berathung des Plenums über die von ihm vorgelegten Fragen herbeizuführen.

§. 10. Die Sitzungen der Abtheilungen finden der Regel nach an bestimmten Tagen und zu bestimmten Stunden statt. Die Verfügung darüber steht dem Präsidenten zu.

§. 11. Die Ausfertigungen der Beschlüsse und Entscheidungen der Abtheilungen erhalten die Unterschrift:

Kaiserliches Patentamt

und zusätzlich die vorschriftsmässige Bezeichnung der Abtheilung.

§. 12.*) Für das Zustellungswesen gelten folgende Vorschriften:

1. Zustellungen, welche den Lauf der im §. 26 Absatz 1 des Patentgesetzes bezeichneten Frist bedingen, sowie Zustellungen in dem Verfahren vor der Nichtigkeitsabtheilung erfolgen durch die Post. Auf diese Zustellungen finden die Vorschriften der Civilprozessordnung mit nachstehenden Massgaben Anwendung.

   Der vom Präsidenten bestimmte Beamte trägt für die Bewirkung der Zustellung Sorge und beglaubigt die zu übergebenden Abschriften. Er übergiebt die Schriftstücke in einem verschlossenen, mit der Adresse der Person,

*) Vgl. jetzt C.P.O §§. 208 ff.

an welche zugestellt werden soll, sowie mit der Geschäftsnummer versehenen Briefumschlag der Post zur Zustellung. Auf den Briefumschlag wird der Vermerk gesetzt: „Vereinfachte Zustellung." Eine Bescheinigung der Uebergabe an die Post (Civilprozessordnung §§. [177, 179] *194, 196*) ist nicht erforderlich.

Die von dem Postboten aufzunehmende Zustellungsurkunde muss die Adresse und die Geschäftsnummer des Briefes, den Ort und die Zeit der Zustellung, sowie die Person, welcher zugestellt ist, und wenn die Zustellung nicht an den Adressaten persönlich erfolgt ist, den Grund hiervon angeben. Die Urkunde ist von dem Postboten zu unterschreiben. Abschrift der Zustellungsurkunde wird nicht übergeben. Der Tag der Zustellung ist von dem Postboten auf dem Briefumschlag zu vermerken.

2. Zustellungen, welche den Lauf sonstiger Fristen bedingen, erfolgen mittelst eingeschriebenen Briefes.

Kann in den Fällen der Nr. 1 und 2 eine Zustellung im Inlande nicht erfolgen, so wird sie durch Aufgabe zur Post nach Massgabe der §§. [161, 175] *175, 192* der Civilprozessordnung*) bewirkt.

§. 13. Zeugen und Sachverständige erhalten Gebühren nach Massgabe der Gebührenordnung vom [30. Juni 1878 (Reichs-Gesetzbl. S. 173)] *17./20. Mai 1898 (Reichs-Gesetzbl. S. 689)*.

§. 14. Zu den Kosten des Verfahrens, über welche das Patentamt nach §. 26 Absatz 5 und §. 31 des Patentgesetzes zu bestimmen hat, gehören ausser den aus der Kasse des Patentamts bestrittenen Auslagen diejenigen den Betheiligten erwachsenen Kosten, welche nach freiem Ermessen des Patentamts zur zweckentsprechenden Wahrung der Ansprüche und Rechte nothwendig waren.

§. 15. Ist eine Patentgebühr (§. 8 Absatz 2 des Patentgesetzes) nicht innerhalb sechs Wochen nach der Fälligkeit entrichtet, so benachrichtigt das Patentamt hiervon den Patentinhaber.

Aus dem Umstande, dass der Patentinhaber eine Benachrichtigung nicht erhält, erwachsen Rechtsfolgen nicht.

§. 16. Die Orte ausserhalb Berlins, an welchen eine Auslegung der Patentanmeldungen erfolgen soll, sowie die Art und Zeitdauer dieser Auslegung werden vom Reichskanzler bezeichnet. Wenn eine Auslegung an diesen Orten unterbleibt, so wird dadurch ein Mangel des Verfahrens nicht begründet.

§. 17. Der Präsident verfügt im Einvernehmen mit der für die Anmeldung zuständigen Abtheilung über Modelle und Proben, deren Rückgabe nicht binnen sechs Monaten nach endgültiger Abweisung der Anmeldung oder nach der Bekanntmachung von der Ertheilung des Patents (§. 27 Absatz 1 des Patentgesetzes) beantragt ist.

§. 18. Soweit für Patentangelegenheiten aus der Zeit vor dem 1. Oktober 1891 Uebergangsbestimmungen erforderlich sind, werden dieselben vom Reichskanzler erlassen.

II. Angelegenheiten des Gebrauchsmusterschutzes.

§. 19. Für Anträge in Sachen des Schutzes von Gebrauchsmustern wird in dem Patentamt eine besondere Anmeldestelle errichtet.

---

*) Vgl. auch C.P.O. §. 213.

Die Leitung dieser Stelle liegt einem von dem Reichskanzler bezeichneten rechtskundigen Mitgliede ob.

Im Falle einer Verhinderung dieses Mitgliedes kann der Präsident einem anderen rechtskundigen Mitgliede die Vertretung übertragen.

§. 20. Die Verfügungen der Anmeldestelle erhalten die Unterschrift:

Kaiserliches Patentamt,
Anmeldestelle für Gebrauchsmuster.

§. 21. Ueber Vorstellungen gegen die Verfügung der Anmeldestelle befindet der Präsident.

§. 22. Aenderungen in der Person des Eingetragenen oder des nach §. 13 Absatz 2 des Gesetzes vom 1. Juni 1891 bestellten Vertreters, welche in der Rolle vermerkt werden sollen, sind in beweisender Form zur Kenntniss des Patentamts zu bringen.

§. 23. Nach der Eintragung in der Rolle erhält der Eingetragene eine Ausfertigung des Eintragungsvermerks.

§. 24. Der Präsident verfügt über Modelle, deren Rückgabe nicht binnen vier Jahren nach Ablauf der Schutzfrist beantragt wird.

III. Gemeinschaftliche Bestimmungen.

§. 25. Die Einrichtung der Büreaus, die Verwaltung der Kasse, der Bibliothek und der Sammlungen werden durch den Präsidenten geordnet. Der Präsident erlässt die erforderlichen Geschäftsanweisungen.

§. 26. Die Leitung und Beaufsichtigung des gesammten Geschäftsbetriebes steht dem Präsidenten zu. Er verfügt in allen Verwaltungsangelegenheiten.

§. 27. Sämmtliche eingehende Geschäftssachen werden, ohne Rücksicht auf ihren verschiedenen Inhalt, nach der Zeit ihres Eingangs mit einer laufenden Nummer, als Geschäftsnummer, und mit dem Datum bezeichnet.

Geschäftssachen, welche während der Dienststunden eingehen, sind alsbald, andere Geschäftssachen bei dem Wiederbeginn der Dienststunden von dem dazu bestimmten Beamten hiernach zu bezeichnen. Wenn die Reihe des Eingangs nicht feststeht, so sind sie nach der Reihe, in welcher sie von dem Beamten übernommen werden, mit der Bezeichnung zu versehen.

Von zwei an demselben Tage an das Patentamt gelangten Geschäftssachen gilt diejenige als später eingegangen, welche die höhere Geschäftsnummer trägt.

§. 28. Vertreter in Patentangelegenheiten und in Angelegenheiten des Gebrauchsmusterschutzes haben dem Patentamt gegenüber ihre Bevollmächtigung durch eine Vollmacht nachzuweisen.

Die Vollmachten müssen auf prozessfähige, mit ihrem bürgerlichen Namen bezeichnete Personen lauten.

Sind mehrere Personen bevollmächtigt, so gelten dieselben für befugt, sowohl gemeinschaftlich als auch einzeln die Vertretung wahrzunehmen. Eine abweichende Bestimmung dürfen die Vollmachten nicht enthalten.

§. 29. Das Patentamt kann nach seinem Ermessen von den bei ihm beruhenden Eingaben und Verhandlungen, soweit die Einsicht in dieselben gesetzlich nicht beschränkt ist, an jedermann Abschriften und Auszüge gegen Einzahlung der Kosten ertheilen.

§. 30. Das Siegel des Patentamts enthält in der Mitte den Reichsadler und in der Umschrift die Worte „Kaiserliches Patentamt".

b. Kaiserliche Verordnung zur Ausführung des Patentgesetzes vom 7. April 1891.

Vom 5. Juni 1897. (**R.G.Bl. 473**).

Wir **Wilhelm** ... verordnen auf Grund der Bestimmung im §. 17 des Patentgesetzes vom 7. April 1891 (Reichs-Gesetzbl. S. 79) im Namen des Reichs, nach erfolgter Zustimmung des Bundesraths, was folgt:

§. 1. Im Patentamte wird für die Patentanmeldungen eine weitere Abtheilung gebildet, welche die Bezeichnung

Anmelde-Abtheilung V

führt.

§. 2. Für Beschwerden gegen Beschlüsse der Anmeldeabtheilung V sowie für die Erstattung von Gutachten innerhalb des der Anmeldeabtheilung V zugewiesenen Geschäftskreises ist die Beschwerdeabtheilung II zuständig.

c. Kaiserliche Verordnung zur Ausführung des Patentgesetzes vom 7. April 1891.

Vom 6. Mai 1899. (**R.G.Bl. 283**).

Wir **Wilhelm** ... verordnen auf Grund der Vorschrift im §. 17 des Patentgesetzes vom 7. April 1891 (Reichs-Gesetzbl. S. 79) im Namen des Reichs, nach erfolgter Zustimmung des Bundesraths, was folgt:

§. 1. Im Patentamte wird für die Patentanmeldungen eine weitere Abtheilung gebildet, welche die Bezeichnung

Anmelde-Abtheilung VI

führt.

§. 2. Für Beschwerden gegen Beschlüsse der Anmelde-Abtheilung VI sowie für die Erstattung von Gutachten innerhalb des der Anmelde-Abtheilung VI zugewiesenen Geschäftskreises ist die Beschwerde-Abtheilung II zuständig.

d. Kaiserliche Verordnung zur Ausführung des Gesetzes zum Schutz der Waarenbezeichnungen vom 12. Mai 1894 (Reichs-Gesetzbl. S. 441) und des Gesetzes, betreffend den Schutz von Gebrauchsmustern, vom 1. Juni 1891 (Reichs-Gesetzbl. S. 290).

Vom 30. Juni 1894. (R.G.Bl. 495).

Wir **Wilhelm** ... verordnen auf Grund der Bestimmung im §. 25 des Gesetzes zum Schutz der Waarenbezeichnungen vom 12. Mai 1894 (Reichs-Gesetzbl. S. 441) und auf Grund der Bestimmung im §. 14 des Gesetzes, betreffend den Schutz von Gebrauchsmustern, vom 1. Juni 1891 (Reichs-Gesetzbl. S. 290) im Namen des Reichs, nach erfolgter Zustimmung des Bundesraths, was folgt:

I. Waarenzeichen.

§. 1. Für die auf Waarenzeichen bezüglichen Angelegenheiten wird in dem Patentamt eine besondere Abtheilung gebildet, welche die Bezeichnung:

Abtheilung für Waarenzeichen

führt.

Die Abtheilung besteht aus einem rechtskundigen Mitgliede als Vorsitzenden und aus Mitgliedern, welche rechtskundig oder in einem Zweige der Technik sachverständig sind. Die Zuweisung der Mitglieder an die Abtheilung erfolgt durch den Reichskanzler.

Im Falle der Verhinderung eines Mitgliedes kann der Präsident des Patentamts einem anderen Mitgliede der Behörde die Vertretung übertragen.

§. 2. Für Beschwerden gegen die Beschlüsse der Abtheilung für Waarenzeichen, sowie für die Erstattung von Gutachten gemäss §. 11 des Gesetzes vom 12. Mai 1894 ist die Beschwerdeabtheilung I des Patentamts zuständig.

§. 3. Die Beschlussfähigkeit der Abtheilung für Waarenzeichen ist durch die Anwesenheit von mindestens drei Mitgliedern bedingt.

Die Beschwerdeabtheilung I entscheidet über Beschwerden gegen die Beschlüsse der Abtheilung für Waarenzeichen in der Besetzung von fünf Mitgliedern, von denen mindestens zwei rechtskundig sein müssen. Soweit es sich um die Erstattung von Gutachten handelt, genügt die Anwesenheit von drei Mitgliedern.

Die Bestimmungen der Civilprozessordnung über Ausschliessung und Ablehnung der Gerichtspersonen finden entsprechende Anwendung.

Zu den Berathungen können Sachverständige, welche nicht Mitglieder sind, zugezogen werden; dieselben dürfen an den Abstimmungen nicht theilnehmen.

§. 4. Der Berathung und Abstimmung in einer Sitzung bedarf es

a) in der Abtheilung für Waarenzeichen für die Beschlussfassung über die Versagung der Eintragung eines Waarenzeichens, sowie für Beschlüsse, welche die Uebereinstimmung von Waarenzeichen und in den Fällen des §. 8 des Gesetzes vom 12. Mai 1894 die Löschung von Waarenzeichen gegen den Widerspruch des Inhabers betreffen;

b) in der Beschwerdeabtheilung I für die Beschlussfassung auf Beschwerden gegen Beschlüsse der Abtheilung für Waarenzeichen.

§. 5. Die Beschlüsse und Entscheidungen erfolgen im Namen des Patentamts; sie sind mit Gründen zu versehen, schriftlich auszufertigen und allen Betheiligten von Amtswegen zuzustellen.

§. 6. Ueber die Eintragung eines Waarenzeichens in die Zeichenrolle erhält der Inhaber eine Bescheinigung.

§. 7. Ueber Modelle, Probestücke und sonstige Unterlagen einer Anmeldung trifft, insoweit deren Aufbewahrung nicht mehr für erforderlich erachtet wird, der Präsident des Patentamts im Einvernehmen mit der Abtheilung für Waarenzeichen Verfügung.

§. 8. Im Uebrigen finden auf die Einrichtung und den Geschäftsgang des Patentamts und das Verfahren vor demselben in Angelegenheiten des Schutzes der Waarenzeichen die Bestimmungen in den §§. 4, 6, 8 bis 11, 13, 14, 25 bis 30 der Kaiserlichen Verordnung vom 11. Juli 1891 (Reichs-Gesetzbl. S. 349)*) entsprechende Anwendung.

*) Abgedruckt oben VI 9a.

II. Gebrauchsmuster.

§. 9. Insoweit in Angelegenheiten des Schutzes von Gebrauchsmustern das Patentamt zur Erstattung von Gutachten ermächtigt wird,*) sind hierfür die Beschwerdeabtheilungen, und zwar jede innerhalb derjenigen Zweige der Technik zuständig, welche ihr hinsichtlich der Patentangelegenheiten gemäss den §§. 1 und 2 der Kaiserlichen Verordnung vom 11. Juli 1891 zugewiesen sind.

e. Erlasse des Kaiserlichen Patentamts vom 22. November 1898 (Reichsanzeiger Nr. 282).

I. Bestimmungen über die Anmeldung von Erfindungen.

Auf Grund des §. 20 Abs. 2 des Patentgesetzes vom 7. April 1891 (R.G.Bl. S. 79) werden die nachfolgenden Bestimmungen über die Erfordernisse einer Patentanmeldung erlassen. Die Bestimmungen treten am 1. Januar 1899 in Kraft.

§. 1. Die Anmeldung einer Erfindung behufs Ertheilung eines Patents geschieht in der Form eines schriftlichen Gesuchs, dem die sonst erforderlichen Stücke als Anlagen beizufügen sind.

§. 2. Das Gesuch muss enthalten:

a. die Angabe des Namens und des Wohnorts oder der Hauptniederlassung des Anmelders;
b. eine für die Veröffentlichung (§. 23 Abs. 2 des Patentgesetzes) geeignete Benennung der Erfindung;
c. die Erklärung, dass für die Erfindung ein Patent nachgesucht werde. Bei Zusatzanmeldungen ist die Angabe des Hauptpatents nach Gegenstand und Nummer oder der Hauptanmeldung nach Gegenstand und Aktenzeichen erforderlich;
d. die Erklärung, dass die gesetzliche Gebühr von 20 M. an die Kasse des Kaiserlichen Patentamts gezahlt worden sei oder gleichzeitig mit der Anmeldung gezahlt werde;
e. die Aufführung der Anlagen unter Angabe ihrer Nummern und ihres Inhalts;
f. falls der Anmelder einen Vertreter bestellt hat, die Angabe der Person, der Berufsstellung und des Wohnorts des Vertreters; als Anlage ist eine Vollmacht beizufügen (§. 28 der Kaiserlichen Verordnung vom 11. Juli 1891);
g. die Unterschrift des Anmelders oder seines Vertreters.

§. 3. Die Beschreibung ist in zwei Ausfertigungen einzureichen. Dasselbe gilt für alle Nachträge. Die Schriftstücke, welche die Beschreibung bilden, müssen sowohl am Rande als auch zwischen den Zeilen ausreichenden Raum für Zusätze und Aenderungen frei lassen.

Maasse, Gewichte, sowie elektrische Einheiten müssen nach den gesetzlichen Vorschriften, Temperaturen nach Celsius angegeben werden. Bei chemischen Formeln sind die in Deutschland üblichen Atomgewichtszeichen und Molekularformeln anzuwenden.

Die Einfügung von Figuren in die Beschreibung ist nicht zulässig.

---

*) Erlaß d. Reichskanzlers v. 10. Septbr. 1894.

§. 4. Die für die Veranschaulichung der Erfindung bestimmten Zeichnungen sind auf das zur Klarstellung der Erfindung Erforderliche zu beschränken. Sie sind in zwei Ausfertigungen einzureichen.

a. Für die Hauptzeichnung ist weisses, starkes und glattes Zeichenpapier, sogenanntes Kartonpapier, für die Nebenzeichnung Zeichenleinwand zu verwenden.

Das Blatt der Hauptzeichnung soll 33 cm hoch und 21 cm breit sein. In Ausnahmefällen ist, falls die Deutlichkeit es erfordert, ein Blatt in der Höhe von 33 cm und in der Breite von 42 cm zulässig. Die Nebenzeichnung muss bei beliebiger Breite 33 cm hoch sein. Für die Hauptzeichnung wie für die Nebenzeichnung ist die Verwendung mehrerer Blätter zulässig.

b. Die Figuren und Schriftzeichen sind in tiefschwarzen, kräftigen, scharf begrenzten Linien auszuführen. Auf der Hauptzeichnung sind Querschnitte entweder tiefschwarz anzulegen oder durch Schrägstriche in tiefschwarzen Linien zum Ausdruck zu bringen. Ist zur Darstellung unebener Flächen ausnahmsweise eine Schattierung erforderlich, so darf sie ebenfalls nur in tiefschwarzen Linien ausgeführt werden. Die Anwendung bunter Farben ist bei der Hauptzeichnung unzulässig.

Alle auf den Zeichnungen angebrachten Schriftzeichen müssen einfach und deutlich sein. Die Hauptzeichnung muss sich zur photographischen Verkleinerung eignen.

c. Die einzelnen Figuren müssen durch einen angemessenen Zwischenraum von einander getrennt sein.

d. Die Figuren sind nach ihrer Stellung fortlaufend und ohne Rücksicht auf die Anzahl der Blätter mit Zahlen zu versehen.

e. Erläuterungen sind in die Zeichnung nicht aufzunehmen. Ausgenommen sind kurze Angaben wie „Wasser", „Dampf", „Schnitt nach A B (Fig. 3)", sowie Inschriften, die auf den dargestellten Gegenständen angebracht werden sollen, z. B. „offen", „zu".

f. In der rechten unteren Ecke jedes Blattes ist der Name des Anmelders anzugeben.

g. Die Hauptzeichnungen dürfen weder gefaltet noch gerollt werden, sondern sind in glattem Zustande vorzulegen.

§. 5. Die für die Veranschaulichung der Erfindung bestimmten Modelle und Probestücke brauchen nur in einer Ausführung eingereicht zu werden.

Proben sind stets einzureichen zu den Anmeldungen, welche die Herstellung neuer chemischer Stoffe betreffen. Ausgenommen sind explosive und leicht entzündliche Stoffe, deren Einsendung nur auf besondere Aufforderung zulässig ist.

Bildet ein chemisches Verfahren von allgemeiner Anwendbarkeit, nach dem ganze Gruppen von Stoffen hergestellt werden können, den Gegenstand der Anmeldung, so sind Proben der typischen Vertreter der Gruppen einzureichen. Werden jedoch besondere Ausführungsformen eines chemischen Verfahrens unter Aufzählung der einzelnen nach ihnen entstehenden Stoffe beansprucht, so sind die Stoffe sämmtlich mit Proben zu belegen. Bei Farbstoffen sind ausserdem Ausfärbungen auf Wolle, Seide oder Baumwolle in je einer Ausführung beizufügen.

Ueber die Beschaffenheit der Modelle und Probestücke gilt Folgendes:

a. Modelle und Probestücke, die leicht beschädigt werden können, sind in festen Hüllen einzureichen. Gegenstände von kleinem Umfange sind auf steifem Papier zu befestigen.

b. Proben von giftigen, ätzenden, explosiven oder leicht entzündlichen Stoffen sind auf der Umhüllung und, soweit möglich, auf dem Gegenstande selbst durch eine deutliche Aufschrift als solche zu kennzeichnen.

c. Proben chemischer Stoffe sind in Glasflaschen ohne vorspringenden Fuss von etwa 3 cm äusserem Durchmesser und 8 cm Gesammthöhe einzureichen; die Flaschen sind mit einem haltbaren Siegel zu verschliessen und mit einer dauerhaft befestigten Inhaltsangabe zu versehen. Den Proben ist ein nach der Beschreibung oder dem Patentanspruche geordnetes Verzeichniss beizulegen.

d. Ausfärbungen müssen möglichst flach auf steifem Papier von 33 cm Höhe und 21 cm Breite dauerhaft befestigt und mit genauen, den Angaben der Beschreibung entsprechenden Aufschriften versehen sein. Den Ausfärbungen ist eine Beschreibung des angewendeten Färbeverfahrens beizulegen mit genauen Angaben über den Gehalt der Flotte an Farbstoff, die etwa gebrauchten Beizen, die Temperaturen u. s. w., sowie auch darüber, ob die gebrauchte Flotte erschöpft war oder erheblichere Mengen von Farbstoff zurückgehalten hat.

§. 6. Die Anlagen des Gesuchs müssen mit einer ihre Zugehörigkeit zur Anmeldung kennzeichnenden Aufschrift versehen sein. Dasselbe gilt für Modelle und Probestücke.

Schriftstücke, die zur Mittheilung an andere Personen bestimmt sind, sind in der dazu erforderlichen Zahl von Ausfertigungen einzureichen.

Zu allen Schriftstücken ist dauerhaftes, nicht durchscheinendes, weisses Papier, zu Schriftstücken, die Anträge enthalten oder zur Beschreibung der Erfindung gehören, Papier in der Seitengrösse von 33 cm zu 21 cm zu verwenden.

Alle Schriftstücke müssen leicht lesbar sein. Die Schriftzüge müssen in dunkler Farbe ausgeführt sein. Schriftstücke, die mittels der Schreibmaschine hergestellt sind, müssen deutliche Druckzeichen und zwischen den einzelnen Buchstaben, Worten und Zeilen einen angemessenen Zwischenraum aufweisen.

Auf den später eingereichten Anmeldestücken ist der Name des Anmelders und das Aktenzeichen anzugeben.

II. Bestimmungen über die Anmeldung von Gebrauchsmustern.

Auf Grund des §. 2 Abs. 4 des Gesetzes, betreffend den Schutz von Gebrauchsmustern, vom 1. Juni 1891 (R.G.Bl. S. 290) werden die nachfolgenden Bestimmungen über die Erfordernisse einer Gebrauchsmuster-Anmeldung erlassen. Die Bestimmungen treten am 1. Januar 1899 in Kraft.

§. 1. Die Anmeldung eines Modells behufs Eintragung in die Rolle für Gebrauchsmuster geschieht in der Form eines schriftlichen Gesuchs, dem die sonst erforderlichen Stücke als Anlagen beizufügen sind.

Für jedes Modell ist eine besondere Anmeldung erforderlich.

§. 2. Das Gesuch muss enthalten:

a. die Angabe des Namens und des Wohnorts oder der Hauptniederlassung des Anmelders;

b. eine für die Eintragung und Veröffentlichung geeignete Bezeichnung, welche die besondere Eigenthümlichkeit des Modells in kurzer Form zum Ausdruck bringt;

c. die Angabe, welche neue Gestaltung oder Vorrichtung dem Arbeits- oder Gebrauchszweck dienen soll;

d. den Antrag, dass das Modell in die Rolle für Gebrauchsmuster eingetragen werde;

e. die Erklärung, dass die gesetzliche Gebühr von 15 M. an die Kasse des Kaiserlichen Patentamts gezahlt worden sei oder gleichzeitig mit der Anmeldung gezahlt werde;

f. die Aufführung der Anlagen unter Angabe ihrer Nummern und ihres Inhalts;

g. falls der Anmelder einen Vertreter bestellt hat, die Angabe der Person, der Berufsstellung und des Wohnorts des Vertreters; als Anlage ist eine Vollmacht beizufügen (§. 28 der Kaiserlichen Verordnung vom 11. Juli 1891);

h. die Unterschrift des Anmelders oder seines Vertreters.

§. 3. Erachtet der Anmelder eine Beschreibung des Modells für erforderlich, so ist sie entweder in das Gesuch aufzunehmen oder als Anlage beizufügen.

§. 4. Dem Gesuch ist eine Abbildung oder eine Nachbildung des Modells beizufügen.

a. Die Abbildung ist in zwei Ausfertigungen einzureichen.

Für die Abbildung ist weisses, starkes und glattes Zeichenpapier, sogenanntes Kartonpapier, oder Zeichenleinwand zu verwenden. Das Blatt der Abbildung auf Kartonpapier muss 33 cm hoch und 21 cm breit sein. Das Blatt der Abbildung auf Zeichenleinwand muss bei beliebiger Breite 33 cm hoch sein.

Die Figuren und Schriftzeichen sind in tiefschwarzen, kräftigen, scharf begrenzten Linien auszuführen.

b. Die Nachbildung braucht nur in einer Ausführung eingereicht zu werden.

Sie muss sauber und dauerhaft sein und darf in Höhe, Breite und Tiefe 50 cm nicht überschreiten.

Nachbildungen, die leicht beschädigt werden können, sind in festen Hüllen einzureichen. Gegenstände von kleinem Umfange sind auf steifem Papier zu befestigen.

§. 5. Die Anlagen des Gesuchs müssen mit einer ihre Zugehörigkeit zur Anmeldung kennzeichnenden Aufschrift versehen sein. Dasselbe gilt für die Nachbildungen.

Zu allen Schriftstücken ist dauerhaftes, nicht durchscheinendes, weisses Papier, zu Schriftstücken, die Anträge enthalten oder die Anmeldung selbst betreffen, Papier in der Seitengrösse von 33 cm zu 21 cm zu verwenden.

Alle Schriftstücke müssen leicht lesbar sein. Die Schriftzüge müssen in dunkler Farbe ausgeführt sein. Schriftstücke, die mittels der Schreibmaschine hergestellt sind, müssen deutliche Druckzeichen und zwischen den einzelnen Buchstaben, Worten und Zeilen einen angemessenen Zwischenraum aufweisen.

§. 6. Die die Anmeldung bildenden Schriftstücke müssen in doppelter Ausfertigung eingereicht werden. Auf den nachträglich eingereichten Anmeldestücken ist der Name des Anmelders und das Aktenzeichen anzugeben.

III. Bestimmungen über die Anmeldung von Waarenzeichen.

Auf Grund des §. 2 Abs. 2 des Gesetzes zum Schutz der Waarenbezeichnungen vom 12. Mai 1894 (R.G.Bl. S. 441) werden die nachfolgenden Bestimmungen über die Erfordernisse einer Waarenzeichenanmeldung erlassen. Die Bestimmungen treten am 1. Januar 1899 in Kraft.

§. 1. Die Anmeldung eines Waarenzeichens geschieht in der Form eines schriftlichen Gesuchs, dem die sonst erforderlichen Stücke als Anlagen beizufügen sind.

Für jedes Zeichen ist eine besondere Anmeldung erforderlich.

§. 2. Das Gesuch ist in einer Ausfertigung einzureichen und muss enthalten:

a. die Angabe des Namens und des Wohnorts oder der Hauptniederlassung des Anmelders;
b. die Angabe des Geschäftsbetriebes, in dem das Zeichen verwendet werden soll;
c. den Antrag, dass das Waarenzeichen in die Zeichenrolle eingetragen werde;
d. die Erklärung, dass die gesetzliche Gebühr von 30 M. an die Kasse des Kaiserlichen Patentamts gezahlt worden sei oder gleichzeitig mit der Anmeldung gezahlt werde;
e. die Aufführung der Anlagen unter Angabe ihrer Nummer und ihres Inhalts;
f. falls der Anmelder einen Vertreter bestellt hat, die Angabe der Person, der Berufsstellung und des Wohnorts des Vertreters; als Anlage ist eine Vollmacht beizufügen;
g. die Unterschrift des Anmelders oder seines Vertreters.

§. 3. Dem Gesuch ist eine Darstellung des Zeichens in zwölf Ausführungen beizufügen. Zwei davon sind derart auf zwei mit Heftrand versehenen halben Bogen anzubringen, dass jeder der beiden halben Bogen nur eine Ausführung aufweist.

Die Ausführungen müssen sauber und dauerhaft sein und die wesentlichen Bestandtheile des Zeichens deutlich erkennen lassen. Wird die Darstellung im Laufe des Verfahrens verändert, so sind vor der Eintragung neue Ausführungen einzureichen, oder es ist zu erklären, dass der Abdruck des Druckstocks als Darstellung gelten soll.

Die Grösse der Darstellung darf 33 cm in der Höhe und 25 cm in der Breite nicht übersteigen. Grössere Darstellungen, wie Plakate u. dergl., werden als Probestücke behandelt. In diesem Falle sind entweder Ausführungen in kleinerem Massstab nachzureichen, oder es ist zu erklären, dass der Abdruck des Druckstocks als Darstellung gelten soll.

Die Darstellung darf nur einseitig bedruckt sein.

Bei Zeichen, die ausschliesslich in Wörtern bestehen, kann die Beifügung der Darstellung durch Aufnahme des Wortes in das Gesuch und die Erklärung ersetzt werden, dass der Abdruck des Druckstocks als Darstellung gelten soll.

§. 4. Dem Gesuch ist ein Verzeichniss der Waaren, für die das Zeichen bestimmt ist, in zwei Ausfertigungen beizufügen. Ist das Verzeichniss von geringem Umfang, so kann es in das Gesuch aufgenommen werden.

Das Waarenverzeichniss darf nur die in den betheiligten Verkehrskreisen gebräuchlichen Waarennamen aufführen.

§. 5. Eine Beschreibung des Zeichens ist, wenn der Anmelder sie für erforderlich hält, oder wenn das Patentamt sie erfordert, dem Gesuch in zwei Ausfertigungen beizufügen.

§. 6. Unter der gleichen Voraussetzung sind Modelle und Probestücke der mit dem Zeichen versehenen Waare, sowie Nachbildungen des Zeichens in der Form, wie es im Verkehr verwendet wird, und zwar in einer Ausführung vorzulegen. Gegenstände, die leicht beschädigt werden können, sind in festen Hüllen einzureichen. Gegenstände von kleinerem Umfange sind auf steifem Papier zu befestigen.

§. 7. Zugleich mit der Anmeldung oder auf spätere Aufforderung ist ein für die Vervielfältigung des Zeichens bestimmter Druckstock einzureichen, der das Zeichen in allen wesentlichen Theilen, einschliesslich der Inschriften, deutlich und sauber wiedergiebt. Auch bei Zeichen, die ausschliesslich in Wörtern bestehen, ist ein Druckstock erforderlich.

Der Druckstock muss ein Holzschnitt, eine Zinkätzung oder ein Galvano sein und eine Schrifthöhe von 2,4 cm besitzen.

Seine Grösse darf 6,5 cm in Höhe und Breite nicht übersteigen. In Ausnahmefällen kann, falls die Deutlichkeit es nach dem Ermessen des Patentamts erfordert, eine grössere Ausführung zugelassen werden.

Der Druckstock muss in allen Fällen aus einem Stück bestehen.

Soll ein Zeichen mehrfach eingetragen werden, so ist für jede Eintragung ein besonderer Druckstock einzureichen.

Auf Antrag kann die Anfertigung des Druckstocks oder die Nachbildung eines schon vorhandenen Druckstocks auf Kosten des Anmelders durch das Patentamt veranlasst werden.

Ein mittels des Druckstocks gefertigter Abdruck des Zeichens ist in zwei Ausführungen beizufügen.

§. 8. Die Anlagen des Gesuchs, insbesondere auch Modelle, Probestücke, Nachbildungen und der Druckstock, müssen mit einer ihre Zugehörigkeit zur Anmeldung kennzeichnenden Aufschrift versehen sein.

Schriftstücke, die zur Mittheilung an andere Personen bestimmt sind, sind in der dazu erforderlichen Zahl von Ausfertigungen einzureichen.

Zu allen Schriftstücken ist dauerhaftes, nicht durchscheinendes, weisses Papier, zu Schriftstücken, die Anträge enthalten oder die Anmeldung selbst betreffen, Papier in der Seitengrösse von 33 cm zu 21 cm zu verwenden.

Alle Schriftstücke müssen leicht lesbar sein. Die Schriftzüge müssen in dunkler Farbe ausgeführt sein. Schriftstücke, die mittels der Schreibmaschine hergestellt sind, müssen deutliche Druckzeichen und zwischen den einzelnen Buchstaben, Worten und Zeilen einen angemessenen Zwischenraum aufweisen.

Auf den später eingereichten Anmeldestücken ist der Name des Anmelders und das Aktenzeichen anzugeben.

10. Gesetz zur Bekämpfung des unlauteren Wettbewerbes.

Vom 27. Mai 1896. (R.G.Bl. 145).

§. 1.

Unwahre Anpreisung: Anspruch auf Unterlassung und Schadensersatz.

Wer in öffentlichen Bekanntmachungen oder in Mittheilungen, welche für einen grösseren Kreis von Personen bestimmt sind, über geschäftliche Verhältnisse, insbesondere über die Beschaffenheit, die Herstellungsart oder die Preisbemessung von Waaren oder gewerblichen Leistungen, über die Art des Bezuges oder die Bezugsquelle von Waaren, über den Besitz von Auszeichnungen, über den Anlass oder den Zweck des Verkaufs unrichtige Angaben thatsächlicher Art macht, welche geeignet sind, den Anschein eines besonders günstigen Angebots hervorzurufen, kann auf Unterlassung der unrichtigen Angaben in Anspruch genommen werden. Dieser Anspruch kann von jedem Gewerbetreibenden, der Waaren oder Leistungen gleicher oder verwandter Art herstellt oder in den geschäftlichen Verkehr bringt, oder von Verbänden zur Förderung gewerblicher Interessen geltend gemacht werden, soweit die Verbände als solche in bürgerlichen Rechtsstreitigkeiten klagen können.

Neben dem Anspruch auf Unterlassung der unrichtigen Angaben haben die vorerwähnten Gewerbetreibenden auch Anspruch auf Ersatz des durch die unrichtigen Angaben verursachten Schadens gegen denjenigen, der die Angaben gemacht hat, falls dieser ihre Unrichtigkeit kannte oder kennen musste. Der Anspruch auf Schadensersatz kann gegen Redakteure, Verleger, Drucker oder Verbreiter von periodischen Druckschriften nur geltend gemacht werden, wenn dieselben die Unrichtigkeit der Angaben kannten.

Die Verwendung von Namen, welche nach dem Handelsgebrauch zur Benennung gewisser Waaren dienen, ohne deren Herkunft bezeichnen zu sollen, fällt unter die vorstehenden Bestimmungen nicht.

Im Sinne der Bestimmungen des Absatzes 1 und 2 sind den Angaben thatsächlicher Art bildliche Darstellungen und sonstige Veranstaltungen gleich zu achten, die darauf berechnet und geeignet sind, solche Angaben zu ersetzen.

Unter Waaren im Sinne dieses Gesetzes sind auch landwirthschaftliche Erzeugnisse, unter gewerblichen Leistungen auch landwirthschaftliche zu verstehen.

Zu §. 1.

I. **Verhältnis zu §. 4.** In §. 4, welcher die Strafvorschrift enthält, sind nicht als Gegenstand der Bekanntmachung oder Mitteilung allgemein „geschäftliche Verhältnisse" genannt, sondern allein die in §. 1 als Beispiele aufgeführten Verhältnisse.

II. **Thatbestandsmerkmale des §. 1.**

a. **Öffentliche Bekanntmachung** ist eine solche, die geeignet ist, zur Kenntnis einer unbestimmten Mehrheit von Personen zu kommen. So z. B. eine Zeitungsanzeige oder ein Anschlag.

b. **Preisbemessung** ist nicht immer gleichbedeutend mit innerem Wert (R.G. in Strfs. I, 268).

c. **Waren** vgl. H.G.B. §. 1 Anm. III C Ziff. 1d und Wettbewerbsges. §. 1 Abs. 5. Gewerbetreibender vgl. H.G.B. §. 1 Anm. II E, III A.

d. **Bezugsquelle.** So z. B. Angaben darüber, daß die Waren aus einer Konkursmasse herrühren (vgl. R.G. in Strfs. IX, 172). — Über täuschende Herkunftsbezeichnungen vgl. Waren=

Zuständiges Gericht. §. 2.

Für Klagen auf Grund des §. 1 ist ausschliesslich zuständig das Gericht, in dessen Bezirk der Beklagte seine gewerbliche Niederlassung oder in Ermangelung einer solchen seinen Wohnsitz hat. Für Personen, welche im Inlande weder eine gewerbliche Niederlassung noch einen Wohnsitz haben, ist ausschliesslich zuständig das Gericht des inländischen Aufenthaltsortes, oder wenn ein solcher nicht bekannt ist, das Gericht, in dessen Bezirk die Handlung begangen ist.

Einstweilige Verfügungen. §. 3.

Zur Sicherung des im §. 1 Absatz 1 bezeichneten Anspruchs können einstweilige Verfügungen erlassen werden, auch wenn die in den §§. [814, 819] *935*, *940* der Civilprozessordnung bezeichneten Voraussetzungen nicht zutreffen. Zuständig ist auch das Amtsgericht, in dessen Bezirk die den Anspruch begründende Handlung begangen ist; im Uebrigen finden die Vorschriften des §. [820] *942 Abs. 1*, *3*, *4* der Civilprozessordnung Anwendung.

§. 4.

Unwahre Anpreisung: Strafvorschrift.

Wer in der Absicht, den Anschein eines besonders günstigen Angebots hervorzurufen, in öffentlichen Bekanntmachungen oder in Mittheilungen, welche für einen grösseren Kreis von Personen bestimmt sind, über die Beschaffenheit, die Herstellungs-

---

zeichenges. §. 16 und Wettbewerbsges. §. 1 Abs. 3. Ortsbezeichnungen, welche nicht die Herkunft kennzeichnen (§. 1 Abs. 3), vgl. Warenzeichenges. §. 16 Abs. 2.

e. **Auszeichnung** ist z. B. eine Medaille oder das Diplom einer Ausstellung; ebenso die Bezeichnung als privilegiert; es genügt auch, wenn nur das Recht, sich der Auszeichnung zu bedienen, mit letzterer verbunden ist (R.G. in Strfs. XXX, 412).

f. **Zweck des Verkaufs.** Hierbei ist namentlich auch an die Ankündigung als „Ausverkauf" gedacht, d. h. einer Veräußerung der vorhandenen Vorräte zum Zwecke der Beendigung, sei es des Geschäftsbetriebes im ganzen, sei es des Verkaufs einer gewissen Warengattung; der Begriff des Ausverkaufs wird jedoch nicht dadurch ausgeschlossen, daß geringe Neuankäufe einzelner auszuverkaufender Warenposten behufs Förderung des ganzen Ausverkaufs stattfinden (R.G. in Strfs. XXX, 259).

g. **Angabe.** Nur Angaben t h a t s ä c h l i c h e r Art im Gegensatz zu U r t e i l e n sind getroffen. Vgl. Abs. 4.

III. **Anspruch auf Unterlassung.** Hierüber bestimmt Abs. 1. Der Kreis derjenigen, welche diesen Anspruch erheben können, ist größer als derjenige der Schadensersatzberechtigten.

IV. **Anspruch auf Schadensersatz.** Hierüber bestimmt Abs. 2. Schadensersatz vgl. B.G. §§. 249 ff. Unter „kennen müssen" wird diejenige Fahrlässigkeit (B.G. §. 122 Abs. 2) verstanden, durch welche der Angebende sich der Erwägung der ihm bekannten Umstände, nach welchen sich ihm notwendig die Überzeugung von der Unrichtigkeit der Angabe aufdrängen mußte, schuldhaft entzogen hat (vgl. R.G. in Strfs. II, 143, VII, 87). Eine Beschädigung des Vermögens liegt in einer Einbuße an demjenigen Erfolge des Gewerbebetriebes, der ohne widerrechtliche Störung der Rechtsordnung aus der naturgemäßen Wirkung getroffener gewerblicher Veranstaltungen regelmäßig erwartet werden kann (R.G. XXXVIII, 171).

Zu §. 2.

Niederlassung vgl. H.G.B. §. 13 Anm. Ib.

art oder die Preisbemessung von Waaren oder gewerblichen Leistungen, über die Art des Bezuges oder die Bezugsquelle von Waaren, über den Besitz von Auszeichnungen, über den Anlass oder den Zweck des Verkaufs wissentlich unwahre und zur Irreführung geeignete Angaben thatsächlicher Art macht, wird mit Geldstrafe bis zu eintausendfünfhundert Mark bestraft.

Ist der Thäter bereits einmal wegen einer Zuwiderhandlung gegen die vorstehende Vorschrift bestraft, so kann neben oder statt der Geldstrafe auf Haft oder auf Gefängniss bis zu sechs Monaten erkannt werden; die Bestimmungen des §. 245 des Strafgesetzbuchs finden entsprechende Anwendung.

§. 5. Verhütung von Mengeverschleierung.

Durch Beschluss des Bundesraths kann festgesetzt werden, dass bestimmte Waaren im Einzelverkehr nur in vorgeschriebenen Einheiten der Zahl, der Länge und des Gewichts oder mit einer auf der Waare oder ihrer Aufmachung anzubringenden Angabe über Zahl, Länge oder Gewicht gewerbsmässig verkauft oder feilgehalten werden dürfen.

Für den Einzelverkehr mit Bier in Flaschen oder Krügen kann die Angabe des Inhaltes unter Festsetzung angemessener Fehlergrenzen vorgeschrieben werden.

Die durch Beschluss des Bundesraths getroffenen Bestimmungen sind durch das Reichs-Gesetzblatt zu veröffentlichen und dem Reichstag sogleich oder bei seinem nächsten Zusammentritt vorzulegen.

Zuwiderhandlungen gegen die Bestimmungen des Bundesraths werden mit Geldstrafe bis einhundertundfünfzig Mark oder mit Haft bestraft.

§. 6.
Betrieb- oder kreditschädigende nicht erweislich wahre Behauptung.

Wer zu Zwecken des Wettbewerbes über das Erwerbsgeschäft eines Anderen, über die Person des Inhabers oder Leiters des Geschäfts, über die Waaren oder

---

Zu §. 4.

Vgl. §. 1 Anm. I, II. Wenn auch in §. 4 die in §. 1 Abs. 4 enthaltene Gleichstellung der Angaben mit den solche ersetzenden bildlichen Darstellungen und sonstigen Veranstaltungen absichtlich nicht wiederholt ist, so ist bei Auslegung des Zwecks oder der Bedeutung einer Wortangabe thatsächlicher Art doch auch die beigefügte Abbildung zu berücksichtigen (R.G. in Strss. XXX, 413). — Der §. 245 St.G.B. lautet:

„Die Bestimmungen des §. 244" (betreffend Diebstahls-Rückfall nach wiederholtem Diebstahl, Raub, Hehlerei) „finden Anwendung, auch wenn die früheren Strafen nur teilweise verbüßt oder ganz oder teilweise erlassen sind, bleiben jedoch ausgeschlossen, wenn seit der Verbüßung oder dem Erlasse der letzten Strafe bis zur Begehung des neuen Diebstahls zehn Jahre verflossen sind."

Zu §. 6.

Schädigung des Geschäftsbetriebes: entsprechende Strafandrohung in §. 7 Wettbewerbsges.; Schädigung des Kredits: entsprechende Strafandrohung in §. 187 St.G.B. Vgl. auch B.G. §. 824:

„Wer der Wahrheit zuwider eine Thatsache behauptet oder verbreitet, die geeignet ist, den Kredit eines Anderen zu gefährden oder sonstige Nachteile für dessen Erwerb oder Fortkommen herbeizuführen, hat dem Anderen den daraus entstehenden Schaden auch dann zu ersetzen, wenn er die Unwahrheit zwar nicht kennt, aber kennen muß.

gewerblichen Leistungen eines Anderen Behauptungen thatsächlicher Art aufstellt oder verbreitet, welche geeignet sind, den Betrieb des Geschäfts oder den Kredit des Inhabers zu schädigen, ist, sofern die Behauptungen nicht erweislich wahr sind, dem Verletzten zum Ersatze des entstandenen Schadens verpflichtet. Auch kann der Verletzte den Anspruch geltend machen, dass die Wiederholung oder Verbreitung der Behauptungen unterbleibe.

Die Bestimmungen des ersten Absatzes finden keine Anwendung, wenn der Mittheilende oder der Empfänger der Mittheilung an ihr ein berechtigtes Interesse hat.

Betriebschädigende Verleumdung. §. 7.

Wer wider besseres Wissen über das Erwerbsgeschäft eines Anderen, über die Person des Inhabers oder Leiters des Geschäfts, über die Waaren oder gewerblichen Leistungen eines Anderen unwahre Behauptungen thatsächlicher Art aufstellt oder verbreitet, welche geeignet sind, den Betrieb des Geschäfts zu schädigen, wird mit Geldstrafe bis zu eintausendfünfhundert Mark oder mit Gefängniss bis zu einem Jahre bestraft.

§. 8.

Herbeiführung von Namen-, Firmen-, Geschäftsbezeichnungs-Verwechselung.

Wer im geschäftlichen Verkehr einen Namen, eine Firma oder die besondere Bezeichnung eines Erwerbsgeschäfts, eines gewerblichen Unternehmens oder einer Druckschrift in einer Weise benutzt, welche darauf berechnet und geeignet ist, Ver-

---

Durch eine Mitteilung, deren Unwahrheit dem Mitteilenden unbekannt ist, wird dieser nicht zum Schadensersatze verpflichtet, wenn er oder der Empfänger der Mitteilung an ihr ein berechtigtes Interesse hat."

Eine auf §. 6 gestützte Klage ist eine vermögensrechtliche im Sinne des Gerichtskostengesetzes (R.G. XL, 413).

Zu §. 7.

Die Strafandrohungen des §. 187 St.G.B. (Geeignetsein zur Kreditgefährdung) und des §. 7 Wettbewerbsges. (Geeignetsein zur Geschäftsbetriebsschädigung) stehen selbständig nebeneinander, keine schließt die andere ein; verstößt eine Handlung gegen beide, so liegt Idealkonkurrenz vor (R.G. in Strff. XXXI, 84). — Die in §. 7 bedrohten Handlungen fallen nicht notwendig unter den Begriff der Beleidigung; daher ist auf den Thatbestand des §. 7 als solchen nicht §. 193 St.G.B. anwendbar (R.G. in Strff. XXXI, 66). Für die Anwendung des §. 7 ist der Zweck der Handlung unerheblich; er ist anwendbar, gleichgiltig ob die bewußt falsche Behauptung innerhalb oder außerhalb des geschäftlichen Verkehrs, insbesondere zu Zwecken des Wettbewerbs, aufgestellt, und an wen sie gerichtet ist (R.G. in Strff. XXXI, 65, 87). Das „Verbreiten" umfaßt jede, auch vertrauliche Mitteilung, auch wenn nicht die Absicht besteht, die Mitteilung an weitere Kreise gelangen zu lassen (R.G. in Strff. XXXI, 66). Waren eines anderen sind auch diejenigen, welche der andere für sein Geschäft gekauft hat, selbst wenn das Eigentum noch nicht auf ihn übergegangen ist (R.G. in Strff. XXXI, 67). Eine Behauptung über das Erwerbsgeschäft liegt auch in einer Behauptung über ein erhebliches einzelnes Vorkommnis im Geschäft (R.G. in Strff. XXXI, 67). Strafbarkeit tritt nur ein, wenn der Thäter sich bewußt ist, daß die Behauptung geeignet ist, den Geschäftsbetrieb des anderen zu schädigen; thatsächliche Schädigung braucht nicht einzutreten (R.G. in Strff. XXXI, 68). Soweit der Thatbestand des §. 7 ein weiterer ist als derjenige des §. 6, sind für die Verpflichtung zur Leistung von Schadensersatz die allgemeinen Grundsätze des B.G. (vgl. B.G. §. 824) maßgebend (R.G. in Strff. XXXI, 89).

wechselungen mit dem Namen, der Firma oder der besonderen Bezeichnung hervorzurufen, deren sich ein Anderer befugterweise bedient, ist diesem zum Ersatze des Schadens verpflichtet. Auch kann der Anspruch auf Unterlassung der missbräuchlichen Art der Benutzung geltend gemacht werden.

§. 9.

Verletzung von Geschäfts- oder Betriebsgeheimnissen.

Mit Geldstrafe bis zu dreitausend Mark oder mit Gefängniss bis zu einem Jahre wird bestraft, wer als Angestellter, Arbeiter oder Lehrling eines Geschäftsbetriebes Geschäfts- oder Betriebsgeheimnisse, die ihm vermöge des Dienstverhältnisses anvertraut oder sonst zugänglich geworden sind, während der Geltungsdauer des Dienstverhältnisses unbefugt an Andere zu Zwecken des Wettbewerbes oder in der Absicht, dem Inhaber des Geschäftsbetriebes Schaden zuzufügen, mittheilt.

Gleiche Strafe trifft denjenigen, welcher Geschäfts- oder Betriebsgeheimnisse, deren Kenntniss er durch eine der im Absatz 1 bezeichneten Mittheilungen oder durch eine gegen das Gesetz oder die guten Sitten verstossende eigene Handlung erlangt hat, zu Zwecken des Wettbewerbes unbefugt verwerthet oder an Andere mittheilt.

Zuwiderhandlungen verpflichten ausserdem zum Ersatze des entstandenen Schadens. Mehrere Verpflichtete haften als Gesammtschuldner.

Zu §. 8.

I. **Namen.** Vgl. Warenzeichenges. (oben VI 8) §. 14 Anm. I d; über das Verhältnis beider Bestimmungen zu einander R.G. in Strfs. XXIX, 333. Wer nur im Ausland eine Hauptniederlassung besitzt, kann, selbst wenn die Vorbedingung des §. 16 gegeben ist, den Schutz eines Namenrechts in Deutschland nur dann beanspruchen, wenn im Staat der Hauptniederlassung sein Namenrecht geschützt ist (R.G. XL, 65).

II. **Firma.** Vgl. H.G.B. §. 17 Anm. II, III.

III. **Geschäftsbezeichnung.** Vgl. H.G.B. §. 17 Anm. III a.

IV. **Berechnet und geeignet.** Sowohl der Wille des Benutzers, wie eine gewisse sachliche Beschaffenheit der Benutzung werden erfordert. Bei wiederholter Benutzung schließt das Vorhandensein des guten Glaubens bei der ersten Benutzung nicht aus, daß bei einer späteren Benutzung dennoch der Wille, Verwechselungen hervorzurufen, vorhanden ist (R.G. XLI, 84). Eine vor Inkrafttreten des Wettbewerbsgesetzes angefangene mißbräuchliche Benutzung darf fortgesetzt werden, wenn sie bei Inkrafttreten des Gesetzes bereits aufgehört hatte, zur Hervorrufung von Verwechselungen geeignet zu sein (R.G. XL, 22).

Zu §. 9.

I. **Während der Dauer des Dienstverhältnisses.** Die Bestimmung des Abs. 1 ist beschränkt auf die Zeit während der Geltungsdauer des Dienstverhältnisses, der Abs. 2 enthält keine Zeitbeschränkung. Ein Vertrag, durch welchen das Verbot des Abs. 1 auch auf die Zeit nach Beendigung des Dienstverhältnisses ausgedehnt wird, fällt nicht unter H.G.B. §§. 74, 75 (H.G.B. §. 74 Anm. IV).

II. **Arbeiter** eines Geschäftsbetriebes ist wer in einem vertragsmäßigen Dienstverhältnis steht, infolge dessen er dem Geschäftsherrn seine Arbeitskraft (nicht etwa bloß eine oder einzelne besondere Arbeitsverrichtungen) zu Gebote stellt zur Verrichtung von Dienstleistungen, welche in Arbeiten des Geschäftsbetriebes bestehen (R.G. in Strfs. XIV, 265).

III. **Angestellter** vgl. H.G.B. §. 59 Anm. I f.

IV. **Geschäfts- oder Betriebsgeheimnis.** Als Geheimnis sind nicht bloß solche Vorkommnisse anzusehen, deren Geheimhaltung der Geschäftsherr ausdrücklich zur Pflicht macht;

§. 10.

Unternommene Verleitung zur Geheimnisverletzung.

Wer zum Zweck des Wettbewerbes es unternimmt, einen Anderen zu einer unbefugten Mittheilung der im §. 9 Absatz 1 bezeichneten Art zu bestimmen, wird mit Geldstrafe bis zu zweitausend Mark oder mit Gefängniss bis zu neun Monaten bestraft.

Verjährung. §. 11.

Die in den §§. 1, 6, 8, 9 bezeichneten Ansprüche auf Unterlassung oder Schadensersatz verjähren in sechs Monaten von dem Zeitpunkt an, in welchem der Anspruchsberechtigte von der Handlung und von der Person des Verpflichteten Kenntniss erlangt, ohne Rücksicht auf diese Kenntniss in drei Jahren von der Begehung der Handlung an.

Für die Ansprüche auf Schadensersatz beginnt der Lauf der Verjährung nicht vor dem Zeitpunkt, in welchem ein Schaden entstanden ist.

Strafantrag. Verfahren. §. 12.

Die Strafverfolgung tritt mit Ausnahme der im §. 5 bezeichneten Fälle nur auf Antrag ein. In den Fällen des §. 4 hat das Recht den Strafantrag zu stellen, jeder der im §. 1 Absatz 1 bezeichneten Gewerbetreibenden und Verbände.

Die Zurücknahme des Antrages ist zulässig.

Strafbare Handlungen, deren Verfolgung nur auf Antrag eintritt, können von den zum Strafantrage Berechtigten im Wege der Privatklage verfolgt werden, ohne dass es einer vorgängigen Anrufung der Staatsanwaltschaft bedarf. Die öffentliche

---

vielmehr kann sich die gleiche Pflicht auch aus den Umständen und insbesondere dem erkennbaren Interesse des Geschäftsherrn an der Geheimhaltung ergeben; auch braucht ein Gegenstand bloß dadurch, daß er gewissen Personen bekannt ist, nicht von der Pflicht zur Geheimhaltung gegenüber anderen Personen ausgenommen zu sein (R.G. in Strss. XXIX, 430). Geschäftsgeheimnisse zum Unterschied von Betriebsgeheimnissen sind diejenigen, welche wesentlich kaufmännische Angelegenheiten betreffen; jedes derartige Geheimnis ist unter den Voraussetzungen des §. 9 schutzberechtigt, so z. B. im allgemeinen der Inhalt der Bücher (wenn auch nicht jede Einzelheit) und insbesondere das Ergebnis des Jahresabschlusses (R.G. in Strss. XXIX, 430). Die verratene Thatsache braucht nicht vollständig neu zu sein; es genügt, daß sie zu der Zeit des Verrats ausschließlich in einem bestimmten Betriebe (oder in bestimmten einzelnen Betrieben) bekannt ist; hiernach ist auch eine in früherer Zeit stattgehabte Verwendung unerheblich, wenn sie zur Zeit des Verrats außer Gebrauch gekommen und in Vergessenheit geraten war (R.G. in Strss. XXXI, 91). Die Mitteilung des Geheimnisses ist strafbar nach §. 9 auch wenn sie in der Übermittelung eines geheimen Musters oder Modells liegt (R.G. in Strss. XXXI, 92).

V. **Wettbewerbszweck oder Absicht der Schadenszufügung.** Die Schadenszufügung braucht nicht durch Wettbewerb zu erfolgen (R.G. in Strss. XXIX, 428). Das Bewußtsein der Möglichkeit einer Schadenszufügung genügt nicht (R.G. in Strss. XXIX, 433).

VI. **Art der Kenntniserlangung.** Der §. 9 Abs. 2 ist nicht entsprechend anwendbar, wenn die Kenntnis in anderer als der dort angegebenen Weise erlangt ist, so z. B. nicht, wenn sie auf versehentlicher Mitteilung des Geschäftsinhabers oder versehentlicher Öffnung eines für diesen bestimmten Briefs beruht; unerheblich ist, ob die Ausnutzung der ohne unsittliche eigene Handlung erlangten Kenntnis einen Verstoß gegen die guten Sitten enthält (R.G. in Strss. XXX, 252).

Zu §. 12.

In einer Zuwiderhandlung gegen §. 9 Abs. 2 liegt an sich keine „Beteiligung" (St.G.B. §. 63) an der Zuwiderhandlung einer anderen Person gegen §. 9 Abs. 1; gegen jede der

Klage wird von der Staatsanwaltschaft nur dann erhoben, wenn dies im öffentlichen Interesse liegt.

Geschieht die Verfolgung im Wege der Privatklage, so sind die Schöffengerichte zuständig.

§. 13. **Bekanntmachung der Entscheidung.**

Wird in den Fällen des §. 4 auf Strafe erkannt, so kann angeordnet werden, dass die Verurtheilung auf Kosten des Schuldigen öffentlich bekannt zu machen sei.

Wird in den Fällen des §. 7 auf Strafe erkannt, so ist zugleich dem Verletzten die Befugniss zuzusprechen, die Verurtheilung innerhalb bestimmter Frist auf Kosten des Verurtheilten öffentlich bekannt zu machen.

Auf Antrag des freigesprochenen Angeschuldigten kann das Gericht die öffentliche Bekanntmachung der Freisprechung anordnen; die Staatskasse trägt die Kosten, insofern dieselben nicht dem Anzeigenden oder dem Privatkläger auferlegt worden sind.

Ist in den Fällen der §§. 1, 6 und 8 auf Unterlassung Klage erhoben, so kann in dem Urtheile der obsiegenden Partei die Befugniss zugesprochen werden, den verfügenden Theil des Urtheils innerhalb bestimmter Frist auf Kosten der unterliegenden Partei öffentlich bekannt zu machen.

Die Art der Bekanntmachung ist im Urtheil zu bestimmen.

§. 14. **Buße.**

Neben einer nach Massgabe dieses Gesetzes verhängten Strafe kann auf Verlangen des Verletzten auf eine an ihn zu erlegende Busse bis zum Betrage von zehntausend Mark erkannt werden. Für diese Busse haften die zu derselben Verurtheilten als Gesammtschuldner. Eine erkannte Busse schliesst die Geltendmachung eines weiteren Entschädigungsanspruchs aus.

§. 15.

Kammer für Handelssachen. Reichsgericht.

Bürgerliche Rechtsstreitigkeiten, in welchen durch Klage ein Anspruch auf Grund dieses Gesetzes geltend gemacht ist, gehören, insoweit in erster Instanz die Zuständigkeit der Landgerichte begründet ist, vor die Kammer für Handelssachen. Die Verhandlung und Entscheidung letzter Instanz im Sinne des §. 8 des Einführungsgesetzes zum Gerichtsverfassungsgesetze wird dem Reichsgericht zugewiesen.

§. 16.

Mangel inländischer Hauptniederlassung.

Wer im Inlande eine Hauptniederlassung nicht besitzt, hat auf den Schutz dieses Gesetzes nur insoweit Anspruch, als in dem Staate, in welchem seine Hauptniederlassung sich befindet, nach einer im Reichs-Gesetzblatt enthaltenen Bekanntmachung deutsche Gewerbetreibende einen entsprechenden Schutz geniessen.

§. 17. **Zeitpunkt des Inkrafttretens.**

Dieses Gesetz tritt am 1. Juli 1896 in Kraft.

---

beiden Personen muß daher Strafantrag gestellt sein, um die Verfolgung gegen beide zu ermöglichen (R.G. in Strfſ. XXXI, 94).

Zu §. 16.

Solche Bekanntmachungen sind bis 1. Januar 1900 nicht ergangen. Daher besteht z. B. für Großbritannische Staatsangehörige kein Schutz aus diesem Gesetz (R.G. XL, 63).

VII. Gesellschaftsrecht.

1. Gesetz, betreffend die Erwerbs- und Wirthschaftsgenossenschaften.

Vom 1. Mai 1889.

(In der Fassung der Bekanntmachung des Reichskanzlers v. 20. Mai 1898, R.G.Bl. 810).

Erster Abschnitt.

Errichtung der Genossenschaft.

§. 1.

Erwerb des Rechts als Eingetragene Genossenschaft.

Gesellschaften von nicht geschlossener Mitgliederzahl, welche die Förderung des Erwerbes oder der Wirthschaft ihrer Mitglieder mittelst gemeinschaftlichen Geschäftsbetriebes bezwecken (Genossenschaften), namentlich:

1. Vorschuss- und Kreditvereine,
2. Rohstoffvereine,
3. Vereine zum gemeinschaftlichen Verkaufe landwirthschaftlicher oder gewerblicher Erzeugnisse (Absatzgenossenschaften, Magazinvereine),

---

Vorbemerkung.

In der Bekanntmachung des Reichskanzlers v. 20. Mai 1898 sind ohne gesetzliche Ermächtigung ausgelassen worden die in §§. 153—170, 172 Ges. v. 1. Mai 1889 (R.G.Bl. 55) enthaltenen Schluß- und Übergangsbestimmungen. Letztere sind unten VII 2 abgedruckt. — Unter den einzelnen Paragraphen der im Text abgedruckten Fassung von 1898 ist verwiesen auf die Bestimmungen, aus denen die neue Fassung sich herleitet, und ferner auf die entsprechenden Bestimmungen für Aktiengesellschaften.

Zu §. 1.

I. **Vorbehalt für Landesgesetze** enthält E.G. z. B.G.

Art. 165. „In Kraft bleiben die Vorschriften der bayerischen Gesetze, betreffend die privatrechtliche Stellung der Vereine sowie der Erwerbs- und Wirtschaftsgesellschaften, vom 29. April 1869 in Ansehung derjenigen Vereine und registrierten Gesellschaften, welche auf Grund dieser Gesetze zur Zeit des Inkrafttretens des Bürgerlichen Gesetzbuchs bestehen.“ Hierzu vgl. Bairische Ausführungsbestimmung unten X 3 a, b.

Art. 166. „In Kraft bleiben die Vorschriften des sächsischen Gesetzes vom 15. Juni 1868, betreffend die juristischen Personen in Ansehung derjenigen Personenvereine, welche zur Zeit des Inkrafttretens des Bürgerlichen Gesetzbuchs die Rechtsfähigkeit durch Eintragung in das Genossenschaftsregister erlangt haben.“

II. **Begriff der Genossenschaft.**

a. **Gesellschaft von nicht geschlossener Mitgliederzahl.** Die Genossenschaft ist keine Gesellschaft, sondern ein Verein im Sinne des Bürgerlichen Gesetzbuchs (H.G.B. Buch II Abschn. 3 Vorbem. II). Eine „Genossenschaft“ besteht auch vor der Eintragung,

4. Vereine zur Herstellung von Gegenständen und zum Verkaufe derselben auf gemeinschaftliche Rechnung (Produktivgenossenschaften),
5. Vereine zum gemeinschaftlichen Einkaufe von Lebens- oder Wirthschaftsbedürfnissen im Grossen und Ablass im Kleinen (Konsumvereine),
6. Vereine zur Beschaffung von Gegenständen des landwirthschaftlichen oder gewerblichen Betriebes und zur Benutzung derselben auf gemeinschaftliche Rechnung,
7. Vereine zur Herstellung von Wohnungen,

erwerben die Rechte einer „eingetragenen Genossenschaft" nach Massgabe dieses Gesetzes.

Frühere Fassung §. 1. **Vgl. H.G.B.** §. 210 Abs. 2.

§. 2.

Arten der Haftpflicht bei Genossenschaften.

Die Genossenschaften können errichtet werden:

1. dergestalt, dass die einzelnen Mitglieder (Genossen) für die Verbindlichkeiten der Genossenschaft dieser sowie unmittelbar den Gläubigern derselben mit ihrem ganzen Vermögen haften (eingetragene Genossenschaft mit unbeschränkter Haftpflicht);
2. dergestalt, dass die Genossen zwar mit ihrem ganzen Vermögen, aber nicht unmittelbar den Gläubigern der Genossenschaft verhaftet, vielmehr nur verpflichtet sind, der letzteren die zur Befriedigung der Gläubiger erforderlichen Nachschüsse zu leisten (eingetragene Genossenschaft mit unbeschränkter Nachschusspflicht);
3. dergestalt, dass die Haftpflicht der Genossen für die Verbindlichkeiten der Genossenschaft sowohl dieser wie unmittelbar den Gläubigern gegenüber im Voraus auf eine bestimmte Summe beschränkt ist (eingetragene Genossenschaft mit beschränkter Haftpflicht).

Frühere Fassung §. 2. **Vgl. H.G.B.** §§. 211, 212.

§. 3. Firma.

Die Firma der Genossenschaft muss vom Gegenstande des Unternehmens entlehnt sein und entsprechend der im §. 2 vorgesehenen Art der Genossenschaft die daselbst bestimmte zusätzliche Bezeichnung enthalten.

Der Name von Genossen oder anderen Personen darf in die Firma nicht aufgenommen werden. Jede neue Firma muss sich von allen an demselben Orte oder in derselben Gemeinde bereits bestehenden Firmen eingetragener Genossenschaften deutlich unterscheiden.

Frühere Fassung §. 3. **Vgl. H.G.B.** §§. 20, 30.

---

unterliegt aber bis dahin nicht dem Genossenschaftsgesetz (R.G. XXXIX, 29), sondern den Vorschriften über nicht rechtsfähige Vereine (H.G.B. §. 188 Anm. II b).

b. **Zweck** muß in erster Reihe sein die Förderung des Erwerbes oder der Wirtschaft der Mitglieder mittels gemeinschaftlichen Geschäftsbetriebes. Ausnahmen in §. 8. Ist nur bezweckt, den Mitgliedern durch Geschäfte der Genossenschaft mit Nichtmitgliedern Gewinn zuzuführen, so ist die Eintragung als Genossenschaft unzulässig (Johow XVIII, 27).

Mindestzahl der Genossen. §. 4.

Die Zahl der Genossen muss mindestens sieben betragen.

Frühere Fassung §. 4. Vgl. H.G.B. §. 182 Abs. 1.

Schriftlichkeit der Satzung. §. 5.

Das Statut der Genossenschaft bedarf der schriftlichen Form.

Frühere Fassung §. 5. Vgl. H.G.B. §. 182 Abs. 1.

Notwendiger Inhalt der Satzung. §. 6.

Das Statut muss enthalten:

1. die Firma und den Sitz der Genossenschaft;
2. den Gegenstand des Unternehmens;
3. Bestimmungen über die Form für die Berufung der Generalversammlung der Genossen, sowie für die Beurkundung ihrer Beschlüsse und über den Vorsitz in der Versammlung;
4. Bestimmungen über die Form, in welcher die von der Genossenschaft ausgehenden Bekanntmachungen erfolgen, sowie über die öffentlichen Blätter, in welche dieselben aufzunehmen sind.

Frühere Fassung §. 6. Vgl. H.G.B. §. 182 Abs. 2.

§. 7.

Fernerer notwendiger Inhalt der Satzung.

Das Statut muss ferner bestimmen:

1. ob die Genossen der unbeschränkten Haftpflicht oder nur der unbeschränkten Nachschusspflicht oder der beschränkten Haftpflicht unterliegen sollen;
2. den Betrag, bis zu welchem sich die einzelnen Genossen mit Einlagen betheiligen können (Geschäftsantheil),

   sowie die Einzahlungen auf den Geschäftsantheil, zu welchen jeder Genosse verpflichtet ist; dieselben müssen bis zu einem Gesammtbetrage von mindestens einem Zehntheile des Geschäftsantheils nach Betrag und Zeit bestimmt sein;
3. die Grundsätze für die Aufstellung und die Prüfung der Bilanz;
4. die Bildung eines Reservefonds, welcher zur Deckung eines aus der Bilanz sich ergebenden Verlustes zu dienen hat, sowie die Art dieser Bildung, insbesondere den Theil des jährlichen Reingewinns, welcher in den Reservefonds einzustellen ist, und den Mindestbetrag des letzteren, bis zu dessen Erreichung die Einstellung zu erfolgen hat.

Frühere Fassung §. 7. Vgl. H.G.B. —

Zu §. 7.

„Geschäftsanteil" (§. 7 Ziff. 2) zu unterscheiden von „Geschäftsguthaben" (§. 19 Abs. 1). Verschieden von der Bedeutung des Worts „Geschäftsanteil" im Genossenschaftsgesetz ist die Bedeutung desselben Worts im Ges. betr. Gesellschaften mit beschränkter Haftung (unten VII 7 §. 14 Anm.). — Die in der Satzung enthaltenen Grundsätze für Aufstellung der Bilanz sind maßgebend nur insoweit sie innerhalb des durch zwingende Gesetzesvorschriften gegebenen Rahmens bleiben (R.G. XLIII, 126).

§. 8.

Freiwillige satzungsbedürftige Bestimmungen. Verkehr mit Nichtmitgliedern.

Der Aufnahme in das Statut bedürfen Bestimmungen, nach welchen:

1. die Genossenschaft auf eine bestimmte Zeit beschränkt wird;
2. Erwerb und Fortdauer der Mitgliedschaft an den Wohnsitz innerhalb eines bestimmten Bezirks geknüpft wird;
3. das Geschäftsjahr, insbesondere das erste, auf ein mit dem Kalenderjahre nicht zusammenfallendes Jahr oder auf eine kürzere Dauer, als auf ein Jahr, bemessen wird;
4. über gewisse Gegenstände die Generalversammlung nicht schon durch einfache Stimmenmehrheit, sondern nur durch eine grössere Stimmenmehrheit oder nach anderen Erfordernissen Beschluss fassen kann;
5. die Ausdehnung des Geschäftsbetriebes auf Personen, welche nicht Mitglieder der Genossenschaft sind, zugelassen wird.

Genossenschaften, bei welchen die Gewährung von Darlehen Zweck des Unternehmens ist, dürfen ihren Geschäftsbetrieb, soweit er in einer diesen Zweck verfolgenden Darlehnsgewährung besteht, nicht auf andere Personen ausser den Mitgliedern ausdehnen. Darlehnsgewährungen, welche nur die Anlegung von Geldbeständen bezwecken, fallen nicht unter dieses Verbot.

Als Ausdehnung des Geschäftsbetriebes gilt nicht der Abschluss von Geschäften mit Personen, welche bereits die Erklärung des Beitritts zur Genossenschaft unterzeichnet haben und von derselben zugelassen sind.

Konsumvereine (§. 1 Nr. 5) dürfen im regelmässigen Geschäftsverkehr Waaren nur an ihre Mitglieder oder deren Vertreter verkaufen. Diese Beschränkung findet auf landwirthschaftliche Konsumvereine, welche ohne Haltung eines offenen Ladens die Vermittelung des Bezugs von ihrer Natur nach ausschliesslich für den landwirthschaftlichen Betrieb bestimmten Waaren besorgen, hinsichtlich dieser Waaren keine Anwendung.

Frühere Fassung §. 8, Ges. v. 12. Aug. 1896 Art. 1 Ziff. 1. **Vgl.** H.G.B. §. 292 Ziff. 1, §. 251.

§. 9. **Vorstand und Aufsichtsrat.**

Die Genossenschaft muss einen Vorstand und einen Aufsichtsrath haben.

Die Mitglieder des Vorstandes und des Aufsichtsraths müssen Genossen sein. Gehören der Genossenschaft einzelne eingetragene Genossenschaften als Mitglieder an, oder besteht die Genossenschaft ausschliesslich aus solchen, so können Mitglieder der letzteren in den Vorstand und den Aufsichtsrath berufen werden.

Frühere Fassung §. 9. **Vgl.** H.G.B. §§. 231, 243.

Zu §. 9.

Die Gewählten brauchen nicht schon zur Zeit der Wahl Genossenschafter zu sein; nur können sie nicht vor ihrer Eintragung als Genossen (§. 15 Abs. 3) ein Amt als Mitglieder des Vorstandes oder Aufsichtsrats ausüben; die zu Mitgliedern des Vorstands Gewählten können jedoch bereits vor ihrer Eintragung gleichzeitig die Eintragung ihres Beitritts beantragen und ihre Mitgliedschaft im Vorstand anmelden (Johow XVIII, 33).

Genossenschaftsregister. §. 10.

Das Statut, sowie die Mitglieder des Vorstandes sind in das Genossenschaftsregister bei dem Gerichte einzutragen, in dessen Bezirke die Genossenschaft ihren Sitz hat.

Das Genossenschaftsregister wird bei dem zur Führung des Handelsregisters zuständigen Gerichte geführt.

Frühere Fassung §. 10. Vgl. H.G.B. §. 198.

Anmeldung. §. 11.

Die Anmeldung behufs der Eintragung liegt dem Vorstande ob.

Der Anmeldung sind beizufügen:

1. das Statut, welches von den Genossen unterzeichnet sein muss, und eine Abschrift desselben;
2. eine Liste der Genossen;
3. eine Abschrift der Urkunden über die Bestellung des Vorstandes und des Aufsichtsraths.

Die Mitglieder des Vorstandes haben zugleich ihre Unterschrift vor dem Gerichte zu zeichnen oder die Zeichnung in beglaubigter Form einzureichen.

Die Abschrift des Statuts wird von dem Gerichte beglaubigt und, mit der Bescheinigung der erfolgten Eintragung versehen, zurückgegeben. Die übrigen Schriftstücke werden bei dem Gerichte aufbewahrt.

Frühere Fassung §. 11. Vgl. H.G.B. §. 195.

Bekanntmachung. §. 12.

Das eingetragene Statut ist von dem Gerichte im Auszuge zu veröffentlichen.

Die Veröffentlichung muss enthalten:

1. das Datum des Statuts;
2. die Firma und den Sitz der Genossenschaft;
3. den Gegenstand des Unternehmens;
4. die Form, in welcher die von der Genossenschaft ausgehenden Bekanntmachungen erfolgen, sowie die öffentlichen Blätter, in welche dieselben aufzunehmen sind;
5. die Zeitdauer der Genossenschaft, falls dieselbe auf eine bestimmte Zeit beschränkt ist;
6. das Geschäftsjahr, falls es, abgesehen von dem ersten, auf ein mit dem Kalenderjahre nicht zusammenfallendes Jahr oder auf eine kürzere Dauer, als auf ein Jahr, bemessen ist;

Zu §. 10.

Der §. 125 G.fr.Ger. bestimmt:

„Für die Führung des Handelsregisters sind die Amtsgerichte zuständig.

Durch Anordnung der Landesjustizverwaltung kann die Führung des Registers für mehrere Amtsgerichtsbezirke einem Amtsgericht übertragen werden.“

Nähere Vorschriften über die Führung des Genossenschaftsregisters und sonstige Zuständigkeiten des Registergerichts in Angelegenheiten der Genossenschaften enthalten G.fr.Ger. §§. 147, 148 (abgedr. Bd. I S. 171), Genossenschaftsges. §. 160 Abs. 2, Bekanntmachungen d. Reichskanzlers v. 11. Juli 1889 und 1. Juli 1899 (unten VII 3, 4), und für Preußen die Verfügung d. Justizmin. v. 8. Nov. 1899 (unten IX 4).

7. die Namen und den Wohnort der Mitglieder des Vorstandes.

Zugleich ist bekannt zu machen, dass die Einsicht der Liste der Genossen während der Dienststunden des Gerichts Jedem gestattet ist.

Ist in dem Statut bestimmt, in welcher Form der Vorstand seine Willenserklärungen kundgiebt und für die Genossenschaft zeichnet, so ist auch diese Bestimmung zu veröffentlichen.

Frühere Fassung §. 12. Vgl. H.G.B. §. 199.

§. 13.

Entstehung als Eingetragene Genossenschaft.

Vor der Eintragung in das Genossenschaftsregister ihres Sitzes hat die Genossenschaft die Rechte einer eingetragenen Genossenschaft nicht.

Frühere Fassung §. 13, E.G. z. H.G.B. Art. 10 Ziff. I. Vgl. H.G.B. §. 200.

§. 14.

Anmeldung von Zweigniederlassungen.

Jede Zweigniederlassung muss bei dem Gerichte, in dessen Bezirke sie sich befindet, behufs Eintragung in das Genossenschaftsregister angemeldet werden.

Die Anmeldung hat die im §. 12 vorgeschriebenen Angaben zu enthalten. Derselben sind zwei beglaubigte Abschriften des Statuts und eine durch das Gericht der Hauptniederlassung beglaubigte Abschrift der Liste der Genossen beizufügen. Die Bestimmung im §. 11 Absatz 3 findet Anwendung

Das Gericht hat die eine Abschrift des Statuts, mit der Bescheinigung der erfolgten Eintragung versehen, zurückzugeben und von der Eintragung zu dem Genossenschaftsregister bei dem Gerichte der Hauptniederlassung Mittheilung zu machen.

Frühere Fassung §. 14. Vgl. H.G.B. §§. 13, 201.

§. 15. **Beitrittserklärung.**

Nach der Anmeldung des Statuts zum Genossenschaftsregister bedarf es zum Erwerbe der Mitgliedschaft einer von dem Beitretenden zu unterzeichnenden, unbedingten Erklärung des Beitritts.

Der Vorstand hat die Erklärung im Falle der Zulassung des Beitretenden behufs Eintragung desselben in die Liste der Genossen dem Gerichte (§. 10) einzureichen. Die Eintragung ist unverzüglich vorzunehmen.

Durch die Eintragung, welche auf Grund der Erklärung und deren Einreichung stattfindet, entsteht die Mitgliedschaft des Beitretenden.

Von der Eintragung hat das Gericht den Genossen und den Vorstand zu benachrichtigen. Die Beitrittserklärung wird in Urschrift bei dem Gerichte aufbewahrt. Wird die Eintragung versagt, so hat das Gericht hiervon den Antragsteller unter Rückgabe der Beitrittserklärung und den Vorstand in Kenntniss zu setzen.

Frühere Fassung §. 15. Vgl. H.G.B. —

Zu §. 15.

Das Gesetz schreibt nicht die Datierung der Beitrittserklärung vor (Johow XVIII, 35). Inwieweit die Anfechtung der Beitrittserklärung wegen Willensmängel zulässig, vgl. R.G. XXXVI, 105 und die mit diesem Urteil unvereinbaren, in H.G.B. §. 182 Anm. IIc angeführten Urteile, neuerdings auch R.G. v. 15. März 1899 J.W. 306 Nr. 16. Ein schriftliches,

§. 16.

Satzungsänderung, Fortsetzung trotz Zeitablaufs.

Eine Abänderung des Statuts oder die Fortsetzung einer auf bestimmte Zeit beschränkten Genossenschaft kann nur durch die Generalversammlung beschlossen werden.

Zu einer Abänderung des Gegenstandes des Unternehmens, sowie zur Erhöhung des Geschäftsantheils bedarf es einer Mehrheit von drei Viertheilen der erschienenen Genossen. Das Statut kann noch andere Erfordernisse aufstellen. Zu sonstigen Aenderungen des Statuts bedarf es einer Mehrheit von drei Viertheilen der erschienenen Genossen, sofern nicht das Statut andere Erfordernisse aufstellt.

Auf die Anmeldung und Eintragung des Beschlusses finden die Vorschriften des §. 11 mit der Massgabe entsprechende Anwendung, dass der Anmeldung zwei Abschriften des Beschlusses beizufügen sind. Die Veröffentlichung des Beschlusses findet nur insoweit statt, als derselbe eine der im §. 12 Absatz 2 und 4 bezeichneten Bestimmungen zum Gegenstande hat.

Der Beschluss hat keine rechtliche Wirkung, bevor er in das Genossenschaftsregister des Sitzes der Genossenschaft eingetragen ist.

Frühere Fassung §. 16, E.G. z. H.G.B. Art. 10 Ziff. II. **Vgl.** H.G.B. §§. 274 ff.

Zweiter Abschnitt.

Rechtsverhältnisse der Genossenschaft und der Genossen.

Rechtsfähigkeit, Kaufmannseigenschaft. §. 17.

Die eingetragene Genossenschaft als solche hat selbständig ihre Rechte und Pflichten; sie kann Eigenthum und andere dingliche Rechte an Grundstücken erwerben, vor Gericht klagen und verklagt werden.

Genossenschaften gelten als Kaufleute im Sinne des Handelsgesetzbuchs, soweit dieses Gesetz keine abweichenden Vorschriften enthält.

Frühere Fassung §. 17. **Vgl.** H.G.B. §. 210.

Verhältnis der Satzung zum Gesetz. §. 18.

Das Rechtsverhältniss der Genossenschaft und der Genossen richtet sich zunächst nach dem Statut. Letzteres darf von den Bestimmungen dieses Gesetzes nur insoweit abweichen, als dies ausdrücklich für zulässig erklärt ist.

Frühere Fassung §. 18. **Vgl.** H.G.B. —

---

einer bereits errichteten Genossenschaft erteiltes und von dieser angenommenes Versprechen, der Genossenschaft beitreten zu wollen, berechtigt die Genossenschaft zu der Klage auf Abgabe einer förmlichen Beitrittserklärung (R.G. XL, 48). Nicht aber ein vor Feststellung der wesentlichen Grundlagen der Satzung erteiltes Versprechen (R.G. XXX, 95). Ein formloser Vertrag, der die Übernahme einer Verpflichtung zum Beitritt zum Gegenstande hat, ist nichtig (R.G. XLIII, 139).

Zu §. 16.

Satzungsänderungsbeschlüsse haben, selbst wenn die vorgeschriebenen Mehrheiten erreicht sind, dennoch nicht verbindliche Kraft für alle Genossen, insoweit deren Sonderrechte verletzt sind; so z. B. wenn durch den betreffenden Beschluß einzelne Genossen gegenüber anderen benachteiligt werden (R.G. XXXVIII, 16; vgl. H.G.B. §. 250 Anm. III c 4).

Zu §. 17.

Aus der Eigenschaft der Genossenschaft als Kaufmann (vgl. H.G.B. §. 6 Anm. III) folgt unter anderem auch deren Pflicht zur Beobachtung der allgemeinen Vorschriften des H.G.B. über Aufstellung der Bilanz (R.G. XLIII, 126).

§. 19. **Gewinnanteile.**

Der bei Genehmigung der Bilanz für die Genossen sich ergebende Gewinn oder Verlust des Geschäftsjahres ist auf diese zu vertheilen. Die Vertheilung geschieht für das erste Geschäftsjahr nach dem Verhältniss ihrer auf den Geschäftsantheil geleisteten Einzahlungen, für jedes folgende nach dem Verhältniss ihrer durch die Zuschreibung von Gewinn oder die Abschreibung von Verlust zum Schlusse des vorhergegangenen Geschäftsjahres ermittelten Geschäftsguthaben. Die Zuschreibung des Gewinns erfolgt solange, als nicht der Geschäftsantheil erreicht ist.

Das Statut kann einen anderen Massstab für die Vertheilung von Gewinn und Verlust aufstellen, sowie Bestimmung darüber treffen, inwieweit der Gewinn vor Erreichung des Geschäftsantheils an die Genossen auszuzahlen ist. Bis zur Wiederergänzung eines durch Verlust verminderten Guthabens findet eine Auszahlung des Gewinns nicht statt.

Frühere Fassung §. 19. **Vgl. H.G.B.** §§. 213 ff.

§. 20. **Reservefonds.**

Durch das Statut kann festgesetzt werden, dass der Gewinn nicht vertheilt, sondern dem Reservefonds zugeschrieben wird.

Frühere Fassung §. 20, **Ges. v. 12. Aug. 1896** Art. 1 Ziff. 2. **Vgl. H.G.B.** §. 213.

§. 21. **Zu hohe Einzahlungen. Zinsverbot.**

Für das Geschäftsguthaben werden Zinsen von bestimmter Höhe nicht vergütet, auch wenn der Genosse Einzahlungen in höheren als den geschuldeten Beträgen geleistet hat.

Auch können Genossen, welche mehr als die geschuldeten Einzahlungen geleistet haben, im Falle eines Verlustes andere Genossen nicht aus dem Grunde in Anspruch nehmen, dass von letzteren nur diese Einzahlungen geleistet sind.

Frühere Fassung §. 21. **Vgl. H.G.B.** §. 215.

§. 22. **Befreiungs- und Rückzahlungsverbot.**

Eine Herabsetzung des Geschäftsantheils oder der auf denselben zu leistenden Einzahlungen oder eine Verlängerung der für die letzteren festgesetzten Fristen kann nur unter Beobachtung der Bestimmungen erfolgen, welche für die Vertheilung des Genossenschaftsvermögens im Falle der Auflösung massgebend sind.

Das Geschäftsguthaben eines Genossen darf, solange er nicht ausgeschieden ist, von der Genossenschaft nicht ausgezahlt oder im geschäftlichen Betriebe zum Pfande genommen, eine geschuldete Einzahlung darf nicht erlassen werden.

Gegen die letztere kann der Genosse eine Aufrechnung nicht geltend machen.

Frühere Fassung §. 22. **Vgl. H.G.B.** §. 221.

§. 23. **Haftung der Genossen.**

Für die Verbindlichkeit der Genossenschaft haften die Genossen nach Massgabe dieses Gesetzes.

Zu §. 19.

Unter „der für die Genossen sich ergebende Gewinn" ist der nach dem Beschluß der Generalversammlung (§. 48 Abs. 1) unter die Genossen zu verteilende zu verstehen (R.G. XXXVII, 20).

Wer in die Genossenschaft eintritt, haftet auch für die vor seinem Eintritt eingegangenen Verbindlichkeiten.

Ein den vorstehenden Bestimmungen zuwiderlaufender Vertrag ist ohne rechtliche Wirkung.

Frühere Fassung §. 23, E.G. z. H.G.B. Art. 10 Ziff. III. **Vgl. H.G.B.** --

Dritter Abschnitt.

Vertretung und Geschäftsführung.

I. Vorstand (§§. 24—35).

§. 24.

Vertretungsmacht, Bestellung, Widerruf.

Die Genossenschaft wird durch den Vorstand gerichtlich und aussergerichtlich vertreten.

Der Vorstand besteht aus zwei Mitgliedern und wird von der Generalversammlung gewählt. Durch das Statut kann eine höhere Mitgliederzahl sowie eine andere Art der Bestellung festgesetzt werden.

Die Mitglieder des Vorstandes können besoldet oder unbesoldet sein. Ihre Bestellung ist zu jeder Zeit widerruflich, unbeschadet der Entschädigungsansprüche aus bestehenden Verträgen.

Frühere Fassung §. 24. **Vgl. H.G.B.** §. 231.

Gesamtvertretung. Zeichnung. §. 25.

Der Vorstand hat in der durch das Statut bestimmten Form seine Willenserklärungen kundzugeben und für die Genossenschaft zu zeichnen. Ist nichts darüber bestimmt, so muss die Erklärung und Zeichnung durch sämmtliche Mitglieder des Vorstandes erfolgen. Weniger als zwei Mitglieder dürfen hierfür nicht bestimmt werden.

Die Zeichnung geschieht in der Weise, dass die Zeichnenden zu der Firma der Genossenschaft oder zu der Benennung des Vorstandes ihre Namensunterschrift beifügen.

Frühere Fassung §. 25. **Vgl. H.G.B.** §§. 232, 233.

§. 26.

Unmittelbare Stellvertretung. Legitimation.

Die Genossenschaft wird durch die von dem Vorstande in ihrem Namen geschlossenen Rechtsgeschäfte berechtigt und verpflichtet; es ist gleichgültig, ob das Geschäft ausdrücklich im Namen der Genossenschaft geschlossen worden ist, oder ob die Umstände ergeben, dass es nach dem Willen der Vertragschliessenden für die Genossenschaft geschlossen werden sollte.

Zur Legitimation des Vorstandes Behörden gegenüber genügt eine Bescheinigung des Gerichts (§. 10), dass die darin zu bezeichnenden Personen als Mitglieder des Vorstandes in das Genossenschaftsregister eingetragen sind.

Frühere Fassung §. 26. **Vgl. H.G.B.** —

§. 27.

Beschränkung der Vertretungsbefugnis.

Der Vorstand ist der Genossenschaft gegenüber verpflichtet, die Beschränkungen einzuhalten, welche für den Umfang seiner Befugniss, die Genossenschaft zu vertreten, durch das Statut oder durch Beschlüsse der Generalversammlung festgesetzt sind.

Gegen dritte Personen hat eine Beschränkung der Befugniss des Vorstandes, die Genossenschaft zu vertreten, keine rechtliche Wirkung. Dies gilt insbesondere für den Fall, dass die Vertretung sich nur auf gewisse Geschäfte oder Arten von Geschäften erstrecken oder nur unter gewissen Umständen oder für eine gewisse Zeit oder an einzelnen Orten stattfinden soll oder dass die Zustimmung der Generalversammlung, des Aufsichtsraths oder eines anderen Organs der Genossenschaft für einzelne Geschäfte erfordert ist.

Frühere Fassung §. 27. **Vgl. H.G.B.** §. 235.

§. 28. **Anmeldung.**

Jede Aenderung des Vorstandes, sowie die Beendigung der Vertretungsbefugniss eines Vorstandsmitgliedes ist durch den Vorstand zur Eintragung in das Genossenschaftsregister anzumelden. Eine Abschrift der Urkunden über die Bestellung oder über die Beendigung der Vertretungsbefugniss eines Vorstandsmitgliedes ist der Anmeldung beizufügen und wird bei dem Gericht aufbewahrt.

Die Vorstandsmitglieder haben ihre Unterschrift vor dem Gerichte zu zeichnen oder die Zeichnung in beglaubigter Form einzureichen.

E.G. z. H.G.B. Art. 10 Ziff. IV (**Frühere Fassung** §. 28). **Vgl. H.G.B.** §. 234.

§. 29.

Wirkung der Nichteintragung und Eintragung.

Eine Aenderung des Vorstandes, eine Beendigung der Vertretungsbefugniss eines Vorstandsmitgliedes, sowie eine Aenderung des Statuts rücksichtlich der Form für Willenserklärungen des Vorstandes kann, solange sie nicht in das Genossenschaftsregister eingetragen und öffentlich bekannt gemacht ist, von der Genossenschaft einem Dritten nicht entgegengesetzt werden, es sei denn, dass dieser von der Aenderung oder Beendigung Kenntniss hatte.

Nach der Eintragung und Bekanntmachung muss der Dritte die Aenderung oder Beendigung gegen sich gelten lassen, es sei denn, dass er sie weder kannte noch kennen musste.

Für den Geschäftsverkehr mit einer in das Genossenschaftsregister eingetragenen Zweigniederlassung ist im Sinne dieser Vorschriften die Eintragung und Bekanntmachung durch das Gericht der Zweigniederlassung entscheidend.

E.G. z. H.G.B. Art. 10 Ziff. IV (**Frühere Fassung** §. 29). **Vgl. H.G.B.** §. 15.

§. 30. **Verzeichnis der Genossen.**

Der Vorstand hat ein Verzeichniss der Genossen zu führen und dasselbe mit der Liste in Uebereinstimmung zu halten.

Frühere Fassung §. 30. **Vgl. H.G.B.** —

Zu §. 28.

Auch der nicht eingetragene Vorstand einer eingetragenen Genossenschaft ist vertretungsberechtigt (R.G. IX, 91; vgl. H.G.B. §. 234 Anm. I e).

§. 31.

Anweisung betreffs Mitgliedschaftsnachweis bei Konsumvereinen.

Für Konsumvereine, welche einen offenen Laden haben, hat der Vorstand, um die Beobachtung der Bestimmung des §. 8 Absatz 4 zu sichern, Anweisung darüber zu erlassen, auf welche Weise sich die Vereinsmitglieder oder deren Vertreter den Waarenverkäufern gegenüber zu legitimiren haben. Abschrift der Anweisung hat er der höheren Verwaltungsbehörde, in deren Bezirk die Genossenschaft ihren Sitz hat, unverzüglich einzureichen.

Die höhere Verwaltungsbehörde ist befugt, die Mitglieder des Vorstandes zur Einreichung und nöthigenfalls zur Abänderung oder Ergänzung der Anweisung durch Geldstrafen bis zum Betrage von je dreihundert Mark anzuhalten.

Gegen die Anordnungen und Straffestsetzungen der höheren Verwaltungsbehörde findet binnen zwei Wochen die Beschwerde an die Landeszentralbehörde statt.

Frühere Fassung §. 30a, **Ges. v. 12. Aug. 1896** Art. 1 Ziff. 3. — **Vgl. Ges. v. 12. Aug. 1896** Art. 2 (unten VII 6).

§. 32.

Inhaberwertzeichen oder -anweisungen bei Konsumvereinen.

Von Konsumvereinen oder von Gewerbetreibenden, welche mit solchen wegen Waarenabgabe an die Mitglieder in Verbindung stehen, dürfen Marken oder sonstige nicht auf den Namen lautende Anweisungen oder Werthzeichen, welche anstatt baaren Geldes die Mitglieder zum Waarenbezug berechtigen sollen, nicht ausgegeben werden.

Frühere Fassung §. 30b, **Ges. v. 12. Aug. 1896** Art. 1 Ziff. 3. — **Vgl. Ges. v. 12. Aug. 1896** Art. 2 (unten VII 6).

Buchführung. Veröffentlichungen. §. 33.

Der Vorstand ist verpflichtet, Sorge zu tragen, dass die erforderlichen Bücher der Genossenschaft geführt werden.

Er muss binnen sechs Monaten nach Ablauf jedes Geschäftsjahres die Bilanz desselben, die Zahl der im Laufe des Jahres eingetretenen oder ausgeschiedenen, sowie die Zahl der am Jahresschlusse der Genossenschaft angehörigen Genossen veröffentlichen. Die Bekanntmachung ist zu dem Genossenschaftsregister einzureichen.

Frühere Fassung §. 31. — **Vgl. H.G.B.** §§. 239, 265.

Haftung der Vorstandsmitglieder. §. 34.

Die Mitglieder des Vorstandes haben die Sorgfalt eines ordentlichen Geschäftsmannes anzuwenden.

Mitglieder, welche ihre Obliegenheiten verletzen, haften der Genossenschaft persönlich und solidarisch für den dadurch entstandenen Schaden.

Insbesondere sind sie zum Ersatze der Zahlung verpflichtet, wenn entgegen den Vorschriften in §§. 19, 22 der Gewinn oder das Geschäftsguthaben ausgezahlt wird.

Die Ansprüche auf Grund der vorstehenden Bestimmungen verjähren in fünf Jahren.

Frühere Fassung §. 32. — **Vgl. H.G.B.** §. 241.

§. 35. **Stellvertreter.**

Die für Mitglieder des Vorstandes gegebenen Vorschriften gelten auch für Stellvertreter von Mitgliedern.

Frühere Fassung §. 33. **Vgl. H.G.B.** §. 242.

II. Aufsichtsrat (§§. 36—41).

§. 36. **Bestellung. Widerruf.**

Der Aufsichtsrath besteht, sofern nicht das Statut eine höhere Zahl festsetzt, aus drei von der Generalversammlung zu wählenden Mitgliedern. Die zu einer Beschlussfassung erforderliche Zahl ist durch das Statut zu bestimmen.

Die Mitglieder dürfen keine nach dem Geschäftsergebniss bemessene Vergütung (Tantieme) beziehen.

Die Bestellung zum Mitgliede des Aufsichtsraths kann auch vor Ablauf des Zeitraums, für welchen dasselbe gewählt ist, durch die Generalversammlung widerrufen werden. Der Beschluss bedarf einer Mehrheit von drei Viertheilen der erschienenen Genossen.

Frühere Fassung §. 34. **Vgl. H.G.B.** §§. 243, 245.

§. 37. **Unvereinbare Stellungen.**

Die Mitglieder des Aufsichtsraths dürfen nicht zugleich Mitglieder des Vorstandes oder dauernd Stellvertreter derselben sein, auch nicht als Beamte die Geschäfte der Genossenschaft führen. Nur für einen im Voraus begrenzten Zeitraum kann der Aufsichtsrath einzelne seiner Mitglieder zu Stellvertretern von behinderten Mitgliedern des Vorstandes bestellen; während dieses Zeitraums und bis zur ertheilten Entlastung des Vertreters darf der letztere eine Thätigkeit als Mitglied des Aufsichtsraths nicht ausüben.

Scheiden aus dem Vorstande Mitglieder aus, so dürfen dieselben nicht vor ertheilter Entlastung in den Aufsichtsrath gewählt werden.

Frühere Fassung §. 35. **Vgl. H.G.B.** §. 248.

§. 38.

Rechte und Pflichten des Aufsichtsrats.

Der Aufsichtsrath hat den Vorstand bei seiner Geschäftsführung in allen Zweigen der Verwaltung zu überwachen und zu dem Zweck sich von dem Gange der Angelegenheiten der Genossenschaft zu unterrichten. Er kann jederzeit über dieselben Berichterstattung von dem Vorstande verlangen und selbst oder durch einzelne von

---

Zu §. 36.

Da — abweichend von den für die A.G. geltenden Vorschriften (H.G.B. §§. 259 Abs. 5, 244 — nicht die Einreichung der Generalversammlungsprotokolle, auch nicht die Bekanntmachung von Änderung der Aufsichtsratsmitglieder und Einreichung dieser Bekanntmachungen zum Handelsregister vorgeschrieben ist, so braucht, wenn als Voraussetzung für eine Eintragung ein Beschluß des Aufsichtsrats nachzuweisen ist (z. B. §. 40), nur belegt zu werden, daß eine als Aufsichtsrat bezeichnete Behörde den Beschluß gefaßt hat, nicht dagegen, ob alle Beschlußfassenden Aufsichtsratsmitglieder waren; in letzterer Beziehung genügt die strafrechtliche Verantwortlichkeit (§. 147) der Vorstandsmitglieder (Johow XVIII, 39).

ihm zu bestimmende Mitglieder die Bücher und Schriften der Genossenschaft einsehen, sowie den Bestand der Genossenschaftskasse und die Bestände an Effekten, Handelspapieren und Waaren untersuchen. Er hat die Jahresrechnung, die Bilanzen und die Vorschläge zur Vertheilung von Gewinn und Verlust zu prüfen und darüber der Generalversammlung vor Genehmigung der Bilanz Bericht zu erstatten.

Er hat eine Generalversammlung zu berufen, wenn dies im Interesse der Genossenschaft erforderlich ist.

Weitere Obliegenheiten des Aufsichtsraths werden durch das Statut bestimmt.

Die Mitglieder des Aufsichtsraths können die Ausübung ihrer Obliegenheiten nicht anderen Personen übertragen.

Frühere Fassung §. 36. Vgl. H.G.B. §. 246.

Vertretungsmacht. §. 39.

Der Aufsichtsrath ist ermächtigt, die Genossenschaft bei Abschliessung von Verträgen mit dem Vorstande zu vertreten und gegen die Mitglieder desselben die Prozesse zu führen, welche die Generalversammlung beschliesst.

Der Genehmigung des Aufsichtsraths bedarf jede Gewährung von Kredit an ein Mitglied des Vorstandes, soweit letztere nicht durch das Statut an noch andere Erfordernisse geknüpft oder ausgeschlossen ist. Das Gleiche gilt von der Annahme eines Vorstandsmitgliedes als Bürgen für eine Kreditgewährung.

In Prozessen gegen die Mitglieder des Aufsichtsraths wird die Genossenschaft durch Bevollmächtigte vertreten, welche in der Generalversammlung gewählt werden.

Frühere Fassung § 37. Vgl. H.G.B. §§. 247, 268 Abs. 2.

§. 40.

Vorläufige Enthebung von Vorstandsmitgliedern.

Der Aufsichtsrath ist befugt, nach seinem Ermessen Mitglieder des Vorstandes vorläufig, bis zur Entscheidung der ohne Verzug zu berufenden Generalversammlung, von ihren Geschäften zu entheben und wegen einstweiliger Fortführung derselben das Erforderliche zu veranlassen.

Frühere Fassung §. 38. Vgl. H.G.B. §. 231 Abs. 2, §. 247.

Haftung der Aufsichtsratsmitglieder. §. 41.

Die Mitglieder des Aufsichtsraths haben die Sorgfalt eines ordentlichen Geschäftsmannes anzuwenden.

Mitglieder, welche ihre Obliegenheiten verletzen, haften der Genossenschaft persönlich und solidarisch für den dadurch entstandenen Schaden.

Insbesondere sind sie in den Fällen des §. 34 Absatz 3 zum Ersatze der Zahlung verpflichtet, wenn diese mit ihrem Wissen und ohne ihr Einschreiten erfolgt ist.

Die Ansprüche auf Grund der vorstehenden Bestimmungen verjähren in fünf Jahren.

Frühere Fassung §. 39. Vgl. H.G.B. §. 249.

III. Sonstige Bevollmächtigte oder Beamte (§. 42).

§. 42.

Der Betrieb von Geschäften der Genossenschaft, sowie die Vertretung der letzteren in Bezug auf diese Geschäftsführung kann auch sonstigen Bevollmächtigten oder

Beamten der Genossenschaft zugewiesen werden. In diesem Falle bestimmt sich die Befugniss derselben nach der ihnen ertheilten Vollmacht; sie erstreckt sich im Zweifel auf alle Rechtshandlungen, welche die Ausführung derartiger Geschäfte gewöhnlich mit sich bringt.

Die Bestellung von Prokuristen oder von Handlungsbevollmächtigten zum gesammten Geschäftsbetriebe findet nicht statt.

Frühere Fassung §. 40. **Vgl. H.G.B.** §. 238.

IV. Generalversammlung (§§. 43—52).

§. 43.

Ausübung der Gesamtrechte der Genossen.

Die Rechte, welche den Genossen in den Angelegenheiten der Genossenschaft, insbesondere in Bezug auf die Führung der Geschäfte, die Prüfung der Bilanz und die Vertheilung von Gewinn und Verlust zustehen, werden in der Generalversammlung durch Beschlussfassung der erschienenen Genossen ausgeübt.

Jeder Genosse hat eine Stimme.

Ein Genosse, welcher durch die Beschlussfassung entlastet oder von einer Verpflichtung befreit werden soll, hat hierbei kein Stimmrecht. Dasselbe gilt von einer Beschlussfassung, welche den Abschluss eines Rechtsgeschäfts mit einem Genossen betrifft.

Die Genossen können das Stimmrecht nicht durch Bevollmächtigte ausüben. Diese Bestimmung findet auf handlungsunfähige Personen, Korporationen, Handelsgesellschaften, Genossenschaften oder andere Personenvereine und, wenn das Statut die Theilnahme von Frauen an der Generalversammlung ausschliesst, auf Frauen keine Anwendung. Ein Bevollmächtigter kann nicht mehr als einen Genossen vertreten.

Frühere Fassung §. 41. **Vgl. H.G.B.** §§. 250, 252.

§. 44. Berufung der Generalversammlung.

Die Generalversammlung wird durch den Vorstand berufen, soweit nicht nach dem Statut oder diesem Gesetze auch andere Personen dazu befugt sind.

Eine Generalversammlung ist ausser den im Statut oder in diesem Gesetze ausdrücklich bestimmten Fällen zu berufen, wenn dies im Interesse der Genossenschaft erforderlich erscheint.

Frühere Fassung §. 42. **Vgl. H.G.B.** §. 253.

§. 45. Minderheitsrecht auf Berufung.

Die Generalversammlung muss ohne Verzug berufen werden, wenn der zehnte Theil oder der im Statut hierfür bezeichnete geringere Theil der Genossen in einer von ihnen unterschriebenen Eingabe unter Anführung des Zwecks und der Gründe die Berufung verlangt.

In gleicher Weise sind die Genossen berechtigt, zu verlangen, dass Gegenstände zur Beschlussfassung einer Generalversammlung angekündigt werden.

Zu §. 45.

Über das Verfahren im Fall des §. 45 Abs. 3 bestimmt G.fr.Ger. §. 148 (Bd. I S. 172).

Wird dem Verlangen nicht entsprochen, so kann das Gericht (§. 10) die Genossen, welche das Verlangen gestellt haben, zur Berufung der Generalversammlung oder zur Ankündigung des Gegenstandes ermächtigen. Mit der Berufung oder Ankündigung ist die gerichtliche Ermächtigung bekannt zu machen.

Frühere Fassung §. 43. Vgl. H.G.B §. 254.

§. 46.

Berufungsfrist, Tagesordnung, Anträge.

Die Berufung der Generalversammlung muss in der durch das Statut bestimmten Weise mit einer Frist von mindestens einer Woche erfolgen.

Der Zweck der Generalversammlung soll jederzeit bei der Berufung bekannt gemacht werden. Ueber Gegenstände, deren Verhandlung nicht in der durch das Statut oder durch §. 45 Absatz 3 vorgesehenen Weise mindestens drei Tage vor der Generalversammlung angekündigt ist, können Beschlüsse nicht gefasst werden; hiervon sind jedoch Beschlüsse über die Leitung der Versammlung, sowie über Anträge auf Berufung einer ausserordentlichen Generalversammlung ausgenommen.

Zur Stellung von Anträgen und zu Verhandlungen ohne Beschlussfassung bedarf es der Ankündigung nicht.

Frühere Fassung §. 44. Vgl. H.G.B. §§. 255, 256.

Protokollbuch. §. 47.

Die Beschlüsse der Generalversammlung sind in ein Protokollbuch einzutragen, dessen Einsicht jedem Genossen und der Staatsbehörde gestattet werden muss.

Frühere Fassung §. 45. Vgl. H.G.B. §. 259.

§. 48.

Festsetzung von Bilanz, Gewinn und Verlust.

Die Generalversammlung hat über die Genehmigung der Bilanz zu beschliessen und von dem Gewinn oder Verlust den auf die Genossen fallenden Betrag festzusetzen.

Die Bilanz, sowie eine den Gewinn und Verlust des Jahres zusammenstellende Berechnung (Jahresrechnung) sollen mindestens eine Woche vor der Versammlung in dem Geschäftslokale der Genossenschaft oder an einer anderen, durch den Vorstand bekannt zu machenden, geeigneten Stelle zur Einsicht der Genossen ausgelegt oder sonst denselben zur Kenntniss gebracht werden. Jeder Genosse ist berechtigt, auf seine Kosten eine Abschrift der Bilanz, sowie der Jahresrechnung zu verlangen.

Frühere Fassung §. 46. Vgl. H.G.B. §. 260.

§. 49.

Höchstgrenze bei Anleihen und bei Kreditgewährung an Genossen.

Die Generalversammlung hat festzusetzen:

1. den Gesammtbetrag, welchen Anleihen der Genossenschaft und Spareinlagen bei derselben nicht überschreiten sollen;

Zu §. 47.

Staatsbehörde vgl. §. 161.

Zu §. 48.

Die Generalversammlung hat das Recht freier Entschließung darüber, welcher Teil des Gewinnes verteilt werden soll, soweit nicht die Satzung oder der Gesellschaftszweck Schranken setzen (R.G. XXXVII, 20).

2. die Grenzen, welche bei Kreditgewährungen an Genossen eingehalten werden sollen.

Frühere Fassung §. 47. **Vgl. H.G.B.** —

§. 50. **Einzahlungen auf Geschäftsanteil.**

Soweit das Statut die Genossen zu Einzahlungen auf den Geschäftsantheil verpflichtet, ohne dieselben nach Betrag und Zeit festzusetzen, unterliegt ihre Festsetzung der Beschlussfassung durch die Generalversammlung.

Frühere Fassung §. 48. **Vgl. H.G.B.** §. 218.

§. 51.

Anfechtung eines Generalversammlungsbeschlusses.

Ein Beschluss der Generalversammlung kann wegen Verletzung des Gesetzes oder des Statuts im Wege der Klage angefochten werden. Die Klage muss binnen einem Monat erhoben werden.

Zur Anfechtung befugt ist jeder in der Generalversammlung erschienene Genosse, sofern er gegen den Beschluss Widerspruch zum Protokoll erklärt hat, und jeder nicht erschienene Genosse, sofern er zu der Generalversammlung unberechtigter Weise nicht zugelassen worden ist oder sofern er die Anfechtung darauf gründet, dass die Berufung der Versammlung oder die Ankündigung des Gegenstandes der Beschlussfassung nicht gehörig erfolgt sei. Ausserdem ist der Vorstand und, wenn der Beschluss eine Massregel zum Gegenstande hat, durch deren Ausführung sich die Mitglieder des Vorstandes und des Aufsichtsrathes strafbar oder den Gläubigern der Genossenschaft haftbar machen würden, jedes Mitglied des Vorstandes und des Aufsichtsraths zur Anfechtung befugt.

Die Klage ist gegen die Genossenschaft zu richten. Die Genossenschaft wird durch den Vorstand, sofern dieser nicht selbst klagt, und durch den Aufsichtsrath vertreten. Zuständig für die Klage ist ausschliesslich das Landgericht, in dessen Bezirke die Genossenschaft ihren Sitz hat. Die mündliche Verhandlung erfolgt nicht vor Ablauf der im ersten Absatz bezeichneten Frist. Mehrere Anfechtungsprozesse sind zur gleichzeitigen Verhandlung und Entscheidung zu verbinden.

Die Erhebung der Klage sowie der Termin zur mündlichen Verhandlung sind ohne Verzug von dem Vorstande in den für die Bekanntmachungen der Genossenschaft bestimmten Blättern zu veröffentlichen.

Soweit durch ein Urtheil rechtskräftig der Beschluss für nichtig erklärt ist, wirkt es auch gegenüber den Genossen, welche nicht Partei sind. War der Beschluss in

---

Zu §. 51.

Der ausgeschiedene Genosse kann bezüglich eines nach seinem Ausscheiden von der Generalversammlung gefaßten Beschlusses, der gesetz- oder satzungswidrig in seine Rechte eingreift, ohne Rücksicht auf die Beschränkungen des §. 51 gegen die Genossenschaft, und zwar gegen den gewöhnlichen Vertreter derselben, Klage auf Abstellung der Verletzung erheben (R.G. XXXVII, 18); zu einer Klage im Verfahren des §. 51 ist er dagegen nicht berechtigt (R.G. XXXII, 96). — Über die Voraussetzungen, unter denen von Amts wegen ein im Genossenschaftsregister eingetragener Beschluß als nichtig gelöscht werden kann, bestimmt G.fr.Ger. §. 147 (Bd. I S. 171).

das Genossenschaftsregister eingetragen, so hat der Vorstand dem Gerichte (§. 10) das Urtheil behufs der Eintragung einzureichen. Die öffentliche Bekanntmachung der letzteren erfolgt, soweit der eingetragene Beschluss veröffentlicht war.

Frühere Fassung §. 49, E.G. z. H.G.B. Art. 10 Ziff. V, VI. — Vgl. H.G.B. §§. 271, 272, 273 Abs. 1.

Haftung böslicher Kläger. §. 52.

Für einen durch unbegründete Anfechtung des Beschlusses der Genossenschaft entstandenen Schaden haften ihr solidarisch die Kläger, welchen bei Erhebung der Klage eine bösliche Handlungsweise zur Last fällt.

Frühere Fassung §. 50. — Vgl. H.G.B. §. 273 Abs. 2.

Vierter Abschnitt.

Revision.

Revisionszwang. §. 53.

Die Einrichtungen der Genossenschaft und die Geschäftsführung derselben in allen Zweigen der Verwaltung sind mindestens in jedem zweiten Jahre der Prüfung durch einen der Genossenschaft nicht angehörigen, sachverständigen Revisor zu unterwerfen.

Frühere Fassung §. 51. — Vgl. H.G.B. §. 266.

Revisionsverband. §. 54.

Für Genossenschaften, welche einem den nachfolgenden Anforderungen genügenden Verbande angehören, ist diesem das Recht zu verleihen, den Revisor zu bestellen.

Frühere Fassung §. 52. — Vgl. H.G.B. —

Zweck des Verbandes. §. 55.

Der Verband muss die Revision der ihm angehörigen Genossenschaften und kann auch sonst die gemeinsame Wahrnehmung ihrer im §. 1 bezeichneten Interessen, insbesondere die Unterhaltung gegenseitiger Geschäftsbeziehungen zum Zweck haben. Andere Zwecke darf er nicht verfolgen.

Frühere Fassung §. 53. — Vgl. H.G.B. —

Satzung des Verbandes. §. 56.

Die Zwecke des Verbandes müssen in dem Statut desselben angegeben sein. Der Inhalt des Statuts muss erkennen lassen, dass der Verband im Stande ist, der Revisionspflicht zu genügen. Das Statut hat insbesondere den Verbandsbezirk sowie die höchste und die geringste Zahl von Genossenschaften, welche der Verband umfassen kann, festzusetzen und die Bestimmungen über Auswahl und Bestellung der Revisoren, Art und Umfang der Revisionen, sowie über Bildung, Sitz und Befugnisse des Vorstandes und über die sonstigen Organe des Verbandes zu enthalten.

Frühere Fassung §. 54. — Vgl. H.G.B. —

§. 57.

Verleihung des Revisionsrechts. Satzungsänderung.

Die Verleihung des Rechts zur Bestellung des Revisors erfolgt, wenn der Bezirk des Verbandes sich über mehrere Bundesstaaten erstreckt, durch den Bundesrath, anderenfalls durch die Zentralbehörde des Bundesstaates.

Aenderungen des Verbandsstatuts sind der nach Absatz 1 zuständigen Stelle einzureichen.

Frühere Fassung §. 55. Vgl. H.G.B. —

§. 58.

Einreichungen des Verbandsvorstandes.

Der Verbandsvorstand hat das Statut mit einer beglaubigten Abschrift der Verleihungsurkunde, sowie alljährlich im Monat Januar ein Verzeichniss der dem Verbande angehörigen Genossenschaften den Gerichten (§. 10), in deren Bezirke diese ihren Sitz haben, sowie der höheren Verwaltungsbehörde, in deren Bezirke der Vorstand seinen Sitz hat, einzureichen.

Frühere Fassung §. 56. Vgl. H.G.B. —

§. 59.

Generalversammlung des Verbandes.

Generalversammlungen des Verbandes dürfen nur innerhalb des Verbandsbezirks abgehalten werden.

Sie sind der höheren Verwaltungsbehörde, in deren Bezirke der Vorstand seinen Sitz hat, sowie der höheren Verwaltungsbehörde, in deren Bezirke die Versammlung abgehalten werden soll, unter Einreichung der Tagesordnung mindestens eine Woche vorher anzuzeigen.

Der letzteren Behörde steht das Recht zu, in die Versammlung einen Vertreter zu entsenden.

Frühere Fassung §. 57. Vgl. H.G.B. —

§. 60. **Entziehung des Revisionsrechts.**

Das Recht zur Bestellung des Revisors kann dem Verbande entzogen werden,

1. wenn er sich gesetzwidriger Handlungen schuldig macht, durch welche das Gemeinwohl gefährdet wird, oder wenn er andere als die im §. 55 bezeichneten Zwecke verfolgt;
2. wenn der Verband der ihm obliegenden Pflicht der Revision nicht genügt.

Die Entziehung wird nach Anhörung des Verbandsvorstandes durch die für die Verleihung zuständige Stelle ausgesprochen.

Von der Entziehung ist den im §. 58 bezeichneten Gerichten Mittheilung zu machen.

Frühere Fassung §. 58. Vgl. H.G.B. —

§. 61.

Genossenschaften außerhalb Revisionsverbandes.

Für Genossenschaften, welche einem Revisionsverbande (§§. 55 bis 57) nicht angehören, wird der Revisor durch das Gericht (§. 10) bestellt.

Zu §§. 58, 59, 61.

Höhere Verwaltungsbehörde vgl. §. 161. — Über das Verfahren im Fall des §. 61 bestimmt G.fr.Ger. §. 148 (Bd. I S. 172).

Der Vorstand der Genossenschaft hat die Bestellung zu beantragen.

Die Bestellung erfolgt, nachdem die höhere Verwaltungsbehörde über die Person des Revisors gehört ist. Erklärt die Behörde sich mit einer von der Genossenschaft vorgeschlagenen Person einverstanden, so ist diese zum Revisor zu bestellen.

Frühere Fassung §. 59. Vgl. H.G.B. §. 266.

Auslagen, Vergütung. §. 62.

Der Revisor hat gegen die Genossenschaft Anspruch auf Erstattung angemessener baarer Auslagen und auf Vergütung für seine Leistung nach Massgabe der erforderlichen Zeitversäumniss.

Dem vom Gerichte bestellten Revisor werden in Ermangelung einer Einigung die Auslagen und die Vergütung durch das Gericht festgesetzt. Die Vorschriften im §. 104 Absatz 2, §. 105, §. 794 Nr. 3 der Civilprozessordnung finden Anwendung.

Frühere Fassung §. 60. Vgl. H.G.B. §. 194.

Prüfung, Bericht. §. 63.

Der Vorstand der Genossenschaft hat dem Revisor die Einsicht der Bücher und Schriften der Genossenschaft und die Untersuchung des Bestandes der Genossenschaftskasse, sowie der Bestände an Effekten, Handelspapieren und Waaren zu gestatten. Zu der Revision ist der Aufsichtsrath zuzuziehen.

Der Vorstand hat eine Bescheinigung des Revisors, dass die Revision stattgefunden hat, zum Genossenschaftsregister einzureichen und den Bericht über die Revision bei der Berufung der nächsten Generalversammlung als Gegenstand der Beschlussfassung anzukündigen. In der Generalversammlung hat der Aufsichtsrath sich über das Ergebniss der Revision zu erklären.

Der von einem Verbande bestellte Revisor hat eine Abschrift des Revisionsberichts dem Verbandsvorstande einzureichen.

Frühere Fassung §. 69. Vgl. H.G.B. §. 267.

Anweisungen für Revisionsberichte. §. 64.

Der Reichskanzler ist ermächtigt, allgemeine Anweisungen zu erlassen, nach welchen die Revisionsberichte anzufertigen sind.

Frühere Fassung §. 62. Vgl. H.G.B. —

Zu §. 62.

Die §§. 104 Abs. 2, 105, 794 Ziff. 3 C.P.O. lauten:

§. 104 Abs. 2. „Das Gesuch um Festsetzung des zu erstattenden Betrags ist bei dem Gericht erster Instanz anzubringen; es kann vor dem Gerichtsschreiber zu Protokoll erklärt werden. Die Kostenberechnung, die zur Mitteilung an den Gegner bestimmte Abschrift derselben und die zur Rechtfertigung der einzelnen Ansätze dienenden Belege sind beizufügen.“

§. 105. „Die Entscheidung über das Festsetzungsgesuch kann ohne vorgängige mündliche Verhandlung erfolgen.

Das Gericht kann sich bei der Prüfung des Gesuchs der Hilfe des Gerichtsschreibers bedienen.

Zur Berücksichtigung eines Ansatzes genügt, daß derselbe glaubhaft gemacht ist.

Gegen den Festsetzungsbeschluß findet sofortige Beschwerde statt.“

§. 794. „Die Zwangsvollstreckung findet ferner statt: . . .

3. aus Entscheidungen, gegen welche das Rechtsmittel der Beschwerde stattfindet; . . .“

Fünfter Abschnitt.

Ausscheiden einzelner Genossen.

§. 65. **Kündigungsrecht des Genossen.**

Jeder Genosse hat das Recht, mittelst Aufkündigung seinen Austritt aus der Genossenschaft zu erklären.

Die Aufkündigung findet nur zum Schlusse eines Geschäftsjahres statt. Sie muss mindestens drei Monate vorher schriftlich erfolgen. Durch das Statut kann eine längere, jedoch höchstens zweijährige Kündigungsfrist festgesetzt werden.

Ein den vorstehenden Bestimmungen zuwiderlaufendes Abkommen ist ohne rechtliche Wirkung.

Frühere Fassung §. 63. Vgl. H.G.B. —

§. 66. **Kündigung durch Gläubiger.**

Der Gläubiger eines Genossen, welcher, nachdem innerhalb der letzten sechs Monate eine Zwangsvollstreckung in das Vermögen des Genossen fruchtlos versucht ist, die Pfändung und Ueberweisung des demselben bei der Auseinandersetzung mit der Genossenschaft zukommenden Guthabens erwirkt hat, kann behufs seiner Befriedigung das Kündigungsrecht des Genossen an dessen Stelle ausüben, sofern der Schuldtitel nicht blos vorläufig vollstreckbar ist.

Der Aufkündigung muss eine beglaubigte Abschrift des Schuldtitels und der Urkunden über die fruchtlose Zwangsvollstreckung beigefügt sein.

Frühere Fassung §. 64. (Vgl. H.G.B. §. 135.)

§. 67. **An Wohnsitz geknüpfte Mitgliedschaft.**

Ist durch das Statut die Mitgliedschaft an den Wohnsitz innerhalb eines bestimmten Bezirks geknüpft (§. 8 Nr. 2), so kann ein Genosse, welcher den Wohnsitz in dem Bezirke aufgiebt, zum Schlusse des Geschäftsjahres seinen Austritt schriftlich erklären.

Imgleichen kann die Genossenschaft dem Genossen schriftlich erklären, dass er zum Schlusse des Geschäftsjahres auszuscheiden habe.

Ueber die Aufgabe des Wohnsitzes ist die Bescheinigung einer öffentlichen Behörde beizubringen.

Frühere Fassung §. 65. Vgl. H.G.B. —

§. 68. **Ausschließung eines Genossen.**

Ein Genosse kann wegen des Verlustes der bürgerlichen Ehrenrechte, sowie wegen der Mitgliedschaft in einer anderen Genossenschaft, welche an demselben Orte ein gleichartiges Geschäft betreibt, zum Schlusse des Geschäftsjahres aus der Genossenschaft ausgeschlossen werden. Aus Vorschuss- und Kreditvereinen kann die Ausschliessung wegen der Mitgliedschaft in einer anderen solchen Genossenschaft auch dann erfolgen, wenn die letztere ihr Geschäft nicht an demselben Orte betreibt.

Zu §. 65.

Über die Unzulässigkeit der Erschwerung des Austritts durch Festsetzung eines Austrittsgeldes vgl. §. 73 Anm.

Durch das Statut können sonstige Gründe der Ausschliessung festgesetzt werden.

Der Beschluss, durch welchen der Genosse ausgeschlossen wird, ist diesem von dem Vorstande ohne Verzug mittelst eingeschriebenen Briefes mitzutheilen.

Von dem Zeitpunkte der Absendung desselben kann der Genosse nicht mehr an der Generalversammlung theilnehmen, auch nicht Mitglied des Vorstandes oder des Aufsichtsraths sein.

Frühere Fassung §. 66. Vgl. H.G.B. —

Einreichung an Registergericht. §. 69.

Der Vorstand ist verpflichtet, die Aufkündigung des Genossen oder des Gläubigers mindestens sechs Wochen vor dem Ende des Geschäftsjahres, zu dessen Schlusse sie stattgefunden hat, dem Gerichte (§. 10) zur Liste der Genossen einzureichen. Er hat zugleich die schriftliche Versicherung abzugeben, dass die Aufkündigung rechtzeitig erfolgt ist. Der Aufkündigung des Gläubigers sind die im §. 66 Absatz 2 bezeichneten Urkunden, sowie eine beglaubigte Abschrift des Pfändungs- und Ueberweisungsbeschlusses beizufügen.

Imgleichen hat der Vorstand im Falle des §. 67 mit der Bescheinigung die Erklärung des Genossen oder Abschrift der Erklärung der Genossenschaft, sowie im Falle der Ausschliessung Abschrift des Beschlusses dem Gerichte einzureichen. Die Einreichung ist bis zu dem im ersten Absatz bezeichneten Zeitpunkte und, wenn die Erklärung oder der Beschluss später erfolgt, ohne Verzug zu bewirken.

Frühere Fassung §. 67. Vgl. H.G.B. —

§. 70.

Eintragung. Zeitpunkt des Ausscheidens.

In die Liste ist die das Ausscheiden des Genossen begründende Thatsache und der aus den Urkunden hervorgehende Jahresschluss unverzüglich einzutragen.

In Folge der Eintragung scheidet der Genosse mit dem in der Liste vermerkten Jahresschlusse, wenn jedoch die Eintragung erst im Laufe eines späteren Geschäftsjahres bewirkt wird, mit dem Schlusse des letzteren aus der Genossenschaft aus.

Frühere Fassung §. 68. Vgl. H.G.B. —

Vormerken des Ausscheidens. § 71.

Auf Antrag des Genossen, im Falle des §. 66 auf Antrag des Gläubigers, hat das Gericht die Thatsache, auf Grund deren das Ausscheiden, und den Jahresschluss, zu welchem dasselbe beansprucht wird, ohne Verzug in der Liste vorzumerken.

Erkennt der Vorstand den Anspruch in beglaubigter Form an oder wird er zur Anerkennung rechtskräftig verurtheilt, so ist dies bei Einreichung des Anerkenntnisses oder Urtheils der Vormerkung hinzuzufügen. In Folge dessen gilt der Austritt oder die Ausschliessung als am Tage der Vormerkung eingetragen.

Frühere Fassung §. 69. Vgl. H.G.B. —

Zu §. 70.

Die (trotz Aufkündigung fälschlich) fortdauernde Eintragung der Mitgliedschaft bleibt Dritten gegenüber in jedem Falle, und der Genossenschaft gegenüber bei fehlendem Verschulden ihres Vorstandes wirksam. Soweit jedoch der Vorstand die Nichteintragung des Ausscheidens verschuldet hat, steht einem auf das Unterlassen dieser Eintragung gegründeten etwaigen Anspruche der Genossenschaft die Einrede der Arglist entgegen (R.G. XLI, 58).

§. 72.

Benachrichtigung. Verwahrung der Urkunden.

Von der Eintragung, sowie der Vormerkung oder von deren Versagung hat das Gericht den Vorstand und den Genossen, im Falle des §. 66 auch den Gläubiger, zu benachrichtigen.

Die behufs der Eintragung oder der Vormerkung eingereichten Urkunden bleiben in der Verwahrung des Gerichts.

Frühere Fassung §. 70. **Vgl. H.G.B.** —

§. 73. **Auseinandersetzung.**

Die Auseinandersetzung des Ausgeschiedenen mit der Genossenschaft bestimmt sich nach der Vermögenslage derselben und dem Bestande der Mitglieder zur Zeit seines Ausscheidens.

Die Auseinandersetzung erfolgt auf Grund der Bilanz. Das Geschäftsguthaben des Genossen ist binnen sechs Monaten nach dem Ausscheiden auszuzahlen; an den Reservefonds und das sonstige Vermögen der Genossenschaft hat er keinen Anspruch. Reicht das Vermögen einschliesslich des Reservefonds und aller Geschäftsguthaben zur Deckung der Schulden nicht aus, so hat der Ausgeschiedene von dem Fehlbetrage den ihn treffenden Antheil an die Genossenschaft zu zahlen; der Antheil wird in Ermangelung einer anderen Bestimmung des Statuts nach der Kopfzahl der Mitglieder berechnet.

Frühere Fassung §. 71. **Vgl. H.G.B.** —

§. 74.

Verjährung des Anspruchs auf Guthaben.

Die Klage des ausgeschiedenen Genossen auf Auszahlung des Geschäftsguthabens verjährt in zwei Jahren.

Frühere Fassung §. 72. **Vgl. H.G.B.** —

Zu §. 73.

Der Austritt darf nicht mehr, als in §. 73 bestimmt, erschwert werden; nur insoweit ein Fehlbetrag sich ergiebt, hat der Ausscheidende beizutragen; die Festsetzung eines darüber hinausgehenden Austrittsgeldes, gleichgiltig in welcher Form, ist unverbindlich (R.G. XXXIII, 66, XLII, 81). Daraus, daß die Auseinandersetzung „auf Grund der Bilanz" stattfinden soll, kann nicht gefolgert werden, daß dem ausgeschiedenen Genossen auch im Gegensatz zu einem diesbezüglichen Beschluß der Generalversammlung (§. 48 Abs. 1) das Recht zusteht, für seine Geschäftsanteile die Verteilung des ganzen Jahresgewinns zu begehren (R.G. XXXVII, 20). Andererseits kann er die Bilanz bezüglich derjenigen Posten beanstanden, deren Einstellung nach kaufmännischen Grundsätzen für eine offenbar irrtümliche erachtet werden muß (R.G. XXXII, 52; vgl. H.G.B. §. 213 Anm. II c); ebenso kann auch die Genossenschaft ihrerseits durch erneuten Beschluß eine falsche Bilanz berichtigen und die berichtigte bei der Auseinandersetzung zu Grunde legen (R.G. XXXII, 92; vgl. H.G.B. §. 260 Anm. II b). Ein Reservefonds ist als die Schulden mindernd in Betracht zu ziehen (R.G. XXXII, 52). — Über die Frage, ob gegenüber dem Anspruch der Genossenschaft oder der Konkursmasse der letzteren der Genosse mit der Einrede zu hören ist, seine Beitrittserklärung sei durch Betrug oder wesentlichen Irrtum veranlaßt, vgl. R.G. XXXVI, 105 und die mit diesem Urteil unvereinbaren, in H.G.B. §. 182 Anm. II c angeführten Urteile; neuerdings gegen R.G. XXXVI, 105, auch R.G. v. 15. März 1899 J.W. 306 Nr. 16 und R.G. I. Senat 421. 99. v. 10. Januar 1900. — Liegt der Fall des §. 75 vor, so findet §. 73 nicht Anwendung (R.G. XXX, 39).

§. 75.

Auflösung der Genossenschaft kurz nach Ausscheiden.

Wird die Genossenschaft binnen sechs Monaten nach dem Ausscheiden des Genossen aufgelöst, so gilt dasselbe als nicht erfolgt.

Frühere Fassung §. 73. Vgl. H.G.B. —

§. 76.

Übertragung des Geschäftsguthabens.

Ein Genosse kann zu jeder Zeit, auch im Laufe des Geschäftsjahres, sein Geschäftsguthaben mittelst schriftlicher Uebereinkunft einem Anderen übertragen und hierdurch aus der Genossenschaft ohne Auseinandersetzung mit ihr austreten, sofern der Erwerber an seiner Stelle Genosse wird oder sofern derselbe schon Genosse ist und dessen bisheriges Guthaben mit dem ihm zuzuschreibenden Betrage den Geschäftsantheil nicht übersteigt. Das Statut kann eine solche Uebertragung ausschliessen oder an weitere Voraussetzungen knüpfen.

Der Vorstand hat die Uebereinkunft dem Gerichte (§. 10) ohne Verzug einzureichen und, falls der Erwerber schon Genosse ist, zugleich die schriftliche Versicherung abzugeben, dass dessen bisheriges Guthaben mit dem zuzuschreibenden Betrage den Geschäftsantheil nicht übersteigt.

Die Uebertragung ist in die Liste bei dem veräussernden Genossen unverzüglich einzutragen. Als Zeitpunkt des Ausscheidens gilt der Tag der Eintragung. Dieselbe darf, falls der Erwerber noch nicht Genosse ist, nur zugleich mit der Eintragung des letzteren erfolgen. Die Vorschriften der §§. 15, 71 und 72 finden entsprechende Anwendung.

Wird die Genossenschaft binnen sechs Monaten nach dem Ausscheiden des Genossen aufgelöst, so hat dieser im Falle der Eröffnung des Konkursverfahrens die Nachschüsse, zu deren Zahlung er verpflichtet gewesen sein würde, insoweit zu leisten, als zu derselben der Erwerber unvermögend ist.

Frühere Fassung §. 74. Vgl. H.G.B. —

Tod eines Genossen. §. 77.

Im Falle des Todes eines Genossen gilt dieser mit dem Schlusse des Geschäftsjahres, in welchem der Tod erfolgt ist, als ausgeschieden. Bis zu diesem Zeitpunkte wird die Mitgliedschaft des Verstorbenen durch den Erben desselben fortgesetzt. Für mehrere Erben kann das Stimmrecht durch einen Bevollmächtigten ausgeübt werden.

Der Vorstand hat eine Anzeige von dem Tode des Genossen ohne Verzug dem Gerichte (§. 10) zur Liste der Genossen einzureichen.

Die Vorschriften in §. 70 Absatz 1, §§. 71 bis 75 finden entsprechende Anwendung.

Frühere Fassung §. 75. Vgl. H.G.B. —

Zu §. 75.

Der Ausgeschiedene ist nicht mehr zu den Generalversammlungen zuzuziehen; dennoch sind deren Beschlüsse (z. B. betreffs Einforderung von Nachschüssen) für ihn verbindlich, wenn die Auflösung der Genossenschaft binnen sechs Monaten nach dem Ausscheiden erfolgt (R.G. XXX, 39).

Sechster Abschnitt.

Auflösung und Nichtigkeit der Genossenschaft.

§. 78. **Auflösungsbeschluß.**

Die Genossenschaft kann durch Beschluss der Generalversammlung jederzeit aufgelöst werden; der Beschluss bedarf einer Mehrheit von drei Viertheilen der erschienenen Genossen. Das Statut kann ausser dieser Mehrheit noch andere Erfordernisse aufstellen.

Die Auflösung ist durch den Vorstand ohne Verzug zur Eintragung in das Genossenschaftsregister anzumelden.

Frühere Fassung §. 76. Vgl. H.G.B. §§. 292 Ziff. 2, 293.

§. 79. **Ablauf der bestimmten Zeit.**

In dem Falle, dass durch das Statut die Zeitdauer der Genossenschaft beschränkt ist, tritt die Auflösung derselben durch Ablauf der bestimmten Zeit ein.

Die Vorschrift im §. 78 Absatz 2 findet Anwendung.

Frühere Fassung §. 77. Vgl. H.G.B. §§. 292 Ziff. 1, 293.

§. 80.

Sinken der Genossenzahl unter sieben.

Beträgt die Zahl der Genossen weniger als sieben, so hat das Gericht (§. 10) auf Antrag des Vorstandes und, wenn der Antrag nicht binnen sechs Monaten erfolgt, von Amtswegen nach Anhörung des Vorstandes die Auflösung der Genossenschaft auszusprechen.

Der Beschluss ist der Genossenschaft zuzustellen. Gegen denselben steht ihr die sofortige Beschwerde nach Massgabe der Civilprozessordnung zu. Die Auflösung tritt mit der Rechtskraft des Beschlusses in Wirksamkeit.

Frühere Fassung §. 78. Vgl. H.G.B. —

§. 81. **Gefährdung des Gemeinwohls.**

Wenn eine Genossenschaft sich gesetzwidriger Handlungen oder Unterlassungen schuldig macht, durch welche das Gemeinwohl gefährdet wird, oder wenn sie andere als die in diesem Gesetze (§. 1) bezeichneten geschäftlichen Zwecke verfolgt, so kann sie aufgelöst werden, ohne dass deshalb ein Anspruch auf Entschädigung stattfindet.

Das Verfahren und die Zuständigkeit der Behörden richtet sich nach den für streitige Verwaltungssachen landesgesetzlich geltenden Vorschriften. Wo ein Verwaltungsstreitverfahren nicht besteht, finden die Vorschriften in §§. 20, 21 der Gewerbeordnung mit der Massgabe Anwendung, dass die Entscheidung in erster

---

Zur Überschrift.

Die frühere Überschrift des Abschnitt 6 ist geändert durch E.G. z. H.G.B. Art. 10 Ziff. XI.

Zu §. 80.

Über die sofortige Beschwerde bestimmt C.P.O. §. 577.

Zu §. 81.

Vgl. B.G. §. 43. Höhere Verwaltungsbehörde vgl. Gen.Ges. §. 161. In Preußen entscheidet im Verwaltungsstreitverfahren auf Klage des Regierungspräsidenten der Bezirksausschuß (Ges. v. 28. Mai 1890, G.S. 135).

Instanz durch die höhere Verwaltungsbehörde erfolgt, in deren Bezirke die Genossenschaft ihren Sitz hat.

Von der Auflösung hat die in erster Instanz entscheidende Behörde dem Gerichte (§. 10) Mittheilung zu machen.

Frühere Fassung §. 79. Vgl. Preuß. Ausf.-Ges. z. H.G.B. Art. 4.

Eintragung. Bekanntmachung. §. 82

Die Auflösung der Genossenschaft ist von dem Gerichte ohne Verzug in das Genossenschaftsregister einzutragen.

Sie muss von den Liquidatoren zu drei verschiedenen Malen durch die für die Bekanntmachungen der Genossenschaft bestimmten Blätter bekannt gemacht werden. Durch die Bekanntmachung sind zugleich die Gläubiger aufzufordern, sich bei der Genossenschaft zu melden.

Frühere Fassung §. 80, E.G. z. H.G.B. Art. 10 Ziff. VI. Vgl. H.G.B. §§. 293, 297.

Liquidatoren. §. 83.

Die Liquidation erfolgt durch den Vorstand, wenn nicht dieselbe durch das Statut oder durch Beschluss der Generalversammlung anderen Personen übertragen wird.

Es sind wenigstens zwei Liquidatoren zu bestellen.

Auf Antrag des Aufsichtsraths oder mindestens des zehnten Theils der Genossen kann die Ernennung von Liquidatoren durch das Gericht (§. 10) erfolgen.

Die Abberufung der Liquidatoren kann durch das Gericht unter denselben Voraussetzungen wie die Bestellung erfolgen. Liquidatoren, welche nicht vom Gerichte ernannt sind, können auch durch die Generalversammlung vor Ablauf des Zeitraums, für welchen sie bestellt sind, abberufen werden.

Frühere Fassung §. 81. Vgl. H.G B. §. 295.

Anmeldung, Eintragung, Zeichnung. §. 84.

Die ersten Liquidatoren sind durch den Vorstand, jede Aenderung in den Personen der Liquidatoren, sowie eine Beendigung ihrer Vertretungsbefugniss ist durch die Liquidatoren zur Eintragung in das Genossenschaftsregister anzumelden. Eine Abschrift der Urkunden über die Bestellung der Liquidatoren oder über die Aenderung in den Personen derselben ist der Anmeldung beizufügen und wird bei dem Gericht aufbewahrt.

Die Eintragung der gerichtlichen Ernennung oder Abberufung von Liquidatoren geschieht von Amtswegen.

Die Liquidatoren haben ihre Unterschrift persönlich vor dem Gerichte zu zeichnen oder die Zeichnung in beglaubigter Form einzureichen.

E.G. z. H.G.B. Art. 10 Ziff. VIII (Frühere Fassung §. 82). Vgl. H.G.B. §. 296.

Gesamtvertretung. §. 85.

Die Liquidatoren haben in der bei ihrer Bestellung bestimmten Form ihre Willenserklärungen kundzugeben und für die Genossenschaft zu zeichnen. Ist

---

Zu §. 83.

Über das Verfahren in den Fällen des §. 83 Abs. 3, 4 bestimmt G.fr.Ger. §. 148 (Bd. I S. 172).

nichts darüber bestimmt, so muss die Erklärung und Zeichnung durch sämmtliche Liquidatoren erfolgen. Weniger als zwei dürfen hierfür nicht bestimmt werden.

Die Bestimmung ist mit der Bestellung der Liquidatoren zur Eintragung in das Genossenschaftsregister anzumelden.

Die Zeichnungen geschehen derartig, dass die Liquidatoren der bisherigen, nunmehr als Liquidationsfirma zu bezeichnenden Firma ihre Namensunterschrift beifügen.

Frühere Fassung §. 83. Vgl. H.G.B. §§. 298, 296.

§. 86.

Wirkung der Nichteintragung und Eintragung.

Die Vorschriften im §. 29 über das Verhältniss zu dritten Personen finden bezüglich der Liquidatoren Anwendung.

Frühere Fassung §. 84. Vgl. H.G.B. §. 15.

§. 87.

Rechtsverhältnisse während Liquidation.

Bis zur Beendigung der Liquidation kommen ungeachtet der Auflösung der Genossenschaft in Bezug auf die Rechtsverhältnisse derselben und der Genossen die Vorschriften des zweiten und dritten Abschnitts dieses Gesetzes zur Anwendung, soweit sich aus den Bestimmungen des gegenwärtigen Abschnitts und aus dem Wesen der Liquidation nicht ein Anderes ergiebt.

Der Gerichtsstand, welchen die Genossenschaft zur Zeit ihrer Auflösung hatte, bleibt bis zur vollzogenen Vertheilung des Vermögens bestehen.

Frühere Fassung §. 85. Vgl. H.G.B. §. 294 Abs. 2.

§. 88.

Geschäftskreis und Vertretungsmacht der Liquidatoren.

Die Liquidatoren haben die laufenden Geschäfte zu beendigen, die Verpflichtungen der aufgelösten Genossenschaft zu erfüllen, die Forderungen derselben einzuziehen und das Vermögen der Genossenschaft in Geld umzusetzen; sie haben die Genossenschaft gerichtlich und aussergerichtlich zu vertreten. Zur Beendigung schwebender Geschäfte können die Liquidatoren auch neue Geschäfte eingehen.

Frühere Fassung §. 86. Vgl. H.G.B. §. 298 Abs. 1, §. 149.

§. 89.

Rechte und Pflichten der Liquidatoren, Bilanzen.

Die Liquidatoren haben die aus den §§. 26, 27, §. 33 Absatz 1, §. 34, §§. 44 bis 47, §. 48 Absatz 2, §. 51 sich ergebenden Rechte und Pflichten des Vorstandes und unterliegen gleich diesem der Ueberwachung des Aufsichtsraths. Sie haben sofort bei Beginn der Liquidation und demnächst in jedem Jahre eine Bilanz aufzustellen. Die erste Bilanz ist zu veröffentlichen; die Bekanntmachung ist zu dem Genossenschaftsregister einzureichen.

E.G. z. H.G.B. Art. 10 Ziff. IX (Frühere Fassung §. 87 Abs. 1). Vgl. H.G.B. §§. 298 Abs. 2, 299 Abs. 1.

§. 90. **Sperrzeit.**

Eine Vertheilung des Vermögens unter die Genossen darf nicht vor Tilgung oder Deckung der Schulden und nicht vor Ablauf eines Jahres seit dem Tage vollzogen werden, an welchem die Aufforderung der Gläubiger in den hierzu bestimmten Blättern (§. 82 Absatz 2) zum dritten Male erfolgt ist.

Meldet sich ein bekannter Gläubiger nicht, so ist der geschuldete Betrag, wenn die Berechtigung zur Hinterlegung vorhanden ist, für den Gläubiger zu hinterlegen. Ist die Berichtigung einer Verbindlichkeit zur Zeit nicht ausführbar oder ist eine Verbindlichkeit streitig, so darf die Vertheilung des Vermögens nur erfolgen, wenn dem Gläubiger Sicherheit geleistet ist.

Liquidatoren, welche diesen Vorschriften zuwiderhandeln, sind ausser der Genossenschaft den Gläubigern zum Ersatze des ihnen daraus erwachsenen Schadens persönlich und solidarisch verpflichtet. Die gleiche Verpflichtung trifft die Mitglieder des Aufsichtsraths, wenn die Zuwiderhandlung mit ihrem Wissen und ohne ihr Einschreiten geschieht. Die Verpflichtung wird den Gläubigern gegenüber dadurch nicht aufgehoben, dass die Zuwiderhandlung auf einem Beschlusse der Generalversammlung beruht.

Frühere Fassung §. 88, E.G. z. H.G.B. Art. 10 Ziff. X. — Vgl. H.G.B. §§. 301, 298 Abs. 2, 241, 249.

Verteilung. §. 91.

Die Vertheilung des Vermögens unter die einzelnen Genossen erfolgt bis zum Gesammtbetrage ihrer auf Grund der ersten Liquidationsbilanz (§. 89) ermittelten Geschäftsguthaben nach dem Verhältniss der letzteren. Bei Ermittelung der einzelnen Geschäftsguthaben bleiben für die Vertheilung des Gewinnes oder Verlustes, welcher sich für den Zeitraum zwischen der letzten Jahresbilanz (§. 33) und der ersten Liquidationsbilanz ergeben hat, die seit der letzten Jahresbilanz geleisteten Einzahlungen ausser Betracht. Der Gewinn aus diesem Zeitraum ist dem Guthaben auch insoweit zuzuschreiben, als dadurch der Geschäftsantheil überschritten wird.

Ueberschüsse, welche sich über den Gesammtbetrag dieser Guthaben hinaus ergeben, sind nach Köpfen zu vertheilen.

Durch das Statut kann die Vertheilung des Vermögens ausgeschlossen oder ein anderes Verhältniss für die Vertheilung bestimmt werden.

Frühere Fassung §. 89, Ges. v. 12. Aug. 1896 Art. 1 Ziff. 4. — Vgl. H.G.B. §. 300.

Heimfall. §. 92.

Ein bei der Auflösung der Genossenschaft verbleibendes unvertheilbares Reinvermögen (§. 91 Absatz 3) fällt, sofern dasselbe nicht durch das Statut einer physischen oder juristischen Person zu einem bestimmten Verwendungszweck überwiesen ist, an diejenige Gemeinde, in der die Genossenschaft ihren Sitz hatte. Die Zinsen dieses Fonds sind zu gemeinnützigen Zwecken zu verwenden.

Frühere Fassung §. 89a, Ges. v. 12. Aug. 1896 Art. 1 Ziff. 5. — Vgl. H.G.B. —

Bücher und Papiere. §. 93.

Nach Beendigung der Liquidation sind die Bücher und Schriften der aufgelösten Genossenschaft für die Dauer von zehn Jahren einem der gewesenen Genossen oder einem Dritten in Verwahrung zu geben. Der Genosse oder der Dritte wird in Ermangelung einer Bestimmung des Statuts oder eines Beschlusses der Generalversammlung durch das Gericht (§. 10) bestimmt. Dasselbe kann die Genossen und deren Rechtsnachfolger, sowie die Gläubiger der Genossenschaft zur Einsicht der Bücher und Schriften ermächtigen.

Frühere Fassung §. 90. Vgl. H.G.B. §. 302 Abs. 2, 3.

§. 94. **Nichtigkeit der Genossenschaft.**

Enthält das Statut nicht die für dasselbe wesentlichen Bestimmungen oder ist eine dieser Bestimmungen nichtig, so kann jeder Genosse und jedes Mitglied des Vorstandes und des Aufsichtsraths im Wege der Klage beantragen, dass die Genossenschaft für nichtig erklärt werde.

E.G. z. H.G.B. Art. 10 Ziff. XI. Vgl. H.G.B. §. 309 Satz 1.

§. 95. **Heilung von Satzungsmängeln.**

Als wesentlich im Sinne des §. 94 gelten die in den §§. 6, 7 und 131 bezeichneten Bestimmungen des Statuts mit Ausnahme derjenigen über die Beurkundung der Beschlüsse der Generalversammlung und den Vorsitz in dieser, sowie über die Grundsätze für die Aufstellung und Prüfung der Bilanz.

Ein Mangel, der eine hiernach wesentliche Bestimmung des Statuts betrifft, kann durch einen den Vorschriften dieses Gesetzes über Aenderungen des Statuts entsprechenden Beschluss der Generalversammlung geheilt werden.

Die Berufung der Generalversammlung erfolgt, wenn sich der Mangel auf die Bestimmungen über die Form der Berufung bezieht, durch Einrückung in diejenigen öffentlichen Blätter, welche für die Bekanntmachung der Eintragungen in das Genossenschaftsregister des Sitzes der Genossenschaft bestimmt sind.

Betrifft bei einer Genossenschaft mit beschränkter Haftpflicht der Mangel die Bestimmungen über die Haftsumme, so darf durch die zur Heilung des Mangels beschlossenen Bestimmungen der Gesammtbetrag der von den einzelnen Genossen übernommenen Haftung nicht vermindert werden.

E.G. z. H.G.B. Art. 10 Ziff. XI. Vgl. H.G.B. §. 310.

§. 96.

Verfahren. Wirkung der Nichtigerklärung.

Das Verfahren über die Klage auf Nichtigkeitserklärung und die Wirkungen des Urtheils bestimmen sich nach den Vorschriften des §. 51 Absatz 3 bis 5 und des §. 52.

E.G. z. H.G.B. Art. 10 Ziff. XI. Vgl. H.G.B. §. 309 Satz 2.

§. 97.

Rechtsverhältnisse der nichtigen Genossenschaft.

Ist die Nichtigkeit einer Genossenschaft in das Genossenschaftsregister eingetragen, so finden zum Zwecke der Abwickelung ihrer Verhältnisse die für den Fall der Auflösung geltenden Vorschriften entsprechende Anwendung.

Zu §. 93.

Über das Verfahren im Fall des §. 93 Satz 2, 3 bestimmt G.fr.Ger. §. 148 (Bd. I S. 172).

Zu §. 94.

Über die Zulässigkeit der von Amts wegen erfolgenden Löschung einer nichtigen Genossenschaft im Genossenschaftsregister bestimmt G.fr.Ger. §. 147 (Bd. I S. 171).

Die Wirksamkeit der im Namen der Genossenschaft mit Dritten vorgenommenen Rechtsgeschäfte wird durch die Nichtigkeit nicht berührt.

Soweit die Genossen eine Haftung für die Verbindlichkeiten der Genossenschaft übernommen haben, sind sie verpflichtet, die zur Befriedigung der Gläubiger erforderlichen Beträge nach Massgabe der Vorschriften des folgenden Abschnitts zu leisten.

E.G. z. H.G.B. Art. 10 Ziff. XI. Vgl. H.G.B. §. 311.

Siebenter Abschnitt.

Konkursverfahren und Haftpflicht der Genossen.

§. 98.

Voraussetzung des Konkursverfahrens.

Das Konkursverfahren findet im Falle der Zahlungsunfähigkeit, nach Auflösung der Genossenschaft auch im Falle der Ueberschuldung statt.

Nach Auflösung der Genossenschaft ist die Eröffnung des Verfahrens so lange zulässig, als die Vertheilung des Vermögens nicht vollzogen ist.

Frühere Fassung §. 91. Vgl. K.O. §. 207.

§. 99.

Anmeldungspflicht. Verbot späterer Zahlungen.

Sobald die Zahlungsunfähigkeit der Genossenschaft eintritt, hat der Vorstand die Eröffnung des Konkursverfahrens zu beantragen; dasselbe gilt, wenn bei oder nach Auflösung der Genossenschaft aus der Jahresbilanz oder aus einer im Laufe des Jahres aufgestellten Bilanz Ueberschuldung sich ergiebt.

Die Mitglieder des Vorstandes sind der Genossenschaft zum Ersatz einer nach diesem Zeitpunkte geleisteten Zahlung nach Massgabe des §. 34 verpflichtet.

Die Ansprüche auf Grund der vorstehenden Bestimmungen verjähren in fünf Jahren.

Frühere Fassung §. 92. Vgl. H.G.B. §§. 240 Abs. 2, 241.

Eröffnungsverfahren. §. 100.

Zu dem Antrage auf Eröffnung des Verfahrens ist ausser den Konkursgläubigern jedes Mitglied des Vorstandes berechtigt.

Wird der Antrag nicht von allen Mitgliedern gestellt, so ist derselbe zuzulassen, wenn die ihn begründenden Thatsachen (§. 98) glaubhaft gemacht werden. Das Gericht hat die übrigen Mitglieder nach Massgabe der Konkursordnung §. 105 Absatz 2, 3 zu hören.

Der Eröffnungsantrag kann nicht aus dem Grunde abgewiesen werden, dass eine den Kosten des Verfahrens entsprechende Konkursmasse nicht vorhanden sei.

Frühere Fassung §. 93. Vgl. K.O. §§. 208, 107 Abs. 1.

Auflösung der Genossenschaft. §. 101.

Durch die Eröffnung des Konkursverfahrens wird die Genossenschaft aufgelöst.

Frühere Fassung §. 94. Vgl. H.G.B. §. 292 Ziff. 3.

§. 102. **Eintragung.**

Die Eröffnung des Konkursverfahrens ist unverzüglich in das Genossenschaftsregister einzutragen. Die Eintragung wird nicht bekannt gemacht.

Frühere Fassung §. 95. **Vgl. H.G.B.** §. 32.

§. 103. **Gläubigerausschuß.**

Bei der Eröffnung des Verfahrens ist von dem Gerichte ein Gläubigerausschuss zu bestellen. Die Gläubigerversammlung hat über die Beibehaltung der bestellten oder die Wahl anderer Mitglieder zu beschliessen. Im Uebrigen kommen die Vorschriften im §. 87 der Konkursordnung zur Anwendung.

Frühere Fassung §. 96. **Vgl. K.O.** §. 87.

§. 104.

Beschluß über Beibehaltung der Vorstands- und Aufsichtsratsmitglieder.

Die Generalversammlung ist ohne Verzug zur Beschlussfassung darüber zu berufen (§§. 44 bis 46), ob die bisherigen Mitglieder des Vorstandes und des Aufsichtsraths beizubehalten oder andere zu bestellen sind.

Frühere Fassung §. 97. **Vgl. H.G.B.** —

§. 105. **Nachschüsse.**

Soweit die Konkursgläubiger wegen ihrer bei der Schlussvertheilung (Konkursordnung §. 161) berücksichtigten Forderungen aus dem zur Zeit der Eröffnung des Konkursverfahrens vorhandenen Vermögen der Genossenschaft nicht befriedigt werden, sind die Genossen verpflichtet, Nachschüsse zur Konkursmasse zu leisten.

Die Nachschüsse sind von den Genossen, wenn nicht das Statut ein anderes Beitragsverhältniss festsetzt, nach Köpfen zu leisten.

Beiträge, zu deren Leistung einzelne Genossen unvermögend sind, werden auf die übrigen vertheilt.

Zahlungen, welche Genossen über die von ihnen nach den vorstehenden Bestimmungen geschuldeten Beiträge hinaus leisten, sind ihnen, nachdem die Befriedigung der Gläubiger erfolgt ist, aus den Nachschüssen zu erstatten.

Gegen die Nachschüsse kann der Genosse eine Forderung an die Genossenschaft aufrechnen, sofern die Voraussetzungen vorliegen, unter welchen er als Konkursgläubiger Befriedigung wegen der Forderung aus den Nachschüssen zu beanspruchen hat.

Frühere Fassung §. 98. **Vgl. H.G.B.** —

Zu §. 103.

Die K.O. §. 87 bestimmt:

„Vor der ersten Gläubigerversammlung kann das Gericht aus der Zahl der Gläubiger oder der Vertreter von Gläubigern einen Gläubigerausschuß bestellen.

Die Gläubigerversammlung hat über die Bestellung eines Gläubigerausschusses zu beschließen. Die Mitglieder des Gläubigerausschusses sind von der Gläubigerversammlung zu wählen. Zu Mitgliedern können Gläubiger oder andere Personen gewählt werden.“

Vorschußberechnung. §. 106.

Der Konkursverwalter hat sofort, nachdem die Bilanz auf der Gerichtsschreiberei niedergelegt ist (Konkursordnung §. 124), zu berechnen, wieviel zur Deckung des in der Bilanz bezeichneten Fehlbetrages die Genossen vorschussweise beizutragen haben.

In der Berechnung (Vorschussberechnung) sind die sämmtlichen Genossen namentlich zu bezeichnen und auf sie die Beiträge zu vertheilen. Die Höhe der Beiträge ist jedoch derart zu bemessen, dass durch ein vorauszusehendes Unvermögen einzelner Genossen zur Leistung von Beiträgen ein Ausfall an dem zu deckenden Gesammtbetrage nicht entsteht.

Die Berechnung ist dem Konkursgerichte mit dem Antrage einzureichen, dieselbe für vollstreckbar zu erklären. Wird das Genossenschaftsregister nicht bei dem Konkursgerichte geführt, so ist dem Antrage eine beglaubigte Abschrift des Statuts und der Liste der Genossen beizufügen.

Frühere Fassung §. 99. **Vgl. H.G.B.** —

§. 107.

Vorbereitung des Termins zur Erklärung über Berechnung.

Zur Erklärung über die Berechnung bestimmt das Gericht einen Termin, welcher nicht über zwei Wochen hinaus anberaumt werden darf. Derselbe ist öffentlich bekannt zu machen; die in der Berechnung aufgeführten Genossen sind besonders zu laden.

Die Berechnung ist spätestens drei Tage vor dem Termine auf der Gerichtsschreiberei zur Einsicht der Betheiligten niederzulegen. Hierauf ist in der Bekanntmachung und den Ladungen hinzuweisen.

Frühere Fassung §. 100. **Vgl. H.G.B.** —

Verhandlung und Entscheidung. §. 108.

In dem Termine sind Vorstand und Aufsichtsrath der Genossenschaft, sowie der Konkursverwalter und der Gläubigerausschuss und, soweit Einwendungen erhoben werden, die sonst Betheiligten zu hören.

Das Gericht entscheidet über die erhobenen Einwendungen, berichtigt, soweit erforderlich, die Berechnung oder ordnet die Berichtigung an und erklärt die Berechnung für vollstreckbar. Die Entscheidung ist in dem Termine oder in einem sofort anzuberaumenden Termine, welcher nicht über eine Woche hinaus angesetzt werden soll, zu verkünden. Die Berechnung mit der sie für vollstreckbar erklärenden Entscheidung ist zur Einsicht der Betheiligten auf der Gerichtsschreiberei niederzulegen.

Gegen die Entscheidung findet ein Rechtsmittel nicht statt.

Frühere Fassung §. 101. **Vgl. H.G.B.** —

Vollstreckung. §. 109.

Nachdem die Berechnung für vollstreckbar erklärt ist, hat der Konkursverwalter ohne Verzug die Beiträge von den Genossen einzuziehen.

Die Zwangsvollstreckung gegen einen Genossen findet in Gemässheit der Civilprozessordnung auf Grund einer vollstreckbaren Ausfertigung der Entscheidung und eines Auszuges aus der Berechnung statt.

Für die in den Fällen der §§. 731, 767, 768 der Civilprozessordnung zu erhebenden Klagen ist das Amtsgericht, bei welchem das Konkursverfahren anhängig ist, und, wenn der Streitgegenstand zur Zuständigkeit der Amtsgerichte nicht gehört, das Landgericht ausschliesslich zuständig, zu dessen Bezirke der Bezirk des Konkursgerichts gehört.

Frühere Fassung §. 102. **Vgl. H.G.B.** —

§. 110. **Hinterlegung.**

Die eingezogenen Beträge sind bei der von der Gläubigerversammlung bestimmten Stelle (Konkursordnung §. 132) zu hinterlegen oder anzulegen.

Frühere Fassung §. 103. **Vgl. H.G.B.** —

§. 111. **Anfechtung der Berechnung.**

Jeder Genosse ist befugt, die für vollstreckbar erklärte Berechnung im Wege der Klage anzufechten. Die Klage ist gegen den Konkursverwalter zu richten. Sie findet nur binnen der Nothfrist eines Monats seit Verkündung der Entscheidung und nur insoweit statt, als der Kläger den Anfechtungsgrund in dem Termine (§. 107) geltend gemacht hat oder ohne sein Verschulden geltend zu machen ausser Stande war.

Das rechtskräftige Urtheil wirkt für und gegen alle beitragspflichtigen Genossen.

Frühere Fassung §. 104. **Vgl. H.G.B.** —

§. 112.

Zuständiges Gericht; Verbindung; Einstellung, Aufhebung der Vollstreckung.

Die Klage ist ausschliesslich bei dem Amtsgerichte zu erheben, welches die Berechnung für vollstreckbar erklärt hat. Die mündliche Verhandlung erfolgt nicht vor Ablauf der bezeichneten Nothfrist. Mehrere Anfechtungsprozesse sind zur gleichzeitigen Verhandlung und Entscheidung zu verbinden.

Uebersteigt der Streitgegenstand eines Prozesses die sonst für die sachliche Zuständigkeit der Amtsgerichte geltende Summe, so hat das Gericht, sofern eine Partei in einem solchen Prozesse vor der Verhandlung zur Hauptsache darauf anträgt, durch Beschluss die sämmtlichen Streitsachen an das Landgericht, in dessen Bezirke es seinen Sitz hat, zu verweisen. Gegen diesen Beschluss findet die sofortige Beschwerde statt. Die Nothfrist beginnt mit der Verkündung des Beschlusses.

Ist der Beschluss rechtskräftig, so gelten die Streitsachen als bei dem Landgerichte anhängig. Die im Verfahren vor dem Amtsgerichte erwachsenen Kosten werden als Theil der bei dem Landgerichte erwachsenen Kosten behandelt und gelten als Kosten einer Instanz.

Die Vorschriften der Civilprozessordnung §§. 769, 770 über die Einstellung der Zwangsvollstreckung und die Aufhebung der Vollstreckungsmassregeln finden entsprechende Anwendung.

Frühere Fassung §. 105. **Vgl. H.G.B.** —

Zu §. 112.

Der rechtskräftige Verweisungsbeschluß wirkt für alle, mithin auch die erst nach dem Verweisungsbeschluß angestellten Anfechtungsklagen; die mehreren Rechtsstreite sind demnächst vom Landgericht in einem Urteil zu erledigen (R.G. XXXII, 397).

Zusatzberechnung. §. 113.

Soweit in Folge des Unvermögens einzelner Genossen zur Leistung von Beiträgen der zu deckende Gesammtbetrag nicht erreicht wird, oder in Gemässheit des auf eine Anfechtungsklage ergehenden Urtheils oder aus anderen Gründen die Berechnung abzuändern ist, hat der Konkursverwalter eine Zusatzberechnung aufzustellen. Rücksichtlich derselben kommen die Vorschriften in §§. 106 bis 112 zur Anwendung.

Die Aufstellung einer Zusatzberechnung ist erforderlichenfalls zu wiederholen.

Frühere Fassung §. 106. Vgl. H.G.B. —

Nachschußberechnung. §. 114.

Sobald mit dem Vollzuge der Schlussvertheilung (Konkursordnung §. 161) begonnen wird, hat der Konkursverwalter in Ergänzung oder Berichtigung der Vorschussberechnung und der zu derselben etwa ergangenen Zusätze zu berechnen, wieviel die Genossen in Gemässheit des §. 105 an Nachschüssen zu leisten haben.

Die Berechnung (Nachschussberechnung) unterliegt den Vorschriften in §§. 106 bis 109, 111 bis 113, der Vorschrift im §. 106 Absatz 2 mit der Massgabe, dass auf Genossen, deren Unvermögen zur Leistung von Beiträgen sich herausgestellt hat, Beiträge nicht vertheilt werden.

Frühere Fassung §. 107. Vgl. H.G.B. —

Nachtragsverteilung, Überschüsse. §. 115.

Der Verwalter hat, nachdem die Nachschussberechnung für vollstreckbar erklärt ist, unverzüglich den gemäss §. 110 vorhandenen Bestand und, so oft von den noch einzuziehenden Beiträgen hinreichender Bestand eingegangen ist, diesen im Wege der Nachtragsvertheilung (Konkursordnung §. 166) unter die Gläubiger zu vertheilen.

Ausser den Antheilen auf die im §. 168 der Konkursordnung bezeichneten Forderungen sind zurückzubehalten die Antheile auf Forderungen, welche im Prüfungstermine von dem Vorstande ausdrücklich bestritten worden sind. Dem Gläubiger bleibt überlassen, den Widerspruch des Vorstandes durch Klage zu beseitigen. Soweit der Widerspruch rechtskräftig für begründet erklärt wird, werden die Antheile zur Vertheilung unter die übrigen Gläubiger frei.

Die zur Befriedigung der Gläubiger nicht erforderlichen Ueberschüsse hat der Konkursverwalter an die Genossen zurückzuzahlen.

Frühere Fassung §. 108. Vgl. H.G.B. —

§. 116.

Kein Zwangsvergleich. Einstellung.

Eine Aufhebung des Konkursverfahrens durch Zwangsvergleich findet nicht statt.

Eine Einstellung des Verfahrens ist erst zulässig, nachdem mit dem Vollzuge der Schlussvertheilung begonnen ist. Die Zustimmung aller bei der letzteren berücksichtigten Konkursgläubiger ist beizubringen. Inwieweit es der Zustimmung oder der Sicherstellung von Gläubigern bedarf, deren Forderungen nicht festgestellt sind, entscheidet das Konkursgericht nach freiem Ermessen.

Frühere Fassung §. 109. Vgl. K.O. §§. 173 ff., 202 ff.

§. 117. **Pflicht des Vorstands.**

Der Vorstand ist verpflichtet, den Konkursverwalter bei den diesem in §. 106 Absatz 1, §. 109 Absatz 1, §§. 113, 114 zugewiesenen Obliegenheiten zu unterstützen.

Frühere Fassung §. 110. **Vgl. K.O.** §. 100.

§. 118. **Liquidatoren.**

Die in diesem Abschnitte hinsichtlich des Vorstandes getroffenen Bestimmungen gelten auch hinsichtlich der Liquidatoren.

Frühere Fassung §. 111. **Vgl. H.G.B.** §. 298 Abs. 2.

Achter Abschnitt.

Besondere Bestimmungen.

I. Für Genossenschaften mit unbeschränkter Haftpflicht.

§. 119. **Geschäftsanteil.**

Bei Genossenschaften mit unbeschränkter Haftpflicht darf ein Genosse nicht auf mehr als einen Geschäftsantheil betheiligt sein.

Frühere Fassung §. 112. **Vgl. H.G.B.** —

§. 120. **Inhalt der Beitrittserklärung.**

Die Beitrittserklärungen (§. 15) müssen die ausdrückliche Bemerkung enthalten, dass die einzelnen Genossen für die Verbindlichkeiten der Genossenschaft dieser sowie unmittelbar den Gläubigern derselben nach Massgabe des Gesetzes mit ihrem ganzen Vermögen haften.

Frühere Fassung §. 113. **Vgl. H.G.B.** —

§. 121. **Überschuldung.**

Sobald sich bei der Geschäftsführung ergiebt, dass das Vermögen der Genossenschaft einschliesslich des Reservefonds und der Geschäftsguthaben zur Deckung der Schulden nicht ausreicht, hat der Vorstand die Generalversammlung zur Beschlussfassung, ob die Genossenschaft aufgelöst werden soll, zu berufen.

Für den Fall, dass die Auflösung beschlossen wird, ist zugleich die im §. 104 vorgesehene Beschlussfassung herbeizuführen.

Frühere Fassung §. 115. [§. 114 aufgehoben durch Ges. v. 12. Aug. 1896 Art. 1 Ziff. 6.] **Vgl. H.G.B.** §. 240.

§. 122. **Haftpflicht der Genossen.**

Im Falle des Konkursverfahrens sind neben der Genossenschaft die einzelnen Genossen solidarisch und mit ihrem ganzen Vermögen den Konkursgläubigern für den Ausfall verhaftet, welchen diese an ihren bei der Schlussvertheilung (Konkursordnung §. 161) berücksichtigten Forderungen bei derselben erleiden.

Nach Ablauf von drei Monaten seit dem Termine, in welchem die Nachschussberechnung für vollstreckbar erklärt ist, können die Gläubiger, soweit sie bisher nicht befriedigt sind, die einzelnen Genossen in Anspruch nehmen.

Festgestellte Forderungen, welche im Prüfungstermine von dem Vorstande oder den Liquidatoren nicht ausdrücklich bestritten sind, können auch von den in Anspruch genommenen Genossen nicht bestritten werden.

Das rechtskräftige Urtheil, welches in dem Prozess über eine im Prüfungstermine von dem Vorstande oder den Liquidatoren bestrittene Forderung für oder gegen dieselben ergeht, wirkt gegenüber allen Genossen.

In Ansehung einer im Konkursverfahren streitig gebliebenen Forderung kann, solange dieselbe nicht festgestellt ist, eine Verurtheilung der Genossen nicht erfolgen.

Frühere Fassung §. 116, **E.G. z. H.G.B.** Art. 10 Ziff. XII. **Vgl. H.G.B.** —

Verjährung. §. 123.

Die Klage der Gläubiger gegen die einzelnen Genossen verjährt, sofern nicht nach Beschaffenheit der Forderung eine kürzere Verjährungsfrist gesetzlich eintritt, in zwei Jahren seit Ablauf der im §. 122 Absatz 2 bestimmten Frist.

Die Verjährung zu Gunsten eines Genossen wird durch Rechtshandlungen unterbrochen, welche gegen die Genossenschaft oder von derselben vorgenommen werden; sie wird nicht unterbrochen durch Rechtshandlungen, welche gegen einen anderen Genossen oder von demselben vorgenommen werden.

Frühere Fassung §. 117, **E.G. z. H.G.B.** Art. 10 Ziff. XIII. **Vgl. H.G.B.** —

§. 124.

Eintritt in Gläubigerrecht durch Befriedigung.

Soweit Genossen in Gemässheit des §. 122 Konkursgläubiger befriedigen, treten sie in die Rechte der letzteren gegen die Genossenschaft ein.

Frühere Fassung §. 118. **Vgl. H.G.B.** —

Ausgeschiedene Genossen. §. 125.

Die Bestimmungen der §§. 122 bis 124 finden auf die in den letzten zwei Jahren vor der Eröffnung des Konkursverfahrens aus der Genossenschaft ausgeschiedenen Genossen (§§. 70, 76), welche nicht schon in Gemässheit des §. 75 der Haftpflicht unterliegen, wegen der bis zu dem Zeitpunkte ihres Ausscheidens von der Genossenschaft eingegangenen Verbindlichkeiten mit der Massgabe Anwendung, dass der Anspruch der Gläubiger erst nach Ablauf von sechs Monaten seit dem Termine, in welchem die Nachschussberechnung (§. 114) für vollstreckbar erklärt ist, erhoben werden kann.

Dieser Anspruch erstreckt sich, wenn im Falle des Todes eines Genossen dessen Ausscheiden nach dem im §. 77 Absatz 1 bezeichneten Zeitpunkte eingetragen ist, auf die bis zum Tage der Eintragung von der Genossenschaft eingegangenen Verbindlichkeiten, sofern nicht der Erbe beweist, dass bei ihrer Eingehung dem Gläubiger der Tod des Genossen bekannt war.

Frühere Fassung §. 119. **Vgl. H.G.B.** —

II. Für Genossenschaften mit unbeschränkter Nachschusspflicht.

Geschäftsanteil. Überschuldung. §. 126.

Die Bestimmungen des §. 119 über die Beschränkung der Betheiligung auf einen Geschäftsantheil und des §. 121 über die Berufung der Generalversammlung im

---

Zu §. 123.

Vgl. B.G. §. 425.

Zu §. 124.

Vgl. B.G. §. 426 Abs. 2.

Falle der Ueberschuldung finden auf die Genossenschaften mit unbeschränkter Nachschusspflicht Anwendung.

Frühere Fassung §. 120. Vgl. H.G.B. §. 240.

§. 127. **Inhalt der Beitrittserklärung.**

Die Beitrittserklärungen (§. 15) müssen die ausdrückliche Bemerkung enthalten, dass die einzelnen Genossen mit ihrem ganzen Vermögen verpflichtet sind, der Genossenschaft die zur Befriedigung der Gläubiger derselben erforderlichen Nachschüsse nach Massgabe des Gesetzes zu leisten.

Frühere Fassung §. 121. Vgl. H.G.B. —

§. 128. **Haftung Ausgeschiedener.**

Ist im Falle der Eröffnung des Konkursverfahrens nach Ablauf von drei Monaten seit dem Termine, in welchem die Nachschussberechnung (§. 114) für vollstreckbar erklärt ist, die Befriedigung oder Sicherstellung der im §. 105 Absatz 1 bezeichneten Konkursgläubiger noch nicht bewirkt, so sind die hierzu erforderlichen Beiträge von den innerhalb der letzten achtzehn Monate vor der Eröffnung des Konkursverfahrens ausgeschiedenen Genossen, welche nicht schon in Gemässheit des §. 75 oder des §. 76 Absatz 4 der Nachschusspflicht unterliegen, nach Massgabe des §. 105 zur Konkursmasse zu leisten.

Frühere Fassung §. 122. Vgl. H.G.B. —

§. 129.

Berechnung über Beitragspflicht Ausgeschiedener.

Der Konkursverwalter hat ohne Verzug eine Berechnung über die Beitragspflicht der Ausgeschiedenen aufzustellen.

In der Berechnung sind dieselben namentlich zu bezeichnen und auf sie die Beiträge zu vertheilen, soweit nicht das Unvermögen Einzelner zur Leistung von Beiträgen vorauszusehen ist.

Im Uebrigen finden die Vorschriften in §. 106 Absatz 3, §§. 107 bis 109, 111 bis 113 und 115 entsprechende Anwendung.

Frühere Fassung §. 123. Vgl. H.G.B. —

§. 130. **Haftung der Nichtausgeschiedenen.**

Durch die Bestimmungen der §§. 128, 129 wird die Einziehung der Nachschüsse von den in der Genossenschaft verbliebenen Genossen nicht berührt.

Aus den Nachschüssen der letzteren sind den Ausgeschiedenen die von diesen geleisteten Beiträge zu erstatten, sobald die Befriedigung oder Sicherstellung der sämmtlichen im §. 105 Absatz 1 bezeichneten Konkursgläubiger bewirkt ist.

Frühere Fassung §. 124. Vgl. H.G.B. —

III. Für Genossenschaften mit beschränkter Haftpflicht.

§. 131. **Haftsumme.**

Bei Genossenschaften mit beschränkter Haftpflicht darf die Haftsumme der einzelnen Genossen (§. 2) nicht niedriger als der Geschäftsantheil sein.

Die Haftsumme muss bei Errichtung der Genossenschaft durch das Statut bestimmt werden. Die Bestimmung oder eine Abänderung derselben ist zu veröffentlichen (§§. 12, 16).

Frühere Fassung §. 125. Vgl. H.G.B. —

Erhöhung der Haftsumme. §. 132.

Zu einer Erhöhung der Haftsumme bedarf es einer Mehrheit von drei Viertheilen der in der Generalversammlung erschienenen Genossen. Das Statut kann noch andere Erfordernisse aufstellen.

Frühere Fassung §. 126. Vgl. H.G.B. §. 278.

Herabsetzung der Haftsumme. §. 133.

Eine Herabsetzung der Haftsumme kann nur unter Beobachtung der Bestimmungen erfolgen, welche für die Vertheilung des Genossenschaftsvermögens im Falle der Auflösung massgebend sind (§. 82 Absatz 2, §. 90 Absatz 1 bis 3). Bekannte Gläubiger sind durch besondere Mittheilung zur Anmeldung aufzufordern.

Die Anmeldung des Herabsetzungsbeschlusses zum Genossenschaftsregister erfolgt nicht vor Ablauf des im §. 90 Absatz 1 bezeichneten Jahres. Mit der Anmeldung sind die Bekanntmachungen des Beschlusses einzureichen. Zugleich hat der Vorstand die schriftliche Versicherung abzugeben, dass die Gläubiger, welche sich bei der Genossenschaft gemeldet und der Herabsetzung nicht zugestimmt haben, befriedigt oder sichergestellt sind.

Frühere Fassung §. 127, E.G. z. H.G.B. Art. 10 Ziff. XIV. Vgl. H.G.B. §§. 288, 289.

Geschäftsanteil. §. 134.

Durch das Statut kann die Betheiligung des Genossen auf mehrere Geschäftsantheile, unter Festsetzung der höchsten Zahl derselben, gestattet werden.

Die Bestimmung oder eine Abänderung derselben ist zu veröffentlichen (§§. 12, 16).

Frühere Fassung §. 128. Vgl. H.G.B. —

§. 135.

Haftung bei mehreren Geschäftsanteilen.

Die Haftung eines Genossen, welcher auf mehr als einen Geschäftsantheil betheiligt ist, erhöht sich auf das der Zahl der Geschäftsantheile entsprechende Vielfache der Haftsumme.

Frühere Fassung §. 129. Vgl. H.G.B. —

§. 136.

Vollzahlung vor Übernahme ferneren Geschäftsanteils.

Bevor der erste Geschäftsantheil erreicht ist, darf die Betheiligung des Genossen auf einen zweiten Geschäftsantheil seitens der Genossenschaft nicht zugelassen werden. Das Gleiche gilt von der Zulassung zu jedem weiteren Geschäftsantheile.

Frühere Fassung §. 130. Vgl. H.G.B. §. 278 Abs. 1.

§. 137.

Erklärung der Übernahme ferneren Geschäftsanteils.

Ein Genosse, welcher auf einen weiteren Geschäftsantheil betheiligt sein will, hat darüber eine von ihm zu unterzeichnende, unbedingte Erklärung abzugeben.

Die Erklärung ist von dem Vorstande nach der Zulassung des Genossen zu dem weiteren Geschäftsantheile behufs Eintragung des letzteren in die Liste der Genossen dem Gerichte (§. 10) einzureichen. Zugleich hat der Vorstand schriftlich zu versichern, dass die übrigen Geschäftsantheile des Genossen erreicht seien.

Die Betheiligung auf den weiteren Geschäftsantheil tritt mit der in Gemässheit der vorstehenden Absätze erfolgten Eintragung in Kraft.

Im Uebrigen kommen die Vorschriften des §. 15 zur entsprechenden Anwendung.

Frühere Fassung §. 131. **Vgl. H.G.B.** §. 280 Abs. 2.

§. 138. **Übertragung des Geschäftsguthabens.**

Eine Uebertragung des Geschäftsguthabens findet in dem Falle des §. 134 an einen anderen Genossen nur statt, sofern dessen bisheriges Guthaben mit dem ihm zuzuschreibenden Betrage die der höchsten Zahl der Geschäftsantheile entsprechende Gesammtsumme nicht übersteigt. Hierauf ist die im §. 76 vorgesehene Versicherung des Vorstandes zu richten. Im Uebrigen verbleibt es bei den Bestimmungen im §. 137.

Frühere Fassung §. 132. **Vgl. H.G.B.** —

§. 139. **Veröffentlichungen.**

Mit der Bilanz eines jeden Geschäftsjahres ist ausser den im §. 33 vorgesehenen Angaben über die Zahl der Genossen der Gesammtbetrag, um welchen in diesem Jahre die Geschäftsguthaben, sowie die Haftsummen der Genossen sich vermehrt oder vermindert haben, und der Betrag der Haftsummen zu veröffentlichen, für welche am Jahresschluss alle Genossen zusammen aufzukommen haben.

Frühere Fassung §. 133. **Vgl. H.G.B.** —

§. 140. **Konkurs.**

Das Konkursverfahren findet bei bestehender Genossenschaft ausser dem Falle der Zahlungsunfähigkeit in dem Falle der Ueberschuldung statt, sofern diese ein Viertheil des Betrages der Haftsummen aller Genossen übersteigt. Der Vorstand hat, wenn eine solche Ueberschuldung sich aus der Jahresbilanz oder aus einer im Laufe des Jahres aufgestellten Bilanz ergiebt, die Eröffnung des Konkursverfahrens zu beantragen. Die Vorschriften des §. 99 Absatz 2, 3, §. 100 finden entsprechende Anwendung.

Frühere Fassung §. 134. **Vgl. K.O.** §§. 207, 208, 107 Abs. 1, **H.G.B.** §§. 240 Abs. 2, 241.

§. 141. **Haftpflicht der Genossen.**

Die einzelnen Genossen können über ihre Haftsumme hinaus weder auf Leistung von Nachschüssen, noch von den Konkursgläubigern in Anspruch genommen werden. Im Uebrigen finden auf den Anspruch der Gläubiger die Bestimmungen in §§. 122 bis 125 Anwendung.

Frühere Fassung §. 135. **Vgl. H.G.B.** §. 211.

§. 142.

Ersatzanspruch der Gläubiger gegen Genossenschaftsbeamte.

Ausser dem Falle des §. 90 kann in dem Falle, dass entgegen den Vorschriften in §§. 19, 22 der Gewinn oder das Geschäftsguthaben ausgezahlt wird, der Ersatzanspruch gegen die Mitglieder des Vorstandes oder des Aufsichtsraths oder gegen die Liquidatoren von den Gläubigern der Genossenschaft, soweit sie von dieser ihre Befriedigung nicht erlangen können, selbständig geltend gemacht werden. Dasselbe findet gegen die Mitglieder des Vorstandes oder die Liquidatoren statt, wenn nach dem Zeitpunkte, mit welchem die Verpflichtung zum Antrage auf Eröffnung des Konkursverfahren eingetreten ist, eine Zahlung geleistet wird, rücksichtlich des Ersatzes derselben.

Die Ersatzpflicht wird den Gläubigern gegenüber dadurch nicht aufgehoben, dass die Handlung auf einem Beschlusse der Generalversammlung beruht.

Frühere Fassung §. 136. **Vgl.** H.G.B. §§. 241, 249, 298 Abs. 2.

IV. Für die Umwandlung von Genossenschaften.

§. 143.

Schutz der Gläubiger. Anmeldung.

Eine Genossenschaft mit unbeschränkter Haftpflicht kann sich in eine solche mit unbeschränkter Nachschusspflicht nur unter Beobachtung der Bestimmungen umwandeln, welche für die Vertheilung des Genossenschaftsvermögens im Falle der Auflösung massgebend sind (§. 82 Absatz 2, §. 90 Absatz 1 bis 3).

Dasselbe gilt von der Umwandlung einer Genossenschaft mit unbeschränkter Haftpflicht oder mit unbeschränkter Nachschusspflicht in eine solche mit beschränkter Haftpflicht.

Die Vorschriften im §. 133 Absatz 2 finden entsprechende Anwendung.

Frühere Fassung §. 137. **Vgl.** H.G.B. §§. 333, 334.

Erfordernisse der Beschlußfassung. §. 144.

Zu dem Beschluss auf Umwandlung einer Genossenschaft mit unbeschränkter Nachschusspflicht in eine solche mit unbeschränkter Haftpflicht oder einer Genossenschaft mit beschränkter Haftpflicht in eine solche mit unbeschränkter Haftpflicht oder mit unbeschränkter Nachschusspflicht bedarf es einer Mehrheit von drei Viertheilen der in der Generalversammlung erschienenen Genossen. Das Statut kann noch andere Erfordernisse aufstellen.

Frühere Fassung §. 138. **Vgl.** H.G.B. §. 332.

§. 145.

Wirkung gegenüber Ausgeschiedenen.

Die Umwandlung (§§. 143, 144) ist auch gegenüber den vor der Eintragung des Beschlusses in das Genossenschaftsregister aus der Genossenschaft Ausgeschiedenen wirksam.

Im Falle der Umwandlung einer Genossenschaft mit unbeschränkter Nachschusspflicht können dieselben für die Verbindlichkeiten der Genossenschaft nicht in Anspruch genommen werden, sofern ihr Ausscheiden früher als achtzehn Monate vor der Eintragung erfolgt ist. Im Falle der Umwandlung einer Genossenschaft mit beschränkter Haftpflicht bleibt der Anspruch gegen sie auf ihre bisherige Haftsumme beschränkt.

Frühere Fassung §. 139. Vgl. H.G.B. —

Neunter Abschnitt.

Strafbestimmungen.

§. 146. Untreue.

Mitglieder des Vorstandes und des Aufsichtsraths und Liquidatoren werden, wenn sie absichtlich zum Nachtheile der Genossenschaft handeln, mit Gefängniss und zugleich mit Geldstrafe bis zu dreitausend Mark bestraft.

Zugleich kann auf Verlust der bürgerlichen Ehrenrechte erkannt werden.

Frühere Fassung §. 140. Vgl. H.G.B. §. 312.

§. 147.

Falsche Angaben, unwahre Darstellungen.

Mitglieder des Vorstandes und des Aufsichtsraths und Liquidatoren werden mit Gefängniss bis zu einem Jahre und zugleich mit Geldstrafe bis zu dreitausend Mark bestraft, wenn sie in den von ihnen dem Gerichte (§. 10) zu machenden Anmeldungen, Anzeigen und Versicherungen wissentlich falsche Angaben machen, oder in ihren Darstellungen, ihren Uebersichten über den Vermögensstand der Genossenschaft, über die Mitglieder und die Haftsummen, oder den in der Generalversammlung gehaltenen Vorträgen den Stand der Verhältnisse der Genossenschaft wissentlich unwahr darstellen.

Zugleich kann auf Verlust der bürgerlichen Ehrenrechte erkannt werden.

Sind mildernde Umstände vorhanden, so tritt ausschliesslich die Geldstrafe ein.

Frühere Fassung §. 141. Vgl. H.G.B. §. 313 Ziff. 1, 3, §. 314 Ziff. 1.

§. 148.

Nichtbildung beschlußfähigen Aufsichtsrats. Unterlassung des Konkursantrags.

Mit Geldstrafe bis zu sechshundert Mark oder mit Gefängniss bis zu drei Monaten oder mit beiden Strafen zugleich werden bestraft:

1. die Mitglieder des Vorstandes und des Aufsichtsraths und die Liquidatoren, wenn länger als drei Monate die Genossenschaft ohne Aufsichtsrath geblieben ist, oder in dem letzteren die zur Beschlussfähigkeit erforderliche Zahl von Mitgliedern gefehlt hat;

Zu §. 146.

Unerheblich ist, ob der Handelnde bei der Handlung in seiner Eigenschaft als Organ der Genossenschaft thätig geworden ist; der §. 146 ist anwendbar auch wenn er hierbei nur Vertragsgegner der Genossenschaft war (R.G. in Strss. XXVI, 136).

Zu §. 148.

Die Vorstandsmitglieder sind nicht antragspflichtig, wenn erst nach Bestellung von Liquidatoren Überschuldung sich ergiebt (R.G. in Strss. XXV, 87).

2. die Mitglieder des Vorstandes oder die Liquidatoren, wenn entgegen den Vorschriften in §§. 99, 118, 140 der Antrag auf Eröffnung des Konkursverfahrens unterlassen ist.

Die Strafe tritt nicht gegen denjenigen ein, welcher nachweist, dass die Unterlassung ohne sein Verschulden geschehen ist.

Frühere Fassung §. 142. Vgl. H.G.B. §. 315.

§. 149.

Verfolgung unzulässiger Zwecke, Erörterung öffentlicher Angelegenheiten.

Mitglieder des Vorstandes werden mit Geldstrafe bis zu sechshundert Mark bestraft, wenn ihre Handlungen auf andere als die im §. 1 erwähnten geschäftlichen Zwecke gerichtet sind, oder wenn sie in der Generalversammlung die Erörterung von Anträgen gestatten oder nicht hindern, welche auf öffentliche Angelegenheiten gerichtet sind, deren Erörterung unter die Gesetze über das Versammlungs- und Vereinsrecht fällt.

Frühere Fassung §. 143. Vgl. H.G.B. —

§. 150.

Unterlassene Anzeige von Verbandsversammlungen.

Die Mitglieder des Vorstandes eines Revisionsverbandes werden, wenn unterlassen ist, die Versammlung in Gemässheit des §. 59 Absatz 2 anzuzeigen, mit Geldstrafe bis zu sechshundert Mark bestraft.

Die Strafe tritt nicht gegen denjenigen ein, welcher nachweist, dass die Unterlassung ohne sein Verschulden geschehen ist.

Frühere Fassung §. 144. Vgl. H.G.B. —

§. 151.

Besondere Vorteile für Stimmen in gewissem Sinne oder Nichtstimmen.

Wer sich besondere Vortheile dafür hat gewähren oder versprechen lassen, dass er bei einer Abstimmung in der Generalversammlung in einem gewissen Sinne stimme, wird mit Geldstrafe bis zu dreitausend Mark, oder mit Gefängniss bis zu einem Jahre bestraft.

Frühere Fassung §. 145. Vgl. H.G.B. §. 317.

§. 152.

Warenverkauf an Nichtmitglieder von Konsumvereinen.

Personen, welche für einen Konsumverein den Waarenverkauf bewirken, werden, wenn sie der Vorschrift des §. 8 Absatz 4 zuwider wissentlich oder ohne Beobachtung der nach §. 31 von dem Vorstande erlassenen Anweisung Waaren an andere Personen als an Mitglieder oder deren Vertreter verkaufen, mit Geldstrafe bis zu einhundertfünfzig Mark bestraft.

Gleiche Strafe trifft das Mitglied, welches seine Legitimation, durch die es zum Waarenkauf in einem Konsumverein oder bei einem mit diesem wegen Waarenabgabe an die Mitglieder in Verbindung stehenden Gewerbetreibenden berechtigt wird, einem Dritten zum Zweck unbefugter Waarenentnahme überlässt.

Dritte, welche von solcher Legitimation zu demselben Zweck Gebrauch machen, oder auf andere Weise zu unbefugter Waarenabgabe zu verleiten unternehmen, werden in gleicher Weise bestraft.

Frühere Fassung §. 145 a, **Ges. v. 12. Aug. 1896,** Art. 1 Ziff. 7. **Vgl. Ges. v. 12. Aug. 1896** Art. 2 (unten VII 6).

§. 153.

Weiterveräußerung durch Beziehende an Nichtmitglieder.

Mit Geldstrafe bis zu einhundertfünfzig Mark wird bestraft, wer Waaren, die er aus dem Konsumverein oder von einem mit diesem wegen Waarenabgabe in Verbindung stehenden Gewerbetreibenden auf Grund seiner Mitgliedschaft bezogen hat, gegen Entgelt gewohnheitsmässig oder gewerbsmässig an Nichtmitglieder veräussert.

Diese Bestimmung findet keine Anwendung:

1. wenn ein Mitglied eines Konsumvereins die von ihm bezogenen Waaren in seiner Speiseanstalt oder an seine Kostgänger zum alsbaldigen persönlichen Verbrauch abgiebt;
2. wenn ein Konsumverein, welcher Mitglied eines anderen Konsumvereins ist, die aus letzterem bezogenen Waaren an seine Mitglieder abgiebt.

Frühere Fassung §. 145 b, **Ges. v. 12. Aug. 1896,** Art. 1 Ziff. 7. **Vgl. Ges. v. 12. Aug. 1896** Art. 2 (unten VII 6).

§. 154.

Ausgabe von Inhaberwertzeichen oder -anweisungen.

Zuwiderhandlungen gegen die Vorschrift des §. 32 werden mit Geldstrafe bis zu einhundertfünfzig Mark bestraft.

Frühere Fassung §. 145 c, **Ges. v. 12. Aug. 1896,** Art. 1 Ziffer 7. **Vgl. Ges. v. 12. Aug. 1896,** Art. 2 (unten VII 6).

Zehnter Abschnitt.

Schlussbestimmungen.

§. 155. Zuständigkeit des Reichsgerichts.

In bürgerlichen Rechtsstreitigkeiten, in welchen durch Klage oder Widerklage ein Anspruch auf Grund der Bestimmungen dieses Gesetzes geltend gemacht ist, wird die Verhandlung und Entscheidung letzter Instanz im Sinne des §. 8 des Einführungsgesetzes zum Gerichtsverfassungsgesetze dem Reichsgerichte zugewiesen.

Frühere Fassung §. 146. **Vgl. Bundesges.** vom 12. Juni 1869, §§. 1, 13.

§. 156.

Öffentlichkeit des Genossenschaftsregisters. Bekanntmachungen.

Die Vorschriften in §§. 9 bis 11 des Handelsgesetzbuchs finden auf das Genossenschaftsregister Anwendung. Die Eintragungen sind durch den Deutschen Reichs-

---

Zu §. 155.

Vgl. E.G. z. B.G. Art. 6.

anzeiger bekannt zu machen. Die anderen Blätter hat das Gericht zu bestimmen, für kleinere Genossenschaften nur ein anderes Blatt.

Frühere Fassung §. 147. **Vgl. H.G.B.** §§. 9—11.

Anmeldungen, Einreichungen. §. 157.

Die Anmeldungen zum Genossenschaftsregister sind durch sämmtliche Mitglieder des Vorstandes oder sämmtliche Liquidatoren persönlich zu bewirken oder in beglaubigter Form einzureichen.

Die in §§. 16, 28, §. 33 Absatz 2, §. 51 Absatz 5, §. 63 Absatz 2, §. 84, §. 85 Absatz 2 vorgeschriebenen Anmeldungen und Einreichungen müssen auch zu dem Genossenschaftsregister einer jeden Zweigniederlassung erfolgen.

Frühere Fassung §. 148, **E.G. z. H.G.B.** Art. 10 Ziff. XV. **Vgl. H.G.B.** §§. 12, 13, 201, 195, 234 u. a.

§. 158.

Mitteilungen des Hauptgerichts an Zweiggerichte.

Von der Eintragung eines beitretenden Genossen, der Eintragung oder Vormerkung des Austritts, der Ausschliessung oder des Todes von Genossen, sowie von der Eintragung weiterer Geschäftsantheile in die Liste der Genossen hat das Gericht (§. 10) dem Gerichte einer jeden Zweigniederlassung zur Berichtigung der dort geführten Liste Mittheilung zu machen.

Imgleichen ist die Eintragung der Auflösung einer Genossenschaft, sowie der Eröffnung des Konkursverfahrens zu dem Genossenschaftsregister einer jeden Zweigniederlassung mitzutheilen.

Frühere Fassung §. 149. **Vgl. H.G.B.** —

Gebührenfreiheit. §. 159.

Gebühren für die Verhandlung und Entscheidung erster Instanz über die in vorstehendem Paragraphen bezeichneten Anträge, sowie für die Eintragungen und Vormerkungen werden nicht erhoben. Die Erhebung von Auslagen findet nach §§. 79, 80 und 80b des Gerichtskostengesetzes statt.

Frühere Fassung §. 151. [§. 150 aufgehoben durch G.fr.Ger. §. 187]. **Vgl. H.G.B.** —

Ordnungsstrafen. §. 160.

Die Mitglieder des Vorstandes sind von dem Gerichte (§. 10) zur Befolgung der im §. 8 Absatz 2, §. 14, §§. 28, 30, §. 61 Absatz 2, §. 63, §. 78 Absatz 2, §. 79 Absatz 2 enthaltenen Vorschriften durch Ordnungsstrafen anzuhalten; die einzelne Strafe darf den Betrag von dreihundert Mark nicht übersteigen. In gleicher Weise sind die Mitglieder des Vorstandes und die Liquidatoren zur Befolgung der im §. 33 Absatz 2, §. 47, §. 48 Absatz 2, §. 51 Absatz 4 und 5, §. 84, §. 85 Absatz 2, §. 89, §. 157 Absatz 2 enthaltenen Vorschriften anzuhalten.

Rücksichtlich des Verfahrens sind die Vorschriften massgebend, welche zur Erzwingung der im Handelsgesetzbuch angeordneten Anmeldungen zum Handelsregister gelten.

Frühere Fassung §. 152, **E.G. z. H.G.B.**, Art. 10 Ziff. XVI. **Vgl. H.G.B.** §. 319, **G.fr.Ger.** §§. 132ff.

§. 161.

Ausführungsbestimmungen. Staats-, höhere Verwaltungsbehörde.

Die zur Ausführung der Vorschriften über das Genossenschaftsregister und die Anmeldungen zu demselben erforderlichen Bestimmungen werden von dem Bundesrath erlassen.

Welche Behörden in jedem Bundesstaate unter der Bezeichnung Staatsbehörde (§. 47) und höhere Verwaltungsbehörde (§§. 58, 59, 61, 81) zu verstehen sind, wird von der Zentralbehörde des Bundesstaates bekannt gemacht.

Frühere Fassung §. 171. [Ohne gesetzliche Ermächtigung fortgelassen sind §§. 153—170 betr. Übergangsbestimmungen und §. 172 betr. Zeitpunkt des Inkrafttretens.]

---

2. Schluss- und Übergangsbestimmungen (§§. 153—170, 172) des Gesetzes betr. die Erwerbs- und Wirthschaftsgenossenschaften.

Vom 1. Mai 1889. (R.G.Bl. 55).

§. 153. **Ersetzung älterer Gesetze.**

Das Gesetz, betreffend die privatrechtliche Stellung der Erwerbs- und Wirthschaftsgenossenschaften, vom 4. Juli 1868 (Bundes-Gesetzbl. S. 415) mit der Deklaration vom 19. Mai 1871 (Reichs-Gesetzbl. S. 101), sowie die Vorschriften in §§. 195 bis 197 der Konkursordnung und im §. 3 Absatz 4 des Einführungsgesetzes zu derselben werden aufgehoben. Unberührt bleibt die Vorschrift im §. 6 des letzteren Gesetzes.

Wo in anderen Gesetzen auf die Bestimmungen des Gesetzes vom 4. Juli 1868 Bezug genommen ist, treten an deren Stelle die entsprechenden Bestimmungen des gegenwärtigen Gesetzes.

Zu §. 161.

Die Bekanntmachungen sind abgedruckt bei Parisius-Crüger, Genossenschaftsges. 3. Aufl. S. 493. Für Preußen (Bekanntm. v. 18. Dezb. 1889) ist: 1. Staatsbehörde der Landrat, wenn der Bezirk der Genossenschaft sich nicht über die Grenzen eines Kreises hinauserstreckt; sonst der Regierungspräsident (für Berlin der Polizeipräsident) des Bezirks, in welchem die Genossenschaft ihren Sitz hat; und 2. höhere Verwaltungsbehörde der Regierungspräsident (für Berlin der Polizeipräsident).

Vorbemerkung.

Diese Bestimmungen sind nicht aufgenommen in die neue, durch Bekanntmachung des Reichskanzlers v. 20. Mai 1898 festgestellte Fassung des Genossenschaftsgesetzes; sie sind größtenteils veraltet, behalten jedoch Gesetzeskraft auch für die Zukunft, soweit die von ihnen geregelten Verhältnisse noch fortdauern.

Zu §. 153.

Der §. 6 E.G. z. K.O. in der Fassung des Ges. v. 17. Mai 1898 (R.G.Bl. 248) Art. II Ziff. 2 lautet:

„Die Bestimmungen der §§. 193, 194, 214 der Konkursordnung finden auf registrierte Gesellschaften, welche auf Grund des bairischen Gesetzes vom 29. April 1869, betreffend die privatrechtliche Stellung der Erwerbs- und Wirtschaftsgenossenschaften, bestehen, entsprechende Anwendung.

Die Gesellschaft wird in dem Konkursverfahren durch den Vorstand oder die Liquidatoren vertreten. Ein Zwangsvergleich findet nicht statt."

Ältere Genossenschaften. §. 154.

Auf die in Gemässheit des Gesetzes vom 4. Juli 1868 eingetragenen Genossenschaften findet das gegenwärtige Gesetz mit den in den nachfolgenden Paragraphen enthaltenen Massgaben Anwendung.

Firma. §. 155.

Die Genossenschaften haben in die Firma die zusätzliche Bezeichnung: „eingetragene Genossenschaft mit unbeschränkter Haftpflicht" aufzunehmen. Zur Anmeldung dieses Zusatzes ist der Vorstand von dem Gerichte (§§. 10, 14) durch Ordnungsstrafen in Gemässheit des §. [152] *160* anzuhalten.

Reservefonds. §. 156.

Solange in dem Statut einer Genossenschaft die im §. 7 Nr. 4 vorgesehene Bestimmung über die Bildung eines Reservefonds nicht getroffen ist, hat die Genossenschaft von dem nach Inkrafttreten des Gesetzes beginnenden Geschäftsjahre an zur Bildung des Reservefonds mindestens den zehnten Theil des jährlichen Reingewinns zu verwenden.

§. 157.

Geschäftsjahr, Geschäftsbetrieb mit Nichtmitgliedern.

Die Vorschrift der Nr. 3 im §. 8 Absatz 1 über das Geschäftsjahr findet nach Ablauf von drei Monaten seit dem Inkrafttreten des Gesetzes Anwendung.

Eine Genossenschaft, deren Statut die Ausdehnung des Geschäftsbetriebes durch Gewährung von Darlehen an Personen gestattet, welche nicht Mitglieder der Genossenschaft sind, unterliegt dem Verbote des §. 8 Absatz 2 nach Ablauf von zwei Jahren seit dem Inkrafttreten des Gesetzes.

§. 158.

Vorstand, Aufsichtsrat, Liquidatoren.

Auf den Vorstand findet die Bestimmung im §. 24 Absatz 2 über die Mindestzahl der Mitglieder, auf den Aufsichtsrath finden die Bestimmungen im §. 9, §. [34] *36* Absatz 1 nach Ablauf von sechs Monaten seit dem Inkrafttreten des Gesetzes Anwendung. Das Gleiche gilt von der Bestimmung im §. [81] *83* Absatz 2 über die Zahl der Liquidatoren.

Ausschließung von Genossen. §. 159.

Die Bestimmung des §. [66] *68* über die Ausschliessung von Genossen wegen der Mitgliedschaft in einer gleichartigen Genossenschaft findet, soweit der Beitritt zu dieser vor dem Inkrafttreten des Gesetzes erfolgt ist, keine Anwendung.

Weniger als sieben Genossen. §. 160.

Auf eine Genossenschaft, welche bei dem Inkrafttreten des Gesetzes weniger als sieben Mitglieder hat, findet der §. [78] *80* solange keine Anwendung, als nicht diese Mitgliederzahl erreicht wird.

§. 161.

Haftpflicht bei vorgeschrittenem Verfahren.

Die Haftpflicht der Genossen bestimmt sich nach den Vorschriften in §§. 52 bis 65 des Gesetzes vom 4. Juli 1868 und im §. 197 der Konkursordnung, sofern vor dem Inkrafttreten des

---

Zu §. 154.

Die Regel des §. 154 findet nicht Anwendung soweit bereits unter dem früheren Gesetz ein Beteiligter ein Recht erworben hatte (R.G. XXXII, 50).

gegenwärtigen Gesetzes der Vertheilungsplan zur Erklärung der Vollstreckbarkeit eingereicht oder ohne Einreichung eines solchen das Konkursverfahren aufgehoben war.

§. 162. Haftpflicht in anderen Fällen.

Ausser den Fällen des vorhergehenden Paragraphen kommen rücksichtlich der Haftpflicht der Genossen, welche vor dem Tage des Inkrafttretens des Gesetzes aus der Genossenschaft ausgeschieden und noch nicht durch Verjährung der Klage befreit sind, die Vorschriften des gegenwärtigen Gesetzes mit der Massgabe zur Anwendung, dass mit dem bezeichneten Tage die zweijährige Frist des §. [119] *125* Absatz 1 beginnt, und dass die im zweiten Absatz desselben Paragraphen bestimmte Ausdehnung der Haftpflicht nicht eintritt.

§. 163. Geschäftsanteil.

Die Bestimmung im §. [112] *119* findet nicht Anwendung, insoweit beim Inkrafttreten des Gesetzes ein Genosse auf mehr als einen Geschäftsantheil betheiligt ist.

§. 164. Mitgliederliste.

Der Vorstand hat dem Gerichte (§. 10) binnen einem Monate nach dem Tage des Inkrafttretens des Gesetzes anzuzeigen, welche Personen ausser den in der gerichtlichen Mitgliederliste (§§. 4, 25 Absatz 2 des Gesetzes vom 4. Juli 1868) aufgeführten bis zu dem bezeichneten Tage Mitglieder der Genossenschaft geworden sind, und welche von den in der Liste aufgeführten Personen an diesem Tage der Genossenschaft nicht angehört haben.

Zugleich sind die Mitglieder, welche nach dem Inkrafttreten des Gesetzes in Folge vorher geschehener Aufkündigung oder Ausschliessung ausscheiden, und der Tag ihres Ausscheidens zu bezeichnen.

Zur Befolgung dieser Vorschriften ist der Vorstand durch Ordnungsstrafen in Gemässheit des §. [152] *160* anzuhalten.

§. 165. Berichtigung der Liste; Bekanntmachung.

Das Gericht hat die Liste nach den in vorstehendem Paragraphen bezeichneten Angaben zu berichtigen.

Es hat mittelst öffentlicher Bekanntmachung eine allgemeine Aufforderung zu erlassen, Inhalts deren die in der Liste aufgeführten Personen, welche behaupten, dass sie am Tage des Inkrafttretens des Gesetzes nicht Mitglieder der Genossenschaft gewesen sind oder dass ihr Ausscheiden nicht richtig in die Liste eingetragen ist, sowie die in derselben nicht aufgeführten Personen, welche behaupten, dass sie an dem bezeichneten Tage Mitglieder der Genossenschaft gewesen sind, ihren Widerspruch gegen die Liste bis zum Ablauf einer Ausschlussfrist von einem Monate schriftlich oder zum Protokoll des Gerichtsschreibers zu erklären haben.

§. 166. Form und Kosten der Bekanntmachung.

Die Bekanntmachung erfolgt durch einmalige Einrückung in die für die Bekanntmachungen der Genossenschaft bestimmten Blätter.

Die Kosten der Bekanntmachungen werden von der Genossenschaft getragen.

§. 167. Ausschlußfrist.

Die Ausschlussfrist beginnt mit dem Tage, an welchem das letzte der die Bekanntmachung enthaltenden Blätter erschienen ist.

§. 168.

Folgen des Ablaufs der Ausschlußfrist.

Nach Ablauf der Ausschlussfrist ist für die Mitgliedschaft am Tage des Inkrafttretens des Gesetzes und für das Ausscheiden infolge vorher geschehener Aufkündigung oder Ausschliessung (§. 164 Absatz 2) der Inhalt der Liste massgebend.

Einwendungen gegen die Liste bleiben den im §. 165 Absatz 2 bezeichneten Personen vorbehalten, sofern sie in Gemässheit desselben den Widerspruch erklärt haben oder hieran ohne ihr Verschulden verhindert waren und binnen einem Monate nach Beseitigung des Hindernisses den Widerspruch schriftlich oder zum Protokoll des Gerichtsschreibers erklärt haben.

Auf diese Rechtsfolgen ist in der im §. 165 vorgeschriebenen Bekanntmachung hinzuweisen.

Erledigung eines Widerspruchs. §. 169.

Das Gericht hat die in Gemässheit des §. 165 Absatz 2 und §. 168 Absatz 2 erklärten Widersprüche in der Liste zu vermerken und dem Vorstande der Genossenschaft zur Erklärung mitzutheilen.

Soweit der Vorstand die Widersprüche in beglaubigter Form als begründet anerkennt oder zur Anerkennung rechtskräftig verurtheilt wird, ist die Liste zu berichtigen. Wird das Anerkenntniss oder Urtheil oder eine die vorläufige Aufrechterhaltung des Widerspruchs anordnende einstweilige Verfügung des Prozessgerichts nicht binnen zwei Jahren seit Eintragung des Widerspruchs dem Gerichte (§. 10) eingereicht, so ist derselbe als nicht erfolgt anzusehen und von Amtswegen zu löschen.

§. 170.

Zweigniederlassung, Rechtsmittel, Gebühren.

Das Gericht hat von den zufolge §. 165 Absatz 1, §. 169 vorgenommenen Eintragungen dem Gerichte einer jeden Zweigniederlassung zur Berichtigung der dort geführten Liste Mittheilung zu machen.

Auf die Eintragungen finden die Vorschriften in [§§. 150, 151] *§. 159* entsprechende Anwendung.

Zeitpunkt des Inkrafttretens. §. 172.

Dieses Gesetz tritt am 1. Oktober 1889 in Kraft.

Zu §. 168.

Ist ein Mitglied der Genossenschaft vor dem 1. Oktober 1889 ausgeschieden, aber in der Liste stehen geblieben, ist ferner die Liste auch demnächst nicht berichtigt und die Ausschlußfrist abgelaufen, so ist er Genosse mit denselben Rechten und Pflichten als wäre er nicht ausgeschieden (R.G. XXXIII, 53); und zwar nicht nur gegenüber Dritten, sondern auch gegenüber der Genossenschaft (R.G. XXXIII, 52; vgl. jedoch XLI, 58). Unkenntnis von dem Inhalt der Liste ist ein Hindernis im Sinn des §. 168 Abs. 2 (R.G. XL, 156). Der Widerspruch ist nicht formgiltig erhoben, wenn er dem Gerichtsschreiber mündlich erklärt ist, dieser aber sich geweigert hat, die Erklärung zu Protokoll zu nehmen (R.G. XL, 156).

3. Bekanntmachung des Reichskanzlers, betreffend die Führung des Genossenschaftsregisters und die Anmeldungen zu demselben.

Vom 11. Juli 1889. (R.G.Bl. 150).

Auf Grund des §. [171] *161* Absatz 1 des Gesetzes, betreffend die Erwerbs- und Wirthschaftsgenossenschaften, vom 1. Mai 1889 (Reichs-Gesetzbl. S. 55) hat der Bundesrath folgende Bestimmungen über die Führung des Genossenschaftsregisters und die Anmeldungen zu demselben erlassen:

§. 1. **Registergericht.** Das Genossenschaftsregister bildet fortan nicht einen Theil des Handelsregisters, sondern wird von dem zur Führung des letzteren zuständigen Gericht (Gesetz, betreffend die Erwerbs- und Wirthschaftsgenossenschaften, vom 1. Mai 1889, Reichs-Gesetzbl. S. 55, §. 10 Absatz 2) als ein selbständiges Register geführt.

§. 2. **Bisherige Register.** Die in Gemässheit des Gesetzes vom 4. Juli 1868 (Bundes-Gesetzbl. S. 415) angelegten Register gelten als Genossenschaftsregister im Sinne des neuen Gesetzes und dieser Bestimmungen.

Wo bisher die dem Gesetze vom 4. Juli 1868 unterstehenden Genossenschaften nicht in eine besondere, als Genossenschaftsregister dienende Abtheilung des Handelsregisters, sondern zusammen mit den Handelsgesellschaften in das letztere eingetragen sind, ist ein besonderes Genossenschaftsregister anzulegen. In dasselbe sind aus dem Handelsregister die auf die vorgedachten Genossenschaften bezüglichen Eintragungen, soweit sie noch Geltung haben, von Amtswegen zu übertragen; hierbei ist die erfolgte Uebertragung aus dem Handelsregister zu vermerken.

§§. 3—17 aufgehoben durch Bekanntm. v. 1. Juli 1899 (unten VII 4).

§. 18. **Eintragung des Firmenzusatzes bestehender Genossenschaften.** Die Eintragung des Zusatzes „eingetragene Genossenschaft mit unbeschränkter Haftpflicht“, welchen die unter dem Gesetz vom 4. Juli 1868 eingetragenen Genossenschaften in ihre Firma aufzunehmen haben (Gesetz §. 155), erfolgt auf Grund der Anmeldung des Vorstandes. Eines Beschlusses der Generalversammlung bedarf es nicht; die bezeichnete Aenderung der Firma tritt kraft Gesetzes ein. Der Vorstand ist jedoch gegebenenfalls durch Ordnungsstrafen zur Anmeldung anzuhalten.

Die vorstehende Bestimmung findet auf Genossenschaften, welche die Umwandlung in eine Genossenschaft mit unbeschränkter Nachschusspflicht oder mit beschränkter Haftpflicht beschliessen, solange Anwendung, bis der Umwandlungsbeschluss in das Genossenschaftsregister eingetragen ist.

Auf Genossenschaften, welche beim Inkrafttreten des Gesetzes bereits aufgelöst sind, findet die Bestimmung des ersten Absatzes keine Anwendung.

§§. 19—35 aufgehoben durch Bekanntm. v. 1. Juli 1899 (unten VII 4).

§§. 36—40 betreffen Übergangsbestimmungen für Anlegung der neuen Genossenliste bei bestehenden Genossenschaften und den Zeitpunkt des Inkrafttretens.

---

4. Bekanntmachung des Reichskanzlers, betreffend die Führung des Genossenschaftsregisters und die Anmeldungen zu diesem Register.

Vom 1. Juli 1899. (R.G.Bl. 347).

Auf Grund des §. 161 Abs. 1 des Gesetzes, betreffend die Erwerbs- und Wirthschaftsgenossenschaften (Reichs-Gesetzbl. 1898 S. 810), hat der Bundesrath beschlossen, dass vom 1. Januar 1900 ab an die Stelle der §§. 3 bis 17 und der §§. 19 bis 35 der Bestimmungen über die Führung des Genossenschaftsregisters und die Anmeldungen zu demselben (Reichs-Gesetzbl. 1889 S. 150) die folgenden Vorschriften treten:

I. Allgemeines.

§. 1. **Obliegenheiten des Richters und des Gerichtsschreibers.** Die Obliegenheiten des Richters und des Gerichtsschreibers bei der Führung des Genossenschaftsregisters und der Liste der Genossen sowie bei den auf die Eintragungen bezüglichen Verhandlungen bestimmen sich, soweit nicht durch Reichsgesetz oder durch diese Vorschriften besondere Anordnungen getroffen sind, nach den in den einzelnen Bundesstaaten für das Handelsregister geltenden Vorschriften.

§. 2. **Eintragungsverfügung.** Die Eintragungen in das Genossenschaftsregister und in die Liste der Genossen erfolgen auf Grund einer Verfügung des Registergerichts. Werden die Geschäfte des Registerführers nicht von einem Richter wahrgenommen, so soll die Verfügung für das Genossenschaftsregister den Wortlaut, für die Liste der Genossen den Inhalt der Eintragungen feststellen.

Die Eintragungen sind unverzüglich zu bewirken. Die erfolgte Eintragung ist bei der gerichtlichen Verfügung zu vermerken.

§. 3. **Benachrichtigung der Betheiligten.** Von jeder Eintragung in das Genossenschaftsregister oder in die Liste der Genossen ist dem Vorstand oder den Liquidatoren Nachricht zu geben. Das Gleiche gilt von der Ablehnung einer beantragten Eintragung.

Diese Benachrichtigungen sowie die in den Fällen der §§. 15, 72, 76, 77, 137 des Gesetzes weiter vorgeschriebenen Benachrichtigungen von Genossen und von Gläubigern oder Erben eines Genossen können ohne Förmlichkeiten, insbesondere durch einfache Postsendung erfolgen. Für die Benachrichtigungen über Eintragungen in die Liste der Genossen sind Formulare zu verwenden, deren Ausfüllung dem Gerichtsschreiber obliegt; die Benachrichtigung ist in der Regel mittelst einer Postkarte zu bewirken, auf deren Rückseite sich das Formular befindet.

Wird eine Eintragung abgelehnt, so sind die Gründe der Ablehnung mitzutheilen.

Bekanntmachung der Registereintragungen. §. 4. Die öffentliche Bekanntmachung einer Eintragung in das Genossenschaftsregister (Gesetz §. 156; Handelsgesetzbuch §. 10) ist zu veranlassen, sobald die Eintragung bewirkt ist und ohne dass eine andere Eintragung abgewartet werden darf.

§. 5. Für die Bekanntmachungen aus dem Genossenschaftsregister können neben dem Deutschen Reichsanzeiger andere als die für die Bekanntmachungen aus dem Handelsregister dienenden Blätter bestimmt werden. Hinsichtlich der Bekanntmachung der hiernach bestimmten Blätter finden die Vorschriften entsprechende Anwendung, welche für die Bekanntmachung der zu den Veröffentlichungen aus dem Handelsregister benutzten Blätter gelten.

Hört eines der Blätter im Laufe des Jahres zu erscheinen auf, so hat das Gericht unverzüglich ein anderes Blatt zu bestimmen.

Bei kleineren Genossenschaften, für welche gemäss §. 156 des Gesetzes neben dem Reichsanzeiger nur ein anderes Blatt zu bestimmen ist, hat die Auswahl dieses Blattes hauptsächlich mit Rücksicht auf die Verbreitung im Gerichtsbezirke zu erfolgen. Bei der Entscheidung, ob eine Genossenschaft zu den kleineren Genossenschaften zu rechnen ist, hat das Registergericht sowohl die Zahl der vorhandenen Mitglieder und die Grösse des Genossenschaftsvermögens als die Art und den Umfang des Geschäftsbetriebs zu berücksichtigen.

Die Bekanntmachungen im Deutschen Reichsanzeiger sind in einem bestimmten Theile des Blattes zusammenzustellen.

Form der Anmeldungen sowie der sonstigen Anzeigen, Erklärungen und Einreichungen. §. 6. Die Vorschrift, dass Anmeldungen zum Genossenschaftsregister durch sämmtliche Mitglieder des Vorstandes oder durch sämmtliche Liquidatoren persönlich zu bewirken oder in beglaubigter Form einzureichen sind (Gesetz §. 157 Abs. 1), gilt nur von den Anmeldungen, welche in dem Gesetz als solche ausdrücklich bezeichnet sind.

Dahin gehören:

1. die Anmeldung des Statuts (Gesetz §§. 10, 11);
2. die Anmeldung von Abänderungen des Statuts (Gesetz §. 16) einschliesslich der Anmeldung einer Herabsetzung der Haftsumme und der Umwandlung einer Genossenschaft nebst den von dem Vorstande hierbei abzugebenden Versicherungen (Gesetz §§. 133, 143, 144);
3. die Anmeldung einer Zweigniederlassung (Gesetz §. 14) oder der Aufhebung einer solchen;
4. die Anmeldung der Bestellung, des Ausscheidens oder der vorläufigen Enthebung von Vorstandsmitgliedern und Liquidatoren (Gesetz §§. 10, 11, 28, 84, §. 85 Abs. 2);
5. die Anmeldung der Auflösung einer Genossenschaft in den Fällen der §§. 78, 79 des Gesetzes.

Die Anmeldung durch einen Bevollmächtigten ist ausgeschlossen.

§. 7. Für die sonstigen Anzeigen und Erklärungen, die zum Genossenschaftsregister oder zur Liste der Genossen zu bewirken sind, bedarf es weder der Mitwirkung sämmtlicher Vorstandsmitglieder oder Liquidatoren noch, soweit nicht ein Anderes vorgeschrieben ist, der beglaubigten Form (zu vergl. Gesetz §. 33 Abs. 2, §. 63 Abs. 2, §. 89).

Sind jedoch solche Anzeigen oder Erklärungen mit rechtlicher Wirkung für die Genossenschaft verbunden, so müssen sie in der für die Willenserklärungen des Vorstandes oder der Liquidatoren vorgeschriebenen Form, insbesondere unter Mitwirkung der hiernach erforderlichen Zahl von Vorstandsmitgliedern oder Liquidatoren erfolgen (Gesetz §§. 25, 85). Dahin gehören die sämmtlichen Einreichungen, Anzeigen und Versicherungen, die bezüglich des Beitritts und des Ausscheidens von Genossen sowie bezüglich der Betheiligung von Genossen auf weitere Geschäftsantheile von dem Vorstande zur Liste der Genossen zu bewirken sind (Gesetz §. 15 Abs. 2, §. 69, §. 71 Abs. 2, §. 76 Abs. 2, §. 77 Abs. 2, §. 137 Abs. 2, §. 138).

Die Einreichungen und Anzeigen können persönlich bei dem Gericht oder schriftlich mittelst Einsendung bewirkt werden. Im ersteren Falle wird über den Vorgang ein Vermerk unter Bezeichung der erschienenen Vorstandsmitglieder oder Liquidatoren aufgenommen; im Falle schriftlicher Einreichung ist die ordnungsmässige Zeichnung durch den Vorstand oder die Liquidatoren erforderlich.

§. 8. **Beglaubigung.** Ist für eine Erklärung die beglaubigte Form erforderlich (§. 6 und §. 36 Abs. 1 dieser Vorschriften, §. 71 Abs. 2 des Gesetzes), so können ausser den Notaren und den sonst zuständigen Behörden und Beamten auch der Gemeindevorsteher sowie die Polizeibehörde die Beglaubigung der Unterschriften bewirken.

In den Fällen, in welchen die Abschrift einer Urkunde zum Genossenschaftsregister oder zur Liste der Genossen einzureichen ist, genügt, sofern nicht ein Anderes vorgeschrieben ist, eine einfache Abschrift (Gesetz §. 11 Abs. 2 Nr. 3, §. 28, §. 69 Abs. 2). Ist die Einreichung einer beglaubigten Abschrift vorgeschrieben, so hat die Beglaubigung durch eine zuständige Behörde oder einen zuständigen Beamten oder Notar zu erfolgen (§. 14 Abs. 2, §. 58, §. 66 Abs. 2, §. 69 Abs. 1 des Gesetzes, §. 31 Nr. 2, 5 dieser Vorschriften).

§. 9. **Löschungen von Amtswegen.** Soll eine Eintragung im Genossenschaftsregister von Amtswegen gelöscht werden, weil sie wegen Mangels einer wesentlichen Voraussetzung unzulässig war (Gesetz über die Angelegenheiten der freiwilligen Gerichtsbarkeit §§. 142, 143), so erfolgt die Löschung durch Eintragung des Vermerkes: „Von Amtswegen gelöscht“.

Die für die Löschung unzulässiger Eintragungen im Genossenschaftsregister massgebenden Vorschriften finden auch auf die Liste der Genossen Anwendung.

§. 10. **Gegenstandslos gewordene Eintragungen.** Eine Eintragung in das Genossenschaftsregister oder in die Liste der Genossen, die durch eine spätere Eintragung ihre Bedeutung verloren hat, ist roth zu unterstreichen oder in einer ihre Leserlichkeit nicht beeinträchtigenden Weise zu durchstreichen.

§. 11. **Kosten.** Für die Eintragungen in das Genossenschaftsregister oder in die Liste der Genossen mit Einschluss der Vormerkungen sowie für die Verhandlung und Entscheidung erster Instanz über Anträge auf solche Eintragungen werden Gebühren nicht erhoben; die Erhebung von Auslagen findet nach §§. 79, 80 und 80b des Gerichtskostengesetzes statt (Gesetz §. 159). Für die Benachrichtigungen über Eintragungen in die Liste der Genossen werden Schreibgebühren nicht erhoben.

II. Eintragungen in das Genossenschaftsregister.

§. 12. **Einrichtung des Registers.** Das Genossenschaftsregister wird nach dem in den einzelnen Bundesstaaten vorgeschriebenen Formulare geführt.

Jede Genossenschaft ist auf einem besonderen Blatte des Registers einzutragen; die für spätere Eintragungen noch erforderlichen Blätter sind freizulassen.

§. 13. **Registerakten.** Für jede in das Register eingetragene Genossenschaft werden besondere Akten gehalten.

In die Registerakten sind aufzunehmen die zur Eintragung in das Register bestimmten Anmeldungen nebst den ihnen beigefügten Schriftstücken, insbesondere den Zeichnungen von Unterschriften, die sonstigen dem Gericht eingereichten Urkunden und Belege, soweit sie sich nicht auf die Liste der Genossen beziehen (§. 27 Abs. 4), ferner die gerichtlichen Verfügungen sowie die Mittheilungen anderer Behörden und die Nachweise über die Bekanntmachungen.

§. 14. **Inhalt der Eintragung.** Jeder Eintragung ist ausser der Angabe des Tages der Eintragung und der Unterschrift des Registerführers eine Verweisung auf die Stelle der Registerakten beizufügen, wo sich die zu Grunde liegende gerichtliche Verfügung (§. 2 dieser Vorschriften) befindet.

§. 15. **Eintragung des Statuts.** Vor der Eintragung des Statuts (Gesetz §§. 10 bis 12) hat das Gericht zu prüfen, ob das Statut den Vorschriften des Gesetzes genügt, insbesondere ob die in dem Statute bezeichneten Zwecke der Genossenschaft den Voraussetzungen des §. 1 des Gesetzes entsprechen und ob das Statut die erforderlichen Bestimmungen (Gesetz §§. 6, 7, §. 36 Abs. 1 Satz 2, §. 131 Abs. 2 Satz 1) enthält.

Die Eintragung des Statuts in das Register erfolgt durch Aufnahme eines Auszugs. Der Auszug hat die im §. 12 Abs. 2, 4 des Gesetzes bezeichneten Angaben, bei Genossenschaften mit beschränkter Haftpflicht auch die Höhe der Haftsumme und im Falle des §. 134 des Gesetzes die höchste Zahl der Geschäftsantheile, auf welche ein Genosse sich betheiligen kann, zu enthalten.

Die Urschrift des Statuts (Gesetz §. 11 Abs. 2 Nr. 1) ist zu den Akten zu nehmen; in dem Register ist auf die Stelle der Akten, wo das Statut sich befindet, zu verweisen.

Eintragung von Abänderungen des Statuts; §. 16. Beschlüsse der Generalversammlung, die eine Abänderung der im §. 15 Abs. 2 dieser Vorschriften bezeichneten Bestimmungen des Statuts oder die Fortsetzung einer auf bestimmte Zeit beschränkten Genossenschaft zum Gegenstande haben, werden nach ihrem Inhalte, Beschlüsse, die eine sonstige Abänderung des Statuts betreffen, nur unter allgemeiner Bezeichnung des Gegenstandes eingetragen (Gesetz §. 16).

Die eine der mit der Anmeldung eingereichten Abschriften des Beschlusses (Gesetz §. 16 Abs. 3 Satz 1) ist zu den Akten zu nehmen; in dem Register ist auf die Stelle der Akten, wo die Abschrift sich befindet, zu verweisen.

insbesondere der Umwandlung einer Genossenschaft und der Herabsetzung der Haftsumme. §. 17. Im Falle der Umwandlung einer Genossenschaft (Gesetz §§. 143, 144) ist ausser dem Umwandlungsbeschluss auch die durch den Beschluss bedingte Aenderung der Firma (Gesetz §§. 2, 3) und bei der Umwandlung in eine Genossenschaft mit beschränkter Haftpflicht die Höhe der Haftsumme, sowie im Falle des §. 134 des Gesetzes die höchste Zahl der Geschäftsantheile, auf welche ein Genosse sich betheiligen kann, einzutragen.

In den im §. 143 des Gesetzes bezeichneten Umwandlungsfällen sowie im Falle einer Herabsetzung der Haftsumme bei einer Genossenschaft mit beschränkter Haftpflicht (§. 133 daselbst) sind mit der Anmeldung des Beschlusses die Belege über die vorgeschriebenen Bekanntmachungen des Beschlusses einzureichen; zugleich haben die sämmtlichen Mitglieder des Vorstandes die im §. 133 Abs. 2 des Gesetzes vorgesehene schriftliche Versicherung abzugeben. Die Eintragung darf nur stattfinden, wenn zwischen der letzten der bezeichneten Bekanntmachungen und der Anmeldung ein Jahr verstrichen ist.

Im Uebrigen finden die Vorschriften des §. 16 Anwendung.

§. 18. Eintragungen in Ansehung der Mitglieder des Vorstandes. Die Anmeldung und Eintragung der Vorstandsmitglieder (Gesetz §. 10 Abs. 1, §. 28) hat mit dem Beginn ihres Amtes zu erfolgen. Dasselbe gilt für den Fall der Bestellung von Stellvertretern behinderter Vorstandsmitglieder (Gesetz §. 35). Bei der Eintragung sind die Vorstandsmitglieder nach Familiennamen, Vornamen, Beruf und Wohnort anzugeben.

Die Beendigung der Vertretungsbefugniss eines Vorstandsmitglieds ist alsbald nach dem Ausscheiden des Mitglieds aus dem Vorstand anzumelden und einzutragen. Als Beendigung der Vertretungsbefugniss gilt auch eine vorläufige Enthebung durch den Aufsichtsrath (Gesetz §. 40).

Eine Beschränkung der Vertretungsbefugniss des Vorstandes kann nicht eingetragen werden.

§. 19. **Eintragung von Zweigniederlassungen.** Die Errichtung einer Zweigniederlassung ausserhalb des Gerichtsbezirkes der Hauptniederlassung ist bei dem Gericht, in dessen Bezirke die erstere sich befindet, gemäss §. 14 des Gesetzes zur Eintragung anzumelden. Die Eintragung erfolgt nicht, bevor die Eintragung der Hauptniederlassung nachgewiesen ist.

Von der bewirkten Eintragung der Zweigniederlassung hat das Gericht dem Gerichte der Hauptniederlassung Mittheilung zu machen. Auf Grund dieser Mittheilung wird die Errichtung der Zweigniederlassung im Register der Hauptniederlassung vermerkt (Gesetz über die Angelegenheiten der freiwilligen Gerichtsbarkeit §§. 131, 147).

Die bei dem Gerichte der Hauptniederlassung zu bewirkenden Anmeldungen und Einreichungen zum Genossenschaftsregister haben mit Ausnahme des Falles der Auflösung der Genossenschaft in der gleichen Weise auch bei dem Gerichte jeder Zweigniederlassung zu erfolgen (Gesetz §. 157 Abs. 2).

Im Falle der Auflösung der Genossenschaft hat das Gericht der Hauptniederlassung von der in seinem Register bewirkten Eintragung unverzüglich zu dem Genossenschaftsregister einer jeden Zweigniederlassung Mittheilung zu machen; auf Grund dieser Mittheilung wird die Auflösung im Register der Zweigniederlassung vermerkt. Das Gleiche gilt im Falle der Konkurseröffnung sowie im Falle einer von Amtswegen im Register der Hauptniederlassung bewirkten Löschung (§§. 9, 22, 23 dieser Vorschriften).

Wird abgesehen von den Fällen der Auflösung und der Nichtigkeit der Genossenschaft eine Zweigniederlassung aufgehoben, so ist dies in der gleichen Weise, wie die Errichtung, bei dem Gerichte der Zweigniederlassung zur Eintragung anzumelden und auf Grund der Mittheilung dieses Gerichts über die bewirkte Eintragung im Register der Hauptniederlassung zu vermerken (Gesetz über die Angelegenheiten der freiwilligen Gerichtsbarkeit §§. 131, 147).

Wird eine Zweigniederlassung in dem Gerichtsbezirk errichtet, welchem die Hauptniederlassung angehört, so ist nur die Errichtung und der Ort der Zweigniederlassung durch den Vorstand anzumelden und in dem Register bei der Hauptniederlassung einzutragen. Diese Vorschrift findet im Falle der Aufhebung entsprechende Anwendung.

Eintragung der Auflösung. §. 20. Die Eintragung der Auflösung einer Genossenschaft in das Register der Hauptniederlassung erfolgt:

1. in den Fällen der §§. 78 und 79 des Gesetzes auf Grund der Anmeldung des Vorstandes,
2. in den übrigen Fällen von Amtswegen, und zwar in dem Falle des §. 80 nach Eintritt der Rechtskraft des von dem Registergericht erlassenen Auflösungsbeschlusses, in dem Falle des §. 81 auf Grund der von der zuständigen Verwaltungsgerichts- oder Verwaltungsbehörde erster Instanz dem Registergerichte mitgetheilten rechtskräftigen Entscheidung, durch welche die Auflösung ausgesprochen ist, im Falle der Eröffnung des Konkursverfahrens auf Grund der Mittheilung des Gerichtsschreibers des Konkursgerichts (Konkursordnung §. 112); in dem letzteren Falle unterbleibt die Veröffentlichung der Eintragung (Gesetz §. 102).

In allen Fällen der Auflösung, ausser dem Falle der Eröffnung des Konkursverfahrens, sind die Liquidatoren von dem Vorstand anzumelden. Dies gilt auch dann, wenn die Liquidation durch die Mitglieder des Vorstandes als Liquidatoren erfolgt (Gesetz §§. 83, 84). Sind die Liquidatoren durch das Gericht ernannt, so geschieht die Eintragung der Ernennung und der Abberufung von Amtswegen (Gesetz §. 84 Abs. 2).

Ist über die Form, in welcher die Liquidatoren ihre Willenserklärungen kundzugeben und für die Genossenschaft zu zeichnen haben, insbesondere über die Zahl der Liquidatoren, welche dabei mitwirken müssen, eine Bestimmung getroffen, so ist auch diese anzumelden und einzutragen (Gesetz §. 85).

Im Uebrigen finden die auf den Vorstand bezüglichen Vorschriften des §. 18 entsprechende Anwendung.

§. 21. Sobald mit der vollständigen Vertheilung des Genossenschaftsvermögens die Liquidation beendigt ist, haben die Liquidatoren die Beendigung ihrer Vertretungsbefugniss zur Eintragung anzumelden.

Die Aufhebung oder Einstellung des Konkursverfahrens (Konkursordnung §§. 163, 205, Gesetz §. 116) ist auf Grund der Mittheilung des Gerichtsschreibers des Konkursgerichts im Genossenschaftsregister zu vermerken.

§. 22. **Eintragung der Nichtigkeit der Genossenschaft.** Soll eine Genossenschaft von Amtswegen als nichtig gelöscht werden, so ist in der Verfügung, welche nach §. 142 Abs. 2, §. 147 Abs. 2, 4 des Gesetzes über die Angelegenheiten der freiwilligen Gerichtsbarkeit der Genossenschaft zugestellt wird, ausdrücklich darauf hinzuweisen, dass der Mangel bis zur Löschung durch Beschluss der Generalversammlung gemäss §. 95 Abs. 2 bis 4 des Genossenschaftsgesetzes geheilt werden kann.

Die Löschung erfolgt durch Eintragung eines Vermerkes, der die Genossenschaft als nichtig bezeichnet. Das Gleiche gilt in dem Falle, dass die Genossenschaft durch rechtskräftiges Urtheil für nichtig erklärt ist (Gesetz §§. 94, 96).

Im Uebrigen finden die Vorschriften des §. 20 Abs. 2 bis 4 und des §. 21 Abs. 1 entsprechende Anwendung.

§. 23. **Eintragung der Nichtigkeit von Beschlüssen der Generalversammlung.** Soll ein eingetragener Beschluss der Generalversammlung von Amtswegen als nichtig gelöscht werden (Gesetz über die Angelegenheiten der freiwilligen Gerichtsbarkeit §. 147 Abs. 3, 4), so erfolgt die Löschung durch Eintragung eines Vermerkes, der den Beschluss als nichtig bezeichnet. Das Gleiche gilt, wenn der Beschluss durch rechtskräftiges Urtheil für nichtig erklärt ist (Gesetz §. 51 Abs. 5).

§. 24. **Berichtigung von Schreibfehlern.** Schreibfehler und ähnliche offenbare Unrichtigkeiten, die in einer Eintragung vorkommen, sind von dem Gerichte zu berichtigen, ohne dass es einer vorgängigen Benachrichtigung der Genossenschaft bedarf. Die Berichtigung erfolgt durch Eintragung eines Vermerkes.

§. 25. Das Genossenschaftsregister ist dauernd aufzubewahren.

Die Registerakten (§. 13) können nach Ablauf von dreissig Jahren seit der Eintragung einer der im §. 21 bezeichneten Thatsachen vernichtet werden.

III. Die Eintragungen in die Liste der Genossen.

§. 26. **Oeffentlichkeit der Liste.** Die Einsicht der Liste der Genossen ist Jedem gestattet (Gesetz §. 12 Abs. 3).

Die Vorschriften des §. 9 Abs. 2, 3 des Handelsgesetzbuchs über die Ertheilung von Abschriften und Bescheinigungen aus dem Handelsregister und aus den zu dem

Handelsregister eingereichten Schriftstücken finden auch auf die Liste der Genossen und auf die zu der Liste eingereichten Schriftstücke Anwendung.

§. 27. **Einrichtung der Liste.** Die Liste der Genossen wird für jede in das Register eingetragene Genossenschaft nach dem anliegenden Formulare geführt. Sie bildet eine besondere Beilage zum Genossenschaftsregister.

Auf dem Titelblatte der Liste sind die Firma und der Sitz der Genossenschaft sowie Beginn und Ende des Geschäftsjahrs (Gesetz §. 8 Abs. 1 Nr. 3, §. 12 Abs. 1 Nr. 6) anzugeben.

Bei jeder Eintragung ist der Tag der Eintragung anzugeben; eine Unterzeichnung der Eintragung ist nicht erforderlich.

Die Anträge, Schriftstücke und Verfügungen, auf Grund deren die Eintragung stattfindet, sind mit der laufenden Nummer, unter welcher der Genosse in die Liste eingetragen ist, zu versehen und, nach Jahrgängen gesammelt, aufzubewahren.

§. 28. **Liste der Zweigniederlassung.** Eine Liste der Genossen wird auch bei jedem Gerichte geführt, in dessen Register eine Zweigniederlassung der Genossenschaft eingetragen ist. Die Eintragungen in diese Liste erfolgen nicht auf Grund unmittelbarer Anzeigen oder Anträge der Betheiligten, sondern auf Grund der von dem Gerichte der Hauptniederlassung dem Gerichte der Zweigniederlassung gemachten Mittheilungen über die in der Hauptliste bewirkten Eintragungen (Gesetz §. 158 Abs. 1).

§. 29. **Eintragung des Beitritts.** In den Spalten 1 bis 4 werden die Mitglieder der Genossenschaft unter laufenden Nummern nach Familiennamen, Vornamen, Beruf und Wohnort eingetragen.

Als erste Mitglieder einer zur Eintragung angemeldeten Genossenschaft sind die Unterzeichner des Statuts einzutragen. Es ist darauf zu achten, dass diese auch in der mit der Anmeldung des Statuts von dem Vorstand eingereichten besonderen Liste (Gesetz §. 11 Abs. 2 Nr. 2) aufgeführt sind.

Bei der Eintragung eines Genossen, der nach der Anmeldung des Statuts der Genossenschaft beitritt, hat das Gericht zu prüfen, ob die Beitrittserklärung (Gesetz §. 15) die Unterschrift des Genossen trägt, eine unbedingte ist und bei Genossenschaften mit unbeschränkter Haftpflicht oder unbeschränkter Nachschusspflicht die in den §§. 120, 127 des Gesetzes vorgeschriebene Bemerkung enthält, sowie ob die Einreichung ordnungsmässig durch den Vorstand erfolgt ist (§. 7 dieser Vorschriften).

Auf die Echtheit der Unterschrift und die Wirksamkeit der Beitrittserklärung erstreckt sich die Prüfung des Gerichts nicht; vielmehr bleibt es im Allgemeinen den Betheiligten überlassen, Mängel in dieser Richtung im Wege der Klage geltend zu machen. Eine Ablehnung der Eintragung aus solchen Gründen ist jedoch nicht ausgeschlossen, falls die Unwirksamkeit der Beitrittserklärung, ohne dass es weiterer Ermittelungen bedarf, aus den dem Gerichte bekannten Thatsachen sich als zweifellos ergiebt.

Bei der Benachrichtigung des Genossen und des Genossenschaftsvorstandes über die Vornahme der Eintragung (Gesetz §. 15 Abs. 4, oben §. 3) ist die laufende Nummer, unter welcher die Eintragung bewirkt ist, anzugeben.

§. 30. **Eintragung weiterer Geschäftsantheile.** Die Spalten 5 und 6 dienen zur Eintragung der weiteren Geschäftsantheile bei solchen Genossenschaften mit beschränkter Haftpflicht, deren Statut die Betheiligung der Genossen auf mehr als einen

Geschäftsantheil gestattet (Gesetz §§. 134 bis 137). Der erste Geschäftsantheil wird nicht eingetragen.

Die Eintragung erfolgt auf Grund der von dem Vorstand eingereichten Betheiligungserklärung des Genossen und der schriftlichen Versicherung des Vorstandes, dass die übrigen Geschäftsantheile des Genossen erreicht seien.

Bei der Einreichung der Urkunden ist die Nummer, unter welcher der Genosse in die Liste eingetragen ist, anzugeben.

Hinsichtlich der Prüfung der Urkunden finden die Vorschriften des §. 29 Abs. 3, 4 entsprechende Anwendung.

Bei anderen, als den im Abs. 1 bezeichneten Genossenschaften ist die fünfte und sechste Spalte der Liste mit Rücksicht auf die Möglichkeit einer späteren Umwandlung der Genossenschaft offen zu lassen.

§. 31. Einreichung der Urkunden im Falle des Ausscheidens von Genossen. Die Eintragung des Ausscheidens von Genossen erfolgt auf Grund der vom Vorstand eingereichten Urkunden. Diese sind:

1. im Falle der Aufkündigung eines Genossen (Gesetz §§. 65, 69) die Kündigungserklärung des Genossen und die schriftliche Versicherung des Vorstandes, dass die Aufkündigung rechtzeitig erfolgt sei;
2. im Falle der Aufkündigung des Gläubigers eines Genossen (Gesetz §§. 66, 69) die Kündigungserklärung des Gläubigers und die in Nr. 1 bezeichnete Versicherung des Vorstandes, ausserdem beglaubigte Abschrift des rechtskräftigen Urtheils oder sonstigen Schuldtitels und des Beschlusses, durch welchen das Geschäftsguthaben des Genossen für den Gläubiger gepfändet und diesem überwiesen ist, sowie des Protokolls des Gerichtsvollziehers oder der sonstigen Urkunden, aus denen sich die Fruchtlosigkeit einer innerhalb der letzten sechs Monate vor der Pfändung und Ueberweisung des Geschäftsguthabens gegen den Genossen versuchten Zwangsvollstreckung ergiebt;
3. im Falle der Aufgabe des Wohnsitzes eines Genossen bei Genossenschaften, deren Statut die Mitgliedschaft an den Wohnsitz innerhalb eines bestimmten Bezirkes knüpft (Gesetz §. 8 Abs. 1 Nr. 2, §§. 67, 69), die Austrittserklärung des Genossen oder Abschrift der an den Genossen gerichteten Erklärung, mit welcher die Genossenschaft das Ausscheiden des Genossen verlangt hat, sowie eine Bescheinigung der Polizei- oder Gemeindebehörde über den Wegzug aus dem Bezirke;
4. im Falle der Ausschliessung eines Genossen aus der Genossenschaft (Gesetz §§. 68, 69) Abschrift des Ausschliessungsbeschlusses;
5. im Falle der Uebertragung des Geschäftsguthabens (Gesetz §§. 76, 138) die zwischen dem Ausscheidenden und dem Erwerber des Guthabens wegen der Uebertragung geschlossene Uebereinkunft oder eine beglaubigte Abschrift der Uebereinkunft und,

   falls der Erwerber bereits Mitglied der Genossenschaft ist, die schriftliche Versicherung des Vorstandes, dass das bisherige Geschäftsguthaben des Erwerbers mit dem ihm zuzuschreibenden Betrage den Geschäftsantheil oder — im Falle des §. 138 des Gesetzes — die der höchsten Zahl der Geschäftsantheile entsprechende Gesammtsumme nicht übersteigt,

   falls der Erwerber des Guthabens noch nicht Mitglied der Genossenschaft ist, seine vorschriftsmässige Beitrittserklärung;

6. im Falle des Todes eines Genossen (Gesetz §. 77) eine Anzeige des Sterbefalls; als solche genügt eine von den Angehörigen des Verstorbenen veröffentlichte oder der Genossenschaft erstattete Anzeige und mangels einer solchen die Erklärung des Genossenschaftsvorstandes, dass der Todesfall eingetreten sei.

§. 32. **Zeit der Einreichung.** In den Fällen der Aufkündigung des Genossen oder des Gläubigers eines Genossen hat die Einreichung der Urkunden durch den Vorstand spätestens sechs Wochen vor dem Schlusse des Geschäftsjahrs (Gesetz §. 69 Abs. 1) zu erfolgen. Die Einreichung der im Laufe des Geschäftsjahrs erfolgten Aufkündigungen kann bis zu dem bezeichneten Zeitpunkt aufgeschoben und zusammen bewirkt werden.

Dasselbe gilt in den Fällen der Austrittserklärung wegen Aufgabe des Wohnsitzes und der Ausschliessung; sind jedoch diese Thatsachen erst in den letzten sechs Wochen des Geschäftsjahrs eingetreten, so ist die Einreichung unverzüglich zu bewirken.

In den Fällen der Uebertragung des Geschäftsguthabens und des Todes eines Genossen hat die Einreichung durch den Vorstand unverzüglich zu erfolgen.

Bei der Einreichung der Urkunden ist die Nummer, unter welcher der ausscheidende Genosse in die Liste eingetragen ist, anzugeben.

Hinsichtlich der Prüfung der Urkunden finden die Vorschriften des §. 29 Abs. 3, 4 entsprechende Anwendung.

Eintragung des Ausscheidens. §. 33. Das Ausscheiden von Genossen wird in den Spalten 7 bis 9 der Liste eingetragen.

Ausser der das Ausscheiden begründenden Thatsache (§. 31 Nr. 1 bis 6) ist in den Fällen der Aufkündigung, des Wegzugs aus dem Bezirk und der Ausschliessung in der Spalte 8 zugleich der Jahresschluss, zu welchem die Aufkündigung, Austrittserklärung oder Ausschliessung erfolgt ist, zu vermerken.

Im Falle der Uebertragung des Geschäftsguthabens ist in der Spalte 8 ausser der Uebertragung die Person des Erwerbers und die laufende Nummer, unter welcher er in die Liste eingetragen ist oder eingetragen wird, anzugeben. Ist der Erwerber noch nicht Genosse, so darf die Uebertragung nur gleichzeitig mit dem Beitritte des Erwerbers eingetragen werden.

Im Falle des Todes eines Genossen ist der Zeitpunkt des Todes zu vermerken.

§. 34. Der Tag des Ausscheidens wird in der Spalte 9 eingetragen. Da mit den im Gesetze bestimmten Ausnahmen das Ausscheiden nur zum Schlusse eines Geschäftsjahrs und nur nach erfolgter Eintragung wirksam wird, so kann als Zeitpunkt des Ausscheidens regelmässig nur der letzte Tag des Geschäftsjahrs, in welchem die Eintragung stattfindet, eingetragen werden.

Soll nach den eingereichten Urkunden das Ausscheiden nicht zum Schlusse des laufenden, sondern eines späteren Geschäftsjahrs stattfinden, so ist dieser spätere Zeitpunkt einzutragen.

Wird die Einreichung der Urkunden oder die Eintragung selbst erst nach dem Jahresschlusse, mit welchem das Ausscheiden stattfinden sollte, bewirkt, so kann es erst mit dem nächsten Jahresschlusse wirksam werden; in diesem Falle ist deshalb der letztere Zeitpunkt als Tag des Ausscheidens in die Liste einzutragen. Eine Ausnahme gilt für die Eintragung des Ausscheidens bei Todesfällen, indem hier das Ausscheiden des Erben nicht von der vorgängigen Eintragung in die Liste abhängig ist (Gesetz §. 77). Auch bei verspäteter Einreichung der Todesanzeige ist deshalb der letzte Tag desjenigen Geschäftsjahrs, in welchem der Todesfall eingetreten ist, als Zeitpunkt des Ausscheidens einzutragen.

Auf den Fall des Ausscheidens durch Uebertragung des Geschäftsguthabens finden die vorstehenden Bestimmungen keine Anwendung. In diesem Falle wird das Ausscheiden unmittelbar durch die Eintragung wirksam; der Tag der letzteren ist deshalb auch der Zeitpunkt des Ausscheidens und als solcher in der Liste zu vermerken.

§. 35. **Eintragung von Vormerkungen.** Vormerkungen zur Sicherung des Ausscheidens (Gesetz §. 71) werden in den Spalten 7 und 8 eingetragen. Die Eintragung erfolgt auf Antrag des Genossen, welcher das Ausscheiden beansprucht, im Falle des §. 66 des Gesetzes auf Antrag des Gläubigers des Genossen. Die Thatsachen, auf welche der Anspruch gegründet wird (rechtzeitig bewirkte Aufkündigung, Uebertragung des Geschäftsguthabens, Tod des Erblassers u. s. w.), sind anzugeben; des Nachweises oder der Glaubhaftmachung bedarf es nicht.

Der Zeitpunkt, zu welchem das Ausscheiden beansprucht wird, ist ebenfalls in der Spalte 8 anzugeben. Er bestimmt sich nach den Grundsätzen, welche massgebend sein würden, wenn statt der Vormerkung das Ausscheiden selbst einzutragen wäre (§. 34). In der Spalte 9 wird der hiernach vorgemerkte Zeitpunkt erst eingetragen, wenn das Ausscheiden durch Anerkenntniss des Vorstandes oder durch rechtskräftiges Urtheil festgestellt ist und dies in die Liste eingetragen wird (Gesetz §. 71 Abs. 2).

§. 36. **Unwirksame Eintragungen; Berichtigung von Schreibfehlern.** Ist die Unwirksamkeit einer Eintragung durch eine übereinstimmende Erklärung des betheiligten Genossen und des Vorstandes der Genossenschaft in beglaubigter Form anerkannt oder durch rechtskräftiges Urtheil festgestellt, so ist dies auf Antrag eines der beiden Theile in der letzten Spalte einzutragen.

Schreibfehler und ähnliche offenbare Unrichtigkeiten, die in einer Eintragung vorkommen, sind von dem Gerichte durch einen Vermerk in der letzten Spalte zu berichtigen.

§. 37. Die Liste der Genossen ist dauernd aufzubewahren.

Auf die nach Jahrgängen gesammelten Anträge, Schriftstücke und Verfügungen (§. 27 Abs. 4) findet die Vorschrift des §. 25 Abs. 2 entsprechende Anwendung.

[Liste der Genossen.]

Anlage.

Liste der

für ....

Das Geschäftsjahr beginnt am

Laufende Nummer.	Genossen.			Weitere Geschäftsantheile.	
	Tag der Eintragung.	Name und Beruf.	Wohnort.	Tag der Eintragung.	Zahl der weiteren Geschäftsantheile.
1.	2.	3.	4.	5.	6.
1.	4. Februar 1900	Meier, Wilhelm, Schlossermeister	Merseburg		
2.	4. Februar 1900	Böttcher, Hermann, Tischlermeister	„		
3.	15. März 1900	Kraus, Philipp, Kaufmann	„	15. Dezemb. 1900 1. Juni 1901	1 1 2
4.	15. März 1900	Himmelreich, Anton, Klempnermeister	„		
5.	15. März 1900	Kannegiesser, Adolf, Auslaufer	„		
6.	15. März 1900	Müller, Hans, Landwirth	Bolzhausen	1. Mai 1901	1
7.	2. April 1900	Schulz, Eduard, Gastwirth	Merseburg		
8.	2. April 1900	Becker, Matthias, Maurermeister	„		

Genossen

und endigt am ....

Ausscheiden.			
Tag der Eintragung.	Grund des Ausscheidens.	Tag des Ausscheidens.	Bemerkungen.
7.	8.	9.	10.
18. Novemb. 1902	Aufkündigung zum 31. Dezemb. 1902	31. Dezemb. 1902	
			Die Eintragung des Beitritts ist durch rechtskräftiges Urtheil für unwirksam erklärt. Eingetragen am 6. Juli 1901.
7. August 1902	Gestorben am 30. Juli 1902	31. Dezemb. 1902	
5. Juni 1901	Uebertragung des Guthabens an .... (Nr.........)	5. Juni 1901	
25. Januar 1903	Ausschliessung zum 31. Dezemb. 1903	31. Dezemb. 1903	
20. Dezemb. 1903 4. März 1904	Vorgemerkt Kündigung zum 31. Dezember 1903 Anerkannt	31. Dezemb. 1903	
20. Dezemb. 1902	Wegen Aufgabe des Wohnsitzes im Bezirk ausgetreten zum 31. Dezember 1902	31. Dezemb. 1902	

5. Verfügung des Preussischen Justizministers über die Führung des Genossenschaftsregisters.

Vom 8. November 1899.

Abgedruckt unter IX 4.

---

6. Bestimmungen des Gesetzes v. 12. August 1896 (R.G.Bl. 695) über den Geschäftsbetrieb von Konsumanstalten.

Artikel 2.

Beschränkungen des Geschäftsbetriebes.

Die [im Artikel 1 Nr. 1, 3 und 7] *in §. 8 Abs. 4, §§. 31, 32 und §§. 152—154 des Genossenschaftsgesetzes in der Fassung von 1898* enthaltenen Vorschriften finden auf Konsumanstalten, welche von Arbeitgebern für ihre Arbeiter und Beamten betrieben werden, sowie auf Vereinigungen (Gesellschaften, Korporationen), deren wesentlicher Geschäftszweck es ist, ihren Mitgliedern oder bestimmten Berufskreisen in dem Bezug von Waaren Vortheile zu verschaffen, insbesondere auch auf Beamten- und Offiziervereine mit der Massgabe sinngemässe Anwendung, dass die hinsichtlich der Mitglieder der Konsumvereine getroffenen Bestimmungen bei den vorbezeichneten Konsumanstalten und Vereinigungen hinsichtlich derjenigen Personen gelten, für welche die Einrichtung bestimmt ist. Jedoch ist es den Konsumanstalten und Vereinigungen der vorbezeichneten Art gestattet, in ihren Speiseanstalten Waaren zum alsbaldigen persönlichen Verbrauch auch an Dritte abzugeben.

Artikel 3.

Zeitpunkt des Inkrafttretens.

Dieses Gesetz tritt am 1. Januar 1897 in Kraft.

---

7. Gesetz, betreffend die Gesellschaften mit beschränkter Haftung.

Vom 20. April 1892.

(In der Fassung der Bekanntmachung des Reichskanzlers v. 20. Mai 1898, R.G.Bl. 846).

Vorbemerkung zum Ges. v. 12. Aug. 1896.

Der Art. 1 des Gesetzes enthielt Abänderungen zum Genossenschaftsgesetze von 1889; diese Änderungen sind in der Fassung des Genossenschaftsgesetzes von 1898 (oben VII 1) berücksichtigt.

Zu Art. 2.

Die Einsetzung der Bezugnahme auf die neue Fassung im Gesetzestext beruht auf E.G. z. H.G.B. Art. 13 Abs. 3.

Vorbemerkung zum Ges. v. 20. April 1892.

I. **Entstehungsgeschichte.** Der Entwurf dieses Gesetzes nebst Begründung — Nr. 660 der Drucksachen — ist im Reichstag am 19. Februar 1892 (Sten. Ber. 4303) zum erstenmale beraten und an eine Kommission zur Vorberatung verwiesen worden. Dieselbe erstattete ihren Bericht — Nr. 744 der Drucksachen — durch den Abg. Schenck. Die zweite Beratung im Plenum fand am 19. März 1892 (Sten.Ber. 4878), und die dritte am 21. März 1892 (Sten.Ber. 4981) statt. In beiden Sitzungen wurde der Entwurf nach den Vorschlägen der Kommission durch

Erster Abschnitt.

Errichtung der Gesellschaft.

§. 1. Zweck.

Gesellschaften mit beschränkter Haftung können nach Massgabe der Bestimmungen dieses Gesetzes zu jedem gesetzlich zulässigen Zweck errichtet werden.

Frühere Fassung §. 1. **Vgl. H.G.B.** §§. 105 Abs. 1, 210 Abs. 2.

Gesamtabstimmung angenommen. Die Zusammenstellung nach den Beschlüssen in dritter Beratung befindet sich unter Nr. 783 der Drucksachen. Das Gesetz ist sodann am 26. April 1892 im R.G.Bl. 477 verkündet; es trat daher nach Art. 2 der Reichsverfassung am 10. Mai 1892 in Kraft. — Das Ges. v. 20. April 1892 ist in einzelnen Punkten durch E.G. z. H.G.B. Art. 11, 13 geändert und demnächst gemäß der in Art. 13 enthaltenen Ermächtigung durch Bekanntmachung des Reichskanzlers v. 20. Mai 1898 in neuer Fassung verkündet worden. Diese Fassung ist im Text wiedergegeben.

II. **Zweck des Gesetzes.** Das Gesetz soll — nach der Begründung — Gesellschaften ermöglichen, welche eine Mittelstellung zwischen den streng individualistischen Gesellschaftsformen und der Aktiengesellschaft einnehmen, und insbesondere für solche Fälle dienen, in welchen die Gesellschafter nicht in der Lage sind, die Führung der Geschäfte selbst in die Hand zu nehmen, oder wo den Einzelnen der Einfluß auf die Handlungen der Mitgesellschafter und die Kontrolle über deren Thätigkeit nicht im vollen Umfange möglich ist, oder wo die Teilung der Vermögenskräfte des Einzelnen zur Mitwirkung an einer Mehrheit von Unternehmungen wünschenswert ist, wo eine begrenztere Zahl von Teilnehmern mit der Absicht dauernder Beteiligung ein Unternehmen ins Leben ruft, ohne persönlich ihre ganze Thätigkeit der Sache widmen zu können, wo es sich um den Übergang gewerblicher Unternehmungen auf mehrere Erben des Besitzers handelt, welche auf Erhaltung und Fortführung des Unternehmens im Interesse der Familie Wert legen, ohne doch selbst die Geschäfte führen zu können, wo die Übernahme eines überschuldeten Unternehmens durch die Gläubiger und dessen Fortführung für eigene Rechnung erforderlich wird, ferner da, wo bei geringer Zahl der Gesellschafter diese zwar sämtlich oder einzelne von ihnen unmittelbar die Geschäfte führen, aber die besonderen Verhältnisse des Unternehmens, wie die Verschiedenartigkeit oder räumliche Entfernung der einzelnen Betriebe oder die besonderen Wechselfälle, welchen der Betrieb nach der Natur seines Gegenstandes ausgesetzt ist, die Beschränkung der Haftung nötig machen, sodann weiter für solche Fälle, für welche die bei A.Gen. anzuwendenden Bestimmungen über Gründung, Organisation, Gesellschaftsrechte, von vornherein unabänderlich festgestellte Einzahlungspflicht, Bilanzaufstellung, Veröffentlichung der Geschäftsergebnisse u. dgl. m. nicht passen; dahin gehören Gesellschaften, bei denen das Kapitalbedürfnis nicht mit Bestimmtheit vorauszusehen ist, ein wechselndes Bedürfnis nach Betriebsmitteln besteht, ein erheblicher Teil der Mittel für Ausgaben zu verwenden ist, welche nur die Möglichkeit eines Ertrages nach längerer Zeit gewähren (Gesellschaften zur Ausnutzung von Patenten, Erschließung von Kolonialgebieten u. dgl. m.), oder wo neben Kapitaleinlagen andere Leistungen von den Mitgliedern zu erfordern sind (z. B. Rübenlieferungen) u. s. w. Über Kolonialgesellschaften vgl. jetzt unten VII 8; über wiederkehrende Leistungen bei A.Gen. §. 212 H.G.B.

Zu §. 1.

Diese Gesellschaftsform sollte nach Begr. 30 nicht nur für Gesellschaften mit Erwerbszwecken, sondern auch für manche andere, namentlich gemeinnützige Unternehmungen, deren Ziele sich durch eine begrenzte Zahl von Teilnehmern erreichen lassen, verwendbar sein. Ob hieran jetzt etwas geändert ist, hängt ab von der Entscheidung der Frage, ob §. 21 B.G. (weil den Vorbehalt des §. 22 nicht enthaltend) die Erlangung der Rechtsfähigkeit durch nicht wirtschaftliche Vereine in anderer Weise als durch Eintragung in das Vereinsregister selbst dann ausschließt,

Form der Satzung. §. 2.

Der Gesellschaftsvertrag bedarf des Abschlusses in gerichtlicher oder notarieller Form. Er ist von sämmtlichen Gesellschaftern zu unterzeichnen.

Die Unterzeichnung durch Bevollmächtigte ist nur auf Grund einer gerichtlich oder notariell errichteten oder beglaubigten Vollmacht zulässig.

Frühere Fassung §. 2. **Vgl. H.G.B.** §§. 182, 188.

Inhalt der Satzung. §. 3.

Der Gesellschaftsvertrag muss enthalten:

1. die Firma und den Sitz der Gesellschaft,
2. den Gegenstand des Unternehmens,

---

wenn die betreffende Vereinsform durch besonderes Reichsgesetz geregelt ist (für Bejahung: Simon in Z.f.H. Bd. 49 S. 8; indessen doch wohl eher für Verneinung E.G. z. B.G. Art. 32 verglichen mit obigem §. 1; vgl. auch H.G.B. §. 180 Abs. 2). Der notwendige Ausdruck, die Form der G. m. b. H. anwenden zu wollen, liegt in dem zwingend (§. 4 Abs. 2) vorgeschriebenen Zusatz zur Firma „mit beschränkter Haftung". Die Zulässigkeit der Verwendung findet ihre Grenze in den allgemeinen Regeln des öffentlichen und Privatrechts, welche die Verfolgung gewisser Zwecke untersagen. Auch versteht es sich, daß öffentlichrechtliche Bestimmungen über das Vereins- und Versammlungsrecht, welche für politische Vereine besondere Pflichten und Beschränkungen vorsehen, und Bestimmungen über geistliche Genossenschaften und sonstige religiöse Vereine durch das Gesetz nicht berührt werden (Begr. 38). Ein Antrag, die Errichtung von Gesellschaften mit beschränkter Haftung für Bank- und Versicherungsgeschäfte auszuschließen, wurde in der Kommission abgelehnt (K.B. 3).

Zu §. 2.

Der Entwurf wollte die schriftliche Form für die Satzung als genügend zulassen. Die Kommission (K.B. 4) erachtete den Abschluß in gerichtlicher oder notarieller Form (B.G. §. 128, G. fr. Ger. §§. 167 Abs. 1, 168 ff.) für notwendig wegen der hervorragenden Bedeutung der Satzung für die Gesellschaftsverhältnisse, insbesondere für die Feststellung des Betrages der Stammeinlage und die Haftung jedes Gesellschafters. Auch ein Vorvertrag, der die Übernahme einer Verpflichtung zum Beitritt zum Gegenstand hat, ist, wenn formlos, nichtig (R.G. XLIII, 139). — Durch die Vorschrift, daß die Satzung von sämtlichen Gesellschaftern zu unterzeichnen ist, wird die Stufengründung (H.G.B. §. 189) ausgeschlossen (R.G. XLIII, 139). Neue Gesellschafter können nur nach Maßgabe der Vorschriften über die Erhöhung des Stammkapitals aufgenommen werden, und die Veräußerung von Geschäftsanteilen führt wegen der grundsätzlichen Beschränkung jedes Gesellschafters auf einen einzigen Anteil nur dann zu einer Vermehrung der Mitgliederzahl, wenn eine Teilung von Geschäftsanteilen nach §. 17 stattfindet. Die Vorschrift soll die Errichtung von Gesellschaften mit sehr großer Mitgliederzahl erschweren. — Für Vollmachten zur Unterzeichnung der Satzung ist die Errichtung in gerichtlicher oder notarieller Form oder mit Beglaubigung der Unterschrift (B.G. §. 129, G. fr. Ger. §. 167 Abs. 2 Satz 1, §. 183) zugelassen.

Zu §. 3.

I. **Die notwendigen Bestimmungen** der Satzung (H.G.B. §. 182 Anm. IV) zählt §. 3 Abs. 1 auf. Weitere Festsetzungen sind zur Errichtung der Gesellschaft an sich nicht erforderlich, da im übrigen die Bestimmungen des Gesetzes ergänzend eintreten (Begr. 39).

II. **Bestimmungen, welche freiwillig sind, aber — wenn überhaupt — nur in der Satzung getroffen werden können** (H.G.B. §. 182 Anm. V) sind in §. 3 Abs. 2 erwähnt. Hervorgehoben sind die zeitliche Begrenzung der Gesellschaftsdauer und die Ausdehnung der Mitgliederpflichten auf andere Leistungen als Kapitaleinlagen (vgl. H.G.B. §. 211 Anm. II).

3. den Betrag des Stammkapitals,
4. den Betrag der von jedem Gesellschafter auf das Stammkapital zu leistenden Einlage (Stammeinlage).

Soll das Unternehmen auf eine gewisse Zeit beschränkt sein oder sollen den Gesellschaftern ausser der Leistung von Kapitaleinlagen noch andere Verpflichtungen gegenüber der Gesellschaft auferlegt werden, so bedürfen auch diese Bestimmungen der Aufnahme in den Gesellschaftsvertrag.

Frühere Fassung §. 3. **Vgl. H.G.B.** §. 182.

§. 4. **Firma.**

Die Firma der Gesellschaft muss entweder von dem Gegenstande des Unternehmens entlehnt sein, oder die Namen der Gesellschafter oder den Namen wenigstens eines derselben mit einem das Vorhandensein eines Gesellschaftsverhältnisses andeutenden Zusatze enthalten. Die Namen anderer Personen als der Gesellschafter dürfen in die Firma nicht aufgenommen werden. Die Beibehaltung der Firma eines auf die Gesellschaft übergegangenen Geschäfts (Handelsgesetzbuch §. 22) wird hierdurch nicht ausgeschlossen.

Die Firma der Gesellschaft muss in allen Fällen die zusätzliche Bezeichnung „mit beschränkter Haftung" enthalten.

Frühere Fassung §. 4. **Vgl. H.G.B.** §§. 19, 20.

Die Begründung (S. 40) bemerkt hierzu, daß die hervorgehobenen Fälle nicht den Kreis der Gegenstände, deren Regelung ausschließlich der Satzung vorbehalten ist, erschöpfen, das Gesetz selbst weise an verschiedenen Stellen (§§. 5 Abs. 4, 15 Abs. 5, 17 Abs. 3 u. 6, 19 Abs. 3, 26, 27 Abs. 4, 28, 29, 30, 34, 35, 38, 41 Abs. 3, 45, 52, 60, 66, 72, 74) darauf hin, daß Abweichungen von dispositiven Normen des Gesetzes nur durch die Satzung festgesetzt werden können, und auch im übrigen sei davon auszugehen, daß die Rechte und Pflichten der Gesellschafter als solcher, soweit sie nicht im Gesetze geregelt sind, ausschließlich nach der Satzung sich bestimmen. Es bedürfe daher auch keiner besonderen Vorschriften, daß Vorrechte, welche einzelnen Gesellschaftern oder gewissen Gattungen von Geschäftsanteilen eingeräumt werden sollen, insbesondere Vorrechte hinsichtlich des Geschäftsgewinnes oder der Verteilung des Gesellschaftsvermögens nur durch eine entsprechende Festsetzung der Satzung begründet werden können.

Zu §. 4.

I. **Gemeinsame Grundsätze über Firmen.** Da die Gesellschaft mit beschränkter Haftung als Handelsgesellschaft gilt (§. 13 Abs. 3) und ins Handelsregister eingetragen wird, so sind selbstverständlich neben §. 4 die allgemeinen Grundsätze des kaufmännischen Firmenrechts maßgebend; insbesondere gilt dies von H.G.B. §. 30 (deutliche Unterscheidung von bereits bestehenden Firmen), und H.G.B. §. 37 (Schutz gegen widerrechtlichen Firmengebrauch). Begr. S. 40.

II. **Besonderheiten bei Gesellschaften mit beschränkter Haftung.** Der Entwurf wollte für die Gesellschaft mit beschränkter Haftung nur Sachfirmen nach dem (damaligen) Vorbilde der A.G. (A.D.H. Art. 18) zulassen, um dadurch erkennbar zu machen, daß die Gesellschaft ohne Rücksicht auf die Zahl ihrer Mitglieder einen rechtlich selbständigen Organismus bildet (Begr. 29). Die Kommission (K.B. 4) ließ wahlweise auch Firmen mit dem Namen aller Gesellschafter oder wenigstens eines derselben mit einem das Gesellschaftsverhältnis andeutenden Zusatze (& Co. u. dgl.) zu, verbot jedoch, um Täuschungen zu vermeiden, die Aufnahme von Namen anderer Personen als der Gesellschafter in die Firma und hielt die Vorschrift des Entwurfs aufrecht, daß in allen Fällen die Firma die zusätzliche Bezeichnung „mit beschränkter Haftung" (in unverkürzter Form) enthalten müsse. — Zugelassen ist die Beibehaltung der Firma eines auf die Gesellschaft

Stammkapital, Stammeinlagen. §. 5.

Das Stammkapital der Gesellschaft muss mindestens zwanzigtausend Mark, die Stammeinlage jedes Gesellschafters muss mindestens fünfhundert Mark betragen.

Kein Gesellschafter kann bei Errichtung der Gesellschaft mehrere Stammeinlagen übernehmen.

Der Betrag der Stammeinlage kann für die einzelnen Gesellschafter verschieden bestimmt werden. Derselbe muss in Mark durch hundert theilbar sein. Der Gesammtbetrag der Stammeinlagen muss mit dem Stammkapital übereinstimmen.

Sollen von Gesellschaftern Einlagen, welche nicht in Geld zu leisten sind, auf das Stammkapital gemacht oder soll die Vergütung für Vermögensgegenstände, welche die Gesellschaft übernimmt, auf Stammeinlagen angerechnet werden, so muss die Person des Gesellschafters, der Gegenstand der Einlage oder Uebernahme sowie der Geldwerth, für welchen die Einlage angenommen wird, oder die für die übernommenen Gegenstände zu gewährende Vergütung im Gesellschaftsvertrage festgesetzt werden.

Frühere Fassung §. 5. **Vgl.** H.G.B. §§. 180, 186 Abs. 2.

(nach §. 22 H.G.B.) übergegangenen Geschäfts, weil ein Interesse daran bestehen kann, die Fortdauer des Unternehmens auch äußerlich hervortreten zu lassen; aber auch in diesem Falle ist der Zusatz „mit beschränkter Haftung" nach Abs. 2 des §. 4 notwendig (vgl. H.G.B. §. 22 Anm. II d).

Zu §. 5.

I. **Stammkapital.** Vor vollständiger Übernahme des Stammkapitals kann die Gesellschaft nicht in das Handelsregister eingetragen werden (Begr. 41). Der Grundsatz (Abs. 3 Satz 2), daß der Betrag des Stammkapitals mit dem Gesamtbetrag der Stammeinlagen übereinstimmen müsse, gilt nur für die erste Errichtung, nicht auch für später (Begr. 84).

II. **Geldeinlage.** Die Einlage „in Geld" braucht nicht notwendig „durch Barzahlung" in dem beschränkten Sinne des H.G.B. §. 195 Abs. 3 zu erfolgen (R.G. XLI, 122 gegen XXXVI, 112); doch genügen nur solche Leistungen, welche alle einer „Barzahlung" eigentümlichen Vorzüge für die Gesellschaft besitzen, insbesondere jeden Augenblick mit zweifelloser Sicherheit in bares Geld umgesetzt werden können (R.G. XLI, 122). Eine Gutschrift bei einer Bank oder ein Check auf eine Bank genügen diesen Voraussetzungen nur, wenn die Bank wirtschaftlich so gestellt ist, daß nach allgemeiner Anschauung der sofortigen Zahlung auf Verlangen bezw. bei Vorlegung des Checks mit vollständiger Sicherheit entgegengesehen werden kann (R.G. XLI, 123). Der Betrag muß zur freien Verfügung der Geschäftsführer stehen (§. 8 Abs. 2). — Über Vorbehalte oder Einschränkungen bei der Einlegungszusage vgl. §. 19 Anm. II.

III. **Nichtgeldeinlagen.** Da über die Stammeinlagen in der Regel keine Urkunden ausgefertigt werden, so bedarf es bei den hier behandelten Gesellschaften wesentlich nur der Vorschriften zum Schutze der Gläubiger, also der Sicherung, daß das Stammkapital übernommen ist und die Einzahlungen gemacht sind (§. 9), und der Klarstellung, wenn das Stammkapital ganz oder teilweise nicht in Geld aufgebracht wird (§. 5 Abs. 4). Über die Folge der unterlassenen Festsetzung in der Satzung vgl. §. 19 Abs. 3. Der Erwerb von Gegenständen, welche weder als Einlage von einem Gesellschafter eingebracht, noch auf eine solche angerechnet, sondern aus dem bereits eingezogenen Stammkapital bezahlt werden, bildet einen Akt der Geschäftsführung, welcher durch die Verantwortlichkeit der Geschäftsführer gedeckt wird (Begr. 42). Nichtgeldeinlage sind auch diejenigen Gegenstände, welche vor Errichtung der Gesellschaft für die demnächst zu errichtende erworben und dann bei Errichtung eingelegt werden (R.G. XXXVI, 110).

IV. **Gründerlohn.** Zuwendungen aus dem Stammvermögen für Dienste oder Aufwendungen, welche einzelne Gesellschafter bei der Begründung des Unternehmens geleistet haben (Gründerlohn), sind ausgeschlossen, wie aus den §§. 30 u. 31 erhellt (Begr. 42).

§. 6. **Geschäftsführer.**

Die Gesellschaft muss einen oder mehrere Geschäftsführer haben.

Zu Geschäftsführern können Gesellschafter oder andere Personen bestellt werden. Die Bestellung erfolgt entweder im Gesellschaftsvertrage oder nach Massgabe der Bestimmungen des dritten Abschnitts.

Ist im Gesellschaftsvertrage bestimmt, dass sämmtliche Gesellschafter zur Geschäftsführung berechtigt sein sollen, so gelten nur die der Gesellschaft bei Festsetzung dieser Bestimmung angehörenden Personen als die bestellten Geschäftsführer.

Frühere Fassung §. 6. **Vgl. H.G.B.** §. 231 Abs. 2, §. 190 Abs. 3.

§. 7. **Anmeldung.**

Die Gesellschaft ist bei dem Gericht, in dessen Bezirke sie ihren Sitz hat, zur Eintragung in das Handelsregister anzumelden.

Die Anmeldung darf nur erfolgen, nachdem von jeder Stammeinlage, soweit nicht andere als in Geld zu leistende Einlagen auf das Stammkapital gemacht sind, ein Viertheil, mindestens aber der Betrag von zweihundertundfünfzig Mark eingezahlt ist.

Frühere Fassung §. 7, **E.G. z. H.G.** Art. 11 Ziff. I. **Vgl. H.G.B.** §. 195 Abs. 1, 3.

Zu §. 6.

I. **Bestellung der Geschäftsführer.** Die Geschäftsführer bilden die notwendige Vertretungsbehörde der Gesellschaft; es bedarf ihrer bereits vor Eintragung der Gesellschaft in das Handelsregister; daher muß ihre Bestellung in der Satzung, oder alsbald nach deren Feststellung durch Wahl gemäß §§. 35ff., nötigenfalls in einer nach §. 50 Abs. 3 zu berufenden Versammlung erfolgen (Begr. 43).

II. **Beilegung der Geschäftsführungsberechtigung an sämtliche Gesellschafter.** Der Abs. 3 giebt eine Auslegungsregel für den Fall, daß in der Satzung (oder in einem Nachtrage, Begr. 43) bestimmt ist, daß sämtliche Gesellschafter zur Geschäftsführung berechtigt sein sollen. Es sollen dann nur die der Gesellschaft zur Zeit der Festsetzung dieser Bestimmung angehörenden Personen als die bestellten Geschäftsführer gelten. Ein Regierungsvertreter bemerkte in der Kommission (K.B. 5), daß wenn alle Gesellschafter auf Grund einer solchen Satzungsbestimmung Geschäftsführer seien, derjenige, welcher aus der Gesellschaft ausscheide, auch aufhöre, Geschäftsführer zu sein, daß aber, wenn ein Gesellschafter persönlich und besonders zum Geschäftsführer bestellt worden sei, nicht ohne weiteres anzunehmen sei, der Betreffende sei lediglich in seiner Eigenschaft als Gesellschafter zu der Stellung als Geschäftsführer berufen, daß es daher in einem solchen Fall der Gesellschaft überlassen bleiben müsse, ob sie bei einem Ausscheiden dieses Gesellschafters die Abberufung desselben aus der Stelle als Geschäftsführer bewirken wolle.

Zu §. 7.

I. **Handelsregister.** Die allgemeinen Vorschriften über das Handelsregister (H.G.B. §§. 8ff., G.fr.Ger. §§. 125ff.) finden auch auf die Angelegenheiten der G. m. b. H. Anwendung (Denkschr. 293); insbesondere auch H.G.B. §§. 14, 15 (Denkschr. 294). Vgl. auch Vfgg. d. Preuß. Justizmin. v. 7. Novbr. 1899 (unten IX 3) §. 16. Die erste Anmeldung der Gesellschaft ist jedoch nicht erzwingbar (§. 79).

II. **Anmelder** sind sämtliche Geschäftsführer (§. 78), nicht aber außerdem die ersten Gesellschafter (K.B. 5).

III. **Einzahlung.** Was als Einzahlung zu gelten hat, ist nach den Umständen des einzelnen Falles unter Berücksichtigung der allgemeinen Verkehrsgewohnheiten zu entscheiden, doch muß der Betrag zur freien Verfügung der Geschäftsführer stehen (§. 8 Abs. 2, Begr. 44). Über Einzahlung von Geldeinlagen vgl. §. 5 Anm. II. Bezüglich der Nichtgeldeinlagen bemerkt

§. 8.

Inhalt und Beilagen der Anmeldung. Unterschriftszeichnung.

Der Anmeldung müssen beigefügt sein:

1. der Gesellschaftsvertrag und im Falle des §. 2 Absatz 2 die Vollmachten der Vertreter, welche den Gesellschaftsvertrag unterzeichnet haben, oder eine beglaubigte Abschrift dieser Urkunden,
2. die Legitimation der Geschäftsführer, sofern dieselben nicht im Gesellschaftsvertrage bestellt sind,
3. eine von den Anmeldenden unterschriebene Liste der Gesellschafter, aus welcher Name, Vorname, Stand und Wohnort der letzteren, sowie der Betrag der von einem jeden derselben übernommenen Stammeinlage ersichtlich ist,
4. in dem Falle, dass der Gegenstand des Unternehmens der staatlichen Genehmigung bedarf, die Genehmigungsurkunde.

In der Anmeldung ist die Versicherung abzugeben, dass die im §. 7 Absatz 2 bezeichneten Leistungen auf die Stammeinlagen bewirkt sind, und dass der Gegenstand der Leistungen sich in der freien Verfügung der Geschäftsführer befindet.

Die Geschäftsführer haben ihre Unterschrift zur Aufbewahrung bei dem Gerichte zu zeichnen.

Frühere Fassung §. 8, **E.G. z. H.G.B.**, Art. 11 Ziffer II. **Vgl. H.G.B. §.** 195 Abs. 2—5.

Haftung der Anmeldenden. §. 9.

Die Anmeldenden haften der Gesellschaft solidarisch für die Richtigkeit ihrer Angaben hinsichtlich der auf die Stammeinlagen gemachten Leistungen (§. 7 Absatz 2).

Verzichtleistungen oder Vergleiche der Gesellschaft in Betreff der ihr nach Absatz 1 zustehenden Ersatzansprüche sind unwirksam, soweit der Ersatz zur Befriedigung der Gläubiger der Gesellschaft erforderlich ist. Auf einen Vergleich, welchen

---

Begr. 44: „Bei Sacheinlagen kann eine nur teilweise Leistung natürlich nicht in Frage kommen. Der Gegenstand einer solchen Einlage muß vielmehr unter allen Umständen der Gesellschaft schon vor der Eintragung unverkürzt zur Verfügung gestellt werden, wenn auch unter Umständen die weiter zur Erfüllung der Einlageverpflichtung noch erforderlichen Rechtsakte, wie namentlich die grundbuchmäßige Eintragung des Eigentums an Immobilien, zunächst noch vorbehalten bleiben muß." Indessen ist zweifelhaft, ob aus §. 7 Abs. 2 nach dessen Wortlaut eine Pflicht zur Leistung von Nichtgeldeinlagen vor Eintragung überhaupt gefolgert werden kann (vgl. H.G.B. §. 195 Anm. IVa). Die Beobachtung der Bestimmungen über die vor der Anmeldung zu leistenden Beträge wird zivilrechtlich durch den §. 9, strafrechtlich durch den §. 82 Ziff. 1 gesichert.

Zu §. 8.

Liste der Gesellschafter. Die Personen der Mitglieder und Änderungen in diesen Personen werden — ebenso wie bei der A.G., aber abweichend von den Bestimmungen für offene Handelsgesellschaften und Kommanditgesellschaften — nicht eingetragen. Die hier bei der ersten Anmeldung vorgeschriebene Einreichung einer Liste der Mitglieder und die im §. 40 vorgeschriebene Einreichung von jährlichen Listen der Mitglieder soll dem Bedürfnisse genügen, zu erfahren, wer die zeitigen Mitglieder sind (Begr. 45).

Zu §. 9.

I. **Prüfungspflicht.** Die Anmeldenden haben, soweit ihnen der Hergang nicht durch ihre vorausgegangene Thätigkeit unmittelbar bekannt ist, denselben zu prüfen. Der Entwurf wollte ausdrücklich von dieser Haftung diejenigen befreien, welche die Unrichtigkeit der Angaben weder

der Ersatzpflichtige im Falle der Zahlungsunfähigkeit zur Abwendung oder Beseitigung des Konkursverfahrens mit seinen Gläubigern abschliesst, findet diese Bestimmung keine Anwendung.

Die Ansprüche auf Grund der vorstehenden Bestimmungen verjähren in fünf Jahren seit der Eintragung der Gesellschaft in das Handelsregister.

Frühere Fassung §. 9, E.G. z. H.G.B. Art. 11 Ziff. III. **Vgl.** H.G.B. §§. 204—206, 241.

§. 10. Eintragung. Veröffentlichung.

Bei der Eintragung in das Handelsregister sind die Firma und der Sitz der Gesellschaft, der Gegenstand des Unternehmens, die Höhe des Stammkapitals, der Tag des Abschlusses des Gesellschaftsvertrages und die Personen der Geschäftsführer anzugeben.

Enthält der Gesellschaftsvertrag besondere Bestimmungen über die Zeitdauer der Gesellschaft oder über die Befugniss der Geschäftsführer oder der Liquidatoren zur Vertretung der Gesellschaft, so sind auch diese Bestimmungen einzutragen.

In die Veröffentlichung, durch welche die Eintragung bekannt gemacht wird, sind ausser dem Inhalte der Eintragung die nach §. 5 Absatz 4 getroffenen Festsetzungen und, sofern der Gesellschaftsvertrag besondere Bestimmungen über die Form enthält, in welcher öffentliche Bekanntmachungen der Gesellschaft erlassen werden, auch diese Bestimmungen aufzunehmen.

E.G. z. H.G.B. Art. 11 Ziff. IV (**Frühere Fassung** §. 10). **Vgl.** H.G.B. §§. 198, 199.

§. 11. Rechtsverhältnisse vor Eintragung.

Vor der Eintragung in das Handelsregister des Sitzes der Gesellschaft besteht die Gesellschaft mit beschränkter Haftung als solche nicht.

Ist vor der Eintragung im Namen der Gesellschaft gehandelt worden, so haften die Handelnden persönlich und solidarisch.

Frühere Fassung §. 11, E.G. z. H.G.B. Art. 11 Ziff. V. **Vgl.** H.G.B. §. 200.

§. 12.
Zweigniederlassung: Anmeldung, Eintragung, Veröffentlichung.

Auf die Anmeldung der Gesellschaft zur Eintragung in das Handelsregister eines Gerichts, in dessen Bezirke sie eine Zweigniederlassung besitzt, finden die Bestimmungen

---

kannten, noch bei Anwendung der Sorgfalt eines ordentlichen Geschäftsmannes kennen mußten. Die Kommission (K.B. 6) strich diese Bestimmung jedoch, weil sie annahm, daß bei Anwendung der nötigen Sorgfalt unrichtige Angaben der Geschäftsführer über die Leistungen auf die Stammeinlagen nicht vorkommen können.

II. **Ersatzpflicht.** Die Verbindlichkeit der Anmeldenden geht hier auf Ersatz des Ausfalls, welchen die Gesellschaft an ihrem Stammvermögen erleidet. Die Ersatzpflicht besteht gegenüber der *Gesellschaft*. Den *Gläubigern* ist kein unmittelbarer Ersatzanspruch gegeben; eben deshalb ist aber der Gesellschaft ein Verzicht auf den Ersatzanspruch oder Vergleich über denselben, *insoweit* als der Ersatz zur Befriedigung der Gläubiger erforderlich ist, entzogen. Die Ausnahme bei Vergleichen der Ersatzpflichtigen im Falle der Zahlungsunfähigkeit zur Abwendung oder Beseitigung des Konkursverfahrens ist dem früheren Art. 213d A.D.H. (jetzt §. 205 Satz 2 H.G.B.) nachgebildet.

Zu §. 10.

Die Höhe der *Geldeinlagen* der einzelnen Gesellschafter, und Satzungsbestimmungen über Vorrechte einzelner Gesellschafter sind weder einzutragen noch zu veröffentlichen (vgl. Begr. 46).

im §. 8 Absatz 1 und 2 keine Anwendung. Der Anmeldung ist eine von dem Gerichte der Hauptniederlassung beglaubigte Abschrift des Gesellschaftsvertrages und der Liste der Gesellschafter beizufügen.

Die Eintragung hat die im §. 10 Absatz 1 und 2 bezeichneten Angaben zu enthalten. In die Veröffentlichung, durch welche die Eintragung bekannt gemacht wird, sind auch die im §. 10 Absatz 3 bezeichneten Bestimmungen aufzunehmen, die nach §. 5 Absatz 4 getroffenen Festsetzungen jedoch nur dann, wenn die Eintragung innerhalb der ersten zwei Jahre nach der Eintragung in das Handelsregister des Sitzes der Gesellschaft erfolgt.

E.G. z. H.G.B. Art. 11 Ziff. VI (**Frühere Fassung** §. 12). **Vgl. H.G.B.** §. 201.

Zweiter Abschnitt.

Rechtsverhältnisse der Gesellschaft und der Gesellschafter.

§. 13.

Rechtsfähigkeit der G.m.b.H.; Haftung; Handelsgesellschaft.

Die Gesellschaft mit beschränkter Haftung als solche hat selbständig ihre Rechte und Pflichten; sie kann Eigenthum und andere dingliche Rechte an Grundstücken erwerben, vor Gericht klagen und verklagt werden.

Für die Verbindlichkeiten der Gesellschaft haftet den Gläubigern derselben nur das Gesellschaftsvermögen.

Die Gesellschaft gilt als Handelsgesellschaft im Sinne des Handelsgesetzbuchs.

Frühere Fassung §. 13. **Vgl. H.G.B.** §§. 210, 178.

Zu §. 12.

Die Anmeldung hat durch sämtliche Geschäftsführer zu erfolgen (§. 78). Die Eintragung der Gesellschaft kann bei dem Gericht der Zweigniederlassung nicht eher erfolgen, als bis sie bei dem Gericht der Hauptniederlassung stattgefunden hat (H.G.B. §. 13 Abs. 2, Denkschr. 294). Über Anmeldungen bei Erhöhung oder Herabsetzung des Stammkapitals vgl. §. 59.

Zu §. 13.

I. **Juristische Persönlichkeit.** Aus §. 13 Abs. 1 folgt die Eigenschaft der G. m. b. H. als juristische Person (vgl. H.G.B. §. 210 Anm. Ia, §. 178 Anm. Ib). Sie ist ein Verein im Sinne des B.G. (vgl. H.G.B. Buch II Abschn. 3 Vorbem. II).

II. **Gesellschaftsvermögen.** Vgl. H.G.B. §. 178 Anm. Ic. Zum Gesellschaftsvermögen gehören auch die Forderungen der Gesellschaft gegen ihre Mitglieder auf Leistung der Resteinzahlungen auf die Stammeinlagen. Dagegen haften die Gesellschafter nicht unmittelbar den Gläubigern, vielmehr können die letzteren nötigenfalls nur im Wege der Zwangsvollstreckung sich aus den Ansprüchen der Gesellschaft auf die rückständigen Stammeinlagen befriedigen oder im Falle des Konkurses der Gesellschaft durch den Konkursverwalter im gemeinsamen Interesse aller Konkursgläubiger derartige Rückstände einziehen (Begr. S. 47). In der Kommission (K.B. 6) bemerkte ein Regierungsvertreter, daß Nachschüsse, deren Einziehung nicht beschlossen ist, zum Gesellschaftsvermögen nicht gehören (§. 26 Abs. 1, §. 42 Ziff. 3).

III. **Handelsgesellschaft.** Infolge der Eigenschaft der Gesellschaft mit beschränkter Haftung als Handelsgesellschaft (ohne Rücksicht auf den Gegenstand des Unternehmens) finden die betreffs der Kaufleute gegebenen Bestimmungen auf sie Anwendung (H.G.B. §. 6 Anm. III), insbesondere hinsichtlich der Pflicht zur kaufmännischen Buchführung. Jene Gesellschaften sind dadurch den im zweiten Buche des H.G.B. bezeichneten Gesellschaftsarten angereiht. Auch z. B. im Sinne des §. 244 Konkursordnung ist die G. m. b. H. eine Handelsgesellschaft (vgl. Begr. 93).

§. 14. **Geschäftsanteil.**

Der Geschäftsantheil jedes Gesellschafters bestimmt sich nach dem Betrage der von ihm übernommenen Stammeinlage.

Frühere Fassung §. 14. **Vgl.** H.G.B. —

§. 15.

Übertragung und Vererbung von Geschäftsanteilen.

Die Geschäftsantheile sind veräusserlich und vererblich.

Erwirbt ein Gesellschafter zu seinem ursprünglichen Geschäftsantheile weitere Geschäftsantheile, so behalten dieselben ihre Selbständigkeit.

Zur Abtretung von Geschäftsantheilen durch Gesellschafter bedarf es eines in gerichtlicher oder notarieller Form geschlossenen Vertrages.

Der gerichtlichen oder notariellen Form bedarf auch eine Vereinbarung, durch welche die Verpflichtung eines Gesellschafters zur Abtretung eines Geschäftsantheils begründet wird. Eine ohne diese Form getroffene Vereinbarung wird jedoch durch den nach Massgabe des vorigen Absatzes geschlossenen Abtretungsvertrag gültig.

Durch den Gesellschaftsvertrag kann die Abtretung der Geschäftsantheile an weitere Voraussetzungen geknüpft, insbesondere von der Genehmigung der Gesellschaft abhängig gemacht werden.

Frühere Fassung §. 15, **E.G. z. H.G.B.** Art. 11 Ziff. VII. **Vgl. H.G.B.** §. 222.

Zu §. 14.

Maßgebend für den Umfang des Geschäftsanteils jedes Gesellschafters ist der Betrag der von ihm übernommenen (nicht der von ihm geleisteten) Stammeinlage. „Geschäftsanteil" bezeichnet die durch Übernahme der Stammeinlage begründete Beteiligung an dem Gesamtvermögen der Gesellschaft, nicht an den einzelnen dem Gesellschaftszwecke gewidmeten Vermögensstücken, und ist nicht gleichbedeutend mit Einlage, sondern bezeichnet die durch die Übernahme derselben für den Gesellschafter begründete Rechtsstellung (Begr. 47). Unter Geschäftsanteil ist daher hier dasselbe verstanden wie im H.G.B. unter „Anteilrecht" des Aktionärs (H.G.B. §. 179 Anm. II).

Zu §. 15.

I. **Selbständigkeit jedes Geschäftsanteils.** Der Grundsatz, daß der Geschäftsanteil eines Gesellschafters mit seiner Gesamtbeteiligung zusammenfalle, läßt sich nur für den ersten Beitritt zur Gesellschaft durchführen; eine nachträgliche Vereinigung mehrerer Geschäftsanteile in der Hand eines Gesellschafters läßt sich nicht ausschließen. In einem solchen Fall bewahren aber die einzelnen Geschäftsanteile als selbständige Gegenstände des Rechtsverkehrs ihr Sonderbestehen und bilden nicht eine neue Einheit. Letzteres zuzulassen, verbot sich schon aus dem Grunde, weil bei noch nicht vollbezahlter Stammeinlage der Rückgriff auf die etwaigen Vormänner möglich bleiben mußte, dieser aber das Fortbestehen der alten Geschäftsanteile voraussetzte, da nach §. 22 Abs. 4 die letzteren unter Umständen den Vormännern zurückzugewähren sind (Begr. 48). Der Abs. 2 des §. 15 ist ein Zusatz der Kommission (K.B. 6).

II. **Abtretung von Geschäftsanteilen durch Gesellschafter.**

a. **Form.** Um zu verhindern, daß die Geschäftsanteile ein Gegenstand des Handelsverkehrs werden, ist eine erschwerte Form der Übertragung durch Gesellschafter eingeführt (Begr. 31), und zwar bedarf es zu einer solchen eines in gerichtlicher oder notarieller Form geschlossenen Vertrages; es genügt nicht, daß nur die Abtretungserklärung des Veräußerers in der bezeichneten Form aufgenommen wird, vielmehr muß auch die Annahmeerklärung des Erwerbers in dieser Weise erfolgen (Begr. 48; vgl. auch B.G. §. 152). Für den Abtretungsvertrag ist die Angabe des Rechtsgrundes

Erwerber eines Geschäftsanteils. §. 16.

Der Gesellschaft gegenüber gilt im Falle der Veräusserung des Geschäftsantheils nur derjenige als Erwerber, dessen Erwerb unter Nachweis des Uebergangs bei der Gesellschaft angemeldet ist.

(Kauf, Schenkung u. s. w.) nicht erforderlich (B.G. §. 398); die bisherige im Abs. 3 enthaltene ausdrückliche dies aussprechende Bestimmung ist als überflüssig gestrichen (K.B. 141 z. H.G.B.). Für den Abtretungsvertrag kann daher nur ein etwaiger allgemeiner Vertragsstempel oder Stempel für Abtretungen erhoben werden (Begr. 49.) Die Formvorschrift bezieht sich aber nur auf die Veräußerung von Geschäftsanteilen (oder Teilen von Geschäftsanteilen, R.G. XLIII, 138), nicht auf die Abtretung einzelner durch den Geschäftsanteil begründeter Forderungen, insbesondere nicht auf die Abtretung des Anspruchs auf den Geschäftsgewinn; für deren Abtretung bewendet es bei den Vorschriften des bürgerlichen Rechts über die Abtretung von Forderungen. Nach Abs. 4 ist auch der Vorvertrag an die Form gebunden; durch einen formlosen Vorvertrag wird auch derjenige, der die Abtretung empfangen sollte, nicht verpflichtet, weder zur Leistung des versprochenen Gegenwerts, noch zu Schadensersatz (R.G. XLIII, 140).

b. **Zulässigkeit sachlicher Erschwerungen.** Der Abs. 5 erklärt für zulässig, in der Satzung die Abtretung von Geschäftsanteilen von weiteren Voraussetzungen als von der bloßen Beobachtung der gesetzlichen Form, also von sachlichen Bedingungen abhängig zu machen. Dahin wird insbesondere der Fall zu zählen sein, wenn die Genehmigung der Gesellschaft oder der Gesellschafter für notwendig erklärt oder denselben ein Vorkaufsrecht eingeräumt oder eine bestimmte persönliche Eigenschaft für die Erwerber verlangt wird (Begr. 48). Eine Veräußerung, welche ohne Beobachtung einer solchen Satzungsvorschrift erfolgt, würde gegenüber der Gesellschaft unwirksam sein, kann aber unter den Vertragschließenden rechtliche Wirkungen haben.

c. **Verpfändung.** Hinsichtlich der Verpfändung von Geschäftsanteilen, deren Zulässigkeit, Form und Wirkungen außerhalb eines Konkurses und in einem solchen bewendet es bei den Bestimmungen des bürgerlichen und Konkursrechts. Der Pfandgläubiger kann selbstverständlich weder die Ausübung der Mitgliedschaftsrechte beanspruchen, noch wegen der Mitgliedschaftspflichten persönlich in Anspruch genommen werden (Begr. 50).

d. **Anteilscheine.** Die Übergabe von Anteilscheinen oder ähnlichen Urkunden kommt als Erfordernis der Abtretung nicht in Betracht. Weder gebietet noch verbietet das Gesetz die Ausstellung solcher Urkunden; sind sie vorhanden, so haben sie nur die Bedeutung von Beweisurkunden rücksichtlich des Verhältnisses der Gesellschafter zur Gesellschaft, sind aber nicht die Träger des Anteilrechts (Begr. 49). Auch die Ausstellung von Gewinnanteilscheinen auf den Inhaber ist nicht verboten; §. 795 B.G. steht nicht entgegen, weil es sich dabei nicht um Inhaberpapiere über eine bestimmte Geldsumme handelt (Begr. a. a. O.).

III. **Veräußerung von Geschäftsanteilen durch die Gesellschaft.** Die Absätze 3 und 4 beziehen sich nur auf Abtretungen von Geschäftsanteilen durch die Gesellschafter, finden also keine Anwendung, wenn die Gesellschaft kraft eigenen Rechts die Veräußerung von Geschäftsanteilen vornimmt. In letzteren Fällen, insbesondere bei der Veräußerung verlustig erklärter oder zur Verfügung gestellter Anteile (§§. 21, 23, 27, 28) finden die allgemeinen Bestimmungen über die Formfreiheit der Verträge Anwendung (vgl. Begr. 49).

Zu §. 16.

I. **Veräußerung.** Der §. 16 bezieht sich nicht wie der §. 15 ausschließlich auf den Fall der Abtretung, sondern auch auf sonstige Fälle der Veräußerung, insbesondere auf die Ver=

Die vor der Anmeldung von der Gesellschaft gegenüber dem Veräusserer oder von dem letzteren gegenüber der Gesellschaft in Bezug auf das Gesellschaftsverhältniss vorgenommenen Rechtshandlungen muss der Erwerber gegen sich gelten lassen.

Für die zur Zeit der Anmeldung auf den Geschäftsantheil rückständigen Leistungen ist der Erwerber neben dem Veräusserer verhaftet.

Frühere Fassung §. 16. **Vgl. H.G.B.** §. 223.

§. 17.

Teilung von Geschäftsanteilen; Teilveräußerung.

Die Veräusserung von Theilen eines Geschäftsantheils kann nur mit Genehmigung der Gesellschaft stattfinden.

Die Genehmigung bedarf der schriftlichen Form; sie muss die Person des Erwerbers und den Betrag bezeichnen, welcher von der Stammeinlage des ungetheilten Geschäftsantheils auf jeden der durch die Theilung entstehenden Geschäftsantheile entfällt.

Im Gesellschaftsvertrage kann bestimmt werden, dass für die Veräusserung von Theilen eines Geschäftsantheils an andere Gesellschafter, sowie für die Theilung von

---

äußerung im Wege der Zwangsvollstreckung, aber nicht auf Verpfändungen und auch nicht auf Veräußerungen von Geschäftsanteilen durch die Gesellschaft, wie solche bei nichtigerklärten oder nach §. 27 zur Verfügung gestellten Anteilen vorkommen können (Begr. 50).

II. **Anmeldung und Nachweis.** Der Gesellschaft gegenüber wird der Übergang des Geschäftsanteils auf einen anderen erst durch die Anmeldung und den Nachweis des Übergangs wirksam. Diese Handlungen können sowohl von dem Erwerber als auch von dem Veräußerer ausgehen. Die Gesellschaft kann ein Anteilsverzeichnis führen; auch wenn dies geschieht, ist nicht der Zeitpunkt der Eintragung des Übergangs für die Wirksamkeit gegenüber der Gesellschaft entscheidend, sondern nur der Zeitpunkt der Anmeldung mit dem gehörigen Nachweise. — Der Abs. 2 des §. 16 enthält nur eine Folgerung aus dem Abs. 1; so lange die ordnungsmäßige Anmeldung nicht geschehen ist, hat die Gesellschaft nur mit dem Veräußerer zu thun (rückständige Einzahlungen von ihm zu erfordern, die Verlustigerklärung ihm gegenüber zu bewirken u. s. w.).

III. **Rückständige Leistungen.** Mit der gehörigen Anmeldung tritt der Erwerber in alle Rechte und Pflichten des Veräußerers gegenüber der Gesellschaft, auch hinsichtlich der auf den Geschäftsanteil rückständigen Leistungen, namentlich in Betreff der bereits vor der Anmeldung eingeforderten Einzahlungen auf Stammanteile und Nachschüsse. Für diese Rückstände bleibt der Veräußerer als Gesamtschuldner haftbar.

Zu §. 17.

Abweichend von dem für Aktienanteile anerkannten Grundsatze der Unteilbarkeit (§. 179 Abs. 1; vgl. jedoch H.G.B. §. 225) ist für die hier fraglichen Geschäftsanteile die Teilung in bestimmten Fällen durch das Gesetz zugelassen; sie kann aber (Abs. 6) durch die Satzung für alle Fälle ausgeschlossen werden. Das Gesetz läßt die Teilung, und zwar für den Fall der freiwilligen Veräußerung wie für den Fall der Zwangsvollstreckung, in der Regel nur mit Genehmigung der Gesellschaft zu, weil durch solche Teilungen und die infolge dessen eintretende Vermehrung der Mitglieder die inneren Verhältnisse der Gesellschaft wesentlich verändert werden können. Die Satzung kann jedoch die Genehmigung für nicht erforderlich erklären, wenn Teile eines Geschäftsanteils an andere Gesellschafter veräußert werden oder die Teilung von Geschäftsanteilen verstorbener Gesellschafter unter deren Erben stattfindet (Abs. 3; Zusatz der Kommission). Um Zweifel und Streitigkeiten zu vermeiden, ist die schriftliche Form für die Genehmigung

Geschäftsantheilen verstorbener Gesellschafter unter deren Erben eine Genehmigung der Gesellschaft nicht erforderlich ist.

Die Bestimmungen im §. 5 Absatz 1 und 3 über den Betrag der Stammeinlagen finden bei der Theilung von Geschäftsantheilen entsprechende Anwendung.

Eine gleichzeitige Uebertragung mehrerer Theile von Geschäftsantheilen eines Gesellschafters an denselben Erwerber ist unzulässig.

Ausser dem Falle der Veräusserung und Vererbung findet eine Theilung von Geschäftsantheilen nicht statt. Sie kann im Gesellschaftsvertrage auch für diese Fälle ausgeschlossen werden.

Frühere Fassung §. 17. **Vgl. H.G.B.** §. 222.

Mitberechtigung. §. 18.

Steht ein Geschäftsantheil mehreren Mitberechtigten ungetheilt zu, so können sie die Rechte aus demselben nur gemeinschaftlich ausüben.

Für die auf den Geschäftsantheil zu bewirkenden Leistungen haften sie der Gesellschaft solidarisch.

Rechtshandlungen, welche die Gesellschaft gegenüber dem Inhaber des Antheils vorzunehmen hat, sind, sofern nicht ein gemeinsamer Vertreter der Mitberechtigten vorhanden ist, wirksam, wenn sie auch nur gegenüber einem Mitberechtigten vorgenommen werden. Gegenüber mehreren Erben eines Gesellschafters findet diese Bestimmung nur in Bezug auf Rechtshandlungen Anwendung, welche nach Ablauf eines Monats seit dem Anfalle der Erbschaft vorgenommen werden.

Frühere Fassung §. 18. **Vgl. H.G.B.** §. 225.

Einzahlungspflicht. §. 19.

Die Einzahlungen auf die Stammeinlagen sind nach Verhältniss der letzteren zu leisten.

Die Stammeinlagen können den Gesellschaftern ausser dem Falle einer Herabsetzung des Stammkapitals weder erlassen noch gestundet werden. Eine Aufrechnung

---

und die genaue Bezeichnung eines bestimmten Erwerbers sowie des Betrages des abgezweigten Geschäftsanteils erfordert (Abs. 2). Dieser sowohl wie der verbleibende Rest darf nicht unter 500 Mark betragen (Abs. 4), woraus folgt, daß Stammeinlagen unter 1000 Mk. überhaupt nicht teilbar sind (Begr. 52). — Die Teilung ist nur zum Zweck der Veräußerung und im Fall der Vererbung zulässig (Abs. 6), woraus folgt, daß ein Gesellschafter seinen Anteil nicht für sich selbst in Teile zerlegen kann, und daß die Teilung erst durch die Veräußerung erfolgt. Ferner ist, um eine unberechtigte Vervielfältigung von Geschäftsanteilen zu verhindern, die gleichzeitige Übertragung mehrerer Teile von Geschäftsanteilen eines Gesellschafters an denselben Erwerber für unzulässig erklärt (Abs. 5); dagegen ist deren nach und nach erfolgende Übertragung, ebenso wie die gleichzeitige Übertragung eines ganzen Geschäftsanteils und des Teiles eines anderen an denselben Erwerber statthaft (Begr. 52). Zur Abtretung von Teilen eines Geschäftsanteils ist gemäß §. 15 Abs. 3 ein in gerichtlicher oder notarieller Form geschlossener Vertrag erforderlich (K.B. 7).

Zu §. 18.

I. **Leistungen.** Hierunter sind sowohl die Einzahlungen wie die Nachschüsse begriffen.

II. **Miterben.** Für die Teilung unter den Miterben kommen die §§. 15—17 zur Anwendung, da eine solche als eine Abtretung und Veräußerung im Sinne jener Vorschriften zu betrachten ist (Begr. 52).

können die Gesellschafter nicht geltend machen; ebensowenig findet an dem Gegenstande einer nicht in Geld zu leistenden Einlage wegen Forderungen, welche sich nicht auf den Gegenstand beziehen, ein Zurückbehaltungsrecht statt.

Eine Leistung auf die Stammeinlage, welche nicht in Geld besteht oder welche durch Aufrechnung einer für die Ueberlassung von Vermögensgegenständen zu gewährenden Vergütung bewirkt wird, befreit den Gesellschafter von seiner Verpflichtung nur, soweit sie in Ausführung einer nach §. 5 Absatz 4 getroffenen Bestimmung erfolgt.

Frühere Fassung §. 19. **Vgl. H.G.B.** §. 221, §. 186 Abs. 4.

§. 20. **Verzugszinsen.**

Ein Gesellschafter, welcher den auf die Stammeinlage eingeforderten Betrag nicht zur rechten Zeit einzahlt, ist zur Entrichtung von Verzugszinsen von Rechtswegen verpflichtet.

Frühere Fassung §. 20, **E.G. z. H.G.B.** Art. 11 Ziff. VIII. **Vgl. H.G.B.** §. 218.

§. 21. **Verlustigerklärung.**

Im Falle verzögerter Einzahlung kann an den säumigen Gesellschafter eine erneute Aufforderung zur Zahlung binnen einer zu bestimmenden Nachfrist unter Androhung seines Ausschlusses mit dem Geschäftsantheil, auf welchen die Zahlung

---

Zu §. 19.

I. **Einforderung**. Der Abs. 1 des §. 19 soll ausdrücken, daß die Einzahlungen nur gleichzeitig und gleichmäßig von allen Gesellschaften *erfordert* werden dürfen, daß es mithin unzulässig ist, die Einzahlung von einzelnen zu erfordern, von anderen nicht. Für das *spätere* Verfahren gilt das Gegenteil (§. 21 Anm. I).

II. **Eingeschränkte Übernahmeerklärung.** Die Begr. 54 erachtet Vorschriften, welche, wie H.G.B. §. 189 Abs. 4, 5 bei der Aktiengesellschaft, die Wirkung von *Vorbehalten* und *Einschränkungen* bei der Zeichnung von Grundkapitalanteilen bestimmen, hier für entbehrlich, weil nicht in die Satzung aufgenommene bei der Übernahme einer Stammeinlage gemachte Vorbehalte nach Eintragung der Gesellschaft zum Nachteil der Gesellschaft nicht geltend gemacht werden könnten, und weil im Fall einer Aufnahme derartiger Vorbehalte in die Satzung die Deckung des Stammkapitals, wie das Gesetz sie verlangt (§. 3 Ziff. 4, §. 5 Abs. 3), nicht vorhanden, und deshalb die Eintragung der Gesellschaft in das Handelsregister zu versagen sei. Ob dann, wenn trotzdem die Gesellschaft eingetragen worden, in dem Verhalten des betreffenden Übernehmers der Einlage, z. B. in einer Anteilnahme desselben an den Gesellschafts-Angelegenheiten, ein Verzicht auf seinen Vorbehalt zu finden sei, müsse der Entscheidung im einzelnen Fall überlassen bleiben. Soweit dies nicht der Fall sei, müsse der Fehlbetrag am Stammkapital nach Maßgabe des §. 24 gedeckt werden.

III. **Erlaß, Aufrechnung**. Der Abs. 2 des §. 19 verbietet eine Beeinträchtigung des Stammkapitals durch Befreiung von der Einzahlungspflicht und schließt sich im wesentlichen hinsichtlich des Ausschlusses der Aufrechnungs- und Zurückhaltungseinrede den entsprechenden Bestimmungen des §. 221 H.G.B. und des §. 22 des Genossenschaftsgesetzes an, fügt aber hinzu, daß erforderte Einzahlungen auch nicht *gestundet* werden dürfen (K.B. 7).

Zu §. 20.

Der bisherige Abs. 2 (betr. Vertragsstrafen) ist als durch die Bestimmungen des B.G. entbehrlich gestrichen (Denkschr. 295).

zu erfolgen hat, erlassen werden. Die Aufforderung erfolgt mittelst eingeschriebenen Briefes. Die Nachfrist muss mindestens einen Monat betragen.

Nach fruchtlosem Ablauf der Frist ist der säumige Gesellschafter seines Geschäftsantheils und der geleisteten Theilzahlungen zu Gunsten der Gesellschaft verlustig zu erklären. Die Erklärung erfolgt mittelst eingeschriebenen Briefes.

Wegen des Ausfalls, welchen die Gesellschaft an dem rückständigen Betrage oder den später auf den Geschäftsantheil eingeforderten Beträgen der Stammeinlage erleidet, bleibt ihr der ausgeschlossene Gesellschafter verhaftet.

Frühere Fassung §. 21. Vgl. H.G.B. §. 219.

Rückgriff gegen Rechtsvorgänger. §. 22.

Wegen des von dem ausgeschlossenen Gesellschafter nicht bezahlten Betrages der Stammeinlage ist der Gesellschaft der letzte und jeder frühere, bei der Gesellschaft angemeldete Rechtsvorgänger des Ausgeschlossenen verhaftet.

Ein früherer Rechtsvorgänger haftet nur, soweit die Zahlung von dessen Rechtsnachfolger nicht zu erlangen ist; dies ist bis zum Beweise des Gegentheils anzunehmen, wenn der letztere die Zahlung nicht bis zum Ablauf eines Monats geleistet hat, nachdem an ihn die Zahlungsaufforderung und an den Rechtsvorgänger die Benachrichtigung von derselben erfolgt ist.

Die Haftpflicht des Rechtsvorgängers ist auf die innerhalb der Frist von fünf Jahren auf die Stammeinlage eingeforderten Einzahlungen beschränkt. Die Frist beginnt mit dem Tage, an welchem der Uebergang des Geschäftsantheils auf den Rechtsnachfolger ordnungsmässig angemeldet ist.

Der Rechtsvorgänger erwirbt gegen Zahlung des rückständigen Betrages den Geschäftsantheil des ausgeschlossenen Gesellschafters.

Frühere Fassung §. 22. Vgl. H.G.B. §. 220 Abs. 1, 2.

Zu §. 21.

I. **Erklärungsempfänger.** Die Fassung des §. 21 Abs. 1 soll erkennbar machen, daß die Gesellschaft befugt ist, von dem Mittel der Verlustigerklärung auch nur gegenüber einem oder einigen von mehreren zahlungssäumigen Gesellschaftern Gebrauch zu machen, und nicht gezwungen ist, gegenüber sämtlichen säumigen Gesellschaftern das Verwirkungsverfahren eintreten zu lassen (Begr. 55). So lange der Erwerber eines Geschäftsanteils nicht bei der Gesellschaft ordnungsmäßig angemeldet ist, hat die Androhung und die Ausschluß-Erklärung nur gegenüber dem Veräußerer zu erfolgen, wirkt dann aber ohne weiteres auch gegenüber dem Erwerber (§. 16 Abs. 2).

II. **Form der Erklärungen.** Die erste Aufforderung zur Einzahlung kann, wenn die Satzung nichts Abweichendes bestimmt, in jeder Form geschehen, welche nach allgemeinen Grundsätzen geeignet ist, den Zahlungspflichtigen in Verzug zu setzen. Die erneute Aufforderung ist durch eingeschriebenen Brief mit einer Nachfrist von mindestens einem Monat und unter Androhung des Ausschlusses mit dem Geschäftsanteil, auf welchen die Zahlung zu erfolgen hat, zu erlassen. Nach fruchtlosem Ablauf der Frist ist die Verwirkung des Geschäftsanteils und der darauf geleisteten Einzahlungen zu Gunsten der Gesellschaft von dieser gleichfalls mittelst eingeschriebenen Briefes zu erklären. Die Giltigkeit der erneuten Aufforderung und der Verlustigerklärung sind von Beobachtung der vorgeschriebenen Form abhängig (Begr. 55).

Zu §. 22.

Die Erstreckung der Haftfrist auf die innerhalb 5 Jahren nach der Anmeldung des Übergangs eines Geschäftsanteils erforderten Einzahlungen auf die Stammeinlage, während die ent-

§. 23. Verkauf des Geschäftsanteils.

Ist die Zahlung des rückständigen Betrages von Rechtsvorgängern nicht zu erlangen, so kann die Gesellschaft den Geschäftsantheil im Wege öffentlicher Versteigerung verkaufen lassen. Eine andere Art des Verkaufs ist nur mit Zustimmung des ausgeschlossenen Gesellschafters zulässig.

Frühere Fassung §. 23, E.G. z. H.G.B. Art. 11 Ziff. IX. **Vgl. H.G.B.** §. 220 Abs. 3.

§. 24.

Ergänzende Haftung der übrigen Gesellschafter.

Soweit eine Stammeinlage weder von den Zahlungspflichtigen eingezogen, noch durch Verkauf des Geschäftsantheils gedeckt werden kann, haben die übrigen Gesellschafter den Fehlbetrag nach Verhältniss ihrer Geschäftsantheile aufzubringen. Beiträge, welche von einzelnen Gesellschaftern nicht zu erlangen sind, werden nach dem bezeichneten Verhältniss auf die übrigen vertheilt.

Frühere Fassung §. 24. **Vgl. H.G.B.** —

---

sprechende Haftung bei A.G. nur zwei Jahre beträgt (H.G.B. §. 220 Abs. 2), ist erfolgt, weil die Veräußerung von Geschäftsanteilen vor Vollzahlung der Stammeinlagen nicht zu erleichtern sei (Begr. 56). — Der in Abs. 4 vorgesehene Erwerb vollzieht sich ohne besondere Übertragungshandlung der Gesellschaft (Begr. 56). — Für diejenigen Leistungen, welche bereits bei Anmeldung der durch einen Gesellschafter erfolgenden Veräußerung des Geschäftsanteils rückständig sind, kommt neben §. 22 auch §. 16 Abs. 3 zur Anwendung.

Zu §. 23.

Der Käufer erwirbt durch den Kauf den ganzen Geschäftsanteil, auch wenn der von ihm gezahlte Preis nicht den vollen Einlagerückstand erreicht (Begr. 48). Öffentliche Versteigerung vgl. B.G. §. 383 Abs. 3.

Zu §. 24.

I. **Nichtleistung der Einlage.** Der §. 24 regelt die Haftung der Gesellschafter für Ausfälle am Stammkapital durch ausbleibende Einzahlungen; die Haftung für Fehlbeträge aus unzulässigen Kapitalrückzahlungen wird im §. 31 behandelt.

II. **Ergänzende Haftung.** Die Deckungspflicht der Gesellschafter ist eine ergänzende (subsidiäre); sie tritt nur ein, wenn die in §§. 21—23 bezeichneten Mittel, d. h. die Ausschließung des betreffenden Gesellschafters, die Heranziehung etwaiger Rechtsvorgänger desselben, der Verkauf des Geschäftsanteils und die Inanspruchnahme des Ausgeschlossenen selbst, ohne Erfolg versucht sind oder von Anfang an als aussichtslos betrachtet werden müssen. Ein Übergang des verwirkten Geschäftsanteils auf die zur Deckung herangezogenen Mitgesellschafter tritt nicht ein, weil sie in dem Wegfall des Ausgeschlossenen einen Gegenwert für ihre Mehraufwendung erhalten, auch für später erforderte Einzahlungen nur ergänzend haftbar bleiben, und der Geschäftsanteil des Ausgeschlossenen als Befriedigungsmittel für etwaige weitere Ausfälle zur Verfügung der Gesellschaft bleibt (Begr. 57).

III. **Verhältnismäßige Haftung.** Die Deckungspflicht der Gesellschafter trifft jeden derselben nach Verhältnis seines Anteils; nur insoweit hierbei Ausfälle bei den Gesellschaftern entstehen, müssen die Zahlungsfähigen sie in demselben Verhältnis decken. Die Geschäftsanteile der Zahlungsunfähigen können wegen des unterlassenen Beitrags zur Deckung des Ausfalls bei einem anderen Gesellschafter nicht für verwirkt erklärt werden, wohl aber bei der Zwangsvollstreckung als Befriedigungsmittel für die Gesellschaft dienen. Deshalb kann die Zahlung des Ausfalls an einem solchen Beitrage von den anderen Gesellschaftern nur verlangt werden, wenn auch die Zwangsvollstreckung in den Geschäftsanteil des mit seinem Beitrage rückständig gebliebenen Gesellschafters nicht zum Ziele führt oder von Anfang an aussichtslos er-

Befreiungsverbot. §. 25.

Von den in den §§. 21 bis 24 bezeichneten Rechtsfolgen können die Gesellschafter nicht befreit werden.

Frühere Fassung §. 25. **Vgl. H.G.B.** §. 221.

Nachschüsse. §. 26.

Im Gesellschaftsvertrage kann bestimmt werden, dass die Gesellschafter über den Betrag der Stammeinlagen hinaus die Einforderung von weiteren Einzahlungen (Nachschüssen) beschliessen können.

Die Einzahlung der Nachschüsse hat nach Verhältniss der Geschäftsantheile zu erfolgen.

Die Nachschusspflicht kann im Gesellschaftsvertrage auf einen bestimmten, nach Verhältniss der Geschäftsantheile festzusetzenden Betrag beschränkt werden.

Frühere Fassung §. 26. **Vgl. H.G.B.** —

§. 27.

Zur-Verfügung-Stellen des Geschäftsanteils.

Ist die Nachschusspflicht nicht auf einen bestimmten Betrag beschränkt, so hat jeder Gesellschafter, falls er die Stammeinlage vollständig eingezahlt hat, das Recht, sich von der Zahlung des auf den Geschäftsantheil eingeforderten Nachschusses dadurch zu befreien, dass er innerhalb eines Monats nach der Aufforderung zur Einzahlung den Geschäftsantheil der Gesellschaft zur Befriedigung aus demselben zur

---

scheint (Begr. 57). Daß den Gesellschaftern, welche Beiträge für einen Mitgesellschafter entrichten, der Rückgriff gegen den letzteren zusteht, ergiebt sich aus allgemeinen Rechtsgrundsätzen (Begr. 57, B.G. §. 426).

Zu §. 25.

Auch ein in der Satzung enthaltenes oder später von den Geschäftsführern erteiltes wahrheitswidriges Anerkenntnis der erfolgten Geldeinzahlung bewirkt keine Befreiung (R.G. XXXVI, 113).

Zu §. 26.

I. **Voraussetzung der Nachschußpflicht.** Die Satzung kann die Pflicht zur Leistung von Nachschüssen über die Stammeinlagen hinaus, jedoch nur nach Verhältnis derselben, und eine Grenze der Nachschußverpflichtung bestimmen, welche jedoch so einzurichten ist, daß die Leistung der Nachschüsse nach dem Verhältnis der Geschäftsanteile ausführbar bleibt (Begr. 58). Eine nachträgliche Einführung oder Erhöhung der Nachschußpflicht kann nur mit Genehmigung sämtlicher beteiligten Gesellschafter beschlossen werden (§. 53 Abs. 3).

II. **Einforderung von Nachschüssen.** Die Einforderung von Nachschüssen setzt einen Beschluß der Gesellschafter nach der Mehrheit der abgegebenen Stimmen (§. 47) oder unter den etwa erschwerenden Vorschriften der Satzung (§. 45 Abs. 2) voraus.

III. **Leistung der Nachschüsse.** Die besonderen Bestimmungen des §. 19 Abs. 2 u. 3, welche die ungeschmälerte Einzahlung auf die Stammeinlagen sichern sollen, finden auf die Einzahlung von Nachschüssen keine Anwendung, weil die Gläubiger darauf, daß solche überhaupt beschlossen werden, auch im Konkurse der Gesellschaft keinen Anspruch haben (Begr. 58, 34).

Zu §. 27.

I. **Zur-Verfügung-Stellen des Geschäftsanteils.** Bei unbeschränkter Nachschußpflicht kann jeder Gesellschafter sich von der persönlichen Haftung für den eingeforderten Nachschuß dadurch befreien, daß er der Gesellschaft seinen Geschäftsantheil zur Verfügung stellt, d. h. ihr

Verfügung stellt. Ebenso kann die Gesellschaft, wenn der Gesellschafter binnen der angegebenen Frist weder von der bezeichneten Befugniss Gebrauch macht, noch die Einzahlung leistet, demselben mittelst eingeschriebenen Briefes erklären, dass sie den Geschäftsantheil als zur Verfügung gestellt betrachte.

Die Gesellschaft hat den Geschäftsantheil innerhalb eines Monats nach der Erklärung des Gesellschafters oder der Gesellschaft im Wege öffentlicher Versteigerung verkaufen zu lassen. Eine andere Art des Verkaufs ist nur mit Zustimmung des Gesellschafters zulässig. Ein nach Deckung der Verkaufskosten und des rückständigen Nachschusses verbleibender Ueberschuss gebührt dem Gesellschafter.

Ist die Befriedigung der Gesellschaft durch den Verkauf nicht zu erlangen, so fällt der Geschäftsantheil der Gesellschaft zu. Dieselbe ist befugt, den Antheil für eigene Rechnung zu veräussern.

Im Gesellschaftsvertrage kann die Anwendung der vorstehenden Bestimmungen auf den Fall beschränkt werden, dass die auf den Geschäftsantheil eingeforderten Nachschüsse einen bestimmten Betrag überschreiten.

Frühere Fassung §. 27, **E.G. z. H.G.B.** Art. 11 Ziff. IX. **Vgl. H.G.B.** —

---

dessen außergerichtliche Veräußerung als alleinigen Haftungsgegenstandes für den Nachschuß behufs ihrer Befriedigung anheim giebt. Über den Sonderfall des Abs. 4 bestimmt §. 28.

a. **Kein Übergang des Geschäftsanteils.** Bis zur Vollziehung des Verkaufs oder der Feststellung der Erfolglosigkeit des Verkaufsversuchs (Abs. 3) ist der Gesellschafter rechtlich immer noch als Inhaber des Geschäftsanteils zu betrachten (Begr. 59).

b. **Frist.** Dem Gesellschafter ist eine Frist von einem Monat nach der Aufforderung zur Einzahlung für die Abgabe seiner Erklärung, daß er seinen Geschäftsanteil zur Verfügung stelle, eingeräumt. Nach Ablauf dieser Frist steht ihm ein Recht, seine persönliche Haftung dadurch zu beseitigen, nicht zu; es kann aber die Gesellschaft, wenn er dann mit der Zahlung des Nachschusses noch säumig ist, ihm durch eingeschriebenen Brief erklären, daß sie den Geschäftsanteil als zur Verfügung gestellt betrachte. Dies hat aber keine andere Wirkung, als wenn die Erklärung von dem Gesellschafter rechtzeitig abgegeben wäre, und ist daher keine Verlustigerklärung im Sinne des §. 21. Daher haftet hier der Gesellschafter nicht für einen Ausfall, welchen die Gesellschaft beim Verkauf erleidet, und behält den Anspruch auf den etwa erzielten Überschuß über den rückständigen Nachschuß und die Verkaufskosten (Begr. 59).

c. **Vollzahlung der Stammeinlage.** Solange der Gesellschafter auch nur mit einem Teil der Stammeinlage im Rückstand ist, hat seine Erklärung, daß er den Geschäftsanteil zur Verfügung stelle, keine Wirkung (Begr. 59).

d. **Mehrere Geschäftsanteile.** Besitzt ein Gesellschafter mehrere Geschäftsanteile, so kann er hinsichtlich aller oder einzelner von dem Recht des Zur-Verfügung-Stellens Gebrauch machen (Begr. 59).

II. **Verkauf des Geschäftsanteils.** Ein Verkauf nach Ablauf der Frist des Abs. 2 verpflichtet die Gesellschaft zum Schadensersatz, falls nicht der Gesellschafter die Aussetzung des Verkaufs genehmigt hat (Begr. 60). — Der Erlös aus dem Verkauf dient in erster Linie zur Befriedigung der Gesellschaft wegen ihrer Nachschußforderung. Auch ein Pfandgläubiger, welchem der Geschäftsanteil von dem Gesellschafter verpfändet ist, muß der Gesellschaft gegenüber zurückstehen und kann nur den etwaigen Überschuß des Verkaufserlöses beanspruchen, weil die Befugnis der Gesellschaft, sich aus dem Geschäftsanteile zu befriedigen, auf einem selbständigen Rechte derselben beruht, die Verbindlichkeiten auf dem Geschäftsantheile selbst haften, und daher von jedem, welcher Rechte an dem Anteil erwirkt, als Belastung desselben anerkannt werden müssen (Begr. 60).

§. 28.

Fälle, in denen Zur-Verfügung-Stellen unzulässig.

Ist die Nachschusspflicht auf einen bestimmten Betrag beschränkt, so finden, wenn im Gesellschaftsvertrage nicht ein Anderes festgesetzt ist, im Falle verzögerter Einzahlung von Nachschüssen die auf die Einzahlung der Stammeinlagen bezüglichen Vorschriften der §§. 21 bis 23 entsprechende Anwendung. Das Gleiche gilt im Falle des §. 27 Absatz 4 auch bei unbeschränkter Nachschusspflicht, soweit die Nachschüsse den im Gesellschaftsvertrage festgesetzten Betrag nicht überschreiten.

Im Gesellschaftsvertrage kann bestimmt werden, dass die Einforderung von Nachschüsssen, auf deren Zahlung die Vorschriften der §§. 21 bis 23 Anwendung finden, schon vor vollständiger Einforderung der Stammeinlagen zulässig ist.

Frühere Fassung §. 28. **Vgl. H.G.B.** —

III. **Erfolglosigkeit des Verkaufsversuchs.** Eine Befriedigung der Gesellschaft durch den Verkauf ist auch dann nicht erlangt, wenn der gebotene Preis nicht voll die Verkaufskosten und die Forderung der Gesellschaft deckt. Ist der Gesellschaft der Geschäftsanteil zugefallen, so kann sie demnächst nach Zeit und Gelegenheit den Anteil, ohne an bestimmte Fristen und Formen gebunden zu sein, für ihre eigene Rechnung verkaufen (Begr. 60).

IV. **Satzungsmäßige Beschränkung des Rechts auf Zur-Verfügung-Stellung.** Das Recht der Gesellschafter, durch Verweisung auf den Geschäftsanteil sich von der persönlichen Haftung für die Nachschußzahlung zu befreien, kann durch die Satzung nicht ganz ausgeschlossen, wohl aber dahin beschränkt werden, daß es nur Platz greift, wenn die erforderten Nachschüsse zusammen, abzüglich der zurückgezahlten Summen, einen bestimmten Betrag überschreiten (Begr. 60).

Zu §. 28.

I. **Entsprechende Anwendung der Vorschriften über Einforderung von Stammeinlagen.** Ist die Nachschußpflicht in der Satzung auf einen bestimmten Betrag beschränkt, so ist davon auszugehen, daß die beschlossenen Nachschüsse, ebenso wie die Stammeinlagen, einen unbedingt erzwingbaren Anspruch der Gesellschaft bilden (vgl. Begr. 61). Deshalb sind die §§. 21—23 auch für solche Nachschüsse — falls in der Satzung nichts anderes bestimmt ist — für entsprechend anwendbar erklärt; nicht auch der §. 24, welcher die Gesammthaftung der Gesellschafter für Ausfälle an Stammeinlagen verordnet. Dieselben Grundsätze, welche hier für den Fall aufgestellt sind, daß die Nachschußpflicht auf einen bestimmten Betrag beschränkt ist, finden wegen Gleichheit des Grundes auch auf den Fall Anwendung (§. 27 Abs. 4), wenn bei unbeschränkter Nachschußpflicht die Verweisung auf den Geschäftsanteil erst bei Ueberschreitung eines bestimmten Betrages zugelassen, dieser Betrag aber bei dem erforderten Nachschusse noch nicht überschritten ist.

II. **Einforderung von Nachschüssen vor Volleinforderung der Stammeinlage.** Der Abs. 1 bestimmt, in welchen beiden Fällen die §§. 21—23 entsprechende Anwendung auf die verzögerte Einzahlung von Nachschüssen finden sollen. Nur wenn einer dieser beiden Fälle vorliegt, kann nach Abs. 2 durch die Satzung bestimmt werden, daß Nachschüsse schon vor vollständiger Einforderung der Stammeinlagen ausgeschrieben werden dürfen (Begr. 61). — Zur Rechtfertigung der Bestimmung, daß in den gedachten Fällen die Einforderung von Nachschüssen vor der Einforderung der ganzen Stammeinlage zugelassen ist, bemerkt die Begr. 26 u. 35 im wesentlichen folgendes: Es sei notwendig, dem Gesellschaftsvermögen bei den Gesellschaften mit beschränkter Haftung eine größere Beweglichkeit als bei den A.G. zu geben. Dies geschehe durch die Zulassung von Nachschüssen, die neben dem Stammkapital zu erfordern seien, welches allein als Kreditbasis für die Gläubiger öffentlich bekannt gemacht werde. Die Nachschüsse könnten, so lange das Stammvermögen unversehrt ist, zur Deckung von Ausgaben oder Verlusten verwendet

§. 29. **Gewinnanspruch; Verteilung.**

Die Gesellschafter haben Anspruch auf den nach der jährlichen Bilanz sich ergebenden Reingewinn, soweit nicht im Gesellschaftsvertrage ein Anderes bestimmt ist.

Die Vertheilung erfolgt nach Verhältniss der Geschäftsantheile. Im Gesellschaftsvertrage kann ein anderer Massstab der Vertheilung festgesetzt werden.

Frühere Fassung §. 29. **Vgl. H.G.B.** §§. 213, 214.

§. 30. **Rückzahlung von Gesellschaftsvermögen.**

Das zur Erhaltung des Stammkapitals erforderliche Vermögen der Gesellschaft darf an die Gesellschafter nicht ausgezahlt werden.

Eingezahlte Nachschüsse können, soweit sie nicht zur Deckung eines Verlustes am Stammkapital erforderlich sind, an die Gesellschafter zurückgezahlt werden. Die Zurückzahlung darf nicht vor Ablauf von drei Monaten erfolgen, nachdem der Rückzahlungsbeschluss durch die im Gesellschaftsvertrage für die Bekanntmachungen der Gesellschaft bestimmten öffentlichen Blätter und in Ermangelung solcher durch die für die Bekanntmachungen aus dem Handelsregister bestimmten öffentlichen Blätter bekannt gemacht ist. Im Falle des §. 28 Absatz 2 ist die Zurückzahlung von Nachschüssen vor der Volleinzahlung des Stammkapitals unzulässig. Zurückgezahlte Nachschüsse gelten als nicht eingezogen.

Frühere Fassung §. 30. **Vgl. H.G.B.** §. 215.

---

und bei etwaiger Verminderung des Kapitalbedürfnisses zurückgezahlt werden. Für die Fälle beschränkter Nachschußpflicht sei die Einforderung von Nachschüssen vor der Vollzahlung der Stammeinlagen zuzulassen. Diese Befugnis sei namentlich für solche Gesellschaften von Wert, deren Unternehmen in der ersten Zeit des Betriebes erhebliche Aufwendungen erfordert, die nicht in unmittelbar ersichtlichen Gegenwerten, sondern nur in der mehr oder weniger entfernten Aussicht künftiger Erträgnisse ihre Ausgleichung finden. Aus den eingezogenen Nachschüssen könnten solche Ausgaben unter Abschreibung von dem Konto der ersteren bestritten, und bei beginnenden Erträgnissen des Unternehmens könne dann sofort mit Verteilung von Gewinnen vorgegangen werden, während wenn die Ausgaben vom Stammkapital entnommen würden, erst dieses voll zu ergänzen wäre, ehe Gewinnanteile gezahlt werden dürften.

Zu §. 29.

Der §. 29 Abs. 1 schließt nicht den Nachweis aus, daß die Bilanz sachlich unrichtig aufgestellt war (§. 31 Anm. I).

Zu §. 30.

I. **Rückzahlung von Stammvermögen.** Der Abs. 1 verbietet die Schmälerung des Stammvermögens (des in der Satzung festgesetzten Sollvermögens) durch Herauszahlungen an die Gesellschafter. Der Ausdruck des §. 215 H.G.B., daß nur dasjenige verteilt werden dürfe, was sich nach der jährlichen Bilanz als Reingewinn ergebe, ist hier vermieden worden, weil auch die Rückzahlung von Nachschüssen in Betracht zu ziehen war. Zinsen von bestimmter Höhe dürfen auch bei den Gesellschaften mit beschränkter Haftung nicht gezahlt werden (Begr. 62).

II. **Rückzahlung von Nachschüssen.**

a. **Zulässigkeit.** Die Nachschüsse bilden den beweglichen Teil des Gesellschaftskapitals, können daher auch zurückgezahlt werden. In zwei Fällen jedoch ist die Rückzahlung unzulässig:

1. Wenn die eingezahlten Nachschüsse zur Deckung eines Verlustes am Stammkapital erforderlich sind. Diese Einschränkung ergiebt sich als Folge der Vorschrift des Abs. 1. Denn wenn das Stammkapital bei richtiger Bilanzirung

Folgen verbotener Rückzahlung. §. 31.

Zahlungen, welche den Vorschriften des §. 30 zuwider geleistet sind, müssen der Gesellschaft erstattet werden.

War der Empfänger in gutem Glauben, so kann die Erstattung nur insoweit verlangt werden, als sie zur Befriedigung der Gesellschaftsgläubiger erforderlich ist.

Ist die Erstattung von dem Empfänger nicht zu erlangen, so haften für den zu erstattenden Betrag, soweit er zur Befriedigung der Gesellschaftsgläubiger erforderlich ist, die übrigen Gesellschafter nach Verhältniss ihrer Geschäftsantheile. Beiträge, welche von einzelnen Gesellschaftern nicht zu erlangen sind, werden nach dem bezeichneten Verhältniss auf die übrigen vertheilt.

Zahlungen, welche auf Grund der vorstehenden Bestimmungen zu leisten sind können den Verpflichteten nicht erlassen werden.

---

nicht mehr durch die Aktiva gedeckt wird, so könnte eine Rückzahlung nur aus dem zur Deckung des Stammkapitals notwendigen Vermögen stattfinden (Begr. 63).

2. Wenn die Nachschüsse vor Volleinzahlung des Stammkapitals eingezogen sind (§. 28 Abs. 2), bis zur erfolgten Volleinzahlung des letzteren.

b. **Verfahren.** Nach den §§. 45, 46 Ziff. 3 bedarf es, wenn in der Satzung nichts anderes bestimmt ist, zu jeder Rückzahlung von Nachschüssen eines Beschlusses der Gesellschafter. Der Beschluß ist in den durch die Satzung bestimmten Gesellschaftsblättern und in deren Ermangelung in den für die Bekanntmachungen aus dem Handelsregister bestimmten öffentlichen Blättern (H.G.B. §. 11) bekannt zu machen und darf erst 3 Monat nach der ersten Bekanntmachung vollzogen werden, damit die Gläubiger allenfalls Schritte zu ihrer Sicherung thun können (K.B. 71). Rückzahlungen ohne vorgängige Bekanntmachung begründen einen Erstattungsanspruch gegen die Empfänger (Begr. 63).

c. **Wirkung.** Der Schlußsatz des §. 30 bezeichnet die Wirkung der Rückzahlung dahin, daß zurückgezahlte Nachschüsse nicht als eingezogen gelten, also bei beschränkter Nachschußpflicht (§. 28 Abs. 1 Satz 1) oder bei zwar unbeschränkter Nachschußpflicht aber satzungsgemäß beschränkter Befugnis, den Geschäftsanteil zur Verfügung zu stellen (§. 28 Abs. 1 Satz 2), die ursprüngliche Nachschußsumme nicht ändern (Begr. 63).

Zu §. 31.

I. **Haftung der Empfänger.** Der §. 31 bestimmt, daß alle Zahlungen, welche zuwider dem §. 30 an Gesellschafter geleistet sind, von dem Empfänger erstattet werden müssen, auch von dem gutgläubigen (abweichend von H.G.B. §. 217 Abs. 1; vgl. jedoch nachstehend §. 32), von diesem jedoch nur soweit, als sie zur Befriedigung der Gesellschaftsgläubiger erforderlich sind. Als Empfänger ist derjenige Gesellschafter anzusehen, welcher selbst die Zahlung empfangen hat oder mit dessen Willen sie, insbesondere auf Grund einer Anweisung oder Abtretung, an einen Dritten geleistet ist. Gleichgiltig ist, unter welcher Bezeichnung die unzulässige Zahlung erfolgt ist, ob z. B. als Gewinnverteilung oder als Rückgewähr von Nachschüssen oder Stammeinlagen. Auch wird die Erstattungspflicht dadurch nicht ausgeschlossen, daß die Zahlung auf Grund einer formrichtigen Bilanz durch einen Gesellschaftsbeschluß gutgeheißen war. Die sachliche Unrichtigkeit der Bilanz ist entscheidend. Nach §. 29 reicht zwar die festgestellte Bilanz zur Begründung des Gewinnanspruchs hin, aber diese Begründung kann innerhalb der in den §§. 30, 31 gezogenen Grenzen durch den Nachweis der Unrichtigkeit der Bilanz entkräftet werden (Begr. 64).

II. **Haftung der übrigen Gesellschafter.** Insoweit die Erstattung von dem Zahlungspflichtigen (welcher Gesellschafter ist oder es zur Zeit der Zahlung war) nicht zu erlangen ist, tritt die Gesamthaftung der übrigen Gesellschafter, aber immer nur soweit ein, wie die Erstattung zur Befriedigung der Gesellschaftsgläubiger erforderlich ist. Die Gesamthaftung ist hier

Die Ansprüche der Gesellschaft verjähren in fünf Jahren; die Verjährung beginnt mit dem Ablauf des Tages, an welchem die Zahlung, deren Erstattung beansprucht wird, geleistet ist. Fällt dem Verpflichteten eine bösliche Handlungsweise zur Last, so findet die Bestimmung keine Anwendung.

Für die in den Fällen des Absatz 3 geleistete Erstattung einer Zahlung sind den Gesellschaftern die Geschäftsführer, welchen in Betreff der geleisteten Zahlung ein Verschulden zur Last fällt, solidarisch zum Ersatze verpflichtet.

Frühere Fassung §. 31. Vgl. H.G.B. —

§. 32. **Gutgläubigkeit des Gesellschafters.**

Liegt die im §. 31 Absatz 1 bezeichnete Voraussetzung nicht vor, so sind die Gesellschafter in keinem Falle verpflichtet, Beträge, welche sie in gutem Glauben als Gewinnantheile bezogen haben, zurückzuzahlen.

Frühere Fassung §. 32. Vgl. H.G.B. §. 217.

§. 33. **Erwerb eigener Geschäftsanteile.**

Die Gesellschaft darf eigene Geschäftsantheile, auf welche die Stammeinlage noch nicht vollständig eingezahlt ist, nicht erwerben.

Sie soll auch eigene Geschäftsantheile, auf welche die Stammeinlage vollständig eingezahlt ist, nicht erwerben, sofern nicht der Erwerb aus dem über den Betrag des Stammkapitals hinaus vorhandenen Vermögen geschehen kann.

Frühere Fassung §. 33. Vgl. H.G.B. §. 226.

---

also beschränkter als im Fall des §. 24 (Begr. 64). Dieselbe wurde nach K.B. 8 zur Sicherung der Gläubiger, namentlich im Fall des Konkurses, für notwendig erachtet, denn diese erführen von der Rückzahlung des Stammkapitals überhaupt nichts, die Gesellschaftsmitglieder könnten aber auf die Angelegenheiten der Gesellschaft immer einwirken, einen gesetzwidrigen Rückzahlungsbeschluß anfechten, die Ausführung einstweilen hindern, äußerstenfalls die gerichtliche Auflösung der Gesellschaft nach §. 61, sowie die Wiedereinziehung der zurückgezahlten Beträge durch einen gerichtlich bestellten Liquidator (§. 66) herbeiführen.

III. **Haftung der Geschäftsführer.** Der §. 31 Abs. 6 giebt den infolge der Gesamthaftung zahlenden Gesellschaftern (nicht aber dem Empfänger der Zahlung, welcher das zu Unrecht Empfangene erstattet) den Rückgriff gegen diejenigen Geschäftsführer, welchen in betreff der geleisteten Zahlung ein Verschulden zur Last fällt. Sie haften als Gesamtschuldner. Außerdem (§. 43 Abs. 3) haften in dem gedachten Fall auch der Gesellschaft die Geschäftsführer als Gesamtschuldner und unmittelbar für den Ersatz (Begr. 65).

Zu §. 32.

Der §. 32 schließt die Rückzahlung von in gutem Glauben bezogenen Gewinnen dann aus, wenn sie zwar zu Unrecht verteilt sind, aber (§. 31 Abs. 1) das Stammvermögen oder vor Vollzahlung des Stammvermögens das Nachschußvermögen nicht beeinträchtigen. Es ist z. B. an den Fall zu denken, daß die in der Satzung vorgesehene Anlegung eines Reservefonds unterblieben ist, oder daß die richtige Bilanzaufstellung zwar eine Unterbilanz, aber mit Rücksicht auf das Vorhandensein eines Reservefonds keinen Verlust am Stammvermögen ergiebt (Begr. 65).

Zu §. 33.

Der Erwerb eigener Geschäftsanteile, bevor die Stammeinlage auf dieselben voll eingezahlt worden, ist der Gesellschaft verboten. Ein solches Erwerbsgeschäft ist daher nichtig (B.G. §. 134).

Einziehung von Geschäftsanteilen. §. 34.

Die Einziehung (Amortisation) von Geschäftsantheilen darf nur erfolgen, soweit sie im Gesellschaftsvertrage zugelassen ist.

Ohne die Zustimmung des Antheilsberechtigten findet die Einziehung nur statt, wenn die Voraussetzungen derselben vor dem Zeitpunkt, in welchem der Berechtigte den Geschäftsantheil erworben hat, im Gesellschaftsvertrage festgesetzt waren.

Die Bestimmung im §. 30 Absatz 1 bleibt unberührt.

Frühere Fassung §. 34. **Vgl. H.G.B.** §. 227.

Nach der Vollzahlung können solche Geschäftsanteile von der Gesellschaft giltig erworben werden; der Erwerb *soll* aber nur geschehen, wenn er aus dem über den Betrag des Stammvermögens *hinausgehenden* Vermögen geschehen kann, z. B. aus Reservefonds, Nachschüssen u. dgl. m. Eine Zuwiderhandlung der Geschäftsführer gegen dieses Gebot macht sie (§. 44 Abs. 3) schadensersatzpflichtig (Begr. 66). Der Erwerb bewirkt, daß die Gesellschaft Eigentümerin des betreffenden Geschäftsanteils wird; der letztere erlischt aber nicht. Trotzdem ruhen die an den Anteil geknüpften Gesellschaftsrechte (wie z. B. das Stimmrecht), solange er der Gesellschaft gehört. — Soweit der Gesellschaft der Erwerb eigener Geschäftsanteile verboten ist, macht es keinen Unterschied, ob sie den Erwerb für eigene oder fremde *Rechnung* vornimmt, wenn sie nur überhaupt in eigenem Namen handelt; auch erstreckt sich das Verbot nicht (wie in H.G.B. §. 226) lediglich auf einen Erwerb „im regelmäßigen Geschäftsbetrieb", sondern auch auf jeden anderen; dagegen ist der Gesellschaft die Annahme zum *Pfand* oder die Pfändung des Geschäftsanteils im Wege der Zwangsvollstreckung überhaupt nicht verboten (Begr. 66).

Zu §. 34.

I. **Verwendung von Gesellschaftsvermögen.** Die Einziehung, d. h. die gänzliche *Beseitigung* von Geschäftsanteilen darf nur erfolgen, soweit sie in der Satzung zugelassen ist. Da jedoch nach dem unberührt bleibenden §. 30 Abs. 1 das *Stammvermögen* nicht an die Gesellschafter ausgezahlt werden darf, so darf die Einziehung nur erfolgen, wenn die hierzu erforderlichen Aufwendungen aus dem Jahresgewinn oder sonst verfügbarem Vermögen bestritten werden können. In diesem Fall bleibt der Betrag des Stammkapitals unverändert und ist in den Passiven der Bilanz in der alten Höhe weiterzuführen (Begr. 67, H.G.B. §. 227 Anm. I c 2; dagegen zu Unrecht *Staub* 7. Aufl. §. 227 Anm. 7). Sind die erforderlichen Aufwendungen nicht in dieser Weise zu beschaffen, so kann die Einziehung nicht anders als nach vorgängiger Herabsetzung des Stammkapitals (§. 58) erfolgen. Geschäftsanteile, auf welche die Stammeinlage *nicht vollständig* eingezahlt ist, dürfen unter allen Umständen nur in Verbindung mit einer Herabsetzung des Stammkapitals eingezogen werden, weil nur in einem solchen Fall nach §. 19 Abs. 2 ein Erlaß weiterer Einzahlungen auf die Stammeinlage zulässig ist (Begr. 67).

II. **Zustimmung des Anteilsberechtigten.** Die Einziehung kann geeignet sein, als Maßregel in Verbindung mit einer Herabsetzung des Stammkapitals zu dienen, oder auch ohne eine solche durch Verminderung der Zahl der Beteiligten die Erträge des Unternehmens für die Verbleibenden zu erhöhen, oder einzelnen Gesellschaftern ein Ausscheiden aus der Gesellschaft ohne Übertragung des Anteils an Dritte zu ermöglichen. Im *Einverständnisse* zwischen der Gesellschaft und dem Gesellschafter kann das Ausscheiden des letzteren und die Einziehung seines Geschäftsanteils unter den Voraussetzungen der Anm. I erfolgen. Ebenso kann die Gesellschaft einen von ihr erworbenen Anteil einziehen. Die Einziehung des Anteils bedarf in Ermangelung einer abweichenden Bestimmung der Satzung nach §§. 45, 46 Ziff. 4 eines Beschlusses der Gesellschafter (Begr. 67). *Ohne* Zustimmung des Anteilberechtigten ist die Einziehung nur zulässig, wenn sie in der Satzung oder doch *vor* dem Erwerbe des Anteils durch den Berechtigten in einem Nachtrage zur Satzung festgesetzt worden ist (Begr. 67).

Dritter Abschnitt.

Vertretung und Geschäftsführung.

§. 35.

Vertretungsmacht der Geschäftsführer; Zeichnung.

Die Gesellschaft wird durch die Geschäftsführer gerichtlich und aussergerichtlich vertreten.

Dieselben haben in der durch den Gesellschaftsvertrag bestimmten Form ihre Willenserklärungen kundzugeben und für die Gesellschaft zu zeichnen. Ist nichts darüber bestimmt, so muss die Erklärung und Zeichnung durch sämmtliche Geschäftsführer erfolgen. Ist der Gesellschaft gegenüber eine Willenserklärung abzugeben, so genügt es, wenn dieselbe an einen der Geschäftsführer erfolgt.

Die Zeichnung geschieht in der Weise, dass die Zeichnenden zu der Firma der Gesellschaft ihre Namensunterschrift beifügen.

Frühere Fassung §. 35. **Vgl. H.G.B.** §§. 231—233.

§. 36. Unmittelbare Stellvertretung.

Die Gesellschaft wird durch die in ihrem Namen von den Geschäftsführern vorgenommenen Rechtsgeschäfte berechtigt und verpflichtet; es ist gleichgültig, ob das Geschäft ausdrücklich im Namen der Gesellschaft vorgenommen worden ist, oder ob die Umstände ergeben, dass es nach dem Willen der Betheiligten für die Gesellschaft vorgenommen werden sollte.

Frühere Fassung §. 36. **Vgl. H.G.B.** —

§. 37.

Beschränkung der Vertretungsbefugnis.

Die Geschäftsführer sind der Gesellschaft gegenüber verpflichtet, die Beschränkungen einzuhalten, welche für den Umfang ihrer Befugniss, die Gesellschaft zu vertreten, durch den Gesellschaftsvertrag oder, soweit dieser nicht ein Anderes bestimmt, durch die Beschlüsse der Gesellschafter festgesetzt sind.

Gegen dritte Personen hat eine Beschränkung der Befugniss der Geschäftsführer, die Gesellschaft zu vertreten, keine rechtliche Wirkung. Dies gilt insbesondere für den Fall, dass die Vertretung sich nur auf gewisse Geschäfte oder Arten von Geschäften erstrecken oder nur unter gewissen Umständen oder für eine gewisse Zeit oder an einzelnen Orten stattfinden soll, oder dass die Zustimmung der Gesellschafter oder eines Organs der Gesellschaft für einzelne Geschäfte erfordert ist.

Frühere Fassung §. 37. **Vgl. H.G.B.** §. 235.

Zu §. 35.

Die Art der Bestellung ergiebt sich aus den §§. 6 und 46 Ziff. 5.

Zu §. 36.

Vgl. jetzt die allgemeinere Vorschrift in B.G. §. 164.

Zu §. 37.

Über die Form der Beschlußfassung der Gesellschafter vgl. §. 48.

Widerruf der Bestellung. §. 38.

Die Bestellung der Geschäftsführer ist zu jeder Zeit widerruflich, unbeschadet der Entschädigungsansprüche aus bestehenden Verträgen.

Im Gesellschaftsvertrage kann die Zulässigkeit des Widerrufs auf den Fall beschränkt werden, dass wichtige Gründe denselben nothwendig machen. Als solche Gründe sind insbesondere grobe Pflichtverletzung oder Unfähigkeit zur ordnungsmässigen Geschäftsführung anzusehen.

Frühere Fassung §. 38. **Vgl. H.G.B.** §. 231 Abs. 3.

Anmeldung von Änderungen. §. 39.

Jede Aenderung in den Personen der Geschäftsführer sowie die Beendigung der Vertretungsbefugniss eines Geschäftsführers ist zur Eintragung in das Handelsregister anzumelden.

Der Anmeldung ist eine Abschrift der Urkunden über die Bestellung der Geschäftsführer oder über die Beendigung der Vertretungsbefugniss beizufügen. Diese Bestimmung findet auf die Anmeldung zum Handelsregister einer Zweigniederlassung keine Anwendung.

Die Geschäftsführer haben ihre Unterschrift zur Aufbewahrung bei dem Gerichte zu zeichnen.

E.G. z. H.G.B. Art. 11 Ziff. X (**Frühere Fassung** §. 39). **Vgl. H.G.B.** §. 234.

Einreichung der Gesellschafterliste. §. 40.

Alljährlich im Monat Januar haben die Geschäftsführer eine von ihnen unterschriebene Liste der Gesellschafter, aus welcher Name, Vorname, Stand und Wohnort der letzteren sowie ihre Stammeinlagen zu entnehmen sind, zum Handelsregister einzureichen. Sind seit Einreichung der letzten Liste Veränderungen hinsichtlich der Person der Gesellschafter und des Umfangs ihrer Betheiligung nicht eingetreten, so genügt die Einreichung einer entsprechenden Erklärung.

Frühere Fassung §. 41. [§. 40 aufgehoben durch E.G. z. H.G.B. Art. 11 Ziff. XI]. **Vgl. H.G.B.** —

Zu §. 38.

Der zweite Absatz des §. 38 gestattet, durch die Satzung die freie Widerruflichkeit der Bestellung zum Geschäftsführer auf den Fall, daß wichtige Gründe für den Widerruf vorliegen, zu beschränken, weil es bei den Gesellschaften mit beschränkter Haftung, namentlich wenn eine kleine Zahl von Mitgliedern vorhanden ist, möglich sein muß, durch die Satzung allen oder einzelnen Mitgliedern ein dauerndes Recht auf die Geschäftsführung einzuräumen und ihnen dadurch eine gewisse Selbständigkeit und Unabhängigkeit zu verleihen (Begr. 69). Die im letzten Satze des §. 38 enthaltenen Beispiele sind von der Kommission hinzugefügt (K.B. 9). Jetzt allgemein für rechtsfähige Vereine B.G. §. 27 Abs. 2. — Im Streitfalle hat der Prozeßrichter zu entscheiden, ob wichtige Gründe für den Widerruf vorliegen, und durch einstweilige Verfügung kann die Geschäftsführung vorläufig untersagt werden.

Zu §. 39.

Bei erneuter Bestellung des bisherigen Geschäftsführers ist keine Anmeldung erforderlich (Denkschr. 295, H.G.B. §. 234 Anm. I d 1).

Zu §. 40.

Die Unterschriften der Liste bezw. der Erklärung bedürfen keiner Beglaubigung (Begr. 70; vgl. auch H.G.B. §. 12 Anm. I a, c). Die Einreichung ist durch Ordnungsstrafe zu erzwingen (§. 7 Anm. I, H.G.B. §. 14).

§. 41. **Buchführung, Rechnungsabschlüsse.**

Die Geschäftsführer sind verpflichtet, für die ordnungsmässige Buchführung der Gesellschaft zu sorgen.

Sie müssen in den ersten drei Monaten des Geschäftsjahres die Bilanz für das verflossene Geschäftsjahr nebst einer Gewinn- und Verlustrechnung aufstellen.

Durch den Gesellschaftsvertrag kann die bezeichnete Frist bis auf sechs Monate, bei Gesellschaften, deren Unternehmen den Betrieb von Geschäften in überseeischen Gebieten zum Gegenstande hat, bis auf neun Monate erstreckt werden.

Für Gesellschaften, bei welchen der Gegenstand des Unternehmens im Betriebe von Bankgeschäften besteht, ist die Bilanz innerhalb der vorbezeichneten Fristen in den im §. 30 Absatz 2 bestimmten öffentlichen Blättern durch die Geschäftsführer bekannt zu machen. Die Bekanntmachung ist zum Handelsregister einzureichen.

Frühere Fassung §. 42. **Vgl. H.G.B.** §§. 239, 260 Abs. 2, 265.

§. 42. **Aufstellung der Bilanz.**

Für die Aufstellung der Bilanz kommen die Vorschriften des §. 40 des Handelsgesetzbuchs mit folgenden Massgaben zur Anwendung:

1. Anlagen und sonstige Vermögensgegenstände, welche nicht zur Weiterveräusserung, sondern dauernd zum Betriebe des Unternehmens bestimmt sind, dürfen höchstens zu dem Anschaffungs- oder Herstellungspreise angesetzt werden; sie können ohne Rücksicht auf einen geringeren Werth zu diesem Preise angesetzt werden, sofern ein der Abnutzung gleichkommender Betrag in Abzug oder ein derselben entsprechender Erneuerungsfonds in Ansatz gebracht wird;
2. die Kosten der Organisation und Verwaltung dürfen nicht als Aktiva in die Bilanz eingesetzt werden;
3. das Recht der Gesellschaft zur Einziehung von Nachschüssen der Gesellschafter ist als Aktivum in die Bilanz nur insoweit einzustellen, als die

---

Zu §. 41.

Zur Buchführung gehört die Aufstellung einer Eröffnungsbilanz; maßgebend für letztere ist der Zeitpunkt der Eintragung der Gesellschaft in das Handelsregister (H.G.B. §. 239 Anm. II, R.G. in Strfſ. XXIX, 223). — Der Abſ. 4 ist von der Kommission hinzugefügt, um bei Bankgeschäften durch die Veröffentlichung der Bilanzen dem Publikum einigen Schutz gegen die unrichtige Beurteilung der Leistungsfähigkeit der Gesellschaft zu gewähren (K.B. 2, 9). Unter der zu veröffentlichenden Bilanz ist hier die festgestellte Bilanz (§§. 46 Ziff. 1, 47, 48), und nicht der von den Geschäftsführern angefertigte Entwurf zu verstehen. Die Bekanntmachung ist zum Handelsregister der Haupt- und jeder Zweigniederlassung bei Ordnungsstrafe einzureichen (§. 7 Anm. I, H.G.B. §§. 13, 14).

Zu §. 42.

I. **Vermögensgegenstände (Ziff. 1).** Die Vorschriften in Ziff. 1 u. 2 des §. 261 H.G.B., wonach Vermögensgegenstände jeder Art, auch wenn sie zur Weiterveräußerung bestimmt sind, höchstens mit dem Anschaffungs- oder Herstellungspreise angesetzt werden dürfen, sind nicht hierher übernommen, weil die Erstattungspflicht, welche nach §. 31 bei Beeinträchtigung des Stammvermögens durch Auszahlung angeblicher Gewinne eintritt, hier von selbst die vorsichtige Bewertung der Aktiva herbeiführen werde. Dagegen ist die Ziff. 3 des §. 261 übernommen, damit nicht Anlagen und sonstige zum dauernden Betriebe des Unternehmens bestimmte Gegenstände nach jedesmaliger Schätzung zur Grundlage der Verteilung eines Geschäftsgewinnes gemacht werden,

Einziehung bereits beschlossen ist und den Gesellschaftern ein Recht, durch Verweisung auf den Geschäftsantheil sich von der Zahlung der Nachschüsse zu befreien, nicht zusteht; den in die Aktiva der Bilanz aufgenommenen Nachschussansprüchen muss ein gleicher Kapitalbetrag in den Passiven gegenübergestellt werden;

4. der Betrag des im Gesellschaftsvertrage bestimmten Stammkapitals ist unter die Passiva aufzunehmen. Das Gleiche gilt von dem Betrage eines jeden Reserve- und Erneuerungsfonds, sowie von dem Gesammtbetrage der eingezahlten Nachschüsse, soweit nicht die Verwendung eine Abschreibung der betreffenden Passivposten begründet;
5. der aus der Vergleichung sämmtlicher Aktiva und Passiva sich ergebende Gewinn oder Verlust muss am Schlusse der Bilanz besonders angegeben werden.

Frühere Fassung §. 43. **Vgl.** H.G.B. §. 261.

Haftung der Geschäftsführer. §. 43.

Die Geschäftsführer haben in den Angelegenheiten der Gesellschaft die Sorgfalt eines ordentlichen Geschäftsmannes anzuwenden.

---

dessen Verwirklichung durch ihre Zweckbestimmung ausgeschlossen ist. Die erwähnten Gegenstände dürfen aber auch ohne Rücksicht auf einen etwaigen geringeren Schätzungswert mit gleichbleibenden, nur durch entsprechende Abschreibungen geregelten Ansatz, wie näher in §. 42 Ziff. 1 bezeichnet, in die Bilanz aufgenommen werden (Begr. 71).

II. **Kosten der Organisation und Verwaltung** (**Ziff 2**). Vgl. H.G.B. §. 261 Anm. X. Die Weglassung der Schlußworte des früheren Art. 185a Ziff. 4 A.D.H. „müssen vielmehr ihrem vollen Betrage nach in der Jahresrechnung als Ausgabe erscheinen" beruht nach Begr. 72 „auf wesentlich redaktionellen Gründen".

III. **Nachschußforderungen** (**Ziff. 3**) können in die Bilanz nur dann als Aktivposten eingestellt werden, wenn die Einziehung eines bestimmten Betrages beschlossen ist und den Gesellschaftern nicht mehr das Recht zusteht, sich durch Verweisung auf den Geschäftsanteil (§. 27) von der Zahlung zu befreien. Die hiernach einstellbaren Nachschußforderungen sind keine gewöhnlichen ausstehenden Forderungen der Gesellschaft, sondern bilden einen noch nicht eingezahlten Teil des Gesellschaftskapitals und müssen deshalb in der Bilanz nicht bloß auf der Aktivseite, sondern als Kapitalkonto auch auf der Passivseite, erscheinen; sie können niemals einen zur Gewinnverteilung verfügbaren Überschuß der Aktiva über die Passiva begründen, sind aber bei der Frage der Zulänglichkeit des Aktivvermögens zur Schuldendeckung mitzuzählen (Begr. 73).

IV. **Stammkapital, Eingezahlte Nachschüsse, Reserve- und Erneuerungsfonds** (**Ziff. 4**). Einen unveränderlichen Posten der in die Passiva einzustellenden Kapitalkonten bildet der volle Betrag des Stammkapitals, wie er in der ursprünglichen oder durch einen Erhöhungs- oder Herabsetzungsbeschluß nachträglich geänderten Satzung festgesetzt ist, also nicht bloß der eingezahlte Betrag des Stammkapitals. Zu den veränderlichen Kapitalkonten gehört außer den etwaigen Reserve- und Erneuerungsfonds auch der Gesamtbetrag der eingezahlten Nachschüsse, denn auch diese Einzahlungen müssen zunächst auf einem entsprechenden Kapitalkonto erscheinen. Die Verfügung über dieselben findet mittels Abschreibung statt und unterliegt infolgedessen, auch wenn nicht eine Rückzahlung an die Gesellschafter stattfindet (§. 46 Ziff. 3), der Beschlußnahme der Gesellschafter bei Feststellung der Bilanz (Begr. 73).

V. **Gewinn und Verlust** (**Ziff. 5**). Vgl. H.G.B. §. 261 Anm. XII.

Geschäftsführer, welche ihre Obliegenheiten verletzen, haften der Gesellschaft solidarisch für den entstandenen Schaden.

Insbesondere sind sie zum Ersatze verpflichtet, wenn den Bestimmungen des §. 30 zuwider Zahlungen aus dem zur Erhaltung des Stammkapitals erforderlichen Vermögen der Gesellschaft gemacht oder den Bestimmungen des §. 33 zuwider eigene Geschäftsantheile der Gesellschaft erworben worden sind. Auf den Ersatzanspruch finden die Bestimmungen im §. 9 Absatz 2 entsprechende Anwendung. Soweit der Ersatz zur Befriedigung der Gläubiger der Gesellschaft erforderlich ist, wird die Verpflichtung der Geschäftsführer dadurch nicht aufgehoben, dass dieselben in Befolgung eines Beschlusses der Gesellschafter gehandelt haben.

Die Ansprüche auf Grund der vorstehenden Bestimmungen verjähren in fünf Jahren.

Frühere Fassung §. 44. **Vgl. H.G.B.** §. 241.

§. 44. Stellvertreter.

Die für die Geschäftsführer gegebenen Vorschriften gelten auch für Stellvertreter von Geschäftsführern.

Frühere Fassung §. 45. **Vgl. H.G.B.** §. 242.

§. 45. Rechte der Gesellschafter.

Die Rechte, welche den Gesellschaftern in den Angelegenheiten der Gesellschaft, insbesondere in Bezug auf die Führung der Geschäfte zustehen, sowie die Ausübung derselben bestimmen sich, soweit nicht gesetzliche Vorschriften entgegenstehen, nach dem Gesellschaftsvertrage.

In Ermangelung besonderer Bestimmungen des Gesellschaftsvertrages finden die Vorschriften der §§. 46 bis 51 Anwendung.

Frühere Fassung §. 46. **Vgl. H.G.B.** §. 109 (§. 250).

§. 46. Gegenstände der Beschlußfassung.

Der Bestimmung der Gesellschafter unterliegen:

1. die Feststellung der Jahresbilanz und die Vertheilung des aus derselben sich ergebenden Reingewinns;
2. die Einforderung von Einzahlungen auf die Stammeinlagen;
3. die Rückzahlung von Nachschüssen;

Zu §. 43.

Sind die Geschäftsführer nach Abs. 3 des §. 43 der Gesellschaft ersatzpflichtig, so können die Gesellschaftsgläubiger sich deren Ansprüche überweisen und im Falle des Konkurses der Gesellschaft dieselben durch den Konkursverwalter verfolgen lassen. Durch die Verweisung auf den §. 9 Abs. 2 ist verhindert, daß die Gesellschaft selbst durch Vergleiche oder Verzichte die zur Befriedigung der Gläubiger notwendige Geltendmachung von Ansprüchen unmöglich macht (Begr. 74).

Zu §. 45.

Der §. 45 bezieht sich auf das innere Verhältnis der Gesellschafter untereinander (Begr. 74). Die Satzung kann die Regel der Mehrheitsbeschlüsse beseitigen, die Zustimmung sämtlicher Gesellschafter für gewisse Maßnahmen fordern, Sonderrechte der einzelnen Gesellschafter anerkennen u. dgl. m.

4. die Theilung sowie die Einziehung von Geschäftsantheilen;
5. die Bestellung und die Abberufung von Geschäftsführern sowie die Entlastung derselben;
6. die Massregeln zur Prüfung und Ueberwachung der Geschäftsführung;
7. die Bestellung von Prokuristen und von Handlungsbevollmächtigten zum gesammten Geschäftsbetriebe;
8. die Geltendmachung von Ersatzansprüchen, welche der Gesellschaft aus der Gründung oder Geschäftsführung gegen Geschäftsführer oder Gesellschafter zustehen, sowie die Vertretung der Gesellschaft in Prozessen, welche sie gegen die Geschäftsführer zu führen hat.

Frühere Fassung §. 47. **Vgl. H.G.B.** —

Zu §. 46.

I. **Änderbarkeit durch Satzungsbestimmung.** Der §. 46 bezeichnet die Gegenstände, welche der Beschlußfassung der Gesellschafter unterliegen, falls nichts anderes in der Satzung bestimmt ist (§. 45 Abs. 2). In einigen anderen Fällen ist eine Beschlußfassung vom Gesetze als zwingend vorgeschrieben; so in §. 26 für die Einforderung von Nachschüssen, in §§. 53 ff. für Satzungsänderungen einschließlich einer Erhöhung oder Herabsetzung des Stammkapitals. Vgl. auch §. 60 Ziff. 2 betreffs Auflösung der Gesellschaft.

II. **Bilanzfeststellungs- und Verteilungsbeschluß (Ziff. 1).** Die von den Geschäftsführern entworfene Bilanz wird (Begr. 60) zur bindenden Grundlage für die Rechnungsergebnisse des Geschäftsjahres gegenüber den Gesellschaftern erst durch deren Feststellung. Diese Feststellung erfolgt nach den Bestimmungen der Satzung (z. B. durch Stillschweigen binnen bestimmter Frist nach Empfang der Bilanz), und in Ermangelung solcher Bestimmungen durch Mehrheitsbeschluß der Gesellschafter in einer Versammlung (§§. 47, 48 Abs. 1) oder Unterzeichnung der Bilanz durch alle Gesellschafter (§. 48 Abs. 2). — Der Beschluß über die Verteilung des Reingewinns hat regelmäßig nur die Bedeutung eines Anerkenntnisses des Gewinnanspruchs der Gesellschafter (§. 29); wenn aber in der Satzung die Verwendung des Gewinnes ganz oder teilweise der freien Entschließung der Gesellschafter überlassen ist, so hat der Beschluß eine weitergehende Bedeutung (Begr. 75).

III. **Einforderung auf Stammeinlagen (Ziff. 2).** Die Ziffer 2 ist von der Kommission hinzugefügt (K.B. 9).

IV. **Rückzahlung von Nachschüssen (Ziff. 3).** Die Festlegung eingezahlter Nachschüsse zur Deckung von Ausgaben und Verlusten kommt in der Bilanz zum Ausdruck (§. 42 Ziff. 4) und unterliegt deshalb schon nach Ziff. 1 des §. 46 der Beschlußfassung der Gesellschafter. Dagegen braucht die Rückzahlung nicht auf Grund einer Bilanz zu erfolgen, darf vielmehr auch im Laufe des Geschäftsjahres geschehen, wenn (§. 30 Anm. IIa) die Vermögenslage der Gesellschaft sie zweifellos gestattet; deshalb ist in der Ziff. 3 des §. 46 die Notwendigkeit eines Beschlusses besonders hervorgehoben (Begr. 75).

V. **Teilung und Einziehung von Geschäftsanteilen (Ziff. 4).** Bei der Teilung von Geschäftsanteilen (§. 17) genügt es für die Giltigkeit des Veräußerungsgeschäfts, daß die Geschäftsführer namens der Gesellschaft die Genehmigung erklären. Die Geschäftsführer sind aber der Gesellschaft gegenüber verpflichtet, vorher einen Beschluß der Gesellschaft herbeizuführen. Ein solcher Beschluß ist auch im Falle der Einziehung von Geschäftsanteilen (§. 34) zu veranlassen, selbst wenn die Einziehung nicht mit einer Herabsetzung des Stammkapitals verbunden ist (Begr. 75).

VI. **Bestellung, Abberufung, Entlassung von Geschäftsführern (Ziff. 5).** Vgl. §§. 6, 38. Über Entlastung vgl. H.G.B. §. 260 Anm. IV.

VII. **Prüfung und Überwachung der Geschäftsführung (Ziff. 6).** Die hierzu bestimmten Maßregeln können z. B. in der dauernden oder vorübergehenden Beauftragung einzelner

§. 47. **Beschlußfassung. Stimmrecht.**

Die von den Gesellschaftern in den Angelegenheiten der Gesellschaft zu treffenden Bestimmungen erfolgen durch Beschlussfassung nach der Mehrheit der abgegebenen Stimmen.

Jede hundert Mark eines Geschäftsantheils gewähren eine Stimme.

Vollmachten bedürfen zu ihrer Gültigkeit der schriftlichen Form.

Ein Gesellschafter, welcher durch die Beschlussfassung entlastet oder von einer Verbindlichkeit befreit werden soll, hat hierbei kein Stimmrecht und darf ein solches auch nicht für andere ausüben. Dasselbe gilt von einer Beschlussfassung, welche die Vornahme eines Rechtsgeschäfts oder die Einleitung oder Erledigung eines Rechtsstreites gegenüber einem Gesellschafter betrifft.

Frühere Fassung §. 48. **Vgl. H.G.B.** §§. 251, 252.

§. 48. **Art der Stimmabgabe.**

Die Beschlüsse der Gesellschafter werden in Versammlungen gefasst.

Der Abhaltung einer Versammlung bedarf es nicht, wenn sämmtliche Gesellschafter schriftlich mit der zu treffenden Bestimmung oder mit der schriftlichen Abgabe der Stimmen sich einverstanden erklären.

Frühere Fassung §. 49. **Vgl. H.G.B.** §. 250.

§. 49. **Berufung der Mitgliederversammlung.**

Die Versammlung der Gesellschafter wird durch die Geschäftsführer berufen.

Sie ist ausser den ausdrücklich bestimmten Fällen zu berufen, wenn es im Interesse der Gesellschaft erforderlich erscheint.

Mitglieder mit der Ausübung der Kontrolle, in der Anordnung außerordentlicher Revisionen durch besondere Abgeordnete oder Sachverständige, in der Einforderung von Berichten der Geschäftsführer u. dgl. m. bestehen (Begr. 76).

VIII. **Bestellung von Prokuristen und Allgemein-Handlungsbevollmächtigten** (**Ziff.** 7). Dritten gegenüber wird die Wirksamkeit der Bestellung durch die Geschäftsführer nicht davon berührt, ob die letzteren einen Beschluß der Gesellschaft herbeigeführt haben; wegen der Wichtigkeit der Maßregel ist den Geschäftsführern die Pflicht der vorherigen Befragung der Gesellschaft auferlegt (Begr. 76; vgl. H.G.B. §. 238). Über die Erteilung einer Vollmacht zum gesamten Geschäftsbetriebe vgl. H.G.B. §. 54 Anm. I c α.

IX. **Geltendmachung von Ersatzansprüchen** (**Ziff.** 8). Vgl. H.G.B. §§. 268 ff.

Zu §. 47.

Wenn die Satzung nichts anderes bestimmt (§. 45), werden die Beschlüsse der Gesellschafter mit Stimmenmehrheit nach der Kapitalbeteiligung gefaßt; jede einhundert Mark eines Geschäftsanteils gewähren eine Stimme. Diese Bestimmung ist zum Zwecke der Vereinfachung der Sache von der Kommission (K.B. 10) vorgeschlagen worden. Die Festsetzung einer höchsten Zahl, über welche die Stimmen eines einzelnen Gesellschafters nicht hinausgehen dürfen, kann in der Satzung erfolgen (Begr. 77).

Zu §. 48.

Die Versammlung der Gesellschafter bildet die allgemein zuständige Behörde für die Fassung von Beschlüssen durch die Gesellschafter. Auch ohne eine Versammlung können Beschlüsse gefaßt werden, wenn alle Gesellschafter schriftlich zustimmen (vgl. B.G. §. 32 Abs. 2) oder mit der schriftlichen Abgabe der Stimmen sich einverstanden erklären. Im letzteren Falle genügt für den Beschluß selbst die Stimmenmehrheit. Die Satzung darf von dem Erfordernisse der Schriftlichkeit der Erklärungen absehen (Begr. 77).

Insbesondere muss die Versammlung unverzüglich berufen werden, wenn aus der Jahresbilanz oder aus einer im Laufe des Geschäftsjahres aufgestellten Bilanz sich ergiebt, dass die Hälfte des Stammkapitals verloren ist.

Frühere Fassung §. 50. **Vgl. H.G.B.** §. 253, §. 240 Abs. 1.

§ 50.

Minderheitsrecht auf Berufung oder Ankündigung.

Gesellschafter, deren Geschäftsantheile zusammen mindestens dem zehnten Theile des Stammkapitals entsprechen, sind berechtigt, unter Angabe des Zwecks und der Gründe die Berufung der Versammlung zu verlangen.

In gleicher Weise haben die Gesellschafter das Recht zu verlangen, dass Gegenstände zur Beschlussfassung der Versammlung angekündigt werden.

Wird dem Verlangen nicht entsprochen oder sind Personen, an welche dasselbe zu richten wäre, nicht vorhanden, so können die im Absatz 1 bezeichneten Gesellschafter unter Mittheilung des Sachverhältnisses die Berufung oder Ankündigung selbst bewirken. Die Versammlung beschliesst, ob die entstandenen Kosten von der Gesellschaft zu tragen sind.

Frühere Fassung §. 51. **Vgl. H.G.B.** §. 254.

Form der Berufung. Tagesordnung. § 51.

Die Berufung der Versammlung erfolgt durch Einladung der Gesellschafter mittelst eingeschriebener Briefe. Sie ist mit einer Frist von mindestens einer Woche zu bewirken.

Der Zweck der Versammlung soll jederzeit bei der Berufung angekündigt werden.

Ist die Versammlung nicht ordnungsmässig berufen, so können Beschlüsse nur gefasst werden, wenn sämmtliche Gesellschafter anwesend sind.

Zu §. 49.

Die Berufung der Versammlung erfolgt durch die Geschäftsführer oder durch die nach der Satzung sonst noch dazu ermächtigten Personen, und hat außer den im Gesetze oder in der Satzung (vgl. H.G.B. §. 253 Abs. 2) ausdrücklich bestimmten Fällen zu erfolgen, wenn eine Versammlung im Interesse der Gesellschaft erforderlich erscheint. Der Abs. 3 des §. 49 ist dem Abs. 1 des Art. 240 A.D.H. nachgebildet. Der Fassungsmangel des Art. 240 ist im H.G.B. §. 240 berichtigt (H.G.B. §. 240 Anm. Ia), im obigen §. 49 aber stehen geblieben. Eine Ordnungsstrafe für die Zuwiderhandlung ist (abweichend von H.G.B. §. 319 Abs. 1) nicht angedroht.

Zu §. 50.

Wenn die Satzung nichts anderes bestimmt, so kann nicht jeder einzelne Gesellschafter die Berufung einer Versammlung oder die Ankündigung eines Gegenstandes für die Beschlußfassung der Versammlung verlangen, sondern nur der Gesellschafter oder die Gesellschafter, deren Geschäftsanteile zusammen mindestens $^1/_{10}$ des Stammkapitals ausmachen. Das Verlangen ist an die Geschäftsführer zu richten unter Angabe des Zweckes und der Gründe. Entsprechen die Geschäftsführer dem Verlangen nicht, oder sind Personen, an welche das Verlangen zu richten, nicht vorhanden, dann ist den betreffenden Gesellschaftern das Recht verliehen, selbst die Berufung oder Ankündigung zu bewirken (ohne Anrufung des Gerichts, wie sie im H.G.B. §. 254 erfordert ist); sie müssen jedoch hierbei, um den anderen Gesellschaftern ein Urteil über die Rechtmäßigkeit ihres Vorgehens zu ermöglichen, das Sachverhältnis mitteilen, d. h. die Höhe ihrer Beteiligung und das fruchtlos gestellte Verlangen oder die Unmöglichkeit seiner Geltendmachung angeben (Begr. 78).

Das Gleiche gilt in Bezug auf Beschlüsse über Gegenstände, welche nicht wenigstens drei Tage vor der Versammlung in der für die Berufung vorgeschriebenen Weise angekündigt worden sind.

Frühere Fassung §. 52. **Vgl. H.G.B.** §§. 255—257.

§. 52. **Aufsichtsrat.**

Ist nach dem Gesellschaftsvertrage ein Aufsichtsrath zu bestellen, so finden auf denselben, soweit nicht im Gesellschaftsvertrage ein Anderes bestimmt ist, die für den Aufsichtsrath einer Aktiengesellschaft nach §. 243 Absatz 1, 2, 4, §§. 244 bis 248 und §. 249 Absatz 1, 2 des Handelsgesetzbuchs geltenden Vorschriften entsprechende Anwendung.

Schadensersatzansprüche gegen die Mitglieder des Aufsichtsraths wegen Verletzung ihrer Obliegenheiten verjähren in fünf Jahren.

Frühere Fassung §. 53, E.G. z. H.G.B. Art. 11. Ziff. XII. **Vgl. H.G.B.** §§. 243ff.

Vierter Abschnitt.

Abänderungen des Gesellschaftsvertrages.

§. 53. **Beschluß.**

Eine Abänderung des Gesellschaftsvertrages kann nur durch Beschluss der Gesellschafter erfolgen.

Der Beschluss muss gerichtlich oder notariell beurkundet werden, derselbe bedarf einer Mehrheit von drei Viertheilen der abgegebenen Stimmen. Der Gesellschaftsvertrag kann noch andere Erfordernisse aufstellen.

Eine Vermehrung der den Gesellschaftern nach dem Gesellschaftsvertrage obliegenden Leistungen kann nur mit Zustimmung sämmtlicher betheiligter Gesellschafter beschlossen werden.

Frühere Fassung §. 54. **Vgl. H.G.B.** §§. 274—276.

Zu §. 51.

Die Formen und Fristen der Berufung und Ankündigung sind im §. 51 einfacher als bei A.G. (H.G.B. §§. 255ff.) bestimmt, da die Gesellschafter in der Regel nicht sehr zahlreich und überdies bekannt sein werden. Sind sämtliche Gesellschafter anwesend, so können sie auch ohne ordnungsmäßige Berufung oder Ankündigung beschließen (vgl. H.G.B. §. 253 Anm. III); jeder Gesellschafter kann in einem solchen Fall, indem er sich entfernt, eine Überrumpelung verhindern.

Zu §. 52.

Der Aufsichtsrat ist keine notwendige Behörde der Gesellschaften mit beschränkter Haftung.

Zu §. 53.

Auf Grund des Abs. 2 Satz 2 kann die Satzung z. B. das Erfordernis der Einstimmigkeit aufstellen. — Der Abs. 3 soll dem Mißverständniß vorbeugen, als ob die Verpflichtung, Nachschüsse zu leisten, im Wege einer Satzungsänderung nachträglich durch Mehrheitsbeschluß festgesetzt werden könne (Begr. 79). Ebensowenig braucht ein Gesellschafter sich eine Änderung der Satzung gefallen zu lassen, welche eine Beeinträchtigung seiner etwaigen Sonderrechte oder eine nicht alle Mitglieder gleichmäßig treffende Schmälerung seiner allgemeinen Mitgliederrechte zum Gegenstand hat (Begr. 80; vgl. H.G.B. §. 276 Anm. V).

§. 54.

Anmeldung, Eintragung, Bekanntmachung.

Die Abänderung des Gesellschaftsvertrages ist zur Eintragung in das Handelsregister anzumelden.

Bei der Eintragung genügt, sofern nicht die Abänderung die im §. 10 Absatz 1 und 2 bezeichneten Angaben betrifft, die Bezugnahme auf die bei dem Gerichte eingereichten Urkunden über die Abänderung. Die öffentliche Bekanntmachung findet in Betreff aller Bestimmungen statt, auf welche sich die im §. 10 Absatz 3 und im §. 12 vorgeschriebenen Veröffentlichungen beziehen.

Die Abänderung hat keine rechtliche Wirkung, bevor sie in das Handelsregister des Sitzes der Gesellschaft eingetragen ist.

E.G. z. H.G.B. Art. 11 Ziff. XIII (**Frühere Fassung** §. 55). **Vgl.** H.G.B. §. 277.

Erhöhung des Stammkapitals. §. 55.

Wird eine Erhöhung des Stammkapitals beschlossen, so bedarf es zur Uebernahme jeder auf das erhöhte Kapital zu leistenden Stammeinlage einer gerichtlich oder notariell aufgenommenen oder beglaubigten Erklärung des Uebernehmers.

Zur Uebernahme einer Stammeinlage können von der Gesellschaft die bisherigen Gesellschafter oder andere Personen, welche durch die Uebernahme ihren Beitritt zu der Gesellschaft erklären, zugelassen werden. Im letzteren Falle sind ausser dem Betrage der Stammeinlage auch sonstige Leistungen, zu welchen der Beitretende nach dem Gesellschaftsvertrage verpflichtet sein soll, in der im Absatz 1 bezeichneten Urkunde ersichtlich zu machen.

Wird von einem der Gesellschaft bereits angehörenden Gesellschafter eine Stammeinlage auf das erhöhte Kapital übernommen, so erwirbt derselbe einen weiteren Geschäftsantheil.

Die Bestimmungen im §. 5 Absatz 1 und 3 über den Betrag der Stammeinlagen sowie die Bestimmung im §. 5 Absatz 2 über die Unzulässigkeit der Uebernahme mehrerer Stammeinlagen finden auch hinsichtlich der auf das erhöhte Kapital zu leistenden Stammeinlagen Anwendung.

Frühere Fassung §. 56. **Vgl.** H.G.B. §. 281.

Zu §. 54.

Die erstmalige Anmeldung ist nicht erzwingbar (§. 79).

Zu §. 55.

Der Beschluß über die Erhöhung des Stammkapitals enthält eine Satzungsänderung und unterliegt deshalb den für eine solche vorgeschriebenen Bedingungen (Begr. 80, H.G.B. §. 278 Anm. I). Die Übernahme-Erklärung bedarf der gerichtlichen oder notariellen Aufnahme oder Beglaubigung. Die Zuteilungs-Erklärung kann formlos erfolgen und kann z. B. in der Einreichung der Übernahme-Erklärung zum Handelsregister (§. 57 Abs. 3 Ziff. 1) liegen (Begr. 80). — Die Erhöhung des Stammkapitals ist nicht davon abhängig gemacht, daß das frühere Kapital der Gesellschaft voll eingezahlt ist (Begr. 81). — Die Geschäftsanteile bewahren ihr Sonderbestehen auch dann, wenn mehrere in der Hand eines Gesellschafters zusammentreffen; eine Verschmelzung verbietet sich schon aus dem Grunde, weil bei noch nicht vollbezahlter Stammeinlage der Rückgriff auf die etwaigen Vormänner und die Rückgewähr der alten Geschäftsanteile an dieselben möglich bleiben muß (Begr. 48, 81). — Auch die neuen Stammeinlagen müssen mindestens je 500 Mark betragen und mit 100 teilbar sein; sie können verschieden hoch sein (§. 55 Abs. 4).

§. 56. **Nicht in Geld zu leistende Einlagen.**

Soll auf das erhöhte Stammkapital eine Einlage gemacht werden, welche nicht in Geld zu leisten ist, oder soll eine Vergütung für Vermögensgegenstände, welche die Gesellschaft übernimmt, auf eine Einlage angerechnet werden, so muss die Person desjenigen, welcher die Einlage zu leisten oder die Vermögensgegenstände zu überlassen hat, sowie der Gegenstand der Einlage oder Ueberlassung und der Geldwerth, für welchen die Einlage angenommen wird, oder die für den überlassenen Gegenstand zu gewährende Vergütung in dem Beschlusse auf Erhöhung des Stammkapitals festgesetzt und in der im §. 55 Absatz 1 bezeichneten Erklärung angegeben werden.

Die Bestimmung im §. 19 Absatz 3 findet entsprechende Anwendung.

Frühere Fassung §. 57. **Vgl. H.G.B.** §. 279.

§. 57. **Anmeldung der Erhöhung.**

Die beschlossene Erhöhung des Stammkapitals ist zur Eintragung in das Handelsregister anzumelden, nachdem das erhöhte Kapital durch Uebernahme von Stammeinlagen gedeckt ist.

Die Bestimmung im §. 7 Absatz 2 über die vor der Anmeldung des Gesellschaftsvertrages zu leistende Einzahlung, sowie die Bestimmung im §. 8 Absatz 2 über die in der Anmeldung abzugebende Versicherung finden entsprechende Anwendung.

Der Anmeldung sind beizufügen:

1. die im §. 55 Absatz 1 bezeichneten Erklärungen oder eine beglaubigte Abschrift derselben;
2. eine von den Anmeldenden unterschriebene Liste der Personen, welche die neuen Stammeinlagen übernommen haben; aus der Liste muss der Betrag der von jedem übernommenen Einlage ersichtlich sein.

In Bezug auf die Verantwortlichkeit der Anmeldenden für die Richtigkeit ihrer Angaben finden die Bestimmungen im §. 9 entsprechende Anwendung.

Frühere Fassung §. 58. **Vgl. H.G.B.** §§. 280, 284, 285.

§. 58. **Herabsetzung des Stammkapitals.**

Eine Herabsetzung des Stammkapitals kann nur unter Beobachtung der nachstehenden Bestimmungen erfolgen:

1. der Beschluss auf Herabsetzung des Stammkapitals muss von den Geschäftsführern zu drei verschiedenen Malen durch die im §. 30 Absatz 2 bezeich-

---

Zu §. 57.

Die Anmeldung ist durch *sämtliche* Geschäftsführer zu bewirken (§. 78); die erstmalige Anmeldung ist nicht erzwingbar (§. 79). Abweichend von der Bestimmung für A.G., wonach die Anmeldung des Erhöhungsbeschlusses und die Anmeldung der erfolgten Erhöhung an sich *gesondert* zu bewirken sind und nur verbunden werden dürfen, findet hier stets nur *eine* Anmeldung und Eintragung statt. Die neuen Mitgliedschaftsrechte kommen erst durch die Eintragung zur Entstehung (Begr. 82). — Erklärungen, welche im Fall des §. 55 Abs. 2 Satz 2 nicht den dort angegebenen Inhalt haben, sind als unzureichend zurückzuweisen (Begr. 80). — Über Anmeldungen zum Register der Zweigniederlassung vgl. §. 59.

Zu §. 58.

I. **Anmeldung.** Die Anmeldung ist durch *sämtliche* Geschäftsführer zu bewirken (§. 78); die erstmalige Anmeldung ist nicht erzwingbar (§. 79).

neten Blätter bekannt gemacht werden; in diesen Bekanntmachungen sind zugleich die Gläubiger der Gesellschaft aufzufordern, sich bei derselben zu melden; die aus den Handelsbüchern der Gesellschaft ersichtlichen oder in anderer Weise bekannten Gläubiger sind durch besondere Mittheilung zur Anmeldung aufzufordern;

2. die Gläubiger, welche sich bei der Gesellschaft melden und der Herabsetzung nicht zustimmen, sind wegen der erhobenen Ansprüche zu befriedigen oder sicherzustellen;
3. die Anmeldung des Herabsetzungsbeschlusses zur Eintragung in das Handelsregister erfolgt nicht vor Ablauf eines Jahres seit dem Tage, an welchem die Aufforderung der Gläubiger in den öffentlichen Blättern zum dritten Male stattgefunden hat;
4. mit der Anmeldung sind die Bekanntmachungen des Beschlusses einzureichen; zugleich haben die Geschäftsführer die Versicherung abzugeben, dass die Gläubiger, welche sich bei der Gesellschaft gemeldet und der Herabsetzung nicht zugestimmt haben, befriedigt oder sichergestellt sind.

Die Bestimmung im §. 5 Absatz 1 über den Mindestbetrag des Stammkapitals bleibt unberührt. Erfolgt die Herabsetzung zum Zweck der Zurückzahlung von Stammeinlagen oder zum Zweck des Erlasses der auf diese geschuldeten Einzahlungen, so darf der verbleibende Betrag der Stammeinlagen nicht unter den im §. 5 Absatz 1 und 3 bezeichneten Betrag herabgehen.

Frühere Fassung §. 59. **Vgl. H.G.B.** §. 289.

Zweigregister. §. 59.

Auf die Anmeldungen zu dem Handelsregister eines Gerichts, in dessen Bezirke die Gesellschaft eine Zweigniederlassung besitzt, finden die Bestimmungen im §. 57 Absatz 2, Absatz 3 Nr. 1 und im §. 58 Absatz 1 Nr. 4 keine Anwendung.

E.G. z. H.G.B. Art. 11 Ziff. XIV. **Vgl. H.G.B.** §. 286.

II. **Abzugebende Versicherung.** Die Richtigkeit der in Ziff. 4 vorgeschriebenen Versicherung soll durch die Strafandrohung in §. 82 Ziff. 2 gesichert werden. — Über Anmeldungen zum Register der Zweigniederlassung vgl. §. 59.

III. **Wirkung der Herabsetzung.** Sie besteht in einer entsprechenden Verminderung des Sollvermögens der Gesellschaft und demzufolge des betreffenden Passivpostens der Bilanz. Nur soweit ein Überschuß der Aktiva über die herabgesetzten Passiva sich ergiebt, ist nach §. 30 eine Rückzahlung an die Gesellschafter oder Verrechnung auf den von ihnen noch nicht eingezahlten Teil der Stammeinlagen zulässig; soweit aber zulässig zurückgezahlt ist, haften die Gesellschafter mit dem zurückgezahlten Teile nicht mehr für die Gesellschaftsschulden (Begr. 83).

IV. **Stammkapital, Stammeinlagen.** Durch die Herabsetzung darf das Stammkapital nicht unter 20000 Mark sinken; soll eine Rückzahlung oder ein Erlaß von Einzahlungen stattfinden, so darf der verbleibende Betrag der einzelnen Stammeinlage nicht unter fünfhundert Mark herabgehen und (K.B. 11) muß mit 100 teilbar bleiben (§. 58 Abs. 2, §. 5 Abs. 1, Abs. 3 Satz 1). Die Beschränkung hinsichtlich der Stammeinlagen findet nicht statt, wenn die Herabsetzung des Stammkapitals nur zum Zweck der Beseitigung einer vorhandenen Unterbilanz erfolgt. Die Begr. 84 bemerkt: „Die Herabsetzung des Stammkapitals als solche bedingt noch nicht eine Minderung der Geschäftsanteile, da diese nicht, wie die Aktien, einen Nennwert haben, dessen Gesamtbetrag mit dem jeweiligen Betrage des Stammkapitals übereinstimmen müßte." Der Satz 2 des §. 5 Abs. 3 ist in §. 58 Abs. 2 nicht für anwendbar erklärt.

Fünfter Abschnitt.

Auflösung und Nichtigkeit der Gesellschaft.

§. 60. **Auflösungsgründe.**

Die Gesellschaft mit beschränkter Haftung wird aufgelöst:

1. durch Ablauf der im Gesellschaftsvertrage bestimmten Zeit;
2. durch Beschluss der Gesellschafter; derselbe bedarf, sofern im Gesellschaftsvertrage nicht ein Anderes bestimmt ist, einer Mehrheit von drei Viertheilen der abgegebenen Stimmen;
3. durch gerichtliches Urtheil oder durch Entscheidung des Verwaltungsgerichts oder der Verwaltungsbehörde in den Fällen der §§. 61 und 62;
4. durch die Eröffnung des Konkursverfahrens; wird das Verfahren nach Abschluss eines Zwangsvergleichs aufgehoben oder auf Antrag des Gemeinschuldners eingestellt, so können die Gesellschafter die Fortsetzung der Gesellschaft beschliessen.

Im Gesellschaftsvertrage können weitere Auflösungsgründe festgesetzt werden.

Frühere Fassung §. 60, E.G. z. H.G.B. Art. 11 Ziff. XVI. **Vgl. H.G.B.** §. 292.

§. 61. **Auflösung wegen wichtigen Grundes.**

Die Gesellschaft kann durch gerichtliches Urtheil aufgelöst werden, wenn die Erreichung des Gesellschaftszweckes unmöglich wird, oder wenn andere, in den Verhältnissen der Gesellschaft liegende, wichtige Gründe für die Auflösung vorhanden sind.

Die Auflösungsklage ist gegen die Gesellschaft zu richten. Sie kann nur von Gesellschaftern erhoben werden, deren Geschäftsantheile zusammen mindestens dem zehnten Theile des Stammkapitals entsprechen.

Für die Klage ist das Landgericht ausschliesslich zuständig, in dessen Bezirk die Gesellschaft ihren Sitz hat.

Frühere Fassung §. 61. **Vgl. H.G.B.** §. 133.

§. 62.

Auflösung wegen Gefährdung des Gemeinwohls.

Wenn eine Gesellschaft das Gemeinwohl dadurch gefährdet, dass die Gesellschafter gesetzwidrige Beschlüsse fassen oder gesetzwidrige Handlungen der Geschäfts-

---

Zur Überschrift.

Die frühere Überschrift ist geändert durch E.G. z. H.G.B. Art. 11 Ziff. XV.

Zu §. 60.

Dem einzelnen Gesellschafter als solchem ist nicht das Recht beigelegt, durch Kündigung die Auflösung der Gesellschaft herbeizuführen, weil er in der Regel durch Veräußerung seines Geschäftsanteils aus der Gesellschaft auszuscheiden vermag. Auch der Tod und der Konkurs eines Gesellschafters sind nicht gesetzliche Auflösungsgründe (Begr. 85). — Auflösung und Fortsetzung (Abs. 1 Ziff. 4) sind anzumelden (§. 65).

Zu §. 61.

Das Gesetz hebt den Fall hervor, daß die Erreichung des Gesellschaftszwecks unmöglich geworden ist, und will auch im übrigen nur solche Gründe als wichtig gelten lassen, welche in den Verhältnissen der Gesellschaft selbst liegen, nicht aber auch solche, welche dem einzelnen Gesellschafter mit Rücksicht auf seine persönlichen Verhältnisse die Auflösung wünschenswert machen (Begr. 85).

führer wissentlich geschehen lassen, so kann sie aufgelöst werden, ohne dass deshalb ein Anspruch auf Entschädigung stattfindet.

Das Verfahren und die Zuständigkeit der Behörden richtet sich nach den für streitige Verwaltungssachen landesgesetzlich geltenden Vorschriften. Wo ein Verwaltungsstreitverfahren nicht besteht, kann die Auflösung nur durch gerichtliches Erkenntniss auf Betreiben der höheren Verwaltungsbehörde erfolgen. Ausschliesslich zuständig ist in diesem Falle das Landgericht, in dessen Bezirk die Gesellschaft ihren Sitz hat.

Frühere Fassung §. 62. **Vgl. Preuß. Ausf.-Ges. z. H.G.B.** Art. 4.

Konkurs. §. 63.

Ueber das Vermögen der Gesellschaft findet das Konkursverfahren ausser dem Falle der Zahlungsunfähigkeit auch in dem Falle der Ueberschuldung statt.

Die auf das Konkursverfahren über das Vermögen einer Aktiengesellschaft bezüglichen Vorschriften im §. 207 Absatz 2, §. 208 der Konkursordnung finden auf die Gesellschaft mit beschränkter Haftung entsprechende Anwendung.

Frühere Fassung §. 63. **Vgl. K.O.** §§. 207, 208.

§. 64.

Pflicht der Geschäftsführer zum Konkursantrag.

Die Geschäftsführer haben die Eröffnung des Konkursverfahrens zu beantragen, sobald die Zahlungsunfähigkeit der Gesellschaft eintritt oder aus der Jahresbilanz oder aus einer im Laufe des Geschäftsjahres aufgestellten Bilanz Ueberschuldung sich ergiebt.

Die Geschäftsführer sind der Gesellschaft zum Ersatze aller nach diesem Zeitpunkt geleisteten Zahlungen verpflichtet. Auf den Ersatzanspruch finden die Bestimmungen im §. 43 Absatz 3 und 4 entsprechende Anwendung.

Frühere Fassung §. 64, **E.G. z. H.G.B.** Art. 11 Ziff. XVII. **Vgl. H.G.B.** §. 240 Abs. 2, §. 241.

Zu §. 62.

Die Fassung des §. 62 ist in der Kommission (K.B. 11) festgestellt.

Zu §. 63.

Es lautet Konkursordnung:

§. 207 Abs. 2. „Nach Auflösung einer Aktiengesellschaft ist die Eröffnung des Verfahrens so lange zulässig, als die Verteilung des Vermögens nicht vollzogen ist.“

§. 208. „Zu dem Antrage auf Eröffnung des Verfahrens ist außer den Konkursgläubigern jedes Mitglied des Vorstandes und jeder Liquidator berechtigt.

Wird der Antrag nicht von allen Mitgliedern des Vorstandes oder allen Liquidatoren gestellt, so ist derselbe zuzulassen, wenn die Zahlungsunfähigkeit oder Überschuldung glaubhaft gemacht wird. Das Gericht hat die übrigen Mitglieder oder Liquidatoren nach Maßgabe des §. 105 Abs. 2, 3 zu hören.“

§. 105 Abs. 2, 3. „Wird der Antrag zugelassen, so hat das Gericht den Schuldner zu hören und, sofern dieser nicht seine Zahlungsunfähigkeit oder Zahlungseinstellung einräumt, die erforderlichen Ermittelungen anzuordnen.

Die Anhörung des Schuldners kann unterbleiben, wenn sie eine öffentliche Zustellung oder eine Zustellung im Auslande erfordert; in diesem Falle ist, soweit thunlich, ein Vertreter oder Angehöriger des Schuldners zu hören.“

§. 65.

Anmeldung. Aufgebot der Gesellschaftsgläubiger.

Die Auflösung der Gesellschaft ist ausser dem Falle des Konkursverfahrens zur Eintragung in das Handelsregister anzumelden. Das Gleiche gilt von einer Fortsetzung der Gesellschaft in den im §. 60 Absatz 1 Nr. 4 bezeichneten Fällen.

Die Auflösung ist von den Liquidatoren zu drei verschiedenen Malen durch die im §. 30 Absatz 2 bezeichneten öffentlichen Blätter bekannt zu machen. Durch die Bekanntmachung sind zugleich die Gläubiger der Gesellschaft aufzufordern, sich bei derselben zu melden.

E.G. z. H.G.B. Art. 11 Ziff. XVIII (**Frühere Fassung** §. 65). — **Vgl.** H.G.B. §§. 293, 297, 307 Abs. 3.

§. 66. **Liquidatoren.**

In den Fällen der Auflösung ausser dem Falle des Konkursverfahrens erfolgt die Liquidation durch die Geschäftsführer, wenn nicht dieselbe durch den Gesellschaftsvertrag oder durch Beschluss der Gesellschafter anderen Personen übertragen wird.

Auf Antrag von Gesellschaftern, deren Geschäftsantheile zusammen mindestens dem zehnten Theile des Stammkapitals entsprechen, kann aus wichtigen Gründen die Bestellung von Liquidatoren durch das Gericht (§. 7 Absatz 1) erfolgen.

Die Abberufung von Liquidatoren kann durch das Gericht unter derselben Voraussetzung wie die Bestellung stattfinden. Liquidatoren, welche nicht vom Gericht ernannt sind, können auch durch Beschluss der Gesellschafter vor Ablauf des Zeitraums, für welchen sie bestellt sind, abberufen werden.

Frühere Fassung §. 66. **Vgl.** H.G.B. §. 295.

§. 67.

Anmeldung, Eintragung, Zeichnung.

Die ersten Liquidatoren sind durch die Geschäftsführer, jede Aenderung in den Personen der Liquidatoren sowie eine Beendigung ihrer Vertretungsbefugniss ist durch die Liquidatoren zur Eintragung in das Handelsregister anzumelden.

Der Anmeldung ist eine Abschrift der Urkunden über die Bestellung der Liquidatoren oder über die Aenderung in den Personen derselben beizufügen. Diese Vorschrift findet auf die Anmeldung zum Handelsregister einer Zweigniederlassung keine Anwendung.

Zu §. 66.

Die vom Gericht ernannten Liquidatoren können nur durch das Gericht abberufen werden. Für die nicht vom Gericht ernannten, also nach §. 66 Abs. 3 durch Beschluß der Gesellschafter abberufbaren Liquidatoren ist andererseits nicht eine dem §. 38 Abs. 2 dieses Gesetzes entsprechende Bestimmung getroffen, mithin die Zulässigkeit des Widerrufs nicht einschränkbar auf den Fall eines wichtigen Grundes. Auch wenn der Widerruf der Bestellung zum Geschäftsführer durch die Satzung beschränkt ist, wirkt die Beschränkung nicht für die Zeit der Liquidation (Begr. 87). Über das Verfahren in den Fällen des §. 66 Abs. 2, 3 bestimmt G. fr. Ger. §. 148 (Bd. I S. 172).

Zu §. 67.

Eine Anmeldung der Liquidatoren ist auch dann erforderlich, wenn die Geschäftsführer als Liquidatoren weiter amten oder die Liquidatoren bereits in der Satzung bezeichnet sind (Begr. 87).

Die Eintragung der gerichtlichen Ernennung oder Abberufung von Liquidatoren geschieht von Amtswegen.

Die Liquidatoren haben ihre Unterschrift zur Aufbewahrung bei dem Gerichte zu zeichnen.

E.G. z. H.G.B. Art. 11 Ziff. XIX (Frühere Fassung §. 67). Vgl. H.G.B. §. 296.

Vertretung durch Liquidatoren. §. 68.

Die Liquidatoren haben in der bei ihrer Bestellung bestimmten Form ihre Willenserklärungen kundzugeben und für die Gesellschaft zu zeichnen. Ist nichts darüber bestimmt, so muss die Erklärung und Zeichnung durch sämmtliche Liquidatoren erfolgen.

Die Bestimmung ist mit der Bestellung der Liquidatoren zur Eintragung in das Handelsregister anzumelden.

Die Zeichnungen geschehen in der Weise, dass die Liquidatoren der bisherigen, nunmehr als Liquidationsfirma zu bezeichnenden Firma ihre Namensunterschrift beifügen.

Frühere Fassung §. 68. Vgl. H.G.B. §. 298 (153, 232), §. 296 Abs. 1 Satz 2.

§. 69.

Rechtsverhältnisse während Liquidation.

Bis zur Beendigung der Liquidation kommen ungeachtet der Auflösung der Gesellschaft in Bezug auf die Rechtsverhältnisse derselben und der Gesellschafter die Vorschriften des zweiten und dritten Abschnitts zur Anwendung, soweit sich aus den Bestimmungen des gegenwärtigen Abschnitts und aus dem Wesen der Liquidation nicht ein Anderes ergiebt.

Der Gerichtsstand, welchen die Gesellschaft zur Zeit ihrer Auflösung hatte, bleibt bis zur vollzogenen Vertheilung des Vermögens bestehen.

Frühere Fassung §. 70. [§. 69 aufgehoben durch E.G. z. H.G.B. Art. 11 Ziff. XX]. Vgl. H.G.B. §. 294 Abs. 2.

§. 70.

Geschäftskreis und Vertretungsmacht der Liquidatoren.

Die Liquidatoren haben die laufenden Geschäfte zu beendigen, die Verpflichtungen der aufgelösten Gesellschaft zu erfüllen, die Forderungen derselben einzuziehen und das Vermögen der Gesellschaft in Geld umzusetzen; sie haben die Gesellschaft gerichtlich und aussergerichtlich zu vertreten. Zur Beendigung schwebender Geschäfte können die Liquidatoren auch neue Geschäfte eingehen.

Frühere Fassung §. 71. Vgl. H.G.B. §. 298 Abs. 1 (149).

Rechte und Pflichten der Liquidatoren. §. 71.

Die Liquidatoren haben die aus §§. 36, 37, §. 41 Absatz 1, §. 43 Absatz 1, 2 und 4, §. 49 Absatz 1 und 2, §. 64 sich ergebenden Rechte und Pflichten der Geschäftsführer.

Zu §. 71.

Die Bezugnahme auf §. 37 ergiebt, daß gegenüber Dritten die Vertretungsbefugnis der Liquidatoren bezüglich des ihnen nach §. 70 eingeräumten Geschäftskreises nicht wirksam beschränkt werden kann (Begr. 88).

Sie haben sofort bei Beginn der Liquidation und demnächst in jedem Jahre eine Bilanz aufzustellen.

Frühere Fassung §. 72. **Vgl. H.G.B.** §. 298 Abs. 2, §. 299 Abs. 1.

§. 72. **Verteilung.**

Das Vermögen der Gesellschaft wird unter die Gesellschafter nach Verhältniss ihrer Geschäftsantheile vertheilt. Durch den Gesellschaftsvertrag kann ein anderes Verhältniss für die Vertheilung bestimmt werden.

Frühere Fassung §. 73. **Vgl. H.G.B.** §. 300.

§. 73. **Sperrzeit.**

Die Vertheilung darf nicht vor Tilgung oder Sicherstellung der Schulden der Gesellschaft und nicht vor Ablauf eines Jahres seit dem Tage vorgenommen werden, an welchem die Aufforderung an die Gläubiger (§. 65 Absatz 2) in den öffentlichen Blättern zum dritten Male erfolgt ist.

Meldet sich ein bekannter Gläubiger nicht, so ist der geschuldete Betrag, wenn die Berechtigung zur Hinterlegung vorhanden ist, für den Gläubiger zu hinterlegen. Ist die Berichtigung einer Verbindlichkeit zur Zeit nicht ausführbar oder ist eine Verbindlichkeit streitig, so darf die Vertheilung des Vermögens nur erfolgen, wenn dem Gläubiger Sicherheit geleistet ist.

Liquidatoren, welche diesen Vorschriften zuwiderhandeln, sind zum Ersatze der vertheilten Beträge solidarisch verpflichtet. Auf den Ersatzanspruch finden die Bestimmungen im §. 43 Absatz 3 und 4 entsprechende Anwendung.

Frühere Fassung §. 74, **E.G. z. H.G.B.** Art. 11 Ziff. XXI. **Vgl. H.G.B.** §§. 301, 298 Abs. 2 (241 Abs. 3 Ziff. 5).

§. 74.

Aufbewahrung der Bücher und Schriften.

Nach Beendigung der Liquidation sind die Bücher und Schriften der Gesellschaft für die Dauer von zehn Jahren einem der Gesellschafter oder einem Dritten in Verwahrung zu geben. Der Gesellschafter oder der Dritte wird in Ermangelung einer Bestimmung des Gesellschaftsvertrages oder eines Beschlusses der Gesellschafter durch das Gericht (§. 7 Absatz 1) bestimmt.

Die Gesellschafter und deren Rechtsnachfolger sind zur Einsicht der Bücher und Schriften berechtigt. Gläubiger der Gesellschaft können von dem Gericht (§. 7 Absatz 1) zur Einsicht ermächtigt werden.

Frühere Fassung §. 75. **Vgl. H.G.B.** §. 302 Abs. 2, 3, §. 157.

Zu §. 73.

Die Haftung der Liquidatoren bei Zuwiderhandlungen gegen die Vorschriften des §. 73 Abs. 1 oder 2 besteht nur gegenüber der *Gesellschaft* (§. 43 Abs. 3 u. 4). Neben der Haftung der Liquidatoren besteht die Verpflichtung der *Gesellschafter* zur Rückerstattung der zu Unrecht an sie verteilten Beträge (Begr. 88, §. 31 Abs. 1—5).

Zu §. 74.

Abweichend von H.G.B. §. 302 Abs. 3 sind hier die Gesellschafter und deren Rechtsnachfolger für befugt erklärt, auch *ohne* gerichtliche Ermächtigung die Bücher einzusehen. Über das Verfahren in den Fällen des §. 74 Abs. 1 Satz 2 und Abs. 2 Satz 2 bestimmt G.fr.Ger. §. 148 (Bd. I S. 172).

Nichtigkeit der Gesellschaft. §. 75.

Enthält der Gesellschaftsvertrag nicht die nach §. 3 Absatz 1 wesentlichen Bestimmungen oder ist eine dieser Bestimmungen nichtig, so kann jeder Gesellschafter, jeder Geschäftsführer und, wenn ein Aufsichtsrath bestellt ist, jedes Mitglied des Aufsichtsraths im Wege der Klage beantragen, dass die Gesellschaft für nichtig erklärt werde.

Die Vorschriften der §§. 272, 273 des Handelsgesetzbuchs finden entsprechende Anwendung.

E.G. z. H.G.B. Art. 11 Ziff. XXII. **Vgl. H.G.B.** §. 309.

Heilung von Satzungsmängeln. §. 76.

Ein Mangel, der die Bestimmungen über die Firma oder den Sitz der Gesellschaft oder den Gegenstand des Unternehmens betrifft, kann durch einstimmigen Beschluss der Gesellschafter geheilt werden.

E.G. z. H.G.B. Art. 11 Ziff. XXII. **Vgl. H.G.B.** §. 310.

§. 77.

Rechtsverhältnisse der nichtigen Gesellschaft.

Ist die Nichtigkeit einer Gesellschaft in das Handelsregister eingetragen, so finden zum Zwecke der Abwickelung ihrer Verhältnisse die für den Fall der Auflösung geltenden Vorschriften entsprechende Anwendung.

Die Wirksamkeit der im Namen der Gesellschaft mit Dritten vorgenommenen Rechtsgeschäfte wird durch die Nichtigkeit nicht berührt.

Die Gesellschafter haben die versprochenen Einzahlungen zu leisten, soweit es zur Erfüllung der eingegangenen Verbindlichkeiten erforderlich ist.

E.G. z. H.G.B. Art. 11 Ziff XXII. **Vgl. H.G.B.** § 311.

Sechster Abschnitt.

Schlussbestimmungen.

Anmelder. §. 78.

Die in diesem Gesetze vorgesehenen Anmeldungen zum Handelsregister sind durch die Geschäftsführer oder die Liquidatoren, die im §. 7 Absatz 1, §. 12 Absatz 1, §. 57 Absatz 1, §. 58 Absatz 1 Nr. 3, §. 80 Absatz 5 vorgesehenen Anmeldungen sind durch sämmtliche Geschäftsführer zu bewirken.

E.G. z. H.G.B. Art. 11 Ziff. XXIII. (**Frühere Fassung** §. 76). **Vgl. H.G.B.** §§. 234, 195 Abs. 1, 201 Abs. 1, 280 Abs. 1, 284 Abs. 1, 289 Abs. 1.

Zu §. 76.

Die Beseitigung von Mängeln, welche sich auf den Betrag des Stammkapitals oder der Stammeinlagen beziehen, kann nur im Wege einer Neugründung der Gesellschaft erfolgen (Denkschr. 296).

Zu §. 78.

„Die Geschäftsführer oder Liquidatoren“ sind die Geschäftsführer oder Liquidatoren in der zur Vertretung berechtigenden Zusammensetzung, im Gegensatz zu „sämtliche Geschäftsführer“ (vgl. H.G.B. §. 234 Anm. I c).

§. 79.

Freiwilligkeit bestimmter Anmeldungen.

In Ansehung der in §§. 7, 54, §. 57 Absatz 1, §. 58 Absatz 1 Nr. 3, §. 80 Absatz 5 bezeichneten Anmeldungen zum Handelsregister findet, soweit es sich um die Anmeldung zum Handelsregister des Sitzes der Gesellschaft handelt, eine Verhängung von Ordnungsstrafen nach §. 14 des Handelsgesetzbuchs nicht statt.

E.G. z. H.G.B. Art. 11 Ziff. XXIII (**Frühere Fassung** §. 77). Vgl. H.G.B. §. 319 Abs. 2.

§. 80.

Umwandlung einer A.G. in eine G.m.b.H.

Wird eine Aktiengesellschaft zum Zweck der Umwandlung in eine Gesellschaft mit beschränkter Haftung aufgelöst, so kann die Liquidation derselben unterbleiben, wenn hinsichtlich der Errichtung der neuen Gesellschaft den nachstehenden Bestimmungen genügt wird.

Das Stammkapital der neuen Gesellschaft darf nicht geringer sein als das Grundkapital der aufgelösten Gesellschaft.

Den Aktionären ist durch öffentliche Bekanntmachung oder in sonst geeigneter Weise Gelegenheit zu geben, mit dem auf ihre Aktien entfallenden Antheil an dem Vermögen der aufgelösten Gesellschaft sich bei der neuen Gesellschaft zu betheiligen. Die Aktien der sich betheiligenden Mitglieder müssen mindestens drei Viertheile des Grundkapitals der aufgelösten Gesellschaft darstellen.

Der auf jede Aktie entfallende Antheil an dem Vermögen der aufgelösten Gesellschaft wird auf Grund einer Bilanz berechnet, welche der Generalversammlung

---

Zu §. 79.

Gemeint ist, daß die erste Anmeldung nicht erzwingbar sein soll, daß aber, sobald auf Grund derselben die Eintragung im Hauptregister erfolgt ist, die Anmeldung zu den Zweigregistern in gewöhnlicher Weise erzwingbar ist (H.G.B. §. 175 Anm. III).

Zu §. 80.

I. **Umzuwandelnde Gesellschaft.** Der §. 80 enthält nur erleichternde Vorschriften für die Umwandlung einer Aktiengesellschaft in eine Gesellschaft mit beschränkter Haftung, gleichviel wann die A.G. gegründet ist, ob vor oder nach dem Inkrafttreten des vorliegenden Gesetzes (K.B. 13). Für die Umwandlung anderer Gesellschaften in eine Gesellschaft mit beschränkter Haftung erachtete Begr. 92 keine besonderen Vorschriften für erforderlich, weil bei jenen die Liquidation nicht notwendig sei, die Übertragung des Gesellschaftsvermögens auf eine neue Gesellschaft daher sich ohne Schwierigkeit bewerkstelligen lasse. Dies trifft indessen auf die K.A.G. jetzt nicht mehr zu; bei Umwandlung einer solchen in eine G. m. b. H. werden gleichzeitig die Erfordernisse des §. 332 H.G.B. und des obigen §. 80 entsprechend zu erfüllen sein.

II. **Änderungen im Grundkapital und in den Mitgliedern.** Um die Umwandlung in geeigneten Fällen zu erleichtern, ist davon ausgegangen, daß bei einer solchen die Liquidation unterbleiben kann, wenn die neue Gesellschaft nach ihren wirtschaftlichen Grundlagen und nach dem Kreise der Beteiligten sich nicht wesentlich von der früheren A.G. unterscheidet. Dies wird vom Gesetz angenommen, wenn das Stammkapital der neuen Gesellschaft nicht niedriger ist als das satzungsmäßige Grundkapital der A.G., und die bisherigen Grundkapitalanteile der an der neuen Gesellschaftsform sich beteiligenden Mitglieder mindestens drei Vierteile des Grundkapitals der bisherigen A.G. ausmachen (Begr. 91). — Der einzelne Aktionär kann wählen, ob er an der neuen Gesellschaft sich beteiligen oder die Auszahlung des auf seine Grundkapital-

der Aktionäre zur Genehmigung vorzulegen ist. Der Beschluss, durch welchen die Genehmigung erfolgt, bedarf einer Mehrheit von drei Viertheilen des in der Generalversammlung vertretenen Grundkapitals.

Die neue Gesellschaft muss spätestens binnen einem Monate nach Auflösung der Aktiengesellschaft zur Eintragung in das Handelsregister angemeldet werden. Die Eintragung darf nur erfolgen, nachdem die Beobachtung der vorstehenden Bestimmungen nachgewiesen ist.

Frühere Fassung §. 78. **Vgl. H.G.B.** —

§. 81.

Wirkung der Umwandlung. Aufgebot der Gläubiger.

In dem Falle des §. 80 geht das Vermögen der aufgelösten Gesellschaft einschliesslich ihrer Schulden mit der Eintragung der neuen Gesellschaft in das Handelsregister auf diese von Rechtswegen über.

Jeder Aktionär, welcher bei der neuen Gesellschaft sich nicht betheiligt hat, kann von dieser die Auszahlung eines seinem Antheil an dem Vermögen der aufgelösten Gesellschaft entsprechenden Betrages verlangen.

Unverzüglich nach der Eintragung der neuen Gesellschaft in das Handelsregister sind die Gläubiger der aufgelösten Gesellschaft nach Massgabe der Bestimmungen des §. 297 des Handelsgesetzbuchs durch die Geschäftsführer der neuen Gesellschaft

---

anteile fallenden Betrages verlangen will. Giebt er (auch nur bezüglich eines Teiles seiner Grundkapitalanteile) eine Beteiligungserklätung ab, so verliert er nach R.G. XXXIII, 92 (vgl. H.G.B. §. 271 Anm. Va 2) hierdurch das Recht, den Umwandlungsbeschluß anzufechten. — Der Betrag, welcher zur Abfindung der nicht beitretenden Aktionäre erforderlich ist, kann aus dem das Grundkapital übersteigenden Vermögen der A.G., soweit es hierfür verwendet werden darf, entnommen, oder durch Übernahme weiterer Stammeinlagen seitens der beitretenden Aktionäre oder dritter Personen gedeckt werden. Hat die A.G. mit einer Unterbilanz geschlossen, so ist eine Umwandlung nur möglich, wenn auch dieser Fehlbetrag durch weitere Stammeinlagen gedeckt wird, da andernfalls das erforderliche Stammkapital nicht voll vorhanden wäre (Begr. 91). Wird die Anmeldefrist versäumt, so verbleibt es bei der Auflösung der A.G., und die Liquidation derselben tritt nach den gesetzlichen Bestimmungen ein.

III. **Anmeldung.** Sie ist durch sämtliche Geschäftsführer zu bewirken (§. 78); die erstmalige Anmeldung ist nicht erzwingbar (§. 79). Wird die einmonatliche Frist für die Anmeldung versäumt, so tritt die Liquidation der A.G. ein (H.G.B. §. 294); doch kann die Fortsetzung der A.G. beschlossen werden (H.G.B. §. 307).

Zu §. 81.

I. **Übergang des Vermögens.** Da das Vermögen der aufgelösten Gesellschaft von rechtswegen auf die neue übergeht, so kommt hinsichtlich des Überganges des Vermögens kein stempelpflichtiges Geschäft vor; doch wird hierdurch nicht die neue Satzungsurkunde von der etwaigen nach Landesrecht bestehenden Stempelpflicht befreit (K.B. 15). Die Eintragung der neuen Gesellschaft in das Grundbuch hat auf ihren einseitigen Antrag zu erfolgen (K.B. 15).

II. **Ansprüche der ausscheidenden Aktionäre.** Infolge des im Ganzen stattfindenden Übergangs des Vermögens der A.G. auf die neue Gesellschaft kann jeder der Umwandlung nicht beigetretene Aktionär die Auszahlung seines nach §. 80 Abs. 4 der Höhe nach festgestellten Anteils nur von dieser fordern.

III. **Ansprüche der Gläubiger.** Der Übergang hat die weitere Folge, daß auch die Gläubiger der aufgelösten A.G. sich nur an die neue Gesellschaft wegen ihres Anspruchs auf

aufzufordern, sich bei dieser zu melden. Die Gläubiger, welche sich melden und der Umwandlung nicht zustimmen, sind zu befriedigen oder sicherzustellen. Die Geschäftsführer sind den Gläubigern der aufgelösten Gesellschaft persönlich und solidarisch für die Beobachtung dieser Vorschriften verantwortlich.

Frühere Fassung §. 79. **Vgl. H.G.B.** —

§. 82.

Falsche Angaben, Versicherungen, Darstellungen.

Mit Gefängniss bis zu einem Jahre und zugleich mit Geldstrafe bis zu fünftausend Mark werden bestraft:

1. Geschäftsführer und Mitglieder einer Gesellschaft mit beschränkter Haftung, welche behufs Eintragung der Gesellschaft in das Handelsregister, sowie Geschäftsführer, welche behufs Eintragung einer Erhöhung des Stammkapitals in das Handelsregister dem Gericht (§. 7 Absatz 1) hinsichtlich der Einzahlungen auf die Stammeinlagen wissentlich falsche Angaben machen;
2. Geschäftsführer einer Gesellschaft mit beschränkter Haftung, welche, um die Eintragung einer Herabsetzung des Stammkapitals in das Handelsregister zu erwirken, dem Gericht (§. 7 Absatz 1) hinsichtlich der Befriedigung oder Sicherstellung der Gläubiger wissentlich eine unwahre Versicherung abgeben;
3. Geschäftsführer, Liquidatoren, sowie Mitglieder eines Aufsichtsraths oder ähnlichen Organs einer Gesellschaft mit beschränkter Haftung, welche in einer öffentlichen Mittheilung die Vermögenslage der Gesellschaft wissentlich unwahr darstellen oder verschleiern.

Zugleich kann auf Verlust der bürgerlichen Ehrenrechte erkannt werden.

Sind mildernde Umstände vorhanden, so tritt ausschliesslich die Geldstrafe ein.

Frühere Fassung §. 80, **E.G. z. H.G.B.** Art. 11 Ziff. XXIV. **Vgl. H.G.B.** §. 313 Ziff. 1 und 3, §. 314 Ziff. 1.

§. 83. Bankerutt, Begünstigung.

Die Strafvorschriften der §§. 239 bis 241 der Konkursordnung finden gegen die Geschäftsführer einer Gesellschaft mit beschränkter Haftung, welche ihre Zahlungen

---

Befriedigung oder Sicherstellung aus dem Vermögen der aufgelösten A.G. halten können (Begr. 91). Ein Absonderungsrecht ist ihnen nicht zugestanden (Begr. 91). Doch schreibt §. 81 Abs. 3 gewisse Sicherungsmaßregeln vor. Der §. 297 H.G.B. lautet: „Die Liquidatoren haben unter Hinweis auf die Auflösung der Gesellschaft die Gläubiger der Gesellschaft aufzufordern, ihre Ansprüche anzumelden. Die Aufforderung ist dreimal in den Gesellschaftsblättern zu veröffentlichen."

Zu §. 82.

Die Ziff. 3 des §. 79 weicht von H.G.B. §. 314 Ziff. 1 darin ab, daß er die wissentlich unwahre Darstellung oder Verschleierung der Vermögenslage der Gesellschaft nur dann mit Strafe bedroht, wenn sie in einer *öffentlichen* Mitteilung erfolgt, nicht auch wenn die Mitteilung nur im Innern der Gesellschaft gegenüber den *Gesellschaftern* geschieht (Begr. 93).

Zu §. 83.

Der §. 83 war notwendig, weil in §. 244 K.O. die *Geschäftsführer* nicht erwähnt sind. Die *Liquidatoren* brauchten in §. 83 nicht besonders genannt zu werden, weil in §. 244 K.O. die „Liquidatoren einer Handelsgesellschaft" bereits erwähnt sind (Begr. 93), und die Gesellschaften mit beschränkter Haftung als Handelsgesellschaften gelten (vgl. jedoch §. 13 Abs. 3: „im Sinne

eingestellt hat oder über deren Vermögen das Konkursverfahren eröffnet worden ist, Anwendung, wenn sie in dieser Eigenschaft die mit Strafe bedrohten Handlungen begangen haben.

Frühere Fassung §. 81. Vgl. K.O. §. 244.

Unterlassung des Konkursantrages. §. 84.

Die Geschäftsführer oder Liquidatoren einer Gesellschaft mit beschränkter Haftung werden mit Gefängniss bis zu drei Monaten und zugleich mit Geldstrafe bis zu eintausend Mark bestraft, wenn entgegen den Vorschriften im §. 64, §. 71 Absatz 1 der Antrag auf Eröffnung des Konkursverfahrens unterlassen ist.

Sind mildernde Umstände vorhanden, so tritt ausschliesslich die Geldstrafe ein.

Straflos bleibt derjenige, bezüglich dessen festgestellt wird, dass der Antrag auf Eröffnung des Konkursverfahrens ohne sein Verschulden unterblieben ist.

Frühere Fassung §. 82. Vgl. H.G.B. §. 315 Ziff. 2.

---

8. Bestimmungen über Kolonialgesellschaften (Ges., betr. die Rechtsverhältnisse der deutschen Schutzgebiete v. 19. März 1888, R.G.Bl. 78, §§. 8—10; in der Fassung des Ges. v. 2. Juli 1899, R.G.Bl. 365).

§. 8.

Rechtsfähigkeit. Haftungsbeschränkung.

Deutschen Kolonialgesellschaften, welche die Kolonisation der deutschen Schutzgebiete, insbesondere den Erwerb und die Verwerthung von Grundbesitz, den Betrieb von Land- oder Plantagenwirthschaft, den Betrieb von Bergbau, gewerblichen Unternehmungen und Handelsgeschäften in denselben zum ausschliesslichen Gegenstand ihres Unternehmens und ihren Sitz entweder im Reichsgebiet oder in *einem* Schutzgebiet *oder in einem Konsulargerichtsbezirke* haben oder denen durch Kaiserliche Schutzbriefe die Ausübung von Hoheitsrechten in den deutschen Schutzgebieten übertragen ist, kann auf Grund eines vom Reichskanzler genehmigten Gesellschaftsvertrags (Statuts) durch Beschluss des Bundesraths die Fähigkeit beigelegt werden, unter ihrem Namen Rechte, *insbesondere Eigenthum und andere dingliche Rechte* an Grundstücken zu erwerben, Verbindlichkeiten einzugehen, vor Gericht zu klagen und verklagt zu werden. In solchem Falle haftet den Gläubigern für alle Verbindlichkeiten der Kolonialgesellschaft nur das Vermögen derselben.

Das Gleiche gilt für deutsche Gesellschaften, welche den Betrieb eines Unternehmens der im Abs. 1 bezeichneten Art in dem Hinterland eines deutschen Schutzgebiets oder in sonstigen dem Schutzgebiete benachbarten Bezirken zum Gegenstande

---

des Handelsgesetzbuchs"). Die §§. 239—241 K.O. enthalten die Strafvorschriften wegen betrüglichen und einfachen Bankerutts und wissentlicher Begünstigung von Gläubigern.

Zu §. 84.

Von einer eigentlichen Beweislast des Angeschuldigten für den Mangel eines Verschuldens (Abs. 3) ist mit Rücksicht auf die allgemeinen Grundsätze über den Beweis im Strafverfahren abgesehen (Begr. 93).

und ihren Sitz entweder im Reichsgebiet oder in einem Schutzgebiet oder in einem Konsulargerichtsbezirke haben.

Der Beschluss des Bundesraths und im Auszuge der Gesellschaftsvertrag sind durch den Reichsanzeiger zu veröffentlichen.

§. 9. **Inhalt des Gesellschaftsvertrages.**

Der Gesellschaftsvertrag hat insbesondere Bestimmungen zu enthalten:

1. über den Erwerb und den Verlust der Mitgliedschaft;
2. über die Vertretung der Gesellschaft Dritten gegenüber;
3. über die Befugnisse der die Gesellschaft leitenden und der die Leitung beaufsichtigenden Organe derselben;
4. über die Rechte und Pflichten der einzelnen Mitglieder;
5. über die Jahresrechnung und Vertheilung des Gewinns;
6. über die Auflösung der Gesellschaft und die nach derselben eintretende Vermögensvertheilung.

§. 10. **Aufsicht des Reichskanzlers.**

Die Gesellschaften, welche die im §. 8 erwähnte Fähigkeit durch Beschluss des Bundesraths erhalten haben, unterstehen der Aufsicht des Reichskanzlers. Die einzelnen Befugnisse derselben sind in den Gesellschaftsvertrag aufzunehmen.

VIII. Aufbewahrung fremder Wertpapiere.

Gesetz, betr. die Pflichten der Kaufleute bei Aufbewahrung fremder Werthpapiere.

Vom 5. Juli 1896. (R.G.Bl. 183).

§. 1.

Gesonderte Aufbewahrung. Buchführung.

Ein Kaufmann, welchem im Betriebe seines Handelsgewerbes Aktien, Kuxe, Interimsscheine, Erneuerungsscheine (Talons), auf den Inhaber lautende oder durch Indossament übertragbare Schuldverschreibungen, oder vertretbare andere Werthpapiere mit Ausnahme von Banknoten *und Papiergeld* unverschlossen zur Verwahrung oder als Pfand übergeben sind, ist verpflichtet:

1. diese Werthpapiere unter äusserlich erkennbarer Bezeichnung jedes Hinterlegers oder Verpfänders gesondert von seinen eigenen Beständen und von denen Dritter aufzubewahren,
2. ein Handelsbuch zu führen, in welches die Werthpapiere jedes Hinterlegers oder Verpfänders nach Gattung, Nennwerth, Nummern oder sonstigen Unterscheidungsmerkmalen der Stücke einzutragen sind; der Eintragung steht die Bezugnahme auf Verzeichnisse gleich, welche neben dem Handelsbuche geführt werden. Die Eintragung kann unterbleiben, insoweit die Werthpapiere zurückgegeben sind, bevor die Eintragung bei ordnungsmässigem Geschäftsgange erfolgen konnte.

Etwaige Rechte und Pflichten des Verwahrers oder Pfandgläubigers, im Interesse des Hinterlegers oder Verpfänders Verfügungen oder Verwaltungshandlungen vorzunehmen, *werden* durch die Bestimmung unter Ziffer 1 nicht berührt.

Vorbemerkung.

Die Giltigkeit des ganzen Gesetzes ist, da die Mängel der Verkündung nur unwesentliche Punkte betreffen, nicht mit Grund zu bezweifeln (R.G. XLI, 34).

Zu §. 1.

I. **Berichtigung.** Gemäß nicht unterzeichneter Berichtigung (R.G.Bl. 1896 S. 194) sind in Abs. 1 die Worte „und Papiergeld" hinzugefügt, in Abs. 2 die Worte „das Recht und die Pflicht" durch „Etwaige Rechte und Pflichten" und „wird" durch „werden" ersetzt. Die Berichtigung im Abs. 1 bringt etwas zum Ausdruck, was sich ohnehin von selbst verstehen würde; die Berichtigung in Abs. 2 nimmt eine lediglich sprachliche Änderung vor (R.G. XLI, 34).

II. **Kaufmann.** Vgl. H.G.B. §. 1 Anm. II, Aufbewahrungsges. §. 13. Das Gesetz findet auch auf diejenigen Gastwirte Anwendung, welche Kaufleute sind (Kommiss.Ber. z. H.G.B. S. 137).

§. 2.

Ermächtigung zur Rückgewähr gleichartiger Papiere oder zur Verfügung in eigenem Nutzen.

Eine Erklärung des Hinterlegers oder Verpfänders, durch welche der Verwahrer oder Pfandgläubiger ermächtigt wird, an Stelle hinterlegter oder verpfändeter Werthpapiere der im §. 1 bezeichneten Art gleichartige Werthpapiere zurückzugewähren oder über die Papiere zu seinem Nutzen zu verfügen, ist, falls der Hinterleger oder Verpfänder nicht gewerbsmässig Bank- oder Geldwechslergeschäfte betreibt, nur gültig, soweit sie für das einzelne Geschäft ausdrücklich und schriftlich abgegeben wird.

Wird der Verwahrer oder Pfandgläubiger ermächtigt, an Stelle hinterlegter oder verpfändeter Werthpapiere der im §. 1 bezeichneten Art gleichartige Werthpapiere zurückzugewähren, so finden die Bestimmungen des §. 1 keine Anwendung.

§. 3. **Stückeverzeichnis nach Einkauf.**

Der Kommissionär ([Artikel 360, 378] *§. 383, §. 406 Abs. 1* des Handelsgesetzbuchs), welcher einen Auftrag zum Einkaufe von Werthpapieren der im §. 1 bezeichneten Art ausführt, hat dem Kommittenten binnen drei Tagen ein Verzeichniss der Stücke mit Angabe der Gattung, des Nennwerthes, der Nummern oder sonstiger Unterscheidungsmerkmale zu übersenden. Die Frist beginnt, falls der Kommissionär bei der Anzeige über die Ausführung des Auftrages *einen* Dritten als Verkäufer namhaft gemacht hat, mit dem Erwerbe der Stücke, andernfalls mit dem Ablaufe des Zeitraums, innerhalb dessen der Kommissionär nach der Erstattung der Ausführungsanzeige die Stücke bei ordnungsmässigem Geschäftsgange ohne schuldhafte Verzögerung beziehen konnte.

Ein Verzicht des Kommittenten auf die Uebersendung des Stückeverzeichnisses ist, falls der Kommittent nicht gewerbsmässig Bank- oder Geldwechslergeschäfte betreibt, nur dann wirksam, wenn er bezüglich des einzelnen Auftrages ausdrücklich und schriftlich erklärt wird.

Soweit die Auslieferung der eingekauften Stücke an den Kommittenten erfolgt oder ein Auftrag des Kommittenten zur Wiederveräusserung ausgeführt ist, kann die Uebersendung des Stückeverzeichnisses unterbleiben.

§. 4.

Verzug des Kommissionärs im Fall des §. 3.

Ist der Kommissionär mit Erfüllung der ihm nach den Bestimmungen des §. 3 obliegenden Verpflichtungen im Verzuge und holt er das Versäumte auf eine danach an ihn ergangene Aufforderung des Kommittenten nicht binnen drei Tagen nach, so ist der Kommittent berechtigt, das Geschäft als nicht für seine Rechnung abgeschlossen zurückzuweisen und Schadensersatz wegen Nichterfüllung zu beanspruchen.

Die Aufforderung des Kommittenten verliert ihre Wirkung, wenn er dem Kommissionär nicht binnen drei Tagen nach dem Ablaufe der Nachholungsfrist erklärt, dass er von dem im Absatz 1 bezeichneten Rechte Gebrauch machen wolle.

Zu §. 3.

„Einen" statt „eines" gemäß Berichtigung R.G.Bl. 1896 S. 194. Hierdurch wird ein offenbarer Schreib- oder Druckfehler berichtigt (R.G. XLI, 34).

§. 5.

Stückeverzeichnis nach Umtausch oder Bezug.

Der Kommissionär, welcher einen Auftrag zum Umtausche von Werthpapieren der im §. 1 bezeichneten Art oder zur Geltendmachung eines Bezugsrechts auf solche Werthpapiere ausführt, hat binnen zwei Wochen nach dem Empfange der neuen Stücke dem Kommittenten ein Verzeichniss der Stücke mit den im §. 3 Absatz 1 vorgeschriebenen Angaben zu übersenden, soweit er ihm die Stücke nicht innerhalb dieser Frist aushändigt.

§. 6.

Pflichtversäumnis des Kommissionärs im Fall des §. 5.

Der Kommissionär, welcher den im §. 5 ihm auferlegten Pflichten nicht genügt, verliert das Recht, für die Ausführung des Auftrages Provision zu fordern ([Artikel 371 Absatz 2] *§. 396 Absatz 1* des Handelsgesetzbuchs).

Eigentumsübergang. Verwahrung. §. 7.

Mit der Absendung des Stückeverzeichnisses geht das Eigenthum an den darin verzeichneten Werthpapieren auf den Kommittenten über, soweit der Kommissionär über die Papiere zu verfügen berechtigt ist. Die Bestimmungen des bürgerlichen Rechts, nach welchen der Uebergang des Eigenthums schon in einem früheren Zeitpunkte eintritt, bleiben unberührt.

Der Kommissionär hat bezüglich der in seinem Gewahrsam befindlichen, in das Eigenthum des Kommittenten übergegangenen Werthpapiere die im §. 1 bezeichneten Pflichten eines Verwahrers.

§. 8.

Weitergabe fremder Papiere oder eines Anschaffungsauftrages.

Ein Kaufmann, welcher im Betriebe seines Handelsgewerbes fremde Werthpapiere der im §. 1 bezeichneten Art einem Dritten zum Zweck der Aufbewahrung, der Veräusserung, des Umtausches oder des Bezuges von anderen Werthpapieren, Zins- oder Gewinnantheilscheinen ausantwortet, hat hierbei dem Dritten mitzutheilen, dass die Papiere fremde seien. Ebenso hat er in dem Falle, dass er einen ihm ertheilten Auftrag zur Anschaffung solcher Werthpapiere an einen Dritten weitergiebt, diesem hierbei mitzutheilen, dass die Anschaffung für fremde Rechnung geschehe.

Der Dritte, welcher eine solche Mittheilung empfangen hat, kann an den übergebenen oder an den neu beschafften Papieren ein Pfandrecht oder ein Zurück-

---

Zu §. 7.

Vor Absendung des Stückeverzeichnisses geht gemäß §. 7 Abs. 1 Satz 2 das Eigentum über, soweit die Voraussetzungen des B.G. §. 930 vorhanden sind, wobei zu beachten, daß das darin erwähnte „Rechtsverhältnis“ auch **vorher** vereinbart werden kann und z. B. in der Vereinbarung einer Einkaufskommission liegt. Der §. 930 B.G. lautet: „Ist der Eigentümer im Besitze der Sache, so kann die Übergabe dadurch ersetzt werden, daß zwischen ihm und dem Erwerber ein Rechtsverhältnis vereinbart wird, vermöge dessen der Erwerber den mittelbaren Besitz erlangt.“

Zu §. 8 Abs. 2.

Solange nichts als jene Mitteilung vorliegt, darf der erste Kommissionär gegenüber dem zweiten nur die Herausgabe verlangen oder solche thatsächlichen oder rechtlichen Verfügungen

behaltungsrecht nur wegen solcher Forderungen an seinen Auftraggeber geltend machen, welche mit Bezug auf diese Papiere entstanden sind.

§. 9.

Rechtswidrige Verfügung über Papiere zu eigenem oder fremdem Nutzen.

Wenn ein Kaufmann über Werthpapiere der im §. 1 bezeichneten Art, welche ihm zur Verwahrung oder als Pfand übergeben sind, oder welche er als Kommissionär für den Kommittenten in Besitz genommen hat, ausser dem Falle des §. 246 des Strafgesetzbuchs zum eigenen Nutzen oder zum Nutzen eines Dritten rechtswidrig verfügt, wird er mit Gefängniss bis zu einem Jahre und Geldstrafe bis zu dreitausend Mark oder mit einer dieser Strafen bestraft.

Der gleichen Strafe unterliegt, wer der Vorschrift des §. 8 zum eigenen Nutzen oder zum Nutzen eines Dritten vorsätzlich zuwiderhandelt.

Ist der Thäter ein Angehöriger (§. 52 Absatz 2 des Strafgesetzbuchs) des Verletzten, so tritt die Verfolgung nur auf Antrag ein. Die Zurücknahme des Antrages ist zulässig. Der §. 247 Absatz 2 und 3 des Strafgesetzbuchs findet entsprechende Anwendung.

§. 10. **Bankbruchvergehen.**

Ein Kaufmann, welcher seine Zahlungen eingestellt hat oder über dessen Vermögen das Konkursverfahren eröffnet worden ist, wird mit Gefängniss bis zu zwei Jahren bestraft, wenn er den Vorschriften des §. 1 Ziffer 1 oder 2 vorsätzlich zuwidergehandelt hat und dadurch der Berechtigte bezüglich des Anspruches auf Aussonderung der von jenem zu verwahrenden Werthpapiere benachtheiligt wird, desgleichen wenn er als Kommissionär den Vorschriften der §§. 3 oder 5 vorsätzlich zuwidergehandelt hat und dadurch der Berechtigte bezüglich des Anspruchs auf Aussonderung der von jenem eingekauften, eingetauschten oder bezogenen Werthpapiere benachtheiligt wird.

über die Papiere treffen, welche die Auffassung zulassen, daß sie im Interesse des ursprünglichen Auftraggebers erfolgen; zu weitergehenden Verfügungen ist er gegenüber dem zweiten Kommissionär nur befugt, insoweit dieser redlicherweise des ersteren Befugnis hierzu annehmen kann (R.G. XLI, 35).

Zu §. 9.

Es lautet Strafgesetzbuch:

§. 246. „Wer eine fremde bewegliche Sache, die er in Besitz oder Gewahrsam hat, sich rechtswidrig zueignet, wird wegen Unterschlagung mit Gefängnis bis zu 3 Jahren und, wenn die Sache ihm anvertraut ist, mit Gefängnis bis zu 5 Jahren bestraft.

Sind mildernde Umstände vorhanden, so kann auf Geldstrafe bis zu 900 Mk. erkannt werden.

Der Versuch ist strafbar."

§. 52 Abs. 2. „Als Angehörige im Sinne dieses Strafgesetzes sind anzusehen Verwandte und Verschwägerte auf- und absteigender Linie, Adoptiv- und Pflege-Eltern und -Kinder, Ehegatten, Geschwister und deren Ehegatten, und Verlobte."

§. 247 Abs. 2, 3. „Ein Diebstahl oder eine Unterschlagung, welche von Verwandten aufsteigender Linie gegen Verwandte absteigender Linie oder von einem Ehegatten gegen den anderen begangen worden ist, bleibt straflos.

Diese Bestimmungen finden auf Teilnehmer oder Begünstiger, welche nicht in einem der vorbezeichneten persönlichen Verhältnisse stehen, keine Anwendung."

Bankbruchverbrechen. §. 11.

Ein Kaufmann, welcher seine Zahlungen eingestellt hat oder über dessen Vermögen das Konkursverfahren eröffnet worden ist, wird mit Zuchthaus bestraft, wenn er im Bewusstsein seiner Zahlungsunfähigkeit oder Ueberschuldung fremde Werthpapiere, welche er im Betriebe seines Handelsgewerbes als Verwahrer, Pfandgläubiger oder Kommissionär in Gewahrsam genommen, sich rechtswidrig zugeeignet hat.

Sind mildernde Umstände vorhanden, so tritt Gefängnissstrafe nicht unter drei Monaten ein.

Strafbarkeit gesetzlicher Vertreter. §. 12.

Die Strafvorschrift des §. 9 findet gegen die Mitglieder des Vorstandes einer Aktiengesellschaft oder eingetragenen Genossenschaft, die Geschäftsführer einer Gesellschaft mit beschränkter Haftung, sowie gegen die Liquidatoren einer Handelsgesellschaft oder eingetragenen Genossenschaft Anwendung, wenn sie in Ansehung von Werthpapieren, die sich im Besitze der Gesellschaft oder Genossenschaft befinden oder von dieser einem Dritten ausgeantwortet sind, die mit Strafe bedrohte Handlung begangen haben.

Die vorbezeichneten Personen werden, wenn die Gesellschaft oder Genossenschaft ihre Zahlungen eingestellt hat, oder wenn über deren Vermögen das Konkursverfahren eröffnet worden ist, bestraft

1. gemäss §. 10, wenn sie den Vorschriften des §. 1 Ziffer 1 oder 2 oder den Vorschriften der §§. 3 oder 5 vorsätzlich zuwidergehandelt haben und dadurch der Berechtigte bezüglich des Anspruches auf Aussonderung der von der Gesellschaft oder Genossenschaft zu verwahrenden oder von ihr eingekauften, eingetauschten oder bezogenen Werthpapiere benachtheiligt wird,
2. gemäss §. 11, wenn sie im Bewusstsein der Zahlungsunfähigkeit oder Ueberschuldung der Gesellschaft oder Genossenschaft fremde Werthpapiere, welche von dieser als Verwahrer, Pfandgläubiger oder Kommissionär in Gewahrsam genommen sind, sich rechtswidrig zugeeignet haben.

Minderkaufleute. §. 13.

Dieses Gesetz findet auf diejenigen Klassen von Kaufleuten keine Anwendung, für welche gemäss [Artikel 10] *§. 4* des Handelsgesetzbuchs die Vorschriften über die Handelsbücher keine Geltung haben.

IX. Preußische Ausführungsbestimmungen.

1. Ausführungsgesetz zum Bürgerlichen Gesetzbuche.

Vom 20. September 1899. (G.S. 177). Artt. 6, 7, 13.

Erwerbsbeschränkungen für juristische Personen.

Artikel 6.

Schenkungen, Zuwendungen von Todeswegen.

§. 1. Schenkungen oder Zuwendungen von Todeswegen an juristische Personen bedürfen zu ihrer Wirksamkeit ihrem vollen Betrage nach der Genehmigung des Königs oder der durch Königliche Verordnung bestimmten Behörde, wenn sie Gegenstände im Werthe von mehr als fünftausend Mark betreffen. Wiederkehrende Leistungen werden mit vier vom Hundert zu Kapital gerechnet.

§. 2. Die Genehmigung kann auf einen Theil der Schenkung oder der Zuwendung von Todeswegen beschränkt werden.

§. 3. Mit Geldstrafe bis zu neunhundert Mark wird bestraft:

1. wer für eine juristische Person, die in Preussen ihren Sitz hat, als deren Vorsteher eine Schenkung oder eine Zuwendung von Todeswegen in Empfang

---

Zu Art. 6 und 7.

Die Artikel 6 und 7 beruhen auf den Vorbehalten für die Landesgesetzgebung im E.G. z. B.G. Art. 86—88 in Verbindung mit dem neue landesgesetzliche Vorschriften zulassenden Art. 3. Die hier in Betracht kommenden Art. 86 und 88 lauten:

Art. 86. „Unberührt bleiben die landesgesetzlichen Vorschriften, welche den Erwerb von Rechten durch juristische Personen beschränken oder von staatlicher Genehmigung abhängig machen, soweit diese Vorschriften Gegenstände im Werte von mehr als fünftausend Mark betreffen. Wird die nach dem Landesgesetze zu einem Erwerbe von Todeswegen erforderliche Genehmigung erteilt, so gilt sie als vor dem Erbfall erteilt; wird sie verweigert, so gilt die juristische Person in Ansehung des Anfalls als nicht vorhanden; die Vorschrift des §. 2043 des Bürgerlichen Gesetzbuchs" (Ausschluß der Auseinandersetzung bis zur Hebung der Unbestimmtheit) „findet entsprechende Anwendung."

Art. 88. „Unberührt bleiben die landesgesetzlichen Vorschriften, welche den Erwerb von Grundstücken durch Ausländer von staatlicher Genehmigung abhängig machen."

Zu Art. 7 §. 2 Preuß.Ausf.G. z. B.G. ist ergangen die Preuß. Verordnung des Königs v. 16. Novbr. 1899 (G.S. 562) Art. 6:

„Die zum Erwerbe von Grundstücken nach Artikel 7 §. 2 Abs. 1 des Ausführungsgesetzes zum Bürgerlichen Gesetzbuch erforderliche Genehmigung wird Aktiengesellschaften, Kommanditgesellschaften auf Aktien, eingetragenen Genossenschaften, eingeschriebenen

nimmt und nicht binnen vier Wochen die erforderliche Genehmigung nachsucht;

2. wer einer juristischen Person, die nicht in Preussen ihren Sitz hat, eine Schenkung oder Zuwendung von Todeswegen verabfolgt, bevor die erforderliche Genehmigung erteilt ist.

§. 4. Die Vorschriften der §§. 1 bis 3 gelten nicht für Familienstiftungen.

Erwerb von Grundstücken. Artikel 7.

§. 1. Juristische Personen, die in Preussen ihren Sitz haben, bedürfen zum Erwerbe von Grundstücken im Werthe von mehr als fünftausend Mark der Genehmigung der staatlichen Aufsichtsbehörde.

Dies gilt nicht für Familienstiftungen, für juristische Personen, deren Rechtsfähigkeit auf einem neben dem Bürgerlichen Gesetzbuche bestehenden Reichsgesetze beruht, sowie für solche juristische Personen des öffentlichen Rechtes, welche nach den für sie geltenden Gesetzen ohne die im Abs. 1 bezeichnete Genehmigung Grundeigenthum erwerben können.

Sparkassen, die durch staatliche Verleihung Rechtsfähigkeit erlangt haben, können ein von ihnen beliehenes Grundstück im Zwangsversteigerungsverfahren ohne die Genehmigung erwerben.

§. 2. Juristische Personen, die in einem anderen Bundesstaat ihren Sitz haben, bedürfen zum Erwerbe von Grundstücken im Werthe von mehr als fünftausend Mark der Genehmigung des Königs oder der durch Königliche Verordnung bestimmten Behörde.

Der gleichen Genehmigung bedürfen ausländische juristische Personen zum Erwerbe von Grundstücken ohne Rücksicht auf den Werth.

§. 3. Die in den §§. 1, 2 vorgeschriebene Genehmigung ist nicht erforderlich zu einem Erwerbe, der auf Grund einer nach Massgabe des Artikel 6 genehmigten Schenkung oder Zuwendung von Todeswegen erfolgt.

Hülfskassen, rechtsfähigen gegenseitigen Versicherungsgesellschaften und Gewerkschaften, die außerhalb Preußens in einem deutschen Bundesstaat ihren Sitz haben, von den zuständigen Ministern erteilt."

Das Preußische Gesetz v. 4. Mai 1846 (G.S. 235) über die Erwerbung von Grundeigentum für Korporationen und andere juristische Personen des Auslandes ist ausdrücklich aufgehoben durch Preuß. Ausf.G. z. B.G. Art. 89 Ziff. 13.

Im Art. 7 §. 2 Preuß. Ausf.G. z. B.G. sind die nichtpreußischen deutschen juristischen Personen schlechter gestellt als die preußischen, da für die ersteren die Ausnahmebestimmungen des §. 1 Abs. 2 und 3 nicht gelten. Dies ist für unzulässig zu erachten (Reichsverfassung Art. 3, R.G. VI, 142; vgl. H.G.B. §. 6 Anm. IV, Esser H.G.B. §. 201 Anm. 6; dagegen Kammergericht v. 27. April 1896 in Johow XVI, 72 und v. 14. März 1898 in J.M.Bl. 1898 S. 105, Staub 7. Aufl. §. 6 Anm. 3, Ring Art. 212 Anm. 10, Lehmann, Recht der A.Gen. I, 262; weitere Litteratur für und gegen bei Johow XVI, 76; da es sich nur um entsprechende Anwendung des Art. 3 Reichsverfassung handelt, so entscheidet gegen die Ansicht des Reichsgerichts nicht die frühere Fassung des Flaggenges. §. 2, jene Fassung unterstützt vielmehr die entsprechende Anwendung). Ist die hier verteidigte Ansicht zutreffend, so bedürfen daher auch nichtpreußische deutsche juristische Personen keiner Genehmigung zum Grundstückserwerb in den Fällen des §. 1 Abs. 2 und 3, wobei allerdings zu beachten, daß unter „geltenden Gesetzen" in Abs. 2 und „staatliche Verleihung" in Abs. 3 nur Reichs- oder Preußische Gesetze oder Ver-

Ermächtigung von Handelsmäklern zu Kaufgeschäften.

Artikel 13.

Die öffentliche Ermächtigung, deren Handelsmäkler zu Verkäufen oder Käufen bedürfen, wird für Orte innerhalb des Bezirkes einer Handelskammer oder einer kaufmännischen Körperschaft durch diese vorbehaltlich der Bestätigung des Regierungspräsidenten, für andere Orte durch den Regierungspräsidenten ertheilt.

Die Ermächtigung wird erst wirksam, wenn der Handelsmäkler den Eid leistet, dass er die ihm obliegenden Pflichten getreu erfüllen werde. Für die Abnahme des Eides ist das Amtsgericht zuständig, in dessen Bezirke der Handelsmäkler seine Geschäftsräume oder in Ermangelung solcher seine Wohnung hat. Die Beeidigung kann auch von der Handelskammer oder der kaufmännischen Korporation vorgenommen werden, welche die Ermächtigung ertheilt hat.

Auf die Rücknahme der Ermächtigung findet die Vorschrift des §. 120 Nr. 3 des Gesetzes über die Zuständigkeit der Verwaltungs- und Verwaltungsgerichtsbehörden vom 1. August 1883 (Gesetz-Samml. S. 237) Anwendung.

---

2. Preussisches Gesetz über die freiwillige Gerichtsbarkeit.

Vom 21. September 1899. (G.S. 249). Artt. 29, 30, 141.

Dritter Abschnitt.

Vereins- und Güterrechtsregister. Schiffsregister und Handelssachen.

Artikel 29.

Einrichtung und Führung der Register.

Die näheren Bestimmungen über die Einrichtung und die Führung des Vereins- und des Güterrechtsregisters sowie des Handels- und des Schiffsregisters werden vom Justizminister getroffen.

---

leihung verstanden werden kann. — Bei dem Erwerb von Grundstücken durch Hypothekenbanken zur Verhütung von Verlusten an Hypotheken oder zur Beschaffung von Geschäftsräumen stehen jedenfalls alle deutschen Hypothekenbanken den preußischen gleich (Hypothekenbankges. §. 5 Abs. 3). Die Fassung der letzteren Bestimmung legt allerdings für sonstige Fälle des Grundstückserwerbs den oben verworfenen Gegenschluß nahe, zwingt indessen nicht dazu, da eine authentische Auslegung der älteren Reichsverfassung nicht gegeben werden sollte.

Zu Art. 13.

Über Auswahl und Bestellung der Handelsmakler, über die Notwendigkeit öffentlicher Ermächtigung zu Verkäufen oder Käufen und über die Wirkung einer Eidesleistung von Maklern in anderen Fällen als denen des Art. 13 (z. B. im Fall des §. 30 Börsenges.) vgl. H.G.B. §. 93 Anm. I.

Der §. 120 Ziff. 3 Ges. v. 1. August 1883 lautet:

„Der Bezirksausschuß entscheidet auf Klage der zuständigen Behörde über die Zurücknahme:

3. der Konzessionen der Handelsmakler."

Zu Art. 29.

Auf Grund der in Abs. 1 enthaltenen Ermächtigung sind die folgenden Verfügungen des Justizministers ergangen:

Die Eintragungen in das Schiffsregister sollen von dem Richter mit Angabe des Wortlauts verfügt, von dem Gerichtsschreiber ausgeführt und von beiden unterschrieben werden.

Die beglaubigten Abschriften aus dem Schiffsregister sind von dem Richter und dem Gerichtsschreiber zu unterschreiben.

Kosten der Dispache. **Artikel 30.**

Ueber die Verpflichtung zur Tragung der Kosten, die durch eine gerichtliche Verhandlung über die Bestätigung der Dispache entstehen, entscheidet das Gericht, vor dem die Verhandlung stattfindet; die Entscheidung erfolgt nur auf Antrag eines der an dem Verfahren Betheiligten.

Die Kosten sind, unbeschadet der Vorschrift des Artikel 9, von den an dem Verfahren Betheiligten in dem Verhältnisse zu tragen, in welchem sie zu dem Havereischaden beizutragen haben. Die den einzelnen Betheiligten entstandenen Kosten können, wenn die Umstände es rechtfertigen, gegen einander aufgehoben werden. Soweit die Betheiligten eine abweichende Vereinbarung treffen, ist diese massgebend.

Die Vorschriften der Artikel 10 bis 14 dieses Gesetzes und des §. 158 Abs. 3 des Reichsgesetzes über die Angelegenheiten der freiwilligen Gerichtsbarkeit finden entsprechende Anwendung.

---

1. Verfügung v. 6. November 1899 über die Führung des Vereinsregisters und des Güterrechtsregisters (J.M.Bl. 299).
2. Verfügung v. 7. November 1899 über die Führung des Handelsregisters (J.M.Bl. 313, abgedruckt unten IX 3).
3. Verfügung v. 11. Dezember 1899 über die Führung des Schiffregisters (J.M.Bl. 753, abgedruckt unten IX 5).

Zu Art. 30.

Die Art. 9—14 des Preuß. Ges. über freiw. Gerichtsbark. lauten:

Art. 9. „Sind an einer Angelegenheit der freiwilligen Gerichtsbarkeit mehrere Personen beteiligt, so kann das Gericht bei der von ihm zu treffenden Entscheidung auf Antrag einen Beteiligten verurteilen, diejenigen Kosten des Verfahrens ganz oder teilweise zu tragen, welche er durch ein unbegründetes Gesuch, einen unbegründeten Widerspruch oder eine unbegründete Beschwerde, durch vorzeitiges Anrufen des Gerichts, durch eine Versäumung oder durch grobes Verschulden veranlaßt hat.

Zu den nach Abs. 1 zu erstattenden Kosten des Verfahrens gehören die Gebühren und Auslagen, welche durch die Zuziehung eines Rechtsanwalts entstanden sind, nur insoweit, als die Zuziehung nach dem Ermessen des Gerichts zur zweckentsprechenden Rechtsverfolgung oder Rechtsverteidigung notwendig war."

Art. 10. „Wird eine gerichtliche Festsetzung des Betrags der Kosten erforderlich, zu deren Erstattung ein Beteiligter auf Grund der Artikel 9, 16 verurteilt worden ist, so erfolgt sie durch das Gericht erster Instanz. Im Falle des §. 1875 Abs. 1 des Bürgerlichen Gesetzbuchs erfolgt die Festsetzung durch den Vorsitzenden des Familienrats.

Zur Berücksichtigung eines Ansatzes genügt, daß er glaubhaft gemacht wird."

Art. 11. „Findet gegen die Entscheidung in der Hauptsache die sofortige Beschwerde statt, so kann auch die Entscheidung über die Verpflichtung zur Tragung der Kosten sowie die Kostenfestsetzung nur mit der sofortigen Beschwerde angefochten werden.

Die Kostenfestsetzung kann selbständig mit der weiteren Beschwerde nur angefochten werden, wenn die Beschwerdesumme den Betrag von fünfzig Mark übersteigt."

Achter Abschnitt.

Schlussbestimmungen.

Artikel 141.

Schwebendes Ordnungsstrafverfahren.

Auf ein zur Zeit des Inkrafttretens des Bürgerlichen Gesetzbuchs anhängiges Verfahren nach den Artikeln 5, 6 des Einführungsgesetzes zum Handelsgesetzbuche vom 24. Juni 1861 (Gesetz-Samml. S. 449) finden die Vorschriften des §. 135 Abs. 2 Satz 2 und des §. 136 des Reichsgesetzes über die Angelegenheiten der freiwilligen Gerichtsbarkeit Anwendung. Im Uebrigen bleiben die bisherigen Vorschriften massgebend.

Art. 12. „Ergeht nach der Kostenfestsetzung eine Entscheidung, die den Wert des Gegenstandes des Verfahrens festsetzt, so ist, falls diese Entscheidung von der Wertberechnung abweicht, welche der Kostenfestsetzung zu Grunde liegt, auf Antrag die Kostenfestsetzung entsprechend abzuändern. Über den Antrag entscheidet das Gericht erster Instanz."

Art. 13. „Wird eine in Betreff der Kosten ergangene Entscheidung abgeändert, so ist der Beteiligte auf Antrag zur Erstattung der ihm auf Grund der Entscheidung zuviel gezahlten Kosten zu verurteilen."

Art. 14. „Aus der gerichtlichen Kostenfestsetzung sowie aus der Entscheidung, durch die ein Beteiligter zur Erstattung der ihm zu viel gezahlten Kosten verurteilt wird, findet die Zwangsvollstreckung nach den Vorschriften der Civilprozeßordnung statt."

Der §. 158 Abs. 3 Reichsges. über die Angelegenheiten der freiw. Gerichtsbark. lautet:

„Für Klagen auf Erteilung der Vollstreckungsklausel sowie für Klagen, durch welche Einwendungen gegen die in der Dispache festgestellten Ansprüche geltend gemacht werden oder die bei der Erteilung der Vollstreckungsklausel als eingetreten angenommene Rechtsnachfolge bestritten wird, ist das Amtsgericht zuständig, welches die Dispache bestätigt hat. Gehört der Anspruch nicht vor die Amtsgerichte, so sind die Klagen bei dem zuständigen Landgerichte zu erheben."

Zu Art. 141.

Die Artikel 5, 6 des E.G. z. A.D.H. v. 24. Juni 1861 regelten das Verfahren betr. Anhalten der Beteiligten durch Ordnungsstrafen zur Befolgung der gesetzlichen Anordnungen über Anmeldungen, Zeichnungen und Einreichungen, und das Verfahren bei Einschreiten gegen diejenigen, welche sich einer ihnen nicht zustehenden Firma bedienten.

Die angezogenen Bestimmungen des G. fr. Ger. lauten:

§. 135 Abs. 2 Satz 2. „Das Gericht kann, wenn die Umstände es rechtfertigen, von der Festsetzung einer Strafe absehen oder eine geringere als die angedrohte Strafe festsetzen."

§. 136. „Wird im Falle des §. 133" (Straffestsetzung und erneute Androhung der Ordnungsstrafe) „gegen die wiederholte Verfügung Einspruch erhoben und dieser für begründet erachtet, so kann das Gericht, wenn die Umstände es rechtfertigen, zugleich die früher festgesetzte Strafe aufheben oder an deren Stelle eine geringere Strafe festsetzen."

3. Verfügung des Preussischen Justizministers über die Führung des Handelsregisters.

Vom 7. November 1899. (J.M.Bl. 313).

I. Allgemeines.

§. 1. Die Anmeldungen zur Eintragung in das Handelsregister sowie die zur Aufbewahrung bei dem Gerichte bestimmten Zeichnungen sind, wenn sie persönlich bei Gericht bewirkt werden, in der Regel von dem Gerichtsschreiber des Registergerichts zu Protokoll zu nehmen. Der Richter hat sich der Aufnahme zu unterziehen, wenn bei dem Gerichtsschreiber die zur Beurtheilung der Verhältnisse erforderliche Rechtskenntniss nicht zu erwarten ist.

§. 2. Die Verfügung auf die Anmeldungen zur Eintragung und auf alle das Register betreffende Gesuche und Anträge liegt dem Richter ob. Er hat insbesondere die Eintragungen in das Register und die erforderlichen Bekanntmachungen zu verfügen sowie die im §. 9 Abs. 3 des Handelsgesetzbuchs und im §. 33 der Grundbuchordnung erwähnten Bescheinigungen und Zeugnisse auszustellen. Die Ausfertigung der Bescheinigungen und Zeugnisse erfolgt nach Artikel 18 des Preussischen Gesetzes über die freiwillige Gerichtsbarkeit.

Die Eintragung ist von dem Richter auch dann anzuordnen, wenn sie von dem Beschwerdegericht oder gemäss §. 143 des Reichsgesetzes über die Angelegenheiten der freiwilligen Gerichtsbarkeit verfügt ist.

§. 3. Der Richter hat dafür Sorge zu tragen, dass die gesetzlich vorgeschriebenen Eintragungen in das Register erfolgen. Zu diesem Zwecke und zur Vermeidung unzulässiger Eintragungen hat er in zweifelhaften Fällen, soweit der Bezirk des Registergerichts zu dem Bezirk einer Handelskammer oder einer der im §. 44 des Gesetzes über die Handelskammern vom $\frac{\text{24. Februar 1870}}{\text{19. August 1897}}$ (Gesetz-Samml. 1897 S. 355) bezeichneten kaufmännischen Korporationen gehört und die erforderliche Auskunft nicht auf andere Weise einfacher und schneller beschafft werden kann, in der Regel das Gutachten der genannten Organe des Handelsstandes einzuholen.

§. 4. Wird eine Eintragung abgelehnt, so sind die Gründe der Ablehnung mitzutheilen.

§. 5. Die Eintragungsverfügung hat den Wortlaut der Eintragung festzustellen; der Wortlaut der öffentlichen Bekanntmachung ist insoweit anzugeben, als ihr Inhalt von dem der Eintragung verschieden ist.

§. 6. Der Gerichtsschreiber hat die Eintragung in das Register zu bewirken und die verfügten Bekanntmachungen herbeizuführen.

§. 7. Die Beglaubigung von Abschriften der Eintragungen und der zum Register eingereichten Schriftstücke liegt dem Gerichtsschreiber ob.

Wird eine auszugsweise Abschrift ertheilt, so sind bei der Beglaubigung die Vorschriften des Artikel 47, des Artikel 57 Abs. 3 und des Artikel 59 des Preussischen Gesetzes über die freiwillige Gerichtsbarkeit zu beobachten.

§. 8. Der Gerichtsschreiber hat das Register sowie die zum Register eingereichten Schriftstücke während der gewöhnlichen Dienststunden einem Jeden auf Ersuchen zur Einsicht vorzulegen, ohne dass es einer richterlichen Anordnung bedarf.

§. 9. Für jede Firma werden nach den Vorschriften der Geschäftsordnung für die Gerichtsschreibereien der Amtsgerichte besondere Akten gehalten.

Werden Urkunden, die zu dem Register einzureichen waren, zurückgegeben, so ist eine beglaubigte Abschrift zurückzubehalten. In der Abschrift können diejenigen Theile der Urkunde, welche für die Führung des Handelsregisters ohne Bedeutung sind, weggelassen werden; der Richter bestimmt den Umfang der Abschrift.

Ist die Urkunde in anderen der Vernichtung nicht unterliegenden Akten des Amtsgerichts enthalten, so genügt eine Verweisung auf die anderen Akten.

§. 10. Von dem Registergerichte sind bis zum 6. Dezember jeden Jahres das Blatt oder die Blätter zu bezeichnen, in denen ausser im Reichsanzeiger während des nächsten Jahres die Bekanntmachung der Eintragungen in das Register erfolgen soll.

Der Gerichtsschreiber des Registergerichts hat von der erfolgten Bezeichnung bis zum 8. Dezember der Gerichtsschreiberei des Oberlandesgerichts unter Benutzung eines der Anlage 1 entsprechenden Formulars eine Anzeige zu erstatten. Dabei sind die einzelnen für die Bekanntmachungen bestimmten Blätter, ausser bei der erstmaligen Erstattung der Anzeige, nur insoweit anzugeben, als in der Auswahl der Blätter gegenüber dem Vorjahr eine Aenderung eintritt. Soweit dies nicht der Fall ist, hat der Gerichtsschreiber einen entsprechenden Vermerk in das Formular aufzunehmen. Anlage 1.

Der Gerichtsschreiber des Oberlandesgerichts hat die eingegangenen Anzeigen auf ihre Richtigkeit und Vollständigkeit zu prüfen, die Beseitigung etwaiger Fehler und Lücken schleunigst herbeizuführen und die Anzeigen, in denen gemäss dem Abs. 2 einzelne für die Bekanntmachungen bestimmte Blätter angegeben sind, — im Jahre 1900 also die sämmtlichen Anzeigen — bis zum 16. Dezember dem Reichs-Justizamte zu übermitteln. Damit hat er vom Dezember 1901 an die Anzeige zu verbinden, dass bezüglich der übrigen Registergerichte des Oberlandesgerichtsbezirkes eine Aenderung in der Wahl der Blätter nicht eingetreten ist.

§. 11. Die Veröffentlichung einer Eintragung ist zu veranlassen, sobald die Eintragung erfolgt ist und ohne dass eine andere Eintragung abgewartet werden darf.

§. 12. Auf eine leicht verständliche und knappe Fassung der öffentlichen Bekanntmachungen ist Bedacht zu nehmen.

Erfolgen mehrere Bekanntmachungen desselben Gerichts gleichzeitig, so sind sie thunlichst zusammenzufassen.

Der Bezeichnung des Gerichts ist eine Namensunterschrift nicht beizufügen. Ueberflüssige Absätze sind zu vermeiden. Die Spaltenüberschriften des Registers, die Unterschrift des Gerichtsschreibers, die Verfügung, durch welche die Eintragung angeordnet ist, die Geschäftsnummer sowie etwaige bei der Eintragung erfolgte Verweisungen auf andere Stellen des Registers oder auf Aktenstellen sind nicht zu veröffentlichen.

Die Bekanntmachung ist in jedem Blatte (§. 10) nur einmal zu bewirken; ihr Wortlaut ist vor der Absendung an die Blätter dem Richter zur Genehmigung vorzulegen.

§. 13. Die Bekanntmachung der Eintragung an den Antragsteller hat, soweit thunlich, unter Benutzung von Formularen zu erfolgen; die Ausfüllung der Formulare ist in der Regel von dem Gerichtsschreiber zu bewirken (Allg. Verfügung vom 5. April 1895 Nr. I — Just.-Minist.-Bl. S. 125).

Soweit nach den bestehenden Vorschriften die Zusendung durch die Post zu bewirken ist, sind zu den Bekanntmachungen regelmässig Postkarten, auf deren Rückseite sich das Formular befindet, zu verwenden.

Der Gerichtsschreiber hat die Bekanntmachungen zu unterschreiben und in den Akten bei der gerichtlichen Verfügung zu vermerken, wem die Bekanntmachung zur Beförderung übergeben und wann die Uebergabe erfolgt ist.

§. 14. Gehört der Bezirk des Registergerichts zu dem Bezirk einer Handelskammer oder einer der im §. 44 des Gesetzes über die Handelskammern vom $\frac{\text{24. Februar 1870}}{\text{19. August 1897}}$ (Gesetz-Samml. 1897 S. 355) bezeichneten kaufmännischen Korporationen, so ist diesen

1. von der Eintragung einer neuen Firma in das Register unter Bezeichnung des Ortes der Niederlassung oder des Sitzes der Gesellschaft und bei Einzelkaufleuten, offenen Handelsgesellschaften, Kommanditgesellschaften und Kommanditgesellschaften auf Aktien unter Bezeichnung der Inhaber oder der persönlich haftenden Gesellschafter,
2. von der Aenderung einer eingetragenen Firma, der Inhaber oder der persönlich haftenden Gesellschafter sowie des Ortes der Niederlassung oder des Sitzes der Gesellschaft,
3. von dem Erlöschen einer Firma

durch den Gerichtsschreiber Mittheilung zu machen.

Die Mittheilung erfolgt nach dem Schlusse jedes Kalendervierteljahrs mittelst Uebersendung von Listen nach den anliegenden Formularen. Gegebenen Falls ist eine Fehlanzeige zu übersenden. (Anl. 2 bis 4.)

Im unmittelbaren Anschluss an die Eintragung in das Register ist von dem Gerichtsschreiber ein Vermerk in den Listen zu machen.

Gehört der Bezirk des Registergerichts nur theilweise zu dem Bezirk einer Handelskammer oder einer der im Abs. 1 bezeichneten Korporationen, so ist der Umfang der Mittheilungen entsprechend zu beschränken.

§. 15. Gehört ein Ort oder eine Gemeinde (§. 30 des Handelsgesetzbuchs) zu den Bezirken verschiedener Registergerichte, so hat jedes Registergericht die an dem Orte oder in der Gemeinde bestehenden, in das Register eingetragenen Firmen, soweit es noch nicht geschehen ist, den anderen betheiligten Registergerichten mitzutheilen und diese von jeder entsprechenden neuen Eintragung sowie von jeder Aenderung und Löschung der Firmen unverzüglich zu benachrichtigen. Dies gilt auch dann, wenn der betreffende Ort zu mehreren Bundesstaaten gehört.

§. 16. Das Handelsregister besteht aus zwei Abtheilungen.

In die Abtheilung A werden eingetragen die Firmen der Einzelkaufleute, die offenen Handelsgesellschaften und die Kommanditgesellschaften.

In die Abtheilung B werden eingetragen die Aktiengesellschaften, die Kommanditgesellschaften auf Aktien, die Gesellschaften mit beschränkter Haftung und die in den §§. 33, 36 des Handelsgesetzbuchs bezeichneten juristischen Personen.

§. 17. Für jede Abtheilung wird ein besonderes Register nach den anliegenden Formularen angelegt. (Anl. 5 u. 6.)

§. 18. Die Register werden in mehreren dauerhaft gebundenen Bänden geführt. Es ist dazu Papier der Verwendungsklasse 2a (vergl. die Allgemeine Verfügung vom

2. Januar 1892, betreffend das für den Amtsgebrauch anzuschaffende Papier — Just.-Minist.-Bl. S. 9) von einer Bogengrösse von 46×*59**) cm zu verwenden.

Jeder Band einer Abtheilung erhält entsprechend der Reihenfolge der Anlegung eine römische Ziffer und ist mit laufenden Seitenzahlen zu versehen.

§. 19. Die Eintragungen sind deutlich und ohne Abkürzungen zu schreiben; in dem Register darf nichts radirt oder sonst unleserlich gemacht werden.

§. 20. Jede Firma ist unter einer in derselben Abtheilung fortlaufenden Nummer in das Register einzutragen.

Für die eine Firma betreffenden Eintragungen sind zwei gegenüberstehende Seiten des Registers zu verwenden. Für spätere Eintragungen sind geeigneten Falls, insbesondere bei den in Abtheilung B des Registers eingetragenen Gesellschaften und juristischen Personen, die erforderlichen Seiten freizulassen.

Wird die Firma geändert, ohne dass die übrigen Eintragungen eine wesentliche Aenderung erfahren, so ist dies in der Spalte, wo die bisherige Firma eingetragen war, zu vermerken. Anderenfalls ist die neue Firma unter einer neuen Nummer an einer anderen Stelle des Registers einzutragen; dabei ist an dieser auf die bisherige Stelle und an der letzteren auf die neue Stelle zu verweisen.

§. 21. Jede Eintragung ist mit einer laufenden Nummer zu versehen und mittelst eines alle Spalten des Formulars durchschneidenden Querstrichs von der folgenden Eintragung zu trennen.

Erfolgen mehrere Eintragungen gleichzeitig, so erhalten sie nur eine laufende Nummer.

§. 22. Jeder Eintragung ist ausser der Angabe des Tages der Eintragung und ausser der Unterschrift des Gerichtsschreibers eine Verweisung auf die Stelle der Registerakten beizufügen, wo sich die zu Grunde liegende gerichtliche Verfügung befindet.

Die Eintragung ist unter Bezeichnung des Tages, an dem sie erfolgt ist, von dem Gerichtsschreiber in den Registerakten bei der gerichtlichen Verfügung zu vermerken.

§. 23. Aenderungen des Inhalts einer Eintragung sowie Löschungen sind unter einer neuen laufenden Nummer in diejenige Spalte des Registers einzutragen, in welcher sich die zu ändernde oder zu löschende Eintragung befindet. Eine Eintragung, die durch eine spätere Eintragung ihre Bedeutung verloren hat, ist nach Massgabe der Anordnung des Richters roth zu unterstreichen.

In die Abschriften aus dem Register sind die roth unterstrichenen Eintragungen nur aufzunehmen, soweit dies beantragt oder nach den Umständen angemessen ist.

§. 24. Schreibfehler und ähnliche offenbare Unrichtigkeiten, die in einer Eintragung vorkommen, sind neben dieser Eintragung in der Spalte „Bemerkungen“ nach Massgabe der Anordnung des Richters zu berichtigen. Die Berichtigung ist den Betheiligten bekannt zu machen. Die öffentliche Bekanntmachung kann unterbleiben, wenn die Berichtigung einen offenbar unwesentlichen Punkt der Eintragung betrifft.

§. 25. Erfolgt eine Eintragung auf Grund einer rechtskräftigen oder vollstreckbaren Entscheidung des Prozessgerichts, so ist dies bei der Eintragung im Register zu vermerken. Wird die Entscheidung, auf Grund deren die Eintragung erfolgt ist, aufgehoben, so ist die Aufhebung in dieselbe Spalte des Registers einzutragen.

---

*) Statt der ursprünglich genannten 56 cm sind durch Verfügung des Justizministers v. 18. Dezb. 1899 (J.M.Bl. 804) 59 cm für das Handels-, Genossenschafts- und Schiffsregister vorgeschrieben.

§. 26. Soll eine Eintragung von Amtswegen gelöscht werden, weil sie wegen Mangels einer wesentlichen Voraussetzung unzulässig war, so erfolgt die Löschung durch Eintragung des Vermerks „Von Amtswegen gelöscht".

§. 27. Wird die Hauptniederlassung eines Einzelkaufmanns oder der Sitz einer Handelsgesellschaft oder juristischen Person aus dem Bezirke des Registergerichts verlegt und besteht im Bezirke dieses Gerichts auch keine Zweigniederlassung, so sind bei der Eintragung der Verlegung in die Spalte 2 des Registers alle die Firma betreffenden Eintragungen roth zu unterstreichen.

§. 28. Sind bei den eine Firma betreffenden Eintragungen so zahlreiche Aenderungen eingetreten, dass durch die Eintragung der Aenderungen die Uebersichtlichkeit des Registers erheblich beeinträchtigt wird, so sind die noch gültigen Eintragungen unter einer neuen Nummer an eine andere Stelle des Registers zu übertragen; dabei ist an dieser auf die bisherige Nummer und Stelle und an der letzteren auf die neue Stelle zu verweisen.

Die Uebertragung ist den Betheiligten unter Mittheilung von dem Inhalte der neuen Eintragung bekannt zu machen.

Bestehen Zweifel über die Art oder den Umfang der Uebertragung, so sind die Betheiligten vorher zu hören.

II. Abtheilung A des Registers.

§. 29. 1. In Spalte 1 ist die laufende Nummer der die Firma betreffenden Eintragungen anzugeben.

2. In Spalte 2 sind die Firma, der Ort der Niederlassung, der Sitz der Gesellschaft und die darauf sich beziehenden Aenderungen einzutragen. Ebendort finden die Vermerke über Zweigniederlassungen, auch wenn diese sich im Bezirke des Registergerichts befinden oder eine andere Firma als die Hauptniederlassung haben, sowie die Vermerke über das Vorhandensein einer Hauptniederlassung ihren Platz.

3. In Spalte 3 sind der Name, Vorname, Stand und Wohnort des Einzelkaufmanns oder der persönlich haftenden Gesellschafter anzugeben.

4. Die Spalte 4 dient zur Aufnahme aller die Prokura betreffenden Eintragungen; Name, Vorname und Wohnort der Prokuristen sind anzugeben.

5. In Spalte 5 sind die der Eintragung unterliegenden Rechtsverhältnisse bei Einzelkaufleuten, z. B. die Eröffnung des Konkurses sowie das Erlöschen ihrer Firma einzutragen.

Ebendort ist bei dem Erwerbe eines Handelsgeschäfts durch einen Einzelkaufmann im Falle der Fortführung der bisherigen Firma eine von den Vorschriften des §. 25 Abs. 1 des Handelsgesetzbuchs abweichende Vereinbarung einzutragen.

6. In Spalte 6 ist zunächst zu vermerken, ob die eingetragene Gesellschaft eine offene Handelsgesellschaft oder eine Kommanditgesellschaft ist.

Sodann sind hier die der Eintragung unterliegenden Rechtsverhältnisse bei den genannten Gesellschaften, z. B. der Zeitpunkt ihres Beginns, die Eröffnung des Konkurses, die Auflösung und Fortsetzung, das Erlöschen der Firma, der Eintritt und das Ausscheiden von Gesellschaftern sowie die in §. 125 Abs. 4 des Handelsgesetzbuchs erwähnten, die Vertretungsmacht der Gesellschafter betreffenden Verhältnisse und bei Kommanditgesellschaften der Name, Vorname, Stand und Wohnort der Kommanditisten und der Betrag der Einlage eines jeden von ihnen nebst den darauf sich beziehenden Aenderungen einzutragen. Die Auflösung der Gesellschaft ist in dieser Spalte auch dann zu vermerken, wenn gleichzeitig ein Einzelkaufmann als neuer Inhaber der Firma eingetragen wird.

In Spalte 6 ist ferner bei dem Erwerb eines Handelsgeschäfts durch eine offene Handelsgesellschaft oder durch eine Kommanditgesellschaft im Falle der Fortführung der bisherigen Firma eine von den Vorschriften des §. 25 Abs. 1 des Handelsgesetzbuchs abweichende Vereinbarung und bei Eintritt eines persönlich haftenden Gesellschafters oder eines Kommanditisten in das Geschäft eines Einzelkaufmanns im Falle der Fortführung der bisherigen Firma eine von den Vorschriften des §. 28 Abs. 1 des Handelsgesetzbuchs abweichende Vereinbarung einzutragen.

In dieselbe Spalte sind die Personen der Liquidatoren unter der Bezeichnung als solche und unter Angabe des Namens, Vornamens, Standes und Wohnorts, die Bestimmung, dass sie einzeln handeln können, sowie die hierauf oder auf ihre Personen sich beziehenden Aenderungen einzutragen.

7. Die Spalte 7 ist zur Aufnahme der Verweisung auf die Registerakten, zur Angabe des Tages der Eintragung und für die Unterschrift des Gerichtsschreibers bestimmt.

8. Die Spalte 8 dient auch zu etwaigen Verweisungen auf spätere Eintragungen. Den Vermerken in dieser Spalte ist, wenn in keiner anderen Spalte gleichzeitig eine Eintragung erfolgt, das Datum und die Unterschrift des Gerichtsschreibers beizufügen.

§. 30. Wird bei dem Eintritt eines persönlich haftenden Gesellschafters oder eines Kommanditisten in das Geschäft eines Einzelkaufmanns oder bei dem Eintritt eines Gesellschafters in eine bestehende Gesellschaft die bisherige Firma nicht fortgeführt, so ist der Eintritt im Register bei der bisherigen Firma zu vermerken. Ebendort ist gegebenen Falls eine von den Vorschriften des §. 28 Abs. 1 des Handelsgesetzbuchs abweichende Vereinbarung einzutragen.

Bei der neuen Firma ist der Eintritt in Spalte 6 des Registers zu vermerken.

An der bisherigen Stelle ist auf die neue Stelle und an dieser auf die bisherige Stelle in der Spalte „Bemerkungen" zu verweisen.

§. 31. Geht die Firma eines Einzelkaufmanns, einer offenen Handelsgesellschaft oder einer Kommanditgesellschaft auf eine Handelsgesellschaft anderer Art oder auf eine juristische Person über, so ist die Firma in der Abtheilung A des Registers zu löschen und in die Abtheilung B des Registers einzutragen.

An der bisherigen Stelle ist auf die neue Stelle und an dieser auf die bisherige Stelle in der Spalte „Bemerkungen" zu verweisen.

III. Abtheilung B des Registers.

§. 32. 1. Die Spalten 1, 2 der Abtheilung B sind zu denselben Eintragungen wie die Spalten 1, 2 der Abtheilung A zu verwenden.

2. In Spalte 3 sind der Gegenstand des Unternehmens und die darauf sich beziehenden Aenderungen anzugeben.

3. In Spalte 4 ist bei Aktiengesellschaften und bei Kommanditgesellschaften auf Aktien die Höhe des Grundkapitals, bei Gesellschaften mit beschränkter Haftung die Höhe des Stammkapitals anzugeben. Ebendort sind die Erhöhung oder die Herabsetzung des Grund- oder Stammkapitals und, soweit die Eintragung der darauf gerichteten Beschlüsse gesetzlich vorgeschrieben ist, auch diese einzutragen.

4. In Spalte 5 sind bei Aktiengesellschaften und juristischen Personen die Mitglieder des Vorstandes und deren Stellvertreter, bei Kommanditgesellschaften auf

Aktien die persönlich haftenden Gesellschafter, bei Gesellschaften mit beschränkter Haftung die Geschäftsführer und deren Stellvertreter mit Namen, Vornamen, Stand und Wohnort einzutragen. Ebendort und in gleicher Weise sind die Liquidatoren unter der Bezeichnung als solche einzutragen.

5. Die Spalte 6 dient zur Aufnahme aller die Prokura betreffenden Eintragungen; Name, Vorname und Wohnort der Prokuristen sind anzugeben.

6. In Spalte 7 sind einzutragen:

a) die Art der eingetragenen Gesellschaft oder juristischen Person;

b) der Tag der Feststellung oder des Abschlusses des Gesellschaftsvertrags;

c) die besonderen Bestimmungen des Gesellschaftsvertrags oder der Satzung über die Zeitdauer der Gesellschaft oder des Unternehmens;

d) die Bestimmungen des Gesellschaftsvertrags oder der Satzung, welche die Befugniss der Mitglieder des Vorstandes, der persönlich haftenden Gesellschafter, der Geschäftsführer oder der Liquidatoren zur Vertretung der Gesellschaft oder juristischen Person abweichend von den gesetzlichen Vorschriften regeln;

e) die bei der Bestellung der Liquidatoren über ihre Vertretungsbefugniss getroffenen Bestimmungen, soweit diese von den gesetzlichen Vorschriften oder von den Bestimmungen des Gesellschaftsvertrags oder der Satzung abweichen;

f) jede Aenderung in den Personen des Vorstandes, der persönlich haftenden Gesellschafter, der Geschäftsführer oder Liquidatoren sowie jede Aenderung oder Beendigung der Vertretungsbefugniss einer dieser Personen, bei Aktiengesellschaften ausserdem die von dem Aufsichtsrath auf Grund des §. 232 Abs. 2 Satz 2 des Handelsgesetzbuchs getroffenen Anordnungen;

g) jede Aenderung des Gesellschaftsvertrags oder der Satzung, soweit sie nicht die in den Spalten 2 bis 4 eingetragenen Angaben betrifft. Bei der Eintragung genügt, soweit nicht die Abänderung die einzutragenden Angaben betrifft, eine allgemeine Bezeichnung des Gegenstandes der Aenderung; dabei ist in der Spalte „Bemerkungen“ auf die bei dem Gericht eingereichten Urkunden sowie auf die Stelle der Registerakten, wo die Urkunden sich befinden, zu verweisen.

7. In Spalte 8 sind einzutragen:

die Auflösung;

die Eröffnung, Einstellung und Aufhebung des Konkurses sowie die Aufhebung des Eröffnungsbeschlusses;

die Fortsetzung der Gesellschaft;

die Beschlüsse über den Ausschluss der Liquidation in den Fällen der §§. 304, 306 des Handelsgesetzbuchs;

die Nichtigkeit der Gesellschaft;

das Erlöschen der Firma.

8. Die Verwendung der Spalten 9 und 10 richtet sich nach den Vorschriften über die Benutzung der Spalten 7 und 8 der Abtheilung A.

§. 33. Urtheile, durch die ein in das Register eingetragener Beschluss der Generalversammlung rechtskräftig für nichtig erklärt ist, sowie die gemäss §. 144 Abs. 2 des Reichsgesetzes über die Angelegenheiten der freiwilligen Gerichtsbarkeit verfügte

Löschung eines Beschlusses sind mittelst eines Vermerkes, der den Beschluss als nichtig bezeichnet, in diejenigen Spalten des Registers einzutragen, in welche der Beschluss eingetragen war.

§. 34. Soll eine Aktiengesellschaft, eine Kommanditgesellschaft auf Aktien oder eine Gesellschaft mit beschränkter Haftung als nichtig gelöscht werden, so ist in der nach §. 142 Abs. 2, §. 144 Abs. 1 des Reichsgesetzes über die Angelegenheiten der freiwilligen Gerichtsbarkeit ergehenden Benachrichtigung, sofern der Mangel bis zur Löschung geheilt werden kann, auf diese Möglichkeit ausdrücklich hinzuweisen.

Die Löschung erfolgt durch Eintragung eines Vermerkes, der die Gesellschaft als nichtig bezeichnet. Das Gleiche gilt, wenn die Gesellschaft durch rechtskräftiges Urtheil für nichtig erklärt ist.

§. 35. Bei dem Uebergang einer in Abtheilung B eingetragenen Firma auf einen Einzelkaufmann, eine Handelsgesellschaft oder eine juristische Person ist die Firma an der bisherigen Stelle im Register zu löschen und unter einer anderen Nummer an einer neuen Stelle — und zwar im Falle des Ueberganges auf einen Einzelkaufmann, eine offene Handelsgesellschaft oder eine Kommanditgesellschaft in Abtheilung A — einzutragen; dabei ist an jeder der beiden Stellen in der Spalte „Bemerkungen" auf die andere Stelle zu verweisen.

IV. Uebergangs- und Schlussbestimmungen.

§. 36. Für die Firmen, welche vor dem 1. Januar 1900 eingetragen sind, werden die bisherigen Register bis auf Weiteres fortgeführt. Neue Eintragungen bei diesen Firmen erhalten, wenn sie in den bisherigen Registern erfolgen, an der nach den bisherigen Vorschriften dafür bestimmten Stelle ihren Platz.

Im Falle der Löschung einer in die bisherigen Register eingetragenen Firma ist von den Registergerichten, bei denen bisher ein besonderes Prokurenregister geführt wurde, in diesem zugleich das Erlöschen der für die erloschene Firma eingetragenen Prokuren zu vermerken.

§. 37. Auf eine allmähliche Uebertragung der vor dem 1. Januar 1900 eingetragenen Firmen in die neuen Register ist thunlichst Bedacht zu nehmen. In diese sind die bisherigen Eintragungen nur insoweit aufzunehmen, als es zur Darstellung des bei der Vornahme der Uebertragung vorhandenen Rechtszustandes erforderlich ist. Ist von dem Inhaber des Handelsgeschäfts eine Prokura ertheilt, so ist diese, auch wenn sie in eine besondere Abtheilung des bisherigen Registers eingetragen war, bei Uebertragung der Firma in die neuen Register mitzuübertragen.

In dem bisherigen Register ist auf die Stelle des neuen Registers, wohin die Uebertragung erfolgt ist, und an dieser Stelle in der Spalte „Bemerkungen" auf die Nummer und Stelle der bisherigen Eintragung zu verweisen. Diese ist in allen Spalten roth zu unterstreichen.

§. 38. Die Uebertragung ist mit der Angabe, in welcher Art und in welchem Umfange sie bewirkt werden soll, von dem Richter zu verfügen und von dem Gerichtsschreiber zu bewirken. Dieser hat den Uebertragungsvermerk in der Spalte „Bemerkungen" unter Angabe des Tages der Uebertragung zu unterschreiben.

§. 39. Die Uebertragung in die neuen Register muss erfolgen, wo nach den bisherigen Vorschriften eine Uebertragung an eine andere Stelle des Registers zu bewirken war. Sie ist in der Regel auch dann zu veranlassen, wenn bei einer vor dem 1. Januar 1900 eingetragenen Firma eine neue Eintragung erfolgen soll.

§. 40. Eine öffentliche Bekanntmachung der Uebertragung findet nicht statt. Ist gleichzeitig eine neue Eintragung bewirkt, so bewendet es hinsichtlich ihrer bei den allgemeinen Vorschriften über die öffentliche Bekanntmachung.

Die Uebertragung ist den Betheiligten unter Mittheilung von dem Inhalte der neuen Eintragung bekannt zu machen.

Bestehen Zweifel über die Art oder den Umfang der Uebertragung, so sind die Betheiligten vorher zu hören.

§. 41. Wird im Geltungsbereiche des Einführungsgesetzes zum Allgemeinen Deutschen Handelsgesetzbuche für das vormalige Königreich Hannover vom 5. Oktober 1864 eine vor dem 1. Januar 1900 eingetragene Firma, bei der eine Abweichung von dem ehelichen Güterrecht im Register vermerkt war, in das neue Register übertragen oder eine derartige Firma als solche eines Minderkaufmanns im bisherigen Register gelöscht, so ist in diesem bei der Uebertragung oder Löschung anzugeben, dass dadurch der Vermerk über die Abweichung von dem ehelichen Güterrechte nicht betroffen ist. Dieser Vermerk ist nicht roth zu unterstreichen.

§. 42. Eintragungen, die den Güterstand einer vor dem 1. Januar 1900 geschlossenen Ehe betreffen, sind nach Anhörung der Betheiligten von Amtswegen zu löschen, wenn das Registergericht von der Auflösung der Ehe zuverlässige Kenntniss erhält.

§. 43. Nach dem 1. Januar 1900 ist unverzüglich auf die Anmeldung derjenigen Firmen hinzuwirken, die abweichend von dem bisherigen Rechte künftig in das Register einzutragen sind.

Ebenso ist die alsbaldige Löschung derjenigen Eintragungen herbeizuführen, die auf Grund des bisherigen Landesrechts bewirkt, in Zukunft aber unzulässig sind.

Endlich ist alsbald zu veranlassen, dass die bestehenden Aktiengesellschaften und Kommanditgesellschaften auf Aktien, deren Firma aus Personennamen zusammengesetzt ist und nicht erkennen lässt, dass eine Aktiengesellschaft oder Kommanditgesellschaft auf Aktien die Inhaberin ist, eine dem §. 20 des Handelsgesetzbuchs entsprechende Bezeichnung in die Firma aufnehmen.

§. 44. Dem Registergerichte der Hauptniederlassung ist die Eintragung einer Zweigniederlassung, auch wenn sie vor dem 1. Januar 1900 erfolgt ist, behufs Eintragung eines entsprechenden Vermerkes mitzutheilen. Die Mittheilung unterbleibt, wenn die Errichtung der Zweigniederlassung bereits in dem Register der Hauptniederlassung vermerkt und dies dem Registergerichte der Zweigniederlassung bekannt ist.

§. 45. Diese Verfügung tritt am 1. Januar 1900 in Kraft.

Anlage 1.

Amtsgericht.[1])	Blätter, die neben dem Reichsanzeiger bestimmt sind, für die Bekanntmachungen		
	aus dem Handelsregister	aus dem Genossenschaftsregister	
		bei kleineren Genossenschaften.[2])	bei anderen Genossenschaften.

[1]) Der Bezeichnung des Amtsgerichts ist in Klammer diejenige des Oberlandesgerichts beizufügen, zu dessen Bezirke das Amtsgericht gehört.

[2]) Bei kleineren Genossenschaften finden die Bekanntmachungen nur in einem einzigen Blatte neben dem Reichsanzeiger statt (Genossenschaftsgesetz §. 156).

Anlage 2.

Benachrichtigung der Organe des Handelsstandes von neu eingetragenen Firmen.

In das Handelsregister des Amtsgerichts in .... sind aus dem Bezirke der .... in .... während des .... Kalendervierteljahrs 19...... folgende Firmen neu eingetragen worden:

Laufende Nummer.	Firma.	Ort der Niederlassung; Sitz der Gesellschaft.	Bezeichnung des Einzelkaufmanns oder der persönlich haftenden Gesellschafter.	Bemerkungen.

Anlage 3.

Benachrichtigung der Organe des Handelsstandes von Aenderungen der Eintragungen.

Bei den in das Handelsregister des Amtsgerichts in .... aus dem Bezirke der .... in .... eingetragenen Firmen sind während des .... Kalendervierteljahrs 19...... folgende Aenderungen der Firma, der Inhaber, der persönlich haftenden Gesellschafter, des Ortes der Niederlassung oder des Sitzes der Gesellschaft eingetragen worden:

Laufende Nummer.	Firma.	Aenderungen			Bemerkungen.
		der Firma.	der Inhaber oder der persönlich haftenden Gesellschafter.	des Ortes der Niederlassung oder des Sitzes der Gesellschaft.	

Anlage 4.

Benachrichtigung der Organe des Handelsstandes von dem Erlöschen von Firmen.

Von den in das Handelsregister des Amtsgerichts in .... aus dem Bezirke der .... in .... eingetragenen Firmen sind während des .... Kalendervierteljahrs 19...... die folgenden gelöscht worden:

Laufende Nummer.	Firma.	Bemerkungen.

Anlage 5.

Handelsregister

des

Königlichen Amtsgerichts in Stettin

Abtheilung A.

Band I.

1.	2.	3.	4.	5.
Nummer der Eintragung.	Firma; Ort der Niederlassung; Sitz der Gesellschaft.	Bezeichnung des Einzelkaufmanns oder der persönlich haftenden Gesellschafter.	Prokura.	Rechtsverhältnisse bei Einzelkaufleuten.
1.	Johann Müller, Stettin.	Johann Christian Müller, Kaufmann, Stettin.		
2.	In Heringsdorf ist eine Zweigniederlassung errichtet.			
3.	Die Firma ist in: Johann Christian Müller geändert.			
4.		Anton Bolte, Kaufmann, Stettin.		Der Uebergang der in dem Betriebe des Geschäfts begründeten Forderungen ist bei dem Erwerbe des Geschäfts durch Anton Bolte ausgeschlossen.
5.		Georg Danz, Kaufmann, Stettin.		
6.		Hermann Franke, Kaufmann, Stettin.	Dem Engelbert Kleine und dem Ferdinand Lampe, beiden in Stettin, ist Gesammtprokura ertheilt. Ein Jeder von ihnen ist auch in Gemeinschaft mit einem der Gesellschafter Danz und Franke zur Vertretung der Gesellschaft ermächtigt.	
7.			Die Prokura des Engelbert Kleine und des Ferdinand Lampe ist erloschen.	

Fortsetzung der Eintragungen s. S.

Nummer der Firma 1.

6.	7.	8.
Rechtsverhältnisse bei Handelsgesellschaften.	Geschäftsnummer; Tag der Eintragung; Unterschrift.	Bemerkungen.
	2 H R A 1. 1. 2. Januar 1900. N. N.	
	2 H R A 1. 3. 3. April 1900. N. N.	
	2 H R A 1. 6. 10. Juli 1900. N. N.	
	2 H R A 1. 10. 31. Januar 1901. N. N.	
Offene Handelsgesellschaft. Georg Danz ist in das Geschäft als persönlich haftender Gesellschafter eingetreten. Die Gesellschaft hat am 6. März 1901 begonnen.	2 H R A 1. 11. 7. März 1901. N. N.	
Hermann Franke ist in die Gesellchaft als persönlich haftender Gesellschafter eingetreten. Er und der Gesellschafter Georg Danz sind nur in Gemeinschaft oder in Gemeinschaft mit einem Prokuristen zur Vertretung der Gesellschaft ermächtigt.	2 H R A 1. 15. 2. April 1902. N. N.	
Kommanditgesellschaft. Die Kaufleute Anton Gabriel in Berlin und Adolf Otto in Stettin sind in die Gesellschaft als Kommanditisten mit einer Einlage von je 50000 Mark eingetreten. Georg Danz und Hermann Franke sind unbeschränkt zur Vertretung der Gesellschaft ermächtigt.	2 H R A 1. 20. 3. Juli 1904. N. N.	

Anlage 6.

Handelsregister

des

Königlichen Amtsgerichts in .... Hannover. ....

Abtheilung B.

Band I.

1.	2.	3.	4.	5.	6.
Nummer der Eintragung.	Firma und Sitz.	Gegenstand des Unternehmens.	Grund- oder Stamm-Kapital.	Vorstand; persönlich haftende Gesellschafter; Geschäftsführer; Liquidatoren.	Prokura.
1.	Gas- und Elektrizitätswerke Hannover, Aktiengesellschaft. Hannover.	Die Erbauung und der Betrieb von Gas- und Elektrizitätsanstalten innerhalb des Deutschen Reichs.	1 000 000 Mark.	Albert Merten, Kommerzienrath, Hannover. Ernst Kluge, Fabrikant, Linden. Johannes Wilke, Techniker, Hannover.	
2.					Dem Hermann Werner in Hannover ist Prokura ertheilt.
3.		Nach dem Beschlusse der Generalversammlung vom 28. Mai 1905 ist auch die Erbauung und der Betrieb von Gas- und Elektrizitätsanstalten ausserhalb des Deutschen Reichs Gegenstand des Unternehmens.			
4.			Nach dem Beschlusse der Generalversammlung vom 3. Mai 1906 soll das Grundkapital um 300 000 Mark erhöht werden.		
5.			Das Grundkapital ist um 300 000 Mark erhöht und beträgt jetzt 1 300 000 Mark.	Wilhelm Krüger, Fabrikant, Hannover.	
6.				Die bisherigen Vorstandsmitglieder sind Liquidatoren.	Die Prokura des Hermann Werner ist erloschen.

Nummer der Firma 6.

7.	8.	9.	10.
Gesellschaftsvertrag oder Satzung; Vertretungsbefugniss.	Auflösung; Konkurs; Fortsetzung; Nichtigkeit; Erlöschen der Firma.	Geschäftsnummer; Tag der Eintragung; Unterschrift.	Bemerkungen.
Aktiengesellschaft. Der Gesellschaftsvertrag ist am 5. Januar 1900 festgestellt. Jedem Mitgliede des Vorstandes steht nach dem Gesellschaftsvertrage die selbständige Vertretung der Gesellschaft zu.		2 H R B 6. 1. 1. März 1900. N. N.	
		2 H R B 6. 4. 4. April 1902. N. N.	
Durch den Beschluss der Generalversammlung vom 28. Mai 1905 ist die Form, in der die von der Gesellschaft ausgehenden Bekanntmachungen erfolgen, geändert.		2 H R B 6. 10. 26. Juni 1905. N. N.	Das über die Generalversammlung vom 28. Mai 1905 aufgenommene Protokoll befindet sich Bl. 66 der Registerakten.
		2 H R B 6. 15. 20. Mai 1906. N. N.	
Ernst Kluge ist aus dem Vorstand ausgeschieden und an seiner Stelle Wilhelm Krüger zum Vorstandsmitgliede bestellt.		2 H R B 6. 16. 6. Oktober 1906. N. N.	
Die Gesellschaft wird durch je zwei Liquidatoren vertreten.	Durch den Beschluss der Generalversammlung vom 12. Mai 1910 ist die Gesellschaft aufgelöst.	2 H R B 6. 26. 10. August 1910. N. N.	

4. Verfügung des Preussischen Justizministers über die Führung des Genossenschaftsregisters.

Vom 8. November 1899. (J.M.Bl. 334).

In Ergänzung der vom Bundesrathe beschlossenen, vom Reichskanzler durch Bekanntmachung vom 1. Juli 1899 (Reichs-Gesetzbl. S. 347) veröffentlichten Bestimmungen über die Führung des Genossenschaftsregisters wird Folgendes angeordnet:

Art. 1. Die Obliegenheiten des Richters und des Gerichtsschreibers bei der Führung des Genossenschaftsregisters bestimmen sich nach den Vorschriften der §§. 1, 2, des §. 3 Satz 1, der §§. 6 bis 8, des §. 12 Abs. 4, des §. 13 der Allgemeinen Verfügung vom 7. November 1899 über die Führung des Handelsregisters (Just.-Minist.-Bl. S. 313).

Diese Vorschriften finden auf die Führung der Liste der Genossen entsprechende Anwendung.

Art. 2. Das Genossenschaftsregister wird nach dem nachstehend abgedruckten Formulare geführt. Als Blatt (§. 12 Abs. 2 der Bekanntmachung vom 1. Juli 1899) gelten zwei gegenüberstehende Seiten des Registers.

Auf die Führung finden die §§. 18 bis 21, der §. 22 Abs. 2 und die §§. 23, 25, 28 der Allgemeinen Verfügung vom 7. November 1899 entsprechende Anwendung.

Art. 3. 1. In Spalte 1 ist die laufende Nummer der die Genossenschaft betreffenden Eintragungen anzugeben.

2. In Spalte 2 sind die Firma (einschliesslich der voll auszuschreibenden zusätzlichen Bezeichnung über die Art der Haftung), der Sitz der Genossenschaft und die darauf sich beziehenden Aenderungen einzutragen. Ebendort finden die Vermerke über Zweigniederlassungen sowie die Vermerke über das Vorhandensein einer Hauptniederlassung (§. 19 der Bekanntmachung vom 1. Juli 1899) ihren Platz.

3. In Spalte 3 sind der Gegenstand des Unternehmens und die darauf sich beziehenden Aenderungen anzugeben.

4. In Spalte 4, die nur bei Genossenschaften mit beschränkter Haftpflicht zur Ausfüllung kommen kann, sind die Höhe der Haftsumme und im Falle des §. 134 des Genossenschaftsgesetzes die höchste Zahl der Geschäftsantheile aufzunehmen, auf welche ein Genosse sich betheiligen kann. Eine Erhöhung oder Herabsetzung der Haftsumme ist gleichfalls hier einzutragen.

5. In Spalte 5 sind die Mitglieder des Vorstandes und deren Stellvertreter unter Angabe des Familiennamens, Vornamens, Berufs und Wohnorts einzutragen. Ebendort und in gleicher Weise sind die Liquidatoren unter der Bezeichnung als solche einzutragen.

6. In Spalte 6 sind einzutragen:

a) das Datum des Statuts;

b) die Form, in welcher die von der Genossenschaft ausgehenden Bekanntmachungen erfolgen, sowie die öffentlichen Blätter, in welche dieselben aufzunehmen sind;

c) die Zeitdauer der Genossenschaft, falls dieselbe auf eine bestimmte Zeit beschränkt ist;

d) das Geschäftsjahr, falls es, abgesehen von dem ersten, auf ein mit dem

Kalenderjahre nicht zusammenfallendes Jahr oder auf eine kürzere Dauer als auf ein Jahr, bemessen ist;

e) die etwaige Bestimmung des Statuts über die Form, in welcher der Vorstand seine Willenserklärung kund giebt und für die Genossenschaft zeichnet, sowie die bei der Bestellung von Liquidatoren getroffene Bestimmung über die Form der Willenserklärung und die Zeichnung (§. 20 Abs. 3 der Bekanntmachung vom 1. Juli 1899), desgleichen etwaige Aenderungen dieser Bestimmungen;

f) jede Aenderung in den Personen des Vorstandes oder der Liquidatoren sowie die Beendigung der Vertretungsbefugniss des Vorstandes oder der Liquidatoren.

Ferner ist in Spalte 6 einzutragen jede Aenderung des Statuts (§§. 16, 17 der Bekanntmachung vom 1. Juli 1899), soweit sie nicht die in den Spalten 2 bis 4 eingetragenen Angaben betrifft.

Jeder Eintragung in Spalte 6 ist derjenige kleine lateinische Buchstabe voranzustellen, mit welchem vorstehend sowie in der Ueberschrift der Spalte der Gegenstand bezeichnet ist, auf den die Aenderung sich bezieht.

7. In Spalte 7 sind einzutragen:

die Auflösung;

die Eröffnung, Einstellung und Aufhebung des Konkursverfahrens sowie die Aufhebung des Eröffnungsbeschlusses;

die Fortsetzung der Genossenschaft;

die Nichtigkeit der Genossenschaft.

8. Die Spalte 8 ist zur Aufnahme der Verweisung auf die Registerakten, zur Angabe des Tages der Eintragung und für die Unterschrift des Gerichtsschreibers bestimmt (§. 14 der Bekanntmachung vom 1. Juli 1899).

9. Die Spalte 9 dient auch zu etwaigen Verweisungen auf spätere Eintragungen. Den Vermerken in dieser Spalte ist, wenn in keiner anderen Spalte gleichzeitig eine Eintragung erfolgt, das Datum sowie die Unterschrift des Gerichtsschreibers beizufügen

10. Soll ein Beschluss der Generalversammlung als nichtig gelöscht werden (§. 23 der Bekanntmachung vom 1. Juli 1899), so erfolgt die Eintragung des den Beschluss als nichtig bezeichnenden Vermerkes in derselben Spalte, in welcher der Beschluss eingetragen ist.

Art. 4. Von der Bestimmung der Blätter für die Bekanntmachungen aus dem Genossenschaftsregister (§. 5 der Bekanntmachung vom 1. Juli 1899) ist dem Reichs-Justizamt in der im §. 10 der Allgemeinen Verfügung vom 7. November 1899 bezeichneten Weise Mittheilung zu machen.

Art. 5. Bei der Fassung der Bekanntmachungen sind die im §. 12 Abs. 1 bis 3 der Allgemeinen Verfügung vom 7. November 1899 gegebenen Anweisungen zu beachten.

Art. 6. Gehört ein Ort oder eine Gemeinde (§. 3 Abs. 2 des Genossenschaftsgesetzes) zu den Bezirken verschiedener Registergerichte, so hat jedes Registergericht die Firmen der an dem Orte oder in der Gemeinde bestehenden eingetragenen Genossenschaften, soweit dies noch nicht geschehen ist, den anderen betheiligten Registergerichten mitzutheilen und diese von jeder entsprechenden neuen Eintragung sowie von jeder Aenderung und Löschung der Genossenschaften unverzüglich zu benachrichtigen. Dies gilt auch dann, wenn der betreffende Ort zu mehreren Bundesstaaten gehört.

Art. 7. Für die Genossenschaften, welche vor dem 1. Januar 1900 eingetragen sind, werden die bisherigen Register bis auf Weiteres fortgeführt. Neue Eintragungen bei diesen Genossenschaften erhalten, wenn sie in den bisherigen Registern erfolgen, an der nach den bisherigen Vorschriften dafür bestimmten Stelle ihren Platz.

Die Uebertragung der vor dem 1. Januar 1900 eingetragenen Genossenschaften in die neuen Register erfolgt unter entsprechender Anwendung der §§. 37 bis 40 der Allgemeinen Verfügung vom 7. November 1899.

Art. 8. Diese Verfügung tritt am 1. Januar 1900 in Kraft.

Genossenschaftsregister

des

Königlichen Amtsgerichts in .... Buchhain. ....

Band I.

1.	2.	3.	4.	5.
Nummer der Eintragung.	Firma und Sitz.	Gegenstand des Unternehmens.	Bei Genossenschaften mit beschränkter Haftpflicht: Haftsumme; höchste Zahl der Geschäftsantheile.	Vorstand; Liquidatoren.
1.	Vorschussverein, eingetragene Genossenschaft mit beschränkter Haftpflicht, Hermannsdorf.	Betrieb von Bankgeschäften zum Zwecke der Beschaffung der im Gewerbe und in der Wirthschaft der Mitglieder nöthigen Geldmittel.	300 Mark. 10 Geschäftsantheile.	Karl Schulze, Bauer, Wilhelm Müller, Gastwirth, Friedrich Schmidt, Lehrer, Hermannsdorf.
2.			Die Haftsumme ist auf 600 Mark erhöht durch Beschluss der Generalversammlung vom 20. Dezember 1900.	
3.				Friedrich Braun, Bauer, Hermannsdorf.
4.			Der Generalversammlungsbeschluss vom 20. Dezember 1900 ist durch rechtskräftiges Urtheil des Landgerichts in Brieg vom 15. Juli 1901 für nichtig erklärt; die Haftsumme beträgt sonach nur 300 Mark.	
5.				Die bisherigen Vorstandsmitglieder sind Liquidatoren.
6.				Friedrich Weiss, Schmiedemeister, Hermannsdorf, ist Liquidator.

Nummer der Genossenschaft ......4......

6.	7.	8.	9.
a) Statut; b) Form der Bekanntmachungen; c) Zeitdauer; d) Geschäftsjahr; e) Form für die Willenserklärungen des Vorstandes und der Liquidatoren; f) Vertretungsbefugniss.	Auflösung; Konkurs; Fortsetzung; Nichtigkeit.	Geschäftsnummer; Tag der Eintragung; Unterschrift des Gerichtsschreibers.	Bemerkungen.
a) Statut vom 17. Juli 1900. b) Bekanntmachungen erfolgen unter der Firma im Buchhainer Kreisblatt und der Schlesischen Zeitung. e) Die Willenserklärungen des Vorstandes erfolgen durch mindestens zwei Mitglieder; die Zeichnung geschieht, indem zwei Mitglieder der Firma ihre Namensunterschrift beifügen.		2 Gn R 4. 1. 20. Juli 1900. N. N.	Das Statut befindet sich Bl. 2 der Registerakten.
		2 Gn R 4. 7. 27. Dezember 1900. N. N.	Der Generalversammlungsbeschluss befindet sich Bl. 6 der Registerakten.
f) Der Bauer Karl Schulze ist aus dem Vorstand ausgetreten und an seine Stelle der Bauer Friedrich Braun in den Vorstand gewählt.		2 Gn R 4. 8. 5. Januar 1901. N. N.	
		2 Gn R 4. 17. 1. August 1901. N. N.	
	Die Genossenschaft ist durch Beschluss der Generalversammlung vom 1. September 1901 aufgelöst.	2 Gn R 4. 21. 3. September 1901. N. N.	Der Beschluss befindet sich Bl. 15 der Registerakten.
f) Der Gastwirth Wilhelm Müller ist durch Verfügung des Amtsgerichts in Buchhain vom 10. Dezember 1901 abberufen und an seiner Stelle der Schmiedemeister Friedrich Weiss zum Liquidator bestellt.		2 Gn R 4. 25. 12. Dezember 1901. N. N.	

5. Verfügung des Preussischen Justizministers über die Führung des Schiffsregisters.

Vom 11. Dezember 1899. (J.M.Bl. 753.)

I. Allgemeines.

§. 1. Die Anzeigen, welche sich auf die Eintragung des Schiffes in das Schiffsregister, die Veränderungen in den eingetragenen Thatsachen und Rechtsverhältnissen (§. 13 des Flaggengesetzes vom 22. Juni 1899, §. 126 des Gesetzes, betreffend die privatrechtlichen Verhältnisse der Binnenschiffahrt) oder die Löschung des Schiffes im Register beziehen, bedürfen keiner besonderen Form; sie können zum Protokolle des Gerichtsschreibers erfolgen.

§. 2. Die Bearbeitung der Registersachen, insbesondere die Eintragung des Schiffes in das Register, die Ausstellung und Ertheilung der Schiffs-Zertifikate und der Schiffsbriefe sowie die Aushändigung der Schiffsmessbriefe ist zu beschleunigen.

§. 3. Die Obliegenheiten des Richters und des Gerichtsschreibers bei der Führung des Schiffsregisters und bei den auf die Eintragungen bezüglichen Verhandlungen sowie in Betreff der Vorlegung des Registers bestimmen sich, soweit nicht durch Reichsgesetz oder durch Artikel 29 des Preussischen Gesetzes über die freiwillige Gerichtsbarkeit besondere Anordnungen getroffen sind, nach den für das Handelsregister geltenden Vorschriften.

Der Richter hat die im §. 8 dieser Verfügung und im §. 164 des Reichsgesetzes über die Zwangsversteigerung und die Zwangsverwaltung erwähnten Bescheinigungen und Zeugnisse auszustellen.

Wird eine Erklärung, welche der im §. 107 des Reichsgesetzes über die Angelegenheiten der freiwilligen Gerichtsbarkeit vorgeschriebenen Form bedarf, vor dem Registergericht abgegeben, so ist das Protokoll von dem Richter aufzunehmen.

§. 4. Die Entgegennahme eines auf eine Eintragung gerichteten Antrags oder Ersuchens sowie die Beurkundung des Zeitpunkts, in welchem der Antrag oder das Ersuchen bei dem Registergericht eingeht, sollen, wenn der Antrag oder das Ersuchen in Ansehung eines Pfandrechts an einem Schiffe gestellt wird, nur durch die mit der Führung des Registers über das betreffende Schiff beauftragten Beamten, und zwar entweder durch den Richter oder durch den Gerichtsschreiber, erfolgen.

Bezieht sich der Antrag oder das Ersuchen auf mehrere Schiffe, in Ansehung deren die Führung des Registers verschiedenen Beamten obliegt, so kann die Entgegennahme oder die Beurkundung durch jeden dieser Beamten erfolgen.

§. 5. Der nach §. 120 Abs. 2 des Reichsgesetzes über die Angelegenheiten der freiwilligen Gerichtsbarkeit auf eine Urkunde über die Pfandforderung zu setzende Vermerk ist von dem Richter und dem Gerichtsschreiber zu unterschreiben.

§. 6. Die Eintragungen in das Register sind, auch soweit sie sich nicht auf Pfandrechte beziehen, den im §. 121 des Reichsgesetzes über die Angelegenheiten der freiwilligen Gerichtsbarkeit bezeichneten Personen bekannt zu machen. Auf die Bekanntmachung kann verzichtet werden.

Die Bekanntmachung ist von dem Richter zu verfügen und von dem Gerichtsschreiber unter seiner Unterschrift herbeizuführen. Der Gerichtsschreiber hat bei der gerichtlichen Verfügung zu vermerken, wem die Bekanntmachung zur Beförderung übergeben und wann die Uebergabe erfolgt ist.

Eine öffentliche Bekanntmachung der Eintragungen findet nicht statt.

§. 7. Wird eine Eintragung abgelehnt, so sind die Gründe der Ablehnung mitzutheilen.

§. 8. Das Gericht hat auf Verlangen eine Bescheinigung darüber zu ertheilen, dass bezüglich des Gegenstandes einer Eintragung weitere Eintragungen nicht vorhanden sind oder dass eine bestimmte Eintragung nicht erfolgt ist.

§. 9. In die Abschriften aus dem Register sind die roth unterstrichenen Eintragungen nur aufzunehmen, soweit dies beantragt oder nach den Umständen angemessen ist.

Soll eine beglaubigte Abschrift nur von einem Theile des Registerblatts ertheilt werden, so sind in die Abschrift diejenigen Eintragungen aufzunehmen, welche den Gegenstand betreffen, auf den sich die Abschrift beziehen soll. In dem Beglaubigungsvermerk ist der Gegenstand anzugeben und zu bezeugen, dass weitere den Gegenstand betreffende Eintragungen in dem Register nicht enthalten sind.

§. 10. Für jedes Schiff werden nach den Vorschriften der Geschäftsordnung für die Gerichtsschreibereien der Amtsgerichte besondere Akten gehalten.

Werden Urkunden, auf die eine Eintragung sich gründet oder Bezug nimmt, zurückgegeben, so ist eine beglaubigte Abschrift zurückzubehalten. In der Abschrift können diejenigen Theile der Urkunde, welche für die Führung des Schiffsregisters ohne Bedeutung sind, weggelassen werden; der Richter bestimmt den Umfang der Abschrift.

Ist die Urkunde in anderen der Vernichtung nicht unterliegenden Akten des Amtsgerichts enthalten, so genügt eine Verweisung auf die anderen Akten.

§. 11. Im Falle der Verlegung des Heimathshafens oder des Heimathsorts aus dem Registerbezirke sind der neuen Registerbehörde ausser dem Schiffs-Zertifikat oder dem Schiffsbrief und ausser einer beglaubigten Abschrift des Registerinhalts auch die Registerakten zu übersenden.

Ist mit der Verlegung des Heimathshafens oder des Heimathsorts ein Eigenthumswechsel verbunden, so hat das bisherige Registergericht die Eintragung des neuen Eigenthümers zu bewirken und diese nicht der neuen Registerbehörde zu überlassen.

§. 12. Die Schiffsregister werden in einem oder mehreren dauerhaft gebundenen Bänden geführt. Es ist dazu Papier der Verwendungsklasse 2a (vergl. die Allgemeine Verfügung vom 2. Januar 1892, betreffend das für den Amtsgebrauch anzuschaffende Papier, — Just.-Minist.-Bl. S. 9) von einer Bogengrösse von 46×59*) cm zu verwenden.

Jeder Band des Seeschiffsregisters und des Binnenschiffsregisters erhält entsprechend der Reihenfolge der Anlegung eine römische Ziffer und ist mit laufenden Seitenzahlen zu versehen.

§. 13. Jedes Schiff erhält ein besonderes Blatt, jedes Blatt eine besondere Ordnungsnummer. Diese bestimmt sich nach der Reihenfolge der unter fortlaufender Zahl zu bewirkenden Eintragungen.

§. 14. Die Eintragungen sind deutlich und ohne Abkürzungen zu schreiben; in dem Register darf nichts radirt oder sonst unleserlich gemacht werden.

Eine Eintragung, die durch eine spätere Eintragung ihre Bedeutung verloren hat, ist nach Massgabe der Anordnung des Richters roth zu unterstreichen.

*) Statt der ursprünglich genannten 56 cm sind durch Verfügung des Justizministers v. 18. Dezb. 1899 (J.M.Bl. 804) 59 cm vorgeschrieben.

§. 15. Schreibfehler und ähnliche offenbare Unrichtigkeiten, die in einer Eintragung vorkommen, sind nach Massgabe der Anordnung des Richters in derselben Spalte zu berichtigen. Die Berichtigung ist den Betheiligten bekannt zu machen und baldthunlichst auf den Schiffsurkunden zu vermerken.

§. 16. Jeder Eintragung ist ausser der Angabe des Tages der Eintragung und ausser der Unterschrift des Richters und des Gerichtsschreibers eine Verweisung auf die Stelle der Registerakten beizufügen, wo sich die zu Grunde liegende Verfügung befindet.

Die Eintragung ist unter Bezeichnung des Tages, an dem sie erfolgt ist, von dem Gerichtsschreiber in den Registerakten bei der gerichtlichen Verfügung zu vermerken.

§. 17. Zur Bezeichnung der Berechtigten sind im Register anzugeben:

1. bei natürlichen Personen der Name (Vorname, Familienname), der Stand, der Beruf sowie der Wohnort und, soweit diese Angaben nicht thunlich oder nicht ausreichend sind, andere die Berechtigten deutlich kennzeichnende Merkmale;
2. bei Handelsgesellschaften, bei eingetragenen Genossenschaften und juristischen Personen anderer Art die Firma oder der Name und der Sitz.

Ausserdem sind bei der Eintragung der Rheder in das Seeschiffsregister die Vorschriften des §. 7 Nr. 5 des Flaggengesetzes zu beachten.

II. Seeschiffsregister.

§. 18. Die Führung des Seeschiffsregisters wird den Amtsgerichten in Memel, Königsberg i. Pr., Elbing, Danzig, Stettin, Kiel, Altona, Itzehoe, Schleswig, Flensburg, Harburg, Geestemünde und Emden für diejenigen Amtsgerichtsbezirke übertragen, für welche das Schiffsregister bisher bei ihnen geführt wurde.

Ausserdem wird die Führung des Seeschiffsregisters

für den Bezirk des Amtsgerichts in Bergen a. Rügen dem Amtsgericht in Stralsund,

für die an dem Dortmund-Ems-Kanale belegenen Amtsgerichtsbezirke dem Amtsgericht in Emden,

für die am Rheine belegenen, zu den Landgerichtsbezirken Cleve, Düsseldorf und Duisburg gehörigen Amtsgerichtsbezirke dem Amtsgericht in Düsseldorf,

für die übrigen am Rheine belegenen Amtsgerichtsbezirke dem Amtsgericht in Cöln

übertragen.

Im Uebrigen wird das Seeschiffsregister, unbeschadet der Vorschrift des §. 6 Abs. 2 Satz 1 des Flaggengesetzes, von dem Amtsgerichte geführt, zu dessen Bezirke der Hafen gehört, von welchem aus, als dem Heimathshafen, die Seefahrt mit dem Schiffe betrieben werden soll.

Anlage 1. §. 19. Das Seeschiffsregister wird nach dem anliegenden Formular eingerichtet.

§. 20. In Spalte 1 ist ausser dem Namen, den das Schiff zur Zeit der Eintragung führt, auch der etwaige frühere Name anzugeben, wenn das Schiff unter diesem Namen vorher in das Register einer deutschen Registerbehörde eingetragen war. Erhält das Schiff nach seiner Eintragung einen anderen Namen, so ist auch dieser Name in Spalte 1 zu vermerken.

Die das Unterscheidungssignal bildenden vier Buchstaben sind unmittelbar unter dem Worte „Unterscheidungssignal“ einzutragen.

§. 21. In Spalte 2 ist die Gattung des Schiffes mit den für die Bezeichnung üblichen Ausdrücken anzugeben. Erfährt die Gattung des Schiffes eine Veränderung, so ist auch die neue Gattung in Spalte 2 zu vermerken.

§. 22. In Spalte 3 sind die Ergebnisse der Vermessung auf Grund des Schiffsmessbriefs nach Massgabe der Bekanntmachung des Reichskanzlers vom 10. November 1899, betreffend die Ausführungsbestimmungen zum §. 25 des Flaggengesetzes (Just.-Minist.-Bl. S. 741) einzutragen. Das Datum des Messbriefs und die Behörde, die ihn ausgestellt hat, sind anzugeben.

Hat die Vermessung im Inlande noch nicht stattfinden können, so ist das Wort „amtlichen“ in der Spaltenübersicht zu streichen.

Wird das Schiff demnächst einer amtlichen Vermessung im Inland unterzogen, so ist auf ihr in Spalte 10 einzutragendes Ergebniss durch einen Vermerk in Spalte 3 hinzuweisen.

Ein entsprechender Vermerk ist in Spalte 3 aufzunehmen, wenn eine wiederholte amtliche Vermessung zu einem von der früheren amtlichen Vermessung abweichenden Ergebnisse geführt hat.

§. 23. In Spalte 4 ist auch die Werft, auf der das Schiff gebaut ist, anzugeben. Sind Zeit und Ort der Erbauung nicht ohne unverhältnissmässige Weiterungen zu ermitteln, so genügt eine allgemeine Angabe mit der Bemerkung, dass die betreffende Thatsache nicht festgestellt sei.

§. 24. In Spalte 5 ist der Hafen einzutragen, von welchem aus, als dem Heimathshafen, die Seefahrt mit dem Schiffe betrieben werden soll.

Erhält das Schiff später einen anderen im Bezirke des Registergerichts belegenen Heimathshafen, so ist auch dieser in Spalte 5 anzugeben.

Liegt der neue Heimathshafen in einem anderen Registerbezirke, so ist bei der neuen Eintragung auch der frühere Heimathshafen in Spalte 5 zu vermerken; die neue Eintragung erfolgt von Amtswegen.

§. 25. In Spalte 6 ist der Korrespondentrheder gemäss §. 17 zu bezeichnen. Ist ein Korrespondentrheder nicht vorhanden, so ist der obere Theil der Spalte durch einen wagerechten Strich auszufüllen. Wird später ein Korrespondentrheder bestellt, so ist er in dem unteren Theile der Spalte einzutragen. Tritt ein Wechsel in der Person des Korrespondentrheders ein oder erfahren die zur Bezeichnung des Korrespondentrheders eingetragenen Angaben eine Veränderung, so ist ein entsprechender Vermerk in Spalte 6 aufzunehmen.

§. 26. Die Spalte 7 ist ausser zur Angabe des Tages der Eintragung auch zur Aufnahme der Verweisung auf die Registerakten bei der Eintragung des Schiffes bestimmt. War das Schiff schon vorher in das Register einer deutschen Registerbehörde eingetragen, so ist in Spalte 7 auch die frühere Eintragung zu vermerken.

§. 27. Die Spalte 8 dient zur Darstellung der zur Zeit der Eintragung des Schiffes vorhandenen Eigenthumsverhältnisse und ist für die Unterschriften des Richters und des Gerichtsschreibers bei der Eintragung des Schiffes bestimmt.

Die Unterspalte a ist nur auszufüllen, wenn eine Rhederei besteht. In diesem Falle erhält jeder Mitrheder eine fortlaufende Nummer. Gehören zu den Mitrhedern offene Handelsgesellschaften, Kommanditgesellschaften oder Kommanditgesellschaften auf Aktien, so ist den Namen der persönlich haftenden Gesellschafter eine besondere Nummer nicht beizufügen.

In Unterspalte b ist der Name und die nähere Bezeichnung der Rheder gemäss den Vorschriften des §. 17 einzutragen. Dem Namen der natürlichen Personen ist die Bezeichnung als „deutscher Reichsangehöriger“ beizufügen.

In Unterspalte c ist bei einer Rhederei die Grösse der den einzelnen Mitrhedern gehörenden Schiffsparten in Form eines Bruches zu vermerken. Verringert sich später die Grösse einer Schiffspart, so ist unter der bisherigen Eintragung die dem Mitrheder noch gehörende Schiffspart anzugeben.

In Unterspalte d ist der Rechtsgrund, auf welchem die Erwerbung des Schiffes beruht, und bei einer Rhederei neben der in der Unterspalte b erfolgten Bezeichnung jedes Mitrheders der Rechtsgrund, auf welchem die Erwerbung seiner Schiffspart beruht, unter Bezeichnung der darüber beigebrachten Urkunden einzutragen.

§. 28. In Spalte 9 sind die Veränderungen in den Eigenthumsverhältnissen einzutragen. Jede Eintragung erhält eine fortlaufende Nummer. In Unterspalte b ist auf die Stelle der durch die Aenderung betroffenen früheren Eintragung hinzuweisen. Die Ausfüllung der Unterspalten c bis e hat bei dem Uebergange des Eigenthums an einem Schiffe oder an einer Schiffspart nach den Vorschriften über die Ausfüllung der Spalte 8 zu erfolgen. Andere Aenderungen in den die Eigenthumsverhältnisse betreffenden eingetragenen Thatsachen, z. B. Aenderungen des Namens oder des Wohnorts eines Rheders, sind in Unterspalte c einzutragen.

Verliert der Eigenthümer einer Schiffspart die Reichsangehörigkeit oder geht eine im Eigenthum eines Reichsangehörigen stehende Schiffspart in anderer Weise als durch Veräusserung (Handelsgesetzbuch §. 503) auf einen Ausländer über, so ist, wenn die Schiffsparten der übrigen Mitrheder wenigstens zwei Drittheile des Schiffes umfassen, der Zeitpunkt des Verlustes oder des Ueberganges sowie die nunmehrige Staatsangehörigkeit des Eigenthümers der Schiffspart in Spalte 9 bei der Eintragung der Veränderung zu vermerken.

§. 29. In Spalte 10 sind die Veränderungen der in den Spalten 1 bis 3, 5 und 6 eingetragenen Thatsachen, auch wenn in diesen Spalten selbst die Veränderungen vermerkt werden, einzutragen. Jede Eintragung erhält eine fortlaufende Nummer. In der Unterspalte b ist auf die Stelle der durch die Aenderung betroffenen früheren Eintragung hinzuweisen. Bei der Eintragung einer amtlichen Vermessung ist die Vorschrift des §. 2 Abs. 3 der Bekanntmachung des Reichskanzlers, betreffend die Ausführungsbestimmungen zum §. 25 des Flaggengesetzes, zu beachten.

§. 30. In Spalte 11 ist bei der Löschung des Schiffes im Register auch deren Grund anzugeben. In dieselbe Spalte ist bei der Verlegung des Heimathshafens aus dem Registerbezirk ausser der Verlegung ein Vermerk, durch den das Registerblatt geschlossen wird, einzutragen.

Sind Pfandrechte eingetragen, so sind die Pfandgläubiger, deren Aufenthalt bekannt ist, von der beabsichtigten Löschung unter Bestimmung einer angemessenen Frist zur Geltendmachung eines Widerspruchs zu benachrichtigen. Die Löschung darf erst nach dem Ablaufe der Frist erfolgen.

§. 31. In Spalte 12 werden die Pfandrechte an dem Schiffe eingetragen; die Vorschriften über die Eintragungen in die dritte Abtheilung des Grundbuchs finden entsprechende Anwendung.

In Unterspalte c ist, wenn eine Rhederei besteht, bei jeder Eintragung anzugeben, ob sich das Pfandrecht auf das ganze Schiff oder nur auf eine Schiffspart erstreckt; im letzteren Falle ist die Schiffspart zu bezeichnen.

In Unterspalte d ist auch die Löschung der eingetragenen Veränderungen durch Eintragung eines entsprechenden Vermerkes zu bewirken.

Ueber jeder Eintragung in den Unterspalten d und e ist anzugeben, auf welche andere Eintragung sie sich bezieht.

Die Unterspalte c dient auch zur Eintragung des Versteigerungsvermerkes, die Unterspalte e auch zur Löschung dieses Vermerkes.

§. 32. Die Oberlandesgerichtspräsidenten bestimmen für die Registergerichte des Oberlandesgerichtsbezirkes, wie viele Seiten bei der Einrichtung des Seeschiffsregisters je für die Spalten 8, 9, 10 und 11, 12 des Registers zu verwenden sind.

§. 33. Auf Antrag des Rheders kann, wenn gleichzeitig eine Veränderung in den Spalten 9 oder 10 des Registers eingetragen werden soll, das Schiff auf ein anderes Blatt unter einer neuen Ordnungsnummer übertragen werden. Die Uebertragung ist von Amtswegen zu bewirken, wenn das bisherige Registerblatt unübersichtlich geworden ist. Sie darf immer nur dann erfolgen, wenn das Schiffs-Zertifikat eingereicht oder die Einreichung behufs Ausstellung eines neuen Zertifikats nicht erforderlich ist (§. 43).

Bei der Uebertragung ist das bisherige Registerblatt unter Hinweis auf die Ordnungsnummer, unter der das Schiff von neuem eingetragen wird, durch Eintragung eines Vermerkes in Spalte 11 zu schliessen. In Spalte 7 des neuen Blattes ist auf die frühere Eintragung zu verweisen und die Uebereinstimmung des Inhalts des neuen Blattes mit dem Inhalte des bisherigen Blattes zu bescheinigen.

Gelöschte Eintragungen werden in das neue Blatt insoweit übernommen, als dies zum Verständnisse der noch gültigen Eintragungen erforderlich erscheint; im Uebrigen sind aus der Spalte 12 nur die Nummern der Eintragungen mit dem Vermerke „Gelöscht“ zu übernehmen. Ein früherer Name und ein früherer Heimathshafen des Schiffes sind mitzuübertragen.

III. Binnenschiffsregister.

§. 34. Das Binnenschiffsregister wird nach dem anliegenden Formular eingerichtet. Anlage 2.

§. 35. In Spalte 1 sind der Name, die Nummer oder sonstige Merkzeichen des Schiffes sowie dessen Gattung und Material einzutragen. In Ansehung des Namens und der Nummer finden die Vorschriften des §. 20 Abs. 1, in Ansehung der Gattung die Vorschriften des §. 21 Anwendung.

Die Eintragung des Namens ist nur für den Fall vorgeschrieben, dass das Schiff einen solchen führt; eine Verpflichtung zur Beilegung eines Namens besteht nicht.

§. 36. In Spalte 2 sind die Tragfähigkeit des Schiffes und bei Dampfschiffen und sonstigen Schiffen mit eigener Triebkraft die Stärke des Motors einzutragen. Der Inhalt der Eintragung ist aus den bei der Anmeldung des Schiffes glaubhaft zu machenden Angaben der Betheiligten, insbesondere aus den Messbriefen, Aichscheinen oder Dampfkessel-Revisions-Attesten sowie aus sonstigen Bescheinigungen der zuständigen Behörden oder auch der Erbauer zu entnehmen. Bei der Eintragung ist auf die ihr zu Grunde liegende Urkunde unter Angabe ihres Ausstellers und ihres Datums Bezug zu nehmen.

Bei Veränderungen in der Tragfähigkeit des Schiffes oder in der Stärke des Motors ist durch einen Vermerk in Spalte 2 auf die betreffende Eintragung in Spalte 8 hinzuweisen.

§. 37. Die Verwendung der Spalte 3 richtet sich nach den Vorschriften des §. 23.

§. 38. In Spalte 4 ist der Ort, von dem aus die Schiffahrt mit dem Schiffe betrieben wird, einzutragen. Die Vorschriften des §. 24 Abs. 2, 3 finden entsprechende Anwendung.

§. 39. Die Spalte 5 ist zu den im §. 26 bestimmten Eintragungen zu verwenden.

§. 40. Auf die Eintragungen in Spalte 6 finden die Vorschriften des §. 27 Abs. 1, Abs. 2 Satz 1, 2, Abs. 3 Satz 1, Abs. 4, 5, auf die Eintragungen in die Spalten 7 bis 10 finden die Vorschriften des §. 28 Abs. 1, des §. 29 Satz 1 bis 3 sowie der §§. 30, 31, auf die Uebertragung des Schiffes auf ein anderes Blatt finden die Vorschriften des §. 33 entsprechende Anwendung.

§. 41. Die Oberlandesgerichtspräsidenten bestimmen für die Registergerichte des Oberlandesgerichtsbezirkes, wie viele Seiten bei der Einrichtung des Binnenschiffsregisters je für die Spalten 6, 7, 8 und 9, 10 des Registers zu verwenden sind.

IV. Schiffsurkunden.

§. 42. Die Einrichtung des Schiffs-Zertifikats, des beglaubigten Auszugs aus dem Schiffs-Zertifikat und der Flaggenzeugnisse ergiebt sich aus der Bekanntmachung des Reichskanzlers, betreffend die Ausführungsbestimmungen zum §. 25 des Flaggengesetzes.

Anlage 3. Bei Binnenschiffen erfolgt die Einrichtung des Schiffsbriefs nach dem anliegenden Formular.

Die Urkunden sind unter dem Siegel oder dem Stempel des Amtsgerichts und unter der Unterschrift des Richters auszufertigen; Lack ist zu dem Siegel nicht zu verwenden. Werden mehrere Bogen zu einem Schiffs-Zertifikate verwendet, so sind sie mit schwarz-weiss-rother Seide zu heften und sind die Enden mit dem Ausfertigungssiegel festzulegen.

Ist nach der Ertheilung des Schiffs-Zertifikats oder des Schiffsbriefs eine Eintragung in die Spalten 9, 10 oder 12 des Seeschiffsregisters oder in die Spalten 7, 8 oder 10 des Binnenschiffsregisters erfolgt, so ist die Eintragung in dem Zertifikat oder in dem Schiffsbrief auf den darin für die betreffenden Eintragungen freigelassenen Seiten unter dem Siegel oder dem Stempel des Amtsgerichts und unter der Unterschrift des Richters zu vermerken. Die Vermerke sind hinter einander in der Weise einzutragen, dass die Urkunde nirgends eine Lücke aufweist.

§. 43. Ein neues Schiffs-Zertifikat, ein neuer Auszug aus dem Schiffs-Zertifikat oder ein neuer Schiffsbrief darf ausser im Falle des §. 15 Abs. 3 des Flaggengesetzes nur dann ausgestellt werden, wenn das frühere Zertifikat, der frühere Auszug oder der frühere Schiffsbrief eingereicht oder der Verlust glaubhaft gemacht ist. Die eingereichten Urkunden sind unbrauchbar zu machen; der Verlust ist bei der Ertheilung des neuen Zertifikats, des neuen Auszugs oder des neuen Schiffsbriefs in dem Ausfertigungsvermerke kurz zu erwähnen.

In den neu auszustellenden Urkunden sind nur die zur Zeit der Ausfertigung vorhandenen thatsächlichen und rechtlichen Verhältnisse zur Darstellung zu bringen.

Wird das Schiff auf ein anderes Blatt unter einer neuen Ordnungsnummer übertragen (§§. 33, 40), so ist ein neues Zertifikat oder ein neuer Schiffsbrief und gegebenenfalls ein neuer Auszug aus dem Schiffs-Zertifikate nach Massgabe der Vorschrift des Abs. 2 auszustellen.

Die Ertheilung eines neuen Zertifikats oder Schiffsbriefs und die Ertheilung eines Auszugs aus dem Zertifikat ist auf dem Deckel der Registerakten unter Hinweis auf die betreffende Stelle der Akten zu vermerken.

Wird ein Schiff in dem Binnenschiffsregister gelöscht, so ist der Schiffsbrief unbrauchbar zu machen.

§. 44. Ist das Schiffs-Zertifikat, der Auszug aus dem Zertifikat oder der Schiffsbrief unbrauchbar zu machen, so geschieht dies in der Weise, dass die Urkunden mit Einschnitten versehen werden.

Die unbrauchbar gemachten Urkunden sind bei den Registerakten aufzubewahren.

§. 45. Die den Registergerichten von dem Kaiserlichen Schiffsvermessungsamte zugehenden Schiffsmessbriefe sind mit den von dem Schiffsvermessungsamte gleichfalls übersandten beglaubigten Abschriften der Messbriefe zu vergleichen und nach Feststellung der Uebereinstimmung dem Rheder oder dessen Vertreter auszuhändigen.

Fehlt die Uebereinstimmung, so hat das Registergericht zunächst je nach der Verschiedenheit der Fälle entweder mit dem Schiffsvermessungsamt in Verbindung zu treten oder selbst die Abschrift mit einem Berichtigungsvermerke zu versehen.

§. 46. Das Registergericht hat auf den von dem Kaiserlichen Schiffsvermessungsamt übersandten Schiffsmessbriefen und bei Binnenschiffen auf den von den Betheiligten eingereichten Messbriefen oder Aichscheinen vor der Aushändigung der Urkunden die Eintragung des Schiffes in das Register zu bescheinigen. In der Bescheinigung sind ausser der Ordnungsnummer und dem Datum der Eintragung bei Seeschiffen das Unterscheidungssignal und der Heimathshafen, bei Binnenschiffen der Heimathsort anzugeben.

Die Bescheinigung ist von dem Richter zu unterschreiben; der Unterschrift ist der Stempel des Amtsgerichts beizufügen.

§. 47. Ist ausser dem Schiffs-Zertifikat ein Auszug aus dem Schiffs-Zertifikat ertheilt, und hat die Einreichung dieser Urkunden zu erfolgen, so empfiehlt es sich, beide Urkunden nicht gleichzeitig von den Betheiligten zu erfordern, sondern mit der Einforderung des Auszugs zu warten, bis das Zertifikat wieder ausgehändigt ist.

V. Uebergangs- und Schlussbestimmungen.

§. 48. Für die Schiffe, welche vor dem 1. Januar 1900 in das Register eingetragen sind, werden die bisherigen Register fortgeführt.

Soweit diese Register für weitere Eintragungen Raum gewähren, sind sie auch nach dem 1. Januar 1900 zu Eintragungen zu verwenden. Bei dem Seeschiffsregister können die Oberlandesgerichtspräsidenten Ausnahmen hiervon für die Registergerichte des Oberlandesgerichtsbezirkes gestatten.

§. 49. Bei den Eintragungen in die bisherigen Register sind deren Spalten unter entsprechender Anwendung der Vorschriften der §§. 20 bis 31, des §. 33 und der

§§. 35 bis 40 auszufüllen. Zur Aufnahme der im §. 25 bezeichneten Eintragungen dient die Spalte 6 des bisherigen Seeschiffsregisters.

In dem Falle des §. 48 Abs. 2 Satz 1 sind in der Ueberschrift der Spalte 3 des bisherigen Seeschiffsregisters die Worte „und Bauart des Schiffes" zu streichen, und es ist die Ueberschrift der Spalte 4 je nach Lage des Falles durch die Ueberschrift „Ergebnisse der amtlichen Vermessung" oder „Ergebnisse der Vermessung" zu ersetzen. In der bisherigen Spalte 1 sind die das Unterscheidungssignal bildenden vier Buchstaben unter dem Namen des Schiffes mit der Ueberschrift „Unterscheidungssignal" zu vermerken.

§. 50. Die bisherigen Bände des Seeschiffsregisters und des Binnenschiffsregisters sind je nach der Reihenfolge ihrer Anlegung mit Ziffern zu bezeichnen; die nach dem 1. Januar 1900 neu angelegten Bände sind mit den entsprechenden folgenden Ziffern zu versehen.

Bei der ersten nach dem 1. Januar 1900 erfolgenden Eintragung eines Schiffes erhält das Blatt die auf die letzte vorher eingetragene Ordnungsnummer folgende Zahl als Ordnungsnummer.

§. 51. Die bisher in der Provinz Hannover von den Amtsgerichten der Heimathshäfen geführten Duplikate des Seeschiffsregisters sind nicht weiter zu führen. Der §. 2 der Allgemeinen Verfügung vom 14. August 1879, betreffend die Führung des Schiffsregisters in der Provinz Hannover (Just.-Minist.-Bl. S. 241), wird aufgehoben.

§. 52. Die bei den Amtsgerichten vorhandenen älteren Schiffsbriefsformulare sind zunächst aufzubrauchen.

§. 53. Die Gerichte haben den Bedarf an Formularen der Schiffs-Zertifikate, der beglaubigten Auszüge aus dem Schiffs-Zertifikat und der Schiffsbriefe von der Reichsdruckerei gegen Erstattung der Kosten unmittelbar zu beziehen.

Für das Schiffs-Zertifikat werden in der Reichsdruckerei fünf verschiedene Formularbogen A, B, C, D und E hergestellt.

Der Bogen A entspricht der in der Bekanntmachung des Reichskanzlers, betreffend die Ausführungsbestimmungen zum §. 25 des Flaggengesetzes, vorgeschriebenen Form.

Der Bogen B unterscheidet sich von dem Bogen A dadurch, dass auf der zweiten Seite das Schlussattest der ausfertigenden Behörde fehlt und dass die letzten beiden Seiten zur Eintragung von Pfandrechten bestimmt sind. Die erste Seite des Bogens C entspricht der zweiten Seite des Bogens A, die übrigen Seiten des Bogens C sind zu der Eintragung von Veränderungen bestimmt. Die Bogen B und C sind hiernach stets gemeinschaftlich und zwar der Bogen C als Einlagebogen zum Bogen B zu verwenden; sie sind zu benutzen, wenn der auf der zweiten Seite des Bogens A vorhandene Raum zur Aufführung aller Mitrheder nicht ausreicht.

Gewähren auch die zweite Seite des Bogens B und die erste Seite des Bogens C zusammen für die Eintragung der Mitrheder nicht genügenden Raum, so ist der Bogen D als Einlagebogen zwischen den Bogen B und C zu verwenden. Der Bogen D ist auf den beiden ersten Seiten zur Eintragung der Mitrheder, auf den beiden letzten Seiten zur Eintragung von Veränderungen bestimmt.

Der Bogen E dient lediglich zur Eintragung von Pfandrechten und ist, wenn zu deren Eintragung auf den Bogen A oder B nicht genügender Raum vorhanden ist, als Anhängebogen zu benutzen.

§. 54. Diese Verfügung tritt am 1. Januar 1900 in Kraft.

Anlage 1. (Seeschiffsregister).

Nr. 125.

Spalte 1. Name des Schiffes. Unterscheidungssignal.

Germania. Deutschland. J G B C.

Spalte 2. Gattung des Schiffes.

Eisernes Schraubendampfschiff, als Schooner getakelt.

Spalte 3. Ergebnisse der amtlichen Vermessung.

Die nach §. 25 Nr. 1 der Schiffsvermessungsordnung aufgenommenen Hauptmasse sind laut Messbriefs des Kaiserlichen Schiffsvermessungsamts vom 10. Januar 1900: Länge = 84,39 m; Breite = 10,53 m; Tiefe = 7,69 m; grösste Länge des Maschinenraums = 12,20 m.

Die Vermessung ist auf Grund der Schiffsvermessungsordnung vom 1. März 1895 (Reichs-Gesetzbl. 1895 S. 161) nach dem vollständigen Verfahren erfolgt und es beträgt:

	Kubikmeter.	Registertons.
a) der Bruttoraumgehalt des Schiffes	5 276,3	1 862,53
b) der Nettoraumgehalt des Schiffes	3 338,5	1 178,49

Zu b) in Worten: dreitausend dreihundert acht und dreissig, fünf Zehntel Kubikmeter, gleich eintausend einhundert acht und siebzig, neun und vierzig Hundertstel Registertons.

Spalte 4. Zeit und Ort der Erbauung.

1899 auf der Werft der Aktiengesellschaft Vulcan in Bredow bei Stettin.

Spalte 5. Heimathshafen.

Stettin. Swinemünde.

Spalte 6. Korrespondentrheder.

Friedrich Scholz, Kaufmann, Stettin.

Ernst Becker, Kaufmann, Swinemünde.

Spalte 7. Tag der Eintragung des Schiffes.

20. Januar 1900. — $\frac{\text{2 S S R 125.}}{\text{1.}}$

Spalte 8. Eigenthumsverhältnisse.

Laufende Nr.	Name und nähere Bezeichnung der Rheder.	Schiffsparten.	Erwerbsgrund.
a.	b.	c.	d.
1.	Friedrich Scholz, Kaufmann, Stettin, deutscher Reichsangehöriger.	~~3/4~~ 1/2	hat das Schiff für seine Rechnung erbauen lassen.
2.	~~Wilhelm Müller, Schiffskapitain, Jasenitz, deutscher Reichsangehöriger.~~	~~1/8~~	haben die Parten von dem Kaufmann Friedrich Scholz in Stettin durch notariellen Vertrag vom 10. Januar 1900 gekauft.
3.	Krüger & Marten, Kommanditgesellschaft, Stettin. Die persönlich haftenden Gesellschafter sind: Alfred Krüger, Kommerzienrath, Stettin, deutscher Reichsangehöriger; Albert Marten, Konsul, Stettin, deutscher Reichsangehöriger. Fischer Neumann	1/8	

Spalte 9. Veränderungen in den Eigenthumsverhältnissen.

Laufende Nr.	Zu Spalte	Name und nähere Bezeichnung der Rheder.	Schiffsparten.	Erwerbsgrund.
a.	b.	c.	d.	e.
1.	8 1.	Ernst Becker, Kaufmann, Swinemünde, deutscher Reichsangehöriger.	1/4	hat die Part von dem Kaufmann Friedrich Scholz in Stettin durch notariellen Vertrag vom 20. März 1900 gekauft. — 2 S S R 125. / 4. 25. März 1900. Fischer Neumann
2.	8 2.	Fräulein Elsbeth Müller, Stettin, deutsche Reichsangehörige.	1/8	hat die Part des Schiffskapitains Wilhelm Müller in Jasenitz auf Grund des Testaments vom 15. Dezember 1899 geerbt. — 2 S S R 125. / 6. 20. Februar 1901. Fischer Neumann
3.	9 2.	Elsbeth Müller hat sich am 5. März 1905 mit dem Schiffskapitain Paul Chambeau in Brüssel verheirathet und dadurch die belgische Staatsangehörigkeit erworben. — 2 S S R 125. / 36. 2. April 1905. Fischer Neumann		
4.	9 2, 3.	Hermann Franke, Kaufmann, Stettin, deutscher Reichsangehöriger.	1/8	hat die Part der Frau Schiffskapitain Elsbeth Chambeau geb. Müller in Brüssel laut Versteigerungsprotokolls vom 12. Dezember 1905 gekauft. — 2 S S R 125. / 39. 16. Dezember 1905. Fischer Neumann

Spalte 10. Veränderungen in den eingetragenen Thatsachen mit Ausschluss der Eigenthumsveränderungen.			Spalte 11. Löschung des Schiffes.
Laufende Nr.	Zu Spalte	Veränderungen.	
a.	b.	c.	
1.	1.	Der Name des Schiffes ist in „Deutschland“ geändert. — $\frac{\text{2 S S R 125.}}{\text{3.}}$ 20. März 1900. Fischer Neumann	
2.	6.	Zum Korrespondentrheder ist der Kaufmann Ernst Becker in Swinemünde bestellt. — $\frac{\text{2 S S R 125.}}{\text{4.}}$ 25. März 1900. Fischer Neumann	
3.	7.	Der Heimathshafen ist nach Swinemünde verlegt. — $\frac{\text{2 S S R 125.}}{\text{5.}}$ 10. April 1900. Fischer Neumann	

Spalte 12. Pfandrechte.

Laufende Nr.	Betrag ℳ	Eintragungen.	Veränderungen.	Löschungen.
a.	b.	c.	d.	e.
1.	9 000 — 4 000 5 000	Neuntausend Mark Darlehen mit fünf vom Hundert jährlich seit dem 1. Januar 1900 verzinslich und sechs Monate nach Kündigung rückzahlbar für den Gastwirth Wilhelm Peters in Stettin eingetragen auf dem ganzen Schiffe. — 2 S S R 125. / 2. 26. Januar 1900. Fischer Neumann	Zu Nr. 1. Fünftausend Mark mit dem Vorrange vor dem Reste nebst den Zinsen seit dem 1. Oktober 1901 abgetreten an den Schmied Heinrich Stark in Hannover. — 2SSR125. / 12. 24. Oktober 1901. Fischer Neumann	Zu Nr. 1. Viertausend Mark Restforderung des Wilhelm Peters gelöscht. — 2 S S R 125. / 20. 1. Oktober 1902. Fischer Neumann
2.	3 000 — 2 000 1 000	Arrestpfandrecht zum Höchstbetrage von Dreitausend Mark für den Zimmermeister Hermann Zander in Bredow bei Stettin eingetragen auf der $^1/_8$ Part der Kommanditgesellschaft Krüger & Marten in Stettin. — 2 S S R 125. / 28. 10. Februar 1904. Fischer Neumann		Zu Nr. 2. Zweitausend Mk. gelöscht. — 2 S S R 125. / 30. 1. März 1904. Fischer Neumann
3.	500	Vormerkung zur Sicherung des Anspruchs auf Einräumung eines Pfandrechts im Betrage von fünfhundert Mark für den Rentier Friedrich Klein in Greifenhagen unter Bezugnahme auf die einstweilige Verfügung des Königlichen Landgerichts in Stettin vom 1. März 1905 eingetragen auf dem ganzen Schiffe 2 S S R 125. / 35. 3. März 1905. Fischer Neumann		

Anlage 2. (Binnenschiffsregister).

Nr. 150.

Spalte 1. Name, Nummer oder sonstige Merkzeichen des Schiffes, Gattung und Material.

Maria XIII 75, Oderkahn, aus Eichenholz gebaut, mit buchenem Kiel, mit einem Mast und ohne festes Deck.

Spalte 2. Tragfähigkeit und bei Dampfschiffen oder sonstigen Schiffen mit eigener Triebkraft die Stärke des Motors.

Vermessen auf 40 Tonnen zu 1000 Kilogramm Tragfähigkeit laut Messbriefs der Königlichen Wasserbauinspektion zu Stettin vom 15. Dezember 1899.

Das Schiff ist neu vermessen (vergl. Spalte 8 Nr. 3).

Spalte 3. Zeit und Ort der Erbauung.

1899 auf der Werft von Georg Danz in Stettin.

Spalte 4. Heimathsort.

Stettin. Gotzlow.

Spalte 5. Tag der Eintragung des Schiffes.

6. Januar 1900. $\frac{\text{2 B S R 150.}}{\text{1.}}$

Spalte 6. **Eigenthumsverhältnisse.**

Laufende Nr.	Name und nähere Bezeichnung der Eigenthümer.	Antheile der Miteigenthümer.	Erwerbsgrund.
a.	b.	c.	d.
1.	Christian Schubert, Schiffer, Stettin.	1/3	haben das Schiff für ihre Rechnung erbauen lassen.
2.	Friedrich Schubert, Kaufmann, Stettin.	1/3	
3.	Karoline Scholz geb. Schubert, Wittwe des Maklers Friedrich Scholz, Stettin.	1/3	
	Fischer Neumann		

Spalte 7. Veränderungen in den Eigenthumsverhältnissen.

Laufende Nr.	Zu Spalte	Name und nähere Bezeichnung der Eigenthümer.	Antheile der Miteigenthümer.	Erwerbsgrund.
a.	b.	c.	d.	e.
1.	6 1.	Christian Meyer, Schiffer, Stettin.	1/3	hat den Antheil des Schiffers Christian Schubert in Stettin durch gerichtlichen Vertrag vom 31. Januar 1900 gekauft. — 2 B S R 150. / 2. 2. Februar 1900. Fischer Neumann
2.	6 2.	Wilhelm Schulz, Kaufmann, Stettin.	1/3	hat den Antheil des Kaufmanns Friedrich Schubert in Stettin durch notariellen Vertrag vom 10. Februar 1900 gekauft. — 2 B S R 150. / 3. 15. Februar 1900. Fischer Neumann

Spalte 8. Veränderungen in den eingetragenen Thatsachen mit Ausschluss der Eigenthumsveränderungen.			Spalte 9. Löschung des Schiffes.
Laufende Nr.	Zu Spalte	Veränderungen.	
a.	b.	c.	
1.	4.	Der Heimathsort ist nach Gotzlow (Amtsgerichtsbezirk Stettin) verlegt. — $\frac{\text{2 B S R 150.}}{\text{10.}}$ 12. Dezember 1900. Fischer Neumann	
2.	1.	Das Schiff ist im Sommer 1901 auf der Werft von Georg Danz in Stettin umgebaut; es hat zwei Aufbauten erhalten. — $\frac{\text{2 B S R 150.}}{\text{15.}}$ 3. Oktober 1901. Fischer Neumann	
3.	2.	Das Schiff ist laut Messbriefs der Königlichen Wasserbauinspektion in Stettin vom 8. Juli 1902 neu vermessen auf 42 Tonnen zu 1000 Kilogramm Tragfähigkeit. — $\frac{\text{2 B S R 150.}}{\text{20.}}$ 3. September 1902. Fischer Neumann	

Spalte 10. Pfandrechte.

Laufende Nr.	Betrag ℳ	Eintragungen.	Veränderungen.	Löschungen.
a.	b.	c.	d.	e.
1.	5000	Fünftausend Mark rückständiges Baugeld mit fünf vom Hundert jährlich seit dem 1. Dezember 1899 verzinslich und drei Monate nach Kündigung rückzahlbar für den Schiffsbauer Georg Danz in Stettin eingetragen auf dem ganzen Schiffe. — $\frac{\text{2 B S R 150.}}{\text{1.}}$ 6. Januar 1900. Fischer Neumann	Zu Nr. 1. Zweitausend fünfhundert Mark mit dem Vorrange vor dem Reste nebst den Zinsen seit dem 1. Oktober 1904 abgetreten an den Kaufmann Anton Bolte in Stettin. — $\frac{\text{2 B S R 150.}}{\text{23.}}$ 24. Oktober 1904. Fischer Neumann	

Anlage 8.

(Preussischer Adler).

Preussischer Schiffsbrief.

Es wird hierdurch bezeugt, dass in das von der unterzeichneten Behörde nach dem Gesetze, betreffend die privatrechtlichen Verhältnisse der Binnenschiffahrt, geführte Schiffsregister das nachbezeichnete Schiff unter Nr. .... auf Grund glaubhafter Nachweisungen am ....ten .... eingetragen ist, wie folgt:

1. Name, Nummer oder sonstige Merkzeichen, Gattung, Material:

2. Tragfähigkeit, Stärke des Motors:

3. Zeit und Ort der Erbauung:

4. Heimathsort:

5. Eigenthumsverhältnisse:

Laufende Nr.	Name und nähere Bezeichnung der Eigenthümer.	Antheile der Miteigenthümer.	Erwerbsgrund.

Ueber vorstehende Eintragung wird dieser Schiffsbrief ertheilt.

Stettin, den ....ten ....

Siegel.

Königlich Preussisches Amtsgericht.
Unterschrift des Richters.

Zu Nummer.	Veränderungen in den eingetragenen Thatsachen.

Pfandrechte.

Laufende Nr.	Betrag.	Eintragungen.	Veränderungen.	Löschungen.

6. Ausführungsgesetz zum Handelsgesetzbuche.

Vom 24. September 1899 (G.S. 303).

Artikel 1.

Grenze des Kleingewerbes. Zusammenfassung benachbarter Orte und Gemeinden.

Für den Erlass von Bestimmungen, durch welche die Grenze des Kleingewerbes nach Massgabe des §. 4 Abs. 3 des Handelsgesetzbuchs näher festgesetzt wird, sind der Justizminister und der Minister für Handel und Gewerbe gemeinschaftlich zuständig. Vor dem Erlasse solcher Bestimmungen sind in der Regel die Organe des Handelsstandes gutachtlich zu hören.

Das Gleiche gilt von den Bestimmungen, welche nach §. 30 Abs. 4 des Handelsgesetzbuchs erlassen werden können.

Artikel 2.

Löschung bisheriger, künftig unzulässiger Eintragungen.

Ist auf Grund des bisherigen Landesrechts eine Eintragung in das Handelsregister bewirkt, die nach dem Handelsgesetzbuch unzulässig ist, so kann das Registergericht sie von Amtswegen löschen, soweit nicht das bisherige Recht massgebend bleibt.

Das Gericht hat den Betheiligten, wenn sein Aufenthalt bekannt ist, von der beabsichtigten Löschung zu benachrichtigen und ihm zugleich eine angemessene Frist zur Geltendmachung eines Widerspruchs zu bestimmen.

Zu Art. 1.

Die angezogenen Bestimmungen des H.G.B. lauten:

§. 4 Abs. 3. „Die Landesregierungen sind befugt, Bestimmungen zu erlassen, durch welche die Grenze des Kleingewerbes auf der Grundlage der nach dem Geschäftsumfange bemessenen Steuerpflicht oder in Ermangelung einer solchen Besteuerung nach anderen Merkmalen näher festgesetzt wird."

§. 30 Abs. 4. „Durch die Landesregierungen kann bestimmt werden, daß benachbarte Orte oder Gemeinden als ein Ort oder als eine Gemeinde im Sinne dieser Vorschriften" (betr. deutliche Unterscheidung neuer Firmen von dort bestehenden und eingetragenen) „anzusehen sind."

Auf Grund des §. 4 Abs. 3 sind in Preußen Bestimmungen bisher nicht ergangen.

Die auf Grund des §. 30 Abs. 4 für Preußen ergangenen Verfügungen v. 2. und 12. Dezbr. 1899 sind abgedruckt unten IX 7.

Zu Art. 2.

I. **Zu löschen** sind gemäß Abs. 1 namentlich die Eintragungen von Minderkaufleuten (§. 6 Hannoversches E.G.), von Handlungsvollmachten (§. 13 Hannoversches E.G.), betr. Ermächtigung emanzipierter Minderjähriger zum Betriebe eines Handelsgewerbes (Art. 22 Landgräfl. Hessisches E.G. v. 25. Aug. 1863, betr. Einleitung einer Kuratel über einen Kaufmann (§. 8 Kurhessisches E.G. v. 3. Mai 1865); diese Eintragungen sind mit dem Inkrafttreten des H.G.B. wirkungslos geworden (Begr. zu Entw. Art. 2). Nur das Registergericht, nicht auch das vorgesetzte Landgericht, hat die Befugnis zur Löschung (Begr. a. a. O.). Der §. 141 Abs. 3, 4 G.fr.Ger. lautet:

„Wird Widerspruch erhoben, so entscheidet über ihn das Gericht. Gegen die den Widerspruch zurückweisende Verfügung findet die sofortige Beschwerde statt. . . . ."

Auf das weitere Verfahren finden die Vorschriften des §. 141 Abs. 3, 4 des Reichsgesetzes über die Angelegenheiten der freiwilligen Gerichtsbarkeit vom 17. Mai 1898 Anwendung.

Die Löschung erfolgt gebührenfrei. Wird jedoch der Widerspruch eines Betheiligten zurückgewiesen, so hat er für die Zurückweisung die für die Löschung bestimmte Gebühr zu entrichten.

Eintragungen, die den Güterstand einer zur Zeit des Inkrafttretens des Bürgerlichen Gesetzbuchs bestehenden Ehe betreffen, bleiben unberührt.

Artikel 3.

Unterstützung der Registerführung durch Mitteilungen anderer Behörden und Beamten.

Die Gerichte, die Beamten der Staatsanwaltschaft, die Polizei- und Gemeindebehörden sowie die Notare haben von den zu ihrer amtlichen Kenntniss gelangenden Fällen einer unrichtigen, unvollständigen oder unterlassenen Anmeldung zum Handelsregister oder Genossenschaftsregister dem Registergerichte Mittheilung zu machen.

Die Steuerbehörden sind verpflichtet, dem Registergericht über die Anmeldung und die Abmeldung steuerpflichtiger Gewerbe, über das Ergebniss der Veranlagung zur Gewerbesteuer sowie über später eingetretene Veränderungen Auskunft zu ertheilen.

Artikel 4.

Auflösung einer A.G. oder K.A.G. wegen Gefährdung des Gemeinwohls.

Eine Aktiengesellschaft sowie eine Kommanditgesellschaft auf Aktien kann aufgelöst werden, wenn sie sich rechtswidriger Handlungen oder Unterlassungen schuldig macht, durch welche das Gemeinwohl gefährdet wird.

Ueber die Auflösung entscheidet im Verwaltungsstreitverfahren der Bezirks-

---

Die Löschung darf nur erfolgen, wenn Widerspruch nicht erhoben oder wenn die den Widerspruch zurückweisende Verfügung rechtskräftig geworden ist."

II. **Nicht zu löschen** sind diejenigen Eintragungen, welche auch künftig nach dem bisherigen Landesrecht zu beurteilen sind, wie z. B. die Eintragungen von Firmen die schon bei Einführung des A.D.H. bestanden haben (Begr. a. a. O., Anm. zu Art. 22 E.G. z. H.G.B.). Zur Beseitigung von Zweifeln (Begr. a. a. O.) ist der Abs. 5 aufgenommen; in Betracht kommen insbesondere die Eintragungen gemäß §. 20 Preuß. E.G. v. 24. Juni 1861, §. 4 Hannoversches E.G. v. 5. Oktob. 1864, §. 8 Einf.Vdg. f. Schleswig-Holstein v. 5. Juli 1867, §. 8 E.G. f. Lauenburg; diese Eintragungen sind auch künftig noch von Erheblichkeit mit Rücksicht auf E.G. z. B.G. Art. 200, Preuß. Ausf.G. z. B.G. Art. 59 §. 9 Abs. 1 (Begr. a. a. O.).

Zu Art. 3.

Die Mitteilungspflicht der Notare ist, da „das Gesetz" (der obige Art. 3) hier „ein Anderes bestimmt", nicht beschränkt durch Art. 90 Preuß. Ges. über die freiw. Gerichtsbarkeit v. 21. Septbr. 1899: „Der Notar hat, soweit nicht das Gesetz ein Anderes bestimmt, über die Verhandlungen, bei denen er mitgewirkt hat, Verschwiegenheit zu beobachten, es sei denn, daß die in der Sache Beteiligten ihn von dieser Verpflichtung entbinden." Der Art. 3 bezieht sich auch auf Anmeldungen in Angelegenheiten der Gesellschaften mit beschränkter Haftung (Begr. zu Entw. Art. 3).

ausschuss in erster Instanz. Für die Erhebung der Klage ist der Regierungspräsident zuständig.

Von der Auflösung hat der Regierungspräsident dem Registergerichte Mittheilung zu machen.

Zu Art. 4.

I. **Verhältnis zu B.G. §§. 43, 44.** Das B.G. bestimmt allgemein für alle rechtsfähigen Vereine:

§. 43 Abs. 1. „Dem Vereine kann die Rechtsfähigkeit entzogen werden, wenn er durch einen gesetzwidrigen Beschluß der Mitgliederversammlung oder durch gesetzwidriges Verhalten des Vorstandes das Gemeinwohl gefährdet."

§. 44 Abs. 1 Satz 1. „Die Zuständigkeit und das Verfahren bestimmen sich in den Fällen des §. 43 nach den für streitige Verwaltungssachen geltenden Vorschriften der Landesgesetze."

Hierzu vgl. Preuß. Verordnung d. Königs v. 16. November 1899 (G. S. 562) Art. 2:

„In den Fällen des §. 43 des Bürgerlichen Gesetzbuchs entscheidet über die Entziehung der Rechtsfähigkeit eines Vereins im Verwaltungsstreitverfahren der Bezirksausschuß. Für die Erhebung der Klage ist der Landrat, in Stadtkreisen die Ortspolizei zuständig."

Da die Aktiengesellschaft und die Kommanditaktiengesellschaft Vereine sind (Vorbem. II zu H.G.B. Buch II Abschn. 3, Simon in Z.f.H. Bd. 49 S. 5, 24), so finden auch auf sie die vorstehenden Bestimmungen des B.G. §§. 43, 44 Anwendung (Simon in Z.f.H. Bd. 49 S. 16; das Gegenteil vorausgesetzt in Begr. zu Entw. Art. 4). Nimmt man dies aber an, so kann zweifelhaft sein, ob daneben für die Vorschrift des Preuß. Ausf.Ges. z. H.G.B. Art. 4 Raum ist. Hätten die §§. 43, 44 B.G. das Verfahren bei Gefährdung des Gemeinwohls durch einen rechtsfähigen Verein erschöpfend regeln wollen, so wäre ein Landesgesetz nicht zu beachten, das einzelne Arten rechtsfähiger Vereine herausgreift und bezüglich dieser eine abweichende Regelung wahlweise neben die reichsgesetzliche stellt; und zwar gleichgiltig, ob die betreffende Regelung bürgerlichen Rechts (E.G. z. B.G. Art. 55) oder öffentlichen Rechts ist (Reichsverfassung Art. 2). Indessen wollten die §§. 43, 44 B.G. keine völlig erschöpfende Regelung geben, vielmehr die „öffentlichrechtlichen Vorschriften der Landesgesetze über die Schließung und Auflösung der Vereine" unberührt lassen (Denkschr. z. B.G.). Es fragt sich mithin, ob der Art. 4 Ausf.G. z. H.G.B. eine derartige öffentlichrechtliche Vorschrift ist. Auch dies ist nicht (was Begr. zu Art. 4 voraussetzt) unzweifelhaft; denn für jenen Begriff ist hier zu Grunde zu legen was im Bürgerlichen Gesetzbuch als öffentlichrechtliche Vorschrift angesehen wird, in B.G. §. 74 Abs. 3 wird aber die Bestimmung des §. 43 über Entziehung der Rechtsfähigkeit als nicht zu den Vorschriften des öffentlichen Vereinsrechts gehörend vorausgesetzt. Ist daher die Vorschrift des Art. 4 Abs. 1 Ausf.G. inhaltlich im wesentlichen zusammenfallend mit B.G. §. 43 Abs. 1 (was Simon Z.f.H. Bd. 49 S. 17f. annimmt), so würde die erstere nicht als neben der letzteren zu Recht bestehend angesehen werden können. In Wahrheit unterscheiden sich aber die beiden Vorschriften; der §. 43 B.G. bestimmt über Entziehung der Rechtsfähigkeit, der Art. 4 Ausf.G. z. H.G.B. über Auflösung; im ersteren Fall bleibt der Verein als nicht rechtsfähiger bestehen, im letzteren Fall nicht einmal als solcher. Der Art. 4 wird daher als giltig zu erachten sein.

II. **„Wenn sie sich rechtswidriger Handlungen oder Unterlassungen schuldig macht, durch welche das Gemeinwohl gefährdet wird."** Diese Worte sind im Wege eines Kompromisses gesetzt an die Stelle derjenigen des ursprünglichen Entwurfs „wenn sie durch einen gesetzwidrigen Beschluß der Generalversammlung oder durch gesetzwidriges Verhalten des Vorstandes, der persönlich haftenden Gesellschaften oder des Aufsichtsrats das Gemeinwohl gefährdet." Für Handlungen oder Unterlassungen ihrer Vertreter wird die A.G. oder K.A.G. auch bei Anwendung des Art. 4 nur insoweit verantwortlich gemacht werden können, als sie „in Ausführung

Artikel 5.

Versicherungs- und Verlagsverträge.

Versicherungsverträge und Verlagsverträge bedürfen, wenn sie Handelsgeschäfte sind, zu ihrer Gültigkeit nicht der schriftlichen Form.

Artikel 6.

Bekanntmachung des Verlustes eines Inhaberpapiers.

Zur Bekanntmachung des Verlustes eines Inhaberpapiers nach §. 367 des Handelsgesetzbuchs sind die Polizeibehörden auf Antrag des Eigenthümers verpflichtet,

---

der dem Vertreter zustehenden Verrichtungen" erfolgen (vgl. B.G. §. 31, auch R.G. in Strfs. XVI, 123). Vertreter kann unter Umständen nicht nur der Vorstand (H.G.B. §. 231 Anm. IV) bezw. der persönlich haftende Gesellschafter, sondern auch die Generalversammlung (H.G.B. §. 250 Anm. Vc) oder der Aufsichtsrat (H.G.B. §. 247 Anm. Ia, II—IV) sein.

III. **Verfahren.** Die örtliche Zuständigkeit für das Verwaltungsstreitverfahren bestimmt sich nach §. 57 Abs. 2 Ziff. 2 Landesverwaltungsges.; nach §. 83 desselben Gesetzes ist Berufung an das Oberverwaltungsgericht zulässig (Begr. zu Entw. Art. 4).

Zu Art. 5.

Der Art. 5 sollte zur Entscheidung des Zweifels dienen, ob infolge des Vorbehalts für die Landesgesetzgebung über Versicherungs- und Verlagsrecht in Art. 75, 76 E.G. z. B.G. die Formvorschriften der Landesgesetze, auch soweit ihnen bisher Art. 317 A.D.H. entgegenstand, für die Zukunft wieder in Kraft treten (Begr. zu Entw. Art. 5). Dieser Zweck ist indessen durch die Fassung des Art. 5 nur unvollständig erreicht. Das A.D.H. bestimmte:

> Art. 317 Abs. 1. „Bei Handelsgeschäften ist die Gültigkeit der Verträge durch schriftliche Abfassung oder andere Förmlichkeiten nicht bedingt."
>
> Art. 271. „Handelsgeschäfte sind:
>
> 3. die Übernahme einer Versicherung gegen Prämie" (vgl. H.G.B. §. 1 Abs. 2 Ziff. 3).
>
> Art. 272. „Handelsgeschäfte sind ferner die folgenden Geschäfte, wenn sie gewerbsmäßig betrieben werden:
>
> 5. die Verlagsgeschäfte . . ." (vgl. H.G.B. §. 1 Abs. 2 Ziff. 8).

Nach §. 343 H.G.B. ist eine der Voraussetzungen für das Vorliegen eines Handelsgeschäfts, daß es von einem *Kaufmann* abgeschlossen ist, und auch in anderen Beziehungen weicht der Begriff „Handelsgeschäft" im H.G.B. von dem entsprechenden Begriff im A.D.H. ab; auf den Begriff im *neuen* H.G.B. nimmt aber Art. 5 Preuß. Ausf.Ges. Bezug (Begr. zu Entw. Art. 5; vgl. auch Art. 3 E.G. z. H.G.B.). Mithin können Versicherungs- und Verlagsverträge vorkommen, welche zwar nach A.D.H., aber nicht nach H.G.B. und Preuß. Ausf.Ges. Art. 5 „Handelsgeschäfte" sind. Bezüglich *dieser* Fälle bleibt der Zweifel bestehen. Dieser Zweifel ist (mit *Cosack*, Handelsrecht §. 24 zu 2b und *Staub*, Deutsche Juristen-Ztg. 1897 S. 422 gegen *Lehmann* a. a. O. S. 241) dahin zu lösen, daß soweit die Formvorschriften der Landesgesetze durch Art. 317 A.D.H. einmal aufgehoben waren, sie durch Aufhebung des Art. 317 nicht wieder in Kraft treten (vgl. R.G. XIX, 181). Ist dies zutreffend, so bedürfen künftig Versicherungs- und Verlagsverträge nicht der schriftlichen Form, wenn sie *entweder* nach A.D.H. *oder* nach H.G.B. „Handelsgeschäfte" sind.

Auch der Art. 5 ist eine „Vorschrift" im Sinne des §. 345 H.G.B.:

> „Auf ein Rechtsgeschäft, das für einen der beiden Teile ein Handelsgeschäft ist, kommen die Vorschriften über Handelsgeschäfte für beide Teile gleichmäßig zur Anwendung, soweit nicht aus diesen Vorschriften sich ein anderes ergiebt."

wenn glaubhaft gemacht wird, dass das Papier dem Eigenthümer gestohlen worden, verloren gegangen oder sonst abhanden gekommen ist. Die Kosten der Bekanntmachung hat der Antragsteller zu tragen und auf Erfordern vorzuschiessen.

Artikel 7. **Seerechtliche Vorschriften.**

Königlicher Verordnung bleibt vorbehalten:

1. die Vorschriften des Handelsgesetzbuchs, welche sich auf den Aufenthalt des Schiffes im Heimathshafen beziehen, auf alle oder einige Häfen des Reviers des Heimathshafens auszudehnen (Handelsgesetzbuch §. 480 Abs. 2);
2. zu bestimmen, dass auf kleineren Fahrzeugen (Küstenfahrern und dergleichen) die Führung eines Tagebuchs nicht erforderlich ist (Handelsgesetzbuch §. 521);
3. zu bestimmen, dass die Vorschrift des §. 566 Abs. 1 des Handelsgesetzbuchs, soweit sie die Beladung des Verdecks betrifft, auf die Küstenschiffahrt keine Anwendung findet.

Bis zur anderweitigen Regelung durch eine solche Verordnung bleiben

1. die §§. 32, 33, 34 des Einführungsgesetzes zum Allgemeinen Deutschen Handelsgesetzbuche für das vormalige Königreich Hannover vom 5. Oktober 1864 (Hannoversche Gesetz-Samml. Abth. I S. 213),

---

Zu Art. 6.

Durch den Art. 6 soll die Befugnis anderer öffentlicher Behörden als der Polizeibehörden, z. B. der Gerichte und Staatsanwaltschaften sowie der den internationalen Rechtsverkehr vermittelnden Behörden, zur Bekanntmachung des Verlustes von Inhaberpapieren nicht berührt werden; ebensowenig die Befugnis des aus der Urkunde Verpflichteten (Begr. zu Entw. Art. 6). Über die Mittel der Glaubhaftmachung bestimmt C.P.O. §. 294.

Zu Art. 7.

Der Abs. 1 bestimmt, daß gewisse im H.G.B. den „Landesgesetzen" vorbehaltene Anordnungen durch eine Königliche Verordnung erfolgen können.

Die durch Abs. 2 (vgl. E.G. z. H.G.B. Art. 15) vorläufig aufrecht erhaltenen Bestimmungen lauten mit der daselbst bestimmten Maßgabe:

1. Einführungsgesetz für Hannover. Die nachstehenden Bestimmungen gelten, wie bisher (Einführungsges. f. d. Jadegebiet v. 9. März 1870 §. 1 Ziff. I), so auch künftig (Begr. zu Entw. Art. 7), auch im Jadegebiet mit der Maßgabe des unten zu 3 aufgeführten §. 2 des Einf.-G. f. d. Jadegebiet.

§. 32. Zu [Art. 448] *§. 480.* Hinsichtlich der Bestimmungen der [Art. 469, 495, 496, 503, 520, 521, 523, 538, 548, 681, 757 Ziffer 7] *§§. 502, 526, 527, 534, 550, 551, 553, 680, 754 Ziffer 6* des Handelsgesetzbuchs, welche sich auf den Aufenthalt des Schiffes im Heimatshafen beziehen, sind alle Häfen und Ankerplätze, beziehungsweise

1) an der Elbe und ihren Nebengewässern,
2) an der Weser und ihren Nebengewässern,
3) an der Ems und ihren Nebengewässern,

dem an dem nämlichen Flusse oder dessen Nebengewässern belegenen Heimatshafen gleich zu achten.

§. 33. Zu [Art. 473] *§. 506.* Hinsichtlich der Bestimmung über den Verkauf des Schiffes im [Art. 473] *§. 506* des Handelsgesetzbuchs werden sämtliche Häfen zwischen Eider und Schelde einschließlich dem Heimatshafen gleichgestellt.

§. 34. Zu [Art. 489] *§. 521.* Bei denjenigen kleineren Fahrzeugen (Küstenfahrern, Leichterschiffen ꝛc.), welche zur Seefahrt zwischen Tönning bis Harlingen ein-

2. die §§. 67, 68 der Verordnung, betreffend die Einführung des Allgemeinen Deutschen Handelsgesetzbuchs in die Herzogthümer Holstein und Schleswig, vom 5. Juli 1867 (Gesetz-Samml. S. 1133),
3. der §. 2 des Gesetzes, betreffend die Einführungsbestimmungen zum Allgemeinen Deutschen Handelsgesetzbuch für das Jadegebiet, vom 9. März 1870 (Gesetz-Samml. S. 248)

für ihr Geltungsgebiet mit der Massgabe in Kraft, dass an die Stelle der darin in Bezug genommenen Vorschriften des Allgemeinen Deutschen Handelsgesetzbuchs die entsprechenden Vorschriften des neuen Handelsgesetzbuchs treten.

Artikel 8.

Aufhebung der Einführungsgesetze zum A.D.H.

Die nachstehenden Gesetze und Verordnungen sowie die zu ihrer Ergänzung, Ausführung oder Abänderung erlassenen landesrechtlichen Vorschriften werden, soweit

---

schließlich benutzt werden, bedarf es für Reisen auf dieser Strecke der im [Artikel 487] *§. 520* vorgeschriebenen Journalführung nicht. Indeß ist auch auf diesen Schiffen ein Journal zu führen, in welches von Tag zu Tag die Beschaffenheit von Wind und Wetter und der Wasserstand bei den Pumpen soweit thunlich täglich und außerdem ohne Verzug alle Unfälle einzutragen sind, welche dem Schiffe und der Ladung zustoßen.

2. Einführungsverordnung für Schleswig-Holstein. Die nachstehenden Bestimmungen gelten, wie bisher (Vdg. v. 22. März 1891 §. 1 Ziff. 18, G.S. 39), so auch künftig (Begr. zu Entw. Art. 7), auch in Helgoland.

§. 67. Zu [Art. 448] *§. 480.* Hinsichtlich der Anwendbarkeit der [Artikel 495, 496, 681 und 757 Ziffer 7] *§§. 526, 527, 680, 754 Ziffer 6* sind für die Schiffe, deren Heimatshafen Altona ist, die Häfen von Hamburg und Harburg, für die Schiffe, deren Heimatshafen Blankenese ist, die Häfen von Altona, Hamburg und Harburg dem Heimatshafen gleich zu achten.

Hinsichtlich der Anwendbarkeit der Artikel [473, 521, 523 und 548] *§§. 506, 551, 553* sind für die Schiffe, deren Heimatshafen ein Holsteinscher oder Schleswigscher Hafen ist, jeder andere Schleswigsche oder Holsteinsche Hafen, sowie jeder Hafen an der Elbe oder Trave dem Heimatshafen gleich zu achten.

§. 68. Zu [Art. 489] *§. 521.* Auf kleineren Fahrzeugen (Küstenfahrer u. dgl.) ist zwar die Führung des Journals gleichfalls erforderlich. Bei kurzen Küstenfahrten dieser Fahrzeuge braucht jedoch nur von Tag zu Tag die Beschaffenheit von Wind und Wetter und der Wasserstand bei den Pumpen, soweit thunlich, täglich, und außerdem ohne Verzug jeder Unfall, welcher dem Schiff oder der Ladung zustößt, eingetragen zu werden.

3. Einführungsbestimmungen für das Jadegebiet.

§. 2. Hinsichtlich der Bestimmungen der [Artikel 469, 495, 496, 503, 520, 521, 523, 538, 548, 681 und 757 Ziff. 7] *§§. 502, 526, 527, 534, 550, 551, 553, 680, 754 Ziffer 6* des Handelsgesetzbuchs, welche sich auf den Aufenthalt des Schiffes im Heimatshafen beziehen, sind alle Häfen, Siele und Ankerplätze an der Jade dem an der Jade belegenen Heimatshafen gleich zu achten.

Die in den vorstehenden Bestimmungen mitaufgeführten Artikel 538, 548 A.D.H. sind aufgehoben durch Seemannsordnung §. 110 und ersetzt durch Seemannsordnung §§. 54 Abs. 3, 48 Abs. 2 (vgl. auch §. 66), in denen nicht mehr der Ausdruck „Heimatshafen" vorkommt, auf die daher wohl jene Bestimmungen nicht mehr anwendbar sind.

sie noch in Geltung sind und nicht schon in Folge Reichsgesetzes ausser Kraft treten, unbeschadet der Vorschrift des Artikel 7 Abs. 2 dieses Gesetzes und der Uebergangsvorschriften anderer Gesetze, aufgehoben:

1. das Preussische Einführungsgesetz zum Allgemeinen Deutschen Handelsgesetzbuche vom 24. Juni 1861 (Gesetz-Samml. S. 449);
2. das Einführungsgesetz für das Herzogthum Nassau vom 2. Oktober 1861 (Verordnungs-Blatt S. 121);
3. das Einführungsgesetz für das Königreich Bayern vom 10. November 1861 (Gesetzblatt S. 425);
4. das Einführungsgesetz für das Grossherzogthum Hessen vom 1. August 1862 (Regierungs-Blatt S. 627);
5. das Einführungsgesetz für die Freie Stadt Frankfurt vom 17. Oktober 1862 (Gesetz- und Statuten-Samml. Bd. 15 S. 113);
6. das Einführungsgesetz für das Landgrafthum Hessen vom 25. August 1863 (Regierungs-Blatt Nr. 7);
7. das Einführungsgesetz für das Königreich Hannover vom 5. Oktober 1864 (Gesetz-Samml. Abth. I S. 213);
8. das Einführungsgesetz für das Kurfürstenthum Hessen vom 3. Mai 1865 (Gesetz-Samml. Bd. 17 S. 55);
9. die Verordnung, betreffend die Einführung verschiedener seerechtlicher Vorschriften des Preussischen Rechts in das vormalige Königreich Hannover, vom 24. Juni 1867 (Gesetz-Samml. S. 1165);
10. die Verordnung, betreffend die Einführung des Allgemeinen Deutschen Handelsgesetzbuchs in die Herzogthümer Holstein und Schleswig, vom 5. Juli 1867 (Gesetz-Samml. S. 1133);
11. die Verordnung, betreffend die Kommanditgesellschaften auf Aktien in den durch die Gesetze vom 20. September und 24. Dezember 1866 mit der Preussischen Monarchie vereinigten Landestheilen, vom 24. August 1867 (Gesetz-Samml. S. 1645);
12. das Einführungsgesetz für das Herzogthum Lauenburg vom 21. Oktober 1868 (Offiz. Wochenblatt S. 473);
13. das Gesetz, betreffend die Einführungsbestimmungen zum Allgemeinen Deutschen Handelsgesetzbuch für das Jadegebiet und die Einführung verschiedener seerechtlicher Vorschriften in dasselbe, vom 9. März 1870 (Gesetz-Samml. S. 248);
14. der §. 1 Nr. IV der Verordnung, betreffend die Einführung Preussischer Landesgesetze in Helgoland, vom 22. März 1891 (Gesetz-Samml. S. 39).

Unberührt bleiben jedoch diejenigen Vorschriften der vorbezeichneten Gesetze und Verordnungen, welche die vor ihrem Erlass entstandenen Rechtsverhältnisse betreffen.

Artikel 9. **Zeitpunkt des Inkrafttretens.**

Dieses Gesetz tritt gleichzeitig mit dem Bürgerlichen Gesetzbuch in Kraft.

Zu Art. 8.

Der Vorbehalt des Abs. 2 hat nur soweit Bedeutung, als die betreffenden Vorschriften noch wirksam sind und nicht infolge Reichsgesetzes außer Kraft treten oder eine Einschränkung erleiden (Begr. zu Art. 8).

7. Gemeinschaftliche Verfügungen des Preussischen Justizministers und Preussischen Ministers für Handel und Gewerbe über das Gelten benachbarter Orte oder Gemeinden als einheitlicher im Sinn des H.G.B. §. 30.

a. Gemeinschaftliche Verfügung v. 2. Dezember 1899. (J.M.Bl. 557).

Auf Grund des §. 30 Abs. 4 des Handelsgesetzbuchs vom 10. Mai 1897 — Reichs-Gesetzbl. S. 219 — und des Artikel 1 Abs. 2 des Ausführungsgesetzes zum Handelsgesetzbuche vom 24. September 1899 — Gesetz-Samml. S. 303 — wird bestimmt:

Als ein Ort oder als eine Gemeinde im Sinne des §. 30 des Handelsgesetzbuchs sind die nachstehend unter Nr. 1 bis 52 aufgeführten Orte oder Gemeinden anzusehen:

1. Die Stadt Berlin und aus dem Regierungsbezirke Potsdam:

Die Städte Charlottenburg, Rixdorf und Schöneberg, die Landgemeinden Boxhagen-Rummelsburg, Deutsch-Wilmersdorf, Friedenau, Friedrichsfelde, Lichtenberg mit Friedrichsberg, Nieder-Schönhausen, Pankow, Reinickendorf, Stralau, Tempelhof und Treptow sowie der Gutsbezirk Nieder-Schönhausen mit der Kolonie Schönholz und Schlosspark Schönholz und der zum Gutsbezirk Oberförsterei Tegel gehörige Ort Plötzensee.

Provinz Ostpreussen.

Aus dem Regierungsbezirke Königsberg:

2. Die Stadt Memel und die Landgemeinden Bommelsvitte, Schmelz-Adlig und Schmelz-Königlich.

Provinz Westpreussen.

Aus dem Regierungsbezirke Danzig:

3. Die Stadt Danzig und die Landgemeinden Brösen, Ohra, Saspe, Schellmühl, Weichselmünde und Zigankenberg.

Provinz Brandenburg.

(Vergl. auch Nr. 1.)

Aus dem Regierungsbezirke Frankfurt a. O.:

4. Die Stadt Fürstenwalde und die Landgemeinde Kolonie Fürstenwalde.

Provinz Pommern.

Aus dem Regierungsbezirke Stettin:

5. Die Städte Stettin und Grabow a. O. sowie die Landgemeinden Bredow, Nemitz, Pommerensdorf und Züllchow;

6. die Stadt Swinemünde, die Landgemeinde Westswine und der Gutsbezirk Swinemünde-Hafengrund.

Provinz Posen.

Aus dem Regierungsbezirke Bromberg:

7. Die Stadt Bromberg und die Landgemeinden Bleichfelde, Gross-Bartelsee, Klein-Bartelsee, Neu Beelitz, Prinzenthal, Schleusenau, Schöndorf, Schröttersdorf und Schwedenhöhe.

Provinz Schlesien.

Aus dem Regierungsbezirke Breslau:

8. Die Stadt Breslau, die Landgemeinden Brockau, Dürrgoy, Gräbschen, Gross Mochbern, Grüneiche (Landkreis Breslau), Herdain, Karlowitz (Landkreis Breslau), Klein Mochbern, Klettendorf, Krietern, Lilienthal, Morgenau, Oltaschin und Rosenthal (Landkreis Breslau) sowie die Gutsbezirke Brockau, Gräbschen, Karlowitz, Lilienthal, Morgenau und Rosenthal (Landkreis Breslau).

Aus dem Regierungsbezirke Liegnitz:

9. Die Stadt Landeshut in Schlesien und die Landgemeinden Nieder Leppersdorf, Nieder Zieder und Ober Leppersdorf.

Aus dem Regierungsbezirk Oppeln:

10. Die Landgemeinden Alt Zabrze, Klein Zabrze, Zaborze und Dorotheendorf sowie die Gutsbezirke Zaborze und Zabrze;

11. die Landgemeinden Laurahütte und Siemianowitz sowie der Gutsbezirk Siemianowitz;

12. die Stadt Ratibor, die Landgemeinden Altendorf, Bosatz, Ostrog, Plania und Proschowitz sowie die Gutsbezirke Altendorf, Bosatz, Ostrog, Plania und Proschowitz.

Provinz Sachsen.

Aus dem Regierungsbezirk Erfurt:

13. Die Stadt Erfurt und die Landgemeinde Ilversgehofen.

Aus dem Regierungsbezirke Magdeburg:

14. Die Städte Schönebeck und Gross Salze sowie die Landgemeinde Frohse.

Aus dem Regierungsbezirk Merseburg:

15. Die Stadt Zeitz, die Landgemeinden Aue, Aylsdorf und Rasberg sowie der Gutsbezirk Moritzburg.

Provinz Schleswig-Holstein.

Aus dem Regierungsbezirke Schleswig:

16. Die Stadt Eckernförde und die Landgemeinde Borby;

17. die Stadt Flensburg und die Landgemeinde Jürgensgaard sowie die zur Landgemeinde Sünderup gehörige Ortschaft Adelbylund;

18. die Stadt Hadersleben und die Landgemeinden Alt Hadersleben, Ladegaard I und Süder Otting;

19. die Stadt Kiel und die Landgemeinden Gaarden (Landkreis Kiel), Gaarden (Kreis Plön) und Hassee.

Provinz Hannover.

Aus dem Regierungsbezirke Hannover:

20. Die Städte Hannover und Linden in Hannover sowie die Landgemeinden Döhren, Limmer, Ricklingen und Wülfel.

Aus dem Regierungsbezirke Hildesheim:

21. Die Städte Clausthal und Zellerfeld;
22. die Stadt Hildesheim und die Landgemeinden Himmelsthür und Moritzberg;
23. die Stadt Osterode am Harz und die Landgemeinde Freiheit.

Aus dem Regierungsbezirke Stade:

24. Die Flecken Osterholz und Scharmbeck.

Provinz Westfalen.

Aus dem Regierungsbezirk Arnsberg:
(Vergl. auch Nr. 48.)

25. Die Stadt Bochum und die Landgemeinden Hamme, Hofstede, Weitmar und Wiemelhausen;
26. die Stadt Hagen in Westfalen und die Landgemeinden Delstern, Eckesey und Eppenhausen;
27. die Stadt Herne und die Landgemeinden Baukau, Holsterhausen und Horsthausen;
28. die Stadt Hohenlimburg und die Landgemeinde Elsey;
29. die Stadt Wattenscheid und die Landgemeinden Günnigfeld, Leithe, Sevinghausen und Westenfeld.

Aus dem Regierungsbezirke Minden:

30. Die Stadt Bielefeld und die Landgemeinde Gadderbaum;
31. die Stadt Bünde und die Landgemeinde Ennigloh;
32. die Stadt Gütersloh und die Landgemeinde Gütersloh.

Provinz Hessen-Nassau.

Aus dem Regierungsbezirke Cassel:

33. Die Stadt Cassel und die Landgemeinden Bettenhausen und Rothenditmold.

Aus dem Regierungsbezirke Wiesbaden:

34. Die Stadt Höchst a. M. und die Landgemeinden Nied und Unter Liederbach.

Provinz Rheinland.

Aus dem Regierungsbezirke Coblenz:

35. Die Stadt Neuwied und die Landgemeinde Heddesdorf;
36. die Stadt Trarbach und die Landgemeinde Traben;
37. die Stadt Wetzlar und die Landgemeinde Nieder Girmes.

Aus dem Regierungsbezirk Cöln:

38. Die Stadt Bonn und die Landgemeinden Endenich, Kessenich und Poppelsdorf.

Aus dem Regierungsbezirke Düsseldorf:

39. Die Stadt Crefeld und die Landgemeinden Bockum, Fischeln und Hüls;
40. die Stadt Dülken und die Landgemeinde Dülken;
41. die Stadt Duisburg und die Landgemeinde Wanheim-Angerhausen;

42. die Stadt Essen und die Landgemeinden Altendorf, Altenessen, Frillendorf, Heisingen, Huttrop, Karnap, Katernberg, Rellinghausen, Rüttenscheidt, Schonnebeck und Stoppenberg;

43. die Stadt Hückeswagen und die Landgemeinde Neu Hückeswagen;

44. die Stadt Kettwig und die Landgemeinden Dreihonnschaften und Zweihonnschaften;

45. die Stadt München Gladbach und die Landgemeinde München Gladbach;

46. die Städte Ruhrort und Meiderich sowie die zur Landgemeinde Beeck gehörige Ortschaft Laar;

47. die Städte Solingen, Gräfrath, Höhscheid und Wald;

48. die Stadt Steele und aus dem Regierungsbezirk Arnsberg die Landgemeinden Eiberg, Freisenbruch, Horst und Königssteele;

49. die Stadt Werden und die Landgemeinde Siebenhonnschaften.

Aus dem Regierungsbezirke Trier:

50. Die Stadt Bernkastel und die Landgemeinde Kues (= Cues);

51. die Städte Saarbrücken, Malstatt-Burbach und St. Johann a. Saar;

52. die Stadt Trier und die Landgemeinden Heiligkreuz, Kürenz, Pallien und St. Mathias-Medard-Feyen.

Diese Verfügung tritt am 1. Januar 1900 in Kraft.

b. Gemeinschaftliche Verfügung vom 12. Dezember 1899. (J.M.Bl. 808, Bremer Gesetzblatt 227).

Auf Grund des §. 30 Abs. 4 des Handelsgesetzbuchs vom 10. Mai 1897 (Reichs-Gesetzbl. S. 219) und des §. 1 Abs. 2 des Ausführungsgesetzes zum Handelsgesetzbuche vom 24. September 1899 (Gesetz-Samml. S. 303) wird im Einverständnisse mit dem Senate der Freien Hansestadt Bremen bestimmt:

Die Stadt Bremerhaven, der Hafenort Geestemünde, der Flecken Lehe und die Landgemeinde Wulsdorf sind als eine Gemeinde im Sinne des §. 30 des Handelsgesetzbuchs anzusehen.

Diese Verfügung tritt am 1. Januar 1900 in Kraft.

X. Ausführungsbestimmungen der übrigen Bundesstaaten.

1. Anhalt.

a. Ausführungsgesetz zum Bürgerlichen Gesetzbuche. Vom 18. April 1899. (Ges. Sammlg. 57).

Verkäufe durch öffentlich ermächtigte Handelsmäkler.

Art. 14. Die öffentliche Ermächtigung, deren Handelsmäkler zu Verkäufen oder Käufen bedürfen, wird von der Handelskammer unter Vorbehalt der Bestätigung der Regierung, Abtheilung des Innern, ertheilt.

Die Ermächtigung wird erst wirksam, wenn der Handelsmäkler den Eid leistet, dass er die ihm obliegenden Pflichten getreu erfüllen werde. Für die Abnahme des Eides ist das Amtsgericht zuständig, in dessen Bezirke der Handelsmäkler seinen Wohnort hat.

Die Ermächtigung kann zurückgenommen werden, wenn Thatsachen vorliegen, welche die Unzuverlässigkeit des Handelsmäklers in Bezug auf den Geschäftsbetrieb darthun. Auf das Verfahren finden die Verschriften der §§. 37 bis 40 der Verordnung vom 13. Oktober 1888 Nr. 788 der Gesetzsammlung entsprechende Anwendung. Zuständig für die Einleitung des Verfahrens ist die Regierung, Abtheilung des Innern.

b. Ausführungsgesetz zum Reichsgesetz über die Angelegenheiten der freiwilligen Gerichtsbarkeit. Vom 18. April 1899. (Ges. Sammlg. 91).

Dritter Abschnitt.

Vereins- und Güterrechtsregister. Schiffsregister und Handelssachen.

Art. 19. Die näheren Bestimmungen über die Einrichtung und die Führung des Vereins- und des Güterrechtsregisters sowie des Handels- und des Schiffsregisters werden vom Staatsministerium getroffen.

Die Eintragungen in das Schiffsregister sollen von dem Richter mit Angabe des Wortlauts verfügt, von dem Gerichtsschreiber ausgeführt und von beiden unterschrieben werden.

Die beglaubigten Abschriften aus dem Schiffsregister sind von dem Richter und dem Gerichtsschreiber zu unterschreiben.

Art. 20. Ueber die Verpflichtung zur Tragung der Kosten, die durch eine gerichtliche Verhandlung über die Bestätigung der Dispache entstehen, entscheidet das Gericht, vor dem die Verhandlung stattfindet; die Entscheidung erfolgt nur auf Antrag eines der an dem Verfahren Betheiligten.

Diese Kosten sind, unbeschadet der Vorschrift des Artikels 7 (betrifft Auferlegung der von einem von mehreren Beteiligten besonders veranlaßten Kosten), von den an dem Verfahren Betheiligten in dem Verhältnisse zu tragen, in welchem sie zu dem Havereischaden beizutragen haben. Die den einzelnen Betheiligten entstandenen Kosten können, wenn die Umstände es rechtfertigen, gegeneinander aufgehoben werden. Soweit die Betheiligten eine abweichende Vereinbarung treffen, ist diese massgebend.

Die Vorschriften der Artikel 8 bis 12 dieses Gesetzes (betreffen Kostenfestsetzung) und des §. 158 Abs. 3 des Reichsgesetzes über die Angelegenheiten der freiwilligen Gerichtsbarkeit finden entsprechende Anwendung.

c. Ausführungsgesetz zum Handelsgesetzbuche. Vom 20. April 1899. (Gesetz-Samml. 133).

Art. 1. Für den Erlass von Bestimmungen, durch welche die Grenze des Kleingewerbes nach Massgabe des §. 4 Abs. 3 des Handelsgesetzbuchs näher festgesetzt wird, ist das Staatsministerium zuständig. Vor dem Erlasse solcher Bestimmungen ist die Handelskammer gutachtlich zu hören.

Das Gleiche gilt von den Bestimmungen, welche nach §. 30 Abs. 4 des Handelsgesetzbuchs erlassen werden können.

Art. 2. Die Beamten der Staatsanwaltschaft, die Polizei- und Gemeindebehörden, sowie die Notare haben von den zu ihrer Kenntniss gelangenden Fällen einer unrichtigen, unvollständigen oder unterlassenen Anmeldung zum Handelsregister oder Genossenschaftsregister dem Registergerichte Mittheilung zu machen.

Art. 3. Eine Aktiengesellschaft und eine Kommanditgesellschaft auf Aktien kann aufgelöst werden, wenn sie durch einen gesetzwidrigen Beschluss der Generalversammlung oder durch gesetzwidriges Verhalten des Vorstandes, der persönlich haftenden Gesellschafter oder des Aufsichtsraths das Gemeinwohl gefährdet.

Ueber die Auflösung entscheidet die Regierung, Abtheilung des Innern. Gegen die Entscheidung, durch welche die Auflösung angeordnet wird, findet die Klage beim Landesverwaltungsgericht statt, welches erstinstanzlich über dieselbe entscheidet.

Von der Auflösung hat die Regierung, Abtheilung des Innern, dem Registergerichte Mittheilung zu machen.

Art. 4. Zur Bekanntmachung des Verlustes eines Inhaberpapieres nach §. 367 des Handelsgesetzbuchs sind, unbeschadet des Rechts anderer öffentlicher Behörden, die Polizeibehörden auf Antrag des Eigenthümers verpflichtet, wenn glaubhaft gemacht wird, dass das Papier dem Eigenthümer gestohlen worden, verloren gegangen oder sonst abhanden gekommen ist. Die Kosten der Bekanntmachung hat der Antragsteller zu tragen und auf Erfordern vorzuschiessen.

Art. 5. Die nachstehenden Gesetze sowie alle zu ihrer Ergänzung, Ausführung oder Abänderung erlassenen Vorschriften werden, soweit sie noch in Geltung sind und nicht schon in Folge Reichsrechts ausser Kraft treten, unbeschadet der Uebergangsbestimmungen, aufgehoben:

1. das Anhalt-Bernburgische Einführungsgesetz zum Allgemeinen Deutschen Handelsgesetzbuche vom 14. Juli 1862 (Anhalt-Bernburgische Gesetz-Samml. Bd. 14 S. 1),
2. das Anhalt-Dessauische Einführungsgesetz zu dem Allgemeinen Deutschen Handelsgesetzbuche Nr. 625 vom 1. September 1863 (Gesetz-Samml. für Anhalt-Dessau Bd. 11 S. 3853).

Unberührt bleiben jedoch diejenigen Vorschriften der vorbezeichneten Gesetze, welche die vor ihrem Erlass entstandenen Rechtsverhältnisse betreffen.

Art. 6. Dieses Gesetz tritt gleichzeitig mit dem Bürgerlichen Gesetzbuche in Kraft.

---

2. Baden.

a. Gesetz, die freiwillige Gerichtsbarkeit und das Notariat betreffend. Vom 17. Juni 1899. (Gesetzes- und Verordngsbl. 249).

Zweiter Abschnitt.

Vorschriften für die Gerichte.

III. Registerführung bei den Amtsgerichten.

§. **30.** 1. Die Versendung der bei dem Amtsgerichte geführten öffentlichen Register (Handels-, Genossenschafts-, Muster-, Börsen-, Schiffs-, Vereins- und Güterrechts-Register) zum Zwecke der Einsichtnahme ist unstatthaft.

2. Die Vorlegung ausserhalb der Diensträume des Amtsgerichts darf nur auf Ersuchen eines erkennenden Gerichts und nur in der Weise geschehen, dass der Gerichtsschreiber oder ein Bevollmächtigter das Register in dem bestimmten Verhandlungstermin persönlich vorlegt und darnach sofort zurückbringt.

§. **31.** 1. Inländischen öffentlichen Behörden und Beamten sind im amtlichen Interesse von den Eintragungen in die Register (§. 30) und von den zum Register eingereichten Schriftstücken Abschriften sowie auf Grund derselben Auszüge und Zeugnisse auf Ersuchen zu ertheilen.

2. Hinsichtlich ausländischer Behörden und Beamten sind die Weisungen des Justizministeriums massgebend.

Vgl. Vdg. des Ministeriums der Justiz, des Kultus und Unterrichts v. 2. Januar 1900 (Ges.- u. Vdgsbl. 1), die amtsgerichtlichen öffentlichen Register betreffend (Registerverordnung).

Fünfter Abschnitt.

Schlussbestimmungen.

§. **70.** Mit dem Inkrafttreten des Bürgerlichen Gesetzbuchs treten ausser Kraft:

. . . .

3. Das Einführungsgesetz zum allgemeinen deutschen Handelsgesetzbuch vom 6. August 1862 (Regierungsblatt Nr. XXXX) sammt den Aenderungen und Ergänzungen durch das Gesetz vom 24. April 1886 (Gesetzes- und Verordnungs-Blatt Nr. XVIII).

. . . .

§. **79.** 1. Die zur Ausführung dieses Gesetzes, sowie der reichsgesetzlichen Bestimmungen über Angelegenheiten der freiwilligen Gerichtsbarkeit weiter erforderlichen Vorschriften werden, soweit nicht etwas Anderes bestimmt ist, von dem Justizministerium erlassen.

2. . . . .

Vgl. Vdg. des Justizministeriums v. 20. Juli 1899 (Ges.- u. Vdgsbl. 385), die Berichtigung und Vervollständigung der Handels- und Genossenschaftsregister betreffend.

b. Landesherrliche Verordnung, die Ausführung des Bürgerlichen Gesetzbuchs und damit zusammenhängender Gesetze betreffend. Vom 11. November 1899. (Ges.- u. Vdgsbl. 521).

IV. Vereine, Genossenschaften und Gesellschaften mit beschränkter Haftung. Stiftungen.

§. 12. 1. Der Bezirksrath als Verwaltungsbehörde entscheidet darüber, ob einem Verein die Rechtsfähigkeit nach §. 43 des Bürgerlichen Gesetzbuchs zu entziehen, und ob eine Genossenschaft nach §. 81 des Genossenschaftsgesetzes (Reichs-Gesetz-Blatt 1898 Seite 810), eine Gesellschaft mit beschränkter Haftung nach §. 62 des Gesetzes vom 20. April 1892 in der Fassung der Bekanntmachung vom 20. Mai 1898 (Reichs-Gesetz-Blatt Seite 846) aufzulösen ist.

2. Oertlich zuständig ist der Bezirksrath des Bezirks, in welchem der Verein, die Genossenschaft oder die Gesellschaft mit beschränkter Haftung ihren Sitz hat.

3. Die Entscheidung (Absatz 1) ist durch Klage anfechtbar, über welche der Verwaltungsgerichtshof in erster und letzter Instanz erkennt.

4. . . . .

VI. Oeffentliche Ermächtigung von Handelsmäklern zu Verkäufen und Käufen.

§. 15. 1. Die öffentliche Ermächtigung, deren Handelsmäkler zu Verkäufen oder Käufen bedürfen, wird von den Bezirksämtern auf Antrag der Handelskammer ertheilt.

2. Oertlich zuständig ist das Bezirksamt, in dessen Bezirke der Handelsmäkler sein Geschäftslokal oder in dessen Ermangelung seine Wohnung hat.

3. Die Ermächtigung ist für den Umfang des Handelskammerbezirks wirksam.

§. 16. 1. Die Ermächtigung (§. 15) wird erst wirksam, wenn der Handelsmäkler den Eid leistet, dass er die ihm obliegenden Pflichten getreu erfüllen werde.

2. Die Beeidigung geschieht durch das Bezirksamt.

§. 17. Ueber die Zurücknahme der Ermächtigung entscheidet der Bezirksrath nach Anhörung der Handelskammer.

§. 18. Von der Ermächtigung und Beeidigung des Handelsmäklers, sowie von der Zurücknahme der Ermächtigung ist auch die Handelskammer zu benachrichtigen.

XXI. Binnenschiffahrt. Schiffsregister. Gebühren für Schiffsregistereintragungen in Bezug auf Schiffspfandrechte.

§. 74. Die Verrichtungen der höheren Verwaltungsbehörde im Sinne der §§. 29, 31, 32, 38, 48—50 des Binnenschiffahrtsgesetzes (Reichsgesetzblatt von 1898 Seite 868) sind vom Ministerium des Innern wahrzunehmen.

§. 75. Die Schiffsregister werden geführt

a. für die Bezirke der Landgerichte Freiburg, Offenburg, Karlsruhe, Mannheim, Heidelberg und Mosbach mit Ausnahme des Amtsgerichtsbezirks Wertheim vom Amtsgericht Mannheim,

b. für den Bezirk des Landgerichts Konstanz vom Amtsgericht Konstanz.

§§. 76—80 betreffen Gebühren.

c. Verordnung des Ministeriums des Innern, den Vollzug des §. 81 des H.G.B., sowie des Artikels 9 des E.G. z. H.G.B. betreffend. Vom 30. Dezember 1899. (Ges.- u. Vdgsbl. 1022).

Zum Vollzuge des §. 81 des Handelsgesetzbuchs und des Artikels 9 des Einführungsgesetzes zum Handelsgesetzbuch wird mit Wirkung vom 1. Januar 1900 verordnet:

Zuständige Polizeibehörde im Sinne des §. 81 Absatz 2 des Handelsgesetzbuchs vom 10. Mai 1897 (Reichsgesetzblatt Seite 219), sowie im Sinne des §. 15a Absatz 4 der Gewerbeordnung in der Fassung des Artikels 9 des Einführungsgesetzes zum Handelsgesetzbuch vom 10. Mai 1897 (Reichsgesetzblatt Seite 437) ist das Bezirksamt.

---

3. Baiern.

a. Ausführungsgesetz zum Bürgerlichen Gesetzbuche. Vom 9. Juni 1899. (Beilage zu Nr. 28 des Ges.- u. Vdgsbl. v. 12. Juni 1899 S. 1).

Bekanntmachung des Verlustes von Inhaberpapieren.

Art. 90. Die Distriktspolizeibehörden haben auf Antrag desjenigen, welchem ein Inhaberpapier gestohlen worden, verloren gegangen oder sonst abhanden gekommen ist, den Verlust im Reichsanzeiger bekannt zu machen, wenn der Verlust glaubhaft gemacht wird. Der Antragsteller hat die Kosten vorzuschiessen.

Bei dem Verluste von Banknoten und anderer auf Sicht zahlbaren unverzinslichen Inhaberpapieren kann die Bekanntmachung nicht verlangt werden; für abhanden gekommene Zins-, Renten- oder Gewinnantheilscheine kann sie nur verlangt werden, wenn die Scheine später als in dem nächsten auf die Bekanntmachung folgenden Einlösungstermine fällig werden.

Aenderungen der seit 1818 erlassenen Gesetze.

Art. 161 enthält Aenderungen des Gesetzes v. 29. April 1869 für die noch bestehenden registrirten Gesellschaften.

Schlussbestimmungen.

Art. 175. Aufgehoben sind:

. . . .

18. das Gesetz vom 10. November 1861, die Einführung des allgemeinen deutschen Handelsgesetzbuchs betreffend;

. . . .

23. das Gesetz vom 29. April 1869, die privatrechtliche Stellung von Vereinen betreffend;

. . . .

35. das Gesetz vom 18. März 1896, einige Bestimmungen über die Inhaberpapiere betreffend.

. . . .

b. Gesetz, Uebergangsvorschriften zum Bürgerlichen Gesetzbuche betreffend. Vom 9. Juni 1899. (Beilage zu Nr. 28 des Ges.- u. Vdgsbl. v. 12. Juni 1899 S. 83).

Vereine.

Art. 1. Die Vereine, welche zur Zeit des Inkrafttretens des Bürgerlichen Gesetzbuchs auf Grund des Gesetzes vom 29. April 1869, die privatrechtliche Stellung von Vereinen betreffend, bestehen, gelten von diesem Zeitpunkt an als eingetragene Vereine. Das Staatsministerium der Justiz kann über die Eintragung in das Vereinsregister Anordnungen treffen.

Handelssachen.

Art. 37. Auf ein zur Zeit des Inkrafttretens des Bürgerlichen Gesetzbuchs anhängiges Verfahren nach den Artikeln 10 bis 18, 22 bis 24, 28 des Gesetzes vom 10. November 1861, die Einführung des allgemeinen deutschen Handelsgesetzbuchs betreffend, finden von diesem Zeitpunkt an die neuen Vorschriften Anwendung.

Art. 38. Für die nach Artikel 310 Abs. 2, Artikel 323 Abs. 3, den Artikeln 375, 387, Artikel 407 Abs. 4 und Artikel 409 Abs. 2 des bisherigen Handelsgesetzbuchs von den Gerichten zu erledigenden Angelegenheiten sind von dem Inkrafttreten des Bürgerlichen Gesetzbuchs an die Amtsgerichte zuständig.

c. Verordnung des Verwesers von Baiern zur Ausführung des Bürgerlichen Gesetzbuchs und seiner Nebengesetze (Zuständigkeitsverordnung). Vom 24. Dezember 1899. (Ges.- u. Vdgsbl. 1229).

Ermächtigung von Handelsmäklern zu Kaufgeschäften.

§. 6. Die öffentliche Ermächtigung, deren Handelsmäkler zu gewissen Verkäufen oder Käufen bedürfen, wird vom Staatsministerium des Innern im Benehmen mit dem Staatsministerium der Justiz ertheilt.

Die Ermächtigung wird erst wirksam, wenn der Handelsmäkler den Eid geleistet hat, dass er die ihm obliegenden Pflichten getreu erfüllen werde. Zur Abnahme des Eides ist das Amtsgericht zuständig, in dessen Bezirke der Handelsmäkler seine Geschäftsräume oder in Ermangelung solcher seine Wohnung hat.

Die Ermächtigung kann von dem Staatsministerium des Innern jederzeit zurückgenommen werden.

Ausführungsvorschriften zum Handelsgesetzbuche.

§. 25. Für die Erlassung von Bestimmungen, durch welche die Grenze des Kleingewerbes nach Massgabe des §. 4 Abs. 3 des Handelsgesetzbuchs näher festgesetzt wird, sind die Staatsministerien der Justiz und des Innern gemeinschaftlich zuständig.

§. 26. Die Vorschrift des §. 25 gilt auch von der im §. 30 Abs. 4 des Handelsgesetzbuchs vorgesehenen Bestimmung, dass benachbarte Orte oder Gemeinden als ein Ort oder als eine Gemeinde im Sinne der Vorschriften des §. 30 des Handelsgesetzbuchs anzusehen sind.

§. 27. Für die Ertheilung der im §. 363 Abs. 2 des Handelsgesetzbuchs bezeichneten Ermächtigung zur Ausstellung von Lagerscheinen ist das Staatsministerium des Innern im Benehmen mit dem Staatsministerium der Justiz zuständig.

§. 28. Zur Erlassung der Eisenbahnverkehrsordnung (§§. 453 ff. des Handelsgesetzbuchs) ist das Staatsministerium des Königlichen Hauses und des Aeussern zuständig.

Führung des Schiffsregisters.

§. 29. Für die Uebertragung der Führung des Schiffsregisters für die Bezirke mehrerer Gerichte an eines von diesen (§. 120 des Gesetzes vom 15. Juni 1895, betreffend die privatrechtlichen Verhältnisse der Binnenschiffahrt) ist das Staatsministerium der Justiz zuständig.

§. 30. Für die Bestimmung, dass auch Schiffe von einer geringeren als der im §. 119 des Gesetzes vom 15. Juni 1895, betreffend die privatrechtlichen Verhältnisse der Binnenschiffahrt, bestimmten Tragfähigkeit in das Schiffsregister eingetragen werden, ist das Staatsministerium der Justiz zuständig.

---

4. Braunschweig.

a. Ausführungsgesetz zum Gesetz über die Angelegenheiten der freiwilligen Gerichtsbarkeit. Vom 12. Juni 1899. (Ges.- u. Vdgs.-Sammlung 389).

Dritter Abschnitt.

Register.

§. 13. (Zu §§. 100, 125, 159, 161 des Ges. ü. d. A. d. f. G.). Die näheren Bestimmungen über die Einrichtung und Führung des Handels- und Schiffsregisters, sowie des Vereins- und des Güterrechtsregisters werden von der Landes-Justizverwaltung getroffen.

Vgl. Bekanntmachung des Staatsministeriums, Abteilung für Justiz, v. 7. Juli 1899 (Ges.- u. Vdgs.-Sammlung 555), betr. die Anweisung über die Führung des Handelsregisters.

b. Ausführungsgesetz zum Handelsgesetzbuche. Vom 12. Juni 1899. (Ges.- u. Vdgs.-Sammlung 433).

§. 1. Die durch die §§. 4 Abs. 3 und 30 Abs. 4 des Handelsgesetzbuchs den Landesregierungen eingeräumten Befugnisse, Bestimmungen zu erlassen, durch welche die Grenze des Kleingewerbes nach Merkmalen näher festgesetzt wird, beziehungsweise nach welchen benachbarte Orte oder Gemeinden als ein Ort oder als eine Gemeinde im Sinne der für Firmen in §. 30 Abs. 1 bis 3 des Handelsgesetzbuches gegebenen Vorschriften anzusehen sind, werden von dem Herzoglichen Staats-Ministerium ausgeübt.

§. 2. In Fällen, in welchen es sich darum handelt, den dazu Verpflichteten zu einer Anmeldung, zu der Zeichnung einer Unterschrift, zu der Einreichung von Schriftstücken zum Handelsregister oder zur Unterlassung der unbefugten Führung einer Firma anzuhalten, sind die Ortspolizeibehörden verpflichtet, auf Ersuchen des Gerichts die erforderten Ermittelungen anzustellen und deren Ergebniss demselben mitzutheilen.

Sie sind auch ohne ein solches Ersuchen verpflichtet, dem zuständigen Amtsgericht von Thatsachen Mittheilung zu machen, welche zu ihrer Kenntniss gekommen sind und geeignet erscheinen, ein gerichtliches Einschreiten der in Absatz 1 gedachten Art zu veranlassen.

Diese Vorschriften finden auf die Fälle entsprechende Anwendung, in denen das Erlöschen der Firma von Amtswegen einzutragen, oder eine Eintragung nach Massgabe der §§. 142 bis 144, 147 des Gesetzes über die Angelegenheiten der freiwilligen Gerichtsbarkeit als nichtig zu löschen ist.

§. 3. Das Herzogliche Staats-Ministerium ist berechtigt, je nach dem vorhandenen Verkehrsbedürfniss:

zur Vornahme freihändiger Käufe und Verkäufe von Gegenständen, welche einen Börsen- oder Marktpreis haben;

zur Abgabe von Gutachten über den Börsen- oder Marktpreis von Gegenständen;

zur Feststellung des Zustandes, der Menge oder des Werthes von Waaren

Handelsmäkler öffentlich zu ermächtigen.

Die Ermächtigung erfolgt durch eine Bestallungsurkunde auf Vorschlag der Handelskammer und nach gutachtlicher Anhörung der Obrigkeit der betreffenden Gemeinde.

§. 4. Von jeder Bestallung eines Handelsmäklers wird dem Amtsgericht seines Wohnsitzes Seitens des Herzoglichen Staats-Ministeriums Kenntniss gegeben.

Der so angestellte Handelsmäkler hat vor Beginn seiner amtlichen Thätigkeit vor dem in Absatz 1 genannten Amtsgericht einen Eid dahin zu leisten, dass er die ihm obliegenden Pflichten getreu erfüllen wolle.

Die erfolgte Beeidigung ist Seitens des Amtsgerichts bei Herzoglichem Staats-Ministerium unverzüglich anzuzeigen, und ebenso wie die Bestallung durch die Braunschweigischen Anzeigen bekannt zu machen.

§. 5. Die gemäss §. 3 angestellten Handelsmäkler haben einen amtlichen Stempel zu führen und einen Abdruck desselben dem nach §. 4 zuständigen Amtsgericht einzureichen.

Sie sind verpflichtet, ihr Amt den Gesetzen und den ihnen von Herzoglichem Staats-Ministerium ertheilten Anweisungen gemäss gewissenhaft und unparteiisch zu verwalten.

Sie haben neben dem nach §. 100 des H.G.B. zu führenden Tagebuche ein besonderes Buch zu führen, in welches alle von ihnen in amtlicher Eigenschaft vollzogenen Geschäfte der Zeitfolge nach, unter Angabe des Inhalts, einzutragen sind. Auf dieses Buch finden die Vorschriften der §§. 43, 44 des H.G.B. über die Einrichtung und Aufbewahrung der Handelsbücher Anwendung.

Die angestellten Handelsmäkler stehen unter der Aufsicht der Handelskammer und der Oberaufsicht des Herzoglichen Staats-Ministeriums.

§. 6. Eine Verletzung der Pflichten, welche den vorbezeichneten Handelsmäklern obliegen, wird disciplinarisch geahndet. Die Disciplinarstrafen bestehen in

1. Verweis,
2. Geldbusse bis zu 60 M.,
3. Entlassung.

Verweis und Geldbusse werden durch Beschluss der Handelskammer erkannt.

Die Geldbusse fliesst in die Kasse der Handelskammer und unterliegt der zwangsweisen Beitreibung im Verwaltungswege.

Dem Betheiligten ist vor der Verhängung einer Disciplinarstrafe Gelegenheit zu geben, sich vor einer aus zwei Mitgliedern der Handelskammer und dem Syndikus derselben bestehenden Kommission über die ihm zur Last gelegte Pflichtverletzung zu verantworten.

Der Beschluss der Handelskammer wird ihm unter Angabe der Gründe schriftlich durch einen Gerichtsvollzieher zugestellt. Gegen denselben findet binnen 10 Tagen von der Zustellung an gerechnet, die Beschwerde an das Herzogliche Staats-Ministerium statt. Die Beschwerde hat aufschiebende Wirkung.

Im Falle einer groben oder einer wiederholten Pflichtverletzung kann nach Anhörung der Handelskammer die Amtsentlassung des Maklers durch das Herzogliche Staats-Ministerium ausgesprochen werden. Dieselbe ist durch die Braunschweigischen Anzeiger bekannt zu machen.

§. 7. Das Herzogliche Staats-Ministerium ist berechtigt, über die Höhe der Vergütung für die Leistungen der Handelsmäkler Taxvorschriften zu erlassen.

§. 8. Das Herzogliche Staats-Ministerium ist berechtigt, Anstalten zur Ausgabe von Lagerscheinen im Sinne der §§. 363 Abs. 2, 424 des H.G.B. zu ermächtigen, und über solche Lagerscheine, unbeschadet der dieserhalb im H.G.B. gegebenen Vorschriften, nähere Bestimmungen zu treffen.

§. 9. Die Ortspolizeibehörden haben auf Antrag des Eigenthümers und auf dessen Kosten den Verlust eines Inhaberpapiers durch den Deutschen Reichsanzeiger bekannt zu machen, wenn glaubhaft gemacht wird, dass das Inhaberpapier dem Eigenthümer gestohlen worden, verloren gegangen oder sonst abhanden gekommen ist.

Auf die in §. 367 Abs. 3 des H.G.B. genannten Papiere findet diese Bestimmung keine Anwendung.

§. 10. Alle diesem Gesetze entgegenstehenden Bestimmungen werden aufgehoben, insbesondere

1. das Gesetz Nr. 31 vom 14. September 1863, die Einführung des allgemeinen deutschen Handelsgesetzbuchs betreffend;
2. das Gesetz Nr. 2 vom 14. Januar 1864, die Bekanntmachung der Gesellschaftsverträge der Aktiengesellschaften und der Kommanditgesellschaften auf Aktien u. s. w. betreffend;
3. das Gesetz Nr. 26 vom 30. April 1867, Aktiengesellschaften betreffend, bei welchen der Gegenstand des Unternehmens nicht in Handelsgeschäften besteht;
4. die Bekanntmachung Nr. 31 vom 10. April 1895, die Maklerordnung für das Herzogthum Braunschweig betreffend.

§. 11. Dieses Gesetz tritt am 1. Januar 1900 in Kraft.

Alle, die es angeht, haben sich hiernach zu achten.

---

5. Bremen.

a. Ausführungsgesetz zum Bürgerlichen Gesetzbuch. Vom 18. Juli 1899. (Ges. Bl. 61).

§. 30 betrifft die Verpfändung von im Bau befindlichen Schiffen.

§§. 45—52 betreffen Übergangsvorschriften für bestehende Vertragspfandrechte an Schiffen.

§. 67. Mit dem Inkrafttreten dieses Gesetzes werden unbeschadet der Vorschrift des §. 68 die nachfolgenden Gesetze aufgehoben, soweit sie nicht selbst andere Gesetze aufheben oder bereits ausser Kraft getreten sind:

. . . .

27. das Gesetz, betreffend die Abänderung der Erbe- und Handfestenordnung und des Einführungsgesetzes zum Handelsgesetzbuch, vom 15. Dezember 1887 (Gesetzbl. S. 177);
28. das Gesetz, betreffend zusätzliche Bestimmung zu §. 9 des Einführungsgesetzes zum Handelsgesetzbuch, vom 6. Juni 1888 (Gesetzbl. S. 149);

. . . .

b. Gesetz, betreffend die durch die Einführung des Bürgerlichen Gesetzbuchs und anderer Reichsgesetze veranlassten Aenderungen verschiedener Bremischer Gesetze. Vom 18. Juli 1899. (Ges. Bl. 94).

Art. 3. Das Gesetz, betreffend die Lagerscheine und Warrants, vom 13. Mai 1877 (Gesetzbl. S. 39) wird dahin geändert:

I. An die Stelle der im §. 1 bezeichneten Artikel 302, 303 und 305 des Handelsgesetzbuches treten die §§. 363 Abs. 2, 364 und 365 des Handelsgesetzbuchs vom 10. Mai 1897.

II. Der §. 13 wird durch folgende Vorschrift ersetzt:

Ist der Lagerschein oder der Warrant abhanden gekommen, so findet die Vorschrift des §. 365 Abs. 2 des Handelsgesetzbuches mit der Massgabe Anwendung, dass die Sicherheit bei der Anstalt zu leisten ist.

Die neue Fassung des Gesetzes, betreffend Lagerscheine und Warrants ist verkündet durch Bekanntmachung v. 23. Dezember 1899 (Ges. Bl. 313 ff.).

c. Gesetz, betreffend die Ausführung des Reichsgesetzes über die Angelegenheiten der freiwilligen Gerichtsbarkeit. Vom 18. Juli 1899. (Ges. Bl. 137).

Dritter Abschnitt.

Handels- und Schiffsregister, Vereins- und Güterrechtsregister.

§. 8. Die näheren Bestimmungen über die Einrichtung und Führung des Handels- und Schiffsregisters, sowie des Vereins- und Güterrechtsregisters und über das Verfahren der Registergerichte werden im Verwaltungswege getroffen.

Die Eintragungen in die Register und die Veröffentlichung der Eintragungen erfolgen auf Kosten der Betheiligten. Die Eintragungen sind, soweit nichts anderes bestimmt ist, von dem Richter zu unterzeichnen.

d. Ausführungsgesetz zum Handelsgesetzbuch. Vom 18. Juli 1899. (Ges. Bl. 154).

§. 1. Deutsche und ausländische Gesellschaften, welche die Versicherung ihrer Mitglieder nach dem Grundsatze der Gegenseitigkeit betreiben, sind, sofern sie nicht nach den reichsgesetzlichen Vorschriften in das Handelsregister einzutragen sind, bei dem Amtsgericht zur Eintragung in ein besonderes Register anzumelden, wenn sie im Bremischen Staatsgebiete ihre Hauptniederlassung oder eine Zweigniederlassung haben oder durch einen im Bremischen Staatsgebiete wohnhaften Bevollmächtigten ihr Geschäft betreiben. Die Vorschriften der §§. 10, 12 bis 15, des §. 30 Abs. 1, 3, der §§. 33 bis 35 und 37 des Handelsgesetzbuchs finden entsprechende Anwendung, die Vorschrift des §. 10 jedoch mit der Beschränkung, dass die Veröffentlichung der Eintragungen nur in dem für die öffentlichen Bekanntmachungen des Gerichts bestimmten Blatte erfolgt.

Betreiben die im Absatz 1 bezeichneten Gesellschaften ihr Geschäft in Bremen nur durch einen Bevollmächtigten, so sind der Name des Bevollmächtigten, sowie bei späteren Aenderungen der Vollmacht auch diese Aenderungen und das Erlöschen der Vollmacht in das Register einzutragen. Die Vollmacht und deren Aenderungen sind schriftlich bei dem Registergericht niederzulegen. Der Bevollmächtigte hat seine Unterschrift zur Aufbewahrung bei dem Gericht zu zeichnen oder in beglaubigter Form einzureichen. Im übrigen findet die Vorschrift des §. 15 Absatz 1 und 2 des Handelsgesetzbuches auf den Bevollmächtigten entsprechende Anwendung. Die Bevollmächtigten sind persönlich dafür verantwortlich, dass die von ihnen vertretenen Gesellschaften die nach diesem Gesetz für die Eintragung in das Register geltenden Vorschriften befolgen.

§. 2. Ausländische Gesellschaften der im §. 1 bezeichneten Art haben bei ihrer Anmeldung zum Register ihre Unterwerfung unter die Bremische Gerichtsbarkeit dem Registergericht schriftlich zu erklären und die Vollmacht ihrer Bremischen Bevollmächtigten auf ihre Vertretung bei den Bremischen Gerichten zu erstrecken.

§. 3. Die nach dem bisherigen Recht im Handelsregister bewirkten Eintragungen, welche nach dem Handelsgesetzbuch unzulässig sind und auch durch Art. 22 des Einführungsgesetzes zum Handelsgesetzbuch nicht aufrecht erhalten werden, können von Amtswegen gelöscht werden. Dies gilt insbesondere

1. von der Eintragung von Handelsvollmachten (§. 11 des Bremischen Einführungsgesetzes zum Handelsgesetzbuch vom 6. Juni 1864),
2. von der Eintragung ausländischer Handelsgesellschaften, sofern sie im Bremischen Staatsgebiet keine Zweigniederlassung haben,
3. von der Eintragung sonstiger ausländischer Erwerbsgesellschaften,
4. von den auf Grund des §. 5 des Bremischen Einführungsgesetzes zum Handelsgesetzbuch bewirkten Eintragungen, sofern sie nach dem Handelsgesetzbuch unzulässig sind.

Das Gericht hat die Beteiligten, sofern ihr Aufenthalt bekannt ist, von der beabsichtigten Löschung zu benachrichtigen und ihnen zugleich eine angemessene Frist zur Geltendmachung eines Widerspruches zu bestimmen. Als Betheiligte gelten in den Fällen unter Nr. 2 und 3 die eingetragenen Bevollmächtigten. Das weitere Verfahren richtet sich nach den Vorschriften des §. 141 Abs. 3 und 4 des Reichsgesetzes über die Angelegenheiten der freiwilligen Gerichtsbarkeit.

§. 4. Die auf Grund des bisherigen Rechts im Handelsregister bewirkten Eintragungen, welche sich auf Gesellschaften der im §. 1 bezeichneten Art beziehen (vergl. §§. 21, 23 des Bremischen Einführungsgesetzes zum Handelsgesetzbuch in der Fassung des Gesetzes vom 4. Juni 1879) sind, soweit sie noch Gültigkeit haben, von Amtswegen aus dem Handelsregister in das für die bezeichneten Gesellschaften bestimmte besondere Register zu übertragen.

§. 5. Löschungen und Uebertragungen in ein anderes Register, welche nach Massgabe der §§. 3 und 4 von Amtswegen oder auf Antrag vorgenommen werden, erfolgen gebührenfrei.

§. 6. Für die Anwendung der Vorschriften des Handelsgesetzbuchs, welche sich auf den Aufenthalt des Schiffes im Heimathshafen beziehen, sind alle Häfen und Ankerplätze an der Weser und ihren Nebengewässern dem Heimathshafen gleichzuachten.

§. 7. Dieses Gesetz tritt gleichzeitig mit dem Bürgerlichen Gesetzbuch in Kraft.

Mit dem Inkrafttreten dieses Gesetzes werden unbeschadet der Uebergangsbestimmung im Art. 170 des Einführungsgesetzes zum Bürgerlichen Gesetzbuch folgende Gesetze aufgehoben, soweit sie nicht bereits ausser Kraft getreten sind:

1. die obrigkeitliche Verordnung, betreffend die Einführung des allgemeinen deutschen Handelsgesetzbuchs, vom 6. Juni 1864 (Gesetzbl. S. 36) mit Ausnahme der §§. 13 bis 15;
2. das Gesetz, betreffend die Abänderung des Einführungsgesetzes zum allgemeinen deutschen Handelsgesetzbuch, vom 4. Juni 1879 (Gesetzbl. S. 183) mit Ausnahme der Gebührenordnung;

Die Vorschriften der §§. 13 bis 15 des im Absatz 2 unter Nr. 1 bezeichneten Gesetzes treten ausser Kraft, sobald das Grundbuch als angelegt anzusehen ist.

e. Verordnung, betreffend die Löschung von Seeschiffen.

Abgedruckt oben S. 21.

---

6. Elsass-Lothringen.

a. Gesetz, betreffend die Ausführung des Bürgerlichen Gesetzbuchs in Elsass-Lothringen. Vom 17. April 1899. (Ges. Bl. 43).

Juristische Personen.

§. 6. Schenkungen und Verfügungen von Todeswegen zu Gunsten juristischer Personen bedürfen zu ihrer Wirksamkeit, soweit gesetzlich nicht ein Anderes bestimmt ist, der staatlichen Genehmigung.

Auf Aktiengesellschaften, eingetragene Genossenschaften (Gesetz, betreffend die Erwerbs- und Wirthschaftsgenossenschaften, vom 1. Mai 1889, Reichs-Gesetzbl. 1898 S. 810) und Gesellschaften mit beschränkter Haftung (Gesetz vom 20. April 1892, Reichs-Gesetzbl. 1898 S. 846) findet die Vorschrift des Abs. 1 keine Anwendung.

. . . .

b. Gesetz, betreffend die Ausführung des Reichsgesetzes über die Angelegenheiten der freiwilligen Gerichtsbarkeit. Vom 6. November 1899. (Ges. Bl. 117).

V. Handelssachen. Sonstige Angelegenheiten. Registerführung.

§. 39. Das Ministerium ertheilt

1. Die Ermächtigung von Handelsmäklern zum freihändigen Verkaufe von Sachen, welche einen Börsen- oder Marktpreis haben,
2. die Ermächtigung von Lageranstalten zur Ausstellung von Lagerscheinen und Lagerpfandscheinen (§. 363 Abs. 2 des Handelsgesetzbuchs, Artikel 1, 2 des Gesetzes vom 28. Mai 1858, betreffend den Geschäftsverkehr in Ansehung der in den allgemeinen Lagerhäusern hinterlegten Waaren).

Die Ermächtigung ist widerruflich.

Der ermächtigte Handelsmäkler hat vor dem Amtsgerichte, in dessen Bezirk er seinen Wohnsitz hat, den Eid zu leisten, dass er die ihm obliegenden Pflichten getreu erfüllen werde. Die Ermächtigung wird erst mit der Eidesleistung wirksam.

§. 48. Die Bestimmungen über die Einrichtung und Führung der Register, deren Führung den Amtsgerichten obliegt, werden, soweit erforderlich, von dem Ministerium erlassen.

Vgl. die Verfügung v. 30. Dezemb. 1899 betr. die Führung des Schiffsregisters (Central- u. Bezirks-Amtsblatt für Elsaß-Lothringen, Hauptblatt Nr. 1 v. 6. Januar 1900) und die Verfügung v. 4. Januar 1900 betr. die Einrichtung und Führung des Handelsregisters und des Genossenschaftsregisters (a. a. O. Nr. 2 v. 13. Januar 1900).

c. Gesetz, betreffend die Aufhebung von Landesgesetzen. Vom 29. November 1899. (Ges. Bl. 235).

§. 1. Die nachstehenden Vorschriften werden, soweit sie zur Zeit noch Geltung haben und soweit sie nicht schon in Folge Reichsgesetzes ausser Kraft treten, aufgehoben:

. . . .

107. das Gesetz vom 19. Juni 1872, betreffend die Einführung der allgemeinen Deutschen Wechselordnung und des allgemeinen deutschen Handelsgesetzbuchs in Elsass-Lothringen (Gesetzbl. S. 213), mit Ausnahme der auf die Einführung der Wechselordnung bezüglichen Vorschrift des §. 1 Absatz 1, des §. 1 Absatz 2 Ziffer 1 und 2, sowie des §. 16 Absatz 1, 3, 4,

108. die Verordnung vom 12. Juli 1872, zur Ausführung des §. 34 des unter Ziffer 107 bezeichneten Gesetzes (Gesetzbl. S. 563),

. . . .

7. Hamburg.

a. Gesetz, betreffend Ausführung des Handelsgesetzbuchs. Vom 29. Dezember 1899. (Amtsbl. 1143).

§. 1. Zum Erlass örtlicher Verordnungen im Sinne des §. 77 des Handelsgesetzbuchs ist der Senat nach eingeholter Genehmigung des Bürger-Ausschusses zuständig.

§. 2. Die Ermächtigung zur Ausstellung von durch Indossament übertragbaren Lagerscheinen im Sinne des §. 363 des Handelsgesetzbuchs wird durch den Senat ertheilt.

§. 3. Anträge auf Erlass einer Bekanntmachung über den Verlust eines Inhaberpapiers nach §. 367 des Handelsgesetzbuchs sind im Stadtgebiet an die Polizeibehörde, im Gebiet der Landherrenschaften der Geest- und Marschlande an die zuständige Landherrenschaft, im Gebiet der Landherrenschaft Ritzebüttel an den Amtsverwalter, im Gebiet der Landherrenschaft Bergedorf an den Bürgermeister der Stadt Bergedorf zu richten. Die Behörden sind verpflichtet, solchen Anträgen stattzugeben, wenn glaubhaft gemacht wird, dass das Papier dem Eigenthümer gestohlen worden, verloren gegangen oder sonst abhanden gekommen sei. Die Kosten der Bekanntmachung hat der Antragsteller zu tragen und auf Erfordern vorzuschiessen.

§. 4. Als Heimathshafen im Sinne der §§. 526, 527, 680 und 754 Ziffer 6 des Handelsgesetzbuchs gelten für diejenigen Schiffe, welche ihren Heimathshafen in einem hamburgischen Hafen, mit Ausnahme der Häfen des Amtes Ritzebüttel, haben, auch die Häfen von Altona und Harburg, sowie sämmtliche hamburgische Häfen mit Ausnahme der Häfen des Amtes Ritzebüttel. Als Heimathshafen im Sinne des §. 553 des Handelsgesetzbuchs gelten für dieselben alle Elbhäfen.

Für Schiffe, welche ihren Heimathshafen in einem Hafen des Amtes Ritzebüttel haben, gelten alle Elbhäfen als Heimathshafen im Sinne der im ersten Absatze angezogenen Bestimmungen des Handelsgesetzbuchs.

§. 5. Für den freiwilligen öffentlichen Verkauf von Schiffen und Schiffsparten sind ausser den Notaren das Gerichtsvollzieheramt und die Gerichtsvollzieher in Ritzebüttel und Bergedorf zuständig. Ausserdem können von der Deputation für Handel und Schiffahrt nach Massgabe des Gesetzes, betreffend Aufhebung des Instituts der beeidigten Mäkler und Ernennung von beeidigten Auctionatoren, vom 20. Dezember 1871 für Verkäufe von Schiffen und Schiffsparten besondere beeidigte Auctionatoren ernannt werden.

§. 6. Ueber die Führung von Tagebüchern auf kleineren Fahrzeugen können im Wege der Verordnung des Senats nähere Bestimmungen erlassen werden. Bis zum Erlasse anderweiter Bestimmungen verbleibt es dabei, dass auf denselben für kurze Küstenfahrten die Führung eines Tagebuchs nicht erforderlich ist.

§. 7. Zum Erlass örtlicher Verordnungen im Sinne der §§. 561, 568, 593 und 595 des Handelsgesetzbuchs ist die Deputation für Handel und Schiffahrt zuständig. Das Gesetz, betreffend die Löschzeit für Seeschiffe im hamburgischen Hafen, vom 30. Januar 1885 wird aufgehoben.

§. 8. Auf Grund des Art. 19 des Einführungsgesetzes zum Handelsgesetzbuche wird bestimmt:

Werden aus einem Seeschiffe oder aus einem Leichterschiffe seewärts angebrachte Güter von dem Empfänger in ein Binnenschiff oder sonst zu Wasser übernommen, so findet §. 609 Abs. 1 des Handelsgesetzbuchs auf die Ansprüche des Empfängers wegen äusserlich erkennbarer Beschädigung oder wegen äusserlich erkennbaren theilweisen Verlustes keine Anwendung. Diese Ansprüche erlöschen durch eine vorbehaltlose Quittung; sie erlöschen nicht, wenn sie in der Quittung thunlichst genau bezeichnet und vorbehalten sind.

Hinsichtlich der Ansprüche wegen äusserlich nicht erkennbarer Beschädigung oder wegen äusserlich nicht erkennbaren theilweisen Verlustes der Güter behält es bei den Bestimmungen des Handelsgesetzbuchs sein Bewenden.

§. 9. Für die Aufmachung der Dispache ist der hamburgische Dispacheur für alle Häfen des Staatsgebiets zuständig.

§. 10. Dieses Gesetz tritt gleichzeitig mit dem Handelsgesetzbuch in Kraft.

Das Einführungsgesetz zum Allgemeinen Deutschen Handelsgesetzbuche vom 22. December 1865 wird aufgehoben, soweit dasselbe nicht bereits ausser Kraft getreten ist oder durch Reichsgesetz aufgehoben wird.

b. Hamburgisches Gesetz über Angelegenheiten der freiwilligen Gerichtsbarkeit. Vom 29. Dezember 1899. (Amtsbl. 1168).

Vierter Abschnitt.

Oeffentliche Register der Gerichte.

§. 30. Die näheren Bestimmungen über die Einrichtung und Führung der von den Gerichten zu führenden Register werden, soweit erforderlich, von der Senats-Commission für die Justizverwaltung getroffen.

Die nach dem bisherigen Recht bewirkten Eintragungen hiesiger Agenten und Bevollmächtigter auswärtiger Gesellschaften im Handelsregister können auf Anordnung der Senats-Commission für die Justizverwaltung gelöscht werden.

§. 31. Wenn in das Güterrechtsregister eine Eintragung erfolgt, welche sich auf einen Ehegatten bezieht, dessen Firma in das von demselben Gericht geführte Handelsregister eingetragen ist, so soll durch einen Vermerk im Handelsregister auf diese Eintragung hingewiesen werden. Das Gleiche gilt, wenn ein Ehegatte als Inhaber einer Firma eingetragen wird, bezüglich dessen eine Eintragung in das von demselben Gericht geführte Güterrechtsregister erfolgt ist. Das Gericht hat gemäss §. 10 Absatz 1 Satz 1 des Handelsgesetzbuches bekannt zu machen, dass ein Hinweis auf das Güterrechtsregister eingetragen ist.

c. Verordnung, betreffend Löschzeit für Seeschiffe im Hamburgischen Hafen. Vom 29. Dezember 1899. (Amtsbl. 1214).

Auf Grund des §. 7 des Gesetzes, betreffend Ausführung des Handelsgetzbuchs, vom 29. Dezember 1899 wird verordnet, was folgt:

Für die Löschzeit kommen, wenn nicht durch Vertrag Abweichungen festgesetzt sind, die folgenden Bestimmungen zur Anwendung.

§. 1. Beginn der Löschzeit. Der Schiffer eines im Ganzen verfrachteten Schiffes hat, sobald er zum Löschen fertig und bereit ist, dies dem Empfänger anzuzeigen. Mit dem auf die Anzeige folgenden Tage beginnt die Löschzeit.

Die Anzeige an unbekannte Empfänger hat ortsüblich durch Bekanntmachung in der „Hamburgischen Börsenhalle“, dem „Hamburgischen Correspondenten“ und den „Hamburger Nachrichten“ zu erfolgen.

§. 2. Bei der Entlöschung haben Schiffer und Empfänger mit thunlichster Beschleunigung zu verfahren; der Schiffer muss dem Empfänger nicht nur das sich aus nachstehender Scala ergebende tägliche Durchschnittsquantum zur Verfügung stellen, sondern ist auch zu einer den Umständen entsprechenden Mehrleistung verpflichtet.

Mit dieser Massgabe gelten als Regel für im Ganzen verfrachtete Schiffe die nachstehenden Löschfristen.

Als Grösse des Schiffes gilt diejenige, welche der Berechnung des Tonnengeldes zu Grunde gelegt wird.

Die Winter-Sätze kommen zur Anwendung, wenn die Löschzeit nach dem 31. Oktober und vor dem 1. März beginnt.

A. Segelschiffe.

Sommer	Winter			
3 Tage	3 Tage	bis zu	30	Netto Reg.-Tons
4 „	4 „	„ „	50	„ „ „
5 „	5 „	„ „	75	„ „ „
6 „	6 „	„ „	100	„ „ „
7 „	7 „	„ „	125	„ „ „
7 „	8 „	„ „	150	„ „ „
8 „	9 „	„ „	200	„ „ „
9 „	10 „	„ „	250	„ „ „

Sommer		Winter							
10	Tage	11	Tage	bis	zu	300	Netto	Reg.	-Tons
11	„	12	„	„	„	350	„	„	„
12	„	13	„	„	„	400	„	„	„
13	„	14	„	„	„	450	„	„	„
13	„	15	„	„	„	500	„	„	„
14	„	16	„	„	„	600	„	„	„
15	„	17	„	„	„	700	„	„	„
16	„	18	„	„	„	800	„	„	„
17	„	19	„	„	„	850	„	„	„
17	„	20	„	„	„	900	„	„	„
18	„	21	„	„	„	1000	„	„	„
19	„	22	„	„	„	1200	„	„	„
20	„	23	„	„	„	1300	„	„	„
20	„	24	„	„	„	1400	„	„	„
21	„	25	„	„	„	1600	„	„	„
22	„	26	„	„	„	1800	„	„	„
23	„	27	„	„	„	1900	„	„	„
23	„	28	„	„	„	2000	„	„	„
24	„	29	„	„	„	2200	„	„	„
25	„	30	„	„	„	2400	„	„	„
26	„	31	„	„	„	2500	„	„	„
26	„	32	„	„	„	2600	„	„	„
27	„	33	„	„	„	2800	„	„	„
28	„	34	„	„	„	2950	„	„	„
28	„	35	„	„	„	3100	„	„	„
29	„	36	„	„	„	3400	„	„	„
30	„	37	„	„	„	3550	„	„	„
30	„	38	„	„	„	3700	„	„	„
31	„	39	„	„	„	4000	„	„	„
32	„	40	„	„	„	4150	„	„	„
32	„	41	„	„	„	4300	„	„	„
33	„	42	„	„	„	4600	„	„	„
34	„	43	„	„	„	4800	„	„	„
34	„	44	„	„	„	5000	„	„	„

und für jede weitere 400 Netto Reg.-Tons 1 Tag mehr.

B. Dampfschiffe.

Sommer		Winter				Allgemein	Salpeter	Getreide, Hülsenfrüchte, Saaten, lose.
						Netto Reg.-Tons		
3	Tage	4	Tage	bis	zu	200	200	200
4	„	5	„	„	„	300	300	400
5	„	6	„	„	„	400	400	600
6	„	7	„	„	„	600	600	800
7	„	8	„	„	„	800	800	1100

Sommer	Winter		Allgemein	Salpeter	Getreide, Hülsenfrüchte, Saaten, lose.
			Netto Reg.-Tons		
8 Tage	9 Tage	bis zu	1000	1000	1400
9 „	10 „	„ „	1300	1200	1800
10 „	11 „	„ „	1600	1400	2200
11 „	12 „	„ „	1700	1500	2400
11 „	13 „	„ „	1900	1600	2700
12 „	14 „	„ „	2300	1800	3200
13 „	15 „	„ „	2500	1950	3500
13 „	16 „	„ „	2700	2100	3800
14 „	17 „	„ „	3100	2400	4400
15 „	18 „	„ „	3300	2550	4700
15 „	19 „	„ „	3500	2700	5000
16 „	20 „	„ „	4000	3000	5600
17 „	21 „	„ „	4200	3150	5900
17 „	22 „	„ „	4500	3300	6200
18 „	23 „	„ „	5000	3600	6800
19 „	24 „	„ „	5200	3800	7100
19 „	25 „	„ „	5500	4000	7400

und für jede weiteren 600 Netto Reg.-Tons bei losem Getreide, losen Hülsenfrüchten und losen Saaten und 500 Netto Reg.-Tons bei allen anderen Ladungen 1 Tag mehr.

§. 3. Die in dem vorhergehenden Paragraphen bestimmten Fristen werden um einen Tag verlängert, wenn die Anzeige dem Empfänger an einem Sonntag oder einem sonstigen staatlich anerkannten Feiertage oder an einem Werktage nach 2 Uhr Nachmittags zugeht. Diese Verlängerung tritt nicht ein, wenn am Montage bei einer Anzeige an unbekannte Empfänger die Anzeige in der Nachmittags-Ausgabe der „Hamburgischen Börsenhalle“ erfolgt.

§. 4. Berechnung der Löschzeit. Bei Berechnung der Löschzeit kommen nicht in Ansatz:

1) Die Sonntage und die sonstigen staatlich anerkannten Feiertage.
2) Die Stunden, während welcher durch Wind und Wetter oder durch irgend einen anderen Zufall die Beförderung nicht nur der im Schiffe befindlichen, sondern jeder Art von Ladung von dem Schiffe an das Land verhindert ist.
3) Die Stunden, während welcher durch Wind und Wetter oder durch irgend einen anderen Zufall die Ausladung aus dem Schiffe verhindert ist.

Für die Zeit, welche bei der Löschzeit nicht in Ansatz kommt, ist Liegegeld nicht zu entrichten.

Hinsichtlich der Ueberliegezeit behält es sein Bewenden bei den Bestimmungen der §§. 597 und 598 des Handelsgesetzbuches.

§. 5. Entlöschung vor Ankunft. Hat vor Ankunft im Hafen eine theilweise Löschung in anderen Häfen oder in Leichter stattgefunden, so verkürzt sich dementsprechend die Löschzeit des Schiffes, und zwar werden für eine Netto-Reg.-Tonne bei Seglern 1,50, bei Dampfern 2 entlöschte oder geleichterte Gewichtstonnen gerechnet.

Die Löschzeit beginnt für das Schiff auch in diesem Falle in Gemässheit des §. 1. Die Leichter sind nach der Anzeige, dass sie zum Löschen fertig und bereit sind (§. 1) ohne Verzug zu entlöschen.

§. 6. Wenn ein verhältnissmässiger Theil oder ein bestimmt bezeichneter Raum des Schiffes verfrachtet ist, so hat jeder Theilempfänger von der im §. 2 festgesetzten Löschzeit eine dem Verhältnisse des Theils zu dem Gesammt-Raumgehalt des Schiffes entsprechende Theillöschzeit zu beanspruchen.

Jedem Theilempfänger ist von der Löschbereitschaft seiner Theilladung Anzeige zu machen. Diese Anzeige tritt hinsichtlich des Beginns der Theillöschzeit an die Stelle der im §. 1 erwähnten Anzeige.

§. 7. Stückgüter. Für die Entlöschung von Stückgütern gilt der §. 604 des Handelsgesetzbuches, und hat daher der Empfänger dieselben auf die Aufforderung des Schiffers ohne Verzug abzunehmen.

Ist der Empfänger dem Schiffer nicht bekannt, so muss die Aufforderung durch Bekanntmachung in den im §. 1 genannten Zeitungen geschehen.

Die im §. 604 unter Bezugnahme auf §. 601 des Handelsgesetzbuches vorgeschriebene Benachrichtigung des Befrachters von der Hinterlegung der Güter kann durch Bekanntmachung in den im §. 1 genannten Zeitungen erfolgen.

§. 8. Uebergangsbestimmung. Diese Verordnung findet Anwendung auf alle Seeschiffe und deren Leichter im hiesigen Hafen, welche nicht schon vor der Gültigkeit derselben ihre Löschbereitschaft angezeigt haben.

§. 9. Diese Verordnung tritt am 1. Januar 1900 in Kraft.

---

8. Hessen.

a. Gesetz, die Ausführung des Gesetzes über die Angelegenheiten der freiwilligen Gerichtsbarkeit betreffend. Vom 18. Juli 1899. (Reg.-Bl. 287).

Fünfter Abschnitt.

Allgemeine Vorschriften über die öffentlichen Register.

Art. 54. Die näheren Bestimmungen über die Einrichtung und Führung der Handels-, Schiffs-, Vereins- und Güterrechts-Register werden von dem Ministerium der Justiz getroffen.

Auf Grund des Art. 54 A.G. z. G.fr.Ger. sind ergangen die Anordnungen des Justizministers v. 15. Dezb. 1899 (Reg. Bl. 1391) betreffend die Einrichtung und Führung des Vereinsregisters, des Güterrechtsregisters, des Handelsregisters und des Genossenschaftsregisters.

Art. 55. Die Versendung der bei den Amtsgerichten geführten öffentlichen Register (Handels-, Schiffs-, Vereins-, Güterrechts-, Genossenschafts-, Muster-, Börsen-Register) an Beamte und Behörden ist unstatthaft. Die Vorlegung ausserhalb der Diensträume soll nur auf Ersuchen eines erkennenden Gerichts und nur in der Weise stattfinden, dass ein Beamter des Registergerichts es vornimmt und das Register alsdann sofort zurückbringt.

Art. 56. Inländischen öffentlichen Behörden und Beamten sind auf ihr Ersuchen im amtlichen Interesse von den Eintragungen in die Register und von den zum

Register eingereichten Schriftstücken Abschriften, sowie auf Grund derselben Auszüge und Zeugnisse auch dann zu ertheilen, wenn die Voraussetzungen nicht vorliegen, unter welchen die Betheiligten die Ertheilung verlangen können.

Ausländischen Behörden und Beamten können die in Abs. 1 bezeichneten Abschriften, Auszüge und Zeugnisse nur mit Genehmigung des Ministeriums der Justiz ertheilt werden.

Sechster Abschnitt.

Handelssachen.

Art. 57. Die Bürgermeister, Ortsgerichtsvorsteher und Polizeibehörden sind verpflichtet, den Registergerichten die zur Verhütung unrichtiger Eintragungen und zur Berichtigung und Vervollständigung des Handelsregisters erforderliche Unterstützung zu gewähren.

Art. 58. Die näheren Bestimmungen über die Mitwirkung der Handelskammern bei der Führung des Handelsregisters nach §. 126 des Gesetzes über die Angelegenheiten der freiwilligen Gerichtsbarkeit werden von dem Ministerium der Justiz erlassen.

Für die Ernennung von Revisoren nach §. 192 Abs. 3 des Handelsgesetzbuchs sind die Handelskammern zuständig.

Art. 59. Das Gericht, welches das Güterrechtsregister führt, hat, falls ein Ehegatte Kaufmann und dessen Firma in das Handelsregister eingetragen ist, dem Gerichte, welches das Handelsregister führt, von jeder die güterrechtlichen Verhältnisse betreffenden Eintragung eine beglaubigte Abschrift mitzutheilen und dieses hat durch einen Vermerk im Handelsregister auf die Eintragung im Güterrechtsregister, unter Bezeichnung des Registergerichts, zu verweisen.

Art. 60. Ueber die Verpflichtung zur Tragung der Kosten, die durch eine gerichtliche Verhandlung über die Bestätigung einer Dispache den Betheiligten entstehen, entscheidet auf Antrag eines an dem Verfahren Betheiligten das Gericht, vor welchem die Verhandlung stattfindet. Der Antrag kann auch nach Beendigung des Verfahrens gestellt werden.

Die Kosten sind, unbeschadet der Vorschrift des Artikel 22, den Betheiligten in dem Verhältnisse zur Last zu setzen, in welchem sie zu dem Havereischaden beizutragen haben. Die den einzelnen Betheiligten entstandenen Kosten können, wenn die Umstände es rechtfertigen, gegeneinander aufgehoben werden. Soweit die Betheiligten eine abweichende Vereinbarung treffen, ist diese massgebend.

Die Vorschriften des Artikel 22 Abs. 2, der Artikel 25 bis 28 dieses Gesetzes und des §. 158 Abs. 3 des Gesetzes über die Angelegenheiten der freiwilligen Gerichtsbarkeit finden entsprechende Anwendung.

b. Gesetz, die Ausführung des Handelsgesetzbuchs und der Wechselordnung betreffend. Vom 20. Juli 1899. (Reg.-Bl. 353).

Art. 1. Für die im §. 30 Abs. 4 des Handelsgesetzbuchs vorgesehene Bestimmung, dass benachbarte Orte oder Gemeinden als ein Ort oder als eine Gemeinde im Sinne der Vorschriften des §. 30 des Handelsgesetzbuchs anzusehen sind, ist das Ministerium der Justiz zuständig.

Art. 2. Für die Ertheilung der im §. 363 Abs. 2 des Handelsgesetzbuchs bezeichneten Ermächtigung zur Ausstellung von Lagerscheinen ist das Ministerium des Innern zuständig.

Art. 3. Aktiengesellschaften, Kommanditgesellschaften auf Aktien und juristische Personen, die ihren Sitz im Auslande haben, bedürfen zur Errichtung einer Zweigniederlassung im Inlande der staatlichen Genehmigung, es sei denn, dass die Gegenseitigkeit verbürgt ist. Das Gleiche gilt für den Geschäftsbetrieb durch Vertreter, Bevollmächtigte, Agenten oder sonstige Vermittler.

Für die Ertheilung der Genehmigung ist das Ministerium des Innern zuständig; die Genehmigung ist widerruflich.

Die Vorschriften über die Zulassung ausländischer Versicherungsanstalten bleiben unberührt.

Art. 4. Eine Aktiengesellschaft, sowie eine Kommanditgesellschaft auf Aktien kann aufgelöst werden, wenn sie durch einen gesetzwidrigen Beschluss der Generalversammlung oder durch gesetzwidriges Verhalten des Vorstandes, der persönlich haftenden Gesellschafter oder des Aufsichtsraths das Gemeinwohl gefährdet.

Für die Stellung des Antrags auf Auflösung ist das Kreisamt zuständig, in dessen Bezirke die Aktiengesellschaft oder die Kommanditgesellschaft auf Aktien ihren Sitz hat. Für die Entscheidung über den Antrag auf Auflösung ist in erster Instanz der Kreisausschuss, in zweiter Instanz der Provinzialausschuss zuständig. Gegen die Entscheidung des Provinzialausschusses findet unter den im Artikel 67 Abs. 1 des Gesetzes, die innere Verwaltung und die Vertretung der Kreise und der Provinzen betreffend, vom 12. Juni 1874 bezeichneten Voraussetzungen der Rekurs an den Verwaltungsgerichtshof statt.

Das Verfahren richtet sich nach den Bestimmungen, welche in dem Gesetze, die innere Verwaltung und die Vertretung der Kreise und der Provinzen betreffend, vom 12. Juni 1874 und in dem Gesetze, das oberste Verwaltungsgericht betreffend, vom 11. Januar 1875 für das Verfahren vor dem Kreis-, Provinzialausschuss und dem Verwaltungsgerichtshofe gegeben sind.

Art. 5. Wird glaubhaft gemacht, dass ein Inhaberpapier dem Eigenthümer gestohlen worden, verloren gegangen oder sonst abhanden gekommen ist, so haben die Polizeibehörden auf Antrag eines Berechtigten den Verlust des Inhaberpapiers durch den Deutschen Reichsanzeiger bekannt zu machen. Die Kosten hat der Antragsteller zu tragen und vorzuschiessen.

Diese Vorschrift findet keine Anwendung auf die im §. 367 Abs. 3 des Handelsgesetzbuchs bezeichneten Papiere.

Art. 6. Proteste dürfen von 9 Uhr Vormittags bis 6 Uhr Abends, zu einer früheren oder späteren Tageszeit aber nur mit ausdrücklicher Zustimmung der Person, gegen welche protestirt werden soll, erhoben werden; diese Zustimmung soll in der Protesturkunde vermerkt werden.

Art. 7. Für die Bestimmung, dass auch Schiffe von einer geringeren als der im §. 120 des Gesetzes, betreffend die privatrechtlichen Verhältnisse der Binnenschiffahrt, vom 15. Juni 1895 bestimmten Tragfähigkeit in das Schiffsregister einzutragen sind, ist das Ministerium der Justiz zuständig.

Art. 8. Aufgehoben werden insoweit, als sie noch in Geltung sind und nicht selbst andere Gesetze aufheben:

1) Das Gesetz, die Einführung des allgemeinen Deutschen Handelsgesetzbuchs betreffend, vom 1. August 1862;

2) Das Gesetz, die Ausführung der allgemeinen Deutschen Wechselordnung im Grossherzogthum Hessen betreffend, vom 4. Juni 1849;

3) Das Gesetz, die allgemeinen Feiertage im Sinne der Deutschen Wechselordnung in der Provinz Rheinhessen betreffend, vom 4. April 1896.

Art. 9. Gegenwärtiges Gesetz tritt gleichzeitig mit dem Bürgerlichen Gesetzbuch in Kraft.

---

9. Lippe (Detmold).

a. Gesetz zur Ausführung des Reichsgesetzes über die Angelegenheiten der freiwilligen Gerichtsbarkeit. Vom 17. November 1899. (Ges.-Samml. 507).

Dritter Abschnitt.

Handelssachen. Vereinssachen. Güterrechtsregister.

§. 22. Die näheren Bestimmungen über die Einrichtung und Führung des Vereinsregisters und des Güterrechtsregisters, sowie des Handelsregisters werden von dem Staatsministerium getroffen.

Hierzu vgl. Verfügungen des Ministeriums v. 13. Dezember 1899 (Ges.Samml. 563) über die Führung des Handelsregisters, und v. 14. Dezember 1899 (Ges.Samml. 584) über die Führung des Genossenschaftsregisters.

§. 23. Die Verwaltungsämter und die Magistrate sind verpflichtet, die mit der Führung des Handelsregisters betrauten Gerichte behufs der Verhütung unrichtiger Eintragungen, sowie behufs der Berichtigung und Vervollständigung des Handelsregisters zu unterstützen.

§. 24. Ist ein Ehegatte Kaufmann und seine Firma in das Handelsregister eingetragen, so hat das Gericht, welches das Güterrechtsregister führt, von jeder die güterrechtlichen Verhältnisse des Ehegatten betreffenden Eintragung eine beglaubigte Abschrift anzufertigen und den Akten über das Handelsregister beizufügen, oder dem das Handelsregister führenden Gerichte, falls dieses ein anderes ist, zum Zwecke der Beifügung mitzutheilen. In dem Handelsregister ist durch einen Vermerk auf die Eintragung in dem Güterrechtsregister hinzuweisen.

b. Gesetz zur Ausführung des Handelsgesetzbuchs. Vom 17. November 1899. (Ges.-Samml. 528).

§. 1. Für den Erlass von Bestimmungen, durch welche die Grenze des Kleinhandels nach Massgabe des §. 4 Abs. 3 des Handelsgesetzbuchs näher festgesetzt wird, ist das Staatsministerium zuständig.

Das Gleiche gilt von den Bestimmungen, die nach §. 30 Abs. 4 des Handelsgesetzbuchs erlassen werden können.

§. 2. Die Beamten der Staatsanwaltschaft, die Polizei- und Gemeindebehörden haben von den zu ihrer Kenntniss gelangenden Fällen einer unrichtigen, unvollständigen oder unterlassenen Anmeldung zum Handelsregister oder Genossenschaftsregister dem Registergerichte Mittheilung zu machen.

Die Verwaltungs- und Steuerbehörden sind verpflichtet, dem Registergerichte über die Anmeldung steuerpflichtiger Gewerbe, über das Ergebniss der Veranlagung zur Gewerbesteuer, sowie über später eingetretene Veränderungen Auskunft zu ertheilen.

§. 3. Zur Bekanntmachung des Verlustes eines Inhaberpapiers nach §. 367 des Handelsgesetzbuchs sind die Polizeibehörden auf Antrag des Eigenthümers verpflichtet, wenn glaubhaft gemacht wird, dass das Papier dem Eigenthümer gestohlen worden, verloren gegangen oder sonst abhanden gekommen ist. Die Kosten der Bekanntmachung hat der Antragsteller zu tragen und auf Erfordern vorzuschiessen.

Dieses Gesetz tritt gleichzeitig mit dem Bürgerlichen Gesetzbuch in Kraft.

---

10. Lübeck.

a. Ausführungsgesetz zum Reichsgesetze vom 17. Mai 1898 über die Angelegenheiten der freiwilligen Gerichtsbarkeit. Vom 18. September 1899. (Ges.- u. Vdgsbl. 34).

Dritter Abschnitt.

Oeffentliche Register.

§. 17. Die näheren Bestimmungen über die Einrichtung und Führung des Handelsregisters, des Schiffsregisters, des Vereinsregisters und des Güterrechtsregisters werden vom Senate getroffen.

§. 18. Die Eintragungen in das Schiffsregister sollen von dem Richter mit Angabe des Wortlautes verfügt, von dem Gerichtsschreiber ausgeführt und von beiden unterschrieben werden.

Die beglaubigten Abschriften aus dem Schiffsregister sind von dem Richter und dem Gerichtsschreiber zu unterschreiben.

b. Ausführungsgesetz zum Bürgerlichen Gesetzbuche, zum Handelsgesetzbuche und zur Wechselordnung. Vom 30. Oktober 1899. (Ges.- u. Vdgsbl. 47).

Sechster Abschnitt.

Vorschriften zum Handelsgesetzbuche.

§. 164. Das Landgericht, die Staatsanwaltschaft, die Amtsrichter, das Grundbuchamt, das Polizeiamt und die Steuerbehörde haben die zu ihrer Kenntniss gelangenden Fälle einer unrichtigen, unvollständigen oder unterlassenen Anmeldung zum Handelsregister oder Genossenschaftsregister dem Registerrichter des Amtsgerichts mitzutheilen.

§. 165. Die Ermächtigung einer Anstalt zur Ausstellung von Lagerscheinen steht dem Senate zu.

§. 166. Die Ermächtigung von Handelsmäklern, Waaren, die einen Börsen- oder Marktpreis haben, für Rechnung eines Anderen zu verkaufen oder zu kaufen, wird vom Stadt- und Landamte auf Vorschlag der Handelskammer ertheilt.

§. 167. Das Polizeiamt hat auf Antrag des Berechtigten den Verlust eines Inhaberpapieres, mit Ausnahme der im §. 367 Abs. 3 des Handelsgesetzbuches bezeichneten Papiere, durch den Reichsanzeiger bekannt zu machen, wenn glaubhaft gemacht wird, dass das Inhaberpapier dem Eigenthümer gestohlen, verloren gegangen oder sonst abhanden gekommen ist. Die Kosten hat der Antragsteller zu tragen und vorzuschiessen.

§. 168. Die Vorschriften des Handelsgesetzbuches, welche sich auf den Aufenthalt des Schiffes im Heimathshafen beziehen, werden für die Schiffe, deren Heimathshafen Lübeck ist, auf den Hafen von Travemünde ausgedehnt.

§. 169. Auf kleineren Fahrzeugen (Küstenfahrern und dergleichen) ist die Führung eines Tagebuchs nur erforderlich, wenn sie mehr als 100 cbm Brutto-Laderaum haben und eine Ladung Kaufmannswaaren von einem Seehafen zu einem anderen führen.

Achter Abschnitt.

Schlussbestimmungen.

§. 172. Mit dem Inkrafttreten dieses Gesetzes sind aufgehoben:

. . . .

24. das Gesetz vom 26. Oktober 1863 über die Einführung des Handelsgesetzbuches und die Nachträge vom 21. März 1864, 12. November 1866 und 30. April 1883;

. . . .

11. Mecklenburg-Schwerin.

a. Verordnung zur Ausführung des Gesetzes über die Angelegenheiten der freiwilligen Gerichtsbarkeit. Vom 9. April 1899. (Reg.-Bl. 227).

Dritter Abschnitt.

Schiffsregister und Schiffspfandrecht.

§. 60. Die näheren Bestimmungen über die Einrichtung und Führung der Schiffsregister werden, unbeschadet der Vorschriften der §§. 100 bis 124 des Gesetzes über die Angelegenheiten der freiwilligen Gerichtsbarkeit, von dem Grossherzoglichen Justiz-Ministerium erlassen. Dies gilt insbesondere von der Bestimmung, dass die Führung des Registers für die Bezirke mehrerer Gerichte einem von diesen zu übertragen ist.

Vgl. hierzu die Bekanntmachungen des Justizministers v. 11. November 1899 (Reg.-Bl. 802), betr. Bestimmungen über die Einrichtung und Führung des Schiffsregisters für Binnenschiffe, und v. 18. Novbr. 1899 (Reg.-Bl. 822) betr. Bestimmungen über die Einrichtung und Führung des Schiffsregisters für Seeschiffe.

§. 61. Die Führung der Schiffsregister für Seeschiffe steht zu:

1. in Ansehung der Schiffe, die ihren Heimathshafen in Rostock haben, dem Magistrat zu Rostock,
2. in Ansehung der Schiffe, die ihren Heimathshafen zu Wismar haben, dem Magistrat zu Wismar.

§. 62. In Ansehung des Aufgebotsverfahrens, welches der ersten Eintragung eines Pfandrechts in das Schiffsregister eines Seeschiffes, das vor dem Inkrafttreten der Verordnung vom 28. März 1881, betreffend die Verpfändung von Seeschiffen und Schiffsparten (Rbl. 1881 Nr. 6) erbaut worden ist, voraufzugehen hat, verbleibt es bei den Vorschriften der §§. 22 bis 27 jener Verordnung; statt der Eintragung vor der Linie (Verordnung vom 28. März 1881 §. 25 Abs. 3) ist eine Vormerkung einzutragen.

Vierter Abschnitt.

Handelssachen.

§. 63. Die näheren Bestimmungen über die Einrichtung und Führung des Handelsregisters werden von dem Grossherzoglichen Justiz-Ministerium erlassen.

Vgl. hierzu die Bekanntmachung des Justizministers v. 4. Juli 1899 (Reg.-Bl. 477) betr. die Einrichtung und Führung des Handelsregisters.

§. 64. Die Ortsobrigkeiten und die Polizeibehörden sind verpflichtet, die Registergerichte behufs der Verhütung unrichtiger Eintragungen sowie behufs der Berichtigung und Vervollständigung des Handelsregisters zu unterstützen.

§. 65. Die näheren Bestimmungen über die durch §. 126 des Gesetzes über die Angelegenheiten der freiwilligen Gerichtsbarkeit zugelassene Mitwirkung der Organe des Handelsstandes bei der Führung des Handelstegisters werden von dem Grossherzoglichen Justiz-Ministerium erlassen. Das Gleiche gilt von der durch §. 192 Abs. 3 des Handelsgesetzbuchs vorgesehenen Ernennung von Revisoren durch das für die Vertretung des Handelsstandes berufene Organ.

§. 66. Für die in §. 608 des Handelsgesetzbuchs vorgesehene Besichtigung ist das Amtsgericht zuständig, in dessen Bezirke die zu besichtigenden Güter sich befinden.

§. 67. Die Amtsgerichte können Dispacheure für alle im Bezirk des Gerichts aufzumachende Dispachen bestellen; die gleiche Befugniss steht den Magistraten der Seestädte für ihr Gebiet zu. Die Dispacheure haben vor Antritt ihrer Stellung vor dem Amtsgerichte ihres Wohnsitzes den Eid zu leisten, dass sie die ihnen obliegenden Pflichten getreu erfüllen werden.

§. 68. Ueber die Verpflichtung zur Tragung der Kosten, die durch eine gerichtliche Verhandlung über die Bestätigung der Dispache entstehen, entscheidet das Gericht, vor dem die Verhandlung stattfindet. Die Entscheidung erfolgt nur auf Antrag eines an dem Verfahren Betheiligten. Die Kosten sind, unbeschadet der Vorschrift des §. 13, von den an dem Verfahren Betheiligten in dem Verhältnisse zu tragen, in welchem sie zu dem Havarieschaden beizutragen haben. Die den einzelnen Betheiligten entstandenen Kosten können, wenn die Umstände es rechtfertigen, gegen einander aufgehoben werden. Soweit die Betheiligten eine abweichende Vereinbarung treffen, ist diese massgebend.

Die Vorschriften der §§. 14 bis 18 dieser Verordnung und des §. 158 des Gesetzes über die Angelegenheiten der freiwilligen Gerichtsbarkeit finden entsprechende Anwendung.

§. 69. Ist ein Ehegatte Kaufmann und seine Firma in das Handelsregister eingetragen, so hat das Gericht, welches das Güterrechtsregister führt, von jeder die güterrechtlichen Verhältnisse des Ehegatten betreffende Eintragung eine beglaubigte Abschrift dem das Handelsregister führenden Gerichte mitzutheilen. Das letztere Gericht hat durch einen Vermerk in dem Handelsregister auf die Eintragung in dem Güterrechtsregister unter Angabe des Registergerichts hinzuweisen.

b. Verordnung zur Ausführung des Handelsgesetzbuchs. Vom 9. April 1899. (Reg.-Bl. 283).

Erster Abschnitt.

Handelsstand.

§. 1. Die im §. 4 Abs. 3 des Handelsgesetzbuchs bezeichneten Bestimmungen, betreffend die Festsetzung der Grenze des Kleingewerbes für die Anwendung handelsrechtlicher Vorschriften, insbesondere über Firmen, Handelsbücher und Prokura, werden von den Grossherzoglichen Ministerien des Innern und der Justiz gemeinschaftlich erlassen. Das Gleiche gilt von der in §. 30 Abs. 4 des Handelsgesetzbuchs vorgesehenen Bestimmung, dass benachbarte Orte oder Gemeinden als ein Ort oder als eine Gemeinde im Sinne der Vorschriften des §. 30 des Handelsgesetzbuchs anzusehen sind.

§. 2. Für die Feststellung des Marktpreises von Waaren sowie des Zustandes, der Menge oder des Werthes von Waaren können Mäkler öffentlich bestellt werden.

Die Anstellung und Entlassung der Mäkler steht für das Gebiet der Städte den Magistraten, im Uebrigen dem Grossherzoglichen Ministerium des Innern zu. In den Städten, in welchen nach Ortsgebrauch die Bestellung der Mäkler durch die Organe des Handelsstandes erfolgt, steht dem Magistrat ihre Bestätigung zu.

§. 3. Die öffentlich angestellten Mäkler (öffentliche Mäkler) haben vor Antritt ihrer Stellung vor dem Amtsgerichte ihres Wohnsitzes den Eid zu leisten, dass sie die ihnen obliegenden Pflichten getreu erfüllen werden.

Sie haben einen amtlichen Stempel zu führen und einen Abdruck des Stempels dem Amtsgerichte und der Dienstaufsichtsbehörde einzureichen.

Die öffentlichen Mäkler unterstehen der Dienstaufsicht der Behörde, welche sie angestellt oder bestätigt hat, und können von dieser Behörde zur Erfüllung ihrer Pflichten durch Ordnungsstrafen angehalten werden. Im Uebrigen werden die Bestimmungen über die Anstellung und Entlassung sowie über die Rechte und Pflichten der Mäkler durch landesherrliche Verordnung, in Ansehung der von den Magistraten angestellten Mäkler durch Ortssatzung bestimmt.

§. 4. Die öffentlichen Mäkler können von der im §. 2 Abs. 2 bezeichneten Behörde zum freihändigen Verkauf von Sachen, die einen Börsen- oder Marktpreis haben, ermächtigt werden.

Das Gleiche gilt von dem freihändigen Ankauf von Sachen, die einen Börsen- oder Marktpreis haben.

§. 5. Die Vorschriften der §§. 2 bis 4 finden auch auf die bereits angestellten öffentlichen Mäkler Anwendung. Ihre wiederholte Beeidigung ist nicht erforderlich.

Die Vorschriften des Börsengesetzes vom 22. Juni 1896 über die Kursmäkler bleiben unberührt.

Zweiter Abschnitt.

Handelsgesellschaften.

§. 6. Handelsgesellschaften können, auch wenn sie keine juristischen Personen sind, Lehngüter nur mit landesherrlicher Genehmigung sowie Landgüter im Werthe von mehr als fünftausend Mark, die entweder allodifizirte Lehngüter oder Erbpachtgrundstücke sind, nur mit Genehmigung des Grossherzoglichen Justiz-Ministeriums erwerben.

Die Vorschriften des §. 8 (betrifft allodifizirte Lehen), des §. 27 Abs. 2, 3 (betrifft Fälle, in denen Genehmigung für Erwerb durch juristische Personen nicht erforderlich; Abs. 2: in Zwangsversteigerung wenn Hypothek u. s. w. am Grundstück, Abs. 3: auf städtischer Feldmark) und des §. 28 (betrifft öffentlich-rechtliche mit Grundbesitz verbundene Befugnisse) der Verordnung zur Ausführung des Bürgerlichen Gesetzbuchs finden entsprechende Anwendung.

Das Gleiche gilt von der Vorschrift des §. 28 der angezogenen Verordnung in dem Falle, dass Handelsgesellschaften, die keine juristischen Personen sind, ritterschaftliche Allodialgüter erwerben.

Dritter Abschnitt.

Handelsgeschäfte.

§. 7. Die Ermächtigung zur Ausgabe von Lagerscheinen an Anstalten nach Massgabe des §. 363 Abs. 2 des Handelsgesetzbuchs wird von dem Grossherzoglichen Ministerium des Innern ertheilt.

Die näheren Bestimmungen über die Lagerscheine können, unbeschadet der Vorschriften des §. 363 Abs. 2 und der §§. 364, 365, 424 des Handelsgesetzbuchs, durch landesherrliche Verordnung oder durch Ortssatzung getroffen werden.

§. 8. Die Polizeibehörden haben auf Antrag des Berechtigten den Verlust eines Inhaberpapiers, mit Ausnahme der in §. 367 Abs. 3 des Handelsgesetzbuchs bezeichneten Papiere, durch den Deutschen Reichsanzeiger bekannt zu machen, wenn glaubhaft gemacht wird, dass das Inhaberpapier dem Eigenthümer gestohlen worden, verloren gegangen oder sonst abhanden gekommen ist. Die Kosten hat der Antragsteller zu tragen und vorzuschiessen.

Vierter Abschnitt.

Seehandel.

§§. 9—20, betreffend Korrespondentrheber, Abstimmungen in Rhedereiangelegenheiten und Setzungsrecht, sind abgedruckt oben S. 19 in Anm. zu E.G. z. H.G.B. Art. 19.

§. 21. Die Vorschriften des §. 501 des Handelsgesetzbuchs treten nach Massgabe des Artikel 19 des Einführungsgesetzes zum Handelsgesetzbuche nicht in Wirksamkeit.

§. 22. Kleinere Fahrzeuge (Küstenfahrer etc.) sind zu der Führung eines Tagebuchs nur verpflichtet, wenn sie mit einem Deck versehen sind und eine Ladung Kaufmannswaaren von einem Seehafen zu dem anderen führen (Handelsgesetzbuch §. 521).

Fünfter Abschnitt.

Binnenschiffahrt.

§. 23. Unter der Bezeichnung „höhere Verwaltungsbehörde" und „Zentralbehörde" in den §§. 29 Abs. 4, 32 Abs. 1, 48 Abs. 4, 49 Abs. 1 und 60 Abs. 1 des Gesetzes vom 15. Juni 1895 betreffend die privatrechtlichen Verhältnisse der Binnenschiffahrt, ist das Grossherzogliche Ministerium des Innern zu verstehen.

§. 24. Der Eintragung in die nach Massgabe der §§. 120 ff. des Gesetzes, betreffend die privatrechtlichen Verhältnisse der Binnenschiffahrt, zu führenden Schiffsregister unterliegen Flussdampfschiffe und andere Fahrzeuge der Binnenschiffahrt mit eigener Triebkraft (Motorböte) schon dann, wenn ihre Tragfähigkeit mehr beträgt als 10 000 Kilogramm.

Für Fahrzeuge der im Abs. 1 bezeichneten Art, deren Tragfähigkeit hinter der im Abs. 1 bezeichneten Grenze um ein Geringes zurückbleibt, kann die Eintragung auf Antrag des Schiffseigenthümers aus besonderen Gründen von den Grossherzoglichen Ministerien des Innern und der Justiz angeordnet werden.

Sechster Abschnitt.

Schlussbestimmungen.

§. 25. Die Vorschriften der §§. 1 bis 9, 164, 177 der Verordnung zur Ausführung des Bürgerlichen Gesetzbuchs finden entsprechende Anwendung.

§. 26. Die Verordnung tritt gleichzeitig mit dem Bürgerlichen Gesetzbuch in Kraft. Mit dem Inkrafttreten der Verordnung werden die ihr entgegenstehenden Vorschriften der Landesgesetze aufgehoben. Aufgehoben werden insbesondere, soweit sie nicht bereits ausser Kraft getreten sind:

1. Verordnung zur Publikation des Allgemeinen deutschen Handelsgesetzbuchs vom 28. Dezember 1863 (Rbl. 1864 Nr. 4, Beil.);
2. Verordnung zur Modifikation der §§. 41, 42, 44, 53 dieser Verordnung vom 31. Januar 1865 (Rbl. 1865 Nr. 6);
3. Verordnung, betreffend den §. 65 Abs. 1 der Verordnung vom 28. Dezember 1863 etc., vom 6. Februar 1866 (Rbl. 1866 Nr. 9);
4. Verordnung, betreffend die Abänderung einzelner Bestimmungen des §. 53 der Verordnung vom 28. Dezember 1863, vom 22. Oktober 1869 (Rbl. 1869 Nr. 88);
5. Verordnung, betreffend die Visirung des Schiffsjournals, vom 28. Februar 1870 (Rbl. 1870 Nr. 20);
6. Verordnung, betreffend die Eintragung der Gesellschaftsverträge und der diese Verträge abändernden Beschlüsse der Kommanditgesellschaften auf Aktien, der Aktiengesellschaften und der Genossenschaften, vom 18. April 1874 (Rbl. 1874 Nr. 13);
7. Verordnung zur Abänderung der Verordnung vom 28. Dezember 1863 etc. vom 10. Juli 1875 (Rbl. 1875 Nr. 21);
8. Verordnung zur Ausführung des Reichsgesetzes vom 15. Juni 1895, betreffend die privatrechtlichen Verhältnisse der Binnenschiffahrt, vom 28. Dezember 1895 (Rbl. 1895 Nr. 30);
9. Verordnung zur Ausführung des §. 129 jenes Gesetzes vom 14. Juli 1897 (Rbl. 1897 Nr. 27).

---

12. Mecklenburg-Strelitz.

a. Verordnung zur Ausführung des Gesetzes über die Angelegenheiten der freiwilligen Gerichtsbarkeit. Vom 9. April 1899. (Offizieller Anzeiger 237, Off. Anzeiger für Ratzeburg 293).

Dritter Abschnitt.

Schiffsregister und Schiffspfandrecht.

§. 58. Die näheren Bestimmungen über die Einrichtung und Führung der Schiffsregister werden, unbeschadet der Vorschriften der §§. 100 bis 124 des Gesetzes über die Angelegenheiten der freiwilligen Gerichtsbarkeit, von Unserer Landesregierung erlassen. Dies gilt insbesondere von der Bestimmung, dass die Führung des Registers für den Bezirk mehrerer Gerichte einem von diesen zu übertragen ist.

Auf Grund des §. 58 A.V. z. G.fr.Ger. erging die Bekanntmachung der Landesregierung v. 11. November 1899 (Off. Anz. 787) betr. Bestimmungen über die Einrichtung und Führung des Schiffsregisters für Binnenschiffe.

Vierter Abschnitt.
Handelssachen.

§. 59. Die näheren Bestimmungen über die Einrichtung und Führung des Handelsregisters werden von unserer Landesregierung erlassen.

Auf Grund des §. 59 A.B. z. G.fr.Gr. erging die Bekanntmachung der Landesregierung v. 4. Juli 1899 (Off. Anz. 439, Off. Anz. f. Ratzeburg 523) betr. die Einrichtung und Führung des Handelsregisters.

§. 60. Die Ortsobrigkeiten und die Polizeibehörden sind verpflichtet, die Registergerichte behufs der Verhütung unrichtiger Eintragungen sowie behufs der Berichtigung und Vervollständigung des Handelsregisters zu unterstützen.

§. 61. Die näheren Bestimmungen über die durch §. 126 des Gesetzes über die Angelegenheiten der freiwilligen Gerichtsbarkeit zugelassene Mitwirkung der Organe des Handelsstandes bei der Führung des Handelsregisters werden von Unserer Landesregierung erlassen. Das Gleiche gilt von der durch §. 192 Abs. 3 des Handelsgesetzbuchs vorgesehenen Ernennung von Revisoren durch das für die Vertretung des Handelsstandes berufene Organ.

§. 62. Die Amtsgerichte können Dispacheure für alle im Bezirke des Gerichts aufzumachenden Dispachen bestellen. Die Dispacheure haben vor Antritt ihrer Stellung vor dem Amtsgericht ihres Wohnsitzes den Eid zu leisten, dass sie die ihnen obliegenden Pflichten getreu erfüllen werden.

§. 63. Ueber die Verpflichtung zur Tragung der Kosten, die durch eine gerichtliche Verhandlung über die Bestätigung der Dispache entstehen, entscheidet das Gericht, vor dem die Verhandlung stattfindet. Die Entscheidung erfolgt nur auf Antrag eines an dem Verfahren Betheiligten.

Die Kosten sind unbeschadet der Vorschrift des §. 13, von den an dem Verfahren Betheiligten in dem Verhältnisse zu tragen, in welchem sie zu dem Havarieschaden beizutragen haben. Die den einzelnen Betheiligten entstandenen Kosten können, wenn die Umstände es rechtfertigen, gegen einander aufgehoben werden. Soweit die Betheiligten eine abweichende Vereinbarung treffen, ist diese massgebend.

Die Vorschriften der §§. 14 bis 18 dieser Verordnung und des §. 158 des Gesetzes über die Angelegenheiten der freiwilligen Gerichtsbarkeit finden entsprechende Anwendung.

§. 64. Ist ein Ehegatte Kaufmann und seine Firma in das Handelsregister eingetragen, so hat das Gericht, welches das Güterrechtsregister führt, von jeder die güterrechtlichen Verhältnisse der Ehegatten betreffenden Eintragung eine beglaubigte Abschrift dem das Handelsregister führenden Gericht mitzutheilen. Das letztere Gericht hat durch einen Vermerk in dem Handelsregister auf die Eintragung in dem Güterrechtsregister unter Angabe des Registergerichts hinzuweisen.

b. Verordnung zur Ausführung des Handelsgesetzbuches. Vom 9. April 1899. (Off. Anzeiger 291, Off. Anzeiger für Ratzeburg 387).

Erster Abschnitt.
Handelsstand.

§. 1. Die in §. 4 Abs. 3 des Handelsgesetzbuchs bezeichneten Bestimmungen betreffend die Festsetzung der Grenze des Kleingewerbes für die Anwendung handelsrechtlicher Vorschriften, insbesondere über Firmen, Handelsbücher und Prokura werden von Unserer Landesregierung erlassen. Das Gleiche gilt von der in §. 30 Abs. 4 des Handelsgesetzbuchs vorgesehenen Bestimmung, dass benachbarte Orte oder Gemeinden als ein Ort oder als eine Gemeinde im Sinne der Vorschriften des §. 30 des Handelsgesetzbuchs anzusehen sind.

§. 2. Für die Feststellung des Marktpreises von Waaren sowie des Zustandes, der Menge oder des Werthes von Waaren können Mäkler öffentlich bestellt werden.

Die Anstellung und Entlassung der Mäkler steht für das Gebiet der Städte, mit Ausnahme von Schönberg, den Magistraten, im Uebrigen Unserer Landesregierung zu. In den Städten, in welchen noch Ortsgebrauch die Bestellung der Mäkler durch die Organe des Handelsstandes erfolgt, steht dem Magistrat ihre Bestätigung zu.

§. 3. Die öffentlich angestellten Mäkler (öffentliche Mäkler) haben vor Antritt ihrer Stellung vor dem Amtsgericht ihres Wohnsitzes den Eid zu leisten, dass sie die ihnen obliegenden Pflichten getreu erfüllen werden.

Sie haben einen amtlichen Stempel zu führen und einen Abdruck des Stempels dem Amtsgericht und der Dienstaufsichtsbehörde einzureichen.

Die öffentlichen Mäkler unterstehen der Dienstaufsicht der Behörde, welche sie angestellt oder bestätigt hat, und können von dieser Behörde zur Erfüllung ihrer Pflichten durch Ordnungsstrafen angehalten werden. Im Uebrigen werden die Bestimmungen über die Anstellung und Entlassung sowie über die Rechte und Pflichten der Mäkler durch landesherrliche Verordnung, in Ansehung der von den Magistraten angestellten Mäkler durch Ortssatzung, bestimmt.

§. 4. Die öffentlichen Mäkler können von der in §. 2 Abs. 2 bezeichneten Behörde zum freihändigen Verkauf von Sachen, die einen Börsen- oder Marktpreis haben, ermächtigt werden.

Das Gleiche gilt von dem freihändigen Ankauf von Sachen, die einen Börsen- und Marktpreis haben.

§ 5. Die Vorschriften der §§. 2 bis 4 finden auch auf die bereits angestellten öffentlichen Mäkler Anwendung. Ihre wiederholte Beeidigung ist nicht erforderlich.

Die Vorschriften des Börsengesetzes vom 22. Juni 1896 über die Kursmäkler bleiben unberührt.

Zweiter Abschnitt.

Handelsgesellschaften.

§. 6. Handelsgesellschaften können, auch wenn sie keine juristischen Personen sind, Lehngüter nur mit landesherrlicher Genehmigung sowie Landgüter im Werthe von mehr als fünftausend Mark, die entweder allodifizirte Lehngüter, Schulzenlehen (Freischulzengerichte) oder Erbpachtgrundstücke sind, nur mit Genehmigung Unserer Landesregierung erwerben.

Die Vorschriften des §. 8 (betrifft allodifizierte Lehen), des §. 26 Abs. 2, 3 (betrifft Fälle, in denen Genehmigung für Erwerb durch juristische Personen nicht erforderlich; Abs. 2: in Zwangsversteigerung wenn Hypothek u. s. w. am Grundstück, Abs. 3: auf städtischer Feldmark) und des §. 27 (betrifft öffentlich-rechtliche mit Grundbesitz verbundene Befugnisse) der Verordnung zur Ausführung des Bürgerlichen Gesetzbuchs finden entsprechende Anwendung.

Das Gleiche gilt von der Vorschrift des §. 27 der angezogenen Verordnung in dem Falle, dass Handelsgesellschaften, die keine juristische Personen sind, ritterschaftliche Allodialgüter erwerben.

Dritter Abschnitt.

Handelsgeschäfte.

§. 7. Die Ermächtigung zur Ausgabe von Lagerscheinen an Anstalten nach Massgabe des §. 363 Abs. 2 des Handelsgesetzbuchs wird von Unserer Landesregierung ertheilt.

Die näheren Bestimmungen über die Lagerscheine können, unbeschadet der Vorschriften des §. 363 Abs. 2 und der §§. 364, 365, 424 des Handelsgesetzbuchs, durch landesherrliche Verordnung oder durch Ortssatzung getroffen werden.

§. 8. Die Polizeibehörden, in den Landstädten unseres Herzogthums die Magistrate, haben auf Antrag des Berechtigten den Verlust eines Inhaberpapiers, mit Ausnahme der in §. 367 Abs. 3 des Handelsgesetzbuchs bezeichneten Papiere, durch den Deutschen Reichsanzeiger bekannt zu machen, wenn glaubhaft gemacht wird, dass das Inhaberpapier dem Eigenthümer gestohlen worden, verloren gegangen oder sonst abhanden gekommen ist. Die Kosten hat der Antragsteller zu tragen und vorzuschiessen.

Vierter Abschnitt.

Binnenschiffahrt.

§. 9. Unter der Bezeichnung „höhere Verwaltungsbehörde" und „Zentralbehörde" in den §§. 29 Abs. 4, 32 Abs. 1, 48 Abs. 4, 49 Abs. 1 und 60 Abs. 1 des Gesetzes vom 15. Juli 1895, betreffend die privatrechtlichen Verhältnisse der Binnenschiffahrt, ist Unsere Landesregierung zu verstehen.

§. 10. Der Eintragung in die nach Massgabe der §§. 120 ff. des Gesetzes, betreffend die privatrechtlichen Verhältnisse der Binnenschiffart, zu führenden Schiffsregister unterliegen Fluss-Dampfschiffe und andere Fahrzeuge der Binnenschiffahrt mit eigener Triebkraft (Motorböte) schon dann, wenn ihre Tragfähigkeit mehr beträgt als 10 000 Kilogramm.

Für Fahrzeuge der in Abs. 1 bezeichneten Art, deren Tragfähigkeit hinter der in Abs. 1 bezeichneten Grenze um ein Geringes zurückbleibt, kann die Eintragung auf Antrag des Schiffseigenthümers aus besonderen Gründen von Unserer Landesregierung angeordnet werden.

Fünfter Abschnitt.

Schlussbestimmungen.

§. 11. Die Vorschriften der §§. 1 bis 9, 161, 175 (betreffen Allgemeine Vorschriften, Erbpachtrecht und Bäuerliches Nutzungsrecht) der Verordnung zur Ausführung des Bürgerlichen Gesetzbuchs finden entsprechende Anwendung.

§. 12. Die Verordnung tritt gleichzeitig mit dem Bürgerlichen Gesetzbuch in Kraft.

Mit dem Inkrafttreten der Verordnung werden die ihr entgegenstehenden Vorschriften der Landesgesetze aufgehoben. Aufgehoben werden insbesondere, soweit sie nicht bereits ausser Kraft getreten sind:

1. Verordnung zur Publikation des Allgemeinen Deutschen Handelsgesetzbuchs vom 28. Dezember 1863.

2. Verordnung, betreffend die Eintragung der Gesellschaftsverträge und der diese Verträge abändernden Beschlüsse der Kommanditgesellschaften auf Aktien, der Aktiengesellschaften und der Genossenschaften vom 18. April 1874.
3. Verordnung zur Abänderung der Verordnung vom 28. Dezember 1863 etc. vom 10. Juli 1875.
4. Verordnung zur Ausführung des Reichsgesetzes vom 15. Juni 1895, betreffend die privatrechtlichen Verhältnisse der Binnenschiffahrt, vom 28. Dezember 1895.
5. Verordnung zur Ausführung des §. 129 jenes Gesetzes vom 14. Juli 1897.

---

13. Oldenburg.

a. Gesetz für das Herzogthum Oldenburg zur Ausführung des Bürgerlichen Gesetzbuchs und des Handelsgesetzbuchs. Vom 15. Mai 1899. (Gesetzbl. f. d. Herzogthum Oldenburg Bd. XXXII S. 405).

II. Zum Handelsgesetzbuche.

§. 46. Hinsichtlich der Bestimmungen der §§. 502, 526, 527, 534, 550, 553, 680 und 754 Ziffer 6 des Handelsgesetzbuchs, die sich auf den Aufenthalt des Schiffes im Heimathshafen beziehen, sind alle Häfen- und Ankerplätze an der Weser, Jade, Ems und deren Nebengewässern dem am nämlichen Flusse oder seinen Nebengewässern belegenen Heimathshafen gleich zu achten.

§. 47. Auf denjenigen Kauffahrteischiffen, welche zur Küstenfahrt im Sinne der reichsgesetzlichen Bestimmungen benutzt werden, brauchen Tagebücher nach den Vorschriften des §. 520 des Handelsgesetzbuchs nicht geführt zu werden. Es genügt die Führung eines Tagebuchs, in welches einzutragen sind:

die Zeit der Abfahrt und der Ankunft am Bestimmungsorte,
Art und Menge der Ladung und des Ballastes,
Tiefgang des Schiffes,
die durch das Loth ermittelten Wassertiefen,
alle Unfälle, die dem Schiffe, der Besatzung oder der Ladung zustossen, und sonstige Vorfälle von Bedeutung.

Ferner sind von Tag zu Tag einzutragen:

die Beschaffenheit von Wind und Wetter, der Wasserstand bei den Pumpen, die Angabe des Schiffsorts mindestens jeden Mittag.

III. Schlussbestimmungen.

§. 50. Die nachstehend bezeichneten landesgesetzlichen Vorschriften werden, auch soweit sie nicht in Folge Reichsgesetzes ausser Kraft treten, unbeschadet der Uebergangsvorschriften des Einführungsgesetzes zum Bürgerlichen Gesetzbuch, aufgehoben:

. . . .

11. Gesetz vom 18. April 1864, betreffend die Einführung des allgemeinen deutschen Handelsgesetzbuchs (Gesetz-Sammlung XVIII, S. 813) und die auf Grund desselben erlassenen Vorschriften über die Führung der Handelsregister, sowie die Verordnung vom 11. Mai 1870, betreffend Ausführung

des Bundesgesetzes vom 4. Juli 1868, betreffend die privatrechtliche Stellung der Erwerbs- und Wirthschaftsgenossenschaften (Gesetz-Sammlung XXI, S. 478).

. . . .

16. Verordnung vom 27. April 1874, betreffend die Registrirung der Kauffahrteischiffe (Gesetz-Sammlung XXIII, S. 75).

. . . .

b. Gesetz für das Fürstenthum Birkenfeld zur Ausführung des Bürgerlichen Gesetzbuchs. Vom 15. Mai 1899. (Ges.-Bl. f. d. Fürstent. Birkenfeld 199).

§. 90. Nachfolgende Gesetze werden, auch soweit sie nicht in Folge Reichsgesetzes ausser Kraft treten, unbeschadet der Uebergangsvorschriften aufgehoben:

. . . .

8. Gesetz vom 18. April 1864, betreffend die Einführung des allgemeinen deutschen Handelsgesetzbuchs (Gesetzblatt III, S. 379) und die auf Grund desselben erlassenen Vorschriften über die Führung der Handelsregister, sowie die Verordnung vom 11. Mai 1870, betreffend Ausführung des Bundesgesetzes vom 4. Juli 1868, betreffend die privatrechtliche Stellung der Erwerbs- und Wirthschafts-Genossenschaften (Gesetzblatt VI, S. 99);

. . . .

c. Gesetz für das Fürstenthum Lübeck zur Ausführung des Bürgerlichen Gesetzbuchs. Vom 15. Mai 1899. (Gesetzbl. f. d. Fürstenthum Lübeck 119).

§. 44. Die nachstehend bezeichneten landesgesetzlichen Vorschriften werden, auch soweit sie nicht in Folge Reichsgesetzes ausser Kraft treten, unbeschadet der Uebergangsvorschriften des Einführungsgesetzes zum Bürgerlichen Gesetzbuch aufgehoben:

. . . .

8. Gesetz vom 18. April 1864, betreffend die Einführung des allgemeinen deutschen Handelsgesetzbuchs (Verordnungs-Sammlung X A, S. 1) und die auf Grund desselben erlassenen Vorschriften über die Führung der Handelsregister, sowie die Verordnung vom 11. Mai 1870, betreffend Ausführung des Bundesgesetzes vom 4. Juli 1868, betreffend die privatrechtliche Stellung der Erwerbs- und Wirthschafts-Genossenschaften (Verordnungs-Sammlung XIV, S. 143);

. . . .

d. Gesetz für das Grossherzogthum Oldenburg zur Ausführung des Gesetzes über die Angelegenheiten der freiwilligen Gerichtsbarkeit. Vom 15. Mai 1899. (Gesetzbl. f. d. Herzogthum Oldenburg Bd. XXXII S. 437, Ges.-Bl. f. d. Fürstenthum Birkenfeld 225, Ges.-Bl. f. d. Fürstenthum Lübeck 144).

Zweiter Abschnitt.

II. Vereins- und Güterrechtsregister. Schiffsregister und Handelssachen.

§. 13. Die näheren Bestimmungen über die Einrichtung und die Führung des Vereins- und des Güterrechtsregisters sowie des Handels- und des Schiffsregisters werden vom Staatsministerium, Departement der Justiz, erlassen.

Die Eintragungen in das Schiffsregister sollen von dem Richter mit Angabe des Wortlauts verfügt, von dem Gerichtsschreiber ausgeführt und von beiden unterschrieben werden.

Hierzu vgl. Vdgen. des Staatsministeriums v. 7. Dzbr. 1899 betreffend Vorschriften über die Führung der Schiffsregister (Gesetzbl. f. Oldenb. 689), betreffend die Führung des Handelsregisters (Gesetzbl. f. Oldenb. 759, f. Birkenfeld 365, f. Lübeck 297), betreffend die Ausführung des Genossenschaftsgesetzes in der Fassung v. 20. Mai 1898 (Gesetzbl. f. Oldenb. 791, f. Birkenfeld 390, f. Lübeck 326), betreffend die Führung des Genossenschaftsregisters (Gesetzbl. f. Oldenb. 792, f. Birkenfeld 391, f. Lübeck 327).

§. 14. Die Polizeibehörden haben die Amtsgerichte behufs der Verhütung unrichtiger Eintragungen in das Handelsregister, sowie behufs der Berichtigung und Vervollständigung des Handelsregisters zu unterstützen.

---

14. Reuss älterer Linie.

a. Gesetz zur Ausführung des Reichsgesetzes über die Angelegenheiten der freiwilligen Gerichtsbarkeit vom 17. Mai 1898. Vom 27. Oktober 1899. (Ges.-Samml. 65).

V. Abschnitt.

Handelssachen. Vereinssachen. Güterrechtsregister.

§. 37. Die näheren Bestimmungen über die Einrichtung und Führung des Vereins- und Güterrechtsregisters, sowie des Handelsregisters werden durch unsere Landesregierung getroffen.

Hierzu ergingen die Regierungs-Verordnungen v. 9. Dezemb. 1899 (Ges.-Samml. 297) betr. die Führung des Handelsregisters, und v. 11. Dezemb. 1899 (Ges.-Samml. 314) betr. die Führung des Genossenschaftsregisters.

b. Gesetz zur Ausführung des Handelsgesetzbuchs vom 10. Mai 1897. Vom 4. November 1899. (Ges.-Samml. 107).

§. 1. Ist das Handelsgericht zweifelhaft, ob das Gewerbe einer Firma oder einer Person über den Umfang des Kleingewerbes oder den Handwerksbetrieb hinausgeht (§. 4 des Handelsgesetzbuchs), so ist zuvörderst durch die zuständige Verwaltungsbehörde, auf dem Lande durch das Landrathsamt, in den Städten durch den Gemeindevorstand, festzustellen, ob das Gewerbe in grösserem Umfange und in solcher Weise betrieben wird, dass es der allgemeinen Auffassung gemäss als das eines Handwerkers oder eines kleinen Gewerbetreibenden nicht erscheint.

Die Verwaltungsbehörde kann hierüber Zeugen und Sachverständige hören.

§. 2. Ist auf Grund des bisherigen Rechts eine Eintragung in das Handelsregister bewirkt, die nach dem Handelsgesetzbuch unzulässig ist, so kann das Registergericht sie von Amtswegen löschen.

Das Gericht hat den Betheiligten von der beabsichtigten Löschung zu benachrichtigen und ihm zugleich eine angemessene Frist zur Geltendmachung eines Widerspruchs zu bestimmen.

Auf das weitere Verfahren finden die Vorschriften des §. 141 Absatz 3, 4 des Reichsgesetzes über die Angelegenheiten der freiwilligen Gerichtsbarkeit vom 17. Mai 1898 Anwendung.

§. 3. Die Beamten der Staatsanwaltschaft, die Polizei- und Gemeindebehörden haben von den zu ihrer Kenntniss gelangenden Fällen einer unrichtigen, unvollständigen oder unterlassenen Anmeldung zum Handelsregister dem Registergerichte Mittheilung zu machen.

§. 4. Die Amtsgerichte haben auf Antrag des Berechtigten den Verlust eines Inhaberpapiers mit Ausnahme der in §. 367 Absatz 3 des Handelsgesetzbuchs bezeichneten Papiere, durch den deutschen Reichsanzeiger bekannt zu machen, wenn glaubhaft gemacht wird, dass das Inhaberpapier dem Eigenthümer gestohlen worden, verloren gegangen oder sonst abhanden gekommen ist. Die Kosten hat der Antragsteller zu tragen und vorzuschiessen.

§. 5. Dieses Gesetz tritt gleichzeitig mit dem Bürgerlichen Gesetzbuch in Kraft. Die diesem Gesetz entgegenstehenden Landesgesetze, insbesondere das Einführungsgesetz zum Handelsgesetzbuch vom 26. April 1862, werden ausser Kraft gesetzt.

c. Landesherrliche Verordnung zur Ausführung des Bürgerlichen Gesetzbuchs und seiner Nebengesetze. Vom 20. Dezember 1899. (Ges.-Samml. 332).

Unterstützungspflicht der Behörden bei Führung des Handelsregisters.

§. 13. Die mit der Annahme der in §. 14 der Gewerbeordnung vorgeschriebenen Anzeigen über selbständige Gewerbebetriebe beauftragten Gemeindevorstände haben auf Verlangen der Amtsgerichte, denen die Führung der Handelsregister obliegt, Verzeichnisse der erfolgten Anzeigen einzureichen, auch sonst von den Registergerichten gewünschte Auskunft zu ertheilen.

---

15. Reuss jüngerer Linie.

a. Gesetz zur Ausführung des Reichsgesetzes über die Angelegenheiten der freiwilligen Gerichtsbarkeit. Vom 10. August 1899. (Ges.-Samml. Bd. XXIII. S. 60).

Fünfter Abschnitt.

Handelssachen.

§. 65. R.G. §§. 126—131. Die näheren Bestimmungen über die Form und die Führung des Handelsregisters, sowie über die Veröffentlichung der Eintragungen werden in einer besonderen Verordnung getroffen.

Vgl. hierzu Verfügungen des Ministeriums v. 24. Novbr. 1899 (Ges.-Samml. 393) die Führung des Handelsregisters betreffend, und v. 25. Novbr. 1899 (Ges.-Samml. 419) die Führung des Genossenschaftsregisters betreffend.

§. 66. R.G. §. 127. Wenn das Registergericht in dem Falle, dass eine von ihm zu erlassende Verfügung von der Beurtheilung eines streitigen Rechtsverhältnisses abhängig ist, die Verfügung aussetzt, soll es den Beschluss den Betheiligten bekannt geben.

§. 67. R.G. §. 145. H.G.B. §§. 146 Abs. 2, 192 Abs. 3, 266 Abs. 2, 268 Abs. 2. Das Gericht soll vor Ernennung eines Liquidators, eines Revisors, eines Vertreters zur Führung eines Rechtsstreites thunlichst feststellen, dass demselben kein gesetzlicher Unfähigkeitsgrund entgegensteht.

§. 68. Auf das Genossenschaftsregister finden die für das Handelsregister gegebenen Vorschriften entsprechende Anwendung, soweit sich nicht aus ihrer Fassung ein Anderes ergiebt.

b. Gesetz zur Ausführung des Handelsgesetzbuchs. Vom 10. August 1899. (Ges.-Samml. Bd. XXIII S. 123).

§. 1. Die Bestimmungen zur näheren Festsetzung der Grenze des Kleingewerbes nach §. 4 Absatz 3 des Handelsgesetzbuchs werden durch besondere Ministerialverordnung getroffen.

Das Gleiche gilt von den Bestimmungen, welche nach §. 30 Absatz 4 des Handelsgesetzbuchs erlassen werden können.

§. 2. Für die Feststellung des Börsen- oder Marktpreises von Waaren, sowie des Zustandes, der Menge oder des Werthes von Waaren können Handels-Mäkler öffentlich angestellt werden.

Die Anstellung und Entlassung der Handels-Mäkler erfolgt für den Gemeindebezirk der Stadt Gera durch den Stadtrath, im Uebrigen durch die Landrathsämter je für ihren Bezirk.

Die öffentlich angestellten Handels-Mäkler — öffentliche Handels-Mäkler — haben vor dem Antritt ihrer Stellung vor der Anstellungsbehörde einen Eid dahin zu leisten, dass sie die ihnen obliegenden Pflichten getreu erfüllen werden.

Sie haben ein amtliches Siegel zu führen, das ihnen auf ihre Kosten von der Anstellungsbehörde geliefert wird.

Die öffentlichen Handels-Mäkler unterstehen der Dienstaufsicht derjenigen Behörde, die sie angestellt hat; von dieser Behörde können sie zur Erfüllung ihrer Pflichten durch Ordnungsstrafen angehalten werden.

Im Uebrigen können die Bestimmungen über Anstellung und Entlassung, sowie über die Rechte und Pflichten der Handels-Mäkler durch landesherrliche Verordnung getroffen werden.

§. 3. Soweit durch die von dem bisherigen Rechte abweichenden Vorschriften des Handelsgesetzbuchs Eintragungen in das Handelsregister nothwendig werden, können die hierzu erforderlichen Anmeldungen und Zeichnungen von Unterschriften schon vor dem Inkrafttreten des Handelsgesetzbuchs nach Massgabe der Vorschriften desselben bei dem Registergericht bewirkt oder eingetragen werden.

Die Eintragungen dürfen jedoch, soweit sie nach dem bisherigen Rechte unzulässig sind, erst nach dem Inkrafttreten des Handelsgesetzbuchs erfolgen.

§. 4. Ist auf Grund des bisherigen Rechts eine Eintragung in das Handelsregister bewirkt, die nach dem Handelsgesetzbuche unzulässig ist, so kann das Registergericht sie von Amtswegen löschen.

Bedarf eine Eintragung, die nach dem bisherigen Rechte im Handelsregister vorgenommen worden ist, nach dem Handelsgesetzbuch eine Berichtigung oder Ergänzung, so kann das Registergericht eine solche von Amtswegen vornehmen.

Das Gericht hat den Betheiligten von der beabsichtigten Löschung, Berichtigung oder Ergänzung zu benachrichtigen und ihm zugleich eine angemessene Frist zur Geltendmachung eines Widerspruchs zu bestimmen.

Auf das weitere Verfahren finden die Vorschriften des §. 141 Absatz 3 und 4 des Reichsgesetzes über die Angelegenheiten der freiwilligen Gerichtsbarkeit vom 17. Mai 1898 Anwendung.

§. 5. Die Beamten der Staatsanwaltschaft, die Polizei- und Gemeindebehörden haben von den zu ihrer Kenntniss gelangenden Fällen einer unrichtigen, unvollständigen oder unterlassenen Anmeldung zum Handelsregister dem Registergerichte Mittheilung zu machen.

Die Steuerbehörden sind verpflichtet, dem Registergerichte die von diesem gewünschte Auskunft zu ertheilen, soweit solche Thatsachen in Frage kommen, welche für die Berichtigung des Handelsregisters von Bedeutung sind.

§. 6. Eine Aktiengesellschaft oder Kommanditgesellschaft auf Aktien kann aufgelöst werden, ohne dass dieserhalb ein Anspruch auf Entschädigung stattfindet, wenn durch einen gesetzwidrigen Beschluss der Generalversammlung oder durch gesetzwidriges Verhalten des Vorstandes oder der persönlich haftenden Gesellschafter das Gemeinwohl gefährdet wird.

Die Zuständigkeit und das Verfahren bestimmen sich nach den für die Entziehung der Rechtsfähigkeit eines Vereins geltenden Vorschriften — §§. 7 und 8 des Ausführungsgesetzes zum Bürgerlichen Gesetzbuche —.

§. 7. Ist ein Inhaberpapier gestohlen worden oder verloren gegangen oder sonst abhanden gekommen, so ist jedes Amtsgericht auf Antrag des bisherigen Inhabers des fraglichen Papiers verpflichtet, den Verlust durch den deutschen Reichsanzeiger bekannt zu machen.

Der Antragsteller hat zur Begründung seines Antrags die Unterscheidungsmerkmale des abhanden gekommenen Papiers anzugeben, soweit sie zu dessen Erkennbarkeit erforderlich sind, und den Verlust des Papiers glaubhaft zu machen.

Die Kosten hat der Antragsteller zu tragen und vorzuschiessen.

Die Vorschriften finden auf Zins-, Renten- und Gewinnantheilscheine, die nicht später als in dem nächsten auf die Bekanntmachung folgenden Einlösungstermine fällig werden, sowie auf Banknoten und andere auf Sicht zahlbare unverzinsliche Inhaberpapiere keine Anwendung — §. 367 Absatz 3 des Handelsgesetzbuchs —.

§. 8. Das Gesetz, betreffend die Einführung des allgemeinen Deutschen Handelsgesetzbuchs, vom 23. Februar 1863 — Ges.Samml. Bd. XIII S. 61 — wird, soweit dasselbe noch in Geltung ist und nicht schon infolge Reichsrechts ausser Kraft tritt, unbeschadet der Uebergangsbestimmungen aufgehoben.

§. 9. Der §. 3 dieses Gesetzes tritt mit dem 1. Oktober d. J., die übrigen Bestimmungen des Gesetzes treten mit dem 1. Januar 1900 in Kraft.

c. Landesherrliche Verordnung zur Ausführung des Bürgerlichen Gesetzbuchs und seiner Nebengesetze. Vom 9. November 1899. (Ges.-Samml. Bd. XXIII S. 245).

Bekanntmachung verlorener Inhaberpapiere.

§. 4. Die Landrathsämter und die Stadtgemeindevorstände als Polizeibehörden haben unbeschadet der Verpflichtung anderer öffentlicher Behörden auf Antrag des

Berechtigten den Verlust eines Inhaberpapieres mit Ausnahme der in §. 367 Absatz 3 des Handelsgesetzbuchs bezeichneten Papiere durch den Deutschen Reichsanzeiger bekannt zu machen, wenn glaubhaft gemacht wird, dass das Inhaberpapier dem Eigenthümer gestohlen worden, verloren gegangen, oder sonst abhanden gekommen ist.

Die Kosten hat der Antragsteller zu tragen und vorzuschiessen.

Unterstützungspflicht der Behörden bei Führung des Handelsregisters.

§. 37. Die Behörden, bei welchen die in §. 14 der Reichsgewerbeordnung vorgeschriebenen Anzeigen über selbständigen Gewerbebetrieb zu bewirken sind, haben den Registergerichten über die erfolgten Anzeigen Mittheilung zu machen und zu dem Zwecke diesen vierteljährlich Verzeichnisse über die erfolgten Anzeigen oder Fehlscheine einzusenden.

---

16. Sachsen.

a. Verordnung aller Minister zur Ausführung des Bürgerlichen Gesetzbuchs und der zu dessen Ein- und Ausführung ergangenen Gesetze. Vom 6. Juli 1899. (Ges.- u. Vdgsbl. 203).

§. 9. Versteigerer, Handelsmäkler. Die öffentliche Anstellung von Versteigerern beweglicher Sachen sowie die öffentliche Ermächtigung von Handelsmäklern zum freihändigen Verkauf oder Kauf von Sachen, die einen Börsen- oder Marktpreis haben, steht für Städte mit revidirter Städteordnung dem Stadtrath, im Uebrigen der Amtshauptmannschaft zu. Vor dem Antritte der Stellung hat der hierfür Ausersehene den Eid zu leisten, dass er die ihm obliegenden Pflichten getreu erfüllen werde.

Die Anstellung und die Ermächtigung sollen nur erfolgen, soweit ein Bedürfniss vorliegt. Ueber die Bedürfnissfrage und die geeigneten Personen ist, soweit Handelsmäkler ermächtigt werden sollen, die betheiligte Handelskammer gutachtlich zu hören.

Für die Rücknahme der Anstellung und Ermächtigung gelten die Vorschriften des §. 53 Absatz 1, 2 der Gewerbeordnung (R.-G.-Bl. 1883 S. 165) und des §. 39 Absatz 3 der Verordnung zur Ausführung der Gewerbeordnung vom 28. März 1892 (G.- u. V.-Bl. S. 43).

Die Gebühren der Versteigerer werden von dem Ministerium des Innern geregelt.

b. Verordnung der Minister der Justiz und des Innern zur Ausführung einiger mit dem Bürgerlichen Gesetzbuche zusammenhängender Reichsgesetze. Vom 24. Juli 1899. (Ges.- u. Vdgsbl. 217).

Vierter Abschnitt.

Handelssachen. Schiffsregister, Vereinsregister und Güterrechtsregister.

§. 31. Die näheren Bestimmungen über die Einrichtung und Führung des Handelsregisters, des Schiffsregisters, des Vereinsregisters und des Güterrechtsregisters werden durch Verordnung getroffen.

§. 32. Eine Aktiengesellschaft und eine Kommanditgesellschaft auf Aktien kann aufgelöst werden, wenn sie durch einen gesetzwidrigen Beschluss der Generalversammlung oder durch gesetzwidriges Verhalten des Vorstandes, der persönlich haftenden Gesellschafter oder des Aufsichtsraths das Gemeinwohl gefährdet.

§. 33. Ueber die Verpflichtung zur Tragung der Kosten, die durch eine gerichtliche Verhandlung über die Bestätigung der Dispache entstehen, entscheidet auf Antrag das Amtsgericht, vor dem die Verhandlung stattfindet.

Die Kosten sind, unbeschadet der Vorschrift des §. 5 Absatz 1, von den Betheiligten in dem Verhältnisse zu tragen, in dem sie zu dem Havereischaden beizutragen haben. Die Kosten können, wenn die Umstände es rechtfertigen, gegen einander aufgehoben werden. Soweit unter den Betheiligten eine abweichende Vereinbarung getroffen wird, ist diese massgebend.

Die Vorschriften der §§. 6 bis 9 dieser Verordnung sowie des §. 158 Absatz 3 des Reichsgesetzes über die Angelegenheiten der freiwilligen Gerichtsbarkeit finden entsprechende Anwendung.

§. 34. Zur Entgegennahme eines Eintragungsantrags für die Schiffsregisterbehörde sind nur der mit den Geschäften der Registerbehörde für das Schiff, auf das sich der Antrag bezieht, betraute Richter und der ihm beigegebene Gerichtsschreiber zuständig.

Bezieht sich der Antrag auf mehrere Schiffe, für die verschiedene Richter derselben Registerbehörde zuständig sind, so kann er von jedem der Richter und der ihnen beigegebenen Gerichtsschreiber entgegengenommen werden.

§. 35. Für die Beurkundung einer Erklärung, die vor der Schiffsregisterbehörde zu Protokoll gegeben wird, ist nur der Richter zuständig, unbeschadet der Vorschrift des §. 3. Für sonstige Erklärungen in Angelegenheiten des Schiffsregisters genügt die Beurkundung durch einen Gerichtsschreiber des Amtsgerichts.

Neunter Abschnitt.

Schluss- und Uebergangsbestimmungen.

§. 128. Wird in den Fällen des

§. 23 der Verordnung zur Ausführung des allgemeinen deutschen Handelsgesetzbuchs und des Gesetzes vom 30. Oktober 1861, die Einführung des allgemeinen Deutschen Handelsgesetzbuchs betreffend, vom 30. Dezember 1861 (G.- u. V.-Bl. S. 565),

§. 152 Absatz 2 des Reichsgesetzes, betreffend die Erwerbs- und Wirthschaftsgenossenschaften, vom 1. Mai 1889 (R.-G.-Bl. S. 90),

§. 1 der Verordnung zur Ausführung des Reichsgesetzes vom 20. April 1892, betreffend die Gesellschaften mit beschränkter Haftung vom 12. Oktober 1892 (G.- u. V.-Bl. S. 408) und

§. 128 des Reichsgesetzes, betreffend die privatrechtlichen Verhältnisse der Binnenschiffahrt, vom 15. Juni 1895 (R.-G.-Bl. S. 336)

vor dem 1. Januar 1900 bei Androhung einer Ordnungsstrafe eine Frist gesetzt, die erst nach dem bezeichneten Tage abläuft, so ist der Auflage, die an den Betheiligten gerichtet wird, der in den §§. 132, 140 Ziffer 1 des Reichsgesetzes über die Angelegenheiten der freiwilligen Gerichtsbarkeit vorgeschriebene Inhalt zu geben. Für das weitere Ordnungsstrafverfahren sind die Vorschriften dieses Reichsgesetzes massgebend.

§. 133. Aufgehoben werden, soweit es nicht schon früher geschehen ist und unbeschadet der Uebergangsvorschriften:

. . . .

7. das Gesetz, die kaufmännischen Anweisungen betreffend, vom 7. Juni 1849 (G.- u. V.-Bl. S. 110 flg.);
8. das Gesetz, die Einführung des allgemeinen deutschen Handelsgesetzbuchs betreffend, vom 30. Oktober 1861 (G.- u. V.-Bl. S. 307 flg.);

. . . .

c. Verordnung der Minister der Justiz und des Innern zur Ausführung der gesetzlichen Bestimmungen über die Angelegenheiten der freiwilligen Gerichtsbarkeit und des Hinterlegungswesens. Vom 25. Juli 1899. (Ges.- u. Vdgsbl. 246).

V. Verfahren bei zwangsweiser Auflösung einer Aktiengesellschaft.

§. 5. In den Fällen des §. 32 der Verordnung vom 24. Juli 1899 bestimmen sich die Zuständigkeit und das Verfahren nach dem Gesetz D vom 30. Januar 1835 sowie nach dem Gesetz vom 5. Januar 1870.

Die in erster Instanz entscheidende Behörde soll die rechtskräftig erkannte Auflösung der Aktiengesellschaft oder Kommanditgesellschaft auf Aktien dem Registergerichte mittheilen.

VI. Dispacheure.

§. 6. Dispacheure werden von dem Justiz-Ministerium ein für allemal bestellt und durch ein beauftragtes Amtsgericht in Pflicht genommen. Die Verpflichtung wird im Justizministerialblatte bekannt gemacht.

d. Verordnung des Ministers der Justiz über das Registerwesen bei den Amtsgerichten. Vom 8. November 1899. (Ges.- u. Vdgsbl. 515).

Enthält unter anderem die näheren Vorschriften über die Führung des Handelsregisters, des Genossenschaftsregisters und des Schiffsregisters.

e. Verordnung der Minister der Justiz und des Innern zur Ausführung des Handelsgesetzbuchs, des Binnenschiffahrtsgesetzes und des Flössereigesetzes. Vom 10. November 1899. (Ges.- u. Vdgsbl. 562).

Mit Allerhöchster Genehmigung und soweit nöthig im Einverständnisse des Finanzministeriums wird verordnet was folgt:

I. Zur Ausführung des Handelsgesetzbuchs.

§. 1. Zu §. 4 Abs. 3. Für die nähere Festsetzung der Grenze des Kleingewerbes auf Grund des §. 4 Absatz 3 des Handelsgesetzbuchs sind die Ministerien der Justiz und des Innern gemeinschaftlich zuständig.

§. 2. Zu §. 30. Wird in das Handelsregister eine Firma eingetragen, die an einem Orte oder in einer Gemeinde besteht, die zum Theil einem andern Bundesstaat angehören, so ist dem für den Theil zuständigen Registergerichte des andern Bundesstaats Nachricht zu geben. Das Gleiche gilt, wenn eine Aenderung der Firma oder ihres Sitzes in das Handelsregister eingetragen wird.

Die in das Handelsregister schon eingetragenen Firmen dieser Art sind, nach den Anfangsbuchstaben geordnet, dem Registergerichte des anderen Bundesstaats mitzutheilen.

§. 3. Zu §. 30. Welche benachbarte Orte oder Gemeinden als ein Ort oder als eine Gemeinde im Sinne des §. 30 des Handelsgesetzbuchs anzusehen sind, bestimmt das Justiz-Ministerium.

§. 4. Zu §§. 192 flg. Das zur Vertretung des Handelsstandes berufene Organ im Sinne des Handelsgesetzbuchs (§. 192 Abs. 3, §. 193 Abs. 3, §. 194, §. 199 Abs. 2) ist die Handelskammer.

§. 5. Zu §. 201 Abs. 5. Ausländische juristische Personen, Aktiengesellschaften, Kommanditgesellschaften auf Aktien, Gesellschaften mit beschränkter Haftung, Genossenschaften bedürfen, um in Sachsen ein stehendes Gewerbe mittels Zweigniederlassung oder durch eine zur Vermittelung von Geschäftsabschlüssen bestimmte ständige Stelle zu betreiben, der staatlichen Genehmigung, sofern nicht durch Staatsverträge etwas Anderes bestimmt ist. Die Genehmigung ist widerruflich.

Für die Ertheilung und den Widerruf der Genehmigung ist das Ministerium des Innern zuständig; handelt es sich um ein Bergwerksunternehmen, so sind die Ministerien des Innern und der Finanzen gemeinschaftlich zuständig.

Dem Registergericht ist vor Eintragung der Zweigniederlassung in das Handelsregister die Ertheilung der Genehmigung nachzuweisen.

Unberührt bleiben die für nichtsächsische Versicherungsgesellschaften und Versicherungsanstalten geltenden Vorschriften.

§. 6. Zu §. 363 Abs. 2. Das Ministerium des Innern kann Anstalten zur Ausstellung von Lagerscheinen und Lagerpfandscheinen ermächtigen. Die Ermächtigung ist widerruflich.

Das Ministerium des Innern kann auch nähere Bestimmungen über Lagerscheine, unbeschadet des §. 363 Abs. 2 und der §§. 364, 365, 424 des Handelsgesetzbuchs, sowie über Lagerpfandscheine treffen.

§. 7. Zu §. 367. Die Polizeibehörden haben auf Antrag den Verlust eines Inhaberpapiers im Deutschen Reichsanzeiger bekannt zu machen. Die Bekanntmachung ist unverzüglich und auf Verlangen auf dem schnellsten Wege, insbesondere telegraphisch oder telephonisch, herbeizuführen. Eine Glaubhaftmachung des Verlustes ist nicht erforderlich. Die Kosten der Bekanntmachung sind von dem Antragsteller zu tragen und auf Verlangen der Polizeibehörde vorzuschiessen.

Polizeibehörde im Sinne des Absatz 1 ist die Amtshauptmannschaft, in Städten mit revidirter Städteordnung der Stadtrath. Soweit in Städten mit revidirter Städteordnung eine besondere Sicherheitspolizeibehörde besteht, tritt diese an die Stelle des Stadtraths.

II. Zur Ausführung des Binnenschiffahrtsgesetzes und des Flössereigesetzes.

§. 8. Höhere Verwaltungsbehörde im Sinne des Binnenschiffahrtsgesetzes ist die Kreishauptmannschaft Dresden.

Zuständige Behörde im Sinne des §. 96 Nr. 2 des Binnenschiffahrtsgesetzes und des §. 27 Nr. 2 des Flössereigesetzes ist die Sicherheitspolizeibehörde des Ortes der Bergung.

III. Schlussbestimmungen.

§. 9. Erlangt eine Justiz- oder Verwaltungsbehörde oder ein Notar Kenntniss davon, dass eine Anmeldung zum Handelsregister, zum Genossenschaftsregister, zum Vereinsregister oder zum Schiffsregister unrichtig oder unvollständig erfolgt oder dass sie zu Unrecht unterblieben ist, so haben sie dem Registergeriche kostenfrei Mittheilung zu machen.

Erlangt insbesondere ein Elbstromamt Kenntniss von Thatsachen, die eine Verpflichtung zur Anmeldung bei dem Schiffsregistergerichte begründen können, so ist in der Mittheilung auf den Inhalt des ertheilten oder des ungültig gewordenen Schiffspatents Bezug zu nehmen und über das Material und die Merkzeichen des Schiffes, die Stärke seines etwaigen Motors, die Zeit und den Ort der Erbauung sowie den Heimathsort soweit thunlich Auskunft zu ertheilen.

§. 10. Aufgehoben werden:

1. der §. 2 Nr. 4 der mit Verordnung vom 28. Juli 1846 erlassenen Allgemeinen Firmen- und Prokura-Ordnung (G.- u. V.-Bl. 1846 S. 180) und der §. 3 der Verordnung, den Gebrauch des Landeswappens auf Waarenetiketten und Marken betreffend, vom 20. Januar 1855 (G.- u. V.-Bl. S. 19);
2. die Verordnung zu Ausführung des allgemeinen deutschen Handelsgesetzbuchs und des Gesetzes vom 30. Oktober 1861, die Einführung des allgemeinen deutschen Handelsgesetzbuchs betreffend, vom 30. Dezember 1861 (G.- u. V.-Bl. S. 559 flg.), soweit sie nicht schon früher ausser Kraft getreten ist;
3. die Verordnung zu Ausführung der Reichsgesetze vom 15. Juni 1895, betreffend die privatrechtlichen Verhältnisse der Binnenschiffahrt und der Flösserei, vom 27. Dezember 1895 (G.- u. V.-Bl. 1896 S. 2 flg.).

§. 11. Diese Verordnung tritt am 1. Januar 1900 in Kraft.

f. Verordnung der Minister der Justiz und des Innern zur Ausführung des §. 126 des Reichsgesetzes über die Angelegenheiten der freiwilligen Gerichtsbarkeit. Vom 11. November 1899. (Ges.- u. Vdgsbl. 564).

Enthält nähere Vorschriften über die Mitwirkung der Organe des Handelsstandes (Handels- und Gewerbekammern) bei Führung des Handelsregisters und im Ordnungsstrafverfahren.

---

17. Sachsen-Altenburg.

a. Ausführungsgesetz zum Reichsgesetz über die Angelegenheiten der freiwilligen Gerichtsbarkeit. Vom 4. Mai 1899. (Gesetzsammlung 80.)

II. Besondere Vorschriften.

Führung des Handels-, Vereins- und Güterrechtsregisters.

§. 33. Die näheren Bestimmungen über die Einrichtung und Führung des Vereins- und Güterrechtsregisters sowie des Handelsregisters werden durch Verordnung des Ministeriums, Abtheilung für Justizangelegenheiten, getroffen.

Hierzu vgl. die Verordnungen des Herzogl. Ministeriums, Abt. f. Justizangelegenheiten, v. 21. Novbr. 1899 (Ges.-Samml. 331) die Führung des Handelsregisters betreffend, v. 23. Novbr. 1899 (Ges.-Samml. 350) die Führung des Genossenschaftsregisters betreffend.

III. Schlussbestimmungen.

Inkrafttreten, Verhältniss zum seitherigen Rechte.

§. 80 Abs. 4 . . ., und, unbeschadet der Vorschriften des §. 135 Abs. 2 Satz 2 und des §. 136 des Reichsgesetzes über die Angelegenheiten der freiwilligen Gerichtsbarkeit, für ein zur Zeit des Inkrafttretens des Bürgerlichen Gesetzbuchs anhängiges Verfahren nach den §§. 8 bis 10 des Einführungsgesetzes zum allgemeinen deutschen Handelsgesetzbuche vom 21. November 1863 (Ges.-Samml. v. J. 1864 S. 2) bleiben auch die durch dieses Gesetz aufgehobenen oder abgeänderten früheren Vorschriften massgebend ....

b. Verordnung des Herzogs zur Ausführung des Bürgerlichen Gesetzbuchs und seiner Nebengesetze. Vom 24. Juni 1899. (Gesetzsammlung 103).

Bekanntmachung verlorener Inhaberpapiere.

§. 14. Die Polizeibehörden (Stadträthe, Landrathsämter) haben, unbeschadet des Rechts anderer öffentlicher Behörden, auf Antrag des Berechtigten den Verlust eines Inhaberpapiers, mit Ausnahme der in §. 367 Abs. 3 des Handelsgesetzbuchs bezeichneten Papiere, durch den Deutschen Reichsanzeiger bekannt zu machen, wenn glaubhaft gemacht wird, dass das Inhaberpapier dem Eigenthümer gestohlen worden, verloren gegangen oder sonst abhanden gekommen ist. Die Kosten hat der Antragsteller zu tragen und vorzuschiessen.

Anstellung von Versteigerern. Kauf oder Verkauf durch Handelsmäkler.

§. 43. Die öffentliche Anstellung von Versteigerern beweglicher Sachen sowie die öffentliche Ermächtigung von Handelsmäklern zum freihändigen Verkauf oder Kauf von Sachen, die einen Börsen- oder Marktpreis haben, steht für Städte dem Stadtrath, für das platte Land den Landrathsämtern zu. Vor dem Antritte der Stellung hat der hierfür Ausersehene einen Eid dahin zu leisten:

dass er die ihm übertragenen Geschäfte unter Beobachtung der bestehenden Vorschriften nach bestem Wissen und Gewissen besorgen werde.

Die Anstellung und die Ermächtigung sollen nur erfolgen, soweit von dem Ministerium, Abtheilung des Innern, ein Bedürfniss als vorliegend erachtet worden ist

Für die Rücknahme der Anstellung und Ermächtigung gilt §. 53 Abs. 2 der Gewerbeordnung und §. 7 Abs. 2 der höchsten Verordnung vom 21. Dezember 1883 zur Ausführung des Reichsgesetzes vom 1. Juli 1883, betreffend Abänderung der Gewerbeordnung (Ges.-Samml. S. 40).

Zuständigkeiten nach §. 4 Abs. 3, §. 30 Abs. 4 des Handesgesetzbuchs und nach §. 126 Abs. 3 des Reichsgesetzes vom 17. Mai 1898.

§. 44. Für den Erlass der im §. 4 Abs. 3 des Handelsgesetzbuchs bezeichneten Bestimmungen, betreffend die Festsetzung der Grenze des Kleingewerbes, für den Erlass von Bestimmungen, dass benachbarte Orte oder Gemeinden als ein Ort oder als eine Gemeinde im Sinne der Vorschriften des §. 30 des Handelsgesetzbuchs anzusehen sind, sowie von Bestimmungen auf Grund des §. 126 Abs. 2 des Reichsgesetzes über die Angelegenheiten der freiwilligen Gerichtsbarkeit vom 17. Mai 1898 ist das Gesammtministerium zuständig.

Unterstützungspflicht der Behörden bei Führung des Handelsregisters.

§. 45. Die Verwaltungs-, Polizei- und Steuerbehörden und die Notare sind verpflichtet, die Registergerichte behufs der Verhütung unrichtiger Eintragungen sowie behufs der Berichtigung und Vervollständigung des Handelsregisters zu unterstützen, auch die von den Registergerichten gewünschte Auskunft zu ertheilen.

§. 46. Die mit Annahme der in §. 14 der Gewerbeordnung vorgeschriebenen Anzeigen über selbstständigen Gewerbebetrieb beauftragten Behörden haben die Registergerichte über die erfolgten Anzeigen auf dem Laufenden zu erhalten. Zu diesem Zwecke haben die Stadträthe monatlich, die Amtsvorsteher vierteljährlich an die Registergerichte Verzeichnisse über die erfolgten Anzeigen nach Massgabe eines von dem Ministerium, Abtheilung des Innern, im Einvernehmen mit der Justizministerial-Abtheilung vorzuschreibenden Formulars oder Fehlscheine zu übersenden.

§. 47. Gehört ein Ort oder eine Gemeinde zu mehreren Bundesstaaten und demnach zum Bezirke verschiedener Amtsgerichte, so hat jedes Amtsgericht die an dem Orte oder in der Gemeinde bestehenden, im Handelsregister eingetragenen Firmen, soweit es noch nicht geschehen sein sollte, den anderen betheiligten Amtsgerichten mitzutheilen und diese von jeder entsprechenden Neueintragung unverzüglich zu benachrichtigen (vergl. §. 30 des Handelsgesetzbuchs).

Uebergangsvorschriften wegen Führung des Handelsregisters.

§. 48. Soweit durch die von dem bisherigen Rechte abweichenden Vorschriften des Handelsgesetzbuchs Eintragungen in das Handelsregister nothwendig werden, können die hierzu erforderlichen Anmeldungen und Zeichnungen von Unterschriften schon vor dem Inkrafttreten des Handelsgesetzbuchs nach Massgabe der Vorschriften desselben bei dem Registergerichte bewirkt oder eingereicht werden. Die Eintragungen dürfen jedoch, soweit sie nach dem bisherigen Rechte unzulässig sind, erst nach dem Inkrafttreten des Handelsgesetzbuchs erfolgen.

Die Vorschrift tritt sofort in Kraft.

§. 49. Ist auf Grund des bisherigen Rechtes eine Eintragung in das Handelsregister bewirkt, die nach dem Gesetzbuch unzulässig ist, so kann das Registergericht sie von Amtswegen löschen. Die Löschung einer solchen Eintragung kann auch von dem Landgerichte verfügt werden, welches dem Registergericht im Instanzenzuge vorgeordnet ist.

Das Gericht hat den Betheiligten von der beabsichtigten Löschung zu benachrichtigen und ihm zugleich eine angemessene Frist zur Geltendmachung eines Widerspruchs zu bestimmen.

Auf das weitere Verfahren finden die Vorschriften des §. 141 Abs. 3, 4 des Reichsgesetzes über die Angelegenheiten der freiwilligen Gerichtsbarkeit vom 17. Mai 1898 Anwendung.

---

18. Sachsen-Coburg und Gotha.

a. Coburg-Gothaisches Gesetz über die freiwillige Gerichtsbarkeit. Vom 23. Oktober 1896. (Gemeinschaftl. Ges.-Samml. Nr. 622, Ges.-Samml. f. Gotha S. 87).

Dritter Abschnitt.

Vereins- und Güterrechtsregister sowie Handelssachen.

Art. 27. Die näheren Bestimmungen über die Einrichtung und Führung des Vereins- und Güterrechtsregisters sowie des Handelsregisters werden durch die Landesjustizverwaltung getroffen.

Hierzu vgl. die für Coburg und Gotha gemeinschaftlich erlassenen Verfügungen des Staatsministeriums v. 13. Dezbr. 1899 (Ges.-Sammlung f. Gotha 415) über die Führung des Handelsregisters, und v. 14. Dezbr. 1899 (Ges.-Sammlg. f. Gotha 426) über die Führung des Genossenschaftsregisters.

b. Ausführungsgesetz zum Handelsgesetzbuche. Vom 23. October 1899. (Gemeinschaftl. Ges.Samml. No. 624, Ges.-Samml. f. Gotha S. 117).

Art. 1. Die Bestimmungen zur näheren Festsetzung der Grenze des Kleingewerbes nach §. 4 Abs. 3 des Handelsgesetzbuchs werden von der Landesjustizverwaltung nach Anhörung der Organe des Handelsstandes erlassen.

Das Gleiche gilt von den Bestimmungen, welche nach §. 30 Abs. 4 des Handelsgesetzbuchs erlassen werden können.

Art. 2. Die Beamten der Staatsanwaltschaft, die Polizei- und Gemeindebehörden haben von den zu ihrer Kenntniss gelangenden Fällen einer unrichtigen, unvollständigen oder unterlassenen Anmeldung zum Handelsregister dem Registergerichte Mittheilung zu machen.

Die Steuerbehörden sind verpflichtet, dem Registergerichte über das Ergebniss der Veranlagung zur Einkommen- und Klassensteuer und deren Unterlagen Auskunft zu ertheilen.

Art. 3. Ist auf Grund des bisherigen Rechts eine Eintragung in das Handelsregister bewirkt, die nach dem Handelsgesetzbuch unzulässig ist, so kann das Registergericht sie von Amtswegen löschen.

Das Gericht hat den Betheiligten von der beabsichtigten Löschung zu benachrichtigen und ihm zugleich eine angemessene Frist zur Geltendmachung eines Widerspruchs zu bestimmen.

Auf das weitere Verfahren finden die Vorschriften des §. 141 Abs. 3, 4 und des §. 143 Abs. 1 des Reichsgesetzes über die Angelegenheiten der freiwilligen Gerichtsbarkeit Anwendung.

Art. 4. Die öffentliche Ermächtigung, deren Handelsmäkler zu Verkäufen oder Käufen bedürfen, wird von der Landesjustizverwaltung nach Anhörung der Organe des Handelsstandes widerruflich ertheilt.

Die näheren Bestimmungen werden durch landesherrliche Verordnung festgestellt.

Art. 5. Zur Bekanntmachung des Verlustes eines Inhaberpapieres nach §. 367 des Handelsgesetzbuchs sind die Ortspolizeibehörden auf Antrag des Eigenthümers verpflichtet, wenn glaubhaft gemacht wird, dass das Papier dem Eigenthümer gestohlen worden, verloren gegangen oder sonst abhanden gekommen ist.

Die Kosten der Bekanntmachung hat der Antragsteller zu tragen und auf Erfordern vorzuschiessen.

Art. 6. Dieses Gesetz tritt gleichzeitig mit dem Bürgerlichen Gesetzbuch in Kraft.

Mit dem Inkrafttreten desselben werden unbeschadet der Uebergangsvorschriften die ihr entgegenstehenden Vorschriften der Landesgesetze aufgehoben.

Aufgehoben werden insbesondere:

1. für Coburg:
   a) das Einführungsgesetz zum Deutschen Handelsgesetzbuche, vom 19. Februar 1862 (Gesetzsammlung 1861 bis 1862 S. 268);

b) das Gesetz vom 19. Februar 1862, betreffend die Führung des Handelsregisters und die Behandlung von Rechtsstreitigkeiten in Handelssachen (Gesetzsammlung 1861 bis 1862 S. 549);

2. für Gotha:
das Einführungsgesetz zum Deutschen Handelsgesetzbuche, vom 11. Juli 1862 (Gesetzsammlung Bd. 11 S. 577).

c. Verordnung des Staatsministeriums, betreffend die Ausführung des Bürgerlichen Gesetzbuchs und seiner Nebengesetze. Vom 28. Dezember 1899. (Gemeinschaftl. Ges. Samml. Nr. 639, Ges. Samml. f. Gotha S. 469).

§. 23. Nachfolgende Verordnungen werden, unbeschadet der Uebergangsvorschriften, aufgehoben:

Für das Herzogthum Coburg:

die Verordnung, die Form und Führung des Handelsregisters und die Veröffentlichung der Eintragungen betreffend, vom 10. Juni 1862 (Nr. 418, Gesetz-Sammlung 1861—62, S. 711).

Für das Herzogthum Gotha:

1. die Verordnung, das allgemeine deutsche Handelsgesetzbuch, ingleichen die Form und Führung des Handelsregisters und die Veröffentlichung der Eintragungen in dasselbe betreffend, vom 10. September 1862 (Gesetz-Sammlung Bd. 11 S. 909);

. . . .

---

19. Sachsen-Meiningen.

a. Gesetz zur Ausführung des Handelsgesetzbuchs. Vom 13. August 1899. (Samml. d. landesherrl. Vdgn. 397).

Art. 1. Für den Erlass von Bestimmungen, durch welche die Grenze des Kleingewerbes nach Massgabe des §. 4 Abs. 3 des Handelsgesetzbuchs näher festgesetzt wird, sind die Ministerialabtheilungen des Innern und der Justiz gemeinschaftlich zuständig. Vor dem Erlass solcher Bestimmungen sind in der Regel die Handelskammern zu hören.

Das Gleiche gilt von den Bestimmungen, welche nach §. 30 Abs. 4 des Handelsgesetzbuchs erlassen werden können.

Art. 2. Die Gerichte, die Beamten der Staatsanwaltschaft, die Polizei- und Gemeindebehörden, sowie die Notare haben von den zu ihrer amtlichen Kenntniss gelangenden Fällen einer unrichtigen, unvollständigen oder unterlassenen Anmeldung zum Handelsregister oder Genossenschaftsregister dem Registergericht Mittheilung zu machen.

Die Steuerbehörden sind verpflichtet, dem Registergericht über das Ergebniss der Veranlagung zur Einkommensteuer und deren Unterlagen Auskunft zu ertheilen.

Art. 3. Nähere Bestimmungen über die Einrichtung und Führung des Handelsregisters werden von der Ministerialabtheilung der Justiz, solche über Mitwirkung der

Handelskammern bei der Führung des Handelsregisters von den Ministerialabtheilungen des Innern und der Justiz gemeinsam erlassen.

Art. 4. Eine Aktiengesellschaft sowie eine Kommanditgesellschaft auf Aktien kann aufgelöst werden, wenn sie durch einen gesetzwidrigen Beschluss der Generalversammlung oder durch gesetzwidriges Verhalten des Vorstandes, der persönlich haftenden Gesellschafter oder des Aufsichtsraths das Gemeinwohl gefährdet.

Ueber die Auflösung entscheidet im Verwaltungsstreitverfahren das Landesverwaltungsgericht in erster Instanz. Für die Erhebung der Klage ist der Landrath zuständig.

Von der Auflösung ist dem Registergerichte Mittheilung zu machen.

Art. 5. Zur Bekanntmachung des Verlustes eines Inhaberpapiers nach §. 367 des Handelsgesetzbuchs sind die Landräthe, Magistrate und Bürgermeisterämter auf Antrag des Eigenthümers verpflichtet, wenn glaubhaft gemacht wird, dass das Papier dem Eigenthümer gestohlen worden, verloren gegangen oder sonst abhanden gekommen ist.

Die Kosten der Bekanntmachung hat der Antragsteller zu tragen und auf Erfordern vorzuschiessen.

Art. 6. Dieses Gesetz tritt gleichzeitig mit dem Bürgerlichen Gesetzbuch in Kraft.

Mit dem Inkrafttreten werden, unbeschadet der Uebergangsvorschriften, alle entgegenstehenden Bestimmungen der Landesgesetze aufgehoben, insbesondere das Gesetz vom 25. Juni 1862, betreffend die Einführung des allgemeinen deutschen Handelsgesetzbuchs, und das Gesetz vom 18. Februar 1887, betreffend Abänderungen desselben.

b. Verordnung über das Handelsregister. Vom 11. Dezemb. 1899. (Samml. landesherrl. Vdgn. 479).

Einziger Artikel. Die Verordnung vom 15. August 1862 über die Führung des Handelsregisters und die Veröffentlichung der in dasselbe geschehenen Eintragungen wird mit dem 1. Januar 1900 aufgehoben.

---

20. Sachsen-Weimar-Eisenach.

a. Ausführungsgesetz zum Handelsgesetzbuch. Vom 10. April 1899. (Reg.Bl. 204).

Art. 1. Die Rechnungsämter und Steuerlokalkommissionen sind verpflichtet, dem Registergerichte auf Ersuchen über den Inhalt der von einem Gewerbetreibenden eingereichten Steuererklärungen, sowie über das Ergebniss der Veranlagung zur Einkommensteuer und über später etwa eingetretene Veränderungen Auskunft zu ertheilen.

Art. 2. Eine Aktiengesellschaft oder eine Kommanditgesellschaft auf Aktien kann aufgelöst werden, wenn durch einen gesetzwidrigen Beschluss der Generalversammlung oder durch gesetzwidriges Verhalten des Vorstandes oder der persönlich haftenden Gesellschafter das Gemeinwohl gefährdet wird. Ein Anspruch auf Entschädigung findet deshalb nicht statt.

Die Zuständigkeit und das Verfahren bestimmen sich nach den für die Entziehung der Rechtsfähigkeit eines Vereins geltenden Vorschriften.

Art. 3. Ist ein Inhaberpapier gestohlen worden oder verloren gegangen oder sonst abhanden gekommen, so sind die Amtsgerichte auf Antrag des bisherigen Inhabers des abhanden gekommenen Papiers verpflichtet, den Verlust im Deutschen Reichsanzeiger bekannt zu machen.

Der Antragsteller hat zur Begründung seines Antrags die Unterscheidungsmerkmale des abhanden gekommenen Papiers anzugeben, soweit sie zu dessen Erkennbarkeit erforderlich sind, und den Verlust des Papiers glaubhaft zu machen. Die Kosten hat der Antragsteller zu tragen und vorzuschiessen.

Diese Vorschriften gelten nicht für Banknoten und andere auf Sicht zahlbare unverzinsliche Inhaberpapiere. Für Zins-, Renten- und Gewinnantheilscheine gelten sie nur insoweit, als die Scheine später als in dem nächsten auf die Bekanntmachung folgenden Einlösungstermine fällig werden.

Art. 4. Das Gesetz vom 13. Juli 1849 über die Ausführung der allgemeinen deutschen Wechselordnung, mit Nachtrag vom 15. April 1862, sowie das Gesetz vom 18. August 1862 die Einführung des allgemeinen deutschen Handelsgesetzbuchs betreffend, werden, soweit sie noch in Geltung sind und nicht schon infolge Reichsrechts ausser Kraft treten, unbeschadet der Uebergangsbestimmungen, aufgehoben.

Dieses Gesetz tritt gleichzeitig mit dem Bürgerlichen Gesetzbuch in Kraft.

b. Gesetz, die Ausführung des Reichsgesetzes über die Angelegenheiten der freiwilligen Gerichtsbarkeit vom 17. Mai 1898 betreffend. Vom 12. April 1899. (Reg.Bl. 207.)

Dritter Abschnitt.

Vereins- und Güterrechtsregister und Handelssachen.

Art. 27. Die näheren Bestimmungen über die Einrichtung und Führung des Vereins- und Güterrechtsregisters sowie des Handelsregisters werden durch das Staatsministerium getroffen.

Hierzu vgl. Ministerialverordnungen v. 4. Dezemb. 1899 (Reg.Bl. 755) über die Führung des Handelsregisters, und v. 5. Dezemb. 1899 (Reg.Bl. 781) über die Führung des Genossenschaftsregisters.

Siebenter Abschnitt.

Schlussbestimmungen.

Art. 74. Ist zur Zeit des Inkrafttretens des Bürgerlichen Gesetzbuchs ein Verfahren nach §. 8 des Gesetzes vom 18. August 1862, die Einführung des allgemeinen deutschen Handelsgesetzbuchs betreffend, anhängig, so bleiben für die Erledigung des Verfahrens die bisherigen Vorschriften massgebend.

21. Schaumburg-Lippe.

Ausführungs-Gesetz zum Reichsgesetze über die Angelegenheiten der freiwilligen Gerichtsbarkeit. Vom 16. August 1899. (**Schaumb.-Lippesche Landesvdgen. 127**).

Dritter Abschnitt.

Vereins-, Güterrechts- und Handelsregister.

§. 24. Die näheren Bestimmungen über die Führung des Vereins-, Güterrechts- und Handelsregisters werden von Unserm Ministerium getroffen.

Hierzu vgl. Verfügungen des Ministeriums v. 23. Novemb. 1899 (Landesvdgen. S. 255) über die Führung des Handelsregisters, v. 25. Novemb. 1899 (Landesvdgen. S. 279) über die Führung des Genossenschaftsregisters, v. 6. Dezemb. 1899 (Landesvdgen. S. 343) betr. die Bekanntmachung der für die Veröffentlichungen aus dem Handels- und Genossenschaftsregister bestimmten Blätter.

§. 25. Ueber die durch §. 126 des Reichsgesetzes über die Angelegenheiten der freiwilligen Gerichtsbarkeit zugelassene Mitwirkung der Organe des Handelsstandes bei der Führung des Handelsregisters hat im Bedürfnissfalle Unser Ministerium die nöthgen Vorschriften zu erlassen.

§. 26. Ist ein Ehegatte Kaufmann und seine Firma in das Handelsregister eingetragen, so soll das Gericht, welches das Handelsregister führt, durch einen in dieses aufzunehmenden Vermerk auf diejenigen Eintragungen verweisen, welche im Güterrechtsregister über die güterrechtlichen Verhältnisse der betreffenden Ehegatten erfolgt sind.

---

22. Schwarzburg-Rudolstadt.

a. Ausführungsgesetz zum Reichsgesetze über die Angelegenheiten der freiwilligen Gerichtsbarkeit. Vom 11. Juli 1899. (**Ges.-Samml. 94**).

Dritter Abschnitt.

Vereins-, Güterrechts-, Handelsregister.

Art. 28. Die näheren Bestimmungen über die Einrichtung und Führung des Vereins- und Güterrechtsregisters sowie des Handelsregisters werden durch die Landesjustizverwaltung getroffen.

Hierzu vgl. Verordnungen der Justizabteilung des Ministeriums v. 16. Novbr. 1899 (Ges.-Samml. 169) über die Führung des Handelsregisters, und v. 17. Novbr. 1899 (Ges.-Samml. 193) über die Führung des Genossenschaftsregisters.

b. Gesetz, betreffend die Ausführung des Handelsgesetzbuchs. Vom 11. Juli 1899. (**Ges.-Samml. 119**).

Art. 1. Die im §. 4 Abs. 3 des Handelsgesetzbuchs bezeichneten Bestimmungen, durch welche die Grenze des Kleingewerbes näher festgesetzt wird, werden von dem Ministerium erlassen.

Das Gleiche gilt von den Bestimmungen, welche auf Grund des §. 30 Abs. 4 des Handelsgesetzbuchs erlassen werden können.

Art. 2. Das Ministerium kann, wenn sich das Bedürfniss hierzu herausstellen sollte, durch Verordnung bestimmen, dass für die Feststellung des Marktpreises von Waaren, sowie des Zustandes, der Menge oder des Werthes von Waaren an bestimmten Orten Mäkler amtlich zu bestellen sind. Es hat in diesem Falle über die Rechte und Pflichten dieser Mäkler, über ihre Verpflichtung, Anstellung und Entlassung im Verordnungswege Bestimmungen zu treffen.

Art. 3. Ist auf Grund des bisherigen Rechtes eine Eintragung in das Handelsregister bewirkt, die nach dem Handelsgesetzbuche unzulässig ist, so kann das Registergericht sie von Amtswegen löschen.

Das Gericht hat die Betheiligten, falls ihr Aufenthalt bekannt ist, von der beabsichtigten Löschung zu benachrichtigen und ihnen zugleich eine angemessene Frist zur Geltendmachung eines Widerspruchs zu bestimmen.

Auf das weitere Verfahren finden die Vorschriften des §. 141 Abs. 3 und 4 des Reichsgesetzes über die Angelegenheiten der freiwilligen Gerichtsbarkeit vom 17. Mai 1898 Anwendung.

Art. 4. Die Beamten der Staatsanwaltschaft, die Polizei- und Gemeindebehörden haben von den zu ihrer Kenntniss gelangenden Fällen einer unrichtigen, unvollständigen oder unterlassenen Anmeldung zum Handelsregister den Registergerichten Mittheilung zu machen.

Die Gemeinde- und Steuerbehörden sind verpflichtet, den Registergerichten über die Anmeldung und die Abmeldung steuerpflichtiger Gewerbe, über das Ergebniss der Veranlagung zur Gewerbesteuer beziehungsweise zur Betriebssteuer sowie über später eingetretene Veränderungen Auskunft zu ertheilen.

Art. 5. Die Amtsgerichte sind verpflichtet, im Falle des §. 367 des Handelsgesetzbuchs den Verlust eines Papieres auf Antrag des Eigenthümers im Deutschen Reichsanzeiger bekannt zu machen.

Art. 6. Das Einführungsgesetz zu dem allgemeinen Deutschen Handelsgesetzbuche vom 13. Mai 1864 (Ges.-Samml. S. 95) ist aufgehoben.

Art. 7. Dieses Gesetz tritt am 1. Januar 1900 in Kraft.

c. Verordnung des Ministeriums, Abtheilung des Innern, betreffend die Festsetzung des Kleingewerbes im Sinne des Handelsgesetzbuchs. Vom 21. Dezember 1899. (Ges.-Samml. 300).

Auf Grund des Art. 1 Abs. 1 des Gesetzes vom 11. Juli 1899, betr. die Ausführung des Handelsgesetzbuchs vom 10. Mai 1897 (Ges.-Samml. 1899 S. 119) wird Folgendes bestimmt:

§. 1. Als Kleingewerbe sind diejenigen Betriebe anzusehen, bei denen weder der jährliche Ertrag 1000 Mk., noch das Anlage- und Betriebskapital 2000 Mk. erreicht.

§. 2. Ist das Registergericht zweifelhaft, ob das Gewerbe einer Person, deren Firma in das Handelsregister eingetragen werden soll, über den Umfang des Kleingewerbes hinausgeht, so ist zuvörderst durch das zuständige Rent- und Steueramt festzustellen, ob der Geschäftsbetrieb zur Gewerbesteuer herangezogen ist oder ob dasselbe auf Grund des §. 7 des Gewerbesteuergesetzes vom 7. März 1893 (Ges.-Samml. S. 19) von der Gewerbesteuer befreit ist.

§. 3. Diese Verordnung tritt gleichzeitig mit dem oben erwähnten Gesetz vom 11. Juli 1899 am 1. Januar 1900 in Kraft.

23. Schwarzburg-Sondershausen.

a. Ausführungsgesetz zum Bürgerlichen Gesetzbuche. Vom 19. Juli 1899. (Ges.-Samml. 29).

Art. 67. Alle diesem Gesetze entgegenstehenden landesgesetzlichen Vorschriften werden, soweit sie nicht schon in Folge Reichsgesetzes ausser Kraft treten — unbeschadet der Uebergangsvorschriften — aufgehoben, insbesondere:

. . . .

20. das Gesetz vom 30. Mai 1862, die Einführung des allgemeinen deutschen Handelsgesetzbuchs betreffend,

. . . .

b. Ausführungsgesetz zum Reichsgesetz über die Angelegenheiten der freiwilligen Gerichtsbarkeit. Vom 29. Juli 1899. (Ges.-Samml. 87).

Dritter Abschnitt.

Vereins-, Güterrechts- und Handelsregister.

§. 23. Die näheren Bestimmungen über die Einrichtung und Führung des Vereins- und Güterrechtsregisters sowie des Handelsregisters werden von dem Ministerium, Justizabtheilung, getroffen.

Hierzu vgl. die Verfügungen der Justizabteilung des Ministeriums v. 27. Novbr. 1899 betr. die Führung des Genossenschaftsregisters (Ges.-Samml. 417) und über die Führung des Handelsregisters (Ges.-Samml. 441).

c. Gesetz, betreffend Ortsschätzer und Handelsmäkler. Vom 29. Juli 1899. (Ges.-Samml. 121).

§. 11. Das Amtsgericht kann Ortsschätzer oder andere geeignete Personen seines Bezirks als öffentliche Handelsmäkler bestellen und entsprechend der Bestimmung des §. 2 eidlich verpflichten.

Dieselben sind als solche für den Bereich des Amtsgerichtsbezirks nach Massgabe der Vorschriften des Bürgerlichen Gesetzbuches und des Handelsgesetzbuches zuständig.

§. 12. Die Vorschriften der §§. 4 bis 7, 9 und 10 (Dienstaufsicht, Ordnungsstrafen, Entlassung, Ausschließung kraft Gesetzes und wegen Befangenheit, Amtsverschwiegenheit, Haftung wegen Verletzung der Amtspflichten) finden auf die zu öffentlichen Handelsmäklern bestellten Personen . . . . . Anwendung . . . .

§. 13. Die Bestellung als Ortsschätzer oder Handelsmäkler berechtigt nicht zur Ablehnung der Wahl als Gemeindewaisenrath.

§. 15. Jeder Ortsschätzer und auf Grund des §. 11 dieses Gesetzes bestellter Handelsmäkler ist nach Massgabe besonderer Verordnung verpflichtet, Jahresverzeichnisse zu führen, in welche alle von ihnen ausgerichteten Geschäfte nach der Zeitfolge des Auftrags eingetragen werden. Bei jedem Geschäfte ist zu vermerken der Auftraggeber, der Gegenstand und die Ausrichtung des Geschäfts nach Art und Zeit und die Höhe der berechneten Gebühren und Auslagen.

24. Waldeck.

a. Ausführungsgesetz zum Bürgerlichen Gesetzbuch. Vom 11. Dezember 1899. (Reg.-Bl. 137).

Ermächtigung von Handelsmäklern zu Kaufgeschäften.

Art. 10. Die öffentliche Ermächtigung, deren Handelsmäkler zu Verkäufen oder Käufen bedürfen, wird durch den Landesdirektor ertheilt und widerrufen.

Die Ermächtigung wird erst wirksam, wenn der Handelsmäkler den Eid leistet, dass er die ihm obliegenden Pflichten getreu erfüllen werde. Für die Abnahme des Eides ist das Amtsgericht zuständig, in dessen Bezirke der Handelsmäkler seine Geschäftsräume oder in Ermangelung solcher seine Wohnung hat.

b. Waldeckisches Gesetz über die freiwillige Gerichtsbarkeit. Vom 11. Dezember 1899. (Reg.-Bl. 162.)

Dritter Abschnitt.

Vereins- und Güterrechtsregister. Handelssachen.

Art. 22. Die näheren Bestimmungen über die Einrichtung und die Führung des Vereins- und des Güterrechtsregisters sowie des Handelsregisters werden vom Justizminister getroffen.

c. Ausführungsgesetz zum Handelsgesetzbuche. Vom 11. Dezember 1899. (Reg.-Bl. 184.)

Art. 1. Für den Erlass von Bestimmungen, durch welche die Grenze des Kleingewerbes nach Massgabe des §. 4 Abs. 3 des Handelsgesetzbuchs näher festgesetzt wird, ist vorbehaltlich der einzuholenden Genehmigung des Justizministers und des Ministers für Handel und Gewerbe der Landesdirektor zuständig.

Vor dem Erlasse solcher Bestimmungen sind in der Regel die Organe des Handelsstandes gutachtlich zu hören.

Das Gleiche gilt von den Bestimmungen, welche nach §. 30 Abs. 4 des Handelsgesetzbuchs erlassen werden können.

Art. 2. Ist auf Grund des bisherigen Landesrechts eine Eintragung in das Handelsregister bewirkt, die nach dem Handelsgesetzbuch unzulässig ist, so kann das Registergericht sie von Amtswegen löschen, soweit nicht das bisherige Recht massgebend bleibt. Das Gericht hat den Betheiligten, wenn sein Aufenthalt bekannt ist, von der beabsichtigten Löschung zu benachrichtigen und ihm zugleich eine angemessene Frist zur Geltendmachung eines Widerspruchs zu bestimmen.

Auf das weitere Verfahren finden die Vorschriften des §. 141 Abs. 3, 4 des Reichsgesetzes über die Angelegenheiten der freiwilligen Gerichtsbarkeit vom 17. Mai 1898 Anwendung.

Die Löschung erfolgt gebührenfrei. Wird jedoch der Widerspruch eines Betheiligten zurückgewiesen, so hat er für die Zurückweisung die für die Löschung bestimmte Gebühr zu entrichten.

Eintragungen, die den Güterstand einer zur Zeit des Inkrafttretens des Bürgerlichen Gesetzbuchs bestehenden Ehe betreffen, bleiben unberührt.

Art. 3. Die Gerichte, die Beamten der Staatsanwaltschaft, sowie die Polizei- und Gemeindebehörden haben von den zu ihrer Kenntniss gelangenden Fällen einer unrichtigen, unvollständigen oder unterlassenen Anmeldung zum Handelsregister oder Genossenschaftsregister dem Registergerichte Mittheilung zu machen.

Die Steuerbehörden sind verpflichtet, dem Registergericht über die Anmeldung und die Abmeldung steuerpflichtiger Gewerbe, über das Ergebniss der Veranlagung zur Gewerbesteuer sowie über später eingetragene Veränderungen Auskunft zu ertheilen.

Art. 4. Eine Aktiengesellschaft sowie eine Kommanditgesellschaft auf Aktien kann aufgelöst werden, wenn sie sich rechtswidriger Handlungen oder Unterlassungen schuldig macht, durch welche das Gemeinwohl gefährdet wird.

Ueber die Auflösung entscheidet diejenige Behörde, welche für Waldeck-Pyrmont in den Fällen des §. 43 des Bürgerlichen Gesetzbuchs zur Entscheidung berufen ist; die Vorschriften der §§. 20, 21 der Reichsgewerbeordnung finden Anwendung. Von der Auflösung ist dem Registergerichte Mittheilung zu machen.

Art. 5. Zur Bekanntmachung des Verlustes eines Inhaberpapiers nach §. 367 des Handelsgesetzbuchs sind die Polizeibehörden auf Antrag des Eigenthümers verpflichtet, wenn glaubhaft gemacht wird, dass das Papier dem Eigenthümer gestohlen worden, verloren gegangen oder sonst abhanden gekommen ist. Die Kosten der Bekanntmachung hat der Antragsteller zu tragen und auf Erfordern vorzuschiessen.

Art. 6. Dieses Gesetz tritt gleichzeitig mit dem Bürgerlichen Gesetzbuch in Kraft.

d. Verordnung des Königs von Preussen zur Ausführung des Bürgerlichen Gesetzbuchs und des Artikels 4 des Ausführungsgesetzes zum Handelsgesetzbuch in den Fürstenthümern Waldeck und Pyrmont. Vom 20. Dezember 1899. (Reg.-Bl. 237.)

Art. 2. In den Fällen des §. 43 des Bürgerlichen Gesetzbuchs entscheidet über die Entziehung der Rechtsfähigkeit eines Vereins in erster Instanz das Landesdirektorium zu Arolsen. Für die Stellung des Antrags auf Entziehung der Rechtsfähigkeit ist derjenige Kreisamtmann zuständig, in dessen Bezirke der Verein seinen Sitz hat.

Art. 6. Die zum Erwerbe von Grundstücken nach Artikel 6 §. 2 Abs. 1 des Ausführungsgesetzes zum Bürgerlichen Gesetzbuch erforderliche Genehmigung wird Aktiengesellschaften, Kommanditgesellschaften auf Aktien, eingetragenen Genossenschaften, eingeschriebenen Hülfskassen, rechtsfähigen gegenseitigen Versicherungsgesellschaften und Gewerkschaften, die ausserhalb Waldeck-Pyrmonts in einem deutschen Bundesstaat ihren Sitz haben, von den zuständigen Preussischen Ministern ertheilt.

Art. 13—26 enthalten Einzelvorschriften für das Verfahren gemäß Art. 2.

Art. 27. Soll eine Aktiengesellschaft oder eine Kommanditgesellschaft auf Aktien nach Artikel 4 des Ausführungsgesetzes zum Handelsgesetzbuch aufgelöst werden, so finden auf das Verfahren die Vorschriften der Artikel 2, 13 bis 19, des Artikel 20 Abs. 1 und der Artikel 21 bis 26 dieser Verordnung entsprechende Anwendung.

25. Württemberg.

Ausführungsgesetz zum Bürgerlichen Gesetzbuch und zu dessen Nebengesetzen. Vom 28. Juli 1899. (Reg.-Bl. 423).

Fünfter Abschnitt.

Ausführungsvorschrift zum Handelsgesetzbuch.

Gewerbebetrieb ausländischer Aktiengesellschaften, Kommanditgesellschaften auf Aktien und juristischer Personen.

Art. 282. Ausländische Aktiengesellschaften, Kommanditgesellschaften auf Aktien und juristische Personen bedürfen, um in Württemberg ein stehendes Geschäft mittels Zweigniederlassung oder ständiger Agentur zu betreiben, der staatlichen Genehmigung, wenn das Unternehmen Bank- und Kreditgeschäfte, Sach- oder Lebensversicherungen einschliesslich der Leibrentenverträge zum Gegenstand hat, oder wenn in dem betreffenden ausländischen Staate der Gewerbebetrieb von solchen Gesellschaften und Personen, die Württemberg angehören, gleichfalls staatliche Genehmigung erfordert.

Die staatliche Genehmigung wird durch das Ministerium des Innern ertheilt; die ertheilte Genehmigung ist widerruflich.

Schlussbestimmung.

Art. 283. . . . . . . treten . . . . auch soweit sie nicht durch das Bürgerliche Gesetzbuch oder durch das Handelsgesetzbuch oder durch die in Art. 1 des Einführungsgesetzes zum Bürgerlichen Gesetzbuch genannten Gesetze aufgehoben werden, ausser Wirksamkeit:

. . . .

34. das Gesetz vom 13. August 1865, die Einführung des allgemeinen deutschen Handelsgesetzbuchs betreffend, Reg.-Blatt S. 211;

. . . .

Vgl. ferner die Verfügungen des Justizministeriums v. 9. November 1899 betreffend die Führung des Handelsregisters (Reg.-Bl. 823) und betreffend die Führung des Genossenschaftsregisters (Reg.-Bl. 844) und die folgende Verfügung der Ministerien der Justiz und des Innern v. 11. Dezbr. 1899 betr. die Bestellung der Revisoren zur Prüfung der Gründung von Aktiengesellschaften und Kommanditgesellschaften auf Aktien (Reg.-Bl. 1082):

„Zur Vollziehung der §§. 192 Abs. 3 und 320 Abs. 3 des Handelsgesetzbuchs vom 10. Mai 1897, Reichs-Gesetzblatt S. 219, wird Nachstehendes verfügt:

Die Bestellung der besonderen Revisoren zur Prüfung des Hergangs der Gründung von Aktiengesellschaften und von Kommanditgesellschaften auf Aktien erfolgt durch die Handelskammer, in deren Bezirk die Gesellschaft ihren Sitz hat.“

Sachregister.

(Die Ziffern bedeuten die Seitenzahlen.)

A.

F.

H.

J.

T.

U.

Herrosé & Ziemsen, Gräfenhainichen.

Zusätze zum zweiten Band

in Folge der ergangenen Landes-Ausführungsbestimmungen.

1. Zu §. **480** Anm. 2. Vgl. für Bremen §. 6 Ges. v. 18./VII. 1899 (Ges. Bl. S. 155), abgedr. Bd. III S. 459;
für Hamburg §. 4 Ausf.-Ges. z. H.G.B. v. 29./XII. 1899 (Amtsbl. S. 1143), abgedr. Bd. III S. 460;
für Lübeck §. 168 Ges. v. 30./X. 1899 (Ges. Bl. No. 5 S. 75), abgedr. Bd. III S. 470;
für Oldenburg §. 46 Ges. v. 15./V. 1899 (Ges. Bl. S. 405), abgedr. Bd. III S. 478;
für Preussen vgl. Art. 7 Abs. 1 Ziff. 1 Ges. v. 24./IX. 1899 (Ges.-Samml. S. 304) und die aufrecht erhaltenen älteren Vorschriften für Hannover, Schleswig-Holstein mit Helgoland und das Jadegebiet, abgedr. Bd. III S. 441.
2. Zu §. **492** Anm. 1b u. §. **501** Anm. 3c. Vgl. jetzt §. 9 ff. Vdg. v. 9./IV. 1899 (Reg.-Bl. S. 282), abgedr. Bd. III S. 19;
3. Zu §. **521** Anm. 1. Vgl. jetzt für Hamburg §. 6 Ges. v. 29./XII. 1899 (Amtsbl. S. 1144), abgedr. Bd. III S. 461;
für Lübeck §. 169 Ges. v. 30./X. 1899 (Ges. Bl. No. 5 S. 75), abgedr. Bd. III S. 470;
für Mecklenburg-Schwerin §. 22 Vdg. v. 9./IV. 1899 (Reg. Blt. S. 282), abgedr. Bd. III S. 473;
für Oldenburg §. 47 Ges. v. 15./V. 1899 (Ges. Bl. S. 405), abgedr. Bd. III S. 478;
für Preussen Art. 7 Abs. 1 Ziff. 2 Ges. v. 24./IX. 1899 (Ges.-Samml. S. 304) und die in Art. 7 Abs. 2 Ziff. 1 u. 2 aufrecht erhaltenen Vorschriften für Hannover mit Jadegebiet und für Schleswig-Holstein, abgedr. Bd. III S. 441 ff.
4. Zu §. **566** Anm. 2. Vgl. jetzt Art. 7 Abs. 1 Ziff. 3 Preussisch. Ausf. Ges. z. H.G.B. v. 24./IX. 1899 (Ges.-Samml. S. 304), abgedr. Bd. III S. 441;
5. Zu §. **608** Anm. 3b. Vgl. für Mecklenburg-Schwerin §. 66 Vdg. v. 9./IV. 1899 (Reg. Bl. S. 246), abgedr. Bd. III S. 471;
6. Zu §. **609** Anm. 1d. Vgl. für Bremen §. 6 Vdg. v. 12./II. 1866 (Fassung v. 2./XI. 1879), abgedr. Bd. III S. 23;
für Hamburg §. 8 Ges. v. 29./XII. 1899 (Amtsbl. S. 1144), abgedr. Bd. III S. 461;

7. Zu **§. 729** Anm. 2. Vgl. für Hamburg §. 9 Ges. v. 29./XII. 1899 (Amtsbl. S. 1145), abgedr. Bd. III S. 461;
für Mecklenburg-Schwerin §. 67 Vdg. v. 9./IV. 1899 (Reg.-Bl. S. 246). abgedr. Bd. III S. 471;

Als Anm. 5. Betreffs der Kosten, welche durch eine gerichtliche Verhandlung über die Bestätigung der Dispache entstehen, vgl. für Mecklenburg-Schwerin §. 68 Vdg. v. 9./IV. 1899, abgedr. Bd. III S. 471;
für Preussen Art. 30 Ges. v. 21./IX. 1899 (Ges.-Samml. S. 255).

8. Zu **Art. 19 Einf.-Ges.** Anm. 2—4. Vgl. die in Band III S. 19 zu diesem Artikel abgedruckten neuen Ausführungsbestimmungen für Mecklenburg-Schwerin, Bremen und Hamburg.

9. Zu **Art. 20 Einf.-Ges.** Anm. 1. Vgl. §. 30 Bremisches Ausf.-Ges. z. B.G. v. 18./VII. 1899 (Ges.-Bl. S. 69).

10. Zu **Anhang 1. §. 4.** Anm. 2. Vgl. die in Band III S. 418 abgedruckte Preussische Verordnung v. 11. Dezemb. 1899 (J. M. Bl. S. 753) über die Führung der Schiffsregister, ferner die Bekanntmachungen für Oldenburg v. 7. Dezemb. 1899 (Ges. Bl. S. 690 ff.) und für Mecklenburg-Schwerin v. 18. Novemb. 1899 (Reg. Bl. S. 822).

FSC
www.fsc.org
MIX
Papier | Fördert gute Waldnutzung
FSC® C083411

Kolibri 360 GmbH
Ferdinand-Jühlke-Straße 7
99095 Erfurt, Deutschland
produktsicherheit@kolibri360.de